谨以此书献给

为中国水运基础设施建设事业作出贡献的决策者、建设者、管理者

"十四五"时期国家重点出版物出版专项规划项目

Record of
Port and Waterway Engineering
Construction in

China

中国水运工程建设实录

（1978—2015）

第八卷·水运支持保障系统工程

中华人民共和国交通运输部

人民交通出版社股份有限公司
北京

内 容 提 要

本书分为发展篇、管理篇、科技篇、开放篇、成就篇，共九卷十三章。内容包括改革开放以来的中国水运事业、水运基础设施建设规划及前期工作、水运工程建设法律法规、水运工程建设与管理、水运工程建设技术标准、水运工程建设科技创新与应用、水运工程建设对外合作与交流、沿海港口与航道工程、内河港口工程、内河航道工程、内河通航建筑物（船闸与升船机）、水运支持保障系统工程、重要水工工程等。

本书集中梳理了改革开放以来我国水运事业的发展历程，特别是水运基础设施建设方面的巨大成就，较为系统地总结了我国水路交通发展的实践经验，具有很强的学术价值和史料价值，可供水运工程建设行业相关人员阅读、学习与查询参考。

图书在版编目（CIP）数据

中国水运工程建设实录：1978—2015 / 中华人民共和国交通运输部组织编写. — 北京：人民交通出版社股份有限公司，2021.6

ISBN 978-7-114-17354-7

Ⅰ.①中…　Ⅱ.①中…　Ⅲ.①航道工程—工程建设—中国—1978—2015　Ⅳ.①U61

中国版本图书馆 CIP 数据核字（2021）第 100900 号

审图号：GS（2021）2063 号

Zhongguo Shuiyun Gongcheng Jianshe Shilu（1978—2015）　Di-Ba Juan·Shuiyun Zhichi Baozhang Xitong Gongcheng

书　　　　名	中国水运工程建设实录（1978—2015）　第八卷·水运支持保障系统工程
著　　作　者	中华人民共和国交通运输部
本卷责任编辑	陈　鹏　林春江
本卷责任校对	孙国靖　卢　弦
责　任　印制	张　凯
出　版　发　行	人民交通出版社股份有限公司
地　　　　址	（100011）北京市朝阳区安定门外外馆斜街 3 号
网　　　　址	http://www.ccpcl.com.cn
销　售　电　话	（010）59757973
总　　经　　销	人民交通出版社股份有限公司发行部
经　　　　销	各地新华书店
印　　　　刷	北京印匠彩色印刷有限公司
开　　　　本	787×1092　1/16
印　　　　张	354.75
字　　　　数	6620 千
版　　　　次	2021 年 6 月　第 1 版
印　　　　次	2021 年 6 月　第 1 次印刷
书　　　　号	ISBN 978-7-114-17354-7
定　　　　价	2980.00 元（全九卷）

（有印刷、装订质量问题的图书由本公司负责调换）

《中国水运工程建设实录(1978—2015)》
编审委员会

顾　　问　杨传堂　李小鹏　刘小明

主　　任　黄镇东　李盛霖

副 主 任　何建中　徐祖远　许立荣　王彤宙　李建红
　　　　　　费维军

委　　员　邱　江　李天碧　徐成光　吴春耕　苏　杰
　　　　　　王　韬　卢尚艇　庞　松　李　扬　孙有恒
　　　　　　王　雷　王魁臣　唐建新　贾福元　田　林
　　　　　　张　林　陆永泉　陈利幸　程跃辉　李　擎
　　　　　　陈鹏程　高立平　唐彦民　朱汉桥　肖文伟
　　　　　　陆亚兴　陈鸿起　姚建勇　陈永忠　陈乐生
　　　　　　韩剑波　万振江　王海民　孙家康　褚宗生
　　　　　　苏新刚　宋德星　王海怀　王洪涛　唐冠军
　　　　　　王建华　朱鲁存　王先进　贾大山　张华勤
　　　　　　朱伽林　刘　建　莫鉴辉　孙玉清　唐伯明
　　　　　　门妍萍　张　页　彭翠红

特邀专家　徐　光　汪临发　付国民　解曼莹　王明志

组织协调工作委员会

综合编纂工作委员会

参 编 单 位

交通运输部办公厅

交通运输部政策研究室

交通运输部综合规划司

交通运输部人事教育司

交通运输部财务审计司

交通运输部水运局

交通运输部科技司

交通运输部国际合作司

交通运输部海事局

交通运输部救助打捞局

天津市交通运输委员会

河北省交通运输厅

辽宁省交通运输厅

黑龙江省交通运输厅

上海市交通委员会

江苏省交通运输厅

浙江省交通运输厅

安徽省交通运输厅

福建省交通运输厅

江西省交通运输厅

山东省交通运输厅

河南省交通运输厅

湖北省交通运输厅

湖南省交通运输厅

广东省交通运输厅

广西壮族自治区交通运输厅

海南省交通运输厅

重庆市交通局

四川省交通运输厅

贵州省交通运输厅

云南省交通运输厅

陕西省交通运输厅

中国远洋海运集团有限公司

招商局集团有限公司

中国交通建设集团有限公司

交通运输部长江航务管理局

交通运输部珠江航务管理局

交通运输部规划研究院

交通运输部科学研究院

交通运输部水运科学研究院

交通运输部天津水运工程科学研究院

水利部交通运输部国家能源局南京水利科学研究院

人民交通出版社股份有限公司

中国交通通信信息中心

中国船级社

大连海事大学

重庆交通大学

上海海事大学

上海航运交易所

中国引航协会

参 编 人 员

丁军华	丁武雄	于广学	于传见	于金义	于海洋
万东亚	万 宇	万 亨	马兆亮	马进荣	马 良
马绍珍	马格琪	马朝阳	王大鹏	王义青	王文博
王平义	王 东	王目昌	王仙美	王永兴	王吉刚
王吉春	王达川	王 伟	王多银	王庆普	王阳红
王如正	王纪锋	王孝元	王 杨	王 坚	王 岚
王灿强	王 宏	王 坤	王 奇	王欣铭	王建华
王建军	王洪海	王艳欣	王晓明	王 晖	王 敏
王 烽	王 琳	王 辉	王瑞成	王 魁	王 鹏
王 新	王嘉琪	王慧宇	韦世荣	韦华文	韦国维
牙廷周	毛元平	毛亚伟	毛成永	尹海卿	邓 川
邓志刚	邓晓云	邓 强	孔令元	孔 华	孔德峰
石 晨	卢永昌	申 霞	叶建平	叶 智	田红旗
田佐臣	田轶群	田 浩	史超妍	付 广	付向东
付秀忠	付昌辉	付春祥	白雪清	冯小香	冯 玥
边 恒	母德伟	邢 艳	曲春燕	吕春江	吕勇刚
吕海林	朱立俊	朱吉全	朱红俊	朱 昊	朱剑飞
朱晓萌	朱逢立	朱悦鑫	朱 焰	乔 木	仲晓雯
任宏安	任建华	任建毅	任胜平	任 舫	任 超
向 阳	庄明刚	庄儒仲	刘 广	刘广红	刘元方
刘亚平	刘光辉	刘华丽	刘如君	刘孝明	刘 虎
刘国辉	刘明志	刘 岭	刘建纯	刘俊华	刘 洋

刘晓东	刘晓峰	刘润刚	刘雪青	刘常春	刘　祺
刘　颖	刘新勇	刘德荣	闫　军	闫岳峰	关云飞
许贵斌	许　麟	牟凯旋	纪成强	孙卫东	孙小清
孙百顺	孙林云	孙相海	孙洪刚	孙　敏	孙智勇
严　冰	严超虹	杨文武	杨立波	杨　华	杨宇民
杨远航	杨　武	杨国平	杨明昌	杨宝仁	杨建勇
杨树海	杨胜发	杨　艳	杨钱梅	杨　靓	杨　瑾
杨　鹤	杨　蕾	李一兵	李广涛	李天洋	李　云
李中华	李文正	李　玉	李东风	李永刚	李光辉
李　刚	李传光	李兆荣	李秀平	李作良	李　坦
李旺生	李国斌	李　明	李　凯	李佳轩	李金泉
李金海	李定国	李建宇	李建斌	李玲琳	李思玮
李思强	李俊涛	李　航	李　涛	李海涛	李培琪
李雪莲	李　博	李景林	李　锋	李　椿	李　群
李　静	李歌清	李德春	李　毅	李鹤高	李耀倩
李　巍	肖仕宝	肖　刚	肖胜平	肖　富	吴　天
吴凤亮	吴　昊	吴相忠	吴　俊	吴晓敏	吴彬材
吴　颖	吴新顺	吴蔚斌	吴　颜	时荣强	时梓铭
岑仲阳	邱志勇	邱逢埕	邱　梅	何升平	何月甫
何　杰	何国明	何海滨	何继红	何　斌	何静涛
何　睿	余高潮	余　辉	佘小健	邹　鸰	邹德华
应翰海	汪溪子	沈　忱	沈益华	宋伟巍	宋昊通
张子闽	张公振	张凤丽	张　平	张光平	张　伟
张　华	张华庆	张华麟	张　军	张红梅	张远红
张志刚	张志华	张志明	张　兵	张宏军	张　玮
张幸农	张金善	张怡帆	张学文	张宝华	张建林
张俊勇	张俊峰	张娇凤	张晓峰	张　涛	张　婧

张绪进	张越佳	张筱龙	张 鹏	张 黎	张 霞
张 懿	张懿慧	陆永军	陆 彦	陆培东	陈一梅
陈 飞	陈小旭	陈长荣	陈凤权	陈正勇	陈 竹
陈传礼	陈 冰	陈志杰	陈良志	陈 明	陈明栋
陈 佳	陈治政	陈 俊	陈美娥	陈娜妍	陈 勇
陈振钢	陈晓云	陈晓欢	陈晓亮	陈 峻	陈 鹏
陈源华	陈 飚	邵荣顺	范亚祥	范明桥	范海燕
范期锦	茅伯科	林一鹏	林小平	林 鸣	林和平
林鸿怡	林 琴	林 巍	易涌浪	易 矗	罗小峰
罗 冬	罗 军	罗春艳	罗海燕	罗 毅	季荣耀
金宏松	金晓博	金震宇	金 鏐	周大刚	周小玲
周世良	周立伟	周 兰	周永盼	周永富	周发林
周安妮	周欣阳	周 炜	周承芳	周柳言	周炳泉
周 培	周隆瑾	周 朝	庞雪松	郑艺鹏	郑文燕
郑 东	郑冬妮	郑尔惠	郑学文	郑惠明	郑锋勇
孟祥玮	孟德臣	封建明	赵玉玺	赵世青	赵吉东
赵志垒	赵岸贵	赵洪波	赵 晖	赵培雪	赵德招
赵 鑫	郝建利	郝建新	郝晓莹	郝润申	胡亿军
胡文斌	胡玉娟	胡 平	胡亚安	胡华平	胡旭跃
胡旭铭	胡冰洁	胡 军	胡 浩	胡瑞清	柳恩梅
哈志辉	钟 芸	钮建定	俞 晓	逄文昱	饶京川
施海建	姜正林	姜 帅	姜兰英	洪 毅	宣国祥
祝振宇	姚二鹏	姚小松	姚育胜	姚 莉	班 铭
班 新	袁子文	袁 茁	耿宝磊	聂 锋	贾石岩
贾吉河	贾润东	贾 楠	夏云峰	夏 炜	夏炳荣
顾祥奎	柴信众	钱文勋	徐 力	徐 飞	徐子寿
徐业松	徐思思	徐宿东	高万明	高江宁	高军军

高纪兵	高 敏	高 超	高翔成	郭玉起	郭 枫
郭 钧	郭剑勇	郭晓峰	郭 超	唐建新	唐家风
谈建平	陶 伟	陶竞成	桑史良	黄风华	黄东旭
黄召标	黄克艰	黄昌顿	黄明毅	黄 河	黄 莉
黄莉芸	黄 铠	黄维民	黄 超	黄 淼	黄 锦
黄 群	黄 磊	梅 蕾	曹民雄	曹桂榕	曹 辉
曹慕鑫	龚正平	盛 乐	鄂启科	崔乃霞	崔坤成
崔 建	崔 洋	麻旭东	梁 正	梁 桁	梁雪峰
梁雄耀	寇 军	宿大亮	绳露露	彭职隆	董成赞
董 政	董徐飞	董溪涧	蒋龙生	蒋江松	蒋昌波
韩亚楠	韩 庆	韩 俊	韩振英	韩 敏	韩静波
覃规钦	程永舟	程泽坤	焦志斌	储祥虎	童本标
童翠龙	曾光祥	曾 莹	曾 越	谢臣伟	谢殿武
谢耀峰	赖炳超	赖 晶	雷 林	雷 潘	詹永渝
雍清赠	窦运生	窦希萍	蔡正银	蔡光莲	蔡晶晶
廖 原	翟征秋	翟剑峰	樊建华	樊 勇	黎江东
滕爱国	潘军宁	潘 峰	潘展超	薛 扬	薛润泽
薛 淑	薛翠玉	戴广超	戴济群	戴菊明	戴 葳
鞠文昌	鞠银山	魏 巍			

参与咨询的专家

(按姓氏笔画排序)

于胜英　王庆普　仉伯强　边　恒　朱永光　邬　丹
刘凤全　孙国庆　杨　咏　李光灵　李金海　李　锋
吴　澎　何升平　张小文　张华庆　张　鹏　陈明栋
茅伯科　林鸿怡　孟乙民　孟德臣　胡汉湘　胡亚安
洪善祥　徐子寿　曹凤帅　崔坤成　董学博　蒋　千
鞠文昌　檀会春

奋力谱写加快建设交通强国水运篇

习近平总书记强调,经济要发展,国家要强大,交通特别是海运首先要强起来。水运业是经济社会发展的基础性、先导性、战略性行业和服务性产业,是综合交通运输体系的重要组成部分,在支撑经济发展、促进国土开发、优化产业布局、促进对外贸易、维护国家安全等方面发挥着重要作用。

自古以来,水运以其舟楫之利成为十分重要的运输方式。新中国成立后,海运是最先走出去的领域。改革开放40多年来,我国水运业走过了不平凡的发展历程。改革开放初期,沿海港口吞吐能力严重不足,对经济社会发展形成瓶颈制约。之后,港口率先改革开放,依托港口设定经济特区和开放14个沿海港口城市。1983年交通工作会议提出了"有河大家走船,有路大家走车",在放宽搞活方针指引下,水运进入快速发展时期,逐步缓解水路运输"瓶颈"制约,解决了"有没有"的问题。1992年,邓小平同志南方谈话后,交通运输行业加快培育和发展水运市场体系,港口和内河航道建设成绩斐然,船舶运力加快发展,涵盖散货船、油船、集装箱船等主要船型和LNG船等高技术、高附加值船舶,运输全面紧张状况得到缓解,"瓶颈"制约状况得到改善。2001年我国加入世界贸易组织(WTO),水运行业抓住机遇,实现了大发展,高等级航道和港口建设成绩突出,深水泊位大幅增加,吞吐能力显著增强,专业化水平不断提高,基本适应了经济社会发展需要,解决了"够不够"的问题。

党的十八大以来,习近平总书记高度重视水运事业发展,强调经济强国必定是海洋强国、航运强国,强调要努力打造世界一流的智慧港口、绿色港口。推动我国水运事业发展取得历史性成就、发生历史性变革,进入高质量发展的新阶段。截至2020年底,全国内河高等级航道达标里程1.61万公里,长江南京以下12.5

米深水航道全线贯通，黄金水道发挥黄金效益。西江航运干线扩能升级加快推进，通航能力显著增强。沿海港口万吨级及以上泊位数 2530 个。我国水运量、港口货物吞吐量和集装箱吞吐量等指标均稳居世界第一。世界前十的集装箱港口中，我国占据 7 席。运输船队运力跻身世界前列，船舶大型化趋势明显，30 万吨级原油船、40 万吨级铁矿石运输船舶等陆续投入使用。水运科技创新能力大幅跃升，高坝通航、离岸深水港和巨型河口航道整治等建设技术迈入世界先进或领先行列，洋山港四期、青岛港等自动化码头引领全球港口智能化发展。上海国际航运中心基本建成，国际航运网络进一步完善，投资建设运营"一带一路"支点港口成绩斐然，希腊比雷埃夫斯港成为"一带一路"合作旗舰项目，在服务国家重大战略中彰显力量，为畅通国际物流大通道发挥了重要作用。期间涌现出许振超、包起帆等一批行业先锋，生动诠释了新时代奋斗者的深刻内涵，凝聚起新时代交通精神的磅礴伟力。

总的来看，水运对经济社会需求的适应程度经历了由"瓶颈制约"到"初步缓解"再到"总体缓解""基本适应"的历史性变化，并在"基本适应"的基础上向"适度超前"迈进了一大步，探索走出了一条具有中国特色的水运发展道路。这些成绩的取得，根本在于以习近平同志为核心的党中央的坚强领导和习近平新时代中国特色社会主义思想的科学指导，在于发挥了我国社会主义制度集中力量办大事的制度优势，在于坚持人民交通为人民的根本宗旨，在于不断深化改革、扩大开放、创新驱动，解放和发展了水运生产力。

"十四五"时期是我国开启全面建设社会主义现代化国家新征程的第一个五年，是加快建设交通强国的第一个五年，水运业面临加快建设、提升发展能级等重大机遇。要把握新发展阶段、贯彻新发展理念，按照构建新发展格局的要求，充分发挥水运运能大、成本低、能耗小、占地少、污染轻等比较优势，加快补齐内河水运基础设施短板，加快服务功能升级，推进安全绿色智慧发展，提高支撑引领水平，打造安全、便捷、高效、绿色、经济的现代水运体系，更好服务经济社会发展和高水平对外开放，为加快建设交通强国当好先行。要着力加快高等级航道建设，提升航道区段间、干支间标准衔接水平，推进运河连通工程建设，打造与城市、文化、旅游等融合的旅游航道。要着力打造高能级港口枢纽和辐射全球的航运枢纽，推进区域港口高质量协同发展，提升服务现代产业发展、促进国内国际双循环的能力。要着力发展高水平运输，优化运输组织，发展现代物流，改善营商环境，提升客运服务品质，加快构建现代化物流供应链体系。要着力提升智慧运输发展水平，推动5G、区块链、北斗、大数据等现代技术在水运领域的深度应用，推进水运安全绿色发展。要着力提升港航服务国际化水平，提高海运船队国际竞争力，深化国际港航海事合作。要着力完善治理体系，强化法规制度保障、深化行业管理改革，提升治理能力与水平。

潮平岸阔催人进，风起扬帆正当时。写好加快建设交通强国水运篇这篇大文章，使命光荣、责任重大、机遇难得。让我们更加紧密地团结在以习近平同志为核心的党中央周围，砥砺奋进、不懈努力，奋力谱写加快建设交通强国水运篇，为全面建设社会主义现代化国家当好先行。

2021 年 2 月 1 日

前言
Foreword

习近平总书记指出："中国特色社会主义是全面发展、全面进步的伟大事业，没有社会主义文化繁荣发展，就没有社会主义现代化。要坚定文化自信，推动中华优秀传统文化创造性转化、创新性发展，继承革命文化，发展社会主义先进文化，不断铸就中华文化新辉煌，建设社会主义文化强国。"❶2017年6月，交通运输部决定编纂《中国水运史（1949—2015）》和《中国水运工程建设实录（1978—2015）》，并印发了交办政研〔2017〕86号文件，明确指出"编纂《中国水运史（1949—2015）》和《中国水运工程建设实录（1978—2015）》是我国交通文化工程的重要内容，也是一项光荣而艰巨的重要历史任务，必须以高度的责任感和使命感抓紧抓好"。三年多来，在承办单位交通运输部水运科学研究院及各参编单位的共同努力下，完成了《中国水运工程建设实录（1978—2015）》（以下简称《实录》）的编纂工作。

《实录》集中梳理了改革开放近40年来我国水运事业，特别是水运基础设施建设方面的历史进程和巨大成就，较为系统地总结了我国水路交通发展的实践经验。改革开放初期的1978年，我国主要港口（不含港、澳、台地区，以下同）的生产性泊位只有735个，其中万吨级泊位133个。经贸快速发展带动港口吞吐量快速增长，港口再次出现严重的"三压"（压船、压车、压货）现象，成为制约国民经济发展的"瓶颈"。经过艰苦努力，到2015年，全国港口生产性泊位达到了31259个，其中万吨级泊位2221个，分别增长了41.5倍和15.7倍，10万吨级以上泊位达到331个，大型化、专业化供给结构明显改善。我国轮驳船达到

---

❶ 习近平在教育文化卫生体育领域专家代表座谈会上的讲话（2020年9月22日），《人民日报》2020年9月23日01版。

I

16.6 万艘,净载重量 2.7 亿吨,集装箱箱位 260 万 TEU,载客量 101.7 万客位,海运运力规模跃居世界第三位,形成初具规模的上海国际航运中心和多个区域性航运中心。水路交通对经济社会需求的适应程度经历了由"瓶颈制约""初步缓解""全面缓解"到"基本适应"并迈向高质量发展的历史性变化。特别是 2001 年我国加入世界贸易组织(WTO)后,经济发展融入全球化,水路国际运输航线通达全球逾 100 个国家和地区,1000 多个港口。2015 年,全国港口吞吐量 127.5 亿吨,是 1978 年 2.8 亿吨的 45 倍,其中外贸吞吐量增长了 61 倍。港口集装箱吞吐量自改革开放初期由几乎为零起步,到 2015 年达到 2.1 亿 TEU。2015 年,全国已有 33 个港口(沿海 23 个、内河 10 个)货物吞吐量超亿吨,其中 10 个港口位列世界前 20 位。集装箱吞吐量世界前 20 位中,中国占有 10 席(包括香港特别行政区、台湾地区的港口)。中国已是名副其实的航运大国,水路交通包括水运基础设施建设,许多领域已处于国际领先的位置,这不仅是国家综合实力的重要体现,更是中华民族伟大复兴的重要标志。中国水运发展受到了国际社会的高度关注和称誉,世界银行列专题组织专家进行了"新时代的蓝色航道:中国内河水运发展"(Blue Route for a New Era: Developing Inland Waterways Transport in China)和"中国港口发展回顾"(Retrospective Review of China Port Sector Development)的研究,将中国发展经验介绍给世界。2020 年 10 月 13 日,世界银行发布研究报告指出,中国目前拥有世界上最繁忙的内河水运体系,2018 年中国内河水运货运量已达到 37.4 亿吨,是欧盟或美国的 6 倍。报告认为,中国内河水运发展成就,源于持续有力的政策支持、分工明确的管理体制、大量投入的建设资金、与基础设施建设同步进行的船型标准化和航道等级划分、完善的水运教育体系等,值得更多国家学习借鉴。世界银行的报告分析全面,评价中肯,体现了国际社会对中国水运发展的肯定。

《实录》全面翔实地反映了改革开放近 40 年,中国水运事业的历史性变化和探索中国特色社会主义交通运输发展道路的历程。回望探索发展的历程,我们始终不能忘记敬爱的周恩来总理在 1973 年 2 月提出的"三年改变港口面貌""力争 1975 年基本上改变主要依靠租用外轮的局面"的重要指示,和 1975 年嘱咐争取到 1980 年建设 250~300 个泊位的遗愿;不能忘记 1978 年 3 月交通部向国务院呈报的《关于实现交通运输现代化的设想(汇报提纲)》;不能忘记 1983 年全国交通工作会议提出了"有河大家走船,有路大家走车"的改革方针,坚决冲破计划经济束缚,开放运输市场;不能忘记1990年交通部提出关于发展交通基础设施"三主一支持"❶的规划设想;不能忘记1998年交通部提出实现交通运输现代化"三阶段"的发展战略❷;不能忘记2006—2008年交通部不断探索转变发展方式,提出了发展现代交通业"三个转变"❸和"三个服务"❹的重大决策;不能忘记2014年全国交通运输工作会议提出了"四个交通"❺的理念,推动交通运输科学发展;我们更不能忘记习近平总书记在党的十九大报告中明确指出要加快建设创新型国家,把"交通强国"作为新时代建设现代经济体系重要战略目标之一……这一项项遵循党中央国务院重大战略部署,结合我国交通运输发展实际做出的具有里程碑意义的决策,使交通运输,特别是水路交通铸就了无愧于时代的历史性变化,走出了一条具有中国特色社会主义交通运输发展的道路。

改革开放以来水路交通走过的历程可谓爬坡过坎,披荆斩棘,取得的成就来之不易。回答中国水运事业特别是水运基础设施建设为什么能实现历史性的变化,是怎样实现历史性变化的,这就是我们编纂《实录》的初衷。回顾总结水运发展可从多方面阐述,但核心的就是三条:没有社会主义制度的优越性,就不能集中力量办大事、办难事、办成事,就没有水运事业的历史性变化;没有改革开放,就不能调动、发挥各方面积极性,就没有水运行业科学的、持续的发展,就没有水运事业的历史性变化;没有人民群众对发展水运事业的殷切期盼,就没有发展水运事业的力量源泉和动力,也就没有水运事业的历史性变化。最根本的一条就是在党中央国务院坚强领导下,全体交通人特别是水运行业的广大干部职工筚路蓝缕、

---

❶ "三主一支持"是1989年2月27日在全国交通工作会议上正式提出的,从"八五"开始用了几个五年计划实施的交通基础设施建设长远规划。1990年在此基础上,增加"三主",就是公路主骨架、水运主通道、港站主枢纽,"一支持"即交通支持保障系统。

❷ "三阶段"发展战略即第一阶段从"瓶颈制约,全面紧张"走向"两个明显"(交通运输的紧张状况有明显缓解,对国民经济的制约状况有明显改善);第二阶段2020年前从"两个明显",再到"基本适应";第三阶段2040年前从"基本适应"到"基本实现现代化"。

❸ "三个转变"即交通发展由主要依靠基础设施投资建设拉动向建设、养护、管理和运输服务协调拉动转变;由主要依靠增加物质资源消耗向科技进步、行业创新、从业人员素质提高和资源节约环境友好转变;由主要依靠单一运输方式的发展向综合运输体系发展转变。

❹ "三个服务"是交通运输部提出的交通发展要服务国民经济和社会发展全局、服务社会主义新农村建设、服务人民群众安全便捷出行。

❺ "四个交通"是交通运输部综合分析形势任务,立足于交通运输发展的阶段性特征,更好地实现交通运输科学发展,服务好"两个百年目标",由部党组于2014年研究提出的当时和此后一个时期的战略任务,即全面深化改革,集中力量加快推进综合交通、智慧交通、绿色交通、平安交通的发展。

砥砺奋进,水运事业才取得了令世人瞩目和彪炳史册的巨大成就,成为国民经济发展的"先行官"。

《实录》在谋篇布局上紧扣编纂初衷,由五篇十三章及附录构成,力求回答国际、国内社会特别是交通运输行业人士关注的问题,也为今后研究分析改革开放以来,我国水运基础设施建设的历程和规律提供了翔实的资料。《实录》分为九卷,每卷既是《实录》的一部分,又是水运基础设施建设一个相对独立的领域,便于研读分析。

第一卷为"综合",由四篇七章组成。第一篇"发展篇"中的第一章"改革开放以来的中国水运事业",对改革开放以来我国水运事业发展进行了系统回顾总结,分为历史性变化的阶段性特征、发展成就、基本经验和结语四个方面,全面阐述了在探索中国特色社会主义交通发展道路进程中实现了水运事业的历史性变化。第二章为"水运基础设施建设规划及前期工作",重点阐述了四个规划,即1993—1994年编制的《全国水运主通道、港口主枢纽总体布局规划》,2006年编制的《全国沿海港口布局规划》,2007年编制的《全国内河航道与港口布局规划》《国家水上交通安全监管和救助系统布局规划》。这是20世纪80年代交通部提出"三主一支持"规划设想,以及1998年交通部关于实现交通运输现代化"三阶段"设想的交通发展战略,在我国水运事业特别是基础设施建设方面的重要布局规划,指导了改革开放尤其是"八五"之后的水运基础设施建设,体现了交通发展的规划引领作用。重点项目的前期工作作为从规划安排到项目建设的重要转换环节,是水路交通建设可持续发展的保证,也是基础设施建设不可或缺的重要工作。第二篇"管理篇"的第三章"水运工程建设法律法规"和第四章"水运工程建设与管理",阐述了改革开放以来,我国水运工程建设吸收国际先进管理经验,结合我国工程建设实践建立起一套行之有效的法律法规,体现了全面依法治国理念在水运基础设施建设中的实践。第三篇"科技篇"的第五章"水运工程建设技术标准",展示了水运工程主要技术标准的发展,体现了我国水运工程建设的软实力。新中国成立之初,向苏联学习,采用的是"苏标"。历经几代水运建设者的艰苦奋斗,在水运工程实践中逐步形成了完整的中国水运工程标准规范体系,涵盖了水运工程所有领域,标志着中国水运工程标准从'无'到'有',由'弱'变'强'。第六章"水运工程建设科技创新与应用",从水运领域的港口、航道、枢纽、海工、疏浚吹填、地基处理、港口设备、环境保护、综合技术等方面，总结了改革开放近40年来水运工程技术创新与进展，体现了水运基础设施建设践行"科学技术是第一生产力"的理念和水运事业发展中的"亮点"。第四篇"开放篇"的第七章"水运工程建设对外合作与交流"，记载了以企业为主的市场主体在国际水运工程，如港口码头建设、航道疏浚开发和营运管理等方面开展的国际合作与交流，特别是党中央提出"一带一路"倡议之后，水运工程在援建、施工承建、项目总承包以及投资和技术装备等方面取得的业绩，共收录了84个项目，反映了改革开放近40年来水运工程建设领域由"引进来"迈向"走出去"的历史性变化。

第二卷至第五卷为第五篇"成就篇"，包括第八章"沿海港口与航道工程"（第二卷、第三卷）与第九章"内河港口工程"（第四卷、第五卷）。由于沿海港口的航道一般是港口（港区）的公共或专用航道，所以沿海的港口航道工程与港口码头泊位建设合并阐述，但内河航道是公共、公益性水运基础设施，为航道沿线各港口和航行的船舶服务，故对内河航道的工程建设单设一章（第十章）。第八章"沿海港口与航道工程"和第九章"内河港口工程"的最大区别在于收录入书的标准不同，第八章收录的是拥有万吨级泊位的沿海港口，第九章收录的是拥有500吨级泊位的内河港口。根据2015年《全国交通运输统计资料汇编》，港口货物吞吐量1000万吨以上沿海港口和200万吨以上内河港口为规模以上港口，沿海港口39个、内河港口54个，本书全部收录。对规模以下的港口，有万吨级以上泊位的8个沿海港口收录入书，有500吨级以上泊位以及国际河流边境贸易口岸港口等有特别典型意义的53个内河港口也收录入书。这样，第八章"沿海港口与航道工程"共收录港口47个，第九章"内河港口工程"共收录港口107个。第二卷至第五卷对沿海、内河港口的编撰内容，按港口的管理体制及地域位置，分省区市、港口、港区、工程项目四个层面展开。第八章"沿海港口与航道工程"共录入大中小型工程项目1054个（包括1978年和2015年在建项目），万吨级以上泊位1739个。第九章"内河港口工程"共录入工程项目1133个，500吨级以上泊位3028个。由于从20世纪90年代开始的长江口深水航道治理工程和长江南京以下12.5米深水航道整治工程实施完成，长江南京以下港口可接纳5万吨级船舶直接靠泊、10万吨级船舶乘潮或减载靠泊，实现了海港化的功能，故《实录》收录的码头泊位视同海港，按万吨级泊位入书标准收录。此外，长江干线上的水富港是云南进入长江的"北大门"，黑龙江、澜沧江边境河流的港口，泊位等级有些达不到500吨级，但这些港口在对外开放、发展边境贸易方面意义重大，也都收录入书。

第六卷为"成就篇"的第十章"内河航道工程"，遵循2007年国务院批准的《全国内河航道与港口布局规划》明确的"两横一纵两网十八线"和我国通航河流分布特征设置"节、目"。2015年，我国内河通航里程12.7万千米，其中等级航道6.62万千米，四级以上的航道为2.22万千米，占等级航道的33.5%，故确定通航500吨级船舶的四级及以上航道工程收录入书。此外，对"两横一纵两网十八线"规划以外，一些在区域经济发展中有突出意义的内河航道建设工程，如赤水河等十二条河流的航道建设工程也收录入书。共收录了包括长江口深水航道治理工程、长江南京以下12.5米深水航道整治工程在内的256个项目工程。对"寸水寸金"的内河航道来说，这些工程极大地发挥了基础设施的服务能力，对发展我国水运事业的意义和作用不言而喻。

第七卷为"成就篇"的第十一章"内河通航建筑物（船闸与升船机）"。按我国大江大河（包括运河）水系分布状况以及航道发展"两横一纵两网十八线"的规划与分布设置"节、目"。发展内河航运是水资源综合利用的重要方向，船闸、升船机是内河通航建筑物中较为常见的工程设施。改革开放以来，我国在发展水利事业的同时，通过船闸、升船机建设，极大地改善了航道条件，提高了我国内河航运能力，助推国民经济的发展。第十一章收录改革开放以来，通过能力500吨级及以上船舶的船闸、升船机建设项目；对不在规划河流上或通过能力不够500吨级船舶的船闸、升船机，但对区域经济发展和科技创新有典型意义，如澜沧江景洪水力式升船机也收录入书。第十一章共收录改革开放以来工程项目168个，含220座船闸、9座升船机。

第八卷为"成就篇"的第十二章"水运支持保障系统工程"。水运支持保障系统由海事管理、救助打捞、船舶检验、科技教育、通信导航、船舶引航等构成，是水路运输不可或缺的重要组成部分。改革开放以来，我国在大力发展港口、航道水运基础设施的同时，高度重视支持保障系统建设，不断提高为水运发展的服务能力。第十二章按上述系统构成设置"节、目"，共收录工程项目396个。相对港口、航道建设项目，支持系统的中小型项目居多，由于数量较大，在收录入书时对部分项目进行了汇总合并。

第九卷为"成就篇"的第十三章"重要水工工程",收录了六项重大水运工程。改革开放以来,我国的水运工程建设项目多达数千项,奠定了中国在全球的航运大国、交通大国地位,也为我国从航运大国、交通大国向航运强国、交通强国迈进奠定了坚实的基础。第十三章收录的六项工程,建设规模大,科技创新突出,对我国经济社会发展有重大意义,在国际上有重要影响,是我国水运发展辉煌成就的标志性工程。葛洲坝水利枢纽航运工程与长江三峡水利枢纽航运工程,特别是三峡工程的双线连续五级船闸和升船机为当今世界规模最大的内河通航建筑物。长江口深水航道治理工程,建成了12.5米的深水航道,获得了2007年国家科学技术进步奖一等奖,是世界上巨型河口航道治理的成功范例,连同长江南京以下12.5米深水航道整治工程,不仅使长江南京以下港口功能海港化产生巨大的经济社会效益,而且是党中央国务院关于建设长江黄金水道重大决策的基础性工程。上海国际航运中心洋山深水港区工程,不仅标志着我国在外海深水建设港口的技术进步,而且洋山深水港区四期工程自动化集装箱码头建成投产,使我国集装箱码头智能化建设处于世界领先地位。港珠澳大桥岛隧工程是极为复杂的水工工程,取得了一系列技术突破,标志着我国水工工程技术水平处于国际领先的第一方阵,大桥建成通车有力支撑了粤港澳大湾区发展。这六大工程是我国水工工程中的典型,在《实录》第十三章中做了比较细致的阐述。这一卷还有大事记、纪年图表等内容,不仅体现《实录》作为史书的完整性,而且便于读者查阅,比较直观地反映了改革开放以来,我国水运工程建设取得的成就。

在交通运输部的领导下,经过三年多的努力,《实录》编纂工作如期完成。编纂这部作为交通文化建设工程的书籍,凝聚了全行业的力量,众多的参编者为之付出了心血和智慧。特别是改革开放初期的文献,由于时间久远、机构变化、人员更迭,很多资料缺失,参编者千方百计,走访老同志,翻阅档案,力求《实录》的完整性、准确性。《实录》综合了改革开放近40年的水运基础设施建设项目,对此我们组织水运工程方面的专家编写了项目模板,并委托上海国际港务(集团)股份有限公司开发了电脑软件;第一次项目综合时,请重庆交通大学河海学院20多位师生进行了系统合成。《实录》编纂过程中,召开了多次专家咨询会、评审会,专家们为《实录》编纂建言献策,助推了编纂工作。交通运输部水运科学研究院承办《实录》

综合编纂工作,组织编写人员全力以赴,深入调查研究,及时解决编纂中存在的专业问题,确保《实录》编纂质量。本着对历史负责、对子孙负责的精神,参加综合编写的同志兢兢业业,按照时间节点的进度要求,完成各自的编写工作。人民交通出版社股份有限公司的编审同志,认真校审,为确保《实录》的出版质量做了大量的工作。最后,我们还要对支持《实录》编纂工作的中国远洋海运集团有限公司、招商局集团有限公司、中国交通建设集团有限公司表示衷心的感谢。

《中国水运史》《中国水运工程建设实录》

编审委员会

2020 年 11 月 10 日

总目录
Contents

第一卷 综 合

一、发 展 篇

二、管 理 篇

第二卷 沿海港口与航道工程(上)

五、成就篇(一)

第三卷 沿海港口与航道工程(下)

五、成就篇(二)

第四卷 内河港口工程(上)

五、成就篇(三)

第五卷　内河港口工程（下）

五、成就篇（四）

第六卷　内河航道工程

五、成就篇（五）

第七卷　内河通航建筑物

五、成就篇（六）

第八卷　水运支持保障系统工程

五、成就篇（七）

第九卷　重要水工工程

五、成就篇(八)

《中国水运工程建设实录(1978—2015)》纪年图表

《中国水运工程建设实录(1978—2015)》大事记

综合类

工程类

附　录

目录
Contents

五、成就篇（七）

Record of
Port and Waterway Engineering
Construction in
China
中 国 水 运 工 程 建 设 实 录
（1978 — 2015）

五、成就篇（七）

第十二章
水运支持保障系统工程

第一节 海事基地

水上交通安全属公共安全范畴,涉及船舶交通的监管和险情救助。水上交通事故突发性强,远离陆地,救援困难。加强安全工作,处理公共突发事件是政府的重要职能。加强水运支持保障系统工程的建设,对于提高安全管理水平、增强应对水上突发事件的能力、切实保障人民群众的生命财产安全、促进经济发展、维护国家权益具有重要意义。

改革开放以来,我国水运支持保障系统工程经过多年持续建设,水上交通安全监管布局基本趋于科学合理,安全监管能力和水平取得了显著的提升,水上交通安全形势稳中向好,水上交通安全监管与救助为社会经济发展作出了贡献。

（一）船艇、飞机装备能力明显提升

1.船艇装备呈现规范化、标准化、现代化,应急保障能力显著提升

随着《海事船艇配备管理规定（试行）》《海事船艇管理指南》的相继颁布实施,各类海事船艇的船型、功能定位、配置数量和服役年限的标准得以明确,海事船艇建设管理的主要工作流程、工作要求及船艇运行管理的工作重点得以规范化,船艇配置、运行维护、使用管理制度体系初步构建。

随着100米级、60米级大中型巡逻船的投入使用,海上监管和应急指挥力量能在9级海况下（风力12级、浪高14米）全天24小时保持出动,能在6级海况下（风力9级、浪高6米）对海上实施有效监管和应急指挥。部分大中型巡逻船上设置了直升机起降或悬停平台,实现飞机和船艇的联合执法和立体化监管,应急监管能力明显提升。

拥有"海巡01"轮等大型优质巡逻艇5艘、中型巡逻艇72艘、小型巡逻艇720艘,形成以千吨级海巡船为骨干,60米级、40米级中型巡逻艇为主体,30米级以下小型巡逻艇为支持的海事巡逻船艇编队,监管覆盖范围由港区延伸至领海和专属经济区。北斗卫星导航系统在国际海事组织海上安全委员会第94届会议上通过认可,正式成为继美国全球定位系统（GPS）、俄罗斯格洛纳斯卫星导航系统（GLONASS）之后第三个全球卫星导航系

统，服务世界航海用户。

2.轻型直升机开展空中巡航，立体化动态监管能力初步构建

广东海事局配置的轻型直升机加强了空中监管力量，与传统监管模式形成互补，提升了水上交通监管能力，扩大了海事监管范围。

（二）现代化监管能力建设稳步提升

1.安全通信系统让航行更安全，让搜救更高效

按照国际海事组织（IMO）和国际电信联盟（ITU）等相关国际公约规则要求，我国海岸电台承担着船舶遇险安全值守及后续通信、海上安全信息播发、船舶监管保障等业务。

实施全球海上遇险和安全系统（GMDSS）工程，全国海事系统建成了水上遇险安全通信系统。在全国沿海建设了甚高频（VHF）安全通信系统，基本实现了沿海25海里内全覆盖。

2.视频监控系统发挥近岸监视辅助作用

视频监控系统能够对危险品作业码头、客运旅游码头、内河渡口等的装卸作业、车辆及人员上下船秩序等情况进行监控，在内河水域辅助其他监管系统进行电子巡航，为日常监管、险情处置和搜救应急提供现场视频信息，有效提高了监管效率和决策辅助能力。该系统作为水上安全监管设施的一个重要组成部分，可以直观有效地监控水上交通现场态势和现场船舶动态，是交通组织、应急监控的重要补充手段。

3.船舶交通管理系统在近岸水域监管中发挥重要作用

随着海事现代化监管系统的应用不断扩展，截至2018年，全国已建成和正在建设的船舶交通管理中心共48个，雷达站218个。系统监管覆盖水域超过20万平方公里，基本实现了沿海港区大部分水域及重要航段的覆盖。其中，浙江宁波—舟山、福建沿海已基本形成连续覆盖，天津、河北、浙江、福建、广西实现了辖区信号融合并建成直属局船舶交通管理协调中心。长江海事局辖区共建成船舶交管系统雷达站59座、船舶交通服务（VTS）中心12处；长江干线安徽段基本实现雷达链状覆盖，辖区内重点船舶动态监管和重点水域安全管理得到加强。

船舶交通管理系统的应用，使得执法人员能够实时掌握辖区船舶的动态信息，分析辖区安全形势，开展有针对性的监督和管理，进一步提高工作质量与工作效率，减少巡航的盲目性和随意性，使水上安全监督管理工作更严密规范，在为船舶提供信息服务、进行交通组织、支持联合行动及应急搜救辅助等方面发挥了重要的作用。

4.船舶自动识别系统保障船舶航行安全

基本建成北方海区、东海海区和南海海区以及内河船舶自动识别系统（AIS）岸基网

络系统,组建北海、东海和南海航海保障中心海区导航中心,现有 AIS 实体标 423 座、AIS 岸台 603 座,AIS 岸基系统工作正常率高达 99%。推进 AIS 岸基网络优化部署,开展 AIS 基站补点建设,基本实现沿海和内河四级以上航道 AIS 信号全覆盖。全面推进 AIS 社会公众服务,实现船舶信息实时查询、快速定位等功能。

(三)海事信息化建设成效显著

海事系统信息化工作自 1998 年部海事局成立开始启动,从 2000 年水上安全监督信息系统一期工程的实施开始起步建设,在业务支撑、发展保障等方面均发挥了巨大作用。

海事基础设施建设方面,海事系统已经形成以部局为核心,覆盖 14 个直属局、28 个地方局的星形海事专网。14 个直属局以及上海、江苏、浙江地方局已实现部局、直属局、分支局及海事处的 4 级网络专线覆盖。安徽、湖南、山东等 8 个地方局已实现 3 级覆盖。在此基础上开通了全国海事视频会议系统,并采用分类定级的方式,完成了部局统一推广的应用系统安全等级保护定级和公安部备案工作。

业务应用系统建设方面,在船舶管理、船员管理、应急管理、综合管理等方面建设和推广应用了 50 余个业务系统,涵盖主要海事业务。实现了船员、验船师的"无纸化"考试,船员随到随考。建成了海事系统内外网网站群,开通了船舶、船员管理等行政许可项目网上申报系统,为社会公众提供了及时、便捷的信息服务,得到了社会好评。

航海保障方面,建设了 VTS、AIS、闭路电视(CCTV)系统,实现了全国主要港口及重点水域水上交通全覆盖监控。建成了船舶远程识别与跟踪系统(LRIT)国家数据中心,实现了对中国籍国际运输船舶的全球动态监控。

信息系统整合建设方面,在交通运输部编制的《公路水路交通运输信息化"十二五"发展规划》的指导下,部海事局组织编制了"海事信息系统顶层设计",启动实施了船舶协同管理与信息服务系统工程和智慧海事一期、二期工程。完成了各海事业务数据至上海一级云数据中心的汇聚、清洗工作,建立了船舶、船员、船公司等基础数据库,同时实现了全国海船船舶、船员现场业务的协同办理及船舶远程电子签证。

(四)船舶污染防治能力建设不断强化

随着直属海事系统溢油应急设备库的建设运行,我国沿海的溢油应急能力显著加强,应急力量的专业性、整体性有所改善,有效保护了沿海水域生态环境。总体上看,已初步实现了沿海离岸 50 海里以内水域溢油清除能力不低于 1000 吨、重点水域不低于 10000 吨的规划目标。

(五)基础设施支持保障体系逐步完善

基地码头建设为动态执法和应急反应提供基础保障。海事系统基地码头基本能满足海事船艇靠泊需求，基地码头布局日趋完善，为海事业务的开展提供了有力支撑，夯实了海事业务正常发展和开展的基础，初步形成功能完善、配套合理、布局全面、保障有力的支撑体系，在提供一流海事监管服务和航海保障方面发挥了重要作用。

现代化监管系统适应水路交通快速发展的要求和全国水上交通安全监管的实际需要。海事系统基本建成以安全通信系统、视频监控系统、船舶交通管理系统等多重手段协同监控的现代化监管系统，基本形成以船艇、飞机、基地码头、溢油应急设备库等综合布局的立体化巡航和快速反应监管体系，基本适应了水路交通快速发展的要求和全国水上交通安全监管的实际需要。实施建设了水监信息系统三期工程，建成海事信息主干网络，海事管理业务逐步实现了网络化、电子化，实现了信息化监控与现场执法的有效联动，信息化监管格局基本形成。积极利用互联网、大数据、云计算等新技术，大力推进智慧海事建设，提升海事动态监管的整体效能。通过远程申报、网上审批、电子支付等多种形式，以技术革新助推电子政务平台建设，逐步建立数字化服务保障模式，大幅提高水上交通运输便利化水平。

（六）综合航海保障系统初步建成

航海保障顺应航运发展的时代要求，强化公益职能，科学配置资源，初步建成了覆盖全面、保障及时的综合航海保障系统，为水上交通安全提供了有力的支持保障。

航标管理水平跨入世界先进行列。中国沿海及各主要港口的航标实现灯光交叉覆盖的"航标链"；沿海船舶自动识别系统骨干网络已基本覆盖沿海及长江江苏段的主要港口和重要水域，形成沿海港口和航道全面覆盖、性能可靠的视觉航标系统。

水上安全通信实现全覆盖。交通通信系统从传统的电话、传真、载波通信发展到海陆空全方位的通信模式，形成了以网络互联互通为主要特点的一体化、便捷通畅、四通八达的网络平台和通信系统。中高频遇险通信基本覆盖沿海 100 海里水域，上海海岸电台可覆盖国际西北太平洋搜救责任区水域。海上安全信息播发覆盖沿海 250 海里的水域。VHF 安全通信基本可连续覆盖沿海 25 海里水域，长江干线基本实现了 VHF 通信链状覆盖。海事卫星通信能够实现我国领土、领海、领空、200 海里专属经济区和部分南中国海区域通信强制路由能力。

但是，海事工作发展一定程度上仍难以满足经济社会高质量发展要求和人民群众日益增长的美好生活需要，表现出供给能力不足、结构不优、效率不高、实力不强、管理粗放、发展不平衡不充分等问题。海事系统将着力服务国家重大发展战略，构建保障有力的海事支持体系；保障水上交通安全畅通，构建精准高效的海事监管体系；促进航运高质量发展，构建深度融合的海事服务体系；融入全球治理格局，构建开放共赢的海事国际合作体系；实现基础设施现代化，构建创新驱动的智慧海事体系；坚持依法行政，构建规范有序的海事法治体系。

到 2035 年,基本实现海事治理体系和治理能力现代化,进入国际海事领域先进行列,实现一流的治理、一流的服务、一流的队伍、一流的装备,站稳交通强国建设第一方阵。到 21 世纪中叶,全面实现海事治理体系和治理能力现代化,在国际海事领域处于领先地位,成为交通强国建设中的排头兵。

一、通信监控及指挥系统

(一)综述

直属海事系统通信监控及指挥系统建设主要包括中高频通信系统、甚高频通信系统、视频监控系统、船舶交通管理系统等,实现了全国主要港口及重点水域水上交通全覆盖监控。建成了船舶远程识别与跟踪系统(LRIT)国家数据中心,实现了对中国籍国际运输船舶的全球动态监控。

1.中高频通信系统

截至 2018 年底,已建成海岸电台 16 座,其中北海海区设有天津、大连、青岛和烟台 4 座海岸电台,东海海区设有上海、连云港、宁波、福州和厦门 5 座海岸电台,南海海区设有广州、汕头、湛江、北海、八所、海口和三亚 7 座海岸电台。

海岸电台共开设中高频(MF/HF)业务电路 163 条,其中北海海区 4 座海岸电台开放 33 条业务电路,东海海区 5 座海岸电台开放 76 条业务电路,南海海区 6 座海岸电台开放 54 条业务电路,数选值班电路覆盖沿海 100 海里水域,其中上海海岸电台数选值班电路覆盖第七搜救区西北太平洋海域。HF 业务工作电路覆盖范围可达沿海、近洋水域,其中,天津、上海、广州海岸电台 HF 业务工作电路覆盖范围可达远洋水域。共有 7 座海岸电台开设安全信息播发(NAVTEX)业务,其中大连、上海、广州、福州和三亚海岸电台设有国际英文 MF NAVTEX 播发电路(518 千赫兹),大连、天津、上海、广州、三亚、福州和湛江海岸电台设有国内中文 MF NAVTEX 播发电路(486 千赫兹)。上海和广州海岸电台设有中英文 HF NAVTEX 播发电路(4209.5 千赫兹),业务覆盖沿海 250 海里至 500 海里水域。

2.甚高频通信系统

截至 2018 年底,沿海已建成甚高频通信系统控制中心 13 个,控制分中心 68 个,基站 207 座。基本形成沿海 25 海里左右范围内连续覆盖,覆盖水域约为 60 万平方公里。

3.视频监控系统

除少量通过基本建设投资外,视频监控系统大部分是通过行政事业类项目、企业出资和企业接入等方式建成。直属海事系统共有 2100 多处视频监控点,监控中心/分中心

250 多处,对重点港口码头和部分渡口等实现了可视化监控,覆盖区内的搜救现场图像可传输到各级指挥中心。

4.船舶交通管理系统

截至 2018 年,全国已建成和正在建设的船舶交通管理中心共 48 个,雷达站 218 个。系统监管覆盖水域超过 20 万平方公里,基本实现了沿海港区大部分水域及重要航段的覆盖。其中,浙江宁波—舟山、福建沿海已基本形成连续覆盖,天津、河北、浙江、福建、广西实现了辖区信号融合并建成直属局船舶交通管理协调中心。长江海事局实施的船舶交管系统(VTS)武汉改扩建工程,以及黄石、九江、荆州、岳阳、芜湖、铜陵、三峡库区 VTS 二期工程,新建雷达站 43 座,同时配套建设 VHF 基站及 CCTV 站点。长江海事局辖区共建成船舶交管系统雷达站 59 座、VTS 中心 12 处;长江干线安徽段基本实现雷达链状覆盖,辖区内重点船舶动态监管和重点水域安全管理得到加强。

5.船舶自动识别系统

基本建成北方海区、东海海区和南海海区以及内河 AIS 岸基网络系统,组建北海、东海和南海航海保障中心海区导航中心,现有 AIS 实体标 423 座、AIS 岸台 603 座,AIS 岸基系统工作正常率高达99%。推进 AIS 岸基网络优化部署,开展 AIS 基站补点建设,基本实现沿海和内河四级以上航道 AIS 信号全覆盖。全面推进 AIS 社会公众服务,实现船舶信息实时查询、快速定位等功能。

(二)重点项目

1.广东海事局内河重点航段实施安全监管甚高频通信系统和视频监管系统工程

(1)项目背景

广东省内河纵横交错、通江达海,大小河流 2000 余条。内河航道总里程达 13596 千米,生产性码头泊位 1153 个,其中万吨级以上泊位 202 个,港口货运吞吐量达到 1.7 亿吨,内河运输在广东综合交通运输体系中具有不可替代的地位和作用。随着广东省经济的飞速发展、广东省内河航运事业的发展和极端气候变化的影响,以及国家加快内河航运发展的实施,广东省内河重点航段水上交通监管形势越来越严峻,安全风险压力不断加大。广东海事局管辖水域通航环境日益复杂,进出港船舶交通量持续增长,港口规划建设不断加快。港口规模的不断增加和港口吞吐量的日益增长,都给进出航道、港口生产设施带来更大的压力,也使港区水域船舶交通流量增加和船舶交通密度提高,导致船舶航行风险增大、船舶交通事故增多。广东省辖区当时正迎来新一轮的港口建设热潮,特别是港珠澳大桥的建设,施工作业船、货船交通量呈现快速增长态势,从管理来看,内河渡船、施工船、危险品船、运砂船和"三无"船舶管理难度很大。此外,海事人员数量较少,监管区域大，以致监管时效性较差、效率低，应急反应速度受到极大制约。与之相比，广东内河重点航段的船舶交通安全监管设施却严重不足。为保障人民生命财产安全和水域生态环境，适应广东内河重点航段水上运输的发展，改善海事部门安全监管和搜救技术装备不足的局面，需进一步加强水上船舶交通安全监管和搜救能力，建设广东海事局内河重点航段安全监管甚高频（VHF）通信系统工程。

（2）建设过程

项目建设依据：2012 年 5 月，交通运输部印发《关于广东海事局内河重点航段实施安全监管甚高频通信系统和视频监管系统工程可行性研究报告的批复》，批准广东海事局建设内河重点航段甚高频通信系统和视频监管系统工程。2012 年 8 月，广东海事局与北京金交信息通信导航设计院签订《广东海事局内河重点航段甚高频和视频监管系统工程设计编制合同》，委托北京金交信息通信导航设计院完成本工程的初步设计及施工图设计工作。2012 年 10 月，交通运输部海事局印发《关于广东海事局内河重点航段安全监管甚高频通信系统和视频监管系统工程初步设计的批复》，同意工程初步设计文件，批复工程总概算为 5310 万元。2013 年 8 月，工程开工建设。2013 年 12 月，交通运输部海事局印发《关于广东海事局内河重点航段安全监管甚高频通信系统和视频监管系统工程设计变更动用工程预留费及调整概算的批复》（海计装〔2013〕880 号），同意工程设计变更及概算调整。2014 年 9 月，工程试投产运行。2016 年 3 月 10 日通过了交通运输部海事局在广州对工程进行的竣工验收。

（3）项目规模

广东海事局内河重点航段安全监管甚高频（VHF）通信系统工程总决算为 5275 万元，主要建设内容为：在广东海事局内河重点航段（即西江广东段界首至磨刀门 338 千米航段、珠江三角洲航道网及东江、北江重要航段），建设甚高频通信系统和视频监管系统。

甚高频通信系统主要建设内容为：新建广东海事局 VHF 管理控制总中心；新建肇庆海事局等 10 个 VHF 管理控制中心，改造江门、东莞海事局 VHF 管理控制中心；新建封开海事处等 17 个 VHF 控制分中心；新建长岗等 20 个 VHF 操作终端；新建云浮等 32 座 VHF 基站。

视频监管（CCTV）系统的主要建设内容为：建设广东海事局主监控中心；建设阳江海事局等 19 个 CCTV 监控中心；建设水东等 24 个 CCTV 监控分中心；建设封开等 21 个监控终端；建设肇庆等 130 个 CCTV 固定监控点和汕头等 4 个 CCTV 移动监控点。

（4）应用效果

广东海事局内河重点航段实施安全监管甚高频通信系统和视频监管系统工程的建成，大大改善了内河船舶交通安全监管设施不足的状况，为海事监管发挥了极大的安全保障作用。

2. 山东海事局沿海辖区甚高频(VHF)安全通信系统工程

（1）项目背景

山东海事局辖区水域地处我国水上交通的南北大通道,船舶交通密集,航运业、养殖业、旅游业发达,通航条件复杂。随着"海上山东"战略的提出,山东辖区水域内港口和船舶流量仍在不断增多,海上事故呈上升趋势。20世纪90年代,在建设我国全球海上遇险和安全系统工程(GMDSS)过程中,由于当时的历史条件,山东海事局辖区仅建设了青岛和烟台2座MF/VHF数选值班台,未能形成对整个山东沿海近岸水域的连续覆盖。因此,现有山东VHF安全通信设施远不能满足《全国沿海甚高频(VHF)安全通信系统总体布局规划》中对山东海事局辖区甚高频(VHF)安全通信系统提出的规划要求,更不能满足山东海事局加强辖区沿海水域的航行安全保障能力,确保这一水域水上交通安全的需要。建设山东海事局辖区VHF安全通信系统,形成辖区沿海近岸水域的基本连续覆盖,将会有效保障全山东海域船舶航行安全,船舶遇险时能及时施救。

（2）建设过程

山东海事局沿海辖区甚高频(VHF)安全通信系统工程(以下简称"山东海事局VHF工程")前期工作于2005年启动,2006年7月交通部批准了工程可行性研究报告,工程正式立项。2006年11月交通部海事局批准了工程初步设计,工程正式进入实施阶段。2008年9月26日,工程开工建设。

项目建设依据:2010年1月14日,交通运输部海事局以《关于印发2009年直属海事系统基本建设和船舶购置追加计划的通知》(海计建〔2010〕25号)批复追加投资152万元,工程概算调整为2652万元。2011年2月28日,部海事局以《关于山东海事局沿海辖区甚高频安全通信系统工程设计变更和概算调整的批复》(海计建〔2011〕102号),同意对该工程进行设计变更,并动用预备费。2011年11月23日,部海事局以《关于山东海事局沿海辖区甚高频安全通信系统工程设计变更和概算调整的批复》(海计建〔2011〕776号),同意对本工程进行设计变更。

2012年4月10日,项目竣工。2012年8月23日,工程通过山东海事局组织的竣工验收。

（3）项目规模

该工程总造价2652万元(含128万美元),主要建设内容包括:在山东海事局设管理中心,在济南海事局设管理分中心,在烟台、威海、日照、青岛海事局及滨州、东营、潍坊海事处设控制分中心,建设东风港、东营港、潍坊港、屺姆岛、北隍城岛、蓬莱、海阳、靖子头、成山头、镆铘岛、即墨、日照12座VHF基站,改造利用的青岛、烟台2座的VHF基站。形成由1个管理中心、1个管理分中心、7个控制分中心和14个VHF基站组成的并通过传输线路连接的VHF安全通信系统。

(4)应用效果

山东海事局沿海辖区甚高频安全通信系统自2012年正式对外运行后,在海上应急和日常海事监管中发挥了较好的作用,切实提高了通信保障能力,在稳定辖区水上交通安全形势,防止船舶发生水上交通事故,提高船舶航行效率,快速实施水上搜救任务和支持联合行动等方面发挥了十分重要的作用。

3.辽宁海事局辖区CCTV系统

(1)项目背景

辽宁海事局辖区水域是我国东北地区出海主通道,辖区内渤海海峡及附近海域,多属于"四客一危"和"四区一线"重点管理水域,是海上交通安全管理的重点和难点海域。随着振兴东北老工业基地发展战略的实施和大连东北亚国际航运中心的建设,辖区船舶交通密度增大,水上交通事故和险情发生的概率随之增加,对加强水上交通安全管理、提高搜救能力和成功率提出了更高的要求。渤海海滨是我国海滨度假旅游、海上观光旅游和涉海专项旅游的重点发展区域,海事监管的对象趋于多元化,对海事监管的技术方式提出了新的要求。辖区水域也是载运危险货物船舶进出环渤海湾各港口、东行日韩油船、散化船、液化船等危险品运输船舶的必经之路,繁忙的海上石油运输使通航环境更趋复杂,需要建立快速、高效的船舶污染应急机制,也对海上污染监视等装备提出了更高的要求。

该工程的建设,有效延伸现场管理人员的视觉,为海事部门现场监管、指挥提供一种远程可视化辅助管理手段。确保系统直观可视,通过观察水上交通的现场态势,及时客观地了解监控现场船舶交通动态,为现场管理决策与指挥提供第一手资料;在一定条件下实时记录船舶违章与事故发生过程,为水上交通事故搜救、事故调查取证以及追查逃逸船舶等提供有力和可靠的依据;借助电视监控实现人力、物力和其他社会资源的合理配置和优化,通过实时监控掌握过往船舶的动态,分析通航环境,掌握船舶违章情况,开展有针对性的现场管理,做到有的放矢,提高工作质量与工作效率,减少巡航的盲目性和随意性,使水上安全监督管理工作更严密、更规范,实现水上安全长效管理。

(2)建设过程

项目建设依据:2007年3月,辽宁海事局委托交通部规划研究院进行辽宁海事局电视监控系统工程可行性研究工作;2007年6月,交通部规划研究院完成并提交工程可行性研究报告,辽宁海事局同期上报工可报告到交通部海事局;2007年8月,辽宁海事局委托交通部规划研究院在已完成的工程可行性研究报告的基础上进行初步设计工作,2007年9月,报告编制单位完成了初步设计报告的编制和出版工作。2008年4月,交通运输部海事局委托辽宁海事局召开了初步设计审查会,编制单位在充分吸收专家意见基础上对初步设计进行了修改和完善,2008年5月提交初步设计修改稿《关于辽宁海事局CCTV系统工程初步设计修改稿的请示》(辽海计基〔2008〕312号);2008年交通运输部海事局以《关于辽宁海事局 CCTV 系统工程初步设计的批复》(海航测〔2008〕604 号)对辽宁海事局报送的初步设计进行了批复;2009 年辽宁海事局向交通运输部海事局报《关于辽宁海事局 CCTV 系统工程设计变更的请示》(辽海计划〔2009〕217 号);2009 年交通运输部海事局以《关于辽宁海事局 CCTV 系统工程设计变更方案的批复》(海航测〔2009〕536 号)对辽宁海事局报送的初步设计变更进行了批复。工程于 2008 年 12 月立项,2012 年 9 月通过竣工验收。

(3)项目规模

该工程包括 1 个主控中心(已建)、6 个监控中心(其中 2 个为完善)、16 个监控分中心和 39 个监控点。其中营口海事局辖区新建 5 个监控点、3 个监控分中心(已有 2 个,需完善)、1 个监控中心(已有,需完善);大连海事局辖区新建 6 个监控点、2 个监控分中心、1 个监控中心(已有,需完善);丹东海事局辖区新建 16 个监控点、4 个监控分中心、1 个监控中心;锦州海事局新建 5 个监控点、1 个监控分中心、1 个监控中心;葫芦岛海事局新建 4 个监控点、3 个监控分中心、1 个监控中心;庄河海事个新建 3 个监控点、3 个监控分中心、1 个监控中心。辽宁海事局辖区电视监控系统项目总投资 1280 万元。

(4)应用效果

①提升水上监控能力,增进船舶交通安全

电视监控系统的实施,可以有效地加强沿海主要港口重点水域和码头的船舶交通管理,维持良好的交通秩序,增进船舶交通安全,防止船舶交通事故,从而减少人员伤亡、减少船舶和货物损失。

②减少船舶污染,保护水上环境

电视监控系统的实施,可以有效地监控主要港口附近水域的船舶交通动态及水域环境,防止船舶违章排放不符合标准的油污水、生活污水、倾倒生活垃圾等;及时发现污染事故,为应急反应和事故处理提供依据。

③减少监管工作人力、物力的消耗

通过电视监控系统的建设,可以实时对重点水域和码头进行监控管理,改变现行的监督管理人员在现场监督、监督艇在水上盲目巡逻的管理方式,减少监督人员和巡逻艇的消耗,节约开支。

④加强码头作业管理,防止危险事故发生

通过电视监控系统的建设,可以对沿海主要港口的一些重点码头泊位的装卸作业情况进行实时监控管理,减少装卸作业的违章行为,防止危险事故发生,保障港口生产和人命安全。

⑤对外向有关部门提供信息服务

利用电视监控系统对主要港口重点水域水上动态全面掌握,可以通过多种手段为有关单位提供信息服务,提高港口的运输和生产效率。

4.上海海事局长三角 CCTV 电视监控系统一期工程

(1)项目背景

随着长三角地区港口经济的进一步发展,航运业日益繁忙,船舶交通量不断增大,船舶种类日益繁多,通航环境日趋复杂,水上交通安全管理难度逐渐加大。长三角水域的黄浦江电视监控(CCTV)系统自 2003 年对外开通运行,在维护航运安全、保护水域清洁等方面发挥了重要作用,有效地改善了黄浦江的通航环境,增强了水上安全监督管理手段,但由于当时投资条件和技术条件的限制和日益加大的管理难度,原系统的覆盖范围和监控效果还很难满足实际需求。为了更好地实施水上船舶交通动态管理,维持上海辖区良好的船舶交通秩序,提高船舶通航效率,减少水上交通事故,防止船舶污染黄浦江和长江水域,促进长江下游干线港口运输业的发展,需要对长三角整个水域的 CCTV 系统进行分期建设,同时需要对已建系统进行升级改造。CCTV 系统具有直观、可视的优点,是 VTS 系统的有效补充和现场管理人员的视觉延伸,是提升海事部门监管能力远程可视化管理手段之一。

(2)建设过程

项目建设依据:2003 年 8 月,上海海事局委托交通部规划研究院完成了《上海海事局电视监控系统扩建工程可行性研究报告》;2004 年 9 月,交通部海事局印发《关于下达海区 2004 年航测三项专项计划的通知》(海航测〔2004〕461 号);2005 年 12 月交通部海事局印发《关于长三角电视监控一期方案初步设计的批复》(海航测〔2005〕523 号)。

2006 年 6 月,上海海事局请示发文《关于申请变更〈长三角 CCTV 电视监控系统一期工程〉部分建设内容和调整项目概算的请示》;2006 年 8 月,交通部印发《关于变更长三角 CCTV 电视监控系统一期工程部分建设内容和调整项目概算的批复》。

上海海事局按照设计方案和有关文件的要求,认真组织实施了长三角电视监控一期工程。该工程于 2006 年 5 月 10 日开工,2006 年 11 月 30 日竣工。2007 年 1 月 31 日发文《关于申请长三角电视监管一期工程竣工验收的请示》请求验收,于 2007 年 11 月 21 日验收通过。

(3)项目规模

长三角 CCTV 电视监控系统一期工程项目总造价 397 万元,该项目是在黄浦江电视监控系统基础上改造、扩建而成的。其中升级改造监控中心 1 个,为上海海事局;升级改造监控分中心 4 个,分别为吴泾海事处、董家渡海事处、兰州路海事处、吴淞海事处;新建监控分中心 4 个,分别为宝山海事处、崇明海事处、金山海事处、洋山海事处;前端监控点改造 14 个,分别为吴泾信号台、鳗鲡嘴通信塔、张家浜信号台、黄浦水文台、西沟信号台、高桥信号台、吴淞海事大楼、吴淞雷达站、宝山信号台、宝山巡逻艇码头、宝钢信号台、罗泾签证点、曹泾化工码头、东海大桥监控点；新建前端监控点 9 个，分别为闸港信号台、龙华信号台、兰州路海事处大楼、闸北电厂、南门车客渡口、新河车客渡口、堡镇车客渡口、横沙雷达站和海巡 1002 移动监控点。

（4）应用效果

长三角电视监控系统一期工程的建设提高了上海海事局通航业务的管理效率。通过视频系统可有效地监控辖区断面的通航态势，并根据交通流的特点合理调派巡逻艇进行重点监控。特别是在一些大型的水上交通管制行动中，电视监控系统发挥了重要作用，可及时将辖区各断面的通航情况传送到指挥中心，为领导的指挥决策提供了有力的信息支持。此外，电视监控系统在海事调查、车客渡码头安全管理及内部督查等方面也发挥了重要的作用。

5. 广西海事局视频监控（CCTV）系统工程项目

（1）项目背景

广西海事局成立之初，信息化监管能力明显落后，以海事处巡航、码头检查、流动检查和设卡检查等传统方式为主，缺乏现代化监管技术手段，极不适应当时形势发展的需要。受建设条件和投资许可等因素的制约，海事部门无法建设现代化监管系统，水上交通安全监管需从渡口、码头、港口、作业区等源头上抓起，CCTV 视频监管是防范发生重特大事故的关键，是海事监管的重中之重。按照广西海事局规定，对于辖区内的渡口、码头要每个月至少巡查一遍，遇到重要民族民俗节日、圩日（集市日）等，执法人员要提前赴现场维持秩序，及时发现和消除船舶超载和运输违禁品等违章行为，但这种方式消耗较大的人力物力，基于海事部门人员紧张和赶赴现场需要大量时间等现实因素，实际监管效果不佳，不能全时了解大量渡口的交通情况，不能及时发现和制止船舶超载和运输违禁品等违章行为，不能做到有的放矢，有效预防事故。广西海事局在重点监管点建设 CCTV 监管系统，可以减少执法人员路途奔波，实现对大量监管点的同时监视和全时监视，可以对现场图像等信息进行存储，有效履行水上交通安全监管职责。

（2）建设过程

广西海事局视频监控系统工程包括以下四部分：

①广西沿海船舶交通管理系统工程

项目建设依据：2008 年 7 月，交通运输部以《关于广西海事局广西沿海船舶交通管理系统工程可行性研究报告的批复》（交规划发〔2008〕189 号）批复本工程立项。2009 年 11 月，项目开工建设。2011 年 12 月，交通运输部海事局以《关于广西海事局广西沿海船舶交通管理系统工程动用预留费的批复》（海计建〔2011〕797 号）同意动用预留费方案。2012 年 12 月试投产运行，2013 年 9 月，工程通过交通运输部海事局组织的竣工验收。

②广西海事局西江干线甚高频安全通信系统和视频监管系统工程

项目建设依据:2012 年 5 月,交通运输部以《关于广西海事局西江干线甚高频安全通信系统和视频监管系统工程可行性研究报告的批复》(交规划发〔2012〕209 号)批复本工程立项。2013 年 1 月,交通运输部海事局以《关于广西海事局西江干线甚高频安全通信系统和视频监管系统工程初步设计的批复》(海计建〔2013〕46 号)批复本工程建设。2013 年 7 月项目开工建设,2014 年 6 月试投产运行。2014 年 12 月,交通运输部海事局以《交通运输部海事局关于广西海事局西江干线甚高频安全通信系统及视频监管系统工程概算调整及动用工程预留费的批复》(海计装〔2014〕675 号)同意调整概算及动用工程预留费;2014 年 12 月,工程通过交通运输部海事局组织的竣工验收。

③广西海事局沿海 CCTV 监控系统工程

项目建设依据:2009 年 7 月,交通运输部海事局以《关于广西海事局沿海 CCTV 监控系统工程初步设计的批复》(海航测〔2009〕361 号)批复本工程建设。2009 年 10 月,项目开工建设,2009 年 12 月试投产运行。2010 年 6 月,国嘉联合(北京)会计师事务所对工程进行竣工财务决算审核,并出具了《中华人民共和国广西海事局广西沿海 CCTV 监控系统工程项目竣工财务决算审核报告》。2010 年 10 月,工程通过交通运输部海事局组织的竣工验收。

④广西海事局桂林漓江船舶综合监管系统工程

项目建设依据:2013 年 12 月,交通运输部以《交通运输部关于广西海事局桂林漓江船舶综合监管系统工程可行性研究报告的批复》(交规划发〔2013〕717 号)批复本工程立项。2013 年 12 月,交通运输部海事局以《交通运输部海事局关于广西海事局桂林漓江船舶综合监管系统工程初步设计的批复》(海计建〔2013〕871 号)批复本工程建设。2014 年 5 月项目开工建设,2015 年 10 月试投产运行,2015 年 12 月,工程通过交通运输部海事局组织的竣工验收。

(3)项目规模

广西海事局视频监控系统工程由广西沿海船舶交通管理系统工程、广西海事局西江干线甚高频安全通信系统和视频监管系统工程、广西海事局沿海 CCTV 监控系统工程和广西海事局桂林漓江船舶综合监管系统工程组成。工程总造价 8992 万元,主要建设内容如下:

①广西沿海船舶交通管理系统工程

建设 4 个雷达站、3 个 VTS 中心和 1 个 VTS 协调中心、4 个甚高频基站、2 个 CCTV 视频监控站、3 个气象站,同时配套雷达、甚高频通信、CCTV、气象和雷达数据处理等子系统设备。

②广西海事局西江干线甚高频安全通信系统和视频监管系统工程

新建由 1 个 VHF 管理中心、4 个 VHF 控制分中心、5 个控制设备、5 个操作终端和 19

座 VHF 基站组成的甚高频安全通信系统和由 1 个 CCTV 管理中心、4 个监控中心、11 个监控分中心、62 个固定监控点和 14 个船载移动监控点组成的视频监管系统。

③广西海事局沿海 CCTV 监控系统工程

建设视频监控子系统、视频调度子系统、值班管理子系统各 1 套,形成 1 个监控中心、3 个监控分中心、6 个监控站、22 个固定监控点、1 个移动监控点,同时整合接入现有监控点的广西沿海 CCTV 监控系统。

④广西海事局桂林漓江船舶综合监管系统工程

新建 1 个 VHF 管理中心、2 个 VHF 控制分中心、5 座 VHF 收发信台和 VHF 通信系统;新建 1 个 CCTV 监控中心、3 个监控分中心、38 个固定和 5 个船载移动视频监控点;新建 2 个 GPS 监控分中心,升级改造 GPS 船舶动态监控系统;整合 CCTV 系统与 GPS 船舶动态监控信息。

(4)应用效果

广西海事局建设和推广应用的 CCTV 监管系统,实现管辖重点水域、港口、码头、渡口的实时监控、协调指挥、通航秩序、应急响应、应急搜救、航行通告管理、交通管制等内容,为海事管理、人命搜救、港口调度、码头管理、航运经济等相关产业提供了重大帮助,增强了广西沿海辖区水域船舶安全监督管理能力,改善水域通航环境,提高海事管理水平,对于增进船舶航行安全和效率,减少水上交通事故发生,支持海洋资源开发、西江干线经济发展和桂林漓江旅游业发展,提高海(水)上搜救能力和保护海(水)上生态环境等,具有十分重要的作用与意义。

6. 宁波海事局船舶交通管理系统工程

(1)项目背景

宁波船舶交通管理系统始建于 1982 年,作为港口配套项目,建成了虾峙、峙头和大樾 3 座雷达站,由英国 RACAL 公司提供设备,各个雷达站独立工作,没有联网。1994 年底建成了北仑山交管站,安装了由挪威 NORCON 公司提供的 1 台雷达和 1 台雷达数据处理显示设备,并有 1 套微波将大樾雷达站雷达信号传输到北仑山雷达站上,基本实现了宁波港主港区及其进出港航道、锚地等水域的有效覆盖,在保障辖区水域的水上交通安全、加快港口建设和提高港口运营效率等方面发挥了巨大的作用。

自改革开放以来,华东沿海和长江三角洲外向型经济高速发展,宁波港迅速成为我国沿海重要的内外贸结合、客货兼顾的综合性大港。与 1982 年相比,宁波—舟山水域港口及船舶交通发生很大变化。吞吐量由 1982 年的 371 万吨发展到 1995 年的 6872 万吨,增长了 17.5 倍;日船舶交通流量已达到 369 艘(峙头观测)。宁波—舟山水域港口、航运发展的现状和前景,提出了对 VTS 的客观要求。抓住机遇,完成 VTS 工程建设,适应港口发展与交通管理的需要是非常必要的。

（2）建设过程

项目建设依据：1997年9月，交通部宁波海上安全监督局以《关于上报〈宁波船舶交通管理系统工程可行性研究报告〉的报告》（甬海监计字〔1997〕186号）上报本工程工可；1998年7月，交通部以《关于宁波船舶交通管理系统工程可行性研究报告的批复》（交计发〔1998〕470号）批复该工程立项。

1998年12月，交通部宁波海上安全监督局以《关于要求审批宁波船舶交通管理系统工程初步设计的报告》（甬海监计字〔1998〕204号）上报本工程初步设计；1999年9月，交通部海事局以《关于宁波船舶交通管理系统工程初步设计的批复》（海计建〔1995〕435号）批复该工程建设。

1999年11月，宁波船舶交通管理系统工程开工建设。

2001年6月，宁波海事局以《关于上报宁波VTS游山雷达站工程可行性研究报告的报告》（甬海计〔2001〕97号）上报游山雷达站工程工可；2001年8月，交通部以《关于宁波船舶交通管理系统游山站工程可行性研究报告的批复》（交规划发〔2001〕446号）批复游山雷达站工程立项；2001年7月，宁波海事局以《关于报送〈宁波VTS工程游山雷达站初步设计〉的报告》（甬海计〔2001〕106号）上报游山雷达站初步设计。

2002年1月，工程通过交通部海事局组织的现场验收，试投产运行。2002年12月，工程竣工。

（3）项目规模

宁波船舶交通管理系统工程按"五站一中心"的规模建设，总造价4200万元，主要建设内容如下：

①VTS系统主设备

包括雷达子系统、雷达数据处理子系统、管理信息子系统、显示及控制子系统、VHF通信子系统、信息传输子系统及其他相关设备。具体如下：

在虾峙、峙头、大榭、北仑山、游山雷达站各配置1套雷达天线、1套雷达收发设备、1套雷达数据处理设备和微波收发设备；在虾峙、峙头、北仑山各配置2套VHF收发设备，在峙头配备4套VHF收发设备；在VTS中心配置1套多跟踪器处理设备、1套雷达机VHF语音记录设备、1套信息管理系统、5套交通显示设备、5套VHF操作控制终端、4套MIS操作终端等。

②辅助设备

包括CCTV监控子系统、网络安全设备、气象监测系统以及供配电子系统，配置相关设备和软件。

③配套工程

VTS中心建设：新建VTS中心大楼1座，面积4120平方米。

雷达站建设:虾峙、峙头、大榭、北仑山、游山在原有业务用房基础上改建,改造设备机房100平方米,更新避雷设施5座、微波铁塔2座、微波天线基础6座,改造供电线路300米。建设天津、青岛辖区AIS管理维护中心及营口台子山、锦州后导标、秦皇岛南山头、天津港东突堤、东营港、海阳港、青岛团岛、日照港8个基站。初步建成北方海区AIS骨干网络。

（4）应用效果

宁波船舶交通管理系统自2002年正式对外运行后,宁波海事局全天候监督管理区域从"大黄蟒至涂泥嘴"拓展至"北起大鹏山,南至虾峙门口外南北锚地"。系统监控和信息服务的质量有了明显提高,辖区锚泊秩序及通航环境得到改善,大型船舶进出港安全性显著提升。该系统运行稳定,功能完善,在提供信息服务、维护水上交通秩序、实施船舶交通组织、快速应急处置与搜救协调等方面发挥了十分重要的作用,有效减少了水上交通事故、提高了船舶航行效率,为地方经济社会发展作出了重大贡献。

7. 河北海事局秦皇岛 VTS 改扩建工程项目

（1）项目背景

秦皇岛VTS系统始建于1986年,是国内最早建成并投入使用的VTS系统之一,当时采用日本OKI公司产品;1996年作为秦皇岛港煤四期配套工程项目,对原VTS进行扩充,形成了"一站一中心"的规模。2000年,在秦皇岛引航监控中心建设时,利用港口建设资金对秦皇岛VTS进行了改造,秦皇岛VTS系统的稳定运行为保障秦皇岛港水域的船舶航行安全作出了重要贡献。

进入21世纪,秦皇岛港港口经济高速发展,港口规模不断扩大,货物吞吐量突破2亿吨,船舶年进出港艘次也逐年攀升,2004年达到1万余艘次,其中万吨级以上的大型货船约占80%。由于秦皇岛港航道是单向通航制,航道窄、交叉点多、船舶流量大,因此船舶进出港的通航秩序和安全对VTS具有很强的依赖性。但是,由于秦皇岛港VTS建设时间较早且是港方出资建设,受投资规模限制,该系统整体可靠性不高、系统性能偏低、系统设备配置过少、随着时间的推移和港口规模的逐步扩大,该VTS的缺点越来越多地显现出来,已经不能完全满足实际工作的需要,主要问题表现为对港区、航道和锚地的覆盖监控能力不足,对船舶的定位精度不够,操作终端过少,系统运行速度较慢,单一雷达站导致系统整体运行的可靠性不高,各种VTS子系统的配备不完善。为此,迫切需要对VTS系统进行改造和扩建。

（2）建设过程

项目建设依据:河北海事局秦皇岛VTS改扩建工程于2005年12月经交通部《关于河北海事局秦皇岛VTS改扩建工程可行性研究报告的批复》(交规划发〔2005〕601号)批复后立项;2006年10月,该工程初步设计经部海事局《关于河北海事局秦皇岛VTS改扩建工程初步设计的批复》(海计建〔2006〕488号)批复通过;2010年1月,部海事局《关于河北海事局秦皇岛 VTS 工程设计变更和运用预备费的批复》(海计建[2010]7 号)批复设计变更;2010 年 6 月,该工程通过交通运输部海事局组织的竣工验收。

(3)项目规模

秦皇岛 VTS 改扩建工程项目总投资为 1600 万元。该工程为"两站一中心"规模,主要建设内容为:改造秦皇岛南山头雷达站、新建秦山化工码头雷达站,改造秦皇岛海事局 VTS 中心;新建河北海事局水上安全监管中心,并将河北海事局辖区内 4 个 VTS 中心的信息通过海事信息网与河北海事局水上安全监管中心连接,建设河北海事局 VTS 数据储备中心等;完成秦皇岛海事局 VTS 中心和秦山化工码头雷达站的不间断电源(UPS)供电系统建设、秦皇岛海事局 VTS 中心装修、秦皇岛海事局 UPS 设备间改造、南山头雷达塔维修等,将秦皇岛海事局原有 CCTV 与新 VTS 系统进行联动,购置其他工程配套设备等。

(4)应用效果

秦皇岛 VTS 改扩建工程项目自 2009 年 4 月 10 日运行以来,系统运行稳定,功能较为完善,新建的秦山化工雷达站扩大了秦皇岛辖区 VTS 系统的覆盖范围,扫清了以往的雷达盲区,和南山头雷达站互为备份,大大加强了系统的稳定性与可靠性,新 VTS 系统向船舶提供进出港服务的工作效率更高,满足了海事业务发展的需求,在稳定辖区水上交通安全形势、防止船舶发生水上交通事故、提高船舶航行效率、快速实施水上搜救任务和支持联合行动等方面发挥了十分重要的作用。

8.北方海区 AIS 一期岸基网络系统工程

(1)项目背景

根据国际海事组织(IMO)要求,在 2002 年 7 月 1 日之前建造的国际航行船舶中,客船、液货船不迟于 2003 年 7 月 1 日,其他 5 万总吨及以上的船舶不迟于 2004 年 7 月 1 日,1 万总吨及以上的船舶不迟于 2005 年 7 月 1 日,3000 总吨及以上的船舶不迟于 2006 年 7 月 1 日,300 总吨及以上的船舶不迟于 2007 年 7 月 1 日,非国际航行船舶不迟于 2008 年 7 月 1 日都必须安装自动识别系统。中国是国际海事组织 A 类理事国成员和《国际海上人命安全公约》(SOLAS)缔约国,故必须遵循国际海事组织颁布的相关公约。

随着北方港口经济的快速发展,进出渤海湾水域的船舶交通流量逐年增加。另外,渤海湾水域矿石资源、能源资源丰富,海洋产业发展迅速,渤海湾水域通航环境日益复杂,这对主管水上交通安全的天津海事局提出更高监管要求。

之前完成的渤海湾一期工程已经实现了烟大航线及成山头水域 AIS 信号的全面覆盖,但 AIS 系统为视距传输信号,视距范围内的遮挡势必影响 AIS 岸基设备的覆盖范围和接收性能。特别是渤海湾及山东沿海的海岸线蜿蜒曲折,地形对信号的遮挡比较严重,加之近些年沿海港口经济和海洋环境的改变,仅有的少数 AIS 岸基站点受到新建高大建筑物影响,存在 AIS 信号覆盖盲区,影响船舶连续监管和水上安全服务。故急需补充建设

AIS 基站,扩展北方海区 AIS 信号覆盖范围。

（2）建设过程

2005 年,根据部海事局提出的构建全国 AIS 骨干网、实现海区重点水域及能源大港 AIS 信号覆盖的建设目标,天津海事局于同年 8 月开始建设北方海区 AIS 一期岸基网络系统工程。2006 年 1 月底建设完毕并投入使用,共建设了天津、青岛辖区 AIS 管理维护中心及营口台子山、锦州后导标、秦皇岛南山头、天津港东突堤、东营港、海阳港、青岛团岛、日照港 8 个基站。北方海区 AIS 一期岸基网络系统工程的建成实现了北方重点港口、水域 AIS 信号的基本覆盖。

（3）项目规模

该项目总造价 1800 万元,建设天津、青岛辖区 AIS 管理维护中心及营口台子山、锦州后导标、秦皇岛南山头、天津港东突堤、东营港、海阳港、青岛团岛、日照港 8 个基站。初步建成北方海区 AIS 骨干网络。

（4）应用效果

北方海区 AIS 一期岸基网络系统工程建成的 AIS 基站成为我国 AIS 岸基系统的重要组成部分,改进了海事管理部门的安全管理手段,对安装 AIS 船台设备运输船舶进行全程、全天候监控,为船舶提供安全信息服务,更好地保障船舶航行安全,促进了水上航运安全发展。

9. 长江口 AIS 基站网络系统

（1）项目背景

2000 年 11 月 27 日至 12 月 6 日,国际海事组织(IMO)海上安全委员会举行第 73 届会议。新的 SOLAS 公约第 V 章的规则 19 关于"船用导航系统和设备装配要求"中指出,将在不同类型船舶上装配导航设备。新规则增加了对自动提供船舶信息到其他船舶和沿海当局的自动识别系统(AIS)的装配要求,并制定了一份安装时间表,在今后将有大批的船舶安装 AIS 设备,AIS 的基站网络系统必须与 AIS 船台的安装同步进行。

建设长江口 AIS 基站网络系统,可对长江口水域已安装 AIS 船台的船舶航行的静态、动态信息进行连续的监视和管理;增强 VTS 的功能,能够提高对船舶的识别精度、分辨率和信息量,提高船舶的通信效率,扩展和延伸长江口船舶交通管理的范围;利用 AIS 网络为长江口的船舶管理提供信息化、现代化管理平台;提供与海事信息网整合的接口;预防和减少船舶交通事故,提高航道的船舶通过能力,确保长江口水域航运的安全畅通。

（2）建设过程

项目建设依据:上海海事局于 2002 年 1 月上报了《长江口船舶自动识别系统工程工程可行性研究报告》;2003 年 7 月上报了《长江口船舶自动识别系统岸站网络建设工程初

步设计》;2003 年 8 月在北京举行长江口/珠江口 AIS 岸站系统竞争性谈判;2003 年 10 月部海事局下达《关于长江口船舶自动识别系统可行性研究报告的批复》;2003 年 12 月,长江口 AIS 岸站网络系统合同谈判在北京进行,签订了长江口 AIS 岸站项目合同;2004 年 6 月,部海事局下达《关于长江口船舶自动识别系统初步设计报告的批复》(海航测〔2004〕268 号);2004 年 4—5 月,长江口 AIS 岸站网络系统开始安装调试;2004 年 11 月完成项目现场验收测试。

(3)项目规模

上海海事局建成的长江口 AIS 岸站网络系统(一期)工程概算 1000 万元,系统由花鸟山、大戢山、横沙、吴淞 4 个 AIS 岸站、芦潮港 AIS 链路中继站以及位于上海航标处的 AIS 监管中心组成,并与吴淞 VTS 系统的信息共享整合。VTS 作为 AIS 网络系统的一个用户,在 VTS 的显示屏幕上叠加显示 AIS 目标信息,并实现了 AIS 目标静态信息自动入库,以利于全面掌握整个水域的船舶动态,实现对船舶实行信息化、按权限的分级管理。

整个系统设备、系统硬件有冗余配置,可利用率优于 99.5%。系统 AIS 岸站的运行有自主、指配和轮询 3 种运行模式,并可根据管理部门的要求自动转换到其他模式。其中,指配和轮询模式是长江口 AIS 岸站的主要工作模式。所有的工作模式符合 ITU-R M.1371 V1.3 和 IALA A-124 V1.0 标准要求。整个系统的工作范围已经基本覆盖整个长江口水域。

根据长江口水域的自然条件,地形、港口的布局、船舶交通情况、AIS 覆盖范围和现有 VTS 设施的分布情况,通过现场勘察和理论分析,确定吴淞、横沙、花鸟山、大戢山作为长江口 AIS 岸站的位置,芦潮港作为 AIS 链路中继站,形成"四站一中心"的布局。

(4)应用效果

①减少航运交通事故损失

从 AIS 的基本功能和技术特点看,该系统为船舶的航行安全和航行管理提供了一种新型而有效的手段。在配备计划实施后,航行于开阔水域的船舶不用 VHF 无线电话便可自动获得来往船舶的各类信息。在限制水域航行的船舶不仅可自动获得其他船舶的信息,而且通过 VTS 的数据广播可轻而易举地获得各类航行信息和港口信息;VTS 监控中心可自动获得船舶的各类信息,控制区域也可大大增加,而费用增加不大,这些特点对提高港口国的港口管理和沿海管理的能力是十分有益的,可以有效减少交通事故损失。

②提高船舶交通效率

从国际海事组织(IMO)方面看,AIS 的配备标准先于电子海图显示与信息系统(ECDIS)而成为强制实行的要求,2002 年的 7 月 1 日已进入配备 AIS 设备的实施期。AIS 的使用大大提高了船舶交通效率。

③减少人力物力消耗

AIS计划的实施，从设备的规模和费用来看，都比全球海上遇险与安全系统（GMDSS）少，但其对航行安全和航行管理的作用却是十分显著的，大大减少了人力物力的消耗。

④提高海事管理和服务水平

为船舶提供的短信息服务包括：水域的船舶交通情况，包括水域交通动态和交通指引；航行警告、航行通告和交通管制信息；影响船舶航行的因素，如气象情况、差分定位信息等；应答船台通过VHF岸台或AIS短信对岸台的求助。

⑤向社会提供船舶信息，提供有偿服务

本系统具有计费功能，可向船务公司、企事业单位、远洋公司、物流公司及海军等提供有偿船舶数据服务。海事AIS的信息是交通运输生产的宝贵信息资源，将这些信息提供给航运公司、港务部门及物流公司，能得到充分利用。船舶调度部门掌握进出港动态，运输业务部门掌握船舶装载的货物、集装箱和旅客的情况，安排进港船舶的交通秩序，安排码头作业、建成海上物流跟踪，可以减少在港时间、缩短航班周期，加快货运速度，充分利用仓容、仓位，降低运输成本，提高航运生产率，将产生巨大的经济效益和社会效益。

10. 东海海区AIS一期工程

（1）项目背景

东海海区沿海海域是我国重要的海上通道，该水域船舶密度大、事故多，是我国重点监管水域。上一期建设的长江口AIS基站网络系统项目已经收到了一些成效，为扩大AIS在东海海区的应用范围，进一步提升海事管理水平，为船舶提供有效的导助航服务，有必要在东海海区开展东海海区AIS一期工程项目建设。

（2）建设过程

项目建设依据：2005年9月，交通部海事局以《关于下达2005年航测三项专项项目计划的通知》（海航测〔2005〕368号）批准东海海区AIS一期工程项目立项，计划投资1800万元，项目开工建设；2006年12月，交通部海事局以《关于追加2006年航测事业发展支出预算的通知》（海财会〔2006〕608号）对本项目追加投资897.00万元，本项目计划总投资2697.00万元；2006年5月，上海海事局东海海区AIS一期工程项目完成全部建设内容；2006年7月，开展现场验收（SAT）工作。2007年12月项目竣工。

（3）项目规模

上海海事局东海海区AIS一期工程新建车牛山等13座双机热备份工作的AIS基站；建设连云港、上海、镇海、厦门辖区AIS管理中心，其中上海辖区AIS管理中心与东海海区AIS管理中心合并建设；新建羊窝头、北仑、东山3个AIS中继站。工程概算2697万元。

（4）应用效果

东海海区AIS一期工程建成了覆盖连云港和从长江口至东山湾的重点水域和主要港

口的 AIS 岸基网络,通过现场测试,各 AIS 岸台的覆盖范围全部达到和超过设计要求,各 AIS 管理中心均达到了设计功能要求。从 AIS 的基本功能和技术特点看,东海海区 AIS 一期工程为船舶的航行安全和航行管理提供了一种新型而有效的手段。

11. 东海海区 AIS 二期工程

（1）项目背景

2006 年初,东海海区已经形成以设在上海的海区 AIS 管理中心为核心,4 个辖区管理中心为骨干,拥有 17 个 AIS 基站的 AIS 骨干网络,但在浙闽交界、上海港黄浦江、杭州湾和苏北沿海还存在系统信号覆盖空白,有必要在这几个区域开展东海海区 AIS 岸台系统二期工程建设。东海海区 AIS 岸台系统二期工程主要覆盖范围为东海海区温州港至福州港、黄浦江、杭州湾和连云港至长江口北角的沿海水域。

（2）建设过程

上海海事局东海海区 AIS 二期工程于 2006 年 1 月开工建设;2006 年 3 月,开展东海海区 AIS 二期工程的前期调研、踏勘、电磁场环境测试工作;2006 年 9 月,对闵行、龙华、金山进行了电磁场补测;2006 年 11 月,开展进口设备合同签订;2006 年 12 月起,开始进行系统硬件安装、调试;2007 年 7 月,通过由东海海区组织的现场验收测试（SAT）和无故障工作时间（MTBF）测试;2007 年 12 月竣工。

（3）项目规模

上海海事局东海海区 AIS 二期工程概算 1352.3 万元。新建灵昆岛、北麂岛、西台山、西洋岛、龙华、金山 6 个 AIS 岸台,建设温州、福州辖区 AIS 管理中心。

（4）应用效果

东海海区 AIS 岸台系统二期工程的实施对整个华东地区的经济发展起了积极的作用,提高了东海海区沿岸港口的国际影响,增进了船舶对该水域的安全信任度,有利于缩短滞留时间,提高港口的吞吐能力;减少船舶交通事故,预防水域污染;可实现船—岸信息交流,有利于生产和管理;对社会的安全和稳定起积极作用。

12. 珠江口 AIS 系统

（1）项目背景

实施船舶自动识别系统（AIS）是有关国际公约的强制性要求,在珠江口水域,越来越多的船舶配备了 AIS 船台设备,为了及时掌握船舶动态,提高船舶航行安全,支持船舶报告制度,推进交通信息化,使陆上相关部门能够共享信息资源,提升珠江口水上安全管理和应急处置能力,推进航保系统智能化管理,有必要建设相应的 AIS 岸基系统。

通过珠江口 AIS 系统建设,可以实时获取珠江口水域 AIS 信息,并且通过建设珠江口 AIS 岸站可以获取船舶动态信息,一旦发生重大事故,搜救单位可迅速做出反应,联系并组织邻近事发地点的船舶协助救助,保障水上人命和财产安全,保护水域生态环境。通过珠江口 AIS 自动识别功能和信息自动交换功能,会遇船舶可准确理解对方意图,并可通过点对点的信息交换协调相互间的避让行动,避免发生船舶间碰撞事故;通过岸上安全信息支持,船舶可采取相应措施避免搁浅和触礁事故。珠江口 AIS 项目是推进珠江口水域海事监管安全创新、加强安全监管、夯实安全基础的有效途径。

(2)建设过程

珠江口 AIS 系统项目从 2003 年开始,历经珠江口 AIS 一期工程、南海海区 AIS 一期工程、广东海事局广东沿海 AIS 岸台补点建设工程、华南内河 AIS 岸台网络建设项目、广东海事局 AIS 岸台系统补充及安全应用建设一期工程以及广东海事局 AIS 岸台系统补充及安全应用建设二期工程。2005 年,项目试运行。截至 2012 年 12 月底,沿海 AIS 系统通过 AIS 骨干网和多项补点工程的建设,共建成了包括广州辖区 AIS 维护中心在内的19 个辖区维护中心和 143 座基站,全面覆盖了我国沿海水域。2013 年,项目竣工。主要设计文件与审批如下:

①广东海事局委托交通部规划研究院编制广东沿海 AIS 岸台网络工程项目初步设计的委托书;

②广东海事局与交通部规划研究院签订的工作合同;

③《关于印发 2010 年航测专项项目计划的通知》(海航测〔2010〕415 号),计划表序号 6/华南内网 AIS 岸台网络建设(9)《关于广东海事局华南内河 A1S 岸台网络建设工程初步设计的批复》(海航测〔2010〕422 号);

④《关于广东海事局华南内河 AIS 岸台网络建设工程设计变更的批复》(海航测〔2011〕713 号);

⑤《华南内河 AIS 岸台网络系统集成合同》工程可行性研究,初步设计和技术规格书合同;

⑥《全国内河高等级航道网 AIS 岸台系统一期工程工程可行性研究报告(长江和珠江水系)》和《全国内河高等级航道网 AIS 岸台系统一期工程(长江和珠江水系)》;

⑦《广东海事局内河 AIS 岸台系统完善工程工程可行性研究报告》和《广东海事局内河 AIS 岸台系统完善工程初步设计》;

⑧《广东海事局 AIS 岸台系统补充及安全应用建设一期工程工程可行性研究报告》和《广东海事局 AIS 岸台系统补充及安全应用建设一期工程初步设告》。

(3)项目规模

珠江口 AIS 系统总造价 14963.18 万元,各工程项目主要建设内容如下:

①珠江口 AIS 一期工程

珠江口 AIS 基站,ECDIS 终端信息控制全部由广州 AIS 控制中心管理和配置,同时在黄埔基站配置基站管理设备,作为系统备份。黄埔中心和深圳终端通过信息服务器与广州 VTS 和深圳 VTS 网络互连,信息共享。深圳海事局通过自己的 ECDIS 终端向蛇口、妈湾基站覆盖的水域或特定水域发布 AIS 信息。在珠江口 AIS 系统控制中心配置 3 台服务器,分别用于系统管理、信息服务和基站控制。在黄埔配置 2 台服务器,分别用于信息服务和基站控制。在深圳配置 1 台服务器,用于信息服务。

a. 珠江口 AIS 系统覆盖范围为北起黄埔港,南至桂山岛(全长约 120 千米)的珠江口水域。

b. 珠江口 AIS 系统的主要功能是,接收并处理船舶播发的 AIS 信息,通过与 VTS 系统的信息交换,对船舶航行进行监视和管理,保证珠江口水域的航运的安全畅通,为船舶、港航单位和管理部门提供信息的服务。

c. 珠江口 AIS 工程建设黄埔、大角山、妈湾、蛇口和桂山岛 5 个基站,建设广州 AIS 控制中心、黄埔基站管理中心和深圳 AIS 用户终端,采用公众电信网络和 VTS 专用微波传输相结合的方式进行信息传输,构成统一的 AIS 系统网络。

d. 珠江口 AIS 基站,ECDIS 终端信息控制全部由广州 AIS 控制中心管理和配置,同时在黄埔基站配置基站管理设备,作为系统备份。

②南海海区 AIS 一期工程

a. 设计范围是广东沿海,通过该工程的建设,基本实现对广东沿海的 AIS 信号覆盖,覆盖范围内 AIS 信号的无线可通率达到 95% 以上。将已建南海 AIS 海区中心(含辖区中心设备)搬迁至广州航标处;新建 9 个 AIS 基站,新建 AIS 基站位置分别是表角灯塔、甲子灯塔、大星山灯塔、盐田背仔角雷达站(设备由 VTS 提供)、三灶导航台、海陵岛指向标站、硇洲差分台、湛江 VTS 雷达站和冠头岭灯塔。

b. 与原珠江口 4 基站 1 中心,以及海南辖区系统融合联网。升级系统软件,实现辖区中心和所辖基站的相对独立管理。即当辖区中心之间通信中断时能独立工作。辖区中心具有独立的数据库和基站控制器。

c. 海区中心可以控制,配置辖区中心之间的 AIS 信息流向,赋予辖区中心海图接入服务器,基站控制器一定的权限,便于统一管理、又减少通信主干线的数据负载或负担。

d. 加大海区数据库的容量,以及管理员软件的升级,大大减少数据备份。

③广东海事局广东沿海 AIS 岸台补点建设工程

新建 1 个 AIS 基站服务器。力求提高海区服务器的可靠性和数据备份能力,提高珠江口水域 AIS 数据的快速提取能力,进一步保障数据存储能力。

④华南内河 AIS 岸台网络建设工程

建设覆盖长江水系支流和珠江水系干流 2 个水系中心、6 个辖区中心、9 个基站、1 个北京中央数据库 32 个应用终端、160 个船台。

⑤广东海事局 AIS 岸台系统补充及安全应用建设一期工程

根据"十二五"期间水上交通发展规划,结合我国沿海和内河 AIS 系统的覆盖情况,分析 AIS 信息安全和导助航综合应用系统 VTS 接入需求,确定本工程建设目标为:完善广东海事局辖区 AIS 岸基系统的通信覆盖效果,提高网络服务质量;加强南海海区 AIS 数据中心信息安全防护建设,提高系统安全防护能力;完善导助航综合应用系统 VTS 信息接入,实现全国沿海 VTS 系统跟踪及部分数据库信息接入。

⑥广东海事局 AIS 岸台系统补充及安全应用建设二期工程

建设完善的 AIS 岸基网络,实现对我国沿海近岸水域的连续覆盖,实现对内河四级以上高等级航道和重点封闭水域的覆盖;按照三级安全等级保护的技术要求,基本完成 AIS 系统三级安全等级防护建设;根据沿海和内河的管理需求,完善 AIS 覆盖范围内的 AIS 应用系统建设;收集全国沿海导助航系统数据,搭建数据平台,加强应用开发,实现查询统计、综合显示、对外发布等功能。

(4)应用效果

珠江口 AIS 系统提供的信息将有助于完善珠江口水上安全监管体系,提高海事监管能力和快速应急处置能力;形成快速有效的安全应急反应体系,构建安全和谐的水上航运发展环境。

13. 中国船舶远程识别与跟踪系统工程

(1)项目背景

2006 年 5 月,国际海事组织通过了经修订的 SOLAS 公约修正案,增加了强制实施中国船舶远程识别与跟踪系统(LRIT 系统)的相关内容。根据国际相关公约的要求,交通运输部启动了"中国船舶远程识别与跟踪系统工程"。

(2)建设过程

LRIT 系统于 2009 年 3 月正式开工,主要委托中国交通信息中心(今中国交通通信信息中心)、中交通信科技有限公司、中建电子工程有限责任公司建设,2012 年 4 月完工。主要建设过程为:

2009 年 3 月,完成了"硬件设备和通用软件部分""土建工程部分"和"应用系统部分"的招标及合同签订工作;2009 年 3 月,工程正式实施;2009 年 3—5 月,完成土建施工、网络、硬件设备到货验收与安装调试、应用系统概要设计与开发工作;2009 年 5 月,完成系统开发环境测试;2009 年 6 月,系统通过生产环境测试,系统开通成功;2009 年 7 月,完成应用系统现场测试;2009 年 8 月,完成地面站值班人员培训、香港海事处用户培训;2009 年 8—11 月,完成系统试运行;2010 年 8 月,完成海事局 LRIT 维护小组人员培训;2011 年 5 月,完成工程结算审核。2011 年 12 月,完成应用系统验收;2011 年 11—12 月,完成了补充采购部分的招评标、合同签订工作;2012 年 4 月,完成网络、硬件补充采购设备的安装调试;2013 年 12 月,完成硬件设备采购合同验收。

（3）项目规模

中国 LRIT 系统由海事卫星地面站、船台和数据中心及其数据端站组成,由于 LRIT 系统依托海事卫星 C 系统工作,现有海事卫星地面站和船台可直接利用,本项目只建设 LRIT 数据中心及其相关设施设备。该工程总概算为 2300 万元。主要建设内容包括:

①本工程在交通运输部海事局建设中国 LRIT 国家数据中心,在上海海事局建设异地系统备份中心,在香港和澳门分别建设数据端站。

②国家数据中心设置在交通运输部海事局,主要包括数据服务器、应用服务器、交换服务器、接口服务器、应用终端、网络设备、数据库管理系统、地理信息开发平台、电子海图开发平台、交换平台软件、网络安全设备、船舶数据、船员数据、通信装备数据、船舶公司数据、应用系统以及相应配套设备等。

③系统备份中心设置在上海海事局,主要配置数据服务器、应用终端、数据库管理系统、服务器操作系统、交换平台软件、网络安全设备等。

④香港和澳门数据端站分别设置在香港海事处和澳门港务局,主要配置应用终端、虚拟专用网络(VPN)设备、船舶数据、船员数据、通信装备数据、船舶公司数据等。

⑤北京海事卫星地面站为 LRIT 国家数据中心提供 400 平方米的业务用房。设备间、配电室和资料室等在一层,占用 200 平方米;值班室、会议室、主任室和休息室等在二层,也占用 200 平方米。数据备份中心需业务用房约 30 平方米,利用上海海事局现有业务用房进行装修。

（4）应用效果

中国 LRIT 系统的成功建设,确保了我国 LRIT 系统履约能力,为我国政府在有关国际航运中的重大决策提供了科学依据和参考,并实现了我国水上交通各级主管部门对船舶的远程监控。通过对船舶进行远程识别与跟踪以加强海上保安,提高了海上搜寻与救助能力,为调查海上非法排放、溢油事故等方面提供了信息支持,为海事局及其他行业部门提供了数据应用决策参考,给卫生防疫、海关、公安、边防等相关管理部门提供了数据支持,对于航运企业可以应用于全球航运生产和管理等具有重要作用。

14.海事应急辅助指挥系统试点工程

（1）项目背景

为提高我国海上突发事件应急指挥水平,保护海上人民生命和财产安全,实现应急指挥工作"看得见、叫得到、指挥有效"。以对海上险情进行快速、有效救助为出发点,综合利用我国海上搜救现有信息、通信系统,实现应急指挥数据综合查询,搜救行动辅助决策,搜救力量联动指挥,改善、提升海事应急的组织、指挥、协调能力,提高海上搜救的效率和成功率,交通部于 2004 年 12 月批复海事应急辅助指挥系统试点工程。

(2)建设过程

海事应急辅助指挥系统试点工程自2007年7月正式施工,2008年11月18日系统正式应用,2009年10月完成了补充采购部分施工。具体施工过程为:2006年12月,与总承包单位签订试点工程总承包合同;2007年2月至4月,总承包单位完成各分包招标及合同签订;2007年7月至9月,工程正式实施,完成了概要设计编制并通过评审;2007年10月至2008年3月,完成了各项安装、调试等;2008年4月,组织系统联调测试;2008年6月至10月,各系统完成了试运行及完善工作;2008年10月,完成业务及信息人员参加的系统应用和维护培训;2008年11月18日,系统正式应用;2009年2月至3月,组织设计单位完成了试点工程补充设计及概算调整方案;2009年4月,组织各试点单位业务人员和信息人员参加的系统预验收及功能测试;2009年5月至9月,完成了补充采购部分招标、合同签订及实施;2009年10月,补充采购部分完成试运行;2009年11月,通过了部档案馆组织的档案专项验收,第三方审计机构对总承包单位进行了决算审计;2009年12月,委托第三方完成了系统性能测试;2010年1月,委托审计机构完成决算审计。

(3)项目规模

该工程总概算为3500万元;工程财务决算为3500万元。建设范围为中国海上搜救中心和上海、山东(含烟台)、深圳海上搜救中心。主要建设内容为3个平台、2套系统、2个模型。

①通过数据交换平台,整合现有信息资源,开发应急指挥应用系统,在应急指挥数据库和电子海图平台的支持下,实现应急信息的综合、快速查询,并能直观地制定搜救方案,提高应急指挥的水平和效率。同时建设了溢油漂移模型和海上落水人员漂移模型。

②初步建立应急指挥综合通信调度平台,实现中国海上搜救中心与各地搜救中心、救助船舶、遇险船舶、协调单位间的通信指挥调度。

③建立图像传输系统,利用现有的卫星通信地球站(VSAT)卫星系统采集的事故现场图像信息,直接传送到中国海上搜救中心;通过无线扩频技术,实现成山头水道、前湾水域30千米以内的事故现场图像信息采集和传送,提高应急指挥效率。

(4)应用效果

试点工程各系统自2008年11月18日正式运行后,整体运行比较稳定,各功能模块能够满足使用需求,在日常值班和应急指挥工作中发挥了重要作用。在亚丁湾护航、2008年北京奥运会、青岛奥帆赛和2010年上海世博会等国际事务中发挥作用,提升了中国的国际地位。

①通信调度系统整合了值班电话、船舶呼叫系统(DSC)、卫星端站等多种通信手段,建立了综合通信调度平台,解决了过去多种通信手段相互独立、功能单一、操作不便的问题,实现了应急指挥中的通信调度一键式操作,方便快捷。

②海事应急指挥软件的应用较好地规范了应急处置流程,改变了工作方式和应急组

织模式,减轻了工作量,提升了应急指挥工作的效率。应用整合系统通过对14类海事业务信息的整合,改变了过去信息在多个海事业务系统分散存在、多次查询的情况,加强了数据的共享和应用,实现了信息的一键式查询。

15.上海海事局世博水上安保指挥系统建设工程

（1）项目背景

为了使上海世博会水上交通安全与应急保障工作得以顺利进行,规范世博会期间船舶航行、停泊、作业和观光旅游等水上活动,保障船舶、设施和人命财产安全,确保世博会期间水上交通安全,中创软件工程股份有限公司受上海海事局及部海事局的委托,按照世博安保管控方案及建立全国海事信息报送平台的建设需求,以船舶动态管理系统2.0版为基础,适当修改原有的签证功能模块,组织其在全国直属海事的推广,同时增加上海世博船舶、船员信息汇总功能模块,构建直属海事与地方海事的信息报送平台,以满足世博会期间水上安全管控的信息需要。

（2）建设过程

上海海事局世博水上安保指挥系统建设工程经《关于下发上海海事局2009年世博会专项项目计划的通知》（沪海事〔2009〕628号）下达项目计划,自2009年4月正式施工,2010年3月完成。各分系统建设过程如下:

①上海世博水上安保指挥系统

2009年7月,课题组确定系统总体需求,确定信息子系统和地理信息子系统（GIS）的需求,确定系统总体建设方案。

2009年8月至9月,确定信息子系统和GIS子系统的建设方案和功能设计。

2009年10月至2010年1月,项目组完成"上海世博水上安保指挥系统"开发。

2010年2月,系统安装并进入试运行。

2010年3月,根据试运行中出现的问题,进行系统修改和完善。

2010年4月1日,系统正式运行。

②船舶船员相关信息报送系统

◇需求调研分析阶段

2009年8月,课题组进行需求调研,召集业务人员与项目开发人员进行面对面沟通、答疑,确定了系统建设的范围和内容。在此基础上,项目组整理用户需求说明书。

◇系统设计阶段

2009年10月中旬至2009年11月初,项目组进行项目的概要设计、数据库设计和详细设计,项目的设计开发文档通过公司内部的同行评审。

◇开发实现阶段

2009年12月中旬至2010年4月中旬,项目组进行项目的编码实现,完成各功能模块的页面设计和代码编写。其间因项目需求变更及项目时间紧张,开发期间有数据库设计修改、详细设计修改等。

2010 年 4 月 15 日,系统进入正式运行。

③上海世博船舶动态管理信息系统(新版 2.0)

2009 年 7 月,课题调研。

2009 年 8 月至 12 月,课题研究形成方案、系统。

2010 年 1 月,系统初始化,配套环境前期准备。

2010 年 2 月,安装调试、完善。

2010 年 3 月,系统投入运行。

④上海世博水上视频监控系统(其他项目解决 873 万元,信息接入)

2009 年 10 月,项目组对建设项目现状进行分析,研究制定建设内容和建设目标。

2009 年 11 月,确定项目总体设计原则和监控主中心系统建设方案。确定黄浦江、世博园基地和其他监控分中心系统建设方案。

2009 年 12 月,确定现场监控点建设方案和移动监控建设方案,并进行项目招标。

2010 年 1 月,完成项目设计,组织现场考察、设备安装。

2010 年 2 月至 3 月,完成系统的安装和调试及试运行。

2010 年 4 月,系统运行。

⑤上海世博国际航行船舶进出口岸电子数据交换(EDI)申报系统

2009 年 4 月结合保安规则,完善系统,组织需求调研与功能开发。

2009 年 5 月在上海海事局及各试点船代用户单位进行安装、用户培训。

2009 年 5 月,开始试运行。

2009 年 10 月至 12 月,项目组根据系统运行情况进行进一步修改和完善。

(3)项目规模

上海世博水上安保指挥系统工程的主要科技内容包括:上海世博水上安保指挥系统、上海世博安保船舶船员信息报送系统、上海世博船舶动态管理信息系统(新版 2.0)、上海世博国际航行船舶进出口岸 EDI 申报系统研究与应用。总造价 396 万元。

(4)应用效果

上海海事局世博水上安保指挥系统建设工程按照世博水上安保的需求,完成了创新设计、开发和多次的修改、完善,并经过世博会水上安保的实际检验。实践表明功能满足了世博水上安保工作的需求,为世博会水上安保工作圆满实现预期目标提供了强有力的保障。上海世博水上安保 GIS 指挥系统的投入使用,很好地解决了"动态监控、进入核查"的世博水上安保具体要求;船舶/船员信息报送系统的功能模块及接口系统开发,且在 13 个直属海事局完成部署,切实实现了"远端控制"的世博安保需求,达到了项目建设目标。

上海世博水上安保指挥系统工程荣获中国航海学会科学技术奖二等奖,获得的其他专利包括:VTS/AIS 与 CCTV 联动控制系统,获得授权发明专利,专利号为201020174277.3;获得计算机软件著作权,登记号为软著登字 114992 号;视酷 VTS/AIS 与 CCTV 联动控制系统2.0,获得计算机软件著作权登记证书,证书号为软著登字第0185079 号;视酷海事综合信息系统,获得计算机软件著作权登记证书,编号为软著登字 BJ30464 号。

16.长江干线南京—浏河口船舶交通管理系统工程

(1)项目背景

南京—浏河口364 千米辖区是长江流域工、农业经济最发达地域,亦是长江三角洲重要的工业走廊,中部贯穿南北大运河,沿岸水网密布,大小港口星罗棋布,交通十分方便,是我国东西交通、江海水路联运、中转的重要枢纽段,是长江下游主要对外开放港口的所在地。航段江面宽阔,万吨海轮可以直溯南京。辖区内港口群中的南京、镇江、张家港、南通等四大港口,是长江干线的主要开放港口,年吞吐量接近 1 亿万吨。由于该航段沿岸港口码头泊位几乎全部是顺岸式,即形成所谓的百里港区。港区水域同时是过往船舶航路,港池与水道界限不十分明显,给港口和航路的水上安全监督管理增加了难度;加之本航段的交通环境十分复杂,是长江下游的重要渔区,所有这些构成了该航段船舶交通高密度、高事故、高危险度、低运输效率的不利局面;据不完全统计,以 1985 年到 1989 年为例,长江干线船舶交通事故共计2049 起,直接经济损失 7689 万元;南京—浏河口航段船舶交通事故共计 1109 起(占干线的54.1%),直接经济损失 2551 万元(占干线的33.2%)。由此可见,该航段的交通事故频繁,经济损失可观,一旦发生重大事故,其后果十分严重,建设该项目是十分必要的。

(2)建设过程

该项目是交通部批准并投资兴建的,于 1993 年下半年正式开工,1996 年 10 月竣工,由交通部水运规划设计院负责总体设计。从 1994 年 7 月开始到 1996 年 10 月止,完成了该工程的安装、调试和设备可靠性试验等工作。南京交管分系统交管中心于 1993 年下半年动工,1995 年底完工;镇江交管分系统交管中心于 1994 年 3 月动工,1995 年 7 月完工;张家港交管分系统交管中心于 1994 年 4 月动工,1995 年 8 月底完工;南通交管分系统交管中心于 1993 年 11 月动工,1994 年 11 月完工。

(3)项目规模

该项目在南京、镇江、张家港、南通等管辖水域建有 4 个交管中心,并设有 10 个雷达站、1 个微波中继站、1 个 VHF 中继站、1 个中频广播中继站、1 套工业电视照度、1 个航路船舶信息及模拟子系统,覆盖从南京至浏河口长江航道水域,全长 364 千米。该 VTS 系统包括:雷达信息子系统、微波传输子系统、雷达数据处理显示子系统、全程 VHF 子系统、自动气象服务子系统、航路船舶信息及模拟子系统等。项目总投资为 7714.94 万元。

(4)应用效果

该项目运行后,对航行干线的船舶动态进行实时监控,为提高船舶运输效率实行了交通组织管理和协调,支持海难救助联合行动,高效纠正和处理船舶违章,应船舶的要求提供助航服务,为船舶代理、港口及引航调度、外轮供应等单位提供了船舶动态和静态信息咨询服务等。该项目有力地促进了水上安全监督管理更加合理化、科学化、现代化,为长江干线黄金水道航运事业的繁荣昌盛,进一步提供了安全保障。

17. 长江干线甚高频通信改造工程

"十二五"期,长江干线船岸甚高频通信系统更新改造工程为长江航运支撑保障系统的重点建设项目,旨在以原有 VHF 岸基系统的规模为基础,结合"十二五"期间长江航道建设和水上安全监管业务开展的要求,完善 VHF 站点的总体布局,更新长江重庆至上海 VHF 通信设备,进一步完善长江干线上海至重庆水域 VHF 通信覆盖,为航行长江干线水域内的船舶提供 VHF 安全通信服务。

该工程于 2013 年开工建设,2018 年竣工,总投资 8500 万元,内容包括 VHF 无线通信子系统、机房监控子系统、传输子系统、供配电子系统及土建配套工程。其中 VHF 无线通信子系统建设 51 个 VHF 基站;机房监控子系统建设 1 个机房监控总中心(长江海事局信息中心)、13 个机房监控中心,在下属工作站共设置 34 个监控终端;传输子系统自建光缆 4 段共计 15.5 千米,租用公网 2M 电路 3 条。

该系统覆盖范围包括:重庆渔洞至上海长江口,结合水域安全通信实际情况,工程可提高长江干线重庆至上海段 VHF 安全通信系统的覆盖率,填补盲区,改善通信质量,实现重庆至上海段 VHF 船岸双向无线电可通率达到 95% 以上;完善安全信息播发功能,提升技术水平,实现全航段统一频道安全信息播发;完善各站点的机房、杆塔、供配电、防雷接地等配套设施建设,实现对各通信机房的动力系统、机房环境的全面远程监控。系统建成后,可具备船舶遇险和安全报警、搜救协调通信、救助现场通信、播发安全信息、日常安全管理通信、机房环境监控等功能。

18. 长江应急移动通信平台工程

长江干线应急移动通信平台(通信车)设备购置项目于 2010 年开工建设,2011 年竣工,总投资 1760 万元,共配置 3 辆应急移动通信平台,分别布设在长江干线重庆、武汉和南京。建设内容包括:

①车体。配置在武汉的应急移动通信车提供 8 人会商场所;配置在南京、重庆的应急移动通信车提供 4 人会商场所。车内布局划分为驾驶区、指挥区、操作区和保障区 4 个区域。

②车载通信信息系统。包括通信系统(提供海事卫星、"动中通"VSAT 卫星通信端站、公网移动通信、VHF/HF 等通信方式)、语言调度通信系统、信息采集系统、视频显示系

统、计算机网络及信息系统等,配置相应的辅助设施。

对长江海事局信息中心固定卫星终端站进行必要的设备扩容,增配多路解调器、网管系统(服务器和软件)、更换卫星天线功放设备。通信车以双向小站方式组网,通过同步通信卫星 Ku 波段信道,实现通信车与长江海事局信息中心、通信车之间的实时应急通信业务。为实现交通应急通信资源的综合利用,VSAT 通信系统建设依托部投资建设的"交通应急宽带 VSAT 通信系统"。

③综合保障系统。该项目建设的 3 辆应急通信车具有"动中通"功能,能够在行驶过程中实时传输音视频信号。4 辆应急移动通信车(3 辆新车、1 辆旧车)与长江海事局信息中心固定站之间、任意 2 辆应急移动通信车之间的单跳语音、视频和数据等综合信息双向实时传输,确保长江出现自然灾害等突发事件时能及时形成现场调度指挥、视频传送等通信能力。进一步提高长江干线应急通信能力、突发事件指挥调度能力和快速反应能力,充分发挥长江黄金水道的作用。

19.长航局系统基层站点用户接入网工程

该工程于 2011 年开工建设,2013 年竣工,总投资为 5900 万元,主要内容包括以下三个方面:

①光缆线路工程。新建 63 个基层站点的网络接入,包括自建 8 芯光缆 175.56 千米条、48 芯光缆 273.26 千米条,租用光缆 538.9 对芯千米(租期 10 年),为尚不具备有线宽带接入条件的 28 个三级站点各租用 8 兆比特每秒电路 1 条(租期 3 年)。

②网络设备工程。在南溪至芜湖各通信汇接点共配置多业务光传输设备(MSTP) SDH622M 设备 13 套,在所有光纤接入站点共配置多业务光传输设备(MSTP)SDH155M 设备 63 套,在租用电路站点共配置智能 PCM 设备 28 套,在南京至上海各汇接点共配置中继网关(TG)7 套,在所有用户站点共配置综合接入设备(IAD)91 套以及在所有通信汇接点共配置综合网管系统 20 套。

③配套工程。为各用户站点配置 UPS(2 千伏安)各 1 台,共计 91 台;为重庆、宜昌、九江、南京、上海配置通信维护,共计 6 辆。

该项目的建设,进一步释放了长江光纤数字传输网的传输潜能,使长航局系统基层站点能够共享长江航运信息化发展成果,提高各支持保障系统单位管理效能,提高长江航运安全保障能力,为构建"畅通、高效、平安、绿色"的长江黄金水道奠定坚实基础。

20.长江船舶自动识别系统(AIS)工程

长江干线船舶自动识别系统(AIS)一期于 2009 年开工建设,2011 年竣工,总投资为 4891.83 万元。建设规模如下:

在武汉建设 AIS 一级管理中心,在芜湖、武汉、宜昌、重庆分别建设 AIS 二级区域管理中心;与长江干线 VHF 同址建设马鞍山等 34 个 AIS 基站,与石牌雷达站同址建设 1 个 AIS 基站,新建金竹等 12 个 AIS 收发基站,鱼嘴等 16 个单接收站;开发 AIS 应用系统,并与已建成的南京至浏河口 AIS 系统联网,同时预留与长江干线船舶自动识别系统二期工程(重庆至宜宾段)联网的接口;配置 14 套用户终端、60 套 AIS 船台设备。配套建设池州等 16 处基站桅杆设施,改造池州、监利、南京发信台通信机房的供电系统。建铁塔 9 座、机房 7 处、光缆 13 千米、无线微波设备 1 对;租用铁塔 8 处、机房 7 处、2M 电路 17 条。

长江干线船舶自动识别系统一期工程实现了对长江海事局辖区水域(重庆至南京段长江干线水域)的连续覆盖,与已建的南浏段 AIS 系统实现联网,初步形成长江干线 AIS 岸基网络、业务系统框架,并为航行在辖区水域的航行船舶提供 AIS 信息服务。此外,该系统已实现长江海事局已建的 GPS 和 VTS 系统的互联,为电子巡航系统提供服务。自交工验收运行以来,AIS 系统重要性得到发挥体现,在海事安全监控、遇险救助、辅助决策等各方面发挥重要作用,提升了长江海事信息化的水平,提高了为船舶服务的能力。

21. 长江干支通信网联动工程

根据长航局"延上游、畅中游、深下游、通支流"的航运发展思路,本着完善长江干线船岸甚高频(VHF)网络、延伸长江安全信息联播、为进出长江干支流的船舶提供安全信息通信服务的指导思想,"十二五"期,长江海事局利用现有资源和地方海事处提供的建站基础条件,建设江阴等 4 处干支甚高频(VHF)联动工程。

4 个长江干支甚高频联动工程于 2011 年开工建设,2015 年竣工,总投资约 1200 万元,建设内容主要包括 VHF 设备及安装工程、传输电路工程、供配电设备及安装工程和天线铁塔及土建工程。

干支联动 VHF 工程能在搜救过程中为岸上相关搜救部门和救助力量与遇险船舶之间提供通信联系。通过甚高频(VHF)有/无线转接设备,海事搜救中心在收到船舶遇险和安全报警信息后,可通过指定的甚高频(VHF)工作频道(或其他通信手段),按照施救应急方案组织协调搜救力量,可通过公用通信网或专用通信网,将遇险信息及时传递给当地政府、驻军及其他社会力量对遇险船舶的施救,最大限度地减少人民生命和财产的损失;能使搜救指挥部门对遇险船舶、救援船舶、飞机等救助力量进行统一、快捷的救助现场指挥调度,还可担负定时和不定时向航行在内河水域船舶播发航行警告、航行通告、气象警告、气象预报以及其他与航行有关的紧急信息作用。

22. 长江干线数据网升级改造工程

长江干线数据网升级改造工程项目于 2011 年开工建设,2012 年竣工,总投资 2990 万元,主要建设内容包括:在南京、汉口、宜昌、万州、重庆汇聚层节点配置汇聚路由器,在南京、宜昌、万州、重庆汇聚层节点配置汇聚交换机;在汉口汇聚层节点配置中心交换机及配套设备。

长江干线数据网升级改造工程的建成使用后，在多方面发挥了重要作用：一是通过支撑长江水上安全信息台的良好运转，使得长江沿线航行船舶能够方便快速地获取各类安全信息，确保长江航运安全。二是通过支撑长江航运支持保障会议电视系统的稳定运行，实现长江航运管理部门全线、跨部门的多媒体信息互通，既降低传统会议召开成本，也能提高各部门联合应对重大突发事件的应急处置能力。三是通过支撑长江 AIS 系统的可靠运行，有利于海事、航道、公安等部门及时掌控船舶动态信息，为水上安全监管、航道保通以及突发事件的应急处置工作提供帮助，有利于提高长江航运安全保障能力。

二、信息化系统建设

（一）综述

海事系统信息化工作，自 1998 年部海事局成立开始启动。从 2000 年水上安全监督信息系统一期工程的实施开始起步建设，经过十余年建设，取得了显著成效，在业务支撑、发展保障等方面均发挥了巨大作用。

海事基础设施建设方面，海事系统已经形成以部局为核心，覆盖 14 个直属局、28 个地方局的星形海事专网。其中，14 个直属局以及上海、江苏、浙江地方局已实现部局、直属局、分支局及海事处的 4 级网络专线覆盖。安徽、湖南、山东等 8 个地方局已实现三级覆盖。在此基础上开通了全国海事视频会议系统，并采用分类定级的方式，完成了部海事局统一推广的应用系统安全等级保护定级和公安部备案工作。

业务应用系统建设方面，在船舶管理、船员管理、应急管理、综合管理等方面建设和推广应用了 50 余个业务系统，涵盖主要海事业务。实现了船员、验船师的"无纸化"考试，船员随到随考。建成了海事系统内外网网站群，开通了船舶、船员管理等行政许可项目网上申报系统，为社会公众提供了及时、便捷的信息服务，得到了社会好评。

信息系统整合建设方面，在交通运输部编制的《公路水路交通运输信息化"十二五"发展规划》的指导下，部海事局组织编制了"海事信息系统顶层设计"，启动实施了船舶协同管理与信息服务系统工程和智慧海事一期、二期工程。完成了各海事业务数据至上海一级云数据中心的汇聚等工作，建立了船舶、船员、船公司等基础数据库，同时实现了全国海船船舶、船员现场业务的协同办理及船舶远程电子签证。

（二）重点项目

1. 水上安全监督信息系统一期工程

（1）项目背景

为适应水上安全监督管理信息化发展需要，推进交通运输信息化进程，更好地支持、保障水运交通事业发展以及海事业务管理与国际接轨的需求,交通部《关于水监信息系统一期工程可行性研究报告的批复》(交规划发〔1999〕634 号)批准水监信息系统一期工程立项;2000 年 4 月,交通部水运司以《关于水上安全监督信息系统一期工程初步设计的批复》(水运基建〔2000〕336 号)批复工程初步设计;交通部海事局于 2000 年 9 月 28 日开工建设水上安全监督信息系统一期工程。

（2）建设过程

水上安全监督信息系统一期工程采取公开招标方式,2000 年 7 月 10 日至 7 月 31 日,部海事局委托中技国际招标公司组织公开招标。通过公开招标,确认山东中创股份有限公司为硬件系统及集成项目和应用软件系统中标方。该工程于 2000 年 9 月 28 日开工建设,于 2002 年 11 月 18 日完工。单项工程建设情况如下:

①硬件、网络、系统管理软件

2000 年 10 月至 2001 年 6 月,水监信息系统一期工程完成了海事业务信息主干网以及各局局域网的建设,实现了部海事局与 19 个直属海事局之间、各直属海事局之间的联网;建立了部海事局网络中心,采用 TCP/IP 网络协议和通用网络接口,满足了与交通部网络的联网要求;开通全国海事系统的内部电子邮件系统;初步实现现场监控图像传送;实现了部分分支机构和派出机构的联网;建立了中国海事 Internet 网站,实现了船舶安全检查、船员考试安排及成绩等海事管理、行政执法服务信息的网上发布。

服务器/数据库系统:共安装调试 HP UNIX N4000 双机 1 套、HP UNIX L10006 套、服务器 WINDOWS NT/200071 套、SYBASE 数据库 21 套。网络、网管:建成以部海事局为中心的星形网络结构,其中部海事局出口 2×2M Frame-Relay、各地海事局 64K-256K Frame-Relay。采用的路由协议为 EIGRP,通信协议为 TCP/IP;网管采用 CISCO WORKS2000 产品,实现了网络监控、配置、安全管理等功能。邮件系统:邮件系统采用唯一域结构,所有海事局直属系统都在一个域中。采用星形、多级服务器结构:以部海事局为中心服务器,各直属海事局为附加服务器,分支海事局为上一级的附加服务器。现在部海事局、所有直属海事局、部分分支海事局已经加入本系统。用户 2400 多个,部海事局用户 100 多个,实现了邮件互通,系统定时自动复制等功能。防火墙:采用 CHECKPOINT 产品,完成不同网段的通断策略的执行,用于海事局系统与外单位的连接。防病毒:采用主域控制方式,实现了域内防病毒软件自动分发,实现病毒特征文件定时(每天)自动更新。部海事局局域网改造:在原有局域网基础上,增加、调整部分端口。铺设了主楼、辅楼之间的光纤。规划了三个独立的网络:海事网、金交网、INTERNET 网;实现每个办公计算机连接海事网、每个办公室至少一台终端连接金交网、每个办公室一台终端连接 Internet。

②应用软件开发

2000 年 10 月至 2001 年 7 月,开展需求调研和需求分析;2001 年 2 月起,开始进行软件设计,2001 年 5 月起,陆续对已经完成软件设计的各子系统开始编码,于 2001 年 9 月底完成了所有子系统的编码工作。2001 年 5 月底至 2001 年 11 月,进行 10 次业务软件的试点和功能测试;2001 年 12 月至 2002 年 1 月初,部海事局组织在直属海事局安装试点,安装了水监信息系统的各子系统软件,并开始试点使用,广泛征求反馈意见;2002 年 1 月至 4 月,对软件进行优化完善和综合测试;2002 年 5 月 23 日至 6 月 21 日,天津、广东海事局分别进行了现场综合测试。

水监信息系统一期工程自 2002 年 7 月 8 日开始在各直属海事局进行水监软件试运行。船员管理、船舶动态管理、通航管理、事故应急、法规管理等子系统均顺利完成了各直属局的软件安装与使用培训,其中天津、上海、深圳、辽宁、山东、广东六局还安装到了相关分支局和海事处。2002 年 7 月和 11 月,硬件工程和软件工程分别通过部海事局预验收。2003 年 7 月 22 日,交通部组织有关部门组成验收委员会,对水上安全监督信息系统一期工程完成竣工验收。

(3)建设规模

①建设部海事局(一级网)和上海、天津、广东、辽宁、山东、浙江、福建、海南、江苏、深圳、营口、汕头、湛江、河北、烟台、连云港、广西、厦门、长江 19 个直属海事局局域网(二级网)以及主干广域网;应用软件系统重点建设船舶管理、船员管理、事故与应急子系统,兼顾通航安全管理、船载客货管理、行政办公及法规管理、公用信息子系统。

②为部海事局和 19 个直属海事局配备服务器、交换机、路由器等网络设备,并考虑各局与下属单位及外部相关单位的接入能力。

③广域网采用帧中继线路组成星形拓扑网络结构,各局域网采用 100 兆快速交换以太网技术。

④工程概算总投资 3239.96 万元。

(4)应用效果

水监信息系统一期工程建设,为海事系统信息化建设拉开序幕。通过水监信息系统一期工程建设,在硬件方面:建立了部海事局网络中心,对部海事局局机关局域网进行了改造;完成了海事业务主干网以及各直属局局域网的建设,并实现了部海事局与 19 个直属海事局之间、各直属海事局之间的联网;开通了海事系统内部电子邮件系统;初步实现现场监控图像传送;建立了中国海事 Internet 网站,实现了船舶安全检查、船员考试安排及成绩等海事管理、行政执法服务信息的网上发布。在软件方面:完成船舶管理、船员管理、事故与应急子系统,兼顾通航管理、船载客货管理、行政办公及法规管理、公用信息子系统的软件的开发、安装实施和试运行和用户培训。初步满足了海事系统水上安全监督和防止船舶污染、船舶及海上设施检验、航海保障管理与行政执法以及交通安全生产管理等各类业务对业务数据安全、及时、可靠、准确、共享的传输和使用要求。

2. 水上安全监督信息系统二期工程

（1）项目背景

项目建设依据：经过水上安全监督信息系统一期工程的建设，海事信息化工作在加强内部管理、提高工作效率，规范执法，提高海事监管、监控手段和能力、服务水运事业、改善海事队伍形象等方面发挥了一定的作用。为充分发挥一期工程的建设成果，推动海事信息化稳定、持续地发展，交通部于 2002 年 9 月以《关于水上安全监督信息系统二期工程可行性研究报告的批复》（交规划发〔2002〕449 号）批复水上安全监督信息系统二期工程立项，交通部水运司分别在 2003 年 5 月以《关于水上安全监督信息系统二期工程初步设计的批复》（交水发〔2003〕204 号）、2005 年 12 月以《关于水上安全监督信息系统二期工程概算调整的批复》（厅水字〔2005〕474 号）批准建设水上安全监督信息系统二期工程。

（2）建设过程

水上安全监督信息系统二期工程于 2004 年 1 月开始建设，主要经过以下几个过程：2004 年 1 月至 2 月，为实施准备阶段；2 月，组织各供货商对二期建设单位的信息管理人员和技术人员共计 180 多人进行了为期 10 天的集中培训，并选择一个节点进行提前实施，以测试规范和配置文档的正确性和完整性，同时，为下一步全国实施的流程进行统一的规范；3 月至 4 月，对全国节点（黑龙江分支局除外）实施；4 月至 7 月底，对整个系统进行联调；自 2004 年 8 月至 2005 年 1 月底，系统开始试运行。

2005 年 1 月至 2006 年 11 月，硬件系统和各应用系统分别通过部海事局组织的预验收；2006 年 12 月完成了财务决算和审计；2007 年 2 月 7 日，完成了竣工档案专项验收。

（3）项目规模

①在一期工程的基础上，建设覆盖直属海事系统全部分支和部分派出机构的局域网和广域网；扩展海事主干网的带宽。

②建设部海事局和直属局的 IP 电话系统和视频会议系统。

③建设网络和信息安全系统，建立海事信息系统数据备份中心。

④开发建设内河船员管理系统、船舶检验管理系统、船舶防污染系统、计划基建统计系统等应用系统。

⑤完善并推广一期工程开发的船舶管理系统、船员管理系统、事故应急系统、船载客货管理系统等应用软件。

⑥工程概算总投资 4900 万元。

（4）应用效果

海事局水监信息系统二期工程建设了一条覆盖海事系统所有直属局、分支局和派出机构的上下贯通的海事专网,为海事系统的各种应用提供了一个稳定、可靠和高速的系统平台,为实现"电子海事"奠定基础。水监信息系统的建设,不仅提高了海事系统的办公效率、提升了对海上安全的监管力度,而且树立了中国海事在世界上的良好形象。具体建设效果体现如下:

①建立了从部海事局到各直属局、分支局和海事处的四级网络结构,实现了全国海事系统的数据传输和共享,提高了海事业务系统人员的办公效率,为各级领导的决策提供了依据。

②扩展了部海事局到直属海事局之间的主干数据网络带宽,为海事系统的各种应用提供了高速的网络传输通道。同时,也为开展多媒体应用(视频和语音)提供了高带宽的网络平台。

③在部海事局和各直属海事局之间开展了视频会议系统的增值应用,为部局和直属局之间的沟通和交流提供了直接便利的途径,极大节省了海事系统之间沟通和交流的成本。

④在部海事局和各直属海事局之间开展"宝视通"业务,为部局和直属局的通航处值班室之间提供了直观"面对面"的视频和语音交流。同时,利用部局和各直属局之间"宝视通"业务的线路作为主干数据网线路的备份,增强了部局和各直属局之间数据网的可靠性,为海事系统的各项应用不间断地运行提供了健壮的网络平台。

⑤建立了部海事局和各直属海事局的数据备份系统,保证了海事系统的数据安全,避免了因意外系统故障而导致数据丢失,从而增强了整个数据库系统的安全性。

⑥建立了各级海事局的安全体系。包括从防病毒、防火墙、入侵检测和漏洞扫描等各安全层次上保证了海事系统的网络安全。

⑦建立了部海事局和各直属海事局的网络管理系统,为各级海事系统的信息管理人员提供了直观的管理界面,增强各级海事系统对信息化的管理水平,为海事系统信息化建设的深度发展提供了基础。

3. 直属海事系统船舶"一卡通"推广工程

(1)项目背景

为了规范船舶管理,解决船舶假证书、一船多证、港务费流失等问题,促进联合监管,提高执法效率,2004年,交通部海事局在长三角地区开展了船舶"一卡通"工程的建设。从长三角试点结果来看,船舶"一卡通"工程,初步实现了船舶登记、船舶动态签证、IC卡管理系统等业务管理模块在横向上的有效整合,并且通过将信息化管理关口前移,信息化管理手段从海事机构内部延伸至外部管理相对人,在纵向上实现闭环管理模式,基本达到预定的船舶IC卡的制作、发行、物流管理、电子签证等系统需求目标。

长三角地区的试点工作大大推进了船舶管理的水平和效率,为扩大海事船舶"一卡通"的应用范围,提高全国船舶管理水平,应在长三角"一卡通"工程的基础上,推广使用船舶"一卡通"系统,更好地发挥系统的建设成效。

（2）建设过程

船舶"一卡通"是一个意义重大、涉及范围广的全国性工程,为使工程稳妥有序地进行,交通部海事局根据不同地区的实际情况,制订了"三步走"的实施计划:第一步,在2005年底,完成长三角地区的试点工作,主要包括上海、江苏、浙江、长江4个直属海事局和上海、江苏、浙江、安徽4个省(直辖市)的地方海事局及其下属机构。第二步,在2006年底,完成其他地区所有直属海事系统"一卡通"的推广工作和长三角地方海事局船舶"一卡通"的完善工作。第三步,完成全国水网地区地方海事系统的船舶"一卡通"工程推广工作,并最终实现全国船舶统一管理。

（3）项目规模

该工程总概算为541万元。主要建设内容包括完成10个卡管理分中心建设;船舶管理(船舶登记、船舶动态)系统和卡应用管理系统的推广实施和设备配置;船舶管理(船舶登记、船舶动态)系统和卡应用管理系统及运行平台的完善优化;实现直属海事系统海船"一船一卡、刷卡签证"、河船"一船一卡、逐步刷卡签证"的推广目标。

（4）应用效果

直属海事系统船舶"一卡通"推广工程实现了全国直属海事系统海船、河船一船一卡,并实现刷卡签证,同时建立了直属海事系统和长三角地方海事系统统一的船舶基本信息数据库,有效地规范了船舶登记工作;以船舶卡为载体,实现了船舶的电子化签证和船舶动态信息的交换共享,提高了船舶签证效率,促进了对船舶的联合监管。

4. 中国海上搜救中心指挥显示系统工程

（1）项目背景

2006年国务院出台了《国务院关于全面加强应急管理工作的意见》,把"推进国家应急平台体系建设"列为"加强应对突发公共事件的能力建设"的首要工作,并明确指出:"加快国务院应急平台建设,完善有关专业应急平台功能,推进地方人民政府综合应急平台建设,形成连接各地区和各专业应急指挥机构、统一高效的应急平台体系"。

中国海上搜救中心是交通部的重要职能部门之一,肩负组织、协调、指挥重大海上搜救和船舶污染事故应急处置行动,承担海上搜救和船舶污染事故应急反应值班工作。2006年,交通部进行部机关办公楼改造工程,该工程为应急平台的建设提供了基础条件,因此交通部决定建设中国海上搜救中心指挥显示系统,首先为我国海上应急指挥提供平台,并实现公路、水路应急指挥信息的接入,逐步形成交通行业的应急指挥平台。

为更好地发挥水上安全监督信息系统一期、二期工程的建设成效,使中国海上搜救中心能及时全面掌握事故现场信息,合理制定应急处理方案,提高应急调度、指挥、决策和综合指挥能力,满足部与国务院应急平台、各省(自治区、直辖市)交通主管部门应急平台、相关部委应急平台的互联互通需要,特启动中国海上搜救中心指挥显示系统工程建设。

(2)建设过程

中国海上搜救中心指挥显示系统工程于 2007 年 10 月正式开工,2008 年 2 月完工,2008 年 10 月通过部海事局组织的预验收,2008 年 12 月完成了财务决算和审计。工程设计单位为中交水运规划设计院有限公司和北京市建筑设计研究院;施工单位为北京中交通信科技有限公司、中国交通信息中心有限公司、北京中远广田装饰工程有限公司、天地金草田(北京)科技有限公司和北京北国建筑工程有限责任公司等;监理单位为北京赛迪信息工程监理有限公司和中机十院国际工程有限公司。工程主要建设情况如下:

①大屏幕显示系统。大屏幕显示系统的实施主要为中国海上搜救中心提供现场信息的显示平台。在搜救中心指挥大厅配备建设了 24 块 60 英寸的数字光处理(DLP)背投一体显示单元,组成了 4×6 排列的显示墙体,配置了多屏控制器、控制软件,结合搜救会议系统的建设实现了多种信息的综合及动态显示。大屏幕显示系统的建设于 2007 年 10 月开始实施,工程实施主要包括设备到货、安装调试、试运行阶段。2008 年 1 月,大屏幕显示系统完成安装调试及联调工作,进入试运行阶段。

②系统集成及设备采购。系统集成及设备采购工作包含指挥显示系统的视频会议系统、数字会议系统、指挥终端系统、集中控制系统、信息发布系统的设备供货、安装调试,综合布线以及所构成系统(含搜救中心现有系统、设备)的集成工作,同时承担对大屏幕显示系统的集成工作的协调组织及进度质量控制等项目管理工作。该项工作于 2007 年 10 月开始实施,工程实施主要包括前期准备—设备到货—安装调试—联调试运行阶段。2007 年 12 月至 2008 年 2 月,该项目承担单位中国交通信息中心有限公司完成了视频会议系统、数字会议系统、指挥终端系统、集中控制系统、信息发布系统设备的安装调试工作,并与 A 包大屏幕显示系统承担单位完成了系统的联调及集成工作。2008 年 3 月,实施单位完成工程的安装调试、联调以及集成工作,进入试运行阶段。

③室内装修及配套工程。室内装修及配套工程主要为指挥显示系统的配套工程建设,主要建设内容为中国海上搜救中心指挥大厅内部的室内装修、空调系统及电气工程。通过该项目建设,将为指挥显示系统运行提供基础场地及环境条件。该工程于 2007 年 10 月开始实施,工程实施主要包括前期准备、设备到货、工程实施、试运行阶段。2007 年 11 月至 2007 年 12 月,该项目承担单位北京中远广田装饰工程有限公司完成了室内装修工程、空调系统、电气工程的建设工作,并与其他项目承担单位较好地完成了工程的联调,能够为指挥显示系统提供场地及环境条件。2008 年 1 月,实施单位完成工程的实施工作,进入试运行阶段。

④加固改造。为与部办公楼改造工程统一建设,该工程于 2007 年 3 月开始先行实

施。主要工程阶段包括前期试验、进场施工、质量检测。2007年3月由工程实施单位天地金草田(北京)科技有限公司对工程主要实施技术及材料进行了工程前期的试验准备工作;2007年6月至8月,实施单位组织了相关设备及材料的进场及施工工作,2007年8月至9月,对改造加固工程的工程质量进行检测。

⑤钢结构工程。该部分工程与部办公楼改造工程统一建设,于2007年5月开始实施。主要工程阶段包括前期试验、进场施工、质量检测。2007年5月由工程实施单位北京北国建筑工程有限责任公司对工程主要实施技术及材料进行了工程前期的实验准备工作。2007年6月至7月,实施单位组织了相关设备及材料的进场及施工工作,并提供相应的产品质量保证书及出厂合格证。2007年8月至10月,对钢结构工程的工程质量进行检测。

（3）项目规模

该工程总概算为2849.97万元,工程财务决算为2849.97万元。主要建设内容:建设现场信息显示平台,实现通过交通运输行业专网、海事信息网、海事卫星等链路传输的现场信息及相关信息的综合显示;建设搜救会议系统,配置视频会议系统设备,实现与部及省级交通主管部门、各搜救分中心及各海事机构的视频会议,配置数字会议和集中控制设备,配置一体化值班、指挥座席及终端工具;建设信息发布系统,实现交通行业及我国海上搜救的应急事件信息发布;建设指挥显示系统的配套工程,为系统使用提供场地环境。

（4）应用效果

①指挥显示系统工程的建设为中国海上搜救中心提供了应急搜救指挥的基础平台工具,整体提高了中国海上搜救中心的应急指挥效率及海上搜救的成功率,为海上人身、财产提供安全保障。

②指挥显示系统工程的建设定位为建设我国海上应急搜救的指挥平台以及交通运输行业的应急指挥平台,工程建设实现了与部各司局的网络及视频连接,为整体的交通运输行业应急指挥平台建设提供了基础条件,充分体现工程的建设价值,提高交通运输行业应急指挥能力。

5.*海船船员管理系统改造和海船"船员卡"建设工程*

（1）项目背景

以面向现场监督执法服务、面向社会的电子政务服务为出发点,以《中华人民共和国船员条例》及《中华人民共和国船员注册管理办法》的颁布实施为契机,2008年交通运输部批复海船船员管理系统改造和海船"船员卡"建设工程。

（2）建设过程

海船船员管理系统改造和海船"船员卡"建设工程于2009年12月开工,主要委托石化盈科信息技术有限责任公司和中创软件工程股份有限公司建设,主要建设过程为:2009

年 4 月,成立海船船员管理系统改造和海船船员卡建设工程需求工作组;2009 年 12 月,完成海船船员管理系统改造和海船"船员卡"建设工程合同签订;2010 年 2 月,成立海船船员管理系统改造和海船船员卡建设工程项目组;2010 年 6 月,完成了对海船船员管理系统需求确认及评审;2010 年 7 月,完成总集成、卡管理系统开发、卡相关设备及局域网设备采购集成服务合同的签订;2010 年 9 月,完成《海船船员管理系统概要设计说明书》的评审;2010 年 11 月,完成新版海船船员管理系统 V1.0 版的研发工作;2010 年 12 月,部海事局委托江苏海事局牵头进行工程的推进工作,成立了专职推进工作组;2011 年 4 月至 8 月,完成对新版海船船员管理系统调整需求的确认及评审;2011 年 10 月,根据调整需求,完成了软件升级改造;2011 年 9 月,新版海船船员管理系统 V2.0 在江苏海事局试点;2011 年 10 月,新版海船船员管理系统 V2.0 在江苏海事局辖区全面使用,含连云港、南通 2 个分支局;2011 年 11 月,新版海船船员管理系统 V2.0 在山东海事局全面使用,含烟台、济南、威海、日照和青岛 5 个分支局;2011 年 11 月至 2012 年 2 月,分 3 次完成对全国业务和信息人员的集中培训;2011 年 10 月,完成了补充采购部分招标、合同签订及实施。

2011 年 11 月,完成海船船员管理系统和海船船员电子申报系统用户集中测试;2011 年 12 月,组织设计单位完成了工程补充设计及概算调整报告编制,2012 年 6 月,交通运输部批复了部海事局上报的概算调整方案;2011 年 12 月,在北京组织召开了海船船员管理系统改造和海船"船员卡"建设工程预验收会议;2012 年 2 月,新版海船船员管理系统在全国 14 个直属海事局、56 个分支海事局全面推广应用,系统使用情况良好;2012 年 6 月完工。2012 年 11 月,第三方审计机构对工程完成财务决算审计;2013 年 2 月,通过了部档案馆组织的档案专项验收。

(3)项目规模

海船船员管理系统改造和海船"船员卡"建设工程主要包括:

①改造海船船员管理系统。根据《中华人民共和国船员条例》与《中华人民共和国船员注册管理办法》的要求,实现海船船员的注册登记、考试、培训、发证及跟踪管理等功能。

②为实现业务协同,建立船员管理系统与其他系统的接口。包括实现与船舶动态、内河船员、行政处罚、船员考试、船员申报、内河船员、公安户籍等系统的接口,实现各业务系统间的数据共享及业务协同。

③完成全国 14 个直属局海船船员电子申报系统的推广与实施,达到"全国监管一盘棋"和"行政执法一面旗"的要求。

④建立船员基础信息数据库。改造旧船员管理系统的三级逻辑构架,梳理现有船员相关基础数据,建立规范、准确、统一的船员基础信息数据库,为各项海事业务提供船员基

础数据支持。

该项目总投资 1999.84 万元，包含工程费用 1760.27 万元、其他费用 239.57 万元。

（4）应用效果

通过海船船员管理系统改造和海船"船员卡"建设工程，融合海员证管理，完善海船船员管理系统，引入"船员卡"作为船员静态基础数据的离线载体，使船员身份识别更加科学化；扩展船员静态信息的应用，拓宽动态信息的采集渠道，解决船员管理上现场监管和静态监管相分离的问题，从而实现船员动态监督管理的信息化；实现船员身份标识逻辑和数据存储的优化，建立准确权威的海船船员信息数据库；通过网络申报审批系统和船员管理系统的有机结合，方便了广大船东和船员，提高了海事的服务能力，树立了海事服务的新形象。

6. 交通运输部海事局信息系统安全等级保护及海事信息主干网设备购置工程

（1）项目背景

为贯彻国家、交通运输部"十二五"规划精神，海事信息网的安全等级保护工作被正式提上日程，积极推进。在"三个海事"战略目标的指引下，交通运输部海事局加大了海事信息化的建设力度，在各个业务领域纷纷建立了相应的信息系统，组织开发了 30 多个业务应用系统，有效提高了业务效率和服务水平。随着信息化深入海事管理，信息化成为海事业务开展不可或缺的手段，信息安全问题越来越受到关注，国内频发的信息安全事故为政府敲响了警钟。为更好地服务于海事，加强海事信息数据安全，同时也为了更好地贯彻落实国家信息化领导小组《关于加强信息安全保障工作的意见》和公安部、国家保密局、国家密码管理局、国务院信息化工作办公室《关于信息安全等级保护工作的实施意见》的部署方针，2011 年 11 月，交通运输部批复了"部海事局信息系统安全等级保护及海事信息主干网设备购置工程"。

（2）建设过程

交通运输部海事局信息系统安全等级保护及海事信息主干网设备购置工程于 2012 年 7 月开工，主要委托安徽皖通科技股份有限公司、太极计算机股份有限公司和山东中创软件工程股份有限公司等公司承担，工程于 2013 年 12 月完成。具体为：

2011 年 6 月，完成了《部海事局信息系统安全等级保护及海事信息主干网设备购置项目可行性研究报告》的专家评审。

2011 年 11 月，交通运输部下发《部海事局信息系统安全等级保护及海事信息主干网设备购置项目可行性研究报告》的批复文件。

2012 年 4 月至 11 月，先后完成了与中交水运规划设计院有限公司、国家信息中心、太极计算机股份有限公司和安徽皖通科技股份有限公司的合同签订工作。

2012 年 5 月，完成了"部海事局信息系统安全等级保护及海事信息主干网设备购置工程(网络设备购置及集成项目)"招标工作。

2012年6月,完成了《部海事局信息系统安全等级保护整改建设方案》的专家评审。

2012年8月,"部海事局信息系统安全等级保护及海事信息主干网设备购置工程网络设备购置及集成项目"正式开工。

2012年9月,完成了"部海事局信息系统安全等级保护及海事信息主干网设备购置工程(安全设备购置及实施总集成项目)"招标工作。

2012年9月,"部海事局信息系统安全等级保护及海事信息主干网设备购置工程网络设备购置及集成项目"进入试运行。

2012年11月,"部海事局信息系统安全等级保护及海事信息主干网设备购置工程"正式开工。

2013年4月,完成了《部海事局信息系统安全等级保护及海事信息主干网设备购置工程深化设计方案》的专家评审工作。

2013年4月,完成了"部海事局信息系统安全等级保护及海事信息主干网设备购置工程"的策略部署和安装调试工作。

2013年5月,完成了与安徽皖通科技股份有限公司和山东中创软件工程股份有限公司关于应用系统整改合同的签订工作。

2013年6月,完成了"部海事局信息系统安全等级保护及海事信息主干网设备购置工程"的用户培训工作。

2013年7月,"部海事局信息系统安全等级保护及海事信息主干网设备购置工程"进入试运行。

2013年8月,完成了在"部海事局信息系统安全等级保护及海事信息主干网设备购置工程"范围内部海事局指定的信息系统(外网网站系统和船舶登记系统)的信息安全风险评估验收工作。

2013年12月,完成了与项目各方的合同验收工作。

2013年12月,完成船舶登记系统整改,并进入试运行。

2014年2月,完成外网网站系统整改,并进入试运行。

2014年3月,完成"部海事局信息系统安全等级保护及海事信息主干网设备购置工程"范围内部海事局指定的信息系统(外网网站系统和船舶登记系统)的等级保护测评工作。

2014年3月,完成"部海事局信息系统安全等级保护及海事信息主干网设备购置工程"的财务审计工作。

(3)项目规模

①完成部海事局至直属局的海事信息主干网路由器、交换机的更新。

②根据等级保护要求,完成部海事局局域网和直属局广域网出口安全防护设备配置。

③完成部海事局船舶登记系统、外网网站等 5 个三级系统的安全整改。

项目总概算 3380 万元。

(4)应用效果

交通运输部海事局信息系统安全等级保护及海事信息主干网设备购置工程建设,完成了部海事局至直属局的海事信息主干网路由器、交换机的更新;根据等级保护要求,完成部海事局局域网和直属局广域网出口安全防护设备配置以及完成部海事局船舶登记系统、外网网站等 5 个三级系统的安全整改,有效提升了部海事局本级及各个直属局的核心网络安全,提升了网络的可靠性。同时通过在部海事局本级局域网及各个直属局与部海事局边界部署安全设备,提升了海事信息网抵御外部恶意入侵等综合信息安全防护能力。通过对船舶登记及外网网站的整改,提升了软件的应用安全水平。总的来说,通过系统建设海事信息系统形成了较为完备的安全防护体系,有效提升了部海事局局域网和海事信息主干网的安全防护水平,达到了国家信息安全等级保护相应等级的要求以及行业监管要求。

7. 海事系统船舶协同监管与信息服务系统工程

(1)项目背景

为实现船舶(以运输船舶为主)监管信息在不同辖区海事机构之间的高效共享和船舶管理业务的联动,提高海事部门监管和公共服务水平,推动海事系统船舶协同监管机制的建立,交通运输部批复海事系统船舶协同监管与信息服务系统工程建设。

(2)建设过程

海事系统船舶协同监管与信息服务系统工程于 2012 年 1 月正式开工,主要委托联通系统集成有限公司和北京东方通科技股份有限公司建设,2012 年 3 月至 2013 年 9 月完成了"海事系统船舶协调监管与信息服务系统工程"工程建设;2014 年 3 月"海事系统船舶协调监管与信息服务系统工程"通过集中测试;2013 年 11 月完工;2014 年 7 月,完成"海事系统船舶协同监管与信息服务系统工程"的财务审计工作。

(3)项目规模

该工程总概算为 2700 万元;工程财务决算为 2251.4 万元。主要建设内容包括开发船舶管理业务综合查询与分析系统、统一认证和管理系统。建设船舶管理数据资源平台,搭建部海事局集中统一的船舶、船员基础库和船舶动态等数据库;完善海事系统数据交换体系和部海事局软、硬件系统。

(4)应用效果

海事系统船舶协同监管与信息服务系统工程建设,建立了部海事局集中统一的船舶基础数据库、船员基础数据库、船公司基础数据库,建设船舶动态数据库、协同事项数据库、行政许可数据库等业务数据库,为海事信息资源目录系统"两平台"之一的海事协同管理平台的建设奠定基础。

8.注册验船师检验技能模拟评估系统试点工程

（1）项目背景

为贯彻落实《注册验船师制度暂行规定》《注册验船师资格考试实施办法》等国家有关规定,在现有船员考试系统和注册验船师的文字试题考试模式基础上,采用虚拟现实技术模拟验船实景,通过人机交互方式,考察船舶检验专业人员分析判断和处理解决船舶检验问题的实际能力,可弥补文字考试和实船考试的不足,也是考试手段的创新。为切实提高注册验船师资格考试对考生实际检验能力的考核水平,满足国际海事组织(IMO)A789(19)决议案对船舶检验机构和人员的能力要求,经交通运输部批准,交通运输部海事局开展注册验船师检验技能模拟评估系统试点工程。

（2）建设过程

注册验船师检验技能模拟评估系统试点工程2013年3月开工,主要委托华洋海事中心和北京数码易知有限责任公司建设,2014年4月至7月,组织中国船级社的验船师专家,进行了开发及系统集成测试,2014年7月正式进入试运行,2014年9月完工。

（3）项目规模

该项目批复总投资1104万元,实际完成总投资1091.42万元。主要建设内容包括在线注册验船师资格考试系统基础上,选取上海海事局船员考试中心考场作为试点考场,进行系统的部署,对其服务器及计算机终端设备进行升级改造。在A/B级验船师考试科目4中增加虚拟现实技术模拟验船实景的3D试题,以及在中国海事服务中心考试中心部署相应的软硬件系统。

（4）应用效果

注册验船师检验技能模拟评估系统试点工程建设提高了注册验船师资格考试对考生实际检验能力的考核水平,满足国际海事组织(IMO)A789(19)决议案对船舶检验机构和人员的能力要求。

9.长江海事信息系统二期工程

（1）项目背景

加快海事信息化建设步伐,以信息化带动海事管理的现代化,实现海事工作由点至面、由粗放向集约、由即赴型向预控型管理的转变,是新世纪海事系统抓住机遇,实现海事事业的跨越式发展的迫切要求;建立覆盖长江海事系统各级机构的较为完善的长江海事信息系统,提高海事系统的监督、反应、指挥和服务能力,更好地贯彻执行国家的法令法规,能够为长江航运提供可靠的安全保障和高效的海事信息服务。2000年,初步建立了长江海事局局域网和与交通部海事局联网的广域网系统,但是没有包括长江海事系统中分支机构的局域网以及覆盖分支机构的广域网建设,使得现有的长江海事局局域网系统难以发挥长江海事信息系统网络和信息中心的作用。因此,需要尽快建设、完善分支机构的局域网以及覆盖分支机构的广域网。

（2）建设过程

项目建设依据:长江海事信息系统二期工程于2004年8月由交通部批准建设,2005年7月开工,2006年3月工程完工并投入试运行。2004年5月25日,交通部以《关于长江海事信息系统二期工程可行性研究报告的批复》同意该项目建设;2004年8月11日,交通部以《关于长江海事信息系统二期工程初步设计的批复》同意项目的初步设计;交通部办公厅2007年8月20日以《关于长江海事信息系统二期工程动用预留费用的批复》批复项目有关费用使用。

（3）项目规模

建设长江海事局与12个分支机构相连接的广域网、各分支机构的局域网,实现与长江航运信息网络的联网;建设长江海事局外网和Internet网站;建设长江海事局和12个分支机构的IP电话系统和视频会议系统;完善和推广部海事局统一开发的船舶管理、船员管理、通航搜救管理、事故应急管理和船载客货管理等业务应用软件系统;开发引航生产计划管理应用系统;建设长江海事网络安全系统;建设10个分支机构业务用房的综合布线系统和机房装修工程。项目总投资2142.46万元。

（4）应用效果

长江海事信息系统二期工程是在一期工程基础上建设的,是长江海事局信息化系统向纵深推进的一项重要的阶段性建设。该工程对长江海事局二级以上单位推广交通运输部海事局业务应用系统及全方位实现办公自动化,创建了必要的网络环境。同步建成的"网上长江海事系统"为实现长江海事"四化三步走"的发展战略奠定了基础,成为长江海事信息化的重要标志之一。二期工程建成的视频会议的IP电话系统为长江海事局实现现代化、高效的管理,提供了新的手段。

三、溢油应急设备库

（一）综述

1985—2018年,直属海事系统建成及在建的溢油应急设备库共计23座,分别位于锦州、大连、秦皇岛、唐山、烟台、威海、青岛、日照、连云港、上海、宁波、舟山、台州、温州、泉州、厦门、汕头、深圳、珠海、茂名、海口、钦州和南宁。其中,一次性处置溢油量1000吨的设备库3座、500吨的设备库16座、200吨的设备库4座。各溢油应急设备库均按照规模类型配置了相应的溢油应急卸载围控、回收清除等设备物资,基本完成了《国家重大海上溢油应急能力建设规划(2015—2020年)》建设内容。长江海事局在三峡库区船舶污染防治一期工程的基础上,"十二五"期建成岳阳、武汉、芜湖、九江船舶溢油应急设备库工程,开工建设重庆、万州溢油应急设备库完善工程,武汉、重庆和万州等重点通航水域一次性溢油控制清除能力达200吨,芜湖、九江、岳阳等通航水域船舶一次性溢油控制清除能力达50吨,长江海事局专业化溢油清除和应急处置能力得到进一步提高。

(二)重点项目

1.北方海区海上船舶溢油防治示范工程

(1)项目背景

北方海区海上船舶溢油防治示范工程是《中国21世纪议程》63个优先计划项目之一,建设目的是为实施《北方海区溢油应急计划》提供信息、技术、设备支持,并为全国海上溢油防治工作提供先行示范。

(2)建设过程

北方海区海上船舶溢油防治示范工程于1994年科研立题,交通部于1995年5月批准了工程项目建议书,1996年7月批准了工程可行性研究报告,1997年7月批准了工程初步设计,后根据实际情况批准将该工程的生产性土建部分与前期批复的通信和防污化验业务用房工程合并建设(统称技术业务管理中心工程)。

工程于1998年8月正式开工建设。溢油应急信息系统于2000年9月开始试运行;航政管理系统于2000年11月开始试运行。烟台海事局于2000年11月完工并通过初步验收,2001年5月22日至23日组织了应急反应信息系统专家评审。2001年11月26日,工程通过交通部海事局验收委员会组织的竣工验收,正式交付使用,并被国家发展计划委员会投资司收录入《中国投资报告》一书。

(3)项目规模

北方海区海上船舶溢油防治示范工程总投资5800万元,该工程包括技术业务管理中心工程5937平方米、卫星监视系统、监测系统、应急通信信息系统、溢油清除控制系统、电化教学设备、职工宿舍、溢油设备库等辅助设施。

①技术业务管理中心工程

位于烟台市芝罘区环海路8号,东侧为烟台海事局原业务用房,北侧毗邻海藻工业公司厂房,西邻环海路立交桥。该工程建筑占地1179.6平方米,新征地面积784平方米,总建筑面积5937.1平方米。

②溢油设备库工程

设备库共2座,位于环海路70号,毗邻烟台海事局工作船码头。其一为砖混结构,建筑面积300平方米,用于消耗品仓库及值班用房;另一为轻钢结构,建筑面积467平方米,全部用于设备存放。另包含690平方米连锁块面层的培训场地、长×宽×高为10米×5米×2米的试验池1座,配套职工宿舍约1000平方米。

③系统建设部分

溢油应急反应系统设备共分为9个系统建设,即卫星监视系统、监测系统、应急信息系统、通信系统、溢油清除控制系统、协议投资、不间断电源、电化教学设备、应急指挥车等。

（4）应用效果

工程建设期间先后参与完成国际、国内40多项专业课题研究,10项研究成果荣获中国航海科技奖。制定《围油栏》等国家标准2项,《船舶溢油应急能力评估导则》等交通行业标准10项;提交《关于编制西北太区域溢油应急能力评估指南》等国际会议提案2份并获通过。

工程投入使用后,截至2018年,参加40多起陆源溢油和海上溢油事故处置,取得了良好的社会效益和环境效益;完成了《溢油应急培训教程》编写出版,开展了多层次的溢油应急培训工作。承担全球动议（GI）中国项目秘书处职责,已培训国内外溢油应急指挥人员5000余人。中心下设的实验室,先后为全国280起溢油污染事故、130起船舶碰撞事故,提供精准高效的技术鉴定,为查找污染源和肇事方提供了重要线索和依据,为完善鉴定技术手段,中心建立了船舶、海上石油平台油指纹库,油品种类涉及原油、燃料油、污油、轻油等,油品数量已达1000多个,为查找不明溢油来源提供了又一重要途径。科学、客观、精准、高效的鉴定,多次获得业界好评,鉴定结果获得50多个国家和地区认可,现为海事系统唯一获中国合格评定国家认可委员会颁发"实验室认可证书""检验检测机构资质认定证书"的国家实验室;开展了海上溢油污染卫星遥感监视、拓展了海上养殖、海冰遥感监视,为溢油应急和通航管理提供技术支持,并在处置大型溢油污染事故中发挥了关键作用。

2. 河北海事局秦皇岛海上溢油应急反应中心扩建工程

（1）项目背景

溢油事故对区域环境特别是水环境的影响十分巨大,一旦发生污染事故,需要根据当时的水流、气象等自然条件和区域环境特点迅速而科学地进行应急反应,将溢出的油污等污染物进行围控、清除和回收,最大程度地避免污染损失。为了履行国内外有关法规公约及重要文件的要求,落实《国家水上交通安全监管和救助系统布局规划》,秦皇岛海上溢油应急设备库始建于2000年,2004年10月完成所有批复建设内容,并正式投入使用。随着我国航运事业的迅速发展,以及国家对船舶溢油污染重视程度的不断提高,建设秦皇岛海上溢油应急反应中心扩建工程,补充完善秦皇岛海上溢油应急反应中心的功能、提升应对海上溢油事故的能力是非常必要且急需的。

（2）建设过程

项目建设依据：秦皇岛海上溢油应急反应中心扩建工程建设单位为河北海事局。2009年9月，交通运输部以《关于河北海事局秦皇岛海上溢油应急反应中心扩建工程可行性研究报告的批复》（交规划发〔2009〕506号）批复该工程立项，2009年12月，部海事局通过《关于河北海事局秦皇岛海上溢油应急反应中心扩建工程初步设计的批复》（海计建〔2009〕630号）。2012年2月，交通运输部海事局以海计建〔2012〕116号文批复工程设计变更。2012年7月系统建成并投入试运行。2013年4月，该工程通过交通运输部海事局组织的验收，正式竣工。

（3）项目规模

溢油应急反应中心扩建工程总投资为3000万元，主要建设内容为购置溢油应急卸载、围控、回收、储运、监测取证设备和溢油分散、吸附物资及其他配套设备，购置实验室及溢油培训业务用房2252平方米，扩建设备库房850平方米，增建消防泵及水池470立方米，清洗水池80立方米。设计变更后增配海洋充气围油栏、重型固体浮子式围油栏、快速布放围油栏、收油拖网、吸油拖栏、吸油毡、清污防护服等设施，消防泵及水池470立方米调整为975立方米，增加车库、室外道路、室外管网及视频报警等工程内容。本工程建成后，与秦皇岛海上溢油应急反应中心已有设备共同形成一次应对500吨溢油事故的应急处置能力。

（4）应用效果

通过扩建工程，秦皇岛溢油应急设备库具备了一次性应对500吨海上溢油的能力，近年来，共处置秦皇岛、北戴河、唐山、曹妃甸辖区船舶污染事故10余起，处理海上不明油污50余起、进行事故船舶围控作业5艘次，有效控制和清除了油污，将水域污染事故影响降至最低，充分发挥了专业作用。

设备库自投入使用后，运营良好，社会效益和经济效益显著。秦皇岛海上溢油应急反应中心的溢油处理能力从200吨提升至500吨，尤其是在应对旅游旺季北戴河附近不明油污等"无主油污"方面发挥了重要作用，体现了公益性溢油清除组织的担当，多次受到河北省、秦皇岛市两级政府的肯定表扬。

3. 广东海事局珠海船舶溢油应急设备库工程

（1）项目背景

珠江三角洲地区是当今中国经济发展最为迅猛的地区之一，水上运输繁忙，敏感区域众多，珠江口水域，高栏水域是溢油和化学品泄漏的高风险区域，船舶污染影响了珠海港口水域的环境质量，严重威胁环境资源的有效利用。防治船舶污染是保护水域环境的根本要求，但珠海船舶污染防治的能力却相对落后，对抗水污染事故的应急反应能力严重不足。因此，国务院2007年批准的《国家水上交通安全监管和救助系统布局规划》中明确提出:将在我国沿海沿江船舶交通密集,油品运输活跃,交通事故多发的高风险水域附近建设国家船舶溢油应急反应设备库。其中在珠江口附近水域将建设能应对1000吨溢油事故的大型设备库。

根据国家规划的总体安排和交通部的统一部署,广东海事局决定在辖区内选择适合地点建设大型国家船舶溢油应急反应设备库,重点解决广东海事局辖区,尤其是珠江重点水域溢油应急反应能力不足的突出问题,并兼顾周边南海海区大型污染事故的处理。

(2)建设过程

项目建设依据:广东海事局珠海船舶溢油应急设备库工程建设单位为珠海海事局,2009年9月21日,交通运输部以《关于广东海事局珠海船舶溢油应急设备库工程可行性研究报告的批复》(交规划发〔2009〕510号)批复工可。2009年12月10日,交通运输部海事局以《关于广东海事局珠海船舶溢油应急设备库工程初步设计的批复》(海计建〔2009〕635号)批复初设。2011年8月,该工程开工建设。2012年11月试投产运行,2012年12月3日,交通运输部海事局以《关于广东海事局珠海船舶溢油应急设备库工程动用工程预留费及概算调整的批复》(海计建〔2012〕816号)批复概算调整。2013年9月,该工程通过了部海事局组织的竣工验收。

(3)项目规模

广东海事局珠海船舶溢油应急设备库工程概算为4900万元,主要建设内容包括:建设船舶溢油应急设备库房及辅助用房1991.70平方米,建设晾晒及训练场地2000.00平方米,清洗训练水池410.00立方米,变配电房99.13平方米,门卫室31.54平方米。设备库设备主要由应急卸载设备、应急围控设备、机械回收设备、污油储运设备、溢油分散物资、溢油吸附物资及其他配套设备组成。

(4)应用效果

珠海船舶溢油应急设备库工程已竣工,应急溢油设备已进库并进行调试。设备库投入使用后,极大提升了珠海水域船舶污染事故的应急救助能力,同时可为周边南海海域的船舶溢油应急反应行动提供必要的协作和支持,为华南沿海海洋经济发展保驾护航。

4.上海海事局溢油基地上海航标处应急设备库工程

(1)项目背景

上海地处我国海岸线的中部、位于长江和东南沿海的交汇处,具有得天独厚的江、海、陆三者衔接的地理优势,是我国水上运输、管理的中心点。长江口水域是我国沿海水运主通道与长江干线主通道的交汇水域,是我国船舶交通运输最繁忙和交通部确定的水上交通安全重点监管的"四区一线"之一,水上安全监管和防止船舶污染水域的形势严峻、任务繁重。《国家水上交通安全监管和救助系统布局规划》将上海列为高风险水域,决定建设大型溢油设备库。上海海事局溢油基地上海航标处应急设备库工程的实施可提升应对海洋环境污染的应急反应能力,服务上海国际航运中心建设。

（2）建设过程

项目建设单位为东海航海保障中心上海航标处,2007年5月开工,2008年9月竣工。设计文件与审批如下:

①2006年8月25日,上海海事局重新上报《上海海事局溢油基地上海航标处应急设备库工程》可行性报告(沪海事〔2006〕489)。

②2006年9月1日,交通部海事局印发关于《上海海事局溢油基地上海航标处应急设备库工程》工可报告的批复(海航测〔2006〕385号)。

③2006年9月21日,上海海事局委托交通部规划研究院编制"上海海事局溢油基地上海航标处应急设备库工程"初步设计方案。

④2007年4月27日至28日,部海事局组织对"上海海事局溢油基地上海航标处应急设备库工程"初步设计方案进行评审。

⑤2007年5月,上海海事局关于上报《上海海事局溢油基地上海航标处应急设备库工程初步设计》的请示(沪海事〔2007〕296号)。

⑥2007年6月18日,部海事局印发关于《上海海事局溢油基地上海航标处应急设备库工程》初步设计的批复(海航测〔2007〕313号),批准该项目概算为1000万元。

⑦2007年7月30日,上海海事局印发《关于转发上海海事局溢油基地上海航标处应急设备库工程初步设计的批复》(沪海事〔2007〕459号)。

（3）项目规模

项目总造价1000万元,完成溢油回收设备购置(船用多功能收油机和围油栏等辅助设备)以及设备总库房建设。

（4）应用效果

溢油应急设备库的建立,提升了东海航海保障中心应对海洋环境污染应急反应能力。自建立以来,对"达飞佛罗里达"轮溢油事故的应急处理彰显了东海航海保障中心溢油应急设备库的快速、高效性能,为我国海洋环境建设提供了防护保障。

5.镇海航标处溢油应急反应设备库工程

（1）项目背景

船舶污染事故对海洋环境的危害巨大。浙江沿海港口的船舶交通量呈现持续快速增长的态势,进出港船舶艘次、货物吞吐量均居全国第一位。特别是宁波、舟山海域日均进出港船舶艘次、水上客运量列全国各港口第一。在镇海建设溢油应急设备库,提升宁波水域溢油应急反应能力,保护海域环境清洁。

（2）建设过程

项目建设单位为东海航海保障中心镇海航标处,项目于2006年12月开工,2009年

12 月竣工。

设计文件与审批：部海事局《关于上海海事局镇海航标处溢油应急反应设备库工程初步设计的批复》（海航测〔2006〕374 号），上海海事局《关于上海海事局镇海航标处溢油应急反应设备库工程初步设计的批复》（沪海事〔2006〕565 号）；部海事局《关于上海海事局调整镇海航标处溢油应急反应设备库工程建设内容和初步设计概算的批复》（海航测〔2009〕611 号）；上海海事局《关于调整镇海航标处溢油应急反应设备库工程建设内容和初步设计概算的通知》（沪海事〔2009〕631 号）。

（3）项目规模

项目总投资 600.11 万元，建设内容为库房新建，包括场地、水电、船舶改造和进口、国产溢油设备购置等。

（4）应用效果

项目投产后，有效地保障了宁波沿海及舟山海域的各类船舶溢油安全，并实际投入溢油事故的处理，取得了一定的成绩。

6. 南海海区航标溢油清污基地广州仑头建设工程

（1）项目背景

为建立完善广东沿海船舶溢油事故的应急处置措施，广东海事局上报了广东海事局溢油清污基地设备库建设项目，后由广州航标处实施，2008 年该项目建成完工。

（2）建设过程

项目建设单位为广州航标处，开工时间为 2008 年 1 月，试运营时间为 2008 年 6 月，竣工时间为 2008 年 6 月。

设计文件与审批：《关于南海海区航标溢油清污基地广州仑头建设工程初步设计的批复》。

（3）项目规模

项目在广州仑头改造扩建溢油基地设备库房，配备相应溢油清污设备。规整设备库房和操作场地 639 平方米，配置船用收油机、围油栏及围油栏配套设备、吸油材料、化学分散剂喷洒装置，以及废油储存设备和辅助设备。

（4）应用效果

项目建成后，运营良好，参与完成了多次溢油清污处置工作，社会效益和经济效益显著，为海上溢油清污处置提供了坚固的后方保障。

7. 长江海事局岳阳、武汉、芜湖船舶溢油应急设备库工程

（1）项目背景

长江是我国内河水运的主通道，长期以来，长江沿线航运量占全国内河航运总量的

60%以上。近几年,长江荆州到芜湖江段水上船舶运输具有以下几个特点:一是船舶吨位小、流量大;二是船型复杂,多达380多种;三是跨江大桥多,对通航效率和航行安全影响很大;四是船舶大型化趋势明显,平均吨位增长快,发生大型溢油事故的可能性比较大,环境危害也大;五是航道拥挤,对航运的制约作用大。因此,该水域存在较大的船舶溢油风险隐患,一旦发生大型溢油污染事故,将可能导致一系列的环境和资源问题,制约沿线地区的经济发展和长江经济带的建设。

2007年4月,由国家发展和改革委员会与交通部共同组织编制的《国家水上交通安全监管和救助系统布局规划》获得国务院批准。该规划提出了未来一段时间内,长江干线船舶溢油污染防治体系的建设方案。截至2010年8月,长江上游在重庆、万州、宜昌等地的船舶污染防治工程已经基本建设完成,使得宜昌以上江段具备较强的溢油应急能力;规划同时要求在长江中下游地区的武汉、岳阳、九江等地区,建设船舶溢油应急设备库工程,以便在发生溢油事故后,能够及时进行围控和回收,保护长江水域环境。因此,建设长江岳阳、武汉、芜湖船舶溢油应急设备库工程是十分必要的。

（2）建设过程

项目建设依据:在长江上游已建的船舶污染防治工程的基础上,2008年8月,长江海事局在中下游地区着手开展岳阳、武汉、芜湖船舶溢油应急设备库工程的前期工作;2009年8月,交通运输部综合规划司在北京组织召开了《长江海事局岳阳武汉芜湖船舶溢油应急设备库工程工程可行性研究报告》的技术审查会。2010年6月底,交通运输部对该项目进行了批复(交规划发〔2010〕278号)。2010年9月,长江航务管理局和长江海事局组织有关专家对设计报告进行了内部审查,经修改完善后,上报交通运输部水运局;同年10月27日,交通运输部水运局在武汉召开了初步设计审查会。2010年11月,交通运输部水运局对初步设计文件进行了批复(交水发〔2010〕668号)。根据该批复,长江海事局于2012年2月8日开工建设,2015年5月6日完工。

（3）项目规模

建设岳阳船舶溢油应急设备库房566.21平方米、清洗水池60立方米,形成一次应对50吨溢油事故的应急能力;建设武汉船舶溢油应急设备库房810.83平方米、清洗水池60立方米,形成一次应对200吨溢油事故的应急能力;建设芜湖船舶溢油设备库房和应急设备库房各550平方米、清洗水池60立方米,形成一次应对50吨溢油事故的应急能力;建设相应配套设施,包括购置溢油应急卸载、围控、回收、储运、清除等配套设备以及对船舶水上溢油的分散、吸附物资。项目总投资4149.87万元。

（4）应用效果

长江海事局岳阳、武汉、芜湖船舶溢油应急设备库工程建成后,大大提高了岳阳、武汉、芜湖及周边海事辖区在应对溢油事故的控制清除和回收能力,完善了内河水域溢油应急体系,对保护长江水域环境起到较好的作用。

四、基地码头

(一)综述

1978 年后,直属海事系统建成各类型海事监管基地码头 308 处(包括浮码头),其中大型海事监管基地(泊位长度≥220 米的固定码头)10 处,中型海事监管基地(120 米≤泊位长度<220 米的固定码头)40 处,小型海事监管基地 258 处。各航海保障中心建成 27 处航标航测基地,其中大型航标基地(泊位长度≥100 米)16 处。

(二)重点项目

1.广东海事局高栏海巡基地及配套工程

(1)项目背景

随着《珠江口三角洲地区改革发展规划纲要(2008—2020 年)》(以下简称《规划纲要》)的不断推进,广东地区海运经济发展迅速,港口吞吐量年均增长超过 7%。广东海事局作为这一重要世界制造业基地的海事主管部门,也面临着巨大的监管压力。为加强对辖区水域的监管,保证船舶安全,保护海洋环境,逐步实现部海事局"十五"发展规划要求,到 2005 年在巩固沿岸 50 海里内海上南北主通道及港口附近水域有效监管的基础上,逐步将 100 海里内的国际航线及附近渔场和石油钻井平台等纳入监管范围,50 海里内重要干线航道和重要港口附近应急即赴时间不大于 3 小时,并初步建成"监管立体化,反应快速化,执法规范化,管理信息化"的监管体系的这一目标,交通部于 2001 年 2 月正式批准广东海事局建造南海海区千吨级巡视船,同时在交通部《关于下达公路水路交通"十五"重点建设项目前期工作计划的通知》中也将与该巡视船配套的专用码头工程列入了交通"十五"重点建设项目前期工作计划中。

(2)建设过程

项目建设依据:广东海事局高栏海巡基地及配套工程建设单位为广东海事局,于 2003 年经交通部以《关于广东海事局高栏海巡基地工程可行性研究报告的批复》(交规划发〔2003〕484 号)通过工可。2004 年,交通部海事局印发《关于广东海事局高栏海巡基地工程初步设计的批复》(海计建〔2004〕86 号)。2004 年 9 月,项目开工建设。2006 年交通部海事局印发《关于广东海事局高栏海巡基地配套工程的批复》(海计建〔2006〕86 号)。2006 年 6 月,工程试投产。2009 年 2 月,该工程通过部海事局组织的竣工验收。

(3)项目规模

该工程概算为 6875 万元,建设规模为 174 米的高桩梁板突堤码头、213 米的钢板桩顺岸码头,以及17369.5平方米的陆域用地,其中包含3700平方米的办公业务用房。

（4）应用效果

广东海事局高栏海巡基地及配套工程的建成,为珠江口水域的监管发挥了重要作用,在维护国家权益、保障水上交通安全和防止水域污染、促进珠三角地区社会经济和水运事业的发展方面作出了重要贡献。

2. 上海海事局长江口监管基地陆域工程

（1）项目背景

长江口水域是我国沿海水运主通道与长江干线主通道的交汇水域,是我国船舶交通运输最繁忙和交通部确定的水上交通安全重点监管的"四区一线"之一,特别是长江口深水航道开通以后,船舶通航的密度和吨位大幅度增加,水上安全管理的形势更加严峻、任务更加繁重。为加强长江口水域的安全监督管理,提高海事部门快速反应能力,整合海事管理资源,保障长江口水域航路畅通,更好地服务航运事业,配合长江口深水航道的整治工程及上海港公用码头功能调整、黄浦江码头的外迁,上海海事局遵照部海事局的发展建设精神,根据全国海事系统总体布局规划,决定建设上海海事局长江口应急反应基地工程。

（2）建设过程

项目建设依据:上海海事局长江口应急反应基地工程建设单位为上海海事局。2008年5月,交通运输部《关于上海海事局长江口监管基地陆域工程可行性研究报告的批复》（交规划发〔2008〕96号）批复经上海市人民政府协调动迁还建的长江口五号沟海事工作码头后方规划用地和岸线范围内建设上海海事局长江口监管基地陆域工程。2008年,交通运输部海事局《关于上海海事局长江口监管基地陆域工程初步设计的批复》（海计建〔2008〕486号）通过工程初步设计;2011年7月,工程开工建设。2015年,交通运输部海事局印发《关于上海海事局长江口监管基地陆工程概算调整和动用预备费用的批复》（海计装〔2015〕742号）。2015年6月,工程试投产;2015年7月,工程通过竣工验收。

（3）项目规模

上海海事局长江口应急反应基地工程实际完成投资4703万元,工程征用滩涂圈围回填土地109亩,并进行回填和地基处理;新建业务用房建筑面积5697.3平方米,配套建设围栏、防汛海塘护坡及排水设施。主要建设内容包括:

①征用滩涂圈围回填土地109亩,根据市政港建路规划方案对基地场地进行回填,为克服土质稳定性差、承载力低且仍在不断沉降的缺陷,根据设计对基地进行地基处理。

②新建业务用房建筑面积5697.3平方米,占地面积1276.2平方米,主体五层、辅楼两层,建筑高度21.75米,钢筋混凝土框架结构。完善室内会议室、指挥中心、值班室、机房以及空调、水电等设施。

③新建围栏,混凝土基础、镀锌钢架;对防汛海塘设施内侧边坡坡面平整、铺宾格网、满铺草皮,海塘路面安装路沿石、种植冬青树,海塘内侧底部建设钢筋混凝土排水沟。

(4)应用效果

上海海事局长江口应急反应基地工程建成集海事业务管理、海事应急反应(含搜救应急、溢油应急、应急测绘、应急设标)、航标测绘生产、船舶装备维护保养多项功能的综合性海事基地,有效解决了"长江口的地位和作用日益重要同海事管理还存在很多与这种要求不相适应的地方"的矛盾,其成就主要体现在以下几方面:发挥基地功能齐全、位置优越的优势,提高应急反应能力;实现海事集约化管理,提高海事管理效率;提供海事人员的训练场所,提高海事人员的素质;整合海事管理资源,降低管理成本;扩展海事用地空间,满足海事发展需要。

3. 河北海事局工作船码头工程

(1)项目背景

20世纪90年代,秦皇岛海上安全监督局拥有巡监、航标、油污水处理船共7艘,无自有工作船码头,借用秦皇岛港务局40米码头并采用临时措施停靠,给生产和安全带来影响并存在隐患。根据"九五"计划,至2000年该局各类工作船将增到10艘,随秦皇岛港10万吨级航道开通,各式航标将达百座,巡监船、航标船停靠安全、各式航标更换检修,急需建设秦皇岛海监局工作船码头,只有这样才能在海上安全监督码头设施方面与秦皇岛港——我国最大的煤炭能源输出港、最大的世界煤炭输出港、亿吨级以上世界大港的称号相匹配。

(2)建设过程

项目建设依据:河北海事局工作船码头工程建设单位为河北海事局。1997年7月,交通部以《关于秦皇岛海上安全监督局工作船码头工程可行性研究报告的批复》(交计发〔1997〕383号)批复该工程立项;1997年10月,交通部基建管理司以《关于秦皇岛海监局工作船码头工程初步设计的批复》(基综字〔1997〕252号)批复本工程初步设计。1997年底,该工程开工建设。1999年5月,秦皇岛海上安全监督局以《工作船码头工程调整概算的报告》(秦海监计基字〔1999〕60号)上报该工程概算调整请示。1999年10月,交通部海事局以《关于秦皇岛海监工作船码头工程调整概算的批复》(海计建字〔1999〕526号)批复该工程概算调整。1999年10月,该工程通过竣工验收。

(3)项目规模

河北海事局工作船码头工程总造价2290.74万元,码头陆域场地总面积为30000平方米,其中航标队4000平方米堆场、4000平方米空地,秦皇岛海上安全监督局场地约20000平方米,道路、堆场等约15000平方米,花坛、绿地等建设约5000平方米。建设内容和规模如下:

①宽突堤码头,满载吃水 4.0 米泊位 1 个,满载吃水 2.6～3.2 米泊位 2～3 个,码头长 234.9 米。

②窄突堤码头,满载吃水 2.6 米泊位 2 个,码头长 81.54 米。

③引堤,引堤长 277.2 米,其中拓宽加固 87 米、新建 190.2 米。

④护岸 150 米。

（4）应用效果

河北海事局工作船码头工程自 1999 年交付使用后,解决了该局无自有工作船码头的问题,不再借用秦皇岛港务局码头,为巡检船、航标船停靠安全提供保障,在稳定辖区水上交通安全形势、服务港口经济发展等方面发挥了十分重要的作用。

4. 深圳海事局东部海事监管基地

（1）项目背景

深圳港是我国沿海主要港口和集装箱干线港之一,辖区海岸线被香港九龙半岛分为东西两部分。"九五"期间,交通部在深圳西部蛇口三突堤西侧投资建设了我国首个海上搜救快速反应基地(现深圳西部海事监管基地)。为支持深圳港总体布局规划,完善深圳海上安全监督系统,保证东部水域的监督执法能力和支持保障能力,保障船舶航行安全,保持辖区水域清洁,深圳海事局决定建设东部海事监管基地。

（2）建设过程

深圳海事局于 2004 年组织编制深圳东部海事监管基地工程可行性研究报告,水监体制改革时,深圳市政府在深圳东部盐田港西侧选址近 3 万平方米区域确定作为海事监管用途。项目于 2006 年获批立项,开启东部海事监管基地建设。工程分为两期进行建设,一期码头陆域形成、二期业务用房及配套工程分别纳入国家交通支持保障系统"十一五""十二五"建设规划。一期工程于 2011 年通过竣工验收。深圳海事局东部海事监管基地二期工程项目于 2010 年立项,2014 年通过竣工验收。

（3）项目规模

一期工程建设形成 1 个千吨级重力式沉箱结构码头,专用泊位 3 个,总长度 255 米;回填形成陆域 15456 平方米。项目总投资 4660 万元。二期工程继续实施回填陆域和地基处理 12894 平方米,建设基地业务用房、船艇维修车间、搜救应急设备库及水电配套设施等,建筑面积合计 8599.30 平方米。项目总投资 4350 万元。

（4）应用效果

深圳海事局东部海事监管基地的建成填补了深圳东部岸线对海上应急救援支持设施布点的空白,与西部海事监管基地(2002 年建成)、宝安海事工作船码头(2017 年建成),形成深圳海域东西部基地两翼分布、重点加强珠江口及空港水域的岸线基础设施布局,有效保证辖区水域的监督执法能力和支持保障能力,为深圳港经济发展保驾护航。自投入使用以来,作为综合后勤保障基地,东部海事监管基地不仅为大中型海事船艇的管用养修工作提供了功能完备的后勤保障,切实支持现场巡航执法和应急反应工作的开展,同时也为海事执法人员的技能训练提供完善的配套设施,对提高海事部门快速反应能力、安全监管和防污染应急处理能力具有重要的作用。

5. 天津南疆航标基地及工作船码头

(1)项目背景

20 世纪 80 年代中期,天津港双航道正式对外宣布使用,航道的扩建和双航道的建设,大大提高了港口的通行能力,促进了港口的发展。至 20 世纪 90 年代初,港口货物吞吐量达到 2063 万吨、客运量达到 37 万人次,暂时改变了港口压船、压货、压港的"三压"局面。但当时天津港主航道水深仅为 10 米左右,底宽仅为 150 米,只能满足吃水 10 米的海船进出。吞吐量的突飞猛涨给天津港带来了挑战和压力,为适应天津港快速发展需求,政府加大对港口及港口航道投资建设。在天津港的快速发展中,港口航标不断增多,港口对助航服务质量的需求也不断提升。

1988 年 7 月 15 日,遵照国务院关于港口管理体制改革的有关要求,经交通部与天津市人民政府协商,决定将天津航测处从天津航道局划出,与天津港务监督和天津海岸电台合并,组建交通部天津海上安全监督局(简称天津海监局),为交通部直属地市级行政事业单位,实行以交通部为主、与天津市双重领导的管理体制。港口管理体制改革工作完成后,天津航道局向天津海上安全监督局提供位于天津港南疆港区的岸线和用地,用于航标专用码头和后方场地的建设,提供的岸线长 70 米,提供的后方场地面积约 7000 平方米。

(2)建设过程

项目建设依据:南疆航标基地及工作船码头项目位于天津港南疆港区,其中工作船码头于 1993 年 12 月经交通部批准建设,航标基地为 1994 年交通部下达的专项计划。1993年,交通部《关于天津海监局南疆工作船码头工程可行性研究报告的批复》(交计发〔1993〕1088 号)批复南疆工作船码头工程立项;1993 年,交通部《关于天津海监局南疆工作船码头初步设计的批复》(工基字〔1993〕234 号)批复工作船码头建设;1994 年,交通部《关于安排航标专项建设改造的通知》(安监字〔1994〕34 号)对南疆航标基地工程立项;1994 年,天津工程机械研究所完成航标基地保养车间工可设计及施工图设计;同年天津航标区完成对相关内容的审查工作。1995 年,交通部《关于安排北方海区航标专项建设改造项目的通知》(安监字〔1995〕40 号),调增航标基地专项工程款 40 万元。1996 年,交通部《关于天津海监局南疆工作船码头工程概算调整的批复》(基综字〔1996〕46 号),同意调整工作船码头工程概算。同年,交通部《关于同意调整天津海监局南疆工作船码头挖泥工程款的函》(基综字〔1996〕164 号),调整码头工程款 81 万元转至航标基地工程。1997 年,交通部《关于安排 1997 年海区航标专项改造任务的通知》(安监字〔1997〕6 号),

批专项款 150 万元用于航标基地工程。工作船码头于 1996 年 8 月通过交通部组织的竣工验收,并于同年 12 月 27 日交付使用,航标基地于 1997 年 11 月通过竣工验收并交付使用。

（3）项目规模

项目总投资 1316 万,其中工作船码头投资 825 万元,航标基地投资 491 万元。该项目建设规模:新建突堤式码头 1 座,与岸线呈 75 度夹角,长度为 150 米（中轴线）,宽度为 11 米,码头面高程 +6.0 米,前沿水深 4.5 米,码头结构形式为高桩承台式,基桩采用 50 厘米×50 厘米的预应力钢筋混凝土空心方桩,排距 7 米;基地纵深为 100 米,岸线长 70 米,总面积约 7000 平方米;新建变电室 72.61 平方米、航标业务用房 430 平方米、航标维护保养车间 415 平方米、浮标堆场 3950 平方米、传达室 10.39 平方米、围墙 170 延米;配套建设供电照明、给水排水;购置专用航标维护保养设备等。

（4）应用效果

南疆航标基地及工作船码头项目的建设,解决了航标值班船在船闸外无码头停靠的状况,解决了浮标长期依靠人工进行保养的状况,改善了航标工人的作业环境,有效提高了航标工作船管理、维护水平,增强了航标管理能力,更好地适应了辖区港口发展形势,充分发挥航标作业船舶的换标及应急反应助航保障作用,提升港口助航服务水平,为港口创造良好的通航环境,为当地社会发展保驾护航。

如今,南疆航标基地已成为天津航标处辖区最重要的船舶停靠及补给基地。

6.青岛航标处岚山航标工作船码头工程

（1）项目背景

青岛航标处管辖范围为南至日照岚山港区、北至乳山口（北纬 35°线以北）的沿海水域,辖区海岸线总长约 325 海里,辖区内包含全国两个枢纽大港,即青岛港和日照港。青岛航标处所辖海域货物运输需求大,进出港船舶密集,辖区内沿海公用航标和港口航标的设置、维护、管理任务繁重。但是,青岛航标处原有堆场及码头等基础设施配套较差,远远达不到航标保养需求和航标堆放的要求。青岛航标处日照地区尚无工作船码头,在日照地区进行航标巡检维护和作业的船舶需要借助其他泊位停靠,因此,青岛航标处日照地区亟须建设航标专用工作船码头,以满足航标工作船在日照港岚山港区的停靠和航标物资堆放的需要。

（2）建设过程

青岛航标处岚山航标工作船码头工程于 2014 年 5 月开工建设,2015 年 1 月项目竣工。

（3）项目规模

青岛航标处岚山航标工作船码头工程总投资 3500 万元,建设内容包括:建设 1 个 70

米级大标船泊位,泊位长度为 101.8 米;码头后方通过回填形成陆域面积约 8800 平方米,码头前沿设计水深 7.00 米;在后方陆域建设配套用房 217 平方米,配套用房采用砌体结构,基础采用钢筋混凝土筏板基础;办公家具及装卸设备购置;室内及场区监控设备设施等。

(4)应用效果

该工程的建设,优化了青岛航标处基础设施布局,满足了航标工作船停靠和备用航标器材堆放,满足了日照海域航标抛设、巡检、维护需求,兼顾到董家口港各类助航设施的抛设、巡检与维护,保证日照海域和董家口港海域通航安全,提高青岛航标处的总体应急反应能力,为地方航运事业发展作出贡献。

7. 营口航标处仙人岛航标站工作船码头工程

(1)项目背景

营口港是辽宁沿海经济带上的重要港口,已形成了以鲅鱼圈港区为重点、营口港区和仙人岛港区为两翼的总体发展格局。鲅鱼圈港区以服务腹地的中转运输为主,营口港区服务城市物资交流,仙人岛港区重点发展临港工业开发、现代物流等功能。

仙人岛航标管理站无业务用房,人员办公不便;无专业维修车间,航标器材需距离运输维护,费用大,造成资金大量外流;无仓库存储备用设备,应急反应能力受到严重制约。另外,仙人岛港区无作业停靠码头,每次巡检或作业,船舶都需在鲅鱼圈出发,不仅资金和能耗巨大,而且严重影响船舶作业效率。

在仙人岛港区购置航标专用码头,可以有效解决从鲅鱼圈港区或处机关后码头远距离调度船舶导致的作业效率低、资源消耗大、应急反应能力差等诸多问题。同时,仙人岛航标专用码头可以兼顾鲅鱼圈港区船舶作业。当鲅鱼圈港区拖轮或码头紧张时,营口航标处自有的船舶或海区大中型航标船舶可以依托仙人岛航标专用码头实施鲅鱼圈港区水上作业,避免了从营口航标处机关后码头跨 60 海里远距离调度船舶导致的诸多弊端或影响冬春换标作业进度。

(2)建设过程

项目建设单位为营口航标处,工程于 2014 年 12 月立项,2016 年 8 月通过竣工验收。

(3)项目规模

项目总投资为 2200 万元。该工程主要建设内容包括:购置营口港务集团有限公司仙人岛港区现有工作船码头 100 米及后方 3000 平方米场地作为航标专用码头、陆域;建设门卫、围墙、大门等配套设施。

(4)应用效果

在仙人岛港区购置航标专用码头,将有助于完善辖区航海保障体系,促进辖区航运安全稳定,保障辖区港口正常运营,进而促进区域经济和谐发展。

北海航海保障中心仙人岛航标站工作船码头工程的实施完善了辖区航标维护管理设施,有效地解决了营口航标处在仙人岛港区远距离调度船舶导致的作业效率低、资源消耗大、应急反应能力差等诸多问题,促进了辖区航运安全稳定,保障了辖区港口正常运营,试运行情况良好。

同时,北海航海保障中心仙人岛航标站工作船码头工程的建设,对于促进北海航海保障中心及营口航标处的进一步发展,起到了积极的作用。

8.连云港航标处工作船作业码头工程

(1)项目背景

连云港航标处承担着辖区内公用航标、船舶自动识别系统、无线电和卫星导航系统的建设、值守、运行、检测、维护、评估、调整和动态发布等工作。连云港航标处工作船作业码头工程将改善连云港航标处船舶的靠泊条件和灯浮标装卸作业能力,提高连云港航标处辖区航标导助航水平和应急反应能力,为提高连云港航标处航海保障水平、助推地方海洋经济发展、服务江苏沿海大开发战略提供坚实基础。

(2)建设过程

连云港航标处工作船作业码头工程项目经《中华人民共和国海事局关于连云港航标处工作船作业码头工程初步设计的批复》(海航保〔2014〕250号)和《连云港市港口管理局关于连云港航标处工作船作业码头施工图设计的批复》(连港〔2014〕54号)批复同意后于2014年9月22日开工。2015年12月23日,连云港市港口质量工程监督站签发了该工程水运工程质量鉴定书,工程主要项目及一般项目全部符合设计、相关规范、标准规定,质量等级均为合格。2016年1月1日至7月1日,项目进行试运行,试运行总体情况较好,达到了预期的效果;2017年2月16日,交通运输部海事局开展本工程竣工验收工作,同意竣工验收。

(3)项目规模

该项目总造价2900万元,占用岸线106米,用海面积7.8065公顷。

码头:码头采用高桩梁板结构,长度145米,宽度16米,排架间距7米;

引桥:码头采用高桩梁板结构,长度60米,宽度8米,排架间距14.5米;

钢趸船:钢趸船尺寸为60米×9米,两端各用2根$\Phi 1200$的钢管桩固定;

钢便桥:钢便桥尺度为30米×2米。

(4)应用效果

连云港航标处工作船作业码头自交付投产运行以来改善了连云港航标处船舶的靠泊条件增强了灯浮标装卸作业能力,极大地提高了连云港航标处辖区航标导助航水平和应急反应能力,为提高连云港航标处航海保障水平、助推地方海洋经济发展、服务江苏沿海大开发战略奠定了坚实基础。

9. 温州洞头航标站工程

（1）项目背景

2002 年,交通部海事局在温州航标处召开了中国海区各航标处站点分布方案审定会,增设了温州航标处洞头航标站。建设洞头航标站,符合温州港中远期建设规划,是建立温州海域航标中心站的需要,有利于缓解浮筒保养场地压力、确保浮筒保养质量,项目建成后能更好地保障辖区海上运输安全。

（2）建设过程

项目建设依据:洞头航标站工程项目于 2009 年 6 月 15 日开工,2011 年 10 月 30 日试投产,2011 年 12 月通过上海海事局组织的竣工验收。该项目的设计文件与审批如下:《关于航标业务范围及航标管理站设置方案的批复》(海人教〔2001〕779 号),《关于上海海事局温州航标处洞头航标站工程可行性研究报告的批复》(交规划发〔2007〕148 号)。

（3）项目规模

洞头航标站工程项目总造价 2700 万元。总征地面积 15670.7 平方米,其中建设用地面积 13523.3 平方米、道路代征面积 2147.4 平方米。浙江省人民政府《关于中华人民共和国上海海事局温州航标处海域使用的批复》(浙政海审〔2008〕16 号),批准填海面积 1.7198 公顷,码头港池用海面积 2.4162 公顷,码头透水构筑物用海面积 0.1488公顷。

该项目使用岸线 99 米,建固定码头长 99 米、宽 15 米,高桩梁板结构,顶面标高 6.5米,与西侧浙江海事局温州海事监管基地水工码头共用一座栈桥(由浙江海事局建设),平面呈"T"形布置与后方陆域连接,码头拥有系泊能力 400 吨级泊位 2 个,兼靠 2000 吨级;陆域形成面积为 15670.7 平方米,高程为 4.2 米;陆域后方建设办公楼、生产辅助用房总建筑面积 2466.5 平方米及其他陆域配套设施。

（4）应用效果

洞头航标站工程项目自投入使用后,运行良好,完善了温州航标处辖区航标维护和应急抢修站点配布,缩短了维护半径,提升了航标应急响应能力,社会效益显著。

10. 温州航标处瓯江航标站功能完善工程

（1）项目背景

瓯江航标站工程投入作用后,缓解了瓯江水域航标作业紧张和船舶停靠的困难,缩短了船舶作业距离,提高了船舶应急抢修能力,促进了航标工作生产效率的提高,提升瓯江水域航海保障安全。温州航标处瓯江航标站功能完善工程旨在缩短辖区航标应急反应时间,提高瓯江水域航海保障功能,改善通航环境,进一步提升航海保障安全,减少航海事故发生。

（2）建设过程

项目建设依据:《交通运输部海事局关于温州航标处瓯江航标站功能完善工程可行性研究报告的批复》(海航保〔2014〕723号),《上海海事局关于温州航标处瓯江航标站功能完善工程初步设计的批复》(沪海计划〔2014〕525号),《上海海事局关于温州航标处瓯江航标站功能完善工程设计变更的批复》(沪海计划〔2017〕297号)。

趸船工程于2015年11月开工建设;2016年12月码头水工工程完工;2017年3月陆域工程开工建设;2017年9月,陆域工程完工;2017年12月试投产,2018年8月8日,工程通过竣工验收。

（3）项目规模

该项目总造价1300万元,在瓯江航标站扩建500吨级泊位1个;新建门卫房1间,面积为17.7平方米;航标堆场及道路4242.7平方米;重新敷设DGPS台站地网,敷设面积为8500平方米。

（4）应用效果

工程投入使用后,运营良好,辖区航标应急反应时间明显缩短,极大地提高了瓯江水域航海保障功能,改善通航环境,促进了航海保障安全,减少航海事故发生。

11.福州航标基地建设工程

（1）项目背景

福州航标处承担着辖区内公用航标、船舶自动识别系统、无线电和卫星导航系统的建设、值守、运行、检测、维护、评估、调整和动态发布等工作。福州航标基地建设工程将建设1座5000吨级航标维护码头,包括基地码头、综合楼、材料库、维修车间、停车库、停车场及变电房等附属设施,切实提升福州航标处的助航保障能力。

（2）建设过程

福州航标基地建设工程项目经部海事局《关于上海海事局福州航标基地工程初步设计的批复》(海计建〔2008〕427号)批准同意后于2010年9月开工,2012年7月试投产。2012年11月2日,上海海事局在福州组织召开上海海事局福州航标基地建设工程预验收会,工程顺利通过预验收;2014年4月25日,上海海事局在福州组织召开上海海事局福州航标基地建设工程竣工验收会,工程顺利通过竣工验收。

（3）项目规模

福州航标基地建设工程总造价4800万元。建设内容为在福州市马尾区亭江镇长安村中石油码头上游侧建设5000吨级航标维护码头1座,形成后方陆域总面积35415平方米,主要项目内容包括基地码头、综合楼、材料库、维修车间、停车库、停车场及变电房等附属设施,建筑总面积 5582 平方米,其中综合楼 2598 平方米,材料库 1400 平方米,维修车间 1134 平方米,其他辅助用房面积 450 平方米。

（4）应用效果

系统自投产运行后,运行情况良好,为福州辖区闽中北水域提供航标保养场地和工作船舶停靠泊位,切实提升了福州航标处的助航保障能力。

12.湄洲湾莆田航标设施补点建设工程

（1）项目背景

作为国家重点能源港之一,随着航运事业的发展和港口建设规模的不断加大,湄洲湾的吞吐量逐年增大,大量液化、石油等危险品船舶进出该水域,日益繁忙的航运状况对航标等港口基础配套设施的依赖和需求不断增加,对航海保障、航标维护管理的要求更高。与港口和航道的发展规模相比,湄洲湾航标配布建设处于较为滞后的状况,原有的管理、维护助航标志模式显然已不能满足海上助航设备发展的要求,迫切需要建设一套统一的、先进的海上助航设备管理、维护体系。此外,湄洲湾距厦门较远,航标维护和修复无法得到及时、高效的保障,因此,在湄洲湾就近选址设立航标管理、维护站点,进行航标补点建设,非常必要。

（2）建设过程

湄洲湾航标设施补点建设工程项目于 2009 年 12 月 25 日经交通运输部海事局《关于上海海事局厦门航标处湄洲湾航标设施补点建设工程初步设计的批复》同意后,于 2011 年 4 月开工建设。该项目分两期实施,一期码头部分仅建设至沉箱,护岸及陆域也仅回填至 4.0 米(设计高程为 8.5 米),未形成完整的码头和陆域部分。经 2012 年 3 月部海事局《关于上海海事局厦门航标处湄洲湾航标设施补点建设工程二期项目可行性研究报告的批复》(海航测〔2012〕188 号)和 2012 年 8 月《关于厦门航标处湄洲湾航标设施补点建设工程二期项目初步设计的批复》(海航测〔2012〕631 号)同意,项目二期工程完成了全部建设内容。该项目于 2014 年 6 月试投产,2014 年 12 月竣工。

（3）项目规模

湄洲湾航标设施补点建设工程项目总投资 3740 万元,建设航标船码头 1 座,回填已形成的陆域;新建综合楼和保养车间以及附属设施 2237 平方米,平整场地和道路,形成航标堆场 2400 平方米,建设绿化、水电、通信、消防等配套工程。

（4）应用效果

湄洲湾航标设施补点建设工程完善了基层站点布设,加强了泉港海域海上助航标志的规范管理,消除航道航路安全隐患,改善港区通航环境,提高了海上应急反应能力,对服务地方经济建设、推动航运事业发展也发挥了重要的作用。

13.厦门鼓浪屿海事古建筑保护工程

（1）项目背景

2013年5月24日，福建省文物局下发了《福建省文物局关于转发国务院核定并公布第七批全国重点文物保护单位（福建部分）的通知》，将鼓浪屿近代建筑群纳入全国重点文物保护单位，海事古建筑也是其中的一处，因此需要开展鼓浪屿海事古建筑保护工程。开展修缮期间正值鼓浪屿申请加入世界遗产，项目全力配合申遗进度，对工作产生了积极的影响，该建筑也得到了联合国教科文组织专家的肯定。

（2）建设过程

项目建设依据：鼓浪屿海事古建筑保护工程项目经2013年10月16日上海海事局《关于厦门航标处鼓浪屿海事古建筑保护工程初步设计的批复》（沪海事〔2013〕570号）同意。2013年，国家将鼓浪屿近代建筑群纳入全国重点文物保护单位后，海事古建筑也是其中的一处，因此不能以修缮常规建筑的方式来办理各项建设手续。为保护鼓浪屿海事古建筑，厦门航标处通过厦门市文物局和福建省文物局于2014年3月向国家文物局提交了鼓浪屿海事古建筑保护工程项目立项和方案审批申请。经厦门市文物局、福建省文物局和国家文物局的层层审批和复核，国家文物局于2014年12月10日下发《关于鼓浪屿近代建筑群之理船厅公署修缮方案立项的批复》（文物保函〔2014〕2892号），对该项目正式进行立项，并委托福建省文物局组织对设计方案进行技术审批。

经对设计方案的多次修改和重新报批，福建省文物局于2015年7月21日下发《福建省文物局关于鼓浪屿近代建筑群之理船厅公署修缮方案的批复》（闽文物字〔2015〕459号），11月10日下发《福建省文物局关于鼓浪屿近代建筑群——理船厅公署修缮工程方案（修改稿）的函》（闽文物字〔2015〕625号），同意厦门航标处按批复的设计方案进行修缮。

鼓浪屿海事古建筑保护工程项目于2015年12月开工建设，2016年11月试投产，12月竣工。

（3）项目规模

该项目对厦门航标处鼓浪屿海事古建筑进行外墙、门窗、水电管线和室内装饰等保护性修缮，同时对建筑物进行必要的抗震加固，修缮面积共2280平方米，工程总概算核定为780万元。

（4）应用效果

该项目对位于鼓浪屿鼓新路60号的海事古建筑——理船厅公署进行了保护性修缮，使其真实性、完整性得到了有效保护和延续传承，对保护具有重要历史价值的文物古建作出了贡献。同时对鼓浪屿申遗也发挥了积极作用，得到了联合国教科文组织专家的肯定。

14.舟山六横元山岛应急反应基地新建工程

(1)项目背景

宁波—舟山港地处我国大陆海岸线的中部和长江入海口的南翼,背靠长江经济带与东部沿海经济带"T"形交汇的长江三角洲地区,区位优势突出,是我国港口和国家综合运输体系的重要枢纽,是宁波市、舟山市及长江三角洲其他地区扩大开放的重要支撑。随着宁波—舟山港的快速整合,港区内临港工业的迅速发展,港口的开发势必对港口基础设施的建设提出更高的要求,原本舟山本岛南部各水道内的导助航设施由宁波航标处下属的定海航标站和象山航标站管理。随着虾峙门口外航道、虾峙门航道、条帚门航道及宁波至六横连岛大桥的逐步实施,其配套的一大批航标设施也急需建设。而定海航标站和象山航标站距离这几个水道均较远,在导助航设施的建设、后期管理及维护上均不便,应急反应能力较差。为有效保证舟山南部水域的水上航行安全,更好地服务于宁波—舟山港的开发建设,宁波航标处在舟山市港航管理局和六横开发建设管理委员会的支持下在舟山六横岛台门镇及对面的元山岛新建一座航标应急反应基地,以便能及时有效地对水域内的导助航设施进行管理和维护。

(2)建设过程

舟山六横元山岛应急反应基地新建工程于2011年经部海事局《关于上海海事局宁波航标处舟山六横元山岛应急反应基地新建工程可行性研究报告的批复》(海航测〔2011〕206)号)同意工可,2012年1月开工建设。2013年经上海海事局《关于宁波航标处舟山六横元山岛应急反应基地新建工程初步设计的批复》(沪海事〔2013〕297)号)同意初步设计。2014年12月试投产,2015年1月年竣工。

(3)项目规模

舟山六横元山岛应急反应基地新建工程总投资2858万元,用地包括舟山六横元山岛10亩、舟山六横台门镇5亩;用海为码头用海0.927公顷。工程分为二期建设,一期主要建设内容为陆域征地,总征地面积为10480平方米,其中元山岛处征地7000平方米、台门处征地3480平方米。

二期主要建设内容包括:

①新建1000吨级码头1座,其中码头平台1座(长100米、宽10.0米),码头栈桥1座(长129.2米、宽8米)。

②航标业务管理用房1幢,总面积约为800平方米。

③航标维修车间、航标保养场地、航标堆场、配电房及门卫等配套设施。

④项目配套的供电、供水、照明及通信设施。

(4)应用效果

宁波航标处舟山六横元山岛应急反应基地,主要负责舟山本岛南部海域及象山港的航标设施管理和维修,特别是虾峙门口外航道、虾峙门航道、条帚门航道、双屿门航道、青龙门航道、象山港跨海大桥等重要水域、航道、桥区近 300 座航标的维护管理。该站建成后,使宁波航标处基层站点布局更为合理,均衡维护力量,提高了辖区航标的日常管理能力及航标应急反应能力,提高了海事航标管理效率和水平,促进了海域航标设施的完善和科学布置,保障了海上交通的安全,使国民经济和航运事业能持续稳定地发展。

15. 定海航标基地工程

（1）项目背景

宁波航标处定海航标管理站位于我国最大的群岛舟山群岛,其担负着舟山海域的航海保障任务。20 世纪 90 年代,原有的生产设施已不能满足航标事业发展的需要,为解决这一落后局面,宁波航标处开展了定海航标基地工程建设,以保障舟山海域航标管理工作的开展。

（2）建设过程

定海航标基地工程经《关于定海航标基地工程可行性研究报告的批复》（交计发〔1993〕662 号）批准同意后于 1993 年开工建设。1994 年该工程初步设计经《关于上海海上安全监督局定海航标基地工程初步设计的批复》（部基建管理司基综字〔1994〕117 号）通过。1997 年,定海航标基地工程试投产,同年竣工。

（3）项目规模

定海航标基地工程总投资 1061 万元,用海 1.3826 公顷,用地 10 亩。主要建设内容包括:定海航标站基地征地 10 亩,建设 800 吨级码头 1 座、综合楼 1000 平方米。

（4）应用效果

项目运营后,为舟山海域定海航标管理站提供了必要的航标维护管理设施设备,保障了海域航标管理工作的开展。

16. 汕头航标处航标保养基地工程

（1）项目背景

汕头航标处成立于 1981 年,组建时底子薄,基础设施十分落后,随着我国航海保障事业不断发展,原有的生产设施已不能满足航标事业的发展,为解决这一落后局面,在部海事局的支持下,汕头航标处顺利开展航标保养基地工程建设。

（2）建设过程

项目建设依据:该项目经交通部海事局《关于广东海事局汕头航标区保养基地工程初步设计的批复》（海计建〔2002〕4 号）批准同意,于 2004 年 2 月 5 日开工建设,2005 年12 月试投产运营。交通运输部办公厅于 2008 年 11 月发文《关于调整广东海事局汕头航标区航标保养基地建设规模的函》（厅函规划〔2008〕168 号）,批复同意汕头航标区航标保养基地综合车间建设规模调整,由原批复的 455 平方米调增到 1020 平方米。2008 年 11 月,部海事局于发文《关于广东海事局汕头航标区航标保养基地工程动用预备费的批复》(海计建〔2008〕557 号),批复同意动用工程预备费 58.8 万元用于弥补勘察设计费增加及增列的其他费用。2009 年 2 月,汕头航标区航标保养基地建设工程通过交通运输部组织的竣工验收。

(3)项目规模

项目总造价为 2200 万元,工程主要建设内容包括:高桩梁板式结构码头 1 座,面积约 1120 平方米;引桥 293 平方米,码头前沿停泊水域宽度 24 米,回旋水域直径 180 米,码头前沿底高程 − 6 米,靠泊 2000 吨级航标船。

建设综合车间 1 座(层高 12.55 米,面积 1020 平方米)、综合办公楼 1 座(面积 484 平方米),并配备配电房、空压机房、污水间、污水池,建设堆场 5627 平方米,其中成品堆场 2175 平方米、预处理堆场 3452 平方米。

(4)应用效果

基地完工投产后,各类设备运转基本正常,符合使用要求,人员操作较为熟练。同时浮标从码头船起吊—平板车运至预处理堆场—再运至车间—除锈、修理、组装、油漆—移除车间至成品堆场—运至码头,整个生产线清晰,分工清楚。工作人员适应新环境,操作熟练,提高了汕头航标处航标维护能力。

17. 钦州港航标设施补点建设工程

(1)项目背景

交通运输部南海航海保障中心北海航标处是北部湾广西沿海航标管理主管机构,辖区范围为广西壮族自治区沿海区域,水域面积约 12.73 万平方公里。北海航标处下设铁山、北海、钦州、龙门、防城 5 个航标站和 1 个航标养护中心。钦州港航标设施补点建设工程将建设 2000 吨级航标工作船码头 1 座,使航标作业船舶有码头停靠,缩减航标应急反应时间。

(2)建设过程

项目建设依据:2009 年,部海事局下发《关于印发 2009 年航测三项专项项目计划的通知》(海航测〔2009〕382 号),批准建设钦州港航标设施补点建设工程;2010 年,部海事局下达《关于广东海事局北海航标处钦州港航标设施补点建设工程初步设计的批复》(海航测〔2010〕92 号),同意该工程初步设计方案。钦州港航标设施补点建设工程于 2011 年 1 月 20 日开工,2012 年 7 月 20 日试投产,2012 年 11 月 16 日,通过交通运输部海事局组织的竣工验收。

(3)项目规模

项目总造价 3000 万元,建设 2000 吨级航标工作船码头 1 座;形成陆域 4.07 万平方米(61 亩);在南侧、东侧建设临时护坡 405 米;建设面积约 200 平方米的临时业务板房 1

座;引接码头部分的给排水、电气、通信等配套管线。

（4）应用效果

项目建成后,钦州航标站航标作业船舶有了码头停靠,大大缩减航标应急反应时间,达到预期效益。

18.北海航标处钦州航标基地工程

（1）项目背景

钦州港位于中国南海北部湾顶端的钦州湾内,北靠南宁,东与北海相邻,西南与防城港交界,是广西沿海的中心门户,大西南最便捷的出海大通道。2012年底,随着钦州港30万吨级主航道竣工、30万吨级油码头水工部分建成,钦州港已经迈进吞吐能力超亿吨的大港行列。为更好地服务港口发展,促进水域航海保障发展,提高航标应急反应能力,钦州航标基地工程建设非常必要。该项目建成后,可实现航标船停靠、补给,区域航标规划、设置、维护、保养,航标监控和指挥中心,以及航标应急反应等主要功能。

（2）建设过程

项目建设依据:交通运输部《关于广东海事局钦州航标基地工程可行性研究报告的批复》(交规划发〔2012〕617号)同意项目建设;交通运输部海事局《关于广东海事局钦州航标基地工程初步设计的批复》(海计建〔2013〕53号)同意项目初步设计方案;交通运输部海事局《关于广东海事局钦州航标基地工程概算调整及动用工程预备费的批复》(海计装〔2014〕685号)同意动用工程预备费审批。该项目于2013年11月5日开工,2014年11月25日试投产,2015年12月12日通过交通运输部海事局组织的竣工验收。

（3）项目规模

钦州航标基地工程总造价4400万元,主要建设内容包括航道港池疏浚、陆域形成及软基处理、道路堆场、生产及辅助建筑物、装卸机械工程及水、电、消防等配套工程。其中:综合业务用房建筑面积约1516.50平方米,为3层钢筋混凝土框架结构;生活休息用房建筑面积约946.60平方米,为2层钢筋混凝土框架结构;航标制作及维修一体化车间建筑面积约3243.10平方米,为1层门式钢架结构;另购置部分航标装卸机械设备。该项目使用钦州港航标设施补点建设工程形成的陆域,面积约61亩。

（4）应用效果

项目建成后,综合业务用房、一体化车间和航标堆场等均运行正常,大大提高航标工作效率,有效缩短航标应急反应时间,达到预期效益。

19.防城港航标工作船码头及附属设施建设工程

（1）项目背景

防城港航标工作船码头及附属设施建设工程位于防城港市公务码头服务区内、江山半岛西湾跨海大桥南侧约 700 米的海堤东侧海域处。为改善北海航标处船舶的靠泊条件和灯浮标装卸作业能力,提高防城港水域航标导助航水平和应急反应能力,助推地方海洋经济发展,防城港航标工作船码头及附属设施建设工程十分必要,该工程可为助力广西防城港港口发展提供坚实基础。

（2）建设过程

项目建设依据:2013 年,《交通运输部关于南海航海保障中心防城港航标工作船码头及附属设施建设工程可行性研究报告的批复》（交规划发〔2013〕459 号）同意防城港航标工作船码头及附属设施建设工程建设;2014 年,《交通运输部海事局关于南海航海保障中心防城港航标工作船码头及附属设施建设工程初步设计的批复》（海计装〔2014〕8 号）同意项目初步设计;该项目于 2015 年 11 月 18 日开工建设。《交通运输部海事局关于南海航海保障中心防城港航标工作船码头及附属设施建设工程设计变更的批复》（海计装〔2017〕546 号）同意项目设计变更。2017 年 11 月,防城港航标工作船码头及附属设施建设工程试投产运营;2018 年 8 月 28 日,项目通过交通运输部海事局组织的竣工验收。

（3）项目规模

该项目总投资 3589.84 万元,总占地面积 18939 平方米,主要建设内容包括建设长 134.63 米、宽 50 米的航标工作船码头 1 个、建设 1555 平方米的综合业务用房 1 座、建设航标堆场 3785 平方米,并配套建设相应的供电、给排水、消防、通信等辅助设施。本项目码头长 134.63 米,宽 50 米,码头前沿作业区宽 20 米,码头顶高程 6.0 米,可同时靠泊 1 艘 800 吨级和 1 艘 400 吨级的航标布设船。船舶停泊水域宽 20 米,底标高 – 3.70 米。回旋水域直径为 116 米,底标高 – 3.70 米。

（4）应用效果

项目建成后,航标码头、综合业务用房和航标堆场等均运行正常,大大提高航标工工作效率,有效缩短航标应急反应时间,达到预期效益。

20. 长江海事局巫山等 5 处监管救助基地设施工程

（1）项目背景

长江海事局辖区水域跨度大,通航环境复杂,上游自然河段水流湍急,流态紊乱,航道狭窄,三峡库区水深雾多;中游航道弯曲、变迁频繁,枯水期滩多水浅;下游航道较宽,但支汊多、风浪大。辖区水域监管主体主要呈现出港区和停泊区多、渡口渡船多、桥区坝区多、油区和危险品作业点多、船舶及船公司多和航运从业人员多等特点。

根据交通部《关于实行长江干线海事巡航与救助一体化管理的通知》（交海发〔2004〕395 号）和《关于尽快建立长江干线水上巡航与应急动态待命制度的通知》（交海发〔2006〕155 号）精神,长江海事局承担起新的职责,并在全线设置了 118 个巡航救助执法大队。抓紧进行长江海事局巫山等 5 处监管救助基地设施工程的建设,对于稳定长江水上交通安全形势、实现交通部提出的在"十一五"期"基本建立起海陆空搜救体系,重点水域安全监管和救助能力明显提高"的要求,对促进沿江经济发展具有重要意义。

（2）建设过程

项目建设依据:该工程经交通运输部批准建设,于 2009 年 9 月 1 日开工,2012 年 10 月 19 日完工。2008 年 7 月 3 日,交通运输部以《关于长江海事局巫山等五处监管救助基地设施工程可行性研究报告的批复》同意建设该项目;2011 年 10 月 18 日,长江航务管理局以《关于长江海事局巫山等 5 处监管救助基地设施工程初步设计的批复》同意该项目的初步设计;2009 年 9 月 23 日,长江航务管理局对该项目予以备案;2013 年 11 月 7 日,长江航务管理局以《长航局关于长江海事局巫山等五处监管救助基地设施工程设计变更及动用预备费用的批复》批复相关项目经费。

（3）项目规模

为巫山、宜昌、岳阳、黄石和安庆 5 处监管救助基地配套建设前方执法用 65 米趸船和船岸连接设施,主要建设内容包括:建造 65 米钢质趸船 5 艘,每艘趸船主甲板以上舱室建筑面积为 768 平方米;配套建设供电照明、给排水、消防、通信等相应设施;配置必要的办公和业务设备;配套建设趸船系泊设施和接岸设施、外接水电及通信等工程。项目投资 4950 万元。

（4）应用效果

为巫山、宜昌、岳阳、黄石、安庆 5 处监管救助基地提供海事巡逻救助船舶靠泊、提供日常海事、救助业务管理的办公场所,创造了良好的工作、学习和生活环境,为基层水上安全值班、巡航救助、核实政务受理等各项现场安全监管执法工作的有力开展提供了坚强的保障和支持。

五、航海保障系统

（一）综述

1978 年后,航海保障顺应航运发展的时代要求,强化公益职能,科学配置资源,初步建成了覆盖全面、保障及时的综合航海保障系统,为水上交通安全提供了有力的支持保障。

航标管理水平跨入世界先进行列,中国沿海及各主要港口的航标实现灯光交叉覆盖的"航标链"。加快港口、航道和沿海公用干线航标建设,新建、重建了大量灯塔、灯桩、导标,重要灯塔射程普遍提高到 20 海里以上,现有灯塔 193 座,形成沿海港口和航道全面覆盖、性能可靠的视觉航标系统。直属海事系统管理各类沿海航标 17247 座,其中公用航标 9691 座、专用航标 7556 座。完成 RBN-DGPS 设备配置升级,差分北斗和差分 GPS 信号同步播发,对覆盖范围内信号质量进行远程监测。建成75个北斗连续运行参考站(CORS)、3个海区数据处理服务中心和1个全海区数据监测中心,在覆盖区将近海50公里水域内的定位精确度提高到厘米级。加大航标遥测遥控建设力度,全国沿海航标遥测遥控终端总数达6772座,遥控遥测覆盖率达99.00%。海事测绘服务成果丰硕,测遍我国400余万平方公里海域,绘就了1000万份航海图书资料,以海道测量生产数据库(HPD)为核心的海图生产及发布软件体系已基本成型,测绘服务从我国沿海走向全球重要海域,建设电子海图云服务平台。

水上安全通信实现全覆盖,形成了以多网络互联互通为主要特点的天地一体、便捷通畅、四通八达的网络平台和通信系统。

(二)重点项目

1.秦皇岛南山头灯塔重建工程

(1)项目背景

作为秦皇岛港门户标志的南山头灯塔,位于秦皇岛市海港区东山公园内,东南面临渤海。为了改善秦皇岛港及其附近海域的助航条件,保证港口运输任务的顺利完成,交通部于1989年决定对原有南山头灯塔进行改建。秦皇岛南山头灯塔是我国自行设计、建造的一座现代化大型灯塔,是当时北方海区陆域建造的塔身最高的大型灯塔。在灯塔建设过程中,设计、施工等有关单位密切配合,仅用189天就建成并试发光,实现了当年设计、当年施工、当年发光,灯塔试发光后,使用情况良好,为过往船舶提供了可靠的安全保障。

(2)建设过程

秦皇岛南山头灯塔于1990年6月14日开工,1990年12月19日主体竣工并试发光,是当时北方海区陆域建造的塔身最高的大型灯塔。1991年6月10日,由天津海监局、秦皇岛海监局、市质监站、矿山冶金设计研究院和省三建公司等单位进行了初步验收。

项目建设依据:《关于下达一九八九年技术改造补充计划的通知》(交通部(89)交计字429号),《关于对秦皇岛南山头灯塔工程初步设计的批复》(交通部(90)工基字173号),《关于天津海监局秦皇岛南山头灯塔工程开工报告的批复》(交通部(90)工基字190号),《关于同意天津海监局秦皇岛港南山头灯塔重建工程动用工程预留费的通知》(交通部(91)工基便字5号)。

(3)项目规模

该项目总投资194万元,建设钢筋混凝土结构灯塔1座,直径6米,高42.6米,灯光中心高59.6米;附属用房建筑572.5平方米;锅炉房1座计99平方米。

(4)应用效果

新建的南山头灯塔造型优美,布局合理,功能齐全,使用方便,目标明显。灯塔射程达

24 海里,达到并超过预期目的,大大改善了该地区的助航条件。

2.天津大沽灯塔改造工程

(1)项目背景

大沽灯塔位于天津大沽口外锚地西端,始建于 1971 年,1978 年建成发光,是我国自行设计建造的第一座海上灯塔,也是我国唯一一座有人值守的海上灯塔。作为天津港的标志性建筑,大沽灯塔呈圆形,外部饰以白瓷砖和红白玻璃,红白相间。大沽灯塔塔高 38.3 米,灯高 35.6 米,塔顶所装灯器的灯光射程可达 17 海里,无论是在夜间还是恶劣的天气条件下,大沽灯塔都可以起到良好的助航效果,素有"夜海明珠"之美誉。为了保证灯塔的稳定运行,保障塔上值班人员的基本生活条件,更好地服务于水上交通运输安全,1996 年,根据交通部天津海上安全监督局下达的年度三项费用计划,天津航标区组织实施了大沽灯塔改造工程,对灯塔内的通风系统进行改造,并对会议室、楼梯间、门窗、油水柜及机仓配电系统进行改造。

(2)建设过程

该项目的建设单位为天津海上安全监督局天津航标区。1995 年 12 月,天津航标区《关于报送 1996 年三项费用计划的申请》提出大沽灯塔改造申请;1996 年 6 月,天津海监局《关于下达北方海区 1996 年度航测综合业务计划的通知》下达了大沽灯塔改造工程任务。1996 年 10 月 5 日该项目正式开工,于 1997 年 1 月 18 日竣工。

(3)项目规模

大沽灯塔改造工程总造价 16 万元,主要是对灯塔内的通风系统进行改造,并对会议室、楼梯间、门窗、油水柜及机仓配电系统进行改造。

通风系统改造:由于灯笼处于密闭状态,内部空气不流通,太阳照射后产生高温,影响灯器使用寿命,因此在灯器下方增开通风口,安装壁扇 1 台,改善了通风条件,有利于延长灯器使用寿命。

室内改造:铲除大厅、食堂、卫生间等墙面和地面原有面层,大厅安装护墙板,地面镶铺瓷砖,安装铝合金门窗。

机仓:铲除原墙面面层 126 平方米,重新刮腻子、刷涂料;制作安装 3 个油水柜,可储存 5 吨生活及工作用水。

其他:塔外起重机和钢构平台除锈刷漆,制作安装吊笼、配电箱、漏电保护器、吸顶灯等装置。

(4)应用效果

大沽灯塔改造工程实施完成后,内部生活条件大为改善,特别是改造了机仓内的油水柜,改善了生活用水、工作用水的水质。吊笼的安装保障了恶劣天气下人员上下灯塔、物资备件补给运输安全等,有力地保障了塔上值班人员的基本生活条件;改善了灯笼通风条件,有效延长了灯器使用寿命。该项目的实施,为大沽灯塔的稳定运转奠定了坚实的基础。

3.威海石岛航标站业务用房工程

(1)项目背景

随着航运经济的快速发展,石岛航标站管辖的航标数量日益增多,航标管理任务急剧增加,为满足国民经济发展对海洋运输不断增长以及港口建设的需求,更好地服务航运、服务港口,解决石岛航标站无业务用房的困难,保障一线航标职工的工作条件,需要建设石岛航标站业务用房。

(2)建设过程

该项目建设单位为烟台航标处,于1995年9月开工,1996年10月竣工。项目建设依据:天津海上安全监督局《申请将烟台航标区石岛航标站业务用房项目列入1996年基本建设计划的函》(津海监〔1996〕265号)、交通部综合计划司《关于烟台航标区石岛航标站业务用房项目的批复》(交计〔1996〕189号)。

(3)项目规模

该项目总投资160万元,建筑面积813.19平方米,土地使用面积275.50平方米。工程结构为三层砖混结构,外墙贴白色带蓝点玻璃马赛克,内部刮晶钢瓷,门窗为铝合金门窗。

(4)应用效果

石岛航标站业务用房建成投产后,解决了石岛航标站无业务用房的困难,有效改善了石岛站职工的工作环境,保障了石岛站管辖浮标、灯塔的正常工作,对提高石岛航标站航标应急反应能力、维护辖区航海保障事业发展具有重要意义。

4.青岛千里岩灯塔及附属用房改造工程

(1)项目背景

千里岩灯塔始建于1957年,1966年改建后,其灯塔的生产用房65平方米、生活用房56平方米。由于该塔距离青岛市区60海里,生活条件异常艰苦,建筑材料主要是石灰和混凝土房顶,居住分散且房屋渗漏、透风不保暖,墙皮大面积剥落,木地板及墙裙腐烂。虽经过几次维修,但是无法从根本上改善海岛职工的居住条件,按照交通部一类有人值守灯塔房屋建筑设施标准,青岛航标处对千里岩生产业务用房和生活用房进行改造。

(2)建设过程

该项目建设单位为青岛航标处,于1998年9月30日完工,1998年10月16日竣工预验收,1998年10月10日交付使用。项目建设依据:《关于青岛航标区九八年度基本建设项目和三项费用计划的请示》《关于下达北方海区1998年度航测三项费用建设计划的通知》。

（3）项目规模

该项目总造价65万元,对千里岩灯塔主体采用钢筋网焊接加固外贴红白相间全瓷面砖的方式进行改造,改造后色泽鲜明,改善了视觉效果;拆除旧建筑,新建生产业务用房和生活用房。将生产业务用房和生活用房连在一起,建筑面积319平方米,共两层,局部三层。改变了原来生产及生活用房分散、失修的局面,同时便于管理;新建供水、油管道,解决了人工扛、抬油的问题。采用沿陡坡铺设管道106米,输油管道120米,经过试验,效果良好;新建3万大卡燃油锅炉,为海岛职工日常的做饭、洗澡等提供便利;为了采用太阳能发电,新建太阳能电池房,太阳能电池房长4米、宽2米、高4米,位于灯塔主体旁,减少燃料的供应,便于为灯塔提供太阳能。

（4）应用效果

千里岩灯塔及附属用房改造工程的完成,改变了原有的房屋墙体疏松风化、渗漏和透风的问题,改善了海岛职工的工作及生活条件。实现了生产业务用房与生活用房的结合,便于日常工作的开展和管理。新建供水和输油管道,设计合理,运转良好,不再需要人力抬水、油,同时新增大型燃油锅炉,为日常生活提供了便利。建设了太阳能电池房,为灯塔提供持续的清洁能源,减少了燃料供应。灯塔主体外墙的改造完成,提高了灯塔服务年限,使一座历史悠久的灯塔继续发挥作用。

5.北方海区GPS控制网建设工程

（1）项目背景

为满足国民经济迅猛发展对海洋运输不断增长以及港口建设的需求,更好地服务航运、服务港口,同时为港口及海道测量提供可靠的测量基础控制,解决北方海区用于海道测量的平面和高程基础控制网点密度不够、成果精度不能满足沿海港口航道测量定位要求等问题,天津海事局海测大队按照"统一设计、分步实施"的原则,分别于2001年、2002年、2004年、2008年共四期建设了北方海区山东省、河北省、天津市、辽宁省海域及岸线附近地区的GPS C、D级控制网。

（2）建设过程

项目建设依据:2001年,天津海事局海测大队根据天津海事局2001年航标技术改造、零星土建、设备购置计划的通知和北方海区2001年航测计财工作会议精神,以及《关于下达海测大队2001年度综合计划的通知》要求,组织实施天津港、青岛港港口平面与高程控制网加密改造的航标技术改造项目。项目于2001年8月14日开始实施,在国家测绘局第二大地测量队及国家测绘局大地数据处理中心协助下,9月3日完成选点、埋石工作,9月27日完成外业数据观测工作,12月初完成全部数据处理工作,于12月14日通过成果验收。

2002年,天津海事局海测大队根据交通部海事局《关于下达2002年海区航测、VTS小型技术改造、零星土建、小型专用设备购置"三项"项目计划的通知》精神和天津海事局

《关于下达天津海事局 2002 年航测"三项"项目计划的通知》要求,组织实施烟台、威海、蓬莱、石岛、龙口地区北方 GPS 控制网改造的航测技术改造项目。项目于 2002 年 11 月 5 日开始实施,在国家测绘局第二大地测量队及国家测绘局大地数据处理中心的再次协助下,11 月 10 日完成标石预制工作,11 月 30 日完成选点、埋石工作,12 月 25 日完成水准观测,12 月 30 日完成外业数据观测工作,2003 年 1 月 5 日完成全部数据处理工作,于 2003 年 7 月 24 日完成成果验收。

2003 年,天津海事局海测大队根据交通部海事局《关于下达海区 2003 年航测"三项、专项"项目计划的通知》精神和天津海事局《关于下达天津海事局 2003 年航测"三项"项目计划的通知》要求,组织实施日照、岚山、连云港 GPS 控制网改造的航测技术改造项目。为与上海海测大队在连云港地区实现 GPS 控制网无缝连接,加之 SARS 等原因,项目跨转 2004 年实施。项目于 2004 年 7 月 25 日开始实施,在国家测绘局第二大地测量队及国家测绘局大地数据处理中心协助下,8 月 22 日完成选点、埋石工作,9 月 15 日完成水准观测,9 月 25 日完成外业数据观测工作,10 月底完成全部数据处理工作,于 11 月 23 日通过成果验收。

2008 年,天津海事局海测大队根据部海事局《关于下达 2008 年航测三项专项项目计划的通知》要求,组织实施北方海区 GPS 控制网建设完善的航测专项项目。项目于 2008 年 8 月 28 日开始实施,在国家测绘局第二大地测量队及国家测绘局大地数据处理中心协助下,10 月 2 日完成选点、埋石及水准观测,10 月 29 日完成外业数据观测工作,11 月 30 日完成全部数据处理工作,于 12 月 5 日通过成果验收。

（3）项目规模

北方海区 GPS 控制网工程总造价 576.86 万元,共施测 GPS C、D 级平面控制点 424 点,新埋设标石 268 座,完成三、四等水准联测 1191 千米。北方海区 GPS 控制网数据采集采用 WGS-84 世界大地坐标系（ITRF 93,历元 1996.365）,水准联测采用 1985 年国家高程基准,遵循整体布网、分期施测的原则,点位均匀布设于沿海。港口附近优先布点,同时联测各港口验潮站附近的 GPS D 级点及工作水准点。点位标石主要采用岩层普通标石、冻土基本标石（不设下标志）、建筑物上标石、水泥地面标志 4 种,标石设置有中心标志,统一采用不锈钢制作,并刻有 TJMSA 和点号等字样。基线解算采用 IGS 精密星历,使用 GAMIT/ GLOBK 专业数据处理软件进行数据处理与平差计算获取 WGS-84 坐标。水准联测数据分区处理,按各自独立的水准网平差解算。为了获取 1980 西安坐标系、1954 年北京坐标系等常用系统坐标成果,将北方海区分为 13 个区域分别计算转换参数,采用 Bursa 七参数三维转换模型实施坐标转换。2008 年 7 月 1 日起,国家全面启动 2000 国家大地坐标系,为满足其要求,2008 年 11 月,天津海事局海测大队将四期建设获得的北方海区 GPS C、D 级控制网成果又通过分区方式实现 2000 国家大地坐标系成果转换。

(4)应用效果

北方海区 GPS 控制网建设实现了北方海区高等级控制网的全面覆盖和 WGS-84 坐标系、1954 年北京坐标系、1980 西安坐标系、2000 国家大地坐标系间的相互转换,为部海事局出版 2000 国家大地坐标系沿海港口航道图奠定了基础。该项目也有效改善了北方海区平面和高程控制基础薄弱的现状,通过水准联测实现了海图深度基准面与国家高程基准对接,完成北方海区控制测量数据库的更新和维护,并开发了北方海区 GPS 控制网数据查询系统,为我国北方海区基础信息数据库建设奠定了坚实的基础。

6. 营口 RBN/DGPS 台站补点建设

(1)项目背景

RBN/DGPS 台站作为全球卫星定位系统的地面基准台站,能够为在沿海航行的船舶提供实时卫星差分定位信息,指引船舶安全航行。由于当时营口港所处地区没有 RBN/DGPS 基准台站且处于北方海区信号覆盖的边缘地区,加之区域屏蔽遮挡影响,接收差分信号不稳,有时甚至接收不到;此外,由于营口港特殊的地理位置,在冬季由于受流冰与浮冰作用,浮标经常被挤走和覆盖,不能准确为引航提供依据。根据《关于下达天津海事局 2007 年航测"专项"项目计划的通知》(津海计基〔2007〕134 号)文件精神,经与营口港务集团有限公司协商,营口航标处拟新建 RBN/DGPS 台站。

(2)建设过程

项目建设依据:该项目建设单位为营口航标处,经《关于下达天津海事局 2007 年航测"专项"项目计划的通知》(津海计基〔2007〕134 号)和《关于天津海事局鲅鱼圈建设 RBN/DGPS 台站项目建议书的批复》(营发改发〔2007〕215 号)批准同意,该工程于 2007 年 11 月 6 日开工,2009 年 10 月 28 日试投产运营,2008 年 5 月 31 日竣工。

(3)项目规模

该项目位于鲅鱼圈港区高位水池与台子山灯塔之间,项目总投资 400 万元,工程建设内容包括:平整场地 5200 平方米,砌筑石挡土墙 156 米,新建机房、值班室等 604 平方米,新建天线地锚 12 个、天线基础 1 项、接地井 5 个等相关设施。

(4)应用效果

营口 RBN/DGPS 台站自投产后,运营良好。准确、稳定地为港口提供差分信号,准确为引航提供依据,实现了辽东湾海域 RBN/DGPS 台站信号无缝连接之需要,改善了营口港所处地区没有 RBN/DGPS 基准台站的状况,更好地保障了船舶进出港和航行安全的需要。

7. 兴城—菊花岛陆岛运输航线综合配布工程

(1)项目背景

菊花岛位于葫芦岛市所属兴城市(县级市)东南 15 千米的海中,距离兴城海滨客运码头 10 千米,乘船从兴城海滨客运码头出发 50 分钟可抵达。菊花岛在唐宋称桃花岛,辽金称觉华岛,从民国称菊花岛,因岛上菊花茂盛、四处飘香而得名。岛上风景秀美,是休闲旅游的胜地。岛呈长葫芦形,面积 13.5 平方公里,海拔 198.12 米。岛上地势南高北低,是渤海湾中第一大岛,有 2 个村 9 个自然屯,居民 850 户、3200 人。由于航路和码头上无任何助航标志,无法保障船舶安全航行和夜间航行,尤其是在船舶夜航及在雨、雾、雪等能见度不良环境下航行时,船舶驾驶人员很难发现码头,确定靠泊位置。

(2)建设过程

项目建设依据:2009 年 12 月,营口航标处行文《关于上报营口航标处 2011 年项目前期工作建议计划的报告》(营标〔2009〕48 号),将兴城—菊花岛陆岛运输航线航标综合配布项目上报天津海事局。2010 年 3 月,天津海事局下发《关于下达局 2011 年项目前期工作计划的通知》(津海计基〔2010〕81 号),要求营口航标处上报兴城—菊花岛陆岛运输航线航标综合配布方案。2010 年 5 月,营口航标处以《关于报送营口航标处 2011 年项目工程可行性研究报告或建设方案的报告》(营标〔2009〕48 号)上报方案。2011 年 3 月,天津海事局以《营口航标处兴城菊花岛航标配布方案的批复》(津海计基〔2011〕99 号)进行立项批复。2011 年 5 月,项目正式开工,2011 年 5 月试投产运营,2011 年 8 月竣工。

(3)项目规模

兴城—菊花岛陆岛运输航线航标综合配布工程总造价 200 万元,工程分为 2 个部分。码头灯桩部分:兴城海滨 2 处客运码头、兴城滚装码头、菊花岛客运码头和滚装码头各设置灯桩 1 座,共 5 座。灯浮标部分:兴城市码头至菊花岛航路上设置灯浮标 7 座。

(4)应用效果

兴城—菊花岛陆岛运输航线进行航标综合配布后,可以帮助船舶在夜间和气象条件不好时识别航线、码头,适当延长航班通航时间,有利于解决旅游观光人员滞留问题。同时,为陆岛之间因紧急情况如岛民夜间突患疾病、社会治安突发事件等而开通夜航提供安全保障。

8.北方海区重点港口水文信息服务系统(一期工程)

(1)项目背景

为了监测我国北方海区重点港口潮汐、风速、风向、气温、能见度、雨量等水文、气象信息,实现长期、短期的潮汐预报,为海事测绘、航海保障、海事监管及搜救指挥提供基础信息支撑,2014 年,交通运输部北海航海保障中心天津海事测绘中心启动了北方海区重点港口水文信息服务系统(一期工程)。该工程为构建北方海区重点港口水文观测站网的起步工程,建设的 4 座水文站分布在辽宁、河北、山东和天津三省一市,同时对水文信息服务系统进行了升级,为建成布局合理、运行稳定、技术先进的水文信息服务系统奠定了基础。

（2）建设过程

该项目建设单位为北海航海保障中心天津海事测绘中心，于 2014 年 11 月 22 日开工。2015 年 12 月 4 日，天津海事测绘中心财务、计划、审计、纪检等负责人组成工程初步验收组对北方海区重点港口水文信息服务系统（一期工程）进行初步验收。2015 年 12 月 3 日竣工，2016 年 1 月 1 日试投产运营。

项目建设依据：《北海航海保障中心关于转发天津海事测绘中心北方海区重点港口水文信息服务系统（一期工程）工程可行性研究报告批复的通知》（北海计财〔2014〕126 号）；《北海航海保障中心转发天津海事局关于北方海区重点港口水文信息服务系统（一期工程）初步设计批复的通知》（北海计财〔2014〕152 号）。

（3）项目规模

该项目投资 480 万元，项目包括对天津海事测绘中心数据处理中心的升级；水文信息发布系统升级改造；4 个综合性水文采集站点的建设，分别位于天津临港作业区中粮佳悦码头西侧系缆墩、秦皇岛港东港区海事局大码头端部、长兴岛北港区东防波堤堤头、烟台港西港区 2 号集液池平台。

（4）应用效果

北方海区重点港口水文信息服务系统自投产后，运营良好。准确、稳定地对港口潮汐、气象要素数据进行观测，并将采集数据及时传输至天津海事测绘中心水文信息服务系统，后已累积了多年的水文观测数据，为港口航道图测量水位改正、潮汐分析、潮汐预报等工作提供了可靠的基础性数据。

9.大连新建港灯船项目

（1）项目背景

原大连港灯船建造于 1999 年，2005 年自秦皇岛航标处调配至大连航标处。由于使用年限已久，长期受风吹日晒和海水盐雾侵蚀，船体及设备老化严重，其间还多次遭受意外碰撞，船体水密舱壁、船身承重承压构件均不同程度受损，存在较大安全隐患，已对灯船的正常运行和整体助航效能产生严重影响。为满足国民经济迅猛发展对海洋运输以及港口建设不断增长的需求，更好服务东北亚航运中心及辽宁自贸区大连片区的建设，解决原灯船陈旧无法满足通航安全、影响助航效能发挥的问题，大连航标处按照"定位精准，标识鲜明"原则对大连港灯船进行新建。

（2）建设过程

新建大连港灯船项目建设单位为北海航海保障中心大连航标处。2015 年 7 月 6 日正式开工建设，同年 10 月 20 日完工，10 月 22 日正式下水，于 11 月 18 日设置到位。项目建设依据：《交通运输部海事局关于天津海事局新建大连港灯船可行性研究报告的批复》（海航保〔2014〕739 号）；天津海事局下达《关于新建大连港灯船初步设计的批复》（津海计划〔2014〕428号);《北海航海保障中心关于转发新建大连港灯船初步设计批复的通知》(北海计财〔2015〕28号)。

(3)项目规模

该项目投资300万元,大连港灯船具体参数如下:

船体总长:25.66米　垂线间长:23.49米

设计水线:23.49米　型宽:8.10米

型深:3.80米　设计吃水:2.30米

航区:近海、沿海

(4)应用效果

大连港灯船位于大三山水道分道通航水域分隔带的南端点,是进出大连港五个港区、十余个航道的必经之地,发挥着重要的助航作用,为大连港的通航安全及地方港口经济社会的发展起到积极保障作用。

10.温州航标处北麂山灯塔工程项目

(1)项目背景

北麂岛附近海域暗礁多,风浪大,多雾,台风频繁,未建设灯塔之前,过往船舶航行至此经常为安全担忧。为适应我国经济的发展和沿海港口对外开放的需要,落实交通部党组关于尽快使我国沿海航标亮起来的指示,进一步提高航标助航效能,适应海上航运事业发展和对外开放的需要,交通部安全监督局(89)安监字83号文批准在浙江瑞安北麂山建设一座大型灯塔。北麂山灯塔是我国规模较大的大型灯塔之一,位于温州市东南80千米的北麂岛主峰上,是引导中外船舶安全进出温州港、敖江港、飞云港的浙东南沿海的重要标志。它填补了自北渔山岛至牛山岛海区内灯塔的空白,是东海海区灯塔助航链的重要组成部分。

(2)建设过程

北麂山灯塔1989年10月勘察定点,1990年3月完成初步设计,同年3月底交通部工程管理司审批了初步设计,4月完成了三通一平,6月22日土建工程破土动工。在各相关部门的大力支持下,经历了175天的紧张施工,在远离大陆的孤岛荒山顶建成了一座大型的灯塔,并于1990年12月17日正式发光,实现了当年设计、当年施工、当年发光。

(3)项目规模

该项目工程决算为243.45万元,新建灯塔1座,以及机房、附属用房、职工宿舍、油库、给排水、供电照明、道路、围墙等配套设施,建筑面积1066.2平方米。

(4)应用效果

北麂山灯塔于1990年建成发光后,与北渔山、东亭山灯塔形成了一条灯塔链,结束了浙东南沿海无大型助航标志的历史。不仅改善了北麂岛附近海域的航行条件,为中外船舶进出温州港和在浙东南沿海航行提供了可靠的安全保障,而且使温州地区外海有了一座明显壮观的门户标志,同时,对浙东南地区的经济发展和对外开放,也具有重要意义。

11. 舟山大戢山灯塔基地改造工程项目

(1)项目背景

大戢山灯塔始建于1869年,是我国最早建造的沿海灯塔之一,曾于战争中遭毁,后以钢架置灯。1958年重建圆柱形砖结构灯塔。但由于灯塔建造时间过长,需要通过后期的改造建设工程,提高灯塔的工作质量、工作的可靠性和效能,从而进一步提升东海海区航海保障水平。

(2)建设过程

根据上海海事局下发的《关于上海航标处大戢山灯塔基地改造工程可行性研究报告的批复》(沪海事〔2012〕147号)批准同意,大戢山灯塔基地改造于2012年开工建设,当年竣工。

(3)项目规模

大戢山灯塔基地改造工程项目总投资177.83万元,全面修葺了岛上旧建筑中的器材库、维修间、设备房、办公室和生活用房,系统改造了相应的照明、给排水管线,强、弱电安装,并增加了灯具和洁具。

(4)应用效果

大戢山灯塔更新改造后,一直担当着引导船舶出入洋山港区、贯通中国南北航运及指示船舶避险航行的重要职责,是中外船舶进入上海港口的门户标志,也是远洋国际航线绝不可少的重要灯塔,仍然发挥着不可或缺的助航作用。

12. 镇海角灯塔项目

(1)项目背景

为适应我国对外开放和海运事业发展的需要,填补台湾海峡中南部没有大型助航设施的空白,促进海峡两岸的交通发展和厦门经济特区的繁荣,上海海上安全监督局决定在厦门航标区建设镇海角灯塔项目。

(2)建设过程

镇海角灯塔于1989年6月底完成征地、勘察测量、三通一平和设计工作;7月15日正式开工;12月26日完成主体竣工、灯塔发光;1990年7月30日完工。项目建设依据:上海海监局(89)沪监计字76号关于镇海角拟建灯塔的决定,交通部(89)交计字第70号关于下达1989交通计划(草案)的通知,上海海监局(89)沪监计字180号关于下达1989年基建计划的通知,上海海监局(89)沪监177号关于镇海角灯塔设计方案的批复,上海海监局(89)沪监250号关于镇海角灯塔工程概算的批复。

（3）项目规模

镇海角灯塔总造价220万元。主要建设内容包括：

土建：主塔1座，宿舍、办公、油机房、油库等1118平方米；场外道路575米；

设备：PRB-21型列阵矩灯器1套；MRB-712型无线电指向标设备1套；岸电及20千瓦无人值守发电机组1套。

（4）应用效果

镇海角灯塔建成发光，适应了我国对外开放和海运事业发展的需要，填补台湾海峡中南部没有大型助航设施的空白。

13. 漳州古雷头灯塔项目

（1）项目背景

为适应我国对外开放和海运事业发展的需要，上海海上安全监督局厦门航标区实施古雷头灯塔项目，建设1座主塔及附房，并配备PRB-21型列阵矩灯器、岸电及20千瓦无人值守发电机组等设备，为通航船舶提供航海保障。

（2）建设过程

1992年上半年完成征地、勘察测量、"三通一平"和设计工作；1992年6月8日正式开工；1992年12月完成主体竣工、灯塔发光。该灯塔附属工程于1993年12月20日竣工。项目建设依据：海监局(90)沪监计字77号关于做好古雷头灯塔工程前期工作的函，交通部(90)交计字第70号关于下达1990交通计划（草案）的通知，上海海监局(90)沪监计字156号关于下达1990年基建计划的通知，上海海监局(92)沪监计168号关于下达1992年基建投资计划的通知，上海海监局(90)沪监计445号关于召开古雷头灯塔设计方案审定会纪要，厦门航标区(91)沪监厦标计10号关于报送"古雷头灯塔初步设计"的报告，交通部工管司(91)工基22号关于古雷头灯塔工程初步设计的批复，交通部审批固定资产投资建设项目开工表。

（3）项目规模

古雷头灯塔总造价290.75万元。主要建设内容如下：

土建：主塔1座，附房（生活、车库、油机房等556平方米，另在厦门市购置职工宿舍500平方米），合计1056平方米。

设备：PRB-21型列阵矩灯器1套；岸电及20千瓦无人值守发电机组1套。

（4）应用效果

古雷头灯塔是台湾海峡南端的一座大型灯塔，灯塔建成发光，适应了我国对外开放和海运事业发展的需要，北接镇海角灯塔，南连石碑山灯塔，与附近的兄弟屿灯塔、狮屿、外鹰等灯桩的灯光共同覆盖了东山湾及附近的广大海域，对南北通航及进出东山港的中外船舶,提供了可靠的航海保障。

14. 上海海事测绘中心长江口及杭州湾区域北斗精密定位服务系统建设工程

（1）项目背景

随着上海逐步增大对沿海经济的开发力度以及中国上海自由贸易区的正式成立,长江口及杭州湾水域的航运船舶与水上工程施工日益增多,一方面,公众和相关单位对于长江口及杭州湾区域的高精度卫星导航定位需求不断提高,但是仅依靠北斗导航系统的空间卫星定位已经不能够满足长江口及杭州湾水域对于高精度定位的要求;另一方面,在2014年前,无论是GPS还是北斗,都还没有专门服务于我国沿海水域范围内的高精度地基增强网络系统,且原有的长江口北斗连续运行参考站系统试验平台虽然已经能够向用户提供全天候厘米级定位服务,但其覆盖的范围仍旧有限。因而,已有的平台已经无法满足近海水域内工程活动对高精度定位的需要。

因此,为了进一步推动北斗卫星系统在各行业特别是海事领域的应用、助力上海自贸区和国际航运中心建设,同时满足公众用户和单位用户对高精度导航定位的需求,有必要开展长江口及杭州湾区域北斗精密定位系统工程的建设,将基于北斗定位导航系统的高精度地基增强网络系统覆盖至整个上海及杭州湾沿海地区,为长江口及杭州湾沿海区域内的公共用户提供实时厘米级精度的定位与导航服务。

（2）建设过程

长江口及杭州湾区域北斗精密定位服务系统于2014年12月立项,2015年12月2日至2016年4月18日,完成长江口及杭州湾区域北斗精密定位服务系统建设工程附属工程项目的建设;2016年6月至11月,完成数据处理服务中心及各参考站的建设及设备安装调试工作,同时委托上海同济技术检测有限公司完成系统精度测试工作;2016年11月28日,完成项目预验收,系统运行稳定,精度达到设计要求,开始正式运行;2019年10月23日,通过交通运输部海事局组织的竣工验收。

（3）项目规模

该工程项目总投资980万元,为"十站一中心"规模。在2013年建设的长江口北斗连续运行参考站系统试验平台4个参考站(横沙、大戢山、芦潮港、鸡骨礁)的基础上新建寅阳、佘山、吴淞、小洋山、下三星、花鸟山、岱山、嘉兴、洛迦山、六横共10座北斗CORS参考站,在复兴岛上海海事测绘中心4号楼机房内建设1个数据处理中心。

（4）应用效果

2015年7月,上海海事测绘中心自主研发的《海上钻井平台站桩导航软件V1.0》获得中华人民共和国国家版权局计算机软件著作权证书(证书号为软著登字第1031340号);2019年10月,"东海海区北斗地基增强系统建设关键技术及应用"获得中国测绘学会测绘科技进步奖二等奖（证书号 2019-01-02-15）；"基于北斗 CORS 系统的钻井平台高精度站桩工作法"荣获 2015 年度上海市职工先进操作法优秀成果。

项目于 2016 年建设完成并投产使用后，建成的北斗精密定位服务系统可覆盖长江口、上海洋山港、杭州湾等黄金水域，能为覆盖范围内的用户实时提供厘米级高精度定位服务，有效提升我国海事测绘、航海保障服务能力，为航行安全、航运物流、海上应急指挥提供巨大支持。该系统还具有全天候、精确、实时、方便等特性，能提高海事测绘效率，降低海事测绘作业成本。项目已为多家社会单位提供高精度定位导航技术服务，产生了一定的社会效益。

15. 上海海事测绘中心浙江沿海水文信息站点建设工程

（1）项目背景

中国海事测绘部门在"十二五"规划中提出，到"十二五"期末，在全国沿海新建 50 个长期验潮站（水文站），其中，东海海区水域新建 30 个长期验潮站。

上海海事局根据东海水域水文站网建设的现状和需求，按照"十二五"规划的既定目标，结合辖区海事测绘和行业管理的特点，提出了水文站网建设"三步走"和"层次化"的发展模式。所谓"三步走"，就是将东海海区水域"十二五"期间拟建设的 30 个长期验潮站分 3 个建设周期系统建设，第一期为江苏沿海至长江口地区，第二期为长江口地区至浙江沿海中部地区，第三期为浙江沿海南部至福建沿海南部地区。所谓"层次化"建设，就是建立以长期验潮站为骨干、短期临时验潮站为支撑、流动定点验潮站为补充的层次化网络。

浙江沿海水文信息站点建设工程属于"十二五"规划建设的第二期工程，也是"层次化"建设的长期骨干网中的一部分。浙江沿海特别是中北部水域，是中国沿海船舶流量最大的地区之一，也是中国沿海航路最密集和复杂的地区之一，位居全国港口吞吐量第一的上海港和集装箱运输量第一的宁波—舟山港的进出船舶都要经过此海域，同时，舟山海域也是全国海事监管"四区一线""四客一危"的重点水域。此外，处于浙江沿海北部的舟山地区被国家列为"舟山海洋新区"，其战略意义更显突出，对海事测绘的航海保障和海事服务功能提出了更高要求。

（2）建设过程

项目建设依据：2014 年 11 月，交通运输部海事局以《交通运输部海事局关于浙江沿海水文信息站点建设工程可行性研究报告的批复》（海航保〔2014〕727 号）批复该工程立项；2014 年 12 月，交通运输部海事局以《交通运输部海事局关于浙江沿海水文信息站点建设工程初步设计的批复》（海航保〔2014〕835 号）批复该工程建设。2015 年 1 月，工程开始建设；2016 年 10 月，工程试投产；2016 年 11 月，工程通过东海航海保障中心组织的交工验收。

（3）项目规模

浙江沿海水文信息站点建设工程总造价980万元,在浙江中北部沿海建设完成10个长期水文站点,具体如下:

①设备

下三星岛、外洋鞍岛、洞头岛为Ⅰ级水文站点,配备2套验潮设备及1套海洋六要素气象站;中块岛、东福山、大蚊虫岛、钱仓、东门岛、头门岛、石塘为Ⅱ级水文站点,配备2套验潮设备及1套能见度观测设备。各站采用太阳能供电。

②数据传输

中块岛水文站采用GSM(GPRS)通信机和北斗通信机向数据处理中心发送数据,其他站点皆是通过GSM(GPRS/CDMA)通信机向数据处理中心发送数据。

③站点建筑与附属装置

中块岛、下三星岛、东门岛、石塘4个站点建筑结构为:在礁盘上锚杆预置现浇注混凝土平台,平台上安装防腐铝合金测潮亭,岸边现浇混凝土基础,通过预埋螺栓将雷达架与基础连接,在雷达架顶部伸出两支架,用来安装架设射频式验潮仪,基础外侧水下安装压力式验潮仪。

洞头岛、头门岛、钱仓3个站点采用码头边沿安装钢结构平台结构,上设铝合金测亭,平台中部固定验潮井筒,井筒内设验潮仪。

大蚊虫岛站地处小岛明礁上,平台的基础采用在礁盘上设置挖孔嵌岩桩方案,平台的顶面设置测亭1座,平台中部固定验潮井筒,井筒内设验潮仪。

外洋鞍岛站采用在礁盘上锚杆预置现浇注混凝土平台,平台上安装测潮亭,测潮亭内安装架设射频式验潮仪2套。

东福山岛站采用在新旧码头距中间浇注混凝土平台结构,平台上安装测潮亭,平台中部固定2套Φ150小井筒,内置2套导波雷达式验潮仪。

（4）应用效果

浙江沿海水文信息站点建设工程于2016年完工并运行后,为海事测绘提供基面计算依据,为海洋测量提供潮位数据改正,部分站点纳入《中国沿海潮汐表(宁波—舟山港)》,为海事监管或通航管理提供数据服务,为当地海洋工程、港航建设等提供广泛的公益性服务等等,对收集、发布、利用浙江沿海水文信息起到十分重要的作用,并取得了《海洋水文数据采集传输智能终端》专利(实用新型专利ZL201822033147.7)。

16. 东海海区RBN-DGPS台站技术改造工程(一期)

（1）项目背景

我国沿海无线电指向标-差分全球定位系统(RBN-DGPS)台站有23个。RBN-DGPS系统已成为我国沿海水域准确定位的主要手段,是我国海上主要的定位、导航系统。但各台站使用年限较长,在工作人员的精心维护保养下,台站勉强能正常工作。由于环境等诸多因素影响,台站设施和设备已很难满足台站稳定运行的需求,急需进行改造。在我国北斗卫星导航系统大力建设的同时,交通运输部海事局也在积极推动北斗卫星导航系统在海事领域的应用。通过对现有的 RBN-DGPS 系统进行改造,建设 RBN-DGNSS 系统,使系统兼容 GPS 和 BDS,既为 GPS 用户服务又为 BDS 用户服务,提高系统的定位精度、完好性、可用性和连续性,为北斗卫星导航系统在海事领域的推广应用提供基础设施的保障,对北斗卫星导航系统的推广应用具有重要意义。

(2)建设过程

东海海区 RBN-DGPS 台站技术改造工程(一期)经交通运输部海事局批复后,于 2014年 9 月开工建设。项目建设依据:《交通运输部海事局关于东海海区 RBN-DGPS 台站技术改造工程(一期)工程初步设计的批复》(海航保〔2014〕834 号)。2016 年 8 月,由北京华胜天成科技股份有限公司完成设备采购到货工作;8 月 18 日,项目建设单位、承建单位、监理单位在西安完成设备到货点验工作;2016 年 9 月,北京华胜天成科技股份有限公司完成对所有设备的发运工作,将 6 个台站设备全部发运到安装地点;2016 年 9 月 23 日至 10 月 27 日,项目建设单位、承建单位、监理单位完成蒿枝港等 6 座台站的现场安装确认工作;2016 年 11 月完成 6 座台站基准站天线的位置测试和拉距测试工作;2016 年 11月已开展 6 座台站远程监控安装工作;2016 年 12 月,完成项目预验收、试投产工作,项目竣工。

(3)项目规模

东海海区 RBN-DGPS 台站技术改造工程(一期)实施蒿枝港、定海、石塘、灵昆、天大山和镇海角 6 座差分台站改造,使之兼容 GPS 差分和北斗差分双模播发;对定海台站发射机进行升级改造,开展基准点测定及设备集成安装联调;建设东海海区 RBN-DGNSS 监控中心,在原有台站远程监控系统上增配 6 套北斗差分接收机,使之升级为具有双模监控功能的监控中心。工程概算 600 万元。

(4)应用效果

该项目在现有 RBN-DGPS 的基础上,增加了差分北斗信号,更适应国民经济、国际贸易和社会发展需要,满足航行在主要港口、重要水域和沿岸的海上公众用户、国防、海洋测绘、海洋石油开发、海洋渔业、海洋资源调查、海上交通安全管理、疏浚、引航等和其他需要高精度导航服务的用户需求;该项目完成后,可广泛应用于海洋测绘、航道测量、航道疏浚、船舶进出港及狭窄水道导航定位、海上交通安全管理、航标定位、海上石油勘探、海洋资源调查、海上救助、捕捞、海洋渔业及其他海上作业,推动航海保障工作的开展;该项目开辟了北斗卫星导航系统一个新的应用方向,通过系统建设、测试和试运行过程中技术验证和经验积累,将更好地推动北斗系统的发展,为北斗系统国际海事标准化建设做好准备。RBN 差分应用是卫星导航系统的一个重要应用方向,将很快形成 RBN 差分系统船载终端产业化,市场前景广阔。因此,将进一步推动国产卫星导航设备国产化和产业化,拉动国内用户对卫星导航系统的需求,推动我国北斗二代系统的建设。

17. 东海海区 RBN-DGNSS 台站技术改造工程项目

(1)项目背景

新中国成立以来,在国务院和交通运输部的高度重视、海事系统的全力推进下,东海海区航海保障工作与海区港口、航运经济发展齐头并进,各项工作不断取得新进展,实现新突破,为保障航行安全、服务经济发展、促进社会和谐稳定作出了重要的贡献。为提高 RBN-DGNSS 系统的定位精度、完好性、可用性和连续性,为北斗卫星导航系统在海事领域的推广应用提供基础设施的保障,交通运输部东海航海保障中心对燕尾港站在现有基础上进行技术改造,结合我国北斗卫星导航系统的建设与推广应用需要,建成 RBN-DGNSS 台站,实现差分 GPS 和差分 BDS 信号的同时播发。

(2)建设过程

项目建设依据:东海海区 RBN-DGNSS 台站技术改造工程项目于 2017 年 11 月开工,2017 年 11 月试投产,2017 年 12 月竣工。项目建设依据:2016 年 5 月 30 日行文上报《关于上报东海海区 RBN-DGNSS 台站技术改造工程工程可行性研究报告的请示》(沪海计划〔2016〕174 号),2017 年 4 月 25 日部海事局批复工可报告(海航保〔2017〕207 号);2017 年 5 月 25 日,行文上报《关于上报东海海区 RBN-DGNSS 台站技术改造工程初步设计的请示》(东海航保〔2016〕191 号),2017 年 8 月 15 日收到上海海事局批复初设报告(沪海计划〔2017〕266 号)。

(3)项目规模

对燕尾港站在现有基础上进行技术改造,结合我国北斗卫星导航系统的建设与推广应用需要,建成 RBN-DGNSS 台站,实现差分 GPS 和差分 BDS 信号的同时播发。针对现有的 RBN-DGPS 远程监测系统进行补充和完善,使系统能同时监测 DGPS 和 DBDS。新建远程监控中心,配置相应的软硬件设备,实现对 8 个台站的统一监控和管理。对 8 个台站的 UPS 设备进行更换,对蒿枝港、石塘、天大山等 3 个台站机房进行改造,并在蒿枝港台站机房增加 DGPS 机房监控系统。项目总投资 240 万元。

(4)应用效果

东海海区 RBN-DGNSS 台站技术改造工程的实施将对整个东海海区的经济发展有着积极的作用;通过对现有的 RBN-DGPS 系统进行改造,建设 RBN-DGNSS 系统,使系统兼容 GPS 和 BDS,既为 GPS 用户服务又为 BDS 用户服务,进一步提高了系统的定位精度、完好性、可用性和连续性,为北斗卫星导航系统在海事领域的推广应用提供基础设施的保障,对北斗卫星导航系统的推广应用具有重要意义。

18. 汕头三囟崖灯塔

(1)项目背景

南澳岛周边海域礁石分布复杂,为海难事故多发水域,三囟崖位于南澳岛湾顶山东南方向的突出峡角,与半潮礁相望,其中海域是近海船舶搁浅或触礁事故的多发点,据2001年统计近5年数据,有30多艘船舶在此搁浅或触礁沉没,造成巨大经济损失和人员伤亡。海事部门、地方港航部门等部门多次强烈要求在半潮礁和与之隔海相望的三囟崖建设助航设施,以保障该航道的船舶航行安全。

(2)建设过程

三囟崖灯塔由南海航海保障中心汕头航标处建设,2009年2月开工,2010年1月通过上级竣工验收。项目建设依据:《关于下达2008年航测三项专项项目计划的通知》(海航测〔2008〕185号);《关于广东海事局汕头航标处三囟崖标志建设的批复》(海航测〔2008〕594号)。

(3)项目规模

该项目建设钢筋混凝土灯塔1座,其内设回旋楼梯,设置观光层及设备层,塔身高29.25米,占地172平方米,首层(观光层)半径7.4米,设备层半径6米,塔身半径2.1米,塔身外设肋柱,塔身采用红白条纹装饰,并配备TRB-400及ML-300灯器。工程总造价219.6元。

(4)应用效果

三囟崖灯塔建成后,从北方港口与汕头港的中、小型船舶形成一条穿越南澳岛以南与半潮礁(三点金)之间海域的习惯航路,该航路途经古雷头灯塔、半潮礁灯桩及汕头外航道入口海域。该海域海况十分复杂,礁石比较多,是船舶事故的多发区域,三囟崖灯塔建设完成后,与古雷头灯塔、表角灯塔形成完整的灯塔链,并与海上半潮礁灯桩互相呼应,给船舶指明航线,使船舶确定船位,助航效果更加明显。

19. 汕头惠来石碑山灯塔

(1)项目背景

石碑山灯塔在汕头海区惠来县境内,始建于1879年,已有百年以上的历史。它是船舶由南海海域进入台湾海峡前的转向导航点,在地理位置上十分重要,所以在同一位置上,共设有劳兰A导航台,雷达应答器,大型灯器,并且将增设无线电指向标。

(2)建设过程

三囟崖灯塔由南海航海保障中心汕头航标处建设,前期于1987年1月进行了施工图纸会审,1988年10月进行了工程地质勘察;经批复后于1989年5月开工建设,批复文件为《关于广州海监局石碑山灯塔开工报告的批复》((89)工基字320号)。1990年5月通过上级竣工验收。1990年6月试投产。

（3）项目规模

新建石碑山灯塔总高度为 59.10 米,高 32.3 米,钢筋混凝土结构,塔体直径 4.5 米,一、二两层作为业务用房,总控制台、电池房和值班室均设在二楼内。螺旋式楼梯盘塔而上至塔顶,盘梯每 3 米设有休息小平台,塔中央装有提升机,用以运载工具器材。顶部装有直径为 2.5 米灯笼 1 座,灯笼高 3.85 米,灯器为英国 PRB-21 型灯具,射程 26 海里。石碑山灯塔占地面积约 65 平方米,总造价 110.118 万元。

（4）应用效果

新建石碑山灯塔是一座综合性的大型灯塔,具有视觉航标及无线电导航的双重功能。灯具射程可达 26 海里,灯塔的能源由导航台电站供应,一旦外电源出现故障,塔内设有储备电源,可以自动切换,不影响灯塔正常发光。并且在主灯出现故障时,副灯可以立即启动接替主灯工作。而灯塔的动态变化均进入微机储存,为设备检修与管理提供确切的数据。万吨级船舶在距离灯塔 24 海里以外的海面上即可看到灯塔的灯光。与香港的横栏灯塔具有相似的功能和效率,与广州湾硇洲灯塔并列组成我国南海海域航标链上的 3 个主环。

20.海南博鳌海事航标中心一期

（1）项目背景

博鳌灯塔前身为博鳌灯桩,位于琼海市博鳌镇,毗邻博鳌亚洲论坛会址,该灯桩建于 1985 年,因内壁钢筋混凝土保护层开始爆裂,楼梯出现损坏,整体机构出现破坏,灯桩附近高层建筑物增多,导助航功能明显下降。

（2）建设过程

博鳌灯塔项目经《关于博鳌灯塔工程可行性研究报告的批复》(海航测〔2006〕444 号)、《关于博鳌海事航标中心一期工程初步设计的批复》(海航测〔2007〕143 号)审批通过,于 2008 年 4 月开工,2010 年 11 月竣工,2010 年 11 月试投产。设计单位为湖南省建筑设计院,施工单位为海南省第六建筑工程公司。

（3）项目规模

博鳌灯塔项目总造价 1200 万元,用地面积约 63 亩,灯塔占地面积 907 平方米。主要建设内容包括:灯塔 1 座,高度 68 米,塔体直径 6 米,塔身采用斜柱支撑钢筋混凝土框筒结构,安装电梯;塔座位 20 米直径圆形展厅和附属项目以及绿化工程。

（4）应用效果

灯塔建成后,2011 年移交海口航标处负责灯塔维护保养工作,博鳌辖区导助航效能明显提升;因其建筑外形设计独特,视觉效果良好,成为博鳌风情小镇地标性建筑,补充当地休闲旅游功能;此外,还展示宣传了良好的海事文化、航标文化。

21. 珠江口陆海统一高程基准建立工程

(1)项目背景

卫星导航定位技术经过30多年的发展,完全淘汰了传统落后的地面水平定位技术,高程测量问题是当今大地测量现代化发展的最后一道难关。我国开展了以国家连续运行参考站网、卫星大地控制网、高程基准、重力基准和基准服务系统为构成的国家现代基准体系结构建设,其中高程基准通过国家一等水准点改建和区域大地水准面精化实现。统一陆海高程基准与海洋深度基准是国家经济发展、国防建设对测绘技术提出的紧迫需求。

珠江口水文信息系统主体由包括南石头、东江口、坭洲头、仙屋角、舢舨洲、内伶仃、桂山岛、担杆岛在内的8个水文站构成,其高程由长期的验潮数据经处理得到。珠江口水文信息系统在珠江口及其临近海域的航道维护与建设、通航管理中发挥了重要作用。但是,该信息系统仍然存在珠江口各水域高程基准不统一,地形图之间、海图之间以及陆海图之间的垂直基准不一致,潮汐基准面的确定不科学,珠江三角洲河道水位及海岸线的变化导致潮汐基准面改变等较多问题,制约了相关工作的效率及效果。为适应珠江口航运经济发展的新需求、规范珠江口水域的潮汐基准面,进行珠江口高精度区域似大地水准面格网模型建立、陆海统一高程基准精化测量是一项迫在眉睫的任务。

(2)建设过程

项目建设依据:珠江口陆海统一基准高程建立工程由交通运输部南海航海保障中心广州海事测绘中心建设,2011年,交通运输部海事局《关于广东海测大队陆海统一高程基准建立工程可行性研究的批复》(海航测〔2011〕301号)批准了该项目的立项;2011年,广东海事局《关于海测大队全国陆海统一高程基准建立工程初步设计方案的批复》(粤海事计〔2011〕516号)批准了该项目的初步设计。该项目于2011年1月开工,2011年12月竣工。

(3)项目规模

珠江口陆海统一高程基准建立工程利用现有珠江口水域长期和短期验潮站的海图基准面资料及周边CORS站、高等级GPS控制点、水准点等资源,综合利用GPS定位技术、水准测量技术、潮汐分析技术,重力资料及DTM模型等资料,在珠江口建立高精度区域似大地水准面模型和深度基准面格网模型,实现深度基准与国家陆地高程基准的相互转换,实现陆地基准的跨海传递。工程总造价为230万元。

(4)应用效果

珠江口陆海统一高程基准建立工程成果已应用于海事测绘任务,效果良好。不仅解决了珠江口水域现有的高程基准中存在差异的问题,同时提高了工作效率,实现测区无验潮的海测模式,为国家高程基准区域性维护、陆海测绘基准统一、跨海大桥及深水港口及配套工程的施工打下了坚实的技术基础,推动了珠江口地区的经济发展。该工程获得中国测绘学会2012年度测绘科技进步奖三等奖。

22. 珠江口重点水域航标效能提升工程

（1）项目背景

珠江口是广东省乃至华南地区的主要出海口，是我国航运的中心水域之一，其航线交叉，航路复杂，东西穿行和南北往来的船舶多在此转向、交汇。据不完全统计，每天过往此水域的各类船舶在 4000 艘次以上，年通航船舶流量达到 150 多万艘次，是我国通航密度最大和通航环境最为复杂的水域之一，也是水上交通事故多发的水域。随着珠三角港口吞吐量的迅猛增长，以及船舶向大型化、高速化方向发展，珠江口水域的通航环境也发生了重大变化。

2004 年 6 月 1 日起，珠江口水域开始实施了以"大小船舶分道航行、设立小船专门横越区"为主要内容的船舶定线制。航道的升级离不开导助航设施的辅助，广州港出海航道航标效能提升工程迫在眉睫。项目的实施有效保障珠江口水域船舶航行安全、维护水域船舶通航秩序、预防和减少水上交通安全事故，是珠江口海域通航环境安全和经济社会发展需要。

（2）建设过程

珠江口重点水域航标效能提升工程，是广州航标处为提升广州港出海航道航标效能而实施的一系列项目。该系列项目于 2003 年 5 月开始立项，共实施了《重点港口水域标志效能提升工程—2007》《珠江主航道小船横越区标志牌建设工程—2003》《小蜘洲灯塔建设工程—2007》《南海海区四尺岩灯桩工程—2006》《万山群岛水域助航设施效能改造工程—2015》，该系列项目于 2004 年 4 月开工，2017 年 8 月竣工。2003 年 4 月，广东海事局《关于珠江主航道小船横越区标志牌建设工程可行性研究的请示》上报该工程工可；2007 年 8 月，交通部《关于珠江主航道小船横越区标志牌建设工程初步设计的批复》（海航测〔2007〕374 号）批复项目建设。其他设计审批文件包括：《关于下达南海海区 2007 年"三项、专项"项目计划的通知》（粤海事计〔2007〕344 号）；《关于广东海事局小蜘洲灯塔建设工程初步设计的批复》（海航测〔2007〕557 号）；《关于围夹岛灯塔重建工程可行性研究的批复》（海航测〔2003〕211 号）；《关于广州航标处围夹岛灯塔重建工程初步设计的批复》（海航测〔2005〕253 号）；《关于下达围夹岛灯塔重建工程建设任务的通知》（粤海事计〔2005〕365 号）。

（3）项目规模

该系列工程项目总投资为 2525 万元，在广州港出海航道沿岸及毗连水域新建灯塔 3 座，大型水中显示牌 1 座，灯桩 37 座，新布设和投放灯浮 42 座，通过加装夜间显示牌，利用航标灯器同步闪技术，打造出广州港出海水上高速公路，通过多种类航标设施，完成珠江口水域航标效能的大提升。主要建设内容如下：

①灯塔

该系列项目共新建灯塔3座,分别是小蜘洲灯塔,桩身采用钢筋混凝土柱形结构,抗震设防烈度为Ⅶ度;塔体直径2米,底部3米,塔身高12米,塔身外墙以白色为主,相间红色斜带;围夹岛灯塔,桩身采用钢筋混凝土六角锥形筒体结构,抗震设防烈度为Ⅶ度,塔身高12米。

重建灯塔榕树头1座,塔身高15.0米,灯笼2.2米,主副灯配置,全部采用钢筋混凝土结构。

②小船横越区标志牌

在莲花山狮子洋水域新建水中小船横越区标志牌,标志牌支撑柱高23.6米,直径1.2米,采用钢桁架结构,标志牌安装固定反光标志和LED发光点阵,显示面积148.8平方米(弧长8米宽×18.6米高),弧面中心的法线方向与航道垂直,屏面横向贴五道红色斑马线。

③灯桩

四尺岩灯桩,灯桩建于四尺岩礁附近,由高桩墩台基础和混凝土桩身构成,墩台平面尺度为10米×10米,桩身底部4米,高10.15米,直径2.5米;东澳岛、黄茅岛、白沥岛、大万山岛、小万山岛、贵洲、大蜘蛛岛、枕箱岛、赤滩岛、桂山岛、大头洲、隘洲仔、香洲港北堤头、大白排、十三湾北堤头、荷包岛、上川岛、白排、横洲、外伶仃岛、头鲈洲岛屿、渡口及堤头等,采用钢筋混凝基础和高分子、玻璃钢等材料结合,灯桩高度6~8米;小蜘洲东灯桩、隘洲东灯桩、圆岗岛灯桩、横岗岛南灯桩、竹湾头灯桩、担杆头灯桩、直湾岛灯桩和庙湾岛灯桩,采用钢筋混凝土结构,灯桩高度6~8米,合计37座。

④灯浮

小洲水道5座灯浮、圆岗沙水道4座灯浮、新造水道7座灯浮、榕树头航道6座灯浮、广州港东河道17座灯浮、新沙航道1座灯浮、坭洲头水道1座灯浮,广州港主航道灯浮加装夜间显示牌。

(4)应用效果

项目建成后,珠江口主要航道完成了"亮起来"和"串起来"的历史跨越,大大规范了珠江主航道船舶通航秩序,最大限度地减少和避免船舶航行时发生交通事故,保证航行安全,提高通行效率,充分发挥各条港口主航道水域的客货运效益,促进了当地水运及经济的发展。

23.海南海区航标配布调整工程

(1)项目背景

作为岛屿型省份的海南,其经济是典型的岛屿经济,市场、技术、资金、人才等因素在很大程度上依赖岛外。因此,航运经济在海南经济发展中占有重要地位,已成为海南经济发展的命脉。海南约98%的进出货物必须通过海运,社会货物周转量中海运占80%,海上运输在全省经济发展中起到了至关重要的作用。

根据海事航测"十一五"工作总体思路,依据 2005 年制定的《海南海区航标效能综合评估与发展规划目标》,为适应泛北部湾经济圈经济发展和南中国海海洋开发的需求,适应海南沿海重要港口、重点水域、重要航路和陆岛运输航行安全的需求,适应西沙水域和南沙水域捍卫国家主权的需求,适应航海者在不同航行水域获取不同航行安全信息的需求,海南海区航标配布调整工程项目重点调整重要港口、重点水域和重要航路的航标配布,实现陆岛运输水域航路标识,对符合条件的重要港口、重点水域和重要航路的非直管航标进行接收和改造。

(2)建设过程

项目建设依据:该项目建设单位为海口航标处。前期进行选址勘察后,于 2008 年 7 月 9 日报送交通运输部海事局《海南海事局关于报送海南海区航标配布调整方案的报告》(琼海事字〔2008〕25 号);2009 年,以《关于报送〈海南海区航标配布调整方案初步设计〉和〈琼州海峡航标配布优化方案〉的报告》(琼海事字〔2009〕53 号)上报初步设计方案;2010 年 9 月 9 日,交通运输部海事局以《关于海南航标配布调整工程初步设计的批复》(海航测〔2010〕198 号)对项目初步设计方案作出了批复。项目于 2009 年 6 月开工建设,2012 年 6 月试投产,2012 年 9 月竣工。

(3)项目规模

海南海区航标配布调整工程项目由大铲礁灯桩(8 米)工程等多个子项目组成,项目重建、新建灯桩 7 座;新增设灯浮标 19 座;对三亚港 2 座导标和 1 座白排灯桩进行灯器改造;对接收的马村港 20 座灯浮标进行效能恢复性改造等。项目总造价 1000 万元。

(4)应用效果

海南海区航标配布调整工程项目建成后,灯桩和浮标投入使用后效能良好。海口港建成了以视觉航标为主较完善的综合助航系统;小型港口和陆岛运输水域建成了基本的视觉航标系统,琼州海峡和东西环岛航路建成了较完善的综合助航系统。项目应用 AIS 播发助航信息、LED 灯器、同步闪光技术、太阳能电源、长效环保油漆等,节省了能源,保护了海洋环境,提高了海南海区航标整体助航效能,使航标管理进一步规范,服务水平进一步提高,用户满意度进一步提升,实现了航标可持续发展。

24.汕头鹿屿全球定位差分台(RNB/DGPS)及生活配套设施工程项目

(1)项目背景

为使我国拥有一个现代化的海上高精度导航定位系统,为船舶进出港口、水道测绘、海上工程定位、海洋资源开发等提供服务,在汕头鹿屿岛灯塔西北 100 米处建设差分全球定位系统。

(2)建设过程

汕头航标区鹿屿全球定位差分台(RNB/DGPS)及生活配套设施项目建设单位为汕头

航标处,1997年经交通部《关于汕头鹿屿岛差分全球定位系统可行性报告的批复》(交计发〔1997〕346号)、《关于广州海监局汕头鹿屿岛差分DGPS台工程初步设计的批复》(基综字〔1997〕297号)批准立项建设。1998年5月,项目开工建设;1999年4月,通过交通部组织的竣工验收。

(3)项目规模

汕头航标区鹿屿全球定位差分台(RNB/DGPS)及生活配套设施项目占地面积1600平方米,项目总造价298.4万元。主要建设内容为差分台设备,新建2个天线铁塔,四面砌块石挡土墙,新建值班室、部分生活房建筑物,维修上山道路等。

(4)应用效果

在鹿屿岛差分全球定位系统建立后,可以满足以鹿屿岛为中心的300千米以内内河和海上船只定位需要,运行期间差分信号良好,为船舶进出港口、水道测绘、海上工程定位、海洋资源开发和国防建设提供优质服务。

25. 湛江莫烟楼导标重建工程

(1)项目背景

根据国家北部湾经济圈和广东省粤西发展战略及《湛江港总体布局规划》,由交通运输部投资建设的湛江港航道升级改造工程投入使用后,迫切要求与航道密切相关的导助航标志进行相应的升级改造,以满足船舶大型化的发展需求。原莫烟楼导标标体低矮单薄,目标不明显;航行船舶经常看不清导标;导标地基松软,不可在原来的基础上加高加大标体,需要拆除重建;夜间导标的点灯光受周围强烈的背景灯光影响大,采用LED光带能够更好地克服背景灯光的影响。综上,有必要重建莫烟楼导标,以满足助航效能需要,保障过往船舶航行安全,更好地为地方经济建设服务。

(2)建设过程

莫烟楼导标重建工程建设单位为湛江航标处,2012年5月11日,收到部海事局《关于湛江航标处莫烟楼导标重建工程可行性研究报告的批复》(海航测〔2012〕328号)。2012年5月28日,收到广东海事局《关于湛江航标处莫烟楼导标重建工程初步设计的批复》(粤海事计〔2012〕326号),基本同意设计方案。2012年10月,工程开工建设,2013年12月竣工。2014年2月26日,工程通过广东海事局组织的现场验收。

(3)项目规模

该工程总造价850.00万元。重建了莫烟楼前、后导标,重新配置灯器和能源,配套工程。前导标总高33米,采用钢筋混凝土筒体结构,标准层直径3.8米,层高3.15米;后导标标身总高度39米,采用钢筋混凝土筒体结构,标准层直径4.2米,层高3.15米。

(4)应用效果

莫烟楼导标重建工程自2013年正式运行后,运行情况良好,有效保障了各类船舶安全进出莫烟楼航道,辖区通航条件得到有效改善,减少和避免了航行事故,促进了地方水运经济发展,具有明显的经济和社会效益。

26.南海海区重点港口水文信息服务系统建设工程

(1)项目背景

海洋水文观测是海洋领域最为基础类的科学,为国防建设、通航安全、海水养殖、海洋工程、海洋环境保护、海洋科学研究等提供和积累了至关重要的资料,是开展海洋预报、海洋防灾减灾工作的重要基础。当时,在我国南海海区,国家海洋局南海分局、珠江水利委员会水文局和广东、广西、海南省(区)水文局等单位都设立了专门的水文观测业务部门开展日常水文观测业务工作。常规水文站的建设通常是用于水文气象信息资料的收集和监控,主要是为了满足各单位内部生产和科研工作需要,真正在交通繁忙水域建立以服务航运为首要目标的水文站却很少,同时采集数据并不向社会开放,无法实现资源共享。南海海区重点港口水文信息服务系统的建设可满足港口潮汐控制的需要,实现南海海区水文气象信息的信息化管理与综合性的助航服务,提高通航水域的通航效率与船舶安全航行的保障能力,为港口航运、水利、测绘、海洋环境保护和研究等领域的工作决策提供数据支持,实现资源共享,以节约成本。

(2)建设过程

南海海区重点港口水文信息服务系统经2002年广东海事局《关于印发广东海事局直(附)属单位2002年党政主要工作计划的通知》(粤海事〔2002〕150号)、2004年报送广东海事局《关于上报珠江口水文信息网建设工程可行性研究报告的函》(粤海事测函〔2004〕2号)、2004年广东海事局《关于同意在珠江口建设水文信息网的批复》、2014年广东海事局《关于水文站设计、勘查报价的批复》、2014年部海事局《关于南海海区重点港口水文信息服务系统补点工程(一期)可行性研究报告的批复》(海航保〔2014〕411号)、2014年南海航海保障中心《关于南海海区重点港口水文信息服务系统补点工程(一期)初步设计的批复》(南海计财〔2014〕165号)、2014年《交通运输部南海航海保障中心转发交通运输部海事局关于南海海区重点港口水文信息服务系统补点工程(二期)可行性研究报告批复的通知》(南海计财〔2014〕216号)、2014年交通运输部海事局《关于广东海事局南海海区重点港口水文信息服务系统补点工程(二期)初步设计的批复》(海航保〔2014〕841号),批准了工程建设。该项目于2004年开工,2009年试投产,2017年竣工。

建设期间,2015年12月15日,《交通运输部南海航海保障中心关于南海海区重点港口水文信息服务系统补点工程(一期)动用预备费的批复》(南海计财〔2015〕209号)同意动用预备费,总概算仍控制在340万元内。初步设计方案拟将东海岛水文站建站位置变更到东海岛湛江海事监管基地旁边的宝钢广东湛江钢铁基地码头东端内边缘,放鸡岛水文站建站位置变更到放鸡岛西南端的自然礁石浅滩。2017年1月12日,《交通运输部南海航海保障中心关于调整南海海区重点港口水文信息服务系统补点工程(二期)初步设计概算的批复》(南海计财〔2017〕6 号)同意概算费用调整,总概算仍控制在 350 万元以内。

(3)项目规模

南海海区重点港口水文信息服务系统总投资 690 万元,综合利用水文测量、计算机网络和无线电通信技术,改造珠江口原有坭洲头、舢舨洲 2 个水文站点,新建东江口、仙屋角、内伶仃、四尺岩 4 个水文站点,合作利用南石头、担杆岛、大九洲 3 个水文站资源,新建广州海事测绘中心(原广东海事局海测大队)数据处理中心与网站,系统实现提供因特网浏览及数据定购等功能,同时通过 GSM 网络向注册用户播报水文短信。

南海海区水文信息补点工程(一期)依托高栏港海巡基地设施及湛江航标处航标码头,新建高栏港水文站验潮房、湛江港水文站验潮房,放鸡岛西南礁石浅滩及东海岛宝钢湛江钢铁基地码头各新建水文站 1 座,验潮房下设验潮井,配置水文计、能见度仪、风速风向计;在海安、台山、水东和阳江 4 处以及肇庆、湛江山狗吼和珠海湾仔 3 处建设监测点,配置能见度仪、风速风向仪。各站点建设供电、防雷、消防等配套设施。建设数据采集系统,实现传感器数据的采集、预处理及数据存储;建设基于 GPRS/CDMA 通信模块的数据通信系统,将采集的数据传输至广州海事测绘中心。

(4)应用效果

珠江口水文信息系统已投入使用,运行情况良好。高栏港水文站、湛江港水文站及海安、台山、水东、阳江 4 个海事监测点从建成开通后,实时监控和掌握了重点港口高栏港、湛江港附近水域港区潮位、风速、风向、能见度等水文、气象信息,实现了"临境港口"模型实时生动地为公众服务和重点港口水文、气象的信息化管理与综合性的助航服务。

放鸡岛水文站、东海岛水文站及肇庆、湛江山狗吼、珠海湾仔监测点建成开通后,通过实时水文、气象信息的监测与共享,为港口航运、水利、测绘、海洋环境保护和研究等领域提供了数据支持,节省了大量社会资源,有力推动了相关行业的健康发展。

六、船艇及飞机

(一)综述

1. 船艇

直属海事系统现有各类型船艇 942 艘,其中巡逻船 825 艘(海船 485 艘、内河船 340 艘)、航标船 75 艘、测量船 14 艘、特种船 28 艘。海上巡逻船序列中,有大型巡逻船 5 艘占比为 1%,分别配置在上海、山东、浙江、广东、海南海事局。中型巡逻船共计 70 艘,占比为14.4%,其中60米级27艘、40米级43艘。30米级及以下的小型巡逻船410艘,占比达84.6%。内河巡逻船序列中,有大型巡逻船5艘,占比为1.5%;中型巡逻船19艘,占比约为5.5%;小型巡逻船316艘,占比为93%。航标船序列中,有大型航标船10艘,占比为13.3%;中型航标船12艘,占比为16.0%;小型航标船53艘,占比达70.7%。测量船序列中,有中型测量船11艘,占比达78.6%;小型测量船3艘,占比为21.4%。

长江海事局配置现役各类巡逻船173艘、特种船2艘、引航交通船8艘。按级别划分,40米级巡航救助船9艘,30米级巡航救助船49艘,20米级巡航救助船87艘,15米级巡逻艇28艘,特种船多功能溢油回收船1艘,30米级引航交通船1艘,20米级引航交通船8船。"十二五"期间,长江海事局加大标准化船艇建设力度,实施造船项目25个,完成投资3.6亿元,共建造各类船舶54艘。长江海事局船舶配备结构得到进一步优化,形成"布局合理、重点突出、巡救结合"的巡航救助应急系统,从根本上改变了长江海事局基础设施落后的局面。

2.飞机

直属海事系统仅自购2架轻型直升机,金额为13895万元。配置在广东海事局,由南海海巡执法总队调度使用,通过托管的方式,由相关管理公司进行维护和保养,托管地位于珠江口的广州南沙通用机场,十分便利日常对珠江口水域和广东沿海水域的巡航。此外,广东和山东海事局小型无人机购置项目已获得立项批复,相关工作正在进行中。

(二)重点项目

1.上海海事局"海巡01"轮建造项目

(1)项目背景

大型巡航救助船"海巡01"是《海事系统"十二五"建设规划》投资建设的重点项目。主要用于在我国管辖水域进行海事监管、海上人命救生以及以人命救生为目的的船舶救助、海上船舶溢油监测和应急处理、应对海上突发事件、维护国家海洋权益和国际交流合作。

(2)建设过程

项目建设单位为中华人民共和国上海海事局。2009年8月,交通运输部向国家发展改革委报送建造可行性研究报告(交函规划〔2009〕215号);2010年1月,国家发展改革委批复建造方案(发改基础〔2010〕92号);2010年3月,交通运输部海事局批复方案设计(海计建〔2010〕117号)。

2011年5月,"海巡01"轮开工建造。

2013年10月,上海海事局向交通运输部海事局上报关于使用不可预见费的请示(沪海事〔2013〕605号）；2014年5月，再次提交项目不可预见费的请示（海计装〔2014〕164号）；2014年7月，交通运输部海事局批复同意调整项目使用不可预见费（交办规划函〔2014〕309号），项目加账712.32万元。

2014年8月，上海海事局组织了项目竣工验收。

（3）项目规模

项目总造价35918.32万元，具体建设规模及内容如下：

①主推进系统等主要设备采购；

②钢板等材料及设备验收，零部件下料制作；

③船体分段制造；

④船台搭载；

⑤轴系等主要设备安装。

（4）应用效果

大型巡航救助船"海巡01"轮建成投入使用以来，截至2019年1月，已累计航行10852小时，航程达121117海里。通过实际使用，该船的船舶性能满足设计要求，各项装备使用效果良好，出色地完成了日常辖区内巡航值守、应急搜救、季度跨辖区联合巡航和每年南海巡航等任务，并在2013年建成后即出访东亚四国、2014年参与马航失联飞机一线搜寻的应急处置过程中都发挥了举足轻重的作用，展示了中国海事的良好形象。"大型巡航救助船研制"项目获得国防科学技术进步奖二等奖。

该船在2015年9月被认定为第六批上海市爱国主义教育基地，同时也是上海市第一个水上的爱国主义教育基地。该船以"传播航海文化，提升公民'蓝色国土'意识"为宗旨，接待社会公众参观，举办或承办相关主题活动，与上海市浦东模范中学（东校）、上海海上搜救志愿者管理部等多家单位建立了结对合作关系，构建起以"海巡01"所在基地为中心的三公里文化服务圈，充分发挥爱国主义教育基地的宣传教育作用，在社会上树立了良好的形象，赢得了广泛赞誉。

2.海事系统80米级巡逻船"海巡22"轮项目

（1）项目背景

浙江沿海港口的船舶交通量呈现持续快速增长的态势，进出港船舶艘次、货物吞吐量均居全国第一位。浙江海事局下辖宁波、舟山、温州、台州、嘉兴、杭州6个分支局，辖区内共有千人以上的岛屿99个，陆岛之间和岛际之间的人员和物资流动频繁，2007年沿海旅客吞吐量为5384万人次，为全国沿海之最。特别是宁波、舟山海域日均进出港船舶数达2718艘次，水上客运量列全国各港口第一。2011年，国务院正式批复《浙江海洋经济发展示范区规划》，浙江海洋经济发展示范区建设上升为国家战略，浙江对周边地区经济发展的辐射作用加强，船舶交通流量持续上升，对浙江海事局的水上交通安全监管和搜救应急工作提出了更高的要求。

开展 80 米级巡逻船建造立项研究前，浙江海事局拥有 90 余艘海事巡逻船，其中 60 米级巡逻船 1 艘、40 米巡逻船 11 艘、30 米巡逻船 17 艘。在实际使用中，60 米级和 40 米级巡逻船主要用于港区以外水域的水上安全监管和巡航工作，而针对港区水域的水上巡航监管，主要利用 30 米级及以下巡逻船开展。中、小型巡逻船船长和吨位较小，其快速反应能力较强，而在恶劣海况下出动巡航和参与搜救应急反应的能力较差，特别是针对港区以外的海域的巡航监管能力不足，难以满足浙江沿海全天候水上巡航监管的工作需要。随着浙江海洋经济示范区纳入国家总体发展战略布局，浙江沿海港口吞吐量将不断上升，港区以外水域安全监管和巡航任务也将不断增加，因此急需配置更高性能巡逻船。根据交通运输部关于巡航救助一体化试点工作、交通运输部与浙江省建设平安海区的协议，以及海事船舶配布标准等相关的要求，由浙江海事局牵头组织开发 80 米级巡视船。

（2）建设过程

项目建设依据：2009 年 3 月，经交通运输部《关于浙江海事局 80 米级巡逻船建造可行性研究报告的批复》（交规划发〔2009〕126 号）批复同意，海事系统 80 米级巡逻船"海巡 22"轮建造项目立项；2009 年 11 月，交通运输部海事局《关于浙江海事局 80 米级巡逻船方案设计的批复》（海计建〔2009〕660 号）批复该项目方案设计。

2012 年 4 月，"海巡 22"轮建造项目正式开工；2012 年 11 月，船舶下水；2013 年 8 月，完成交船列编；2013 年 9 月，完成竣工决算和财务审计工作。

2014 年 7 月，交通运输部复函《交通运输部办公厅关于同意调整浙江海事局 80 米级巡逻船建造项目使用不可预见费的复函》（交办规划函〔2014〕308 号）。

2014 年 8 月，完成"海巡 22"轮建造项目竣工验收。

2016 年 10 月 14 日，浙江海事局 80 米级巡逻船"海巡 22"轮在宁波召开后评价会议。

（3）项目规模

项目总投资为 19665 万元，其中船厂中标价为 18400 万元。"海巡 22"轮是海事系统 80 米级巡逻船的首制船，也是我国海事系统首艘 2000～3000 吨级海事巡航救助一体化的公务船。该船总长 86.0 米，船宽 13.6 米，设计排水量 2320 吨，续航力大于 5000 海里，为全焊接钢质单体、双机、双可调桨、双舵船型，并设置可供中型直升机起降的平台，是我国海事巡航执法主力船型之一。执行海事巡航、安全监管、人命搜寻救助、海事调查取证、船舶溢油监测处置和重大突发事件应急处置指挥等任务。

（4）应用效果

"海巡 22"轮的研制是海事系统新世纪巡航救助一体化执法理念的社会实践，突破传统执法思路，开创性引入海上人命救助理念，通过总体集成优化，将各类不同种类的救助设备有机融合，形成一体化救助系统，与综合执法系统有效集成，实现一体化集中执法、救助指挥,一举改变了我国海事系统海上执法态势。在"海巡 22"轮研制过程中,更新观念的思想贯穿始终,攻克总体规划布局、节能减排、环境保护、集成优化等总体关键技术,运用三维 CAD/CAE,突出使命任务,在 2000 吨级平台上基本实现了 5000 吨级巡视船舶的功能,总体上处于同类型船舶的世界先进水平。"海巡 22"轮的海上试验和使用实践证明,船舶性能优异,可满足海事系统赋予的使命任务。该船的成功开发,填补了海事巡视船 80 米级系列船舶的空白,该船可通过完善设计成为海事巡视船标准船型之一。

3. 浙江海事局 60 米级巡逻船"海巡 0761"轮建设项目

(1)项目背景

随着浙江海洋强省战略的实施和海洋经济发展示范区建设的不断深入推进,沿海港口和海洋运输将快速发展,渔业生产、涉海工程建设、勘探开发、旅游休闲、体育运动以及其他作业不断增多,对海事服务能力提出新的要求。海事部门作为保障海洋经济活动的主要部门,必须主动作为,先行先试,着力创造安全畅通、便捷绿色的水上交通环境,全力服务海洋经济发展示范区建设。在此情况下,要求海事对监管模式的发展和变化有新的思考,需要进一步提高海事动态监管力度,提升海事公共服务能力。

温州海事局船艇装备与监管搜救的实际需求依然不相适应,水上险情预控和船舶污染防治能力仍显不足。当前,温州港搜寻救助力量仅能维持初级水平,在小事故、近距离、海况较好的情况下,搜救基本有效;但遇到远距离、恶劣天气的海况,搜救资源已明显不足。为继续完善水上安全监管救助能力,努力实现基础设施保障现代化的要求,满足温州海事监管需求,根据温州海事局辖区实际情况及船艇现状,迫切需要在辖区水域配备高适航性能、高抗风等级、高机动性能的中型、大型巡逻船,以完成远距离、恶劣气候下的巡航、应急搜救等任务。

(2)建设过程

项目建设依据:"海巡 0761"轮项目建设单位为浙江海事局。2009 年 9 月 28 日,浙江海事局上报温州海事局 60 米建造工可(浙海装备〔2009〕272 号);2012 年 9 月 17 日,部海事局批复工可报告(交规划〔2012〕463 号)。2012 年 12 月,"海巡 0761"轮开工建造。

2013 年 8 月 22 日,武船设计公司组织召开《系泊试验及航行试验大纲》评审会,船东、701 设计院、CCS 验船师等相关人员参加了会议。10 月 21 日,召开 60 米巡逻船《主机及轴系支承结构装焊工艺》评审会。10 月 25 日,召开 60 米巡逻船《主机及轴系安装工艺》评审会。

2014 年 3 月 10 日,召开"海巡 0761"轮下水前质量评审会,船厂设计所、单船建造组、质检部及船东监造组就本船下水前的质量进行了质量评审。7 月 28 日,完成长江水域试航,主要进行了主机、辅机及机舱各设备的效用试验。8 月 16 日,在东海绿华山海域顺利完成为期 2 天的海上试航项目。

2014年9月16日，60米级B型海巡船"海巡0761"在瓯江路海事码头举行列编仪式。

（3）项目规模

项目造价4950万元，主要建设内容如下：

①船舶主体

船舶船长64米，型宽10.2米，型深5.0米，全钢质，双机、双桨、双舵。

②船舶动力系统及主要机电设备

船舶配有2台CAT 3512C（2×1765千瓦/1800转/分）、3台卡特C4.4副机（3×80千瓦），配有船舶电气设备、系泊设备、消防系统、通风系统、空调系统、生活设施设备、助航系统。

③通信设备

通信导航设备包括船用VSAT自动跟踪卫星通信系统、MF/HF电台、VHF无线电话、NAVTEX接收机、综合内通系统等。

④导航设备

导航设备包括导航设备、电罗经/磁罗经系统、电磁计程仪、船舶自动识别系统（AIS）、电子海图、航行数据记录仪。

⑤执法取证设备

配有移动卫星电视接收系统、光电取证系统、电视监视系统、局域网等。

⑥附属设施及功能

配有高速救助艇，拥有轻型直升机升降平台。

（4）应用效果

作为浙南辖区最大海上执法公务船和温州海事局旗舰船艇，"海巡0761"轮立足辖区海上安全监管中心工作，承担海上应急救助、水上安全保障、船艇管用养修、半军事化管理、船艇文化培塑、少年海事学校建设等特色工作，忠诚履职，勇于担当，恪尽职守，团结奋进，以出色的业绩和良好的形象赢得了社会各界的广泛关注和认可。自2014年10月列编以来，该船及其职工先后获得温州市"海上搜救工作成绩突出船舶"、温州市"先进职工小家"、温州市和浙江省"青年文明号"、浙江省"海上搜救先进船艇"等集体荣誉，以及温州市"劳动模范"、浙江省"志愿服务先进工作者"、全国交通运输部"安全诚信船长"等个人荣誉，其防抗台风、海上救助等亮点工作事迹也多次被中央电视台、中央人民广播电台、浙江卫视、《中国水运报》等主流媒体广泛报道。

4.河北海事局40米级B型巡逻船（"海巡0471"轮）

（1）项目背景

河北海事局辖区秦皇岛港、唐山港（京唐港区、曹妃甸港区）、黄骅港，是国家电煤运输的主要下水港，担负着煤炭、石油、矿石等国家战略性物资的运输任务。尤其是渤海湾海域受大风、大浪、大雾、大寒四大灾害性天气影响严重,导致的船舶滞航、港口限航封航现象,以及形成潜在的重大事故隐患,也对海上运输的效率产生影响,对安全构成了严重威胁,凸显了海上能源运输命脉的脆弱一面。这种战略能源物资海上运输的"敏感性"和"脆弱性",对海事部门提出了更高的安全监管和服务要求。

沧州海事局辖区通航环境复杂,辖区内拥有进出港主航道 2 条,分别位于煤炭港区和综合港区,皆为狭长人工航槽,长度分别为 43.5 千米和 44 千米,安全形势严峻,为提升沧州海事局辖区水域的水上监管力量,实现河北海事局确立的"实现一个定位、打造三个品牌,建设创新型一流海事监管机构"的中期发展战略目标,提高海事"三个服务"能力,更好地履行海事监管职责,保障人命财产安全,根据沧州海事局辖区实际情况及船艇现状,提出建造 1 艘 40 米级 B 型巡逻船建议计划。并按照有关要求进行了河北海事局 40 米级 B 型巡逻船建造项目的可行性研究工作。

(2)建设过程

河北海事局 40 米级 B 型巡逻船建造项目于 2011 年 10 月立项,2014 年 1 月竣工验收。

项目建设依据:2011 年 10 月,交通运输部以《关于海事系统 40 米级巡逻船建造项目可行性研究报告的批复》(交规划发〔2011〕551 号)对河北海事局 40 米级 B 型巡逻船建造项目可行性研究报告予以批复。2012 年 8 月,交通运输部以《交通运输部关于海事系统 6 艘 40 米级 B 型巡逻船建造项目投资概算及有关事项的批复》(交规划发〔2012〕407 号)对河北海事局 40 米级 B 型巡逻船建造项目投资概算及有关事项的批复予以批复。

(3)项目规模

项目总造价 2790 万元,建设规模为 1 艘 40 米级 B 型巡逻船,船舶总长 47.4 米,型宽 8 米,型深 4.7 米,平均吃水 2.45 米,设计排水量 360 吨,设计航速 18 节。

(4)应用效果

该船自投入运行以来,极大缓解了沧州海事局海事巡逻船舶严重不足的问题,提高了沧州海事局水上巡航监管能力和装备现代化水平。在海事巡逻执法、事故调查、应急反应、防止水域污染和组织、指挥、协调水上搜救等方面发挥了积极作用,产生了良好的社会效益,降低了人民生命财产损失,为河北沿海经济发展发挥了十分重要的作用。

5.上海海事局 12 米高海况玻璃钢巡逻船建造项目

(1)项目背景

该船是根据海事巡航救助一体化需求,在借鉴国外先进技术的基础上,开发建造的海事系统高海况巡逻救助艇。对提高辖区水域巡逻救助能力和应对突发事件的快速反应能力具有重要意义。在辖区内,其快速性、高海况性、人命救助能力较现有船型相比,具有明显优势,发挥的作用日益显现。

(2)建设过程

项目建设依据:该项目建设单位为上海海事局。2011年6月,交通运输部海事局批复建造可行性研究报告(海计建[2011]321号)。2012年7月,交通运输部海事局批复建造工程总概算(海计建[2012]508号)。2012年8月10日,船舶开工建造,2012年10月15日船舶下水,2012年12月5日系泊试验,2012年12月28日交船。

(3)项目规模

项目总造价为416万元,建设内容如下:

①玻璃钢主船体建造;

②机电设备安装调试;

③通导设备安装调试;

④系泊试验;

⑤航行试验。

(4)应用效果

"海巡01036"自服役以来,一直巡航于宝山海事局辖区,承担着水上安全监管和人命救助使命。通过实际使用,明显提高了辖区水域巡逻救助能力和应对突发事件快速反应能力,是对原有海事巡逻船型的较好补充。该船的各项技术指标基本达到研究开发的要求,主要技术参数选取和机电设备选型基本合理。

6.天津海事局30米B型巡逻船项目

(1)项目背景

天津港油品化学品运输装卸量和船舶进出港数量逐年增加,天津海域已经成为发生突发性船舶油品和危险化学品泄漏事故的高风险区。各油码头、航道等事故易发地点距离重要旅游风景区和水产养殖区都很近,辖区安全形势严峻,而监管力量不足,提高该水域的风险防御能力和搜救能力成为当务之急。

(2)建设过程

项目建设单位为天津海事局,于2007年2月立项,2009年12月交船列编。

项目建设依据:2006年,部海事局以《关于报送海事系统新型60米级40米级30米级巡逻船设计任务书的函》(海事函[2006]559号)上报交通部;2007年2月1日,交通部《关于海事系统新型30米级沿海巡逻船设计任务书的批复》(交规划发[2007]34号);2007年10月9日,天津海事局上报部海事局《关于天津海事局30米级B型巡逻船建造工程评标结果和总概算的请示》;2007年10月29日,交通部以《关于天津海事局30米级B型巡逻船投资总概算等有关事宜的批复》(交规划发[2007]695号),批复该项目的总概算和承建船厂。

（3）项目规模

项目总造价1590万元。新建30米巡逻船1艘,总长36.8米,型宽6.8米,型深3.5米,航速16节。

主要建设内容:钢质、柴油机驱动、双机双桨、双舵的沿海航区巡逻船,冰区加强。续航力不小于500海里;自持力五昼夜;蒲氏风力8级和5级海况下安全航行;在蒲氏风力5级和3级海况下正常执行任务;一舱进水不沉;主机选用CAT 3412E(746千瓦×2100转/分);设2台发电机组CCFJ60机型,单机功率为60千瓦;设中央空调。北方船型加装取暖锅炉;通信导航及消防救生等设备按规范要求配备。

（4）应用效果

该船正式列编天津海事局以来,丰富了海事系统巡逻船的船型系列,执行水上监管执法和搜救应急反应任务,更好地为滨海新区的经济建设保驾护航。除进行正常的水域巡逻外,还作为水上搜救应急指挥行动的重要力量参加了多次水上搜救应急反应行动,其配备的先进监管、搜救设备在应急行动中发挥了重要作用,有效提升了海事部门在恶劣天气和海况条件下水上交通安全监管和搜救的能力。

7. 山东海事局中型溢油应急回收船建造项目

（1）项目背景

青岛港及近海主航道、成山头水道和石岛附近水域、长山水道及附近水域是山东沿海发生重大溢油事故的高风险区域,烟台市和日照市沿海、东营港及附近水域是发生溢油事故的较高风险水域。随着山东沿海港口和航运经济的快速发展,国家石油战略储备基地、沿海重化工项目的建设和海上石油开发作业活动的增多,进出山东沿海各港口和水道的船舶将日益增多,港口石油和化学品吞吐量也将日益增大,导致山东沿海发生重大溢油和化学品泄漏事故的风险,尤其是超过千吨的溢油事故的风险越来越大。

（2）建设过程

项目建设单位为山东海事局,2009年1月,交通运输部以《关于海事系统3艘中型溢油应急回收船建造可行性研究报告的批复》,同意山东海事局新建1艘中型溢油应急回收船。2010年3月,完成船舶设计工作;2010年10月29日,开工建造;2010年12月,交通运输部以《关于海事系统3艘中型溢油应急回收船投资概算及有关事项的批复》(交规划发〔2010〕324号),批复该船投资概算为5855万元。2011年3月1日,安放龙骨;2011年3月29日,主船体分段开始合拢;2011年6月25日,船体大合拢完成;2011年11月28日,船舶下水;2012年2月28日,倾斜试验;2012年3月6日,系泊试验;2012年3月10日,港湾试验;2012年3月16日,长江内航行试验;2012年3月28日,建造完工出厂;2012年4月9日,在山东青岛交船列编,定名为"海特071"轮,2013年变更船名为"海巡0512"轮。

（3）项目规模

项目总造价5850万元，主要技术指标及参数要求如下：

①主要尺度

总长59.60米，型宽12.00米，型深5.20米，满载吃水3.80米，轻载吃水（不装载污油水）2.60米，满载排水量841.70吨，主机功率2536千瓦。

②航区

本船为近海航行/调遣，沿海航区作业。

③主要性能

a. 航速：本船在轻载状态，吃水2.60米，船体光滑无污底，试航区为静深水、开阔水域，风力不大于蒲氏3级，最大巡航航速不小于13.0节。

b. 航力、自持力：本船所载燃油及淡水均满足800海里续航力，七昼夜自持力。

c. 浮油回收舱舱容：639立方米。

d. 浮油回收能力：200立方米/小时。

④稳性

本船稳性按《国内航行海船法定检验技术规则（2004）》及其修改通报对近海航区液货船舶的要求设计。

⑤操纵性与回转性

为满足作业状况的低速稳定性及多工况的要求，采用全回转舵桨。

⑥噪声与振动

良好的振动噪声性能是保证船舶舒适性的一个重要方面。本船采取的综合治理措施，有效地达到了减振降噪的作用。

根据《海洋船舶噪声级规定》（GB 5979—1986），主要功能舱室（餐厅、会议室、驾驶室）及船员舱室的噪声控制均在65分贝以内。

⑦动力装置

主机选用实用可靠、技术先进、操纵检修方便、售后服务好的进口船用高速柴油机（型号KTA50-M2，台数2台，功率1230千瓦，额定转速1800转/分）。

⑧空调系统

本船设有1套船用组装式空调装置，用于向主甲板上各生活、工作舱室提供冷/热风以调节舱室内温度。

⑨通信、航行及助航设备

本船按国内航行近海要求配置设备。

⑩取证、卫星通信及船岸数据传输管理等系统

a. 溢油监控、预测（调查取证设备）。本船配备溢油雷达系统1套，主要用于监测和

预警海上溢油情况,结合电罗经和 GPS 的船舶目标信号,及时发现和确定泄漏或排放污油的船舶,是海上全天候搜索、监视溢油污染的重要设备。

b. 光电跟踪监视取证(调查取证设备)。设有航行及清污作业光电跟踪监视取证系统 1 套,主要用于船舶在事故现场溢油回收和船舶在离靠码头工作时,用船舶的舱外和附近水域的昼夜观察监视及取证。

c. 自动跟踪卫星通信系统(水上宽带)。配备 VSAT 自动跟踪卫星通信系统 1 套,通过卫星通信提供的宽带通道,可实现船舶与陆地发送的信息网络互联,完成船舶信息的全球漫游、覆盖和交换,即可协助本船迅速掌握涉及船舶的各种综合信息,又便于定位、跟踪、联系。同时,卫星通信开通了船舶网络管理系统和陆地网络间的高速信息通道,使得船舶执法取证工作站局域和相关办公局域网有机地连为一体,船舶和基地之间真正实现自由的 Internet 信息交换,可完成较大量信息传输或非电子格式文件的交换。

d. 船舶网络管理系统。本船还配有船舶网络管理系统 1 套,将船舶的电罗经、GPS、AIS 溢油雷达、光电取证系统、机舱报警、风速风向仪通过总线接口将有关数据输入船舶网络管理系统,实现船岸实时视频监控及会议功能。

⑪收油作业系统

本船配置 1 台 200 立方米/小时内置式收油机,通过动态斜面方法回收系统收集浮油与固状垃圾物。

(4)应用效果

该船列编以来的主要使用情况:截至 2019 年 9 月 30 日,“海巡 0512”轮累计巡航 20892 海里,离港巡航值守及监护作业 10531 小时,主机运行 1569 小时,发电机组运行 3127 小时;参加溢油应急联合演习和其他重大活动:2012 年 5 月,代表国家远赴韩国参加 2012NOWPAP 中韩海上联合溢油应急演习。

8. 海事系统 2000 吨级大型航标布设船“海巡 153”轮(原名“海标 15”轮)工程项目

(1)项目背景

“十二五”期间,随着北方海区各省(市)区域经济和航运贸易的发展,周边水域船舶交通量进一步增长,对航海保障和应急处置能力的需求也更为迫切。北方海区辖区内分布着大连港、营口港、锦州港、葫芦岛港、秦皇岛港、黄骅港、天津港、京唐港、烟台港、威海港、青岛港、日照港等港口,这些港口在我国沿海港口布局中占有重要地位,对我国港口航运贸易的发展发挥着重要作用。渤海湾、成山头海域是我国船舶交通最为繁忙的水域之一,是水上交通安全监管和航海保障的重点水域。为此,部海事局在该水域公布并实施了一系列的船舶交通管理规定,这就要求航海保障部门通过合理配布航标等导助航标志,确保航标始终处于有效可用状态,从而给通航船舶提供必要的航海保障服务。由于北方海区的冬季存在海冰的特点,决定了该海区需要布放大量的活节式灯桩等抗冰能力较强的助航标志。随着海区港口航道的发展建设,上述助航标志的配布数量和维护工作量将显著增加,对海区航标作业船舶的航标作业能力和工作效率提出了更高要求。

(2)建设过程

该项目建设单位为天津海事局。2005年9月,交通部以《关于天津海事局大型航标工作船设计任务书的批复》(交规划发〔2005〕437号)批复了天津海事局大型航标船设计任务书,同意天津海事局开发北方型大型航标工作船。2009年4月,建造开工;2011年11月4日,在舟山绿华山海试区交船,双方签订交接协议书。2011年11月17日,正式列编天津海事局天津航标处。

项目建设依据:交通部《关于天津海事局大型航标工作船设计任务书的批复》(交规划发〔2005〕437号);交通部《关于同意天津海事局大型航标船设计任务书调整有关技术参数的函》(厅函规划〔2007〕172号);交通部海事局《关于印发大型航标工作船方案论证和需求分析座谈会会议纪要的通知》(海计建〔2005〕8号);《天津海事局大型航标船方案论证会专家组意见》;2005年8月2日,交通部海事局《关于印发天津海事局大型航标船方案设计审查意见的通知》(海计建〔2006〕181号);交通部海事局《关于印发天津海事局大型航标船方案完善设计审查意见的通知》(海计建〔2006〕317号);交通部海事局《关于印发天津海事局大型航标船方案设计审查意见的通知》(海计建〔2006〕504号);交通部海事局《关于印发天津海事局大型航标船技术设计审查会专家组意见的通知》(海计建〔2007〕658号);交通运输部《关于天津海事局2000吨级航标布设船投资总概算等有关事宜的批复》(交规划发〔2008〕441号)。

(3)项目规模

项目总造价10882万元,船总长73.34米,型宽14米,型深6.2米,设计吃水4.0米,设计排水量2228吨,结构吃水4.2米。钢质、单甲板、局部双层底、全电焊结构,前倾首、方尾、艏侧推、双桨、双舵、柴油机推进的大型航标工作船。按《钢质海船入级规范(2006年)》《船舶与海上设施法定检验规则·国内航行海船法定检验技术规则(2004)》及相关修改通告对中国近海航区船舶的要求设计,并做B3级冰区加强,但稳性和结构符合远海航区的要求。并根据航标作业特点,对航标作业区域板材做适当加强。

(4)应用效果

"海标15"轮建成列编天津海事局后,经过实际运行检验,使用船员一致认为该型船的操纵性能良好,航标作业专用设备性能优良,便捷性和安全性兼顾,机舱主、辅机和其他辅助设备使用运转正常。"海标15"轮针对其航标作业特点制定的航标作业流程等有关管理文件,对于后续建造的该类型航标布放船的航标作业及管理工作具有一定的指导和借鉴意义。该船的建造达到了预期的各项目标,提升了北方海区水域的航标布放、维护作业和应急处置能力,提升了我国同类船舶技术装备水平和航标管理能力,具备良好的社会效益。有力地提升了北方海区的航海保障能力与水平,多次执行了海区航标布放、维护及溢油应急处置任务,实践证明,"海标15"轮能够在配置水域充分发挥其应有的作用。总体而言,本船的综合技术性能基本达到了国际同类船舶的先进水平,对提高我国航标布放船的航标作业能力和水平具有积极意义,值得推广。

9. 中型航标船"海巡1640"轮

(1)项目背景

随着长三角地区经济的迅猛发展,宁波—舟山港港口、航运业率先迈入了发展快车道,宁波—舟山港的货物吞吐量呈逐年大幅增加趋势。北仑深水港、虾峙门深水航道等一批重要港口航道的建成与功能拓展,以及船舶大型化、高速化、现代化的不断加快,使得海上活动愈加繁忙;杭州湾大桥、舟山跨海大桥等一批重点工程的建成使得航标数量快速增长、大型灯浮逐渐增多、管理重心逐渐外移;加之船舶流量大、航道较为拥挤、航行船舶类型繁杂、大型油船频繁进出,海上溢油风险日益加大。而原有的航标船船龄较老、设备陈旧,已不具备与之相适应的大型化、快速化、起吊能力强的船舶装备要求。

为适应宁波—舟山加快建设国际港口的需要,适应远距离和大范围航标管理维护的需要,更好地服务地方经济和社会发展,提高海事保障服务和应急反应能力,宁波航标处急需建设一艘大型航标作业船。

(2)建设过程

该项目建设单位为上海海事局。2009年8月开工,2010年11月完工,2010年12月18日上海海事局组织交船验收。

项目建设依据:2006年,交通部海事局报送交通部《关于上海海事局中型航标船设计任务书的函》(海事函〔2006〕577号);2007年,交通部《关于上海海事局中型航标船设计任务书的批复》(交规划发〔2007〕35号)。

(3)项目规模

项目总造价3800万元,建设规模如下:

"海巡1640"轮总长61.80米,型宽12.00米,型深5.10米,总吨位1175吨,主机功率1939千瓦,副机功率720千瓦,满载吃水3.50米,设计航速12.50节。

(4)应用效果

项目建造完成后,宁波航标处于2010年末投入使用。该船在宁波航标处的管理使用下,很好地完成了辖区的航标巡检维护、灯浮起吊作业以及各类应急抢修任务,且未发生任何船机事故或安全事故,很大程度上提升了辖区内的海事服务能力,突现航海保障作用,为构建和谐和服务型海事作出重要贡献,社会效益显著。

10. "海巡16503"轮建造工程

（1）项目背景

2011年3月17日，连云港港30万吨级航道一期工程正式开工。这是交通运输部和江苏省人民政府贯彻落实国家区域规划的重大举措，标志着把连云港建设成为辐射带动能力强的新亚欧大陆桥东方桥头堡的规划迈出了坚实的步伐。为促进"十二五"期间连云港交通运输事业又好又快发展，为发挥新亚欧大陆桥东方桥头堡作用提供服务和保障，支持连云港港航道、防波堤、内河疏港航道等建设，推进连云港海事监管能力建设，为连云港港健康发展提供保障，需要建设配套的航标工作船。

（2）建设过程

"海巡16503"轮建造工程于2014年8月开工，2015年9月试投产，2015年10月竣工。项目建设依据：《交通运输部海事局关于连云港30万吨级航道配套航标工作船工程可行性研究报告的批复》（海航保〔2013〕830号）；《上海海事局关于连云港30万吨级航道配套航标工作船初步设计的批复》（沪海计划〔2014〕219号）。

（3）项目规模

"海巡16503"轮建造工程建设航标作业专用工作船1艘，船舶总长35.5米，型宽9.2米，型深3.0米，吃水1.8米，最大排水量约为337吨，航速约12节。总造价940万元。

（4）应用效果

该项目首次实现排水量400吨以下的沿海小型工作船能够完成成套航标作业；采用纳米涂层构成新型船舶隔热及防腐蚀结构；采用模块化功能设计，实现一种船型的功能多用途化，总体技术达到国际先进水平。获得中国航海学会科学技术奖二等奖，取得小型航标工作船船员舱室分布结构、航标工作船船员舱室空调系统、航标遥测遥控装置、尾部作业航标船、小型航标工作船底舱分布结构、小型航标工作船、小型航标工作船主甲板分布结构、一种30米级内河多用途航标工作船等实用新型专利。

连云港港30万吨级航道配套工作船自服役以来，除了配合航道建设工程执行航标设置和维护任务外，还多次执行应急反应、航道水深测量、交通监督执法和无线电信号监测等任务。该船舶有效完善了航标作业装备建设，充实了航海保障核心力量，完善了航标管理手段，提高了服务水平，降低了事故发生的风险，提升了事故的应急处置能力，有力保障了船舶航行安全和人民群众生命财产安全，促进了区域经济社会发展，社会和经济效益良好。

11. 小型航标船——夹持船

（1）项目背景

1998年，在交通部海事局大力支持下，天津海监局开展沿海航标夹持船设计前期工作。1998年5月,该局船技处和青岛航标处(区)有关工程技术人员组成调研组,赴广州海监局随船调研。之后,天津海监局组织设计单位和大连、烟台、青岛航标处(区)有关技术人员在青岛召开专题研讨会,在充分借鉴广州海监局内河小型航标船夹持功能的基础上,系统分析青岛辖区灯浮标设置情况和胶州湾水文气象特点,并随船现场考察海上灯浮标状况,确立"以解决夹持装置适应沿海作业特点,确保夹持装置在一定涌浪海况下夹持住灯浮标,使其既能与船舶成为一体,又不使浮标受损为技术攻关重点"的设计思路,最终完成《海区航标夹持船技术论证》和《海区航标夹持船设计任务书》。

(2)建设过程

海巡"15015"轮,总造价475万元,1999年3月与七〇八所三室签订船舶设计合同。1999年6月28日,"B-135"船开工建造。2000年5月16日,该船下水系泊及航行试验。2000年9月10日,该船在青岛航标处列编。

海巡"15017"轮于2002年12月28日开工建造,2003年4月21日下水系泊及航行试验。

海巡"15021"轮于2006年2月开工建造,2006年10月24日下水。

(3)项目规模

海巡"15015"轮,总造价475万元,该船船长28.98米,型宽6.20米,型深2.80米,设计吃水1.70米,排水量162.30吨。主机选用重庆柴油机厂制造的KTA19-M500型柴油机,功率339千瓦×2,转速1744转/分,航速12.50节;发电机为上海柴油机股份有限公司制造的4135ACaf型柴油机,功率73.5千瓦×2,抗风等级6级,续航力400海里,船舶登记号为2000X0000150。

海巡"15017"轮,总造价507万元。

海巡"15021"轮,总造价553万元。

(4)应用效果

①海巡"15015"轮

主要负责青岛港、日照港、岚山港、董家口港的航标巡检维护工作,并多次圆满完成抢险救灾和航标应急反应任务。

2004年11月26日,青岛港321号灯浮标发生位置漂移,妨碍船舶进出港。晚上8时接报后,青岛航标处立即启动应急预案,该船奉命出海拖带复位。当时,海上风力7级以上,气温零下7℃,船舶上、下层甲板结冰,航标作业异常困难。经全体船员共同努力,奋力实施灯浮标夹持作业,拖带过程中灯浮标从夹持装置中脱出,经再次夹持后终于完成拖带复位任务,保障船舶按期进出青岛港。

2008年北京奥运会、残奥会期间,该船配合"海标052"轮,在青岛奥帆赛、残奥帆赛赛区抛设各类专用标志42座,调整、撤除80余座次,更换升级助航标志22座,打捞浒苔

10 余吨,并完成奥帆安保巡查监控、海上溢油应急演习等任务。之后,该船先后两次参加溢油应急清污作业,抛撒消油剂近 10 吨。2013 年 6 月,"海标 0513"轮更名为"海巡15015"。

该船服役期间共 5 次常规坞修,船舶技术状况良好。至 2015 年底,"海巡 15015"轮安全航行 32600 海里,航标巡检 9750 余座次,抢修和更换灯浮标 920 余座次。

②海巡"15017"轮

主要承担辖区潍坊、莱州、龙口、蓬莱和烟台等港口海上助航标志的巡检维护、应急维修和少量灯浮标更换等任务。

至 2015 年,海巡"15017"船航行 15300 余海里,巡检灯浮标、灯桩 4670 余座次,应急安装灯架、更换电池箱和灯浮标 150 余座次。

③海巡"15021"轮

该船于 2007 年 1 月交付大连航标处使用,至 2009 年,经过 2 年的航标作业检验,大连航标处发现该船机械手装置部分不适宜航标作业的相关问题,主要是液压泵不配套,"抓手"夹持力偏小,失去对夹持臂的辅助作用,容易与灯浮标脱开;在收放夹持臂时,翻转平台多次出现严重颤抖和泄压自动下滑现象,导致夹持臂不能正常工作。随后,该处拟实施该船"抓手"装置及支持系统技术改造,并制定《技术改造方案》。2009 年 11 月,报经天津海事局批复同意后,由原设备配套厂天津四方液压厂负责实施,更换液压泵,去掉"抓手"装置,增加夹持臂同步平衡阀,使夹持臂的两臂同时夹持灯浮标。实施技术改造后,该船夹持性能稳定可靠,航标作业更加快捷。

12."海巡 167"轮船舶改造工程

(1)项目背景

"海巡 167"轮为 70 米级、总吨位为 1270、主机功率为 1920 千瓦的近海钢质测量船,于 1983 年建成。经过 30 年的运行,船体老旧,船上设备设施已不能满足现在的航标作业需要,需要对其船体和舱室、船上推进系统等设施以及航标作业设备等进行必要的改造和修理。

(2)建设过程

"海巡 167"轮船舶改造工程于 2014 年 9 月开工,2015 年 1 月试投产,2015 年 2 月竣工。项目建设依据:交通运输部海事局《关于上海海事局上海航标处"海标 24"轮改造工程可行性研究报告的批复》(海航测〔2013〕388 号);上海海事局《关于减压 2013 年部门预算支出的通知》(沪海事〔2013〕544 号);上海海事局《关于开展上海航标处"海标 24"轮改造工程初步设计的批复》(沪海计划〔2014〕126 号);交通运输部海事局《关于印发2014 年航测专项项目计划的通知》(海航保〔2014〕294 号);交通运输部海事局《关于印发2015 年度航海保障专项项目计划的通知》(海航保〔2015〕337 号);东海航海保障中心《关于上海航标处海标 24 轮改造工程概算调整的批复》(东海航保〔2015〕224 号)。

(3)项目规模

对"海巡 167"轮船体、推进系统、电力系统、机舱监控系统、航标作业设备、中央空调系统、舱室、灭火系统等进行必要的改造和修理。总造价 1400 万元。

(4)应用效果

"海巡 167"轮改造工程完工并投入运行后,船舶设备设施得到了更新维护,其作业能力进一步提高,从而进一步提升了上海航标处航标的管理维护能力。

13. 广东海事局水上交通监管轻型直升机购置项目

(1)项目背景

广东海事局成立于 2000 年 1 月,为交通运输部驻粤的直属正厅级机构,是广东水上交通安全监督管理主管机关。依据《中华人民共和国海上交通安全法》《中华人民共和国内河交通管理条例》《中华人民共和国船舶和海上设施检验条例》《中华人民共和国航标条例》等法规赋予的职权,负责广东水上安全监督、防止船舶污染、船舶和水上设施检验、航海保障等工作。

轻型直升机是海事部门履行国家赋予职责必不可少的重要装备,是海事力量的重要组成部分,在执行海上巡逻、搜救、执法、取证等监管任务中发挥着关键作用。为充分发挥"海巡 31"轮船载能力,需要搭载海事直升机,定期对南海东沙群岛、西沙群岛、中沙群岛、南沙群岛等水域开展立体巡航,实现对南海海域的有效监管。

(2)建设过程

水上交通监管轻型直升机项目于 2006 年 4 月开工,2010 年 12 月试投产运营,2011 年 1 月列编。

项目建设依据:《关于广东海事局配置水上交通监管轻型直升机可行性研究报告的批复》(交规划发〔2006〕391 号);《关于海事系统轻型直升机购置项目投资概算等有关事宜的批复》(交规划发〔2007〕716 号);《关于海事系统轻型直升机购置项目投资概算等有关事宜的批复》(交规划发〔2007〕716 号),总概算 13895 万元;《关于 2 架海事轻型直升机调拨给广东海事局管理使用的通知》(海便函〔2008〕258 号);《关于加强海事轻型直升机采购合同执行工作的通知》(海计建〔2008〕551 号);《关于调拨水上交通监管轻型直升机资产的通知》(海财会〔2012〕887 号),资产单价 61134563.74 元,2 架的资产合计 122269127.48 元。

(3)项目规模

项目总造价 13895 万元,具有双发动机、仪表飞行及通信导航、应急迫降时海上漂浮能力,符合 3000 吨级巡视船搭载条件,配备必要的可满足海事系统海巡任务和着舰要求的机载设备以及实时图像传输设备。

（4）应用效果

2011 年 1 月列编以来，首创中国海事海空立体巡航监管，坚持每周对珠江口水域巡航一次，每月对广东沿海水域巡航一次，每季度对专属经济区水域巡航一次，开辟了中国海事水上立体巡航监管的新纪元。

据统计，从 2009 年 1 月 1 日至 2018 年 12 月 31 日，广东海事直升机已安全飞行 3313 架次，飞行 3251 小时，巡航里程 325100 海里，累计查询船舶 35000 艘次，强化了海事执法威慑力，切实担负起南海海域空中巡航监管使命。在军、民航空中管理部门的支持下，不断增加直升机专属航线数量，将南海毗邻区和专属经济区，特别是海上石油开发活动纳入监管范围，有效强化了辖区水上交通安全管理。

该项目多次成功参与水上交通突发事件应急处置，提高了应急反应速度，为上级指挥机关掌握现场情况、及时准确指挥提供了重要的信息，在应对突发事件（海上溢油、碰撞等事故调查取证和应急行动）中发挥作用：2011 年第 26 届世界大学生运动会赛会水域安保活动，2012 年珠江口"梦幻之星"与"博运 018"碰撞事故，2012 年汕尾海域"雅典娜"轮翻沉泄漏事故，2012 年、2013 年珠江口"夏长"轮翻沉泄漏事故，2013 年广西钦州举办的中国海上重大溢油应急处置演习，2014 年珠江口"化运 2"与"盛安达 7"碰撞翻沉事故等。

在 2014 年马航 MH370 客机失联后指定搜救海域开展现场搜救。2012 年随"海巡 31"轮出访美国夏威夷；2013 年跟随"海巡 01"轮访问澳大利亚及印度尼西亚、缅甸、马来西亚东盟三国；2015 年，参加粤港澳三地海上联合搜救演习、东盟地区论坛第四次救灾演习等重大演习。

第二节　救助打捞基地

一、综述

我国高度重视人民群众生命财产安全，1951 年 8 月成立了国家海上专业救捞机构——中国人民打捞公司，开始了新中国成立初期的沿海港口和江河航道的清航打捞任务，之后又组建了海上专业救捞队伍，承担起我国海上人命救助、海上应急抢险打捞、海洋环境保护等维护国家和社会公共利益的重要使命，同时代表我国政府履行海上搜救公约和双边海运协定等国际义务。

在党中央、国务院的高度重视和亲切关怀下，在交通运输部历届党组的正确领导和大力支持下，救捞系统成功探索和实践了一条有中国特色的救捞发展之路。特别是 2003 年救捞体制改革以来，救捞系统忠实履职，大力弘扬"把生的希望送给别人，把死的危险留给自己"的英雄精神,大力加强救捞能力建设、基础设施建设、装备建设、人才建设,实现了跨越式发展,海上应急抢险打捞能力显著增强,形成了救助队伍、打捞队伍、飞行队伍"三位一体"的队伍建制,承担了人命救助、环境救助、财产救助"三位一体"的岗位职责,具备了空中立体救助、水面快速反应、水下抢险打捞"三位一体"的综合功能,圆满完成了海上各类重大突发事件的应急处置工作,出色执行了国家赋予的一系列重大政治、经济、军事、国防和抢险救灾任务。

救捞基础设施建设发展史,是一部改革创新、开拓进取的奋斗史。1963年,交通部转发国务院批复,同意上海救捞局在上海、烟台、青岛、天津及温州设置救助站。1978年,交通部在部内设立职能部门——海难救助打捞局。至1980年,烟台、上海、广州3个救捞局先后建立了秦皇岛、荣成、福州、厦门、汕头、北海、湛江和三亚8个救助站,基本形成了从北至南的沿海救助网,各救助站部署了救助船舶,并开始实行24小时值班待命制度。2003年,交通部、国家发展计划委员会、国家经济贸易委员会、财政部、劳动和社会保障部、中央机构编制委员会六部委发布《关于印发〈救助打捞体制改革实施方案〉的通知》(交人劳[2003]60号),成立北海、东海、南海救助局,组建烟台、上海、广州打捞局,标志着中国救捞进入科学发展、实现跨越的历史新阶段。依托《国家水上交通安全监管和救助系统布局规划》(2007年颁布),救捞基础设施、重大装备建设快速发展,救捞系统现有救助基地和救助码头25个、飞行救助基地6个,基本覆盖了我国全部沿海水域,并在重要水域实现了多重覆盖;现有各型救助船艇80余艘、大中型救助直升机20架,基本形成了6000千瓦以上海洋救助船为值班待命主力船型,其他力量为辅助的大、中、小搭配,远、中、近结合,水面、空中、水下三位一体的救助装备体系;50000吨半潜船、5000吨打捞起重船、300米饱和潜水工作母船、3000/6000米水下机器人等一系列打捞工作船舶设备的投入使用使救捞系统抢险打捞能力实现质的飞跃。在我国沿海初步建立了重点海域覆盖、高海况运行、配置科学、反应迅速、处置高效的海空立体救助打捞网络。

二、救助基地

救助基地是统筹国家海上应急救助资源、协调辖区救助力量、提升应急救援效能的重要岸基支撑,主要负责50海里范围内(港口、浅滩)的近海人命救助;陆域500公里范围内(江河、水库、湖泊)的水上抢险救助;为救助直升机、大型救助值班船舶提供支持保障。

完善的基地建设和硬件支持,是国家专业救助队伍履行好国家赋予的救捞职责的重要保障。为进一步提升海上应急抢险救助打捞能力,2007年国务院批复的《国家水上交通安全监管和救助系统布局规划》正式从国家层面对救助基地的概念、构成和作用给予了明确的定位,到2020年要在我国沿海从北至南建设31处救助基地。依托国家规划的支撑,国家不断加大对救捞基础设施建设的投资力度,一批救助码头、业务值班用房等基础设施项目陆续投入使用,为救捞系统履行好国家赋予的救捞职责提供了重要保障。

(一)北海救助局救助业务用房工程

根据救助打捞体制改革实施方案,原烟台救捞局的原有办公楼和绝大部分业务用房都划给烟台打捞局使用,在烟台划给新组建的北海救助局能够用以办公的建筑物只有3栋,无法满足局本部及4个下属单位使用,且年久失修。为满足日常业务需要,北海救助局救助业务用房工程于2004年获得部正式批复。现址于2005年3月开工建设,2010年1月竣工。该址坐落于山东烟台市芝罘区芝罘岛东路北侧,北靠群山,南临大海(芝罘湾),是一座钢筋混凝土框架结构楼房。

北海救助局救助业务用房作为北海救助局机关办公及救助指挥中心,承担我国连云港以北26万平方公里海域及黑龙江干线等水域的人命救助、以人命救助为目的的船舶、航空器、水上设施及其他方面的环境救助和财产救助的调度、指挥等任务。

局业务用房发挥了应急救助指挥中心的作用,完成了失火客轮"银河公主"应急救助、故障失控"浙远大连"轮灭火救助、"神舟五号""神舟六号""神舟七号""神舟八号""神舟九号"载人飞船海上应急救援保障等重要任务。

项目于2005年3月开工建设,2007年4月投入试运行,2010年1月竣工验收。

项目建设依据:2004年10月,交通部《关于北海救助局救助业务用房工程可行性研究报告的批复》(交规划发〔2004〕586号);2005年5月,交通部《关于北海救助局救助业务用房工程初步设计的批复》(交水发〔2005〕200号)。

业务用房总占地14200平方米,房屋占地面积1874平方米,绿化面积3600平方米;业务用房建筑面积9210.2平方米,建筑总高度为23.98米,为钢筋混凝土框架结构。项目总投资4266万元(全部为国拨资金)。

项目设计单位为中交第二航务勘察设计院和烟台市圣凯建筑设计咨询有限公司,施工单位为山东建锟建设集团有限公司、烟台市正泰装饰工程有限公司和烟台打捞局建筑工程公司,监理单位为烟台新世纪建设监理有限公司。

(二)北海救助局大连救助基地工程

烟台救捞局大连救助站工程是原交通部"十五"期间规划建设项目,原建设单位为交通部烟台海上救助打捞局,2003年6月救捞体制改革后,建设单位变更为交通部北海救助局。2004年12月,大连基地筹建处更名为"交通部北海救助局大连求助基地"。

大连救助基地主要负责渤海湾北部及大连海域范围内的快速救助和抢险打捞,担负遇险船舶、设施、航空器等人命救助,以及以人命救助为目的的海上消防、财产救助和打捞;协助所在行政辖区及周边的地方政府,对内河水域发生的险情或事故,组织实施应急救助和抢险救灾工作;担负辖区执行动态待命任务的专业救助船舶、救助航空器的支持保障工作;承担国家指定的特殊的政治、军事、救灾等抢险救助任务,完成上级主管交办的其他抢险救助工作。

北海救助局大连救助基地建造于 2003 年 1 月,坐落于辽东半岛南端的旅顺口区西部的羊头洼湾内,设有业务楼、救助码头及直升机停机坪。羊头湾开口西南,湾口东西两侧建有一环抱式双突堤,羊头湾外侧为新建的旅顺新港。

大连救助基地现有职工 20 人,配有快速救助艇、救助指挥车、救助抢险车、吊车、叉车、后勤补给车及机床等较为齐全的救助辅助设备。

大连救助基地紧紧围绕海上人命救助中心工作,充分发挥基地三大功能作用。自基地成立以来,共出动救助 400 余次,打捞罹难者 25 人,救助遇险者 371 人,为船舶提供后勤保障服务 700 余次,为地方经济发展、社会稳定作出贡献,多次受到地方政府、公安、海事、渔业、港航等部门的感谢和赞扬。

项目于 2003 年 1 月开工建设,2004 年 10 月投入试运行,2005 年 9 月竣工。

项目建设依据:2001 年 9 月,交通部《关于烟台救捞局大连救助站工程可行性研究报告的批复》(交规划发〔2001〕515 号);2002 年 9 月,交通部《关于烟台救捞局大连救助站工程初步设计的批复》(交水发〔2002〕422 号)。

项目主要建设码头、直升机停机坪、应急堆场、综合业务用房、仓库门卫、围墙,以及供电、给排水、消防、暖通、通信、绿化等配套设施。大连救助基地总占地面积 31588 平方米,内有业务楼、救助码头及直升机停机坪各 1 座。办公、生产、生活等建筑面积 2350 平方米;码头长 190 米,港池水深 7.7 米,回旋水域 145 米,可同时停靠 8000 千瓦和 4500 千瓦救助拖轮各 1 艘;直升机停机坪占地 2100 平方米,道路和场地 15180 平方米。项目总投资 4981.8 万元(全部为国拨资金)。

项目设计单位为中交第二航务工程勘察设计院,施工单位为中港第一航务工程局第五工程公司,监理单位为大连港口建设监理公司。

(三)东海救助局救助指挥业务用房工程

根据救捞体制改革实施方案,原上海救捞局的办公楼划给上海打捞局使用,为新成立的东海救助局建造救助指挥业务用房用于业务办公。

东海救助局救助指挥业务用房作为东海救助局机关及救助保障中心人员办公及值班用房,承担北起江苏连云港,南至福建东山岛范围内我国水域的人命救助,承担以人命救助为目的的船舶、航空器、水上设施及其他方面的环境救助和财产救助的调度、指挥等任务。

东海救助局救助指挥业务用房建造于 2009 年 9 月,坐落于上海市杨浦区黄浦江北岸,位于秀英港航道东侧。该用房作为东海救助局救助指挥中心,在历次救助中发挥了重要作用,完成了"SAFMARINEMERU"轮、"启程先锋"轮、"金鹏 999"轮等船舶与遇险船员的救助任务。

工程于 2009 年 9 月开工建设,2011 年 12 月投入试运行,2012 年 11 月竣工。

项目建设依据:2007 年 1 月,交通部发布《关于东海救助局救助指挥业务用房工程可行研究报告的批复》(交规划发〔2007〕9 号);2007 年 11 月,交通部发布《关于东海救助局救助指挥业务用房工程设计调整的批复》(厅水字〔2011〕282 号)。

基地主要建设总面积 9968 平方米。项目总投资 3666 万元(全部为国拨资金)。东海救助局局机关含 8 个处室以及相关救助保障中心的部门和科室人员。

项目设计单位为上海现代设计集团有限公司,施工单位为浙江海天建设集团有限公司,监理单位为上海五环集业工程监理有限公司。

(四)东海救助局温州洞头救助码头工程

东海救助局温州洞头救助码头用于停靠 6000 千瓦和 8000 千瓦救助船舶各一艘。负责实施责任海域的应急救助和抢险工作;负责所属救助力量的值班待命和救助行动的组织指挥;负责建立所属区域应急联动机制;协助做好辖区内航空器、救助船舶的管理。

基地位于温州市洞头区杨文三期工业区内,水域位于洞头区三盘港水域。温州救助基地是东海救助局直属基层单位。配备有一艘近海快速救生艇执行 24 小时值班待命任务。

项目于 2009 年 12 月开工建设,2016 年 5 月投入试运行,2016 年 12 月竣工。

项目建设依据:2007 年 7 月,交通部发布《关于东海救助局温州洞头救助码头工程可行研究报告的批复》(交规划发〔2007〕150 号);2007 年,交通部发布《关于东海救助局温州洞头救助码头工程初步设计的批复》(交水发〔2007〕530 号)。

基地基础设施主要包括 200 米救助码头及泊位 2 个,直升机临时停机坪 1520 平方米,生产、办公和生活用房 2198 平方米,以及道路、堆场、水、电、通信等配套设施。项目总投资 4950 万元(全部为国拨资金)。

项目设计单位为中交第三航务工程勘察设计研究院,施工单位为浙江第一水电建设集团有限公司、浙江海天建设集团有限公司和上海大润航务建设集团有限公司,监理单位为上海海达工程建设集团有限公司。

（五）南海救助局滨江西办公楼改造工程

南海救助局滨江西办公楼是南海救助局本部所在,承担我国南海海域的国内外船舶、水上设施和遇险的国内外航空器及其他方面的水上人命救助,以人命救生为直接目的的船舶和水上设施及其他财产的救助的调度、指挥等任务。

南海救助局发挥了应急救助指挥中心的作用,完成了巴拿马籍"华锦松"轮脱浅、油船"东茂18"轮应急施救、袭击中救助集装箱船"仕泰218"等救援任务。

项目于2004年3月开工建设,2005年1月投入试运行。

项目建设依据:2003年12月,交通部发布《南海救助局滨江西办公楼改造装修工程可行性研究报告》(交规划发〔2003〕565号);2004年3月,交通部发布《南海救助局滨江西办公楼改造装修工程初步设计报告》(交水发〔2004〕154号)。

工程主要对旧楼进行加建、改造和装修,总建筑面积4963平方米。对原旧楼结构进行补强加固和设备购置等。项目总投资2200万元(全部为国拨资金)。

项目设计单位为广东省建工设计院,施工单位为广州市第二建筑工程有限公司,监理单位为广州海建工程监理公司。

（六）南海救助局海口救助基地

海口基地成立于2003年6月28日,成立之初办公地点位于滨海大道288号东方洋大厦,于2011年4月搬迁至现址,2016年6月30日由海口基地更名为海口救助基地。

南海救助局海口救助基地建造于2005年10月,坐落于海口市秀英港二区码头西北端,设有码头、综合业务楼、仓库、堆场、直升机停机坪、机修车间及配套业务用房及相应的水、电、通信等设施。基地地处海南岛北端的海口湾,与雷州半岛隔海相望。公路与岛内东、中、西三条主干线相连,通往全岛各地,交通便利,是海南省对外贸易的重要口岸,也是海南省北部水运交通枢纽。秀英港共有4个锚地,均分布在航道东侧,基地距锚地3海里。

海口救助基地,主要负责琼州海峡(东到文昌的清澜、西到海南八所)海区的人命救助、环境救助、海上消防,承担国家指定的特殊的抢险救助救援任务;履行有关国际公约和双边海运协定等国际任务。同时执行救助基地"三大功能":50海里范围内(港口、浅滩)的近海人命救助;陆域500公里范围内(江河、水库、湖泊)的水上抢险救助;救助直升机、大型救助值班船舶的支持保障。

海口救助基地总占地面积29631平方米,内有综合业务楼、仓库、设备库与顺岸式码头各1座。综合业务楼,建筑面积1843平方米;仓库建筑面积740平方米;设备库建筑面积730平方米;顺岸式码头长200米,码头前沿底标高为–10.00米,码头顶面标高为+5

米,可同时停靠一艘大功率海洋救助船和一艘中型近海快速救助船。基地拥有吊车、叉车、应急救助车、KMB潜水装备、自携式潜水装具、空压机等救助装备设备若干。主要有8000千瓦大功率救助拖轮"南海救118"轮、高速救助船"南海救202"轮、近岸救助艇"华英383"艇、"南海救509"艇常驻责任海区进行全天候值班待命。

自迁至本基地以来,海口救助基地共计完成了海上应急救援任务103次,救助遇险船舶42艘(外籍船1艘),人员255人(外籍1人),财产5.64亿元,先后参与了马航MH370失联客机搜寻、亚航QZ8501失事客机搜救以及神舟十一号发射海上应急保障等专项任务。

1.南海救助局海口救助工程一期项目

项目于2005年10月开工建设,2008年10月投入试运行,2014年10月竣工验收。

项目建设依据:2003年4月,交通部发布《广州救捞局海口救助站工程可行性研究报告》(交规划发〔2003〕128号);2003年12月,交通部发布《南海救助局海口救助基地工程初步设计》(交水发〔2003〕551号)。

项目主要建设规模为建设长200米顺岸码头1座,向海延伸146米处建设救助码头,并在码头泊位后方围填20000平方米的海域,作为仓库、堆场、综合业务楼、直升机停机坪等生产及辅助设施用地。码头前沿底标高为−10.00米,码头顶面标高为+5米,码头为混凝土沉箱重力式结构;停泊水域与回旋水域的水深8.0米;陆域回填标高为+4.6米;堆场2326平方米、道路2152平方米。项目总投资4968万元(全部为国拨资金)。

项目设计单位为广东省航运规划设计院,施工单位为中交第四航务工程局有限公司,监理单位为广州海建工程监理公司。

2.南海救助局海口基地陆域工程二期项目

项目于2009年9月开工建设,2011年4月投入试运行,2014年10月竣工。

项目建设依据:2006年11月,交通部发布《南海救助局海口基地陆域工程可行性研究报告》(交规划发〔2006〕607号)。

项目主要建设内容包括新增陆域形成面积9633平方米,码头结构过渡段、综合业务楼(含船员接待站)建筑面积为2900平方米,仓库、机修车间等1496平方米的配套业务用房及相应的水、电、通信等设施。项目总投资2559.04万元(全部为国拨资金)。

项目设计单位为广东省航运规划设计院和广东省建筑设计研究院,施工单位为中港第四航务工程局、海南中龙建设工程有限公司和江西中联建设集团有限公司,监理单位为广州海建工程监理公司。

三、飞行基地

根据2007年颁布的《国家水上交通安全监管和救助系统布局规划》,救助飞行基地划分为机场和起降点两种,机场具备飞机停放、维修、飞行员训练、机务人员培训、地勤人员办公、消防、指挥等业务场地,需要单独建设;起降点是飞机停放、补给和待命的场地,主要停放直升机,根据实际情况依托沿海民用或军用机场建设。规划在山东蓬莱、上海高东、海南三亚建设救助直升机机场,在大连、温州、珠海等14个地区建设直升机起降点,整体呈"3+14"的格局。经过"十一五""十二五"建设,先后建设了上海高东机场改扩建、山东蓬莱机场收购、厦门直升机起降配套设施(依托厦门高崎机场)等项目。烟台机场改扩建工程、大连救助基地直升机起降点(依托大连周水子机场)、福州救助基地直升机起降点(依托福州长乐机场)获得立项批复,正在稳步推进。

(一)北海第一救助飞行队烟台救助机场工程

烟台救助机场(蓬莱沙河口机场)位于辽东半岛空中救援网体系,是我国三大救助机场之一,与大连飞行救助基地共同构成黄渤海海区空中救援网。在海上人员救助、陆岛医疗救护以及石油平台应急抢险方面发挥了巨大的作用。目前,北海第一救助飞行队使用该机场执行海上值班救助任务。

2004年北海第一救助飞行队顺利进驻蓬莱沙河口机场,开始执行黄、渤海海上人命救助任务。2006年1月13日,交通部北海第一救助飞行队正式挂牌成立。2010年12月30日,交通运输部北海救助局代部救捞局以7346万元的价格收购了蓬莱沙河口机场。烟台救助机场(蓬莱沙河口机场)位于蓬莱市沙河东岸,滨海路与南关路之间。距离烟台蓬莱机场(潮水)直线距离22公里。

交通运输部北海第一救助飞行队是我国北部海域的一支国家海上专业直升机救助队伍,主要担负北起鸭绿江口和营口海域,南至连云港绣针河口、平山岛一线范围内海上人命救助、财产救助和海洋环境救助职责,同时积极参与地方政府组织的抢险救灾和国家指定的特殊保障任务,是国家应急救援保障体系的重要组成部分和国家交通战备的重要力量。

北海第一救助飞行队拥有6架专业救助直升机,其中2架EC225大型救助直升机、3架S-76C+中型救助直升机。拥有4G2架小型训练直升机。为保障直升机适航,根据直升机定检、年检等情况在蓬莱、大连两地转场调机,以保障救助待命力量。

2009年9月,国家发展改革委《关于交通运输部利用专项建设资金收购山东省蓬莱机场的批复》(发改基础〔2009〕2350号)。项目总投资7346万元(全部为国拨资金),于2010年6月签订收购转让合同,2010年12月签字交接。项目由北京中联资产评估有限公司进行资产评估,由蓬莱机场资产接收小组进行资产清点确认,由北海救助局与蓬莱市人民政府、蓬莱机场有限公司、山东航空彩虹公务机有限公司分别签订收购转让合同。

烟台救助机场总占地面积174667平方米,内有机库、候机厅、值班室、办公室、塔台、油库、危险品库、锅炉房、导航台和跑道等临时建筑。机场飞行区等级指标为2B,升降带尺寸为920米×80米。跑道尺寸为800米×23米×0.25米(两侧道肩各1.5米),在跑道南端设有60米×26米的防吹坪,北端连接滑行道,长度为175米,与垂直联络道衔接。联络道宽10.5米(两侧道肩各为1.5米宽),长35.25米。停机坪尺寸为40米×60米。三座机库总面积2597平方米,钢结构形式。东航候机厅面积为840平方米。东航机务室、总值班室、塔台、油库为钢结构建筑,总面积564平方米。锅炉房、机场办公室、导航台为砖混结构,总建筑面积为539.5平方米。

该飞行队已安全飞行24494架次,在极其恶劣的气象和海况条件下,执行救助任务1343起,从生死线上救起1891名遇险人员。2018年以来,该队B-7309、B-7312、B-7313、B-7125、B-7126五架救助直升机分别在蓬莱、大连两地担负救助值班待命任务,执行救助任务112起,成功救起各类遇险人员103名。

(二)北海第一救助飞行队大连飞行救助基地

大连飞行救助基地现址建造于2015年3月,地处大连市甘井子区逸林北街20号,紧邻大连国际机场。设有办公及值班楼、综合库、直升机停机坪等设施。

北海第一救助飞行队大连基地于2003年11月成立,依托大连周水子国际机场起降实施飞行救助任务。此前一直租用办公楼和机库,租用的机库为20世纪40年代建设,经多次修缮仍残破不堪。因此交通运输部计划依托大连周水子国际机场建设大连救助基地起降配套设施,2015年3月开工建设,2018年7月经民航安防工程获监管局验收,大连基地正式投入运行。

大连飞行救助基地主要负责我国北海海域的海上救助工作。基地与蓬莱沙河口机场遥相呼应,构成了我国北方海域现代化海空立体救助体系的重要组成部分,24小时守护着海上人命、财产和海洋环境安全,是国家应急救援保障体系的重要组成部分和国家交通战备的重要力量。大连飞行救助基地现役救助航空器共计2架,一架为S-76中型直升机,一架为EC225大型直升机。为保障直升机适航,根据直升机定检、年检等情况在蓬莱、大连两地转场调机,以保障救助待命力量。

项目于2015年3月开工建设,2017年7月投入试运行。

项目建设依据:2011年,国家发展改革委发布《国家发展改革委关于大连飞行救助基地起降配套设施工程可行性研究报告的批复》(发改基础〔2011〕1345号);2013年交通运输部水运局批复初步设计(交水发〔2013〕135号)。

大连飞行救助基地总占地面积14757平方米,内有办公及业务值班楼、综合库、直升机机坪及拖机道。办公及业务值班楼5363.71平方米;综合库4177.38平方米。直升机机坪2600平方米,拖机道及道肩101米。项目总投资1.107亿元(全部为国拨资金)。

项目设计单位为中国民航机场建设集团有限公司，房建施工单位为大连市建设工程集团有限公司，房建监理单位为大连昕烨建设工程监理有限公司，民航专业工程施工单位为中交一航局第四工程有限公司，民航安防工程施工单位为沈阳汇通智联电子工程设计安装有限公司，民航监理单位为西安西北民航项目管理有限公司。

大连飞行救助基地执行救助任务 440 次，救助遇险人员 620 名，先后执行了"利达洲18"轮起火救援、"海鹭 15"轮翻沉救援、大连输油管破裂事故救援等任务。

（三）东海第一救助飞行队高东救助机场

东海第一救助飞行队高东救助机场建造于 2000 年 6 月 13 日，坐落于上海市浦东新区高东工业园区内。是我国三大救助机场之一，设有办公生活用房、维修机库、导航台、停机坪、跑道、油库区、消防楼、变电站、指挥楼、综合仓库、气瓶库、消防泵站、门卫、车库及道路、广场、水、电、通信等配套设施。

基地由原国家计委、总参谋部批准，由交通部投资，一期工程于 2000 年 6 月开工建设，2001 年 9 月投入试运行，2001 年 9 月竣工；改扩建工程于 2010 年 2 月开工建设，2011年 8 月投入试运行，2014 年 12 月竣工。

高东机场主要负责我国东海海域辖区范围北纬 35°08′30″至北纬 27°纬度线之间沿海水域进行人命及财产救助。

高东机场现役救助航空器共计 7 架，全部为 S76 直升机，用于 24 小时搜救及巡航任务。

1. 上海救捞局海上搜救直升机临时起降点工程

项目于 2000 年 6 月开工建设，2001 年 9 月投入试运行，2001 年 9 月竣工。

项目建设依据：1998 年 7 月，交通部《关于上海救捞局海上搜救直升机临时起降点工程可行性研究报告的批复》（交计发〔1998〕414 号）；1998 年 8 月，交通部《关于上海海上救捞局海上搜救直升机临时起降点工程初步设计的批复》（基综字〔1998〕191 号）。

项目主要建设飞行区、业务用房及道路、广场、水、电、通信等配套设施。飞行区包括跑道 250 米×30 米、起降区 370 米×90 米、联络道 55 米×7.5 米、停机坪 91 米×40 米、试机坪 15 米×15 米及助航灯光工程。业务用房包括综合业务楼 1112 平方米，两座维修机车库各 1630 平方米，生活楼 1816 平方米，消防楼 413 平方米，油泵和装、罐油棚 122 平方米，导航台 16 平方米，综合仓库 157 平方米，气瓶库 75 平方米，气车库 311 平方米，变电所 248 平方米，消防泵房 62 平方米，门卫室 33 平方米。项目总投资 6500 万元（全部为国拨资金）。

项目设计单位为中国航空工业规划设计研究院和上海二轻建筑设计研究院，施工单位为中国航空港建设第十总队，监理单位为中交水运工程设计咨询中心。

2.上海海上救助机场改扩建工程

项目于 2010 年 2 月开工建设,2011 年 8 月投入试运行,2014 年 12 月竣工。

项目建设依据:2007 年 7 月,交通部《关于上海高东救助直升机改扩建工程可行性研究报告的批复》(交规划发〔2007〕413 号);2008 年 1 月,交通部《关于上海高东救助直升机改扩建工程初步设计的批复》(交水发〔2008〕23 号)。

项目主要建设内容包括新建和延长停止道、扩建停机坪、新建生活楼和机库、原综合楼改建为飞行指挥楼、原生活楼改建为飞行队办公业务楼,以及配套建设助航灯光、给水管网等设施。高东机场总占地面积 134984 平方米,总建筑面积 13979 平方米。主要包括维修机库(3 个)、导航台、油库、消防楼、变电站、指挥楼、综合仓库、气瓶库、消防泵站、门卫、车库、办公和生活用房、跑道、联络道、停机坪以及道路、广场、水、电、通信等配套设施。停机坪长 223.8 米,宽 51.5 米;跑道长 399 米,宽 30 米;联络道长 50 米,宽 7.5 米。项目总投资 5480 万元(全部为国拨资金)。

项目设计单位为上海民航新时代机场设计研究院有限公司,施工单位为上海市第一市政工程有限公司,监理单位为上海海达工程建设咨询有限公司、英泰克工程顾问(上海)有限公司。

截至 2019 年 3 月 11 日,高东机场执行救助任务 1632 次,救助遇险人员 1351 名,先后执行了伊朗籍 ZOOIK 货船应急救援等救援任务。

(四)东海第二救助飞行队厦门飞行救助基地直升机起降配套设施工程项目

东海第二救助飞行队厦门飞行救助基地地处厦门市湖里区高崎南一路 7 号,紧邻厦门高崎国际机场。

东海第二救助飞行队厦门飞行救助基地于 2004 年 8 月 20 日成立,依托厦门高崎国际机场起降实施飞行救助任务。自建队伊始,东海第二救助飞行队一直没有属于自己的独立办公场所,人员办公场地长期租用,航空器长期停放在简易临时机库。为了飞行救助队伍的成长发展,交通运输部计划依托厦门高崎国际机场建设厦门直升机起降配套设施。

根据交通运输部的要求,厦门飞行救助基地主要承担福建海区特别是台湾海峡地区遇险(难)船舶、航空器、固定设施等的人员搜寻救助和人命救生;承担海上船舶、固定设施的伤病人员救助;配合海上救助船舶实施海上救助、消防和防污工作;执行其他海上应急抢险、搜寻、救助任务。应主管部门、地方政府及当地驻军要求,参加各项应急救援工作,承担海上巡航任务,适当兼顾陆域救助飞行任务,积极充分发挥国家专业救助力量的作用。

东海第二救助飞行队现役救助航空器共计 3 架,机型为 S-76C 直升机。为保障直升机适航,根据直升机定检、年检等情况在厦门、福州两地转场调机,以保障救助待命力量。

东海第二救助飞行队厦门飞行救助基地直升机起降配套设施工程项目于 2010 年 3 月正式动工建设,2010 年 11 月投入试运行,2012 年 4 月竣工。

项目建设依据:2008 年 9 月,交通运输部《关于东海第二救助飞行队厦门直升机起降配套设施工程科性研究报告的批复》(交规划发〔2008〕335 号);2008 年 11 月,交通运输部《关于东海第二救助飞行队厦门直升机起降配套设施工程初步设计的批复》(交水发〔2008〕428 号)。

厦门飞行救助基地由交通运输部全额投资建设,总投资为 4194.16 万元,总占地面积为 3730 平方米,总建筑面积为 5615 平方米,主要建设 1 栋飞行执勤楼和 1 座停放 1 架直升机的机库及附属用房。其中,新建直升机机库及附属用房面积为 1130 平方米,为钢网架结构;新建飞行执勤楼面积为 4485 平方米,为钢筋混凝土结构。

项目设计单位为上海民航新时代机场设计院有限公司,施工单位为厦门安能建设有限公司,监理单位为厦门勤奋建设工程监理有限公司。

东海第二救助飞行队先后执行了巴拿马籍集装箱轮"SILVERSEA"(银海轮)翻沉救援、柬埔寨籍货轮"SHENGJIA16"翻沉救援等任务。

四、打捞基地

打捞基地指我国为开展打捞相关活动而建立的技术型地点,含各打捞局本部及其所属的抢险打捞业务起到其特殊功能与作用的地方相关机构。打捞装备维护储存或后勤保障基地、打捞船舶后勤保障及停泊待命基地、打捞技术研究实验室、培训学校等在此都列入打捞基地范畴。其职责为:承担公益性抢险打捞及财产救助责任,北起连云港、南至闽粤交界处,江苏、上海、浙江、福建辖区内的海上环境和财产救助、沉船沉物打捞清障、难船存油、溢油的应急清除及突发事件抢险救难任务,并肩负国家指令性救灾等应急保障任务。

(一)烟台救捞基地

1.烟台打捞局顺岸码头工程

1997 年 4 月,随着船舶的增加和大型化发展,需要增加泊位,烟台打捞局利用基地岸线资源建设了该码头。该码头坐落于烟台市芝罘岛烟台救捞基地港区,设有顺岸码头、滚装码头、堆场、生产生活建筑物等设施。码头提供 3 个泊位,为烟台打捞局本部提供了停靠大型船舶的能力。

项目于 1998 年 7 月开工建设,2000 年 12 月投入试运行,2001 年 8 月竣工。

项目建设依据:1997 年 4 月,交通部《关于烟台救捞基地顺岸码头工程可行性研究报告的批复》(交计发〔1997〕191 号);1997 年 9 月,交通部《关于烟台救捞基地顺岸码头工程初步设计的批复》(基综字〔1997〕233 号)。

顺岸码头共 3 个泊位,长 324 米;陆域形成 32000 平方米,道路堆场 32677 平方米,生产生活建筑物 1125 平方米及相应的附属设备。项目总投资 5292.08 万元(其中国拨资金 4950 万元,自筹资金 342.08 万元)。

项目设计单位为交通部第二航务工程勘察设计院,施工单位为武汉华航港湾工程总承包公司,监理单位为中交水运工程设计咨询中心。

自码头建成以来,长期为救捞工作船靠泊提供保障,为客滚船经营及应急救援提供基础设施保障。

2. 烟台打捞局西突堤码头工程

2010 年 6 月,为进一步提升打捞支持保障能力,充分利用烟台打捞局岸线资源,烟台打捞局西突堤码头建设,坐落于烟台市芝罘岛烟台救捞基地港区,设有重力式突堤码头以及供电、照明、给排水、消防等配套设施。码头提供 2 个泊位,进一步提高了烟台打捞局船舶停靠的数量,提升了打捞支持保障能力。

项目于 2010 年 6 月开工建设,2011 年 7 月投入试运行,2013 年 12 月竣工验收。

项目建设依据:2008 年 1 月,交通部《关于烟台打捞局烟台芝罘湾打捞基地西突堤码头工程可行性研究报告的批复》(交规划发〔2008〕39 号);2009 年 8 月,交通运输部《关于烟台打捞局烟台芝罘湾打捞基地西突堤码头工程初步设计的批复》(交水发〔2009〕407 号)。

码头有 2 个泊位,结构形式为沉箱(方块)重力结构,总长 190 米、宽 20 米,码头前沿设计水深为 7.3 米。项目总投资 4686.49 万元(全部为国拨资金)。

项目设计单位为中交第二航务工程勘察设计院有限公司,施工单位为山东中交航务工程有限公司、烟台百通建筑工程有限公司,监理单位为山东港通工程管理咨询有限公司。

自码头建成以来,长期为救捞工作船靠泊提供保障,为客滚船经营及应急救援提供基础设施保障。

(二)上海打捞局局本部工程

交通运输部上海打捞局创建于 1951 年,其前身为交通部上海海难救助打捞局。自 20 世纪 50 年代起,在部的领导下,按国家对应急抢险功能提出的新要求,于 1979 年新建码头 201.6 米,1995 年扩建至长 237 米、宽 23.5 米;2003 年救捞体制改革后上海打捞局使用 137 米,东海救助局使用 100 米码头。在陆域基础设施建设方面,1993 年批准新建了生产调度综合楼;2012 年批准建设的黄浦江应急设备库和二级单位业务用房。

从 2010 年开始,根据上海市黄浦江两岸开发总体规划,局大院和码头也属规划改建范围之内,沿江 50 多米范围内的土地和房屋被征用,作为滨江道路和景观绿化用地。因此,依据规划对周边区域景观建设要求,对局大院总体布局进行了调整,用地面积从 49 亩被征用后缩小到 32 亩;拆除了存在安全隐患的老旧建筑,新建了东海救助局救助指挥业务用房、黄浦江应急设备库和二级单位业务用房;保留了生产调度综合楼、重型仓库和汽车库。

上海打捞局局本部建造于 1959 年,设有生产调度综合楼、黄浦江应急设备库、二级单位业务用房和码头。现有土地面积 22833.45 平方米(34.25 亩),总建筑面积 29216.93 平方米,建有生产调度综合楼(14180.8 平方米)、重型仓库(2884 平方米)、黄浦江应急设备库(7483 平方米)、二级单位业务用房(4217 平方米)、汽车库(430 平方米)、变电房(22 平方米)。水域现有码头长度 237 米、宽 23.5 米,采用固定高桩梁板结构,配有 1 台 10 吨起重机。

上海打捞局局码头主要用于靠泊"捞 61 号""捞 62 号"和驳船等中小型打捞船舶。在应急救援设备和物资方面有重型和轻型空气潜水装备、自携式潜水设备、水下扫测设备等,可用于潜水员下水救援和探摸、水下扫测定位、打捞遗体等水下作业。

局大院始建于 1959 年,在数次工作中,充分发挥了应急抢险打捞指挥中心的作用,完成了"东方之星"轮抢险打捞、"桑吉"轮应急处置、重庆万州公交坠江事故救援等重要任务。

1. 上海海难救助打捞局救捞码头工程

项目于 1979 年 3 月开工建设,1980 年 1 月投入试运行,1980 年 1 月竣工。

项目建设依据:1978 年交通部《关于救捞码头扩初设计的批复》[(78)交水基字 1075 号]批准了初步设计方案,1979 年上海港务监督下发《港内工程申请书》同意工程建设。工程主要建设 1 座长 236.6 米、宽 23.5 米的钢筋混凝土码头,配套建设 1 台 10.5 米高、吊重 10 吨的起重机,以及防汛闸门、供电、供水、消防等相关设施。项目总投资 240 万元(全部为国拨资金),设计单位为交通部第三航务局设计处,施工单位为交通部第三航务局。

2. 生产调度综合楼

项目于 1996 年 12 月开工建设,1998 年 10 月投入试运行,1998 年 10 月竣工。

项目建设依据:1993 年 12 月,交通部《关于上海救捞局生产调度综合楼工程可行性研究报告的批复》(交计发〔1993〕1288 号)。

项目主要建设办公楼 1 座,建筑面积 14180.85 平方米,为钢筋混凝土框架结构。项目总投资 2500 万元(国拨 1500 万元,自筹 1000 万元),项目设计单位为深圳大学建筑设计研究院,施工单位为浙江上虞建筑工程公司。

3. 黄浦江应急库重建及基础设施改造工程

项目于 2013 年 7 月开工建设,2016 年 1 月投入试运行,2016 年 1 月竣工。

项目建设依据:2010 年 9 月,交通运输部《关于黄浦江应急库重建及基础设施改造工程可行性研究报告的批复》(交规划发〔2010〕527 号);2010 年 12 月,交通运输部《关于黄浦江应急库重建及基础设施改造工程初步设计的批复》(交水发〔2010〕723 号)。

工程新建黄浦江应急设备库 1 幢,总建筑面积 7483 平方米,以及配套基础设施改造。项目总投资 3771.1 万元(国拨 3400 万元,自筹 371.1 万元),项目设计单位为中国京冶工程技术有限公司,施工单位为上海建工一建集团有限公司,监理单位为上海杨浦建设工程监理有限责任公司。

4. 二级单位业务用房工程

项目于 2013 年 7 月开工建设,2016 年 1 月投入试运行,2016 年 1 月竣工。

项目建设依据:2011 年 11 月,交通运输部《关于上海打捞局二级单位业务用房工程可行性研究报告的批复》(交规划发〔2011〕654 号);2012 年 1 月,交通运输部《关于上海打捞局二级单位业务用房工程初步设计的批复》(交水发〔2012〕20 号)。

工程新建二级单位业务用房,总建筑面积 4217 平方米。项目总投资 3771.1 万元(国拨 3400 万元,自筹 371.1 万元),项目设计单位为中国京冶工程技术有限公司,施工单位为上海建工一建集团有限公司,监理单位为上海杨浦建设工程监理有限责任公司。

(三)上海打捞局横沙抢险打捞基地工程

交通运输部上海打捞局横沙抢险打捞基地(简称"横沙基地")始建于 20 世纪 70 年代,位于上海市崇明区横沙乡(岛)码头南路 699 弄,临近横沙岛客运码头、长江口横沙通道东岸。基地陆上区域占地 129 亩,建有饱和潜水训练基地、海上溢油回收和抢险打捞设备库,能满足《国家水上交通安全监管和救助系统布局规划》对抢险打捞综合性基地的要求,为海上和长江口水域船舶应急救助和潜水人员培养提供支撑保障。

20 世纪 70 年代,为解决长江口水域和舟山海域应急抢险空白点,经交通部批准建设"上海海难救助打捞局横沙救助站",于 1976 年 12 月开工建设,至 1979 年 12 月建成。码头建成后,因横沙岛西滩每年淤浅 50～60 厘米的自然变化,以及当地政府在该码头南面进行大面积围垦造田,使该码头前沿位置淤浅并逐年干枯,救助待命船舶无法靠离码头,故于 20 世纪 80 年代停止使用。20 世纪初,为落实《国家水上交通安全监管和救助系统布局规划》确定的打捞系统能力建设目标,解决和改善上海打捞局大型船舶码头靠泊条件差、基地面积小和打捞设备维护能力不足的现状,交通运输部和上海市政府批准了《上海打捞局横沙基地总体规划》,同意建设"上海打捞局横沙抢险打捞基地(横沙基地)"。

基地码头工程于 2010 年 11 月开工建设,2013 年 11 月竣工;抢险打捞基地和饱和潜水训练基地基础设施配套工程于 2014 年 4 月开工建设,2017 年 1 月竣工。

横沙基地陆域建设用地面积 85993 平方米,其中南端地块 57104 平方米,建设饱和潜水训练基地;北端地块 28889 平方米,建设海上溢油回收和抢险打捞装备库。按基地使用功能需要,建有主警卫室、次警卫室、变电所、加压泵房、污水处理站、垃圾房、值班室配套用房等,总建筑面积 613 平方米,分别位于基地南端地块各处。

基地水域现有码头长度 370 米、宽度 20 米,通向陆地的引桥长 120 米、宽 6 米,均采用固定高桩梁板结构。码头可以停靠万吨级以上大型打捞船舶 2～3 艘。码头荷载能满足 50 吨平板车满载、100 吨汽车起重机通行。

2017 年 8 月基地建成投入使用后,按集约化管理要求,科学合理地将相关船舶装备和抢险打捞设备等应急资源进行了布局配置,充分发挥基地的综合作用,为应急救援提供更好保障。如在"桑吉"轮爆燃事故中,调动靠泊在横沙基地码头的"深潜号""德深"轮、"德意"轮,迅速抵达事发现场,立刻投入失联船员搜寻、难船实施灭火等救助,并组织 4 名勇士,冒着生命危险登上难船执行搜寻任务,最终探明了难船情况、取回了数据记录仪、找回了 2 名遇难者遗体。"桑吉"轮沉没后,立即投入防油污及油污清除回收作业,累计清污 172.17 平方海里、回收污油水 70.3 立方米。在"重庆万州公交坠江事故"中,及时调遣救援打捞专家、潜水员、潜水医生和潜水装备等应急力量,迅速赶赴现场,并根据现场打捞方案,轮番下水,连夜作战,及时进行了潜水探摸、黑匣子搜寻、车辆扫测定位等工作,打捞出 5 具遗体并发现 2 具暂无法打捞出水的遗体,最后找到黑匣子芯片,还原了事实真相,关键时刻发挥了国家专业应急抢险打捞队伍的关键作用。

1. 上海海难救助打捞局横沙救助站工程一期项目

项目于 1976 年 12 月开工建设,1979 年 12 月投入试运行,1979 年 12 月竣工。

项目建设依据:1975 年,交通部《关于长江口建设码头泊位等设计任务书的批复》[(75)交计字 516 号]批准项目建设。1976 年,上海市港口建设领导小组《关于上海海难救助打捞局横沙码头扩初设计的批复》[(76)沪港建字第 22 号]批准了初步设计方案。

项目陆域办公区主要建设宿舍及办公房、仓库及维修车间、汽车库、职工食堂、水塔等附属设施,建筑面积共计 2215 平方米。水域主要建设钢制浮码头长 130 米(由 1.7 万吨级旧船底改建而成),混凝土引桥长 280 米、宽 6 米,桥头引堤长 82 米、宽 6.5 米。项目投资概算为 190 万元(全部为国家投资),设计单位为交通部第三航务局设计处,施工单位为交通部第三航务局。

2. 横沙基地码头工程二期项目

项目于 2010 年 11 月开工建设,2011 年 9 月投入试运行,2013 年 11 月竣工。

项目建设依据:2009 年 6 月,交通运输部发布《关于上海打捞局横沙基地码头工程可行性研究报告的批复》(交规划发〔2009〕280 号);2009 年 11 月,交通运输部发布《关于上海打捞局横沙基地码头工程初步设计的批复》(交水发〔2009〕634 号)。

项目主要建设 1 座长 370 米、宽 20 米的栈桥式顺岸码头,配套建设 1 座防汛闸门,及供电、照明、给排水、消防等相关设施。项目总投资 4800 万元(全部为国家投资),项目设计单位为上海中交水运设计研究有限公司,施工单位为中交三航局第二工程有限公司,监理单位为上海海科工程监理所。

3. 横沙基地码头工程三期项目

三期项目由 3 个子项目组成,分别为:

(1)横沙抢险打捞基地和饱和潜水训练基地基础设施配套工程

项目建设依据:2012 年 11 月,交通运输部《关于上海打捞局横沙抢险打捞基地和饱和潜水训练基地基础设施配套工程可行性研究报告的批复》(交规划发〔2012〕614 号)。2013 年 9 月,交通运输部《关于上海打捞局横沙抢险打捞基地和饱和潜水训练基地基础设施配套工程初步设计的批复》(交水发〔2013〕521 号)。项目总投资 8690 万元(国家投资 7820 万元,自筹 870 万元),于 2014 年 4 月开工建设,2016 年 1 月投入试运行,2017 年 1 月竣工。设计单位为上海中交水运设计研究有限公司,施工单位为上海交通建设总承包公司,监理单位为上海海科工程咨询有限公司。

项目主要建设护岸、桥梁、道路、围墙,形成 117630 平方米的陆域,及配套建设变电所、加压泵房、污水处理站、门卫以及供电照明、给排水、消防、暖通、通信、绿化等设施。

(2)饱和潜水训练基地工程

项目建设依据:2012 年 11 月,交通运输部《交通运输部关于上海打捞局饱和潜水训练基地工程可行性研究报告的批复》(交规划发〔2012〕586 号)。2013 年 9 月,交通运输部《交通运输部关于上海打捞局饱和潜水训练基地工程初步设计的批复》(交水发〔2013〕519 号)。项目总投资 6032.5 万元(国家投资 5000 万元,自筹 1032.5 万元),于 2016 年 3 月开工建设,2017 年 8 月投入试运行,2018 年 8 月竣工。设计单位为中国京冶技术工程有限公司,施工单位为中交第三航务工程局有限公司,监理单位为上海正亚工程咨询有限公司。

项目主要建设饱和潜水训练实操室、综合教学楼、训练池、宿舍楼和食堂,以及室外体能、技能训练场,并购置 1 套 200 米饱和潜水模拟训练系统设备。

(3)海上溢油回收和抢险打捞设备库工程

项目建设依据:2013 年 1 月,交通运输部《交通运输部关于上海打捞局海上溢油回收和抢险打捞设备库工程可行性研究报告的批复》(交规划发〔2013〕18 号)。2013 年 9 月,交通运输部《交通运输部关于上海打捞局海上溢油回收和抢险打捞设备库工程初步设计的批复》（交水发〔2013〕520号）。项目总投资3497.32万元（国家投资3320万元，自筹177.32万元），于2016年3月开工建设，2017年3月投入试运行，2018年8月竣工。设计单位为宝钢工程技术集团有限公司，施工单位为南通四建集团有限公司，监理单位为上海海科工程咨询有限公司。

项目主要建设溢油应急设备库、抢险打捞设备库、设备维修车间、停车棚、大型设备堆场、晾晒场、训练及清洗池、油污处理池等设施，并购置应急油污控制设备、运输和装卸设备、起重设备和加压水泵设备等。

（四）广州打捞局石楼浮筒基地

根据救捞体制改革的要求，广州救捞局石楼救捞基地一分为二，广州打捞局所属码头长100米，后方陆域面积约10000平方米。2003年，部投资建设广州打捞局石楼浮筒堆放基地工程，工程于2003年5月开工建设，2005年12月投入试运行，2008年1月竣工。2005年部投资建设广州打捞局石楼浮筒堆放基地码头扩建工程，工程于2005年12月开工建设，2006年10月投入试运行，2008年1月竣工。广州打捞局石楼浮筒基地东靠珠江口，西临浮莲岗水道，与黄阁镇隔江相望，设有码头、浮筒存放区、应急抢险打捞物资堆放区域其他基地配套设施。

石楼浮筒基地总占地面积23261平方米，内有办公楼、仓库、车间、工具库、码头、堆场、配电房、水泵房等设施。其中办公楼、仓库987平方米，车间490平方米，堆场、配电房、水泵房35平方米，工具库、食堂以及绿化区、污水处理间100平方米，停车棚72平方米，消防中控室35平方米，地下水池400立方米。候工楼按三层钢筋混凝土结构建设，总建设面积为795平方米，内设医务室、图书阅览室及文体活动室。

基地主要配置的装备有25吨轮胎吊、10吨、6吨叉车、350吨浮筒搬运机及大型浮筒：1200吨浮筒2个、800吨浮筒8个、500吨浮筒4个。停靠的船舶有"德惠""德进"等拖轮，"南天龙""南天鹏"等大型起重船。

广州打捞局石楼浮筒基地为广州打捞局打捞浮筒集中存放、维修保养、后勤保障、应急抢险打捞行动准备和组织实施的必要场所，同时也是各种大型抢险打捞船舶补给、应急抢险值班待命，并以大型打捞浮筒设备为主的应急、抢险物资存放的基地。

自2003年救捞体制改革以来，石楼基地充分发挥了应急保障作用，不仅满足了大型浮筒等大型抢险打捞装备装卸存放和维修的需要，同时也保障了珠江口及附近水域应急抢险打捞任务的开展。在石楼基地的运行中，广州打捞局发挥了海上专业抢险打捞队伍应有的作用，先后顺利完成了"鹏洋"轮打捞、"亚平"轮液化气船救助、"永安4号"出浅、"NEFTEGAZ-67"轮打捞等一系列急难险重的应急抢险救助打捞任务。仅2003—2010

年,就共计执行救助任务 49 宗,出动救捞力量 310 艘次,救助船舶 35 艘,获救财产价值达 31 亿元,获救人员 390 人;执行抢险打捞任务 125 宗,打捞沉船 15 艘,成功率 100%。

1. 广州打捞局石楼浮筒存放基地工程

项目于 2003 年 5 月开工建设,2005 年 12 月投入试运行,2008 年 1 月竣工。

项目建设依据:2001 年 4 月,交通部发布《关于广州救捞局救捞浮筒存放基地工程可行性研究报告的批复》(交规划发〔2001〕173 号);2002 年 6 月,交通部发布《关于广州救捞局石楼浮筒存放基地工程初步设计的批复》(厅水字〔2002〕235 号)。

项目主要建设双栈桥 1 座,征用陆域面积 13390 平方米;建设道路、堆场面积 10193 平方米;堆场存放、维修浮力 60~800 吨级浮筒 22 个,预留 6 个;进口 350 吨浮筒搬运机 1 台,配置 5 吨绞盘 1 套,3 吨绞盘 2 套;建设防洪堤、护岸、围墙、供电、照明、场外道路等相关配套设施。项目总投资 3869.29 万元(国拨 3650 万元,自筹 219.29 万元),项目设计单位为广东省航运规划设计院,施工单位为中港四航局第二工程公司和广州打捞局建筑工程处,监理单位为南华建设监理所。

2. 广州打捞局石楼浮筒堆放基地码头扩建工程

项目于 2005 年 12 月开工建设,2006 年 10 月投入试运行,2008 年 1 月竣工。

项目建设依据:2004 年 11 月,交通部发布《关于广州打捞局石楼浮筒堆放基地码头扩建工程可行性研究报告的批复》(交规划发〔2004〕665 号);2005 年 6 月,交通部发布《关于广州打捞局石楼浮筒堆放基地码头扩建工程初步设计的批复》(交水发〔2005〕289 号)。

项目在栈桥向东侧建设 122.5 米长、水深为 7 米的栈桥式高桩码头 1 座、防洪闸门 1 座、陆域以及其他设备及配套附属设施;引桥 2 座,其中北引桥长度为 29.854 米,南引桥长度为 29.728 米;新建仓库 472 平方米(与石楼浮筒基地工程的综合业务楼合并建设)以及相关配套设施。项目总投资 1491.78 万元(国拨 1470 万元,自筹 21.78 万元),项目设计单位为广东省航运规划设计院,施工单位为广东金东海集团有限公司,监理单位为广州海建工程监理公司。

(五)广州打捞局小洲抢险打捞基地

广州打捞局小洲抢险打捞基地位于广州市南郊,在沥滘水道北岸,海珠区南洲路以南,设有综合业务楼、候工楼、物资总仓、抢险打捞物资设备仓库及维修仓库、溢油回收设备库等设施。

小洲基地自 1974 年开始建设,1975 年完成三通一平等前期工作,1976 年建设了码头与维修车间、综合业务楼、候工楼等陆上设施。1979—1984 年,先后建设饭堂、水塔、物资总仓库等设施。2002 年，交通部批复建设综合业务楼工程、供配电房及设备、照明通信、消防工程、给排水工程、桥梁、综合业务楼工程及部分道路堆场工程。2009 年，部批复建设二期工程，在上述一期工程的基础上总平面经优化后，拆除旧建筑物，建设综合物资及修理仓库，迁建减压舱，迁建候工楼及配套设施、设备等。2011 年，部批复建设溢油应急设备库及配套设备设施建设工程。

广州打捞局小洲基地现陆域面积约有 12 万平方米，地上建筑物约 5 万平方米。小洲基地码头前沿从西至东约 780 余米，岸线分为 3 段：救捞工程船队码头段及护岸段、船舶修造中心码头段、港航工程中心码头段及护岸段。

基地主要配置 LEF-400W 型、LFF-200C 型等各型号溢油回收装备，重型水下 ROV 及配套作业设备，及水下导向攻泥器。停靠的船舶主要有"德信""德华""重任 103"等中小型船舶和抬浮驳。

小洲基地主要是广州打捞局应急抢险打捞任务快速反应及执行最主要的基地，是该局救捞工程船队、救捞拖轮船队及船舶修造中心船舶的靠泊、补给、维保基地，该局现有的溢油应急设备和抢险打捞设备，均放置于小洲基地溢油应急设备库内。基地主要承担局公益性抢险打捞、沉船沉物打捞、环境及水上财产救助任务；提供水工工程、起重安装、潜水工程、隧道工程等工程服务；提供港口与航道工程、市政公用工程、水利水电工程等港航施工建设服务；承担国际、国内遇险船舶的应急拖带、环球远洋拖航任务；提供海洋工程、油田支持、驳船运输，超大型结构件驳运等工程服务；同时为该局抢险打捞作业提供后勤支持保障。

小洲基地是广州打捞局最早的也是最发挥作用的基地，该局主要的应急抢险队都在小洲基地办公。

1. 广州救捞局小洲基地护岸工程

项目于 2001 年 8 月开工建设，2002 年 6 月投入试运行，2002 年 6 月竣工。

项目建设依据：1999 年 12 月，交通部发布《关于广州救捞局小洲基地护岸工程可行性研究报告的批复》（交规划发〔1999〕712 号）；2000 年 2 月，交通部发布《关于广州救捞局小洲基地护岸工程初步设计工程的批复》（水运基建字〔2000〕82 号）。

项目主要建设 10000 平方米的陆域以及基地绿化、水电和照明系统，并整治护岸（含河涌）。项目总投资 1922 万元（国拨 1890 万元，自筹 32 万元），项目设计单位为广东省航运规划设计院，施工单位为中港四航局第二工程公司和广州打捞局建筑工程处，监理单位为广州海建监理公司。

2. 广州打捞局小洲基地港池疏浚工程

项目于 2006 年 12 月开工建设，2007 年 3 月投入试运行，2008 年 1 月竣工。

项目建设依据:2005 年 8 月,交通部发布《关于广州打捞局小洲基地港池疏浚工程可行性研究报告的批复》(交规划发〔2005〕355 号);2005 年 12 月,交通部发布《关于广州打捞局小洲基地港池疏浚工程初步设计的批复》(交通部厅水字〔2005〕664 号)。

项目主要建设 4 个港池,总面积约 7.45 万平方米。项目总投资 888.59 万元(国拨 880 万元,自筹 8.59 万元),项目设计单位为广东省航运规划设计院,施工单位为广东中海工程建设总局,监理单位为广州海建工程监理公司。

3.广州救捞局小洲基地基础设施改建工程

项目于 2003 年 11 月开工建设,2008 年 10 月投入试运行,2009 年 12 月竣工。

项目建设依据:2002 年 8 月,交通部发布《关于广州救捞局小洲基地基础设施改建工程可行性研究报告的批复》(交规划发〔2002〕365 号);2003 年 4 月,交通部发布《关于广州救捞局小洲基地基础设施改建工程初步设计的批复》(交水发〔2003〕137 号)。工程拆除 3087 平方米建筑物,迁建生产管理办公楼 1 座,改造道路、堆场、给排水、供电照明等设施;对部分码头更换系船柱及橡胶护舷。项目总投资 2665.83 万元(国拨 2500 万元,自筹 165.83 万元),项目设计单位为广东省航运规划设计院,施工单位为广州市第四建筑工程有限公司、广东省电力实业发展总公司、广州市自来水工程劳动服务公司和中国水产广州建港工程公司,监理单位为广州海建工程监理公司。

(六)广州打捞局新会抢险打捞基地

为解决广州打捞局基地码头设施能力(主要停靠大型抢险打捞装备及船舶)的不足,增强珠江口附近水域及近海应急抢险打捞保障能力。交通部于 2007 年 6 月批复同意该局在江门市新会崖门水道西岸建设新会抢险打捞基地一期工程。为进一步完善新会基地的基础设施,充分发挥基地的应急抢险打捞等综合功能,方便广州局大型抢险打捞装备、相关工作船舶进出停靠及满足抢险打捞物资装备的堆放需要,交通运输部 2009 年 7 月批复了新会抢险打捞基地护岸工程。为解决船机厂设备老旧落后问题,建立抢险打捞装备稳定的技术支持保障和可靠的维修能力,2010 年 8 月,部批复了广州打捞局抢险装备维修基地搬迁工程,同意在新会基地南侧迁建广州打捞局抢险装备维修基地,与新会基地整体规划布置。为进一步完善基地的基础配套设施,充分发挥基地的应急抢险打捞功能,方便大型抢险打捞装备的维修、保养及满足抢险打捞物资装备的堆放需要,2013 年 11 月,部批复了抢险装备维修基地配套工程。广州打捞局新会抢险打捞基地建造于 2008 年 10 月,位于江门市新会区崖门镇崖门水道右岸,毗邻珠海市斗门区,崖南避风渔港水域下游。设有综合业务楼、侯工楼、船台、仓库车间、码头等设施。

广州打捞局新会基地现陆域面积约有 9.07 万平方米,其中候工楼 4829 平方米。仓库车间面积共约 13218 平方米。船台 2 个(146 米×25 米、146 米×40 米),以及长 200 米的主体码头1座。

基地主要配置30T门机1台、10吨天车吊1台、8吨叉车2台、6吨叉车1台、36吨汽车吊1台；拟购16吨门座式起重机、6吨及10吨叉车各1台，液压动力平板运输车1台，50吨、30吨、15吨天车吊各1台、10吨天车吊2台、5吨天车吊4台。停靠的船舶主要有4000吨起重船"华天龙""德跃"轮、30000吨半潜驳等。

新会抢险打捞基地按"总体规划、分期建设"的原则建设成一个规模较大、功能较全的综合性的抢险打捞基地，同时具备抢险打捞装备维修改造的功能。该基地为广州打捞局大型抢险打捞船舶和设备提供应急维修及保养、存放的大本营，并具备大中型船舶停靠、保养、维修、补给、打捞物资存放及应急抢险、值班待命等功能，具备可直接派出力量参与海上应急抢险打捞的功能。同时该基地也将是广州打捞局抢险打捞工程所需钢结构构件制作的主要场所。

基地的建设完善了南海海域抢险打捞基地的布局，一定程度上提高了我局快速反应能力和抢险打捞水平，为海上抢险打捞作业船舶设备及实施提供了较好的后勤保障。

1. 广州打捞局新会抢险打捞基地一期工程

项目于2008年10月开工建设，2010年1月投入试运行，2012年5月竣工。

项目建设依据：2007年6月，交通部《关于广州打捞局新会抢险打捞基地一期工程可行性研究报告的批复》（交规划发〔2007〕276号）；2007年9月，交通部《关于广州打捞局新会抢险打捞基地一期工程初步设计的批复》（交水发〔2007〕533号）。

项目主要建设陆域、岸线、码头、引桥和建设业务用房、供电、给排水、通信等附属设施等。陆域总面积约为100亩，岸线长280米，码头采用栈桥式布置，长200米、宽20米（码头结构按靠泊5000吨级散杂货船设计），码头面高程4.2米，引桥宽12米、长180米。项目总投资4941.99万元（国拨4900万元，自筹41.99万元），项目设计单位为广州打捞局勘测设计所和广东省建工设计院，施工单位为中交第四航务工程局有限公司和湛江粤西建筑工程公司，监理单位为海南容德工程咨询监理有限公司和海南肯特工程顾问有限公司。

2. 广州打捞局新会抢险打捞基地护岸工程

项目于2010年11月开工建设，2014年1月投入试运行，2016年12月竣工。

项目建设依据：2009年7月，交通运输部发布《关于广州打捞局新会抢险打捞基地护岸工程可行性研究报告的批复》（交规划发〔2009〕371号）；2009年11月，交通运输部发布《关于广州打捞局新会抢险打捞基地护岸工程初步设计的批复》（交水发〔2009〕633号）。

项目主要建设重力式护岸（兼做码头），疏浚港池及航道，处理陆域软基，购置必要的装卸设备，配套建设港池、进出港支航道、道路堆场及供电、照明、给排水、消防、导助航设施等工程。建设护岸长 268 米,处理陆域软基总面积 6.67 万平方米。项目总投资 4768.44万元(国拨 4300 万元,自筹 468.44 万元),项目设计单位为广东省航运规划设计院,施工单位为中交第四航务工程局有限公司和浙江广夏市政工程有限责任公司,监理单位为海南容德工程咨询监理有限公司。

3. 广州打捞局抢险装备维修基地搬迁工程

项目于 2012 年 5 月开工建设,2014 年 1 月投入试运行,2016 年 12 月竣工。

项目建设依据:2010 年 8 月,交通运输部发布《关于广州打捞局抢险装备维修基地搬迁工程可行性研究报告的批复》(交规划发〔2010〕427 号);2010 年 11 月,交通运输部发布《关于广州打捞局抢险装备维修基地搬迁工程初步设计的批复》(交水发〔2010〕679号)。

工程征地 8295 平方米,新建东护岸(兼作船舶上岸下水区)、南护岸、船台、道路、堆场、机电车间,疏浚港池,配套购置相关装卸维修设备和建设道路堆场、给排水及供电照明和通信等工程。东护岸长度为 71 米、南护岸长度为 100 米,2 个船台尺寸分别为 146 米 × 25 米、146 米 ×40 米,船体机电车间总建筑面积 2342 平方米。项目总投资 4818.57 万元(国拨 4200 万元,自筹 618.57 万元),项目设计单位为中交四航局港湾设计院有限公司,施工单位为葛洲坝集团第五工程有限公司和广东强雄建设集团有限公司,监理单位为海南容德工程咨询监理有限公司。

(七)广州打捞局从化深潜水训练基地工程

为适应我国海上救捞事业的发展,满足日益增长的海上救捞服务要求,提高救捞系统潜水专业人员的素质,培养潜水后备人才,交通部于 1997 年 10 月立项批复,同意广州救捞局在从化流溪河林场黄竹朗工区,建设广州潜水学校深潜水训练基地。基地于 1999 年 3 月开工建设,2000 年 12 月竣工。广州打捞局从化深潜水训练基地坐落于广州市从化区良口镇东北部,比邻流溪河国家森林公园。基地近 105 国道,周边地形地貌以山地、丘陵为主,地表植被茂密。

基地总占地面积 34060(51.09 亩)平方米,其中,建筑用地 5420 平方米,道路、停车场及运动场地用地共计 8150 平方米,绿化用地 20490 平方米。基地内有综合楼、设备用房、管理人员用房、教师楼、值班室、训练水池及训练场等,总建筑面积 12178 平方米。其中,教师宿舍楼建筑面积 1500 平方米,综合楼建筑面积 4350 平方米,教学人员用房建筑面积 1440 平方米,设备用房建筑面积 2880 平方米,办公楼建筑面积 1560 平方米,其他设施及用房建筑面积 448 平方米。

从化深潜水训练基地是广州潜水学校学员实操教学训练基地,同时又是在职潜水员提高再教育和年审再教育的培训点,是保证毕业学生以及在职潜水员适应深潜救助打捞、海洋资源开发、海洋工程工作的需要。同时也是救捞系统潜水专业人员素质教育、培训及深潜水训练基地。

广州打捞局从化深潜水训练基地工程,于1999年3月开工建设,2000年12月竣工,2000年12月投入试运行。

项目建设依据:1997年10月,交通部《关于广州潜水学校深潜水训练基地工程可行性研究报告的批复》(交计发〔1997〕630号);1998年2月,交通部《关于广州救捞局广州潜水学校深潜水训练基地工程初步设计的批复》(基综字〔1998〕32号)。

项目新征地34063平方米,建筑物面积12178平方米,建设综合楼、设备用房、管理人员用房、教师楼、值班室、空调通风工程、通信工程等。项目总投资2639.96万元(国拨2400万元,自筹239.96万元),项目设计单位为中交水运规划设计院,施工单位为从化市第一建筑工程公司,监理单位为广东南港水运工程监理所。

深潜基地2015年培训潜水学员250多人,2016年培训潜水学员280多人,2017年培训潜水学员300多人,同时为救捞系统在职的600多名潜水员深潜水再教育提供理想的训练场所。培养了IMO2017年"海上特别勇敢奖"获得者钟海峰,十九大党代表、全国先进工作者钟松民,2014年全国五一劳动奖章获得者胡建等一大批国家级先进人物。

五、救捞装备

自救捞体制改革以来,在党中央、国务院和交通运输部的关怀和支持下,救捞装备建设实现了跨越式发展,救助打捞船舶、救助航空器数量增加,性能提高,海上应急保障能力显著增强。救捞系统拥有各类救助打捞船舶200余艘,其中3个救助局拥有各类救助船舶80余艘,3个打捞局拥有各种打捞船舶近120艘,4个救助飞行队拥有大、中型救助航空器20架。

(一)14000千瓦海洋救助船

救捞系统目前有3艘14000千瓦海洋救助船。该型船总长109.7米,型宽16.2米,型深7.6米,最大救助航速22.0千牛,系柱拖力1400千牛,续航力10000海里,自持力30天,后甲板救助作业区面积490平方米,主要用于海上遇难船舶的人命救生和以海上人命救生为目的的船舶救助拖带及消防灭火等救助作业,船舶具有二级对外消防灭火作业能力,具有对遇险船舶进行封舱、堵漏、排水、空气潜水等救助作业能力,能搭载获救人员200人。该型船共建造3艘,其中2艘船设有直升机机库,可搭载中型直升机,具备大型直升机起降并进行加油、救生和搜索等作业能力。该型船还可搭载深海搜寻设备,具备远洋深海搜寻能力。

(二)12000 千瓦巡航救助船

救捞系统目前有 2 艘 12000 千瓦巡航救助船。该船总长 128.6 米,型宽 16 米,型深 8.1 米,设计航速 20 千牛,系柱拖力 1700 千牛,续航力 16000 海里,直持力 45 天。该船型具有较强的海上人命救生、海事监管、综合指挥、信息收集处理和传输能力;具有对遇险船舶进行封舱、堵漏、排水、空气潜水、拖带等救助作业能力;具有一级对外消防灭火作业能力;具有 DP2 动力定位能力;具有海面溢油回收救助作业能力;并具有夜间海上搜寻救生、救助能力;具有营救作业能力,能搭载获救人员 200 人,能对伤病员进行简易的药物、器械和手术治疗。设有直升机机库,可搭载中型直升机,具备大型直升机起降并进行加油、救生和搜索等作业能力。该型船还可搭载深海搜寻设备,具备远洋深海搜寻能力。

(三)8000 千瓦海洋救助船

救捞系统目前有 22 艘 8000 千瓦海洋救助船。该型船总长 98 米,型宽 15.2 米,型深 7.6 米,设计航速 19.5 节,系柱拖力 1050 千牛,续航力 1200 海里,直持力 30 天,为全天候大功率海洋救助船,航行于无限航区。具有较强的海上人命救生、综合指挥、信息收集处理和传输能力;具有对遇险船舶进行封舱、堵漏、排水、空气潜水、拖带等救助作业能力;具有一级对外消防灭火作业能力;具有海面溢油回收和海面消除油污作业能力;具有夜间海上搜寻救生、救助能力;具有营救作业能力,能搭载获救人员 100 人,能对伤病员进行简易的药物、器械和手术治疗;9 艘设有直升机起降平台,可起降中型救助直升机,可配合救助直升机进行海上搜索、救生作业。

(四)6000 米级深海扫测设备

深拖系统在空气中质量约为 818 千克,水中质量约为 91 千克,尺寸约 316 厘米×84 厘米×114 厘米。该设备主要集成了侧扫、浅剖、多波束测深组件、水下电子舱、多路调制解调器、各类传感器和紧急回收装置。拖曳载体由母船拖曳航行,进行全局性、大面积海底微地貌扫测和可疑目标搜索,具有不间断探测作业、实时传输探测图像及目标物精确定位等优点。

6000 米级自主式无缆潜航器(AUV)设备空气重约为 1150 千克,长约 5.5 米,直径约 0.6 米,最大工作深度 6000 米,巡航工作速度 3 节,综合导航精度 1% 航行距离 CEP50。系统采用模块化设计,各模块均封装在大深度耐压瓶中并受潜航器自动控制模块操控。测量负载为双频同步侧扫声呐(230 千赫/850 千赫)、双频多波束测深仪(200 千赫/400 千赫)、浅地层剖面仪(2 千~8 千赫)、照相机、温盐深仪和搜索失事飞机黑匣子信号的黑匣子定位仪。

（五）EC225 救助直升机

EC225 型直升机是目前为止我国引进的最先进的大型救助直升机,共计采购了 4 架,其中东海第一救助飞行队和北海第一救助飞行队各 1 架,南海第一救助飞行队 2 架。其最大航程为 943 千米,整机最大载客 24 人,可满足单次救助量大的任务需要。

（六）S-76 救助直升机

S-76 是我国海上救助飞行的主力机型,目前各救助飞行队共有 16 架,主要分为S-76C、S-76C＋＋、S-76D,主要参数见表12-2-1。

S-76 求助直升机主要参数　　　　　　　　　　　表 12-2-1

救助飞机类型	S-76C＋	S-76C＋＋	S-76D
主旋翼直径（米）	13.41	13.41	13.41
最大起飞重量（公斤）	5306	5306	5386
最大外挂载荷（公斤）	1497	1496	1815
最大绞车吊载（公斤）	272	272	—
标准油箱燃油（公斤）	820	845	—
最大航程（公里）	1092	921	820
最大巡航速度（公里/小时）	287	287	285
实用升限（米）	3871	3048	4572
最大续航时间（小时）	4.9	4.74	3.91
最大载客数（人）	2＋13	2＋13	2＋13

（七）300 米饱和潜水工作母船

该船总长 125.7 米,型宽 25 米,型深 10.6 米,满载排水量为 15864 吨,配有现代化的直升机起降平台,可航行作业于无限航区,能在复杂海况下不用锚泊自动将船定位在指定水面,其定位精度达到 30 厘米。此外,140 吨主动式海浪升沉补偿吊机,进一步保障了潜水打捞作业的安全和效率。该船的最大亮点是配置了一套 300 米饱和潜水系统,最大工作深度可达水下 300 米,集生活舱、过渡舱、逃生舱、潜水钟、生命保障系统于一身。拥有 12 人居住舱和 3 人潜水钟,可供 3 名潜水员同时进行潜水作业。深潜号饱和潜水母船的建造完工填补了中国大深度潜水作业支持船舶的空白,大大提升了应对大深度、大吨位应急打捞、大面积溢油及其他应急突发事件的快速处置能力,能够更好地为国家深水救援打捞及海洋事业发展服务。

（八）5000 吨起重船

"德合"轮总长 199 米,型宽 47.6 米,型深 15 米,设计航速 13.5 节,空船重量 44855

吨,额定载员 398 人,海上最大自持力达 60 天。该船具有 DP3 动力定位和锚泊定位能力的自航全回转起重船,船尾设置一台起重能力 5000 吨(船尾固定吊)/3500 吨(全回转式)的大型海洋工程起重机。本船设计具备 S 型铺管功能,预留铺管设备的位置和接口。本船主要用于水下沉船、沉物的抢险救助打捞作业,具有应对突发事件,进行大吨位水下物体整体打捞,快速清障能力。还能在海上进行大型组块、平台模块、导管架等海洋工程结构物的起重吊装。同时具有提供平台作业支持、潜水作业支持等功能。该船是我国起重能力最大的深水打捞起重船,具有国际先进水平,显著提升了我国水上重大突发事件的应急处置和抢险打捞能力。

(九)50000 吨半潜船

船舶总长约 228 米、型宽 43 米、型深 13.5 米,设计吃水 10.0 米、满载吃水 10.30 米,满载吃水时载重量约 52500 吨,最大下潜吃水 27 米。本船设计航速 14 节,续航力 15000 海里,自持力 60 天。本船为钢质、全电焊、流线型船艏、和方艉的"三岛式"带 DP2 动力定位能力的电推半潜打捞工程船。尾部设两个可拆移动式浮箱,艏部设艏楼和居住舱室。在艏楼甲板上布置甲板室,用作居住、驾驶室和其他处所。船舶定员 56 人,其中船员 36 人。"华洋龙"轮不仅具备大吨位船舶整体打捞的能力,而且能结合使用动力定位功能与下潜功能,填补了我国在深水整体打捞大吨位船舶配套方面的空白。其在动力定位、快速下潜、甲板承载、推进安全冗余等方面均达到了世界领先水平。

(十)16000 千瓦抢险打捞拖轮

"华虎"轮总长 89.2 米,型宽 22 米,型深 9 米,设计吃水 7.55 米,满载排水量 10600 吨。配置了 DP2 动力定位功能。系柱拖力可达 296 吨。具备为 3000 米水深的远海石油钻井平台(船型船厂买卖)提供远洋拖航、深水起抛锚、平台物资供应和守护的海上作业支持服务能力。兼有一级对外消防、海洋工程吊机、浮油回收、ROV 作业与饱和潜水作业支持等功能。最大航速为 16.4 节,航行于无限航区。船上配有 1 套 450 吨大型拖缆机,2 套 750 吨鲨鱼钳,1 个 665 吨艉滚筒;在最大持续功率下,系柱拖力可达到 296 吨。本船全部使用上海打捞局自筹资金建设。

(十一)6000 米级深海打捞设备

生产厂家为英国公司 SMD。生产日期 2017 年 7 月。作业水深 6000 海水米。长度 3200 毫米,宽度 1800 毫米,高度 1800 毫米,重量 3500 千克。

机械手 1:功能,Schilling Conan。机械手 2:功能,Heavy duty。最大行驶速度(前方)≥3.5 节。最大行驶速度(垂直)≥2.2 节。最大行驶速度(侧移)≥2.8 节。推进器推力

750 千克前/后,550 千克垂直。

六、展望

党的十九大以来,随着"一带一路"倡议的深入实施,交通强国、科技强国、海洋强国等国家战略的大力推进,我国涉海活动与日俱增,对海上救助保障要求也相应地越来越高。交通运输部救捞系统作为我国海上专业救助打捞队伍、国防交通战备的重要力量和国家应急救援保障体系的重要组成部分,承担着我国海域人命财产救助、沉船沉物打捞、海上资源开发安全保障等不可推卸的责任。在未来的发展道路中,救捞系统会深入贯彻落实党的十九大精神,坚定不移地走独具特色的中国交通救捞发展之路,时刻牢记党和国家赋予交通运输行业建设交通强国的历史使命,统筹推进"五位一体"总体布局,协调推进"四个全面"战略布局,持续服务"一带一路"倡议建设,始终把人民群众生命安全放在第一位,落实总体国家安全观,紧密围绕水上交通安全管理职责职能与服务国家战略要求,不断深化改革,深入贯彻落实《交通强国建设纲要》有关要求,主动对接《关于加强救助打捞专项工作的意见》《南海海上搜救与航海保障专项规划》《交通运输支持系统"十三五"建设规划》《救捞系统"十三五"发展规划》等专项规划和意见,紧紧围绕部确定的"信念坚定、作风坚强、执行坚决,人员精干、装备精良、技术精湛,在关键时刻能起关键作用的国家专业救捞队伍"的建设目标,持续对标国际一流现代化救捞相关产业发展水平,以资源统筹为手段,切实加强救捞基地布局,推进重大救捞装备建设,提升救捞科技创新水平,强化通信信息化能力发展,同时提倡以资源统筹为手段,切实加强救捞基地布局,推进重大救捞装备建设,着力构建全方位覆盖、协同共享、快速反应、高效处置的国际一流现代化救助打捞体系,实现在我国管辖海域可有效应对多起重大搜救打捞任务,在全球海域具备独立承担应对重大海上突发事件的能力,从而展现一个海洋强国、世界大国的责任与担当。

第三节 船 检 基 地

一、综述

(一)中国船级社国内外机构总体情况

1. 1978—2015 年国内机构设置整体情况

1978 年,改革开放后,为了适应我国造船、航运、外贸、保险等行业发展的需要,交通部在机构改革调整中,于 1978 年 3 月 29 日撤销船检港监局,恢复船舶检验局,对外称中华人民共和国船舶检验局(简称船舶检验局或船检局)。由此结束了自 1960 年以来船舶检验局与相关部门合署办公,开启了以中华人民共和国船舶检验局名义对外开展业务的历史,恢复了中华人民共和国船舶检验局的独立实体。

1981 年,交通部发出《关于改革船舶检验管理体制的通知》,决定从 1982 年 1 月 1 日起,部直属船检系统实行由船舶检验局直接领导的管理体制。船舶检验局由交通部的职能局改变为全能局,为部属一级事业单位。沿海原隶属港、航单位的船检部门和原隶属长江航政管理局的船检部门改由船舶检验局直接领导。上海等 31 个分社、办事处、规范研究所成立。

1985 年,船检局为适应我国国际航运发展的需要,在我远洋船舶经常挂靠和进行维修的外国港口设立了船检机构,交通部报国务院批准后,以(85)交劳字 2108 号文件决定,成立中国船级社。经交通部批准,1985 年 3 月船舶检验局将其下属的办事处改为分局,检验站改为检验处,由此建立起由船舶检验局直接领导的船舶检验局、分局、检验处三级管理体制。作为船舶检验局直属的二级管理分支机构,在沿海有大连分局、秦皇岛分局、天津分局、青岛分局、上海分局、广州分局、湛江分局、海南分局、蛇口分局;在长江沿线有武汉分局、南京分局、芜湖分局、宜昌分局、重庆分局。

1998—2015 年,机构改革前实行船检局、船级社合一的体制。根据《国务院办公厅关于印发交通部职能配置内设机构和人员编制规定的通知》(国办发〔1988〕67 号),船检局与中国船级社实行"局社政事分开",中编办《关于中国船级社机构的批复》(中编办字〔1999〕80 号),原船检局所属的船检机构及其他机构均为中国船级社的所属机构,名称改为"中国船级社××分社"或"中国船级社××办事处"。

2.1978—2015 年大陆以外设置机构整体情况

1978 年,经国务院特批,船舶检验局在香港设立的远东船舶检验社有限公司正式开业,承办船舶检验局在香港的船舶检验业务,使我国船检业务开始在境外发展。

1986 年开始,中国船级社按照国务院领导批示和交通部(85)交劳字 2108 号文件批示精神,根据业务发展需要,开始在境外设立检验机构。从 1986 年在汉堡和大阪的 2 个服务网点,发展到 2015 年遍布五大洲的 33 个服务网点。

(二)国内外机构详细情况

1. 中国船级社总部(船检局)机构设置情况

船舶检验局机关在 1982 年 1 月取消综合处,设立办公室、人事处、财务处,将规范处改为规范科研处,形成由办公室、人事处、财务处、规范科研处、船舶船检处、船用产品处六个部门构成的局机关,共有职工 45 人。

船舶检验局于 1983 年 1 月 3 日设立平台检验处,同年 5 月改称为海洋工程处;1983 年 2 月 17 日设立情报资料处;1984 年将船舶检验处分组为海船检验处与河船检验处;为了筹备设立中国船级社加入国际船级社协会,于 1985 年设立了船级社秘书处。

船检局机关的内部机构,在 1986 年 1 月 1 日传承 1985 年的机关设置,设有办公室、人事处、财务处、船级社秘书处、规范科研处、海船检验处、河船检验处、产品检验处、海洋工程处、情报资料处。随后,在船检局/船级社"一个机构、两块牌子"组织机构的对应设置中,于 1986 年 6 月 28 日将船级社秘书处改为国际事务处,将财务处改为计划财务处,将情报资料处改为情报开发处。其中,挂上两块牌子作为中国船级社的总部内设机构,在 1986 年 6 月 28 日定为:办公室、人事部、计划财务部、国际事务部、规范科研部、海船检验部、河船检验部、产品检验部、海洋工程部、情报开发部等 10 个部门。同年 12 月 31 日,交通部批准船检局机关增设党委办公室,负责船检局全系统的党务工作。1986 年局机关职工 110 人,全局系统职工总数 1277 人。

1987 年 7 月 27 日,海船检验处更名为入级船舶处,负责入级船舶检验;河船检验处更名为海河船舶处,负责非入级的海船与河船检验。至此,船检局机关的内部机构设有:党委办公室、办公室、人事处、计划财务处、入级船舶处、海河船舶处、海洋工程处、产品检验处、规范科研处、国际事务处、情报开发处等 11 个处室。其中,挂上两块牌子作为中国船级社的总部内设机构的有:办公室、人事部、计划财务部、入级船舶部、海洋工程部、产品检验部、规范科研部、国际事务部、情报开发部等 9 个部门。

1989 年 3 月 6 日,船检局机关的行政办公室改组为局办公室和行政管理处。5 月 22 日,交通部批准船检局将海河船舶处改为技术监督处,负责对地方船舶检验的管理;5 月增设计算机室;8 月 30 日,交通部批准船检局机关增设纪检室、监察室、审计室,其中纪检室与监察室合署办公,审计室与办公室合署办公。至此,1989 年 10 月 17 日船检局机关内部机构被调整为:党委办公室、局办公室/审计室、纪检室/监察室、计算机室、人事处、计划财务处、行政管理处、技术监督处、入级船舶处、产品检验处、海洋工程处、规范科研处、国际事务处、情报开发处等 16 个部门。其中,挂上两块牌子作为中国船级社的总部内设机构的有:办公室、计算机室、人事部、计划财务部、行政管理部、入级船舶部、产品检验部、海洋工程部、规范科研部、国际事务部、情报开发部等 11 个部门。

1991 年 1 月 24 日,船检局情报开发处设立《船检信息》编辑部;1991 年 5 月 8 日,船舶检验局扩充计算机室职能,将计算机室改组为技术发展处,承担有关发展规划和计算机管理职责;1991 年 8 月 14 日,为实施国际船级社协会(IACS)的质量体系认证计划,船舶检验局机关设立质量体系建设办公室,组织实施船级社质量体系建设。

其后,在质量体系建设中,船舶检验局依据质量体系建设需要,于 1992 年 6 月 23 日将计划财务处更名为财务处,将情报开发处更名为信息档案处,将行政管理处更名为总务处,将技术发展处更名为发展处和计算中心,同时增设质量管理处,将审计室从局办公室中分出。调整后,1992年9月2日交通部批准的船舶检验局机关内部机构为:党委办公室、局办公室、纪检监察室、审计室、人事处、财务处、总务处、技术监督处、入级船舶处、船用产品处、海洋工程处、规范科研处、质量管理处、国际事务处、发展处、信息档案处、计算中心,共17个部门。其中,挂上两块牌子作为中国船级社总部内设机构的有:办公室、人事部、质量管理部、规范科研部、入级船舶部、船用产品部、海洋工程部、国际事务部、信息档案部、发展部、总务部、计算中心等12个部门。

1993年3月19日,交通部批准船检局机关设立总工程师室,负责处理有关重大技术问题。

1994年4月25日,船舶检验局调整局机关部门设置,增设机关党委和总工程师室,确定船检局机关的内部机构为:党委办公室/机关党委、纪检监察室、审计室、局办公室、总工程师室、质量管理处、人事处、财务处、总务处、技术监督处、入级船舶处、产品检验处、海洋工程处、规范科研处、国际事务处、发展处、信息档案处、计算中心,共18个部门。

1995年1月6日船检局机关增设船舶安全管理认证处,组织实施ISM审核发证工作;5月5日为接任国际船级社协会轮值副主席、主席做准备,设立IACS室;1月10日撤销发展处;12月26日,为适应建造船舶检验及其审图业务需要,增设建造船舶处。1996年,将工会工作由办公室分出,设立机关工会。

1997年2月27日,交通部批准船检局设立机关党委办公室,与党委办公室合署办公;5月5日,设立港澳台办公室,与国际事务处合署办公,负责有关港澳台事务的处理与联系;6月24日,设立科研处,将规范科研处更名为规范处;7月15日,将IACS室改为国际海事室,全面处理IMO/IACS以及亚洲船级社非正式会议各项事务。

到1998年,船检局机关的内部机构发展为:党委办公室/机关党委办公室、纪检监察室、审计室、局办公室、总工程师室、质量管理处、人事处、财务处、总务处、技术监督处、入级船舶处、建造船舶处、船舶安全管理认证处、产品检验处、海洋工程处、科研处、规范处、国际海事室、国际事务处/港澳台办公室、信息档案处、计算中心和机关工会,共24个部门。其中,挂上两块牌子作为中国船级社总部内设机构的有:办公室、总工程师室、质量管理部、人事部、财务部、总务部、入级船舶部、建造船舶部、船舶安全管理认证部、产品检验部、海洋工程部、科研部、规范部、国际海事室、国际事务部/港澳台办公室、信息档案部、计算中心等18个部门。

2012年,社总部完成了内设部门调整、中层领导竞聘上岗、部门职责梳理和人员调整等相关工作。向总部各部门下发了《关于公布总部部门人员调整的通知》,明确了总部设立20个部门,共计257的岗位(其中包含部门领导56人,员工201人)。2014年,原信息档案处与总裁办合并,海工技术中心不再为总部部门,总部部门减少为18个。

2. 中国船级社下属分支机构(船检局)设置情况

(1)大连分支机构及其演变

1979 年 10 月,船检局大连办事处被列为大连港务管理局的直属处,对内称港务局船检处,在经济上实行内部独立核算;对外仍称中华人民共和国船舶检验局大连办事处。1980 年 8 月 27 日,营口港务监督验船组改为中华人民共和国船舶检验局大连办事处营口验船组。从 1982 年 1 月 1 日起,船检局大连办事处行政、业务工作改由船舶检验局直接领导。6 月,营口验船组改名为船检局大连办事处营口检验站。1983 年 9 月 1 日,船检局大连办事处营口检验站正式划归船检局大连办事处直接领导。1985 年 3 月 1 日,船检局大连办事处改为中华人民共和国船舶检验局大连分局,升格为副局级单位,同时营口检验站改为营口检验处(科级)。1991 年 6 月,成立丹东检验处(副处级),由大连分局领导。1992 年 9 月,交通部批准船检局大连分局更名为中华人民共和国大连船舶检验局(副局级),营口检验处更名为中华人民共和国营口船舶检验局(处级),隶属关系不变。交通部在 1992 年 12 月 10 日批准设立船检局大窑湾检验处(处级),隶属于大连船检局,以适应大连大窑湾港口岸检查检验机构建设需要。为此大连船检局进行了相应的筹备工作,但大窑湾检验处并未实际独立运作。1998 年至今,改称大连分社。

(2)秦皇岛分支机构及其演变

1980 年 3 月,港监室验船组从秦皇岛港务局港监室内分出,成为秦皇岛港务局的直属机构。1982 年 1 月,秦皇岛办事处从秦皇岛港务局内划分出来,由船舶检验局直接领导。1985 年 3 月 1 日,秦皇岛办事处改为中华人民共和国船舶检验局秦皇岛分局(处级)。1988 年 10 月,设立锦州检验处,隶属于秦皇岛分局。1992 年 9 月,交通部批准船检局秦皇岛分局更名为中华人民共和国秦皇岛船舶检验局(处级)。1993 年 12 月船舶检验局设立唐山检验处,划归秦皇岛船检局领导管理。1998 年至今,改称秦皇岛分社。

(3)天津分支机构及其演变

1982 年 1 月,天津港务局船舶检验处从天津港务局内分出,作为中华人民共和国船舶检验局天津办事处,由船舶检验局直接领导。1985 年 3 月 1 日,船检局天津办事处更名为船检局天津分局(处级)。1992 年 9 月,交通部批准船检局天津分局更名为中华人民共和国天津船舶检验局(处级)。为了满足西北内地船用产品检验需要,船舶检验局在 1997 年 4 月 7 日批准天津船检局设立船检局西安检验处,负责西北地区船用产品检验工作。1998 年,改称天津分社。2012 年,交通运输部批复天津分社升格为副局级单位。

(4)青岛分支机构及其演变

1979 年 11 月,船检局青岛办事处脱离青岛港务监督,成为青岛港务局下属的直属处,业务上受船舶检验局领导,共有职工 25 人。同年,烟台港务局设立验船组,在业务上由青岛办事处领导。1982 年 1 月,船检局青岛办事处从青岛港务局内划分出来,由船舶检验局直接领导;烟台验船组划归青岛办事处领导,改称船检局烟台检验站。1983年,成立石臼所检验站,属船检局青岛办事处领导。1985年3月1日,船检局青岛办事处更名为中华人民共和国船舶检验局青岛分局(处级),烟台和石臼所检验站分别更名为船舶检验局烟台检验处和船舶检验局石臼所检验处(科级)。1992年9月,交通部批准船检局青岛分局更名为中华人民共和国青岛船舶检验局(处级),烟台检验处更名为中华人民共和国烟台船舶检验局(处级),其隶属关系不变;石臼所检验处更名为日照检验处。1998年至今,改称青岛分社。

(5)上海分支机构及其演变

1978年3月上海港务局对其船舶检验机构进行整顿,恢复其港务监督船舶检验科。4月,港务监督船舶检验科开始以中华人民共和国船舶检验局上海办事处名义在本地区进行船舶检验工作。6月,港务监督船舶检验科恢复其船舶安全技术试验站,从事船舶检验技术研究与测试。

1980年5月,船检局上海办事处与上海港务监督分开,成为上海港务局内部实行独立核算的处级单位。从1982年1月1日起,船检局上海办事处的行政、业务工作改由船舶检验局直接领导,计、劳、统、财从港务局划出,实行独立核算。同年,宁波和连云港两地船检机构与当地港务局分开,成立船检局宁波检验站和连云港检验站,隶属船检局上海办事处。

1983年8月,船舶检验局在上海办事处规范科研科的基础上,成立中华人民共和国船舶检验局海船规范科学研究所。1985年3月1日,船检局上海办事处更名为中华人民共和国船舶检验局上海分局,升格为副局级单位。船检局宁波、连云港检验站亦同时分别改为宁波检验处和连云港检验处(均为科级单位),其行政和业务工作仍由上海分局领导。1985年3月,船舶检验局又在上海成立中华人民共和国船舶检验局海船检验人员培训中心。1988年3月,上海分局经过机构调整后,负责领导检验业务部、海船规范科学研究所、海船检验人员培训中心。1991年8月,在温州设立船检局温州检验处,隶属船检局上海分局。1992年9月,交通部批准上海分局和宁波、连云港、温州检验处,分别更名为中华人民共和国上海船舶检验局(副局级)和宁波、连云港、温州船舶检验局(均为处级),原隶属关系不变。上海船检局在1993年12月28日增设舟山检验处。1998年至今,改称上海分社。

(6)福州分支机构及其演变

1995年1月1日,船舶检验局在福州成立了中华人民共和国福州船舶检验局(处级),同时作为船级社下属单位定名为福州分社,由船检局直接领导,同时成立了厦门检验处,厦门检验处在业务上受福州船检局领导,人、财、物由船舶检验局直接领导。1997年11月6日,考虑到厦门口岸单位设置规格,为避免与地方船检机构的名称混淆,厦门检验处更名为厦门船检局,隶属关系不变。1998年至今,改称福州分社。

（7）广州分支机构及其演变

1977年,船检局广州办事处下辖湛江、海口、汕头验船组。1980年,船检局广州办事处成为独立核算单位,由广州海运局代管,下设船舶检验科研试验站,并代管交通部广州电子计算站。从1982年1月1日起,广州办事处从广州海运局内分出,在行政业务上改由船舶检验局直接领导,实行独立核算。原属汕头、海口港务局领导的汕头验船组和海口验船组,从1982年1月1日起,也分别从汕头、海口港务局分出来,改名为船舶检验局汕头、海口检验站,由广州办事处领导。10月,广州办事处湛江验船组升格为船检局湛江办事处,归船检局直接领导。1984年,电子计算站脱离广州办事处。1985年3月1日,船检局广州办事处改名为中华人民共和国船舶检验局广州分局,升格为副局级单位,海口检验站(1985年1月改为海南办事处)改名为中华人民共和国船舶检验局海南分局(处级),暂由广州分局领导。汕头检验站改名为汕头检验处(科级)。广州分局代管蛇口分局(处级)。1992年9月,交通部批准船检局广州分局更名为中华人民共和国广州船舶检验局(副局级);汕头检验处更名为中华人民共和国汕头船舶检验局(处级),业务上受船舶检验局直接领导,行政、人员管理等归广州船检局领导。船舶检验局在1997年4月4日,批准广州船检局增设珠海检验处。1998年至今,改称广州分社。

（8）蛇口(深圳)分支机构及其演变

随着深圳特区的建立,根据船检工作的需要,1984年,船舶检验局在深圳、蛇口地区开始筹建船舶检验机构。1985年1月,船检局在蛇口设立中华人民共和国船舶检验局蛇口办事处。3月,船检局蛇口办事处改为中华人民共和国船舶检验局蛇口分局(处级),其计、劳、统、财等由广州分局管理。1987年,蛇口分局的人员仍由广州分局负责选派,经济上由广州分局统一核算。1992年9月,交通部批准船检局蛇口分局更名为中华人民共和国蛇口船舶检验局(处级),改由船检局直接领导。1994年8月8日,深圳船舶检验局成立(处级),将蛇口船检局并入深圳船检局,改为深圳船检局蛇口检验处。船舶检验局于1997年6月30日批准将蛇口检验处变为深圳船检局的内部检验处。1998年至今改称深圳分社。

（9）湛江分支机构及其演变

1975年3月,湛江港监验船组成立,业务归船检局广州办事处管理。1981年11月,船舶检验局筹建中华人民共和国船舶检验局湛江办事处,归属船舶检验局直接领导,实行独立核算。1982年10月,中华人民共和国船舶检验局湛江办事处正式成立。1984年9月,广西北海港设立中华人民共和国船舶检验局湛江办事处北海检验站,由船检局湛江办事处领导。1985年3月1日,船检局湛江办事处改名为中华人民共和国船舶检验局湛江分局(处级);北海检验站改名为北海检验处(科级)。1986年8月,在防城港设立船检局防城检验处,由船检局湛江分局领导。1992年9月,交通部批准船检局湛江分局更名为中华人民共和国湛江船舶检验局(处级),北海检验处更名为北海船舶检验局(处级),隶属关系不变。1997年6月,船舶检验局调整湛江船检局及其北海船检局、防城检验处的管理体制,决定自1997年7月1日起湛江船检局、北海船检局、防城检验处同时作为三级管理单位,划归广州船检局直接领导管理,作为船舶检验局二级管理单位的湛江船检局宣告结束。1998年至今改称湛江分社。

(10)海南分支机构及其演变

海南船检业务从20世纪50年代到70年代初,先后分别归属海南航务管理局航政科、华南区海运局海口分局监督科、广州海运局海口港务监督等机构领导。1972年5月,海口港务监督内设立海口港验船组。1976年7月,海口港验船组改称海口验船组,由海南港务监督和广州海运局港务监督船检部门双重管理。

1982年6月,海口验船组从海口港务监督中划出,成立中华人民共和国船舶检验局广州办事处海口检验站。1985年1月,海口检验站升格为中华人民共和国船舶检验局海南办事处,由广州办事处领导。同年3月1日,海南办事处更名为中华人民共和国船舶检验局海南分局(处级),由船检局广州分局代管。1992年1月,海南分局改由船舶检验局直接领导。11月,船检局海南分局更名为中华人民共和国海南船舶检验局(处级)。1993年船检局洋浦检验处成立,1994年三亚和清澜检验处成立。以上3个检验处均由海南船检局领导。

1993年11月29日,交通部与海南省签订《关于交通部海南海上安全监督局与海南省港航监督局合并的协议》,决定将海南省船检处成建制地并入海南船检局。据此,船舶检验局在1993年12月23日成立筹备组,负责对海南省船检处的接收及接收后的日常工作。1994年1月1日,船舶检验局按照交通部要求完成各项事务的交接。交通部在当年1月13日发出《关于海南省船检处成建制并入中华人民共和国海南船舶检验局的通知》,由此在全国率先实现了"一省一检"的船舶检验管理体制改革。1998年至今,改称海南分社。

(11)南京分支机构及其演变

1980年2月,长江航政局南京航政分局的船舶检验科延用中华人民共和国船舶检验局南京办事处名称恢复船舶检验工作。同时南京航政分局下属的南通、江阴、镇江航政处恢复验船组,筹备检验站。1984年9月,南京航政分局船舶检验科和各航政处、站的船舶检验组,从各级航政机构内分出,正式成立中华人民共和国船舶检验局南京办事处及其所属南通、江阴、镇江检验站。1985年3月1日,船检局南京办事处改为船检局南京分局(处级),其所属各检验站改称检验处(均为科级)。4月,增设泰州检验处,专司泰州、泰兴、泰县三地的船用产品检验。1992年9月,交通部批准南京分局、镇江检验处、江阴检验处、南通检验处分别更名为中华人民共和国南京、镇江、江阴、南通船舶检验局(均为处级),但镇江、江阴、南通船舶检验局仍属南京船舶检验局领导。2012年,交通运输部批准成立江苏分社,为副局级单位。

(12)芜湖分支机构及其演变

1980年4月,长江航政局芜湖航政分局的船舶检验科延用中华人民共和国船舶检验局芜湖办事处的名称恢复船舶检验工作,同时芜湖航政分局在其下属的安庆航政处内设立验船组,筹备检验站。参照长江航政局与船舶检验局长江区办事处签署的《关于航政、船检实行分管的商谈纪要》,1985年2月7日,船检局芜湖办事处与芜湖航政分局正式签订《分管纪要》,从芜湖航政分局内分出,由船舶检验局直接领导。安庆验船组从安庆航政处内分出,成为芜湖办事处下属的安庆检验站。1985年3月1日,芜湖办事处更名为中华人民共和国船舶检验局芜湖分局(处级),安庆检验站更名为安庆检验处(科级),属芜湖分局管理。1992年9月,交通部批准船检局芜湖分局更名为中华人民共和国芜湖船舶检验局(处级)。

船舶检验局自1996年2月1日起将芜湖船检局及其安庆检验处交由南京船检局代管,隶属关系不变。为了推进区域化管理,船舶检验局自1997年2月1日起将芜湖船检局改为三级管理单位,与安庆检验处一起划归南京船检局直接领导,由此芜湖船检局作为船检局二级管理单位宣告结束。1998年至今,改称芜湖分社。

(13)武汉分支机构及其演变

1980年4月,设在武汉的长江航政管理局船舶检验处恢复对外名称"中华人民共和国船舶检验局长江区办事处",负责领导长江干线船舶检验技术业务工作。同时,重庆、芜湖、南京三个航政分局和宜昌、九江、南通三个航政处的船检部门,均改称"中华人民共和国船舶检验局××办事处"。涪陵、万县、沙市、黄石、安庆、镇江、江阴等航政处、站的验船组也同时改称"中华人民共和国船舶检验局××办事处××验船组"。1981年5月,江阴航政站升格为江阴航政处,该处的验船组对外改称中华人民共和国船舶检验局江阴办事处。同时,张家港航政站对外以"中华人民共和国船舶检验局张家港办事处"名义开展船检业务。至此,长江航政管理局船舶检验处基本形成了管理长江干线各分局、处和直辖九江、黄石、城陵矶检验机构与船检业务的格局。重庆航政分局管辖涪陵、万县航政处;宜昌航政分局管辖沙市航政处,芜湖航政分局管辖安庆航政处,南京航政分局管辖镇江、江阴、南通、张家港等航政处、站,这种管理体制延续至1983年底。

1984年1月1日,长江航运体制按照"政企分开,港航分管"的原则进行改革,长江船检管理体制改革势在必行。经船舶检验局与长江航务管理局共同研究后,于1984年3月宣布了船检局长江区办事处党政领导班子的任命。4月9日,长江航政局与船检局长江区办事处签署了《关于航政、船检实行分管的商谈纪要》,《纪要》确定自1984年7月1日起实行分管,并说明该《纪要》所述原则可供各航政分局和船检办事处实行人、财、物的分管时参照执行。随后,船检局宜昌、重庆、芜湖、南京办事处,先后落实了与有关航政分局的分管事宜,从而首次建立了由船舶检验局直接领导长江5个办事处的船检机构管理体制。

船检局长江区办事处成为船舶检验局直属机构实体后,下辖九江、黄石、城陵矶检验站。在分管初期,长江区办事处还受船舶检验局的委托代管宜昌办事处。1985年3月1日,船检局长江区办事处更名为船检局武汉分局,升格为副局级单位,其下属的九江检验站、黄石检验站、城陵矶检验站更名为九江检验处、黄石检验处、城陵矶检验处(均为科级)。1985年3月和7月,船舶检验局河船检验人员培训中心和河船规范科学研究所相继成立,其业务工作由船舶检验局直接领导,计、劳、统、财由武汉分局代管。1992年9月,交通部批准船检局武汉分局更名为中华人民共和国武汉船舶检验局(副局级),九江检验处更名为九江船舶检验局(处级),其隶属关系不变。1997年2月1日,船舶检验局将宜昌船检局及其沙市检验处作为三级管理单位由武汉船检局直接领导管理。1998年,改称武汉分社。2010年1月,设立长沙检验处。

(14)宜昌分支机构及其演变

1980年2月,宜昌航政管理处船舶检验科以中华人民共和国船舶检验局宜昌办事处名义开始恢复船舶检验工作。同时,在沙市成立宜昌办事处沙市验船组,属宜昌办事处管理。1984年,参照船检局长江区办事处与长江航政局签署的《关于航政、船检实行分管的商谈纪要》,船检局宜昌办事处从宜昌航政处内分出,由船检局长江区办事处代管领导,其下属的沙市验船组改为沙市检验站。1985年3月1日,船检局宜昌办事处更名为中华人民共和国船舶检验局宜昌分局(处级),由船舶检验局直接领导。同时,沙市检验站更名为中华人民共和国船舶检验局沙市检验处(科级),仍属宜昌分局领导。1992年9月,交通部批准船检局宜昌分局更名为中华人民共和国宜昌船舶检验局(处级)。

1995年4月8日,船舶检验局撤销对宜昌船检局的直接管理,委托武汉船检局代管;1996年2月1日起将宜昌船检局及其沙市检验处交由武汉船检局管理,隶属关系不变。为了推进区域化管理,自1997年2月1日起将宜昌船检局改为三级管理单位,与沙市检验处一起划归武汉船检局直接领导,由此宜昌船检局作为二级管理单位宣告结束。1998年至今,改称宜昌分社。

(15)重庆分支机构及其演变

1980年4月,重庆航政分局船检科以中华人民共和国船舶检验局重庆办事处名义恢复船舶检验工作,涪陵、万县航政处的船检部门分别改为涪陵验船组、万县验船组。

1984年9月,参照船检局长江区办事处与长江航政局签署的《关于航政、船检实行分管的商谈纪要》,船检局重庆办事处从长江航政管理局重庆分局内分出,成为船舶检验局直属办事处。涪陵验船组和万县验船组分别从涪陵航政处、万县航政处内分出,作为重庆办事处下属的涪陵检验站和万县检验站。

1985年3月1日,船检局重庆办事处改称中华人民共和国船舶检验局重庆分局(处级），涪陵检验站和万县检验站同时改称涪陵检验处和万县检验处（均为科级），属船检局重庆分局领导。1992 年 9 月，交通部批准船检局重庆分局更名为中华人民共和国重庆船舶检验局（处级），下属机构有涪陵检验处、万县检验处。1998 年，改称重庆分社。2010 年，成都检验站更名为成都检验处。

（16）浙江分社

2012 年，交通运输部批准成立浙江分社，下辖宁波办事处、舟山办事处、温州办事处、台州办事处 4 个分支机构，为副局级单位。

（17）规范科研机构

1983 年 8 月，船舶检验局在上海办事处规范科研组的基础上，成立海船规范科学研究所，其业务由船舶检验局直接领导，行政、后勤由船检局上海办事处代管。1988 年 1 月，船舶检验局将海船规范科学研究所作为上海分局的一级管理机构由上海分局集中管理。1992 年 7 月，船舶检验局将海船规范科学研究所改称上海规范研究所。1994 年 4 月，上海规范研究所改由上海船检局直接领导管理。

1984 年，长江航政与船检实行分管，船舶检验局发出关于"组建船舶检验局河船规范科学研究所筹备处"的指示，又以《关于长江区办事处机构的批复》，明确河船规范科学研究所筹备处由长江区办事处代管。1985 年 7 月 1 日，船舶检验局河船规范科学研究所在武汉正式成立，其业务由船舶检验局直接领导，行政、后勤由武汉分局代管。1988 年 1 月，船舶检验局将河船规范科学研究所设为武汉分局的一级管理机构，由武汉分局集中管理。1992 年 7 月，船舶检验局将河船规范科学研究所改称武汉规范研究所。1994 年 4 月，武汉规范研究所改由武汉船检局直接领导管理。

1982 年前，船舶检验局的审图业务多由承接修造检验单位自行进行，难以保证审图标准的一致性，审图质量参差不齐。1982 年以来，在自主管理体系建设中，为了统一审图标准，为了提高审图质量，船舶检验局在 1982 年 7 月 24 日要求船检局上海办事处在规范科学研究所内增加海船审图业务，以"船舶检验局海船审图中心"名义从事海船审图业务，由此开始了船舶检验局审图中心建设。

其后，船舶检验局在 1985 年 2 月 11 日发出《关于船舶检验局各办事处改为分局后有关问题的通知》，本着集中审图原则决定设立船检局审图中心，分片承担船舶检验局的审图作业。由此，船舶检验局于 1985 年 3 月 1 日分别在海船规范科学研究所设立了船检局上海审图中心；在河船规范科学研究所设立了船检局武汉审图中心；在大连分局设立了船检局大连审图中心；在广州分局设立了船检局广州审图中心。到 1986 年 4 月 8 日，船舶检验局依据 1986 年度工作会议决定，撤销上海、武汉、广州、大连 4 个审图中心，在上海海船规范科学研究所设立船检局海船审图中心，集中从事海船图纸审查；在武汉河船规范科学研究所设立船检局河船审图中心，从事内河船舶审图。1992 年 8 月 5 日，在中国船级社质量体系建设中,船舶检验局将船检局海船审图中心更名为船检局上海审图中心;将船检局河船审图中心更名为船检局武汉审图中心。

在此期间,船舶检验局在其"一个机构、两块牌子"工作机制建设中,将设在海船规范科学研究所的海船审图中心定为中国船级社的审图机构。

1983年8月,船舶检验局在青岛召开首次培训工作会议,提出了《船检系统十年培训规划》,确定在上海和武汉两地分别筹建海船、河船检验人员培训中心。1985年2月,船舶检验局下达了《关于成立船舶检验局海船、河船检验人员培训中心的通知》,确定海船、河船检验人员培训中心是船检局直属处级单位,计劳统财、行政后勤、干部人事管理等工作,分别由船检局上海、武汉分局代管,培训业务由船舶检验局直接领导。3月,中华人民共和国船舶检验局海船检验人员培训中心和中华人民共和国船舶检验局河船检验人员培训中心正式成立。同年12月,船舶检验局任命了海船、河船检验人员培训中心的领导班子。1988年1月,船检局将海船检验人员培训中心作为上海分局的一级机构集中管理;将河船检验人员培训中心作为武汉分局的一级机构集中管理。同年9月10日,海船、河船检验人员培训中心分别更名为中华人民共和国船舶检验局上海培训中心和中华人民共和国船舶检验局武汉培训中心。

(18)其他机构

①上海防火试验中心

1989年6月,海船规范科学研究所增设耐火材料及结构试验室,1990年5月开始对外营业,使用"远东防火试验中心"的名称。1996年4月改称"交通部上海防火试验中心",6月获得国家技术监督局计量认证证书。1997年,该中心被国际海事组织认可,并通告世界各国。

②武汉船舶救生设备试验检测中心

河船规范科学研究所于1988年1月在试验站内组建了"交通部船舶救生设备质量监督检验测试中心"。该检测中心于1992年2月取得了国家技术监督局的计量认证合格证,成为船检系统第一个被国家认可的检测机构。1994年9月21日改为"船舶救生设备试验检测中心"。

二、中国船级社总部及各分社机构基本建设项目

(一)中国船级社总部基本建设项目

1. 项目概况

(1)船检大厦项目

东城区东直门南大街9号为北京华普产业集团有限公司所属的北京中地房地产开发

有限公司开发的华普花园Ⅱ段的5A级写字楼项目。购置了华普花园Ⅱ段地上2～11层和地下1层、3层,总建筑面积33825平方米,总投资4.4亿元。

项目建成后,体现了CCS向国际化迈进的步伐。

(2)世纪大厦项目

位于东城区王府井大街99号的世纪大厦9层,为北京王府世纪发展有限公司开发的王府井世纪大厦项目。项目于1997年购置9层,后于2001年购置711房间。项目作为船检大厦(西区小白楼)的有效补充,解决了CCS在业务大幅拓展同时,人员数量激增的矛盾。

(3)东黄城根项目

船检大厦(西区小白楼)项目位于东城区东黄城根南街40号,由中国建筑一局(集团)有限公司承建,总建筑面积5400平方米,总投资650万元。

项目建成后,中国船检局首次有了自有的业务办公楼,提高了中国船检局的形象。

2.建设历程

(1)船检大厦项目

项目于2003年底开始谈判。2004年2月5日签署购置地上4～11层及地下3层合同。2004年5月30日签署购置地上2、3层和地下1层合同。2004年10月15日对华普花园Ⅱ段进行三次交接验收合格后进入装修程序。2006年5月1日入驻开展业务。

(2)东黄城根项目

项目于1985年批准后开始拆迁。1990年建成。

3.使用效果、社会效益

(1)使用情况

中国船级社总部购置船检大厦后,社属数码易知公司和船检杂志社也搬入大楼办公,大楼整体使用情况良好。

中国船级社购置世纪大厦部分项目后,中国船级社实业公司搬入大楼办公,使用情况良好。

中国船级社质量认证公司目前搬入黄城根项目,整体使用情况良好。

(2)社会效益

2006年5月18日,中国船级社搬迁至新的综合业务大楼船检大厦。大厦位于北京东二环核心区,交通四通八达,与保利大厦、中石油、中海油、中青旅一样,迅速成了北京东部的地标性建筑。地处核心区的办公地点,极大地提升了中国船级社的品牌价值,产生了不可估量的社会效益。新的办公大楼是中国船级社服务于国家相关行业发展,建设成为国际一流船级社,打造中国船检总指挥部过程中迈出的极为重要的一步。

恢弘大气的外观,彰显了中国船级社作为国家船检主力军的实力与地位。完善的硬件基础设施和先进的智能化办公管理系统,是中国船级社五十年物质文明与精神文明建设的积淀和升华。员工置身于宽敞明亮的现代化办公环境中,极大地提升了自豪感和凝聚力。

大厦距离交通运输部仅2千米,便于上级主管部门的监督和指导。大厦也为海内外客户来访、交流、参观提供优雅的场所,提升了外部客户的认可度和信任度。

地处黄城根的中国船级社质量认证公司总部,承担着中国船级社(CCS)陆上检验与认证业务的专业机构,成立于1993年,是国内最早的认证机构之一,开展管理体系认证、自愿性产品认证、集装箱检验、工业产品检验、节能减排审定核查、对外培训,及风险评估、企业绩效评估等业务。其技术的权威性、服务的公正性、业务的国际性已得到国内外广大顾客的认同和肯定,处于北京核心区域,其品牌影响力已经得到了业界的广泛认可。

地处北京王府井核心地带的世纪大厦的中国船级社实业公司总部,自成立以来,即在监理检测领域打响了招牌。作为中国船级社工业服务窗口,该部为中国船级社拓展陆上业务,支持行业发展发挥了积极地推动作用。

(二)大连分社检验服务网点建设项目

1.项目概况

中国船级社大连分社是中国船级社驻东北地区的直属机构。1959年建立中华人民共和国船舶检验局大连办事处,1985年改副局级建制,更名中华人民共和国船舶检验局大连分局,1992年9月更名为大连船舶检验局。1999年7月,经中央机构编制委员会正式批复,实行"局社、政事分开",对外冠名为中国船级社大连分社。中国船级社大连分社行政建制下辖营口办事处、丹东办事处、大窑湾办事处,其中营口办事处成立于1983年1月,丹东办事处成立于1990年9月,大窑湾办事处成立于1992年12月,行政级别均为正处级。中国船级社大连分社的现场检验服务区域为辽宁省(除锦州和葫芦岛)及吉林省、黑龙江省,审图服务区域为东北三省、河北省、山东省和天津市。业务范围涵盖船舶建造检验、营运检验、产品检验、海工检验、船舶审图等,涉及的业务种类是系统各分社中最齐全的二级单位。大连审图中心是中国船级社的区域审图中心,是各国际船级社成员中唯一在中国北方设立的审图机构。

中国船级社大连分社及下辖办事处自成立以来,分别投资建设和投资购置的检验网点基本建设项目共5项。其中大连分社网点办公用房2项,包括大连市中山区解放路349号办公楼和大连市中山区长江路29号办公用房,营口办事处、丹东办事处、大窑湾办事处办公用房各1项,建设总面积为15283.05平方米,资产总值为45240017.74元。

2. 使用效果

上述检验网点投资建设和购置的办公用房均作为日常办公用房使用,满足了各检验网点业务发展需求,为各检验网点员工提供了良好的办公条件,为推进大连分社船检事业的不断发展壮大,为全面服务于所在辖区航运、造船、海上开发及相关的制造业和保险及金融业客户,支持地方港航经济发展,推进东北亚国际航运中心建设提供了有力的基础保障支撑,展示了良好的企业形象,为在服务区域打造最贴近客户和市场、最具竞争力的国际一流船级社分支机构发挥了重要的保障作用,提升了社会影响力。同时,大连市中山区长江路 29 号办公用房分别租赁给大连分社实业公司和质量认证公司驻大连分公司办公使用,大连市开发区大窑湾外事区办公用房曾租赁给大连分社实业公司大连分公司开展业务使用,满足大连分社公司业务开展所需的办公条件,为支持中国船级社工业发展和质量认证业务发展提供了有力的基础保障。

(三)秦皇岛分社检验服务网点建设项目

1. 项目概况

中国船级社秦皇岛分社(原中华人民共和国船舶检验局)地处秦皇岛,坐落于秦皇岛海港区东港路 73 号(船检楼原称五四路西侧秦皇农民轮换工宿舍南段),1991 年 11 月 1 日投入使用。项目施工建筑面积合计 2054 平方米,投资金额合计 319.48 万元。外事楼 1985 年准备,1986 年开工,1988 年年初建成交付使用,合计 10000 平方米,其中船检 2000 平方米,建造费用 80 万~100 万元。

秦皇岛分社地理位置优越,处于环渤海圈北岸的中端,西南临渤海湾,东北近辽东湾,同大连、天津成鼎足之势,辖唐山办事处、锦州办事处(与建造处驻渤船厂组合署办公),主要负责河北省的秦皇岛、曹妃甸、京唐港及辽宁省的锦州、葫芦岛 5 大沿海港口,渤船重工、山海关船舶重工、中港船厂等区域内的船舶、海上设施检验发证以及河北省、内蒙古自治区和辽宁葫芦岛、锦州地区的船用产品检验、相关认可和发证等工作。目前,分社共有在编人员 65 人(含驻外 8 人),其中派遣人员 8 人(不包括食堂),合计 73 人。平均年龄39 岁,其中高级技术职称人员 43 人,占比 59%;党员 50 人(含驻外 4 人),占比 68%;退休人员 27 人。

2. 使用效果

秦皇岛分社因秦皇岛港和山海关船厂成立而设,伴随锦州港、京唐港、曹妃甸港的建设、河北远洋发展而发展,随渤船重工、山船重工的批量造船,河北钢铁、首钢业务的发展而壮大,为确保辖区船舶的航运安全,为我国的交通水运事业、船检事业、地方经济发展发挥了积极作用。

　　秦皇岛分社已经累计完成新造船检验 200 余艘,每年营运船舶检验 1200 余艘次,产品检验主要包括金属材料、索具、机电设备、非金属材料、通导设备等几大门类,服务能力和水平享誉国内外,秦皇岛成为进口船检验、转级检验的一个基地。目前年检验收入5000 万元左右。

　　秦皇岛分社建设积极履行国家船级社的职责,发挥社会效益,在建设交通强国中发挥更大作用。秦皇岛、京唐、曹妃甸港是我国南北能源大通道的关键枢纽,华南、华东地区众多电厂的煤炭主要从这里下水装船,年运输煤炭 5 亿多吨,确保能源大动脉的安全畅通,影响重大。曹妃甸港发展方案已经出台,曹妃甸工业区已经开始建设,地方政府正在结合区域的发展探索设立保税区,制定大力发展航运业的规划,秦皇岛分社有力地提升了地区航运公司集聚的发展空间。

　　秦皇岛分社进一步增强了中国船级社重要客户的信心。辖区有河北远洋、渤船重工、山船重工等重要客户,目前已签订建造核发电平台、风电平台、深海科考船、海洋养殖装置等国家重点项目,以及有多家国外船公司在这里造船。除了河北海事局在秦皇岛外,还对接服务 6 个处级海事局。随着河北省机构改革,河北省船检将在秦皇岛成立办事机构等。秦皇岛分社为本地造船的客户提高高质量的检验服务。

　　秦皇岛分社和周边分社的业务协同,共同为环渤海地区航运、造船、海工等发展提供优质的服务。发展历史证明,秦皇岛分社在京津冀和环渤海的机构布局中在本辖区发挥核心作用,凸显当地的政治建设、品牌建设和文化建设,而且在检验业务、技术服务、信息沟通上开展无缝隙衔接,相互支持,工作效率、服务能力深受地方政府和客户的赞赏。

(四)天津分社检验服务网点建设项目

1.项目概况

　　中国船级社天津分社(含西安办事处,即原西安检验处)基本建设项目总投资额1977.05 万元,建筑面积 4548.52 平方米。

　　其中国船级社天津分社办公楼位于天津经济技术开发区南海路 11 号 A 座,2003年 3 月购置 3~8 层及 102 室,建筑面积 4412.04 平方米,购置金额 1832.05 万元;地下车库建筑面积 685.54 平方米,购置金额 121 万元。办公楼及地下车库自 2003 年 11 月开始启用至今。

　　中国船级社西安检验处办公室位于西安市经开区海洋大厦商住小区 3 号楼 1 幢10101,1997 年 7 月 1 日购置,建筑面积 136.48 平方米,购置金额 24 万元,自 1997 年 7 月开始使用。2011 年 6 月,开始租用中国船级社质量认证公司办公用房,搬迁至新办公地址(西安市高新区锦业路 1 号都市之门 2 号楼 11702 室,使用面积为 391.52 平方米)。

2. 建设历程

中国船级社天津分社办公楼由天津金帆房地产有限公司承建,2003 年 7 月 28 日开工,2003 年 10 月 31 日完工,2003 年 11 月完成装修并启用。

3. 使用效果

①自 1982 年 1 月 1 日起,部属船检系统实行由中华人民共和国船舶检验局直接领导的管理体制,中华人民共和国船舶检验局天津办事处即从天津港务局内分离出来,成为独立机构,为部属二级单位(县团级),直接由中华人民共和国船舶检验局领导。1984 年,中华人民共和国船舶检验局天津办事处搬迁至新港二号门新建的船检大楼开始办公。这标志着天津船检与天津港务局实现完全分离,天津船检在这个船检大楼经历了近 20 年的发展壮大,至 2003 年 11 月搬迁。

②2003 年 11 月,中国船级社天津分社搬迁至天津经济技术开发区南海路 11 号 A 座,办公场所为 3~8 层及 102 室。搬迁至新办公楼后,因新办公楼位于天津经济技术开发区,借力天津经济技术开发区和滨海新区的发展,天津分社进一步加强了与客户、当地政府的联系,能够更好地服务于地方经济的发展。此办公楼也承载了中国船级社在津各机构——中国船级社实业公司天津分公司、中国船级社认证公司天津分公司、中国船级社海工技术中心(原中国船级社海工审图中心)的发展,并成为 CCS 在津各机构紧密联系的平台。办公楼建筑面积 4412.04 平方米,投资额 1832.05 万元。地下车库建筑面积 685.54 平方米,投资额 121 万元。

③1997 年,经中国船舶检验局和西安市人民政府办公厅批准,天津船舶检验局在西安设立"中华人民共和国天津船舶检验局西安检验处"("中国船级社天津分社西安检验部"),为正科级。2007 年 11 月,经中国船级社总部同意,以"中国船级社西安检验处"的名义对外开展业务。自"中国船级社天津分社西安检验部"成立以来,即在西安市经开区海洋大厦商住小区 3 号楼 1 幢 10101 开展业务,作为 CCS 在西北地区的窗口,为中国船级社西北业务的拓展,为西部大开发和西北制造业的发展发挥了积极的作用。办公楼建筑面积 136.48 平方米,投资额 24 万元,1997 年 7 月购买。

(五)青岛分社检验服务网点建设项目

1. 项目概况

为了适应形势发展和最大限度地满足客户日益提高的对检验服务质量和效率的要求,青岛分社包括烟台办事处、日照办事处自 1986 年以后逐步对于办公环境做出较大的改善,包括购买新的办公大楼等,共投资额约为 330 万。

青岛分社本部位于山东省青岛市市南区山东路 29 号银河大厦 7~9 层,总体建筑面积为 3515.10 平方米,其中公共面积为 1174.20 平方米,使用面积为 2340.90 平方米,于 1997 年 1 月 1 日竣工。日照办事处位于山东省日照市日照港务局档案楼,总体建筑面积为 300 平方米,于 1986 年 12 月 30 日竣工。烟台办事处位于山东省烟台市芝罘区西盛街 28 号 24 层 1 号,总体建筑面积为 1119.05 平方米,公共面积为 140.86 平方米,使用面积为 978.19 平方米,于 2006 年 8 月竣工。

1998 年青岛分社购置了办公用房,对办公场所进行了综合布线,实现了计算机的网络化管理。并且为每个职工配备办公用固定电话,部门以上领导还配备了移动电话。至 2005 年,办公信息化程度已经满足了当前检验业务、行政管理的各项要求。如今,为确保验船师的培训有固定和足够的场所,在人员不断增加、办公场所紧张的情况下,分社依然腾出 80 多平方米的房间,改造成为视频会议及培训教室。改造后,该教师具备召开视频会议,验船师培训、制作培训课件、播放影碟和投影等多项功能。原来单一功能的 8 楼中会议室已不能满足工作需要,改造为具备会议、视频、投影、网络等多功能的现代化会议系统。由于办公信息化装备的加强,大大提高了为客户服务的质量和工作效率,为提供便捷和优质的检验服务创造了条件。

2.使用效果

青岛分社及所辖办事处办公楼建成之后承办的几个重要业务活动及其带来的社会效益:

中国船级社下达指示编写的检验指南和须知:作为中国船级社下属各分社、办事处主要是完成现场检验和签发各种证书,同时也接受规范科研所下达的搜集检验资料、及时反馈检验工作中所积累的典型的影响船舶技术状况的技术信息,对船舶安全航行或安全作业的经验和教训,以作为修订规范的时间依据;反馈规范修改过程中的征询意见,以及编写各种检验指南和须知等。

配合中央四部委及山东省政府开展低质量船舶的整顿:青岛分社在中国船级社的领导下,积极配合山东省地方政府进行了低质量船舶专项治理工作,主动地发挥国家船舰主力军的作用,得到了山东省交通厅、山东省国防工业办等有关方面的高度评价。

奥帆赛工作船艇的鉴证检验与发证:2006 年 3 月 1 日,由中国船级社国内船舶检验中心牵头,与北京奥组委及青岛奥帆设计建造单位的各方相关人员,在北京召开了"2008 年奥帆赛工作用船检验协调会"。会上,各方就建造和检验的主要原则、建造及检验标准,检验项目达成共识,确定建造单位承担建造 2008 奥帆赛工作用船艇"NSR680 硬底橡皮艇""玻璃钢双体船""NSR850 媒体船""NSR850 安保艇""NSR850VIP 艇",由青岛分社执行上述船艇的图纸审查和现场检验及发证工作,圆满完成了 144 艘 2008 年奥运会帆船比赛工作用船艇的检验发证。

加强与当地主管机关的联系,共商海上航运安全的方略:多年来,青岛分社一直保持着与山东省各级政府主管机关的沟通和联系,进入跨越式发展时期,此项工作得以加强。2007年初,青岛分社领导带队拜访了山东省交通厅及所属山东省港航局,山东省国防科工办等政府部门。这次拜访进一步密切了青岛分社与省政府主管机关的关系,推进了合作。2010年1月11—12日,青岛分社王志雄总经理和王崇仁副总经理分别拜访了山东省国防科工办、山东省交通厅、山东省港航局。王超英主任等科工办领导与青岛分社领导就双方共同关心的山东省船舶、海工等装备和发展规划、山东半岛蓝色经济区的打造、辖区内建造船舶质量和低标准船舶清理及船厂评估,船舶和海工研发中心在山东省的布局以及储备,建设船舶和海工装备中心等议题进行了深入交谈。

烟台办事处在烟台地区建造检验的高附加值船舶是烟台莱福士船业有限公司为中国海洋石油工程有限公司承建的起重和铺管能力均居亚洲第一、总长为157.50米,总吨位为34384吨,满载排水量为51021.7吨,最大起重能力为3800吨的“蓝疆”号大型起重铺管船,于2001年7月10日交船并投入使用。2004年,烟台船检首次独立开展对集装箱船的检验,是年完成了由黄海造船有限公司建造的500标准箱多用途集装箱“鸭绿江”轮的建造检验。同年8月,烟台船检开始进行客滚船建造检验。除去对船体检验以外,烟台办事处还负责胜利油田所属的各种海上移动式和固定式平台以及海底管线等海上设施进行检验;承担总部下达的科研课题与研究;气胀式救生筏检修检验等。

2006年至2010年是烟威地区航运业、造船业、船舶修理业大发展、大繁荣的时期。国内航运、国际海运企业已达上百家,海上航运业的发展有利地促进了烟台、危害地区造船业的迅猛发展,造船厂数量和规模迅速扩大,半岛沿海基本形成一条造船工业带,规模较大的造船厂达17家,而且造船现代化程度也是前所未有。至2010年底,与烟台船检有业务关系的航运公司、造船厂、航修单位已经达到140多家,这些与船共生共存的单位遍布于整个胶东沿海地区。

日照办事处随着日照港对外开放和港口吞吐量的增加,从1990年开始,进出日照港的散货船越来越多,日照办事处的检验业务量也随之逐渐增长,检验业务地域范围也逐步扩展到岚山港,检验的船舶种类也在增多,散货船占多数,其他为散货船、施工船、港作船、油船等。

(六)江苏分社检验网点基本建设项目

1. 项目概况

中国船级社江苏分社是中国船级社全资下属二级分支机构。1984年,船检局南京办事处从南京航政分局划出,成立了中华人民共和国船舶检验局南京办事处,正处级编制。1985年2月改为中华人民共和国船舶检验局南京分局,并在1992年9月更名为中华人民共和国南京船舶检验局。1999年,根据中编办《关于中国船级社机构的批复》及交通部

《关于中国船级社主要职责、机构、设置和人员编制的通知》文件精神,实行"局、社分开",仅以中国船级社南京分社的名义对外开展工作。2012 年,更名为中国船级社江苏分社,副局级编制。

目前江苏分社除南京本部外,还包括 6 个下属三级单位,分别是中国船级社芜湖分社、中国船级社镇江办事处、中国船级社江阴办事处、中国船级社泰州办事处、中国船级社南通办事处和中国船级社连云港办事处,负责苏皖两省相关船舶、产品、海工装备的审图及检验服务工作。

中国船级社江苏分社本部检验业务大楼占地面积 754.61 平方米,建筑面积 5912.96 平方米,总投资人民币 33637625.27 元,办公楼为地下 1 层、地上 9 层建筑;其中 B1 层为车库,1～8 层均为办公区,9 层为多功能厅和食堂。

芜湖分社占地面积 300.46 平方米,建筑面积 1802.75 平方米,总投资人民币 1852148.15 元,6 层办公楼建筑。

镇江办事处建筑面积 866 平方米,总投资 794333.00 元,2 层办公楼建筑。

江阴办事处占地面积 2852.3 平方米,建筑面积 2720.14 平方米,总投资 5174000.10 元,房屋总层数 6 层。下属太仓代表处建筑面积 105.19 平方米,总投资 120558.00 元。

泰州办事处建筑面积 1439.39 平方米,总投资 21986969.55 元,办公层数为第 5 层。

南通办事处共分两处,面积分别为 495.36 平方米(2 层建筑)和 529.98 平方米(3 层建筑),总投资分别为 216500.00 元和 2385138.83 元。

连云港办事处于 2019 年更换新址,建筑面积 1238.50 平方米,层数为第 15 层,总投资 11358038.00 元。

2. 建设历程

中国船级社江苏分社本部检验业务大楼于 2002 年竣工交付,2003 年装修交付,施工单位为南京市天江房地产开发公司,设计公司为南京金陵建筑装饰有限责任公司建筑设计研究院。2003 年底,南京分社由旧址搬迁入该办公楼至今。施工期间,本工程管理实现了现场封闭管理、图牌齐全、材料堆放整齐化,按施工总平面图划分了施工作业区、生活办公区、材料堆放区。现场在施工期间,各项设施齐全有效,食堂宿舍、办公室窗明几净,物品摆放整齐统一。

3. 使用效果

江苏分社及下辖 6 个办事处检验网点自建成以来,推动建立了中国船级社在苏皖地区多层次、全方位的市场服务网络,为单位服务范围的扩大和业务的持续高速发展提供了重要的基础性支撑,促进分社由大到强高质量发展,也为苏皖地区航运业、港口造修船业、产品制造业提供了更加便捷高效的检验服务和技术支持保障。通过积极发挥国家船检主力军作用,分社积极服务交通强国、制造强国长江经济带等国家战略,为政府决策和政策落实提供技术支持,促进地方船舶及配套产业转型升级发展,既为船舶行业前沿技术作出突出贡献,同时也为服务地方经济建设发挥了重要的基础保障作用,进一步提升中国船级社在苏皖地区的品牌形象和行业影响力。

同时分社南京本部检验业务大楼的第 1 层和第 2 层办公用房分别租赁给中国船级社实业公司和认证公司南京分公司办公使用,满足江苏分社公司业务开展所需的办公条件,为中国船级社苏皖地区工业发展和质量认证业务发展提供更加优质便捷的服务做出了有力的基础保障。

(七)上海分社检验服务网点建设项目

1. 项目概况

(1)上海分社综合科研大楼(1 号楼)

1989 年 12 月 20 日,中国船检局上海分局浦东综合科研大楼工程竣工,并于 12 月 25 日进行竣工验收。该工程由四个单体组成,总建筑面积 12000 平方米,占地 12 余亩,工程总造价 1200 万元。其中,综合科研大楼(1 号楼),总建筑面积 8127 平方米。

船检科研综合楼工程,1986 年 6 月开工,1989 年 12 月竣工,25 日竣工验收,1990 年 1 月迁入,由江苏省苏州市第一建筑工程公司施工建设。

2010 年上海市举办世博会,鉴于分社所在的浦东大道作为连接东西的主要通道,按照上海世博会相关建设工作的要求,同时为提升 CCS 的信誉、品牌和现代服务能力,中国船级社上海分社主楼立面改造工程于 2010 年 3 月 8 日开工,2010 年 8 月 5 日竣工验收,改造面积约 6200 平方米,总投资 1037 万元,由南通四建装饰工程有限公司施工完成。

2012 年 10 月,中国船级社上海分社上海规范科研综合楼项目,将综合科研大楼(1 号楼)裙楼(职工食堂)拆除改建,现综合科研大楼(1 号楼)总建筑面积 7308.41 平方米,占地面积 623 平方米。

(2)上海分社规范科研综合楼(4 号楼)

由于上海市在国际航运中心地位,根据我国有关建立上海国际航运中心和建立上海国家造船基地的布局和要求,为了适应上海经济和社会发展战略,树立上海未来国际经济、航运中心城市的全新风貌,保障全方位提升中国船舶检验的现代服务能力,上海分社决定建设上海规范科研综合楼项目,占地面积 838.5 平方米,地上 6 层,地下 1 层,总建筑面积 7045.62 平方米,总投资 4899.6 万元。

该项目于 2012 年 10 月开工,2014 年 10 月完工并投入试运行,2017 年 11 月竣工验收,由上海浦拓建设工程有限公司施工建设。

2. 使用效果

(1)上海分社综合科研大楼(1号楼)

船检科研综合楼工程建成后,主要作为中国船检局上海分局的办公场所,极大地改善了当时的办公环境,保障了上海分社各项业务健康快速发展,为中国船检事业和上海国际航运中心作出了积极贡献。同时,船检科研综合楼作为当时浦东为数不多的高楼之一,是当时浦东仅有的2个具备召开中小型国际会议条件的处所之一,之后曾在此召开过上海市市长国际企业家咨询会和浦东新区管委会筹委会会议。

(2)上海分社规范科研楼(4号楼)

中国船级社上海分社上海规范科研综合楼项目主要功能是中国船级社系统内的海船规范科研、ISO管理体系、ISM管理体系咨询认证、防污染、人员培训等综合工作,为我国船舶和海上设施技术检验提供技术监督、技术咨询、技术支持和技术服务。项目建设后极大地改善了上海规范研究所的办公条件和环境,提升了职工满意度,为单位今后持续健康发展奠定了坚实基础。

(八)浙江分社检验服务网点建设项目

1. 项目概况

为了更好地服务于造船、航运及相关产业,促进浙江省海洋经济发展,2011年12月,交通运输部批准成立中国船级社浙江分社,副局级,为中国船级社直属机构。浙江分社落户浙江省宁波市。为适应和满足分社成立后业务工作开展的需要和中国船级社实业公司、认证公司在浙江地区拓展业务的需要,经多轮比选和反复研究论证,总部于2012年11月批准分社在宁波东部新城B01/03地块以定建方式购买综合业务楼,作为浙江分社、实业公司浙江分公司、认证公司浙江分公司等驻甬机构的业务用房使用。

总部批准购置的综合业务用房房屋产权面积约为12154.27平方米,其中主楼共五层约为9391.95平方米、附楼共两层(局部三层夹层)约为2762.56平方米。房屋地下室共一层(局部非机动车夹层为二层),其中地下人防约为2810.72平方米,地下红线外人防约为978.37平方米,地下公用(包括为下地下室服务的井道)约为2745.99平方米。

2. 建设(购置)历程

2012年12月7日,分社与宁波市东部新城指挥部、江东区政府、宁波东部新城开发投资有限公司签署《东部新城B01/03地块定建中国船级社浙江分社综合业务用房认购及相关扶持政策协议书》,购置费用为17818万元。

2015年8月,房屋开发商宁波东部新城开发投资有限公司组织完成房屋竣工验收工作。

2015年10月,房屋由开发商宁波东部新城开发投资有限公司交付分社,交付房屋为毛坯房,后续将组织开展有关装修工作。

3.使用效果

2012年浙江分社揭牌并签署购置业务用房协议和落户浙江宁波,应该说既是服务国家发展战略的需要,更是为船级社事业迎来了新的发展契机。当前,浙江海洋经济建设已上升为国家战略和舟山群岛确定为国家级新区,浙江分社及认证、实业公司各项业务将迎来快速发展。同时,综合业务用房位于宁波市东部新城,所在区域为宁波市行政、航运、金融三大中心,在为地方注入发展动力的同时,也进一步铸造了CCS品牌形象,同时提升了浙江分社等中国船级社驻甬机构的形象和影响力,体现国家船级社、船检主力军的应有作用,房屋所在位置环境优美、交通便利,更加有利于市场拓展和开展各项客户服务,有力地保障了中国船级社事业在浙江地区的长久发展。

(九)福州分社检验服务网点建设项目

1.项目概况

根据中国船级社《机构管理程序》的规定,福州分社负责福建省内的船舶检验发证工作,以及所辖地区内船用产品的检验、相关认可和发证等工作,负责管理厦门分社和宁德、泉州办事处。自福州分社成立至今,分社本部及三级单位业务办公用房采用购买现房或租赁使用方式,主要情况如下:

(1)福州分社金山大厦业务办公用房

福州分社本部目前在用的办公用房为2007年8月向福州市住宅建设发展有限公司购置,购置时已是现房。该物业位于福州市仓山区闽江大道200号金山大厦2~4层,购置总建筑面积2820.76平方米,资产原值共计1628.38万元。另有地下停车位(3个)95.58平方米。

(2)福州分社新都会财经广场业务用房

该用房系1994年12月、1995年8月、1997年9月分三次购买所得,向福建亚青房地产开发有限公司购置,购置时已是现房。该物业位于福州市鼓楼区东街43号新都会财经广场,购置总建筑面积595.89平方米,资产原值共计352.47万元。该业务用房目前租赁给CCSI福州分公司办公使用。

(3)厦门分社业务办公用房

厦门分社目前的办公用房主要是自有用房,位于厦门市湖里区海天路65号鹭辉大厦六楼,系1995年10月、1996年10月、1997年7月、2000年12月、2019年3月分五次购买所得,属商住两用性质,建筑面积共计875.74平方米,资产原值共计332.27万元。

（4）泉州办事处业务办公用房

泉州办事处成立于 2007 年 4 月,成立至今一直在租赁办公用房,目前租用的是位于泉州市田安北路的青年大厦 9 楼,建筑面积为 385.94 平方米。

（5）宁德办事处业务办公用房

宁德办事处成立于 2007 年 4 月,成立至今一直在租赁办公用房,目前租用的是位于宁德市蕉城南路 94 号的泓源国际大厦 5 楼 5 单元,建筑面积为 278.77 平方米。

2. 使用效果

分社检验服务网络支持了分社业务的开展,有效助力福建地区船检事业和水运事业的发展。2007 年 4 月,原福建海事局业务移交分社,分社在接收海事局船检业务后持续进行船舶历史遗留问题整改、促进福建地区国内船队安全技术状况持续改善和船队结构不断优化升级。2018 年,分社与福建省渔检局进行远洋渔检业务稳步交接,积极与辖区主要远洋渔业公司、远洋渔船修造船厂交流沟通,宣贯远洋渔检业务转隶的相关政策。按照国务院《关于做好自由贸易试验区第四批改革试点经验复制推广工作的通知》要求,分社会同平潭海事局及平潭交建局、厦门海事局及厦门港水路运输管理处,在自贸区推广实施船舶证书“三合一”并联办理机制,简化了办事流程,压缩了服务对象办证时间。通过中国船级社福建地区委员会,为当地造船、航运及相关行业,以及政府、金融机构等提供交流合作平台。积极开展 CCS 游艇的入级检验、CE 认证宣介、国际游艇展等活动,承担了辖区各类新颖游艇项目的审图任务,有效促进了福建省游艇产业的高起点、规范化发展。认真做好航行台海客船及辖区客渡船的检验管理工作,促进辖区客运安全形势持续稳定;在东南亚客户和福建地区船厂之间搭建沟通平台,还寻求地方政府和福建海事局的支持,较好地解决了建造出口东南亚船舶涉及的问题,吸引东南亚地区的船舶在福建建造;通过优质技术服务,助力福建地区海上风电、海上牧场的建设。

（十）广州分社检验服务网点建设项目

1. 项目概况

1984 年,在广州市洪德路海天四望 40 号自建广州分社办公楼,于 1988 年 8 月建成,办公楼建筑面积 719.24 平方米,使用面积 5537.96 平方米,投资额 493.71 万元。

1992 年,购置广西壮族自治区防城港市港口区富裕路船检楼为防城办事处办公楼,办公楼使用面积 1207.5 平方米,投资额 116.74 万元。该办公楼 2011 年被政府征收,置换办公楼在建设中。

1993 年,在广东省汕头市长平路椰园 31 栋购置为汕头办事处办公楼,办公楼使用面积 690.29 平方米,投资额 135.29 万元。

1997年,在广东省深圳市南山区南新路2036号6楼购置深圳分社办公楼,办公楼使用面积1693.04平方米,投资额937.97万元。

1999年,在广西壮族自治区北海市长青路8号佳利大厦A座14楼C室设置北海办事处,使用面积231.72平方米,投资额43.03万元。

2009年,在广州市南沙区珠江东路273号南沙奥园B栋四楼设置南沙检验处,使用面积1082.53平方米,投资额691.74万元。

2013年,将广东省湛江市开发区人民大道中45号祺祥大厦20层置换为湛江分社办公场所,使用面积1000平方米,投资额1000万元。

2. 使用情况/社会效益

(1)使用情况

广州分社及下属单位建设或购置业务办公楼后,均用于业务办公,使用情况整体良好。

(2)社会效益

①CCS在华南地区重要沿海城市的布局基本确定。广州分社及下属单位业务办公楼的建设与购置,是广州分社干部职工队伍稳定的前提条件,是华南地区船检业务开展的必要条件,是船检事业持续发展的重要保障,是为辖区客户提供优质船检服务的重要基础。

②CCS主动服务国家发展战略,服务广东海洋经济发展。2015年,广东省海洋生产总值占全国海洋生产总值比重超过20%,连续21年居全国首位。广东作为海洋大省、经济大省,为加快建设海洋强国率先探索、率先垂范责无旁贷。而广州分社作为CCS华南主力军,也应主动适应广东具有国际竞争力的现代海洋产业建设,积极融入和支持地方经济发展的重大决策。以上项目业务办公楼均位于沿海地区,各单位作为水上安全链条上的重要一环,为辖区海洋经济发展作出了应有贡献。

③提升CCS在华南地区形象,促进辖区航运业及其配套产业发展。广州分社作为CCS最早成立的五个分支机构之一,专业技术力量雄厚、服务能力强、综合素质高。1978—2015年,广州分社及下属单位陆续建设或购置业务办公楼,提升了广州分社及下属单位的形象和影响力,体现了船检国家队与主力军的竞争优势,助力市场拓展,锤炼自身品质,有力保障辖区航运业及其配套产业的不断发展。

(十一)海南分社检验服务网点建设项目

1. 项目概况

海南分社办公楼建设项目位于海南省海口市西沙路20号,1幢6层,建筑面积为1299.50平方米。1989年1月建成,投资额110.92万元。项目作为海南分社办公场所,服务于海南省自由贸易区(港)和国际旅游岛的建设,服务于海南省政府及辖区航运企业,为琼州海峡客滚船、旅游船、游艇、乡镇渡船等客运船舶提供了技术标准及安全检验服务,保障了琼州海峡大运输通道的安全畅通、游客的休闲娱乐旅游安全和辖区乡镇群众的日常安全出行。

海南分社洋浦综合楼建设项目位于海南省洋浦经济开发区内,1幢5层,总建筑面积为3046.71平方米,其中办公场所建筑面积2955.54平方米,架空层面积31.17平方米,地下消防水池60平方米。2015年1月建成,投资额884.29万元。项目作为中国船级社海南分社在洋浦的检验业务场所,主要服务于洋浦保税港区以及海南西部地方政府、造船企业和航运企业等相关单位,为辖区提供检验技术及检验服务,特别为海洋工程检验技术服务方面。

2.建设历程

(1)海南分社办公楼,于1988年1月18日开工建设,1989年1月1日完工并投入使用,施工单位为汕头市郊建设工程公司。

(2)洋浦综合楼,于2013年6月6日开工建设,2015年1月31日完工,施工单位为海南省第五建设工程有限公司。

3.使用效果

海南分社(包括下属三亚、洋浦和清澜办事处)作为率先实现"一省一检"的船舶检验机构,主要负责海南省的船舶、海上设施及船用产品的检验、认可和审核等工作。在海南分社办公楼和洋浦综合楼建设项目的建成使用后,海南分社充分发挥国家检验主力军的作用,通过提供快捷、高效的服务,满足了海南辖区政府、交通主管部门、航运企业和造船企业对船舶检验技术标准及检验服务的需求,积极服务于海南自由贸易区(港)、国际旅游岛和南海能源开发的建设,为辖区水上交通形势安全稳定、维护南海国家主权等方面发挥了积极作用。

(十二)重庆分社检验服务网点建设项目

1.中国船级社西南地区综合业务楼

项目建筑面积7536.90平方米,使用面积5000平方米,总投资额5060.71万元。2016年1月交付使用。

主要用途及发挥的作用:

中国船级社西南地区综合业务楼,含中国船级社重庆分社和中国船级社认证公司重庆分公司。原办公楼由中国船级社实业公司(以下简称CCSI)重庆分公司使用。中国船级社西南地区综合业务楼的建设助推了西南地区船检事业和水运事业发展,主要如下:

中国船级社驻渝机构原由中国船级社(以下简称CCS)重庆分社(正处级行政事业单

位)、中国船级社实业公司(以下简称 CCSI)重庆分公司、重庆项目组、中国船级社质量认证公司(以下简称 CSQA)重庆办事处共同组成,由"中国船级社重庆分社"牵头对外联系,开展业务活动的大本营设在重庆。承担了西南地区(云、贵、川、渝三省一市)和长江干线的船舶检验、船用产品、海工产品检验以及陆上工业领域的第三方公正检验、工程监理、无损探伤和 ISO 9000 系列质量认证等业务。在国家西部大开发的政策导向下,重庆市长江上游经济中心建设和长江上游航运中心建设开发之际,中国船级社在支持西部地区经济快速发展服务于相关行业上大有作为。

CCS 重庆分社主要负责长江流域的船舶建造检验、运行检验、审图和西南地区(云、贵、川、渝三省一市)各种船用工业产品、风能发电机、集装箱等产品检验、审图和公正检验,2003 年机构总编制为 57 人,现实际工作人员为 83 人(含外聘和合同制人员)。其下设有万州、涪陵办事处及成都检验站等派出机构。

CCSI 重庆分公司(含重庆项目组)主要负责对西南地区的船舶、钢机构、桥梁、港口工程、机电设备、水电设备等工程项目提供监理服务、检测和无损探伤服务、对无损伤检测人员进行培训和考试发证,目前机构总人数为 50 人。

CCSC 重庆分公司主要负责西南地区的质量管理体系的审核、产品认证及船用产品厂评估等业务、负责与之相关业务的市场开拓和客户服务工作,目前机构总人数为 20 人。

在 CCS 总部的正确领导下,CCS 驻渝机构始终保持检验安全质量是船级社生存之基的理念,发扬公正高效、严谨求实的工作精神服务航运和相关制造业,为地方经济和 CCS 的跨越式发展做出了应有的贡献;也为西南地区造船业、航运业、船用产品工业、轻轨、机场、桥梁工程和高科技等领域,提供了大量高技术支持、检验、监理和质量认证等项目的服务。扶持和发展了一大批重庆国有和地方企业,为振兴重庆地方经济的发展做出了较大的贡献,2004 年在重庆奥体中心建设项目中获得重庆市工程建设特殊贡献奖;2006 年被重庆市国资委命名为委级文明单位;2006 年、2007 年度获得重庆市国有企业贡献奖;2007 年度荣获重庆市市级文明单位称号;2010 年获全国交通建设系统"工人先锋号",2011 年获"重庆市文明单位标兵",2012 年获全国交通运输行业"文明示范窗口",2012 年获中国船级社"双文明建设先进单位",2016 年获"交通运输文化建设优秀单位"。

近年来,重庆分社牢牢把握国家建设长江"黄金水道"以及重庆打造长江上游航运中心和"一带一路"发展倡议的机遇,全力服务于西南地区航运业、造船业和相关船用产品、海工产品制造产业,为重庆经济和社会发展提供强有力的技术支持和安全质量把关,为保障三峡库区数年无重大水上安全责任事故、防止三峡库区水域污染起到了积极作用,保持了所检国内外航行船舶的船舶港口国检查(PSC)滞留率为零、无检验质量责任事故、无检验服务重大投诉的三项安全质量"零指标";保持了单位党风廉政和职业道德"零违规"。

在西南地区综合业务楼投入使用之前,CCS 重庆分社开展其业务工作的场所却不容乐观。该社业务用房建于 20 世纪 80 年代初期,位于重庆陕西路三巷 4 号和 6 号(重庆市集贸商品批发市场),该楼为十层建筑,框架结构,总建筑面积约 5000 平方米,由重庆海事局和 CCS 重庆分社及 CCSI 重庆分公司合用。其中 CCS 重庆分社所属建筑面积约 2000 平方米;CCSI 重庆分公司所属建筑面积约 400 平方米。现该楼已被日益繁荣发展的交易市场重重包围,一是进出交通十分不便,且环境卫生极差,噪声污染十分严重;二是该楼设计于 20 世纪 70 年代,功能使用和消防设置已不能满足现行《办公楼建筑规范》的要求,虽然在总部的支持下曾于 2005 年对该楼进行了简易修缮,但受结构自身限制,未能从根本上解决布局合理和满足消防安全疏散的隐患问题;三是随着 CCS 重庆分社日益发展的业务增长,该楼用房面积已不能满足正常开展工作的需要,多项业务整合集于一室工作,既相互干扰降低了工作效率,同时也不利于 CCS 重庆分社的对外形象,而且 CCSC 重庆办事处和 CCSI 重庆分公司项目组仍需在外租房开展业务工作;四是 CCS 重庆分社、CCSC 重庆办事处和 CCSI 重庆分公司的分散设立,不利于人力资源、信息资源共享互补,不利于CCS 西南地区品牌形象整合发展。

中国船级社西南地区综合业务楼的建设满足了重庆地区船检事业发展的实际需要,铸造了 CCS 品牌形象:一是服务于相关行业发展大局。重庆成为长江航运中心,基础设施的投入增加,外贸进出口和传统制造业的蓬勃发展推动了区域经济的强劲增长,新兴物流已使川江航运市场走出低谷,船舶建造和船用产品制造业伴随我国向世界第一造船大国迈进的步伐持续增长,工业产品第三方认证需求也逐步显现,重庆分社迎来了快速发展的春天。二是开拓西部水陆业务又好又快发展。重庆分社根植于重庆直辖市,下设万州、涪陵办事处及成都检验站,是中国船级社设置在祖国西部地区的唯一的分社,承担了西南地区的船舶检验、船用产品、海工产品检验以及陆上工业领域的第三方公正检验和ISO 9000系列质量认证业务。近年来,重庆分社充分发挥西部船检主力军的作用,承担了三峡库区船舶、入级国际航运船舶(含特种船舶)及西南地区船用产品检验业务,经济效益逐年提高,社会效益有口皆碑,CCS 品牌效应日益彰显,有着广阔的发展前景。三是内外部整合检验力量,铸造 CCS 品牌。目前重庆市有 CCS 重庆分社、CCSC 重庆分公司在重庆市内开展业务工作。共同入驻新综合业务用房将更有利于集中人力资源优势、信息资源共享互补、整体技术力量和 CCS 品牌形象来整合发展,为共同建设创新性国际一流船级社、实现新的历史腾飞、又快又好做出贡献。

综上所述,实施中国船级社西南地区业务用房工程,适应办公业务建设的实际需要,铸造了 CCS 品牌形象。

2. 中国船级社重庆分社办公楼(原船检局办公楼)

项目建筑面积 2600 平方米,总投资为 168.77 万元。1991 年 1 月交付使用。

主要用途及发挥的作用:

助推了西南地区船检事业和水运事业发展。重庆直辖十多年来,在中央西部开发政策和三峡大坝建设及"新特区"成立的推动下,重大项目和资金不断引入,已成为中国西部的一片热土。"十一五"开局以来,重庆加快了"以水强市"发展战略的实施步伐,2006年11月交通部和沿江七省二市召开长江水运发展协调领导小组会议,通过了"十一五"期间长江黄金水道建设总体推进方案,长江黄金水道将迎来新一轮发展黄金期(如今水路货运周转量是直辖前的4倍)。方案中明确:"十一五"期末,长江干线航道条件将明显改善。三峡库区万吨船队可直达重庆,千吨级船舶可直达云南水富。"十一五"期间,交通部将安排150亿元资金,进一步加大对长江水运基础设施建设的投资力度。市政府决定,到2010年重庆基本建成长江航运中心,加上基础设施的投入,外贸进出口和传统制造业的蓬勃发展推动了区域经济的强劲增加,新兴物流已使川江航运市场走出低谷,船舶建造和船用产品制造业伴随我国向世界第一造船大国迈进的步伐持续增长,工业产品第三方认证需求也逐步显现,重庆分社迎来快速发展的春天。

重庆市被国家确立为城乡统筹发展试点"新特区",重庆市政府决定在"十一五"期间将重庆建成长江上游航运中心。总部召开的"CCS服务重庆建设长江上游航运中心对策研讨会",彰显CCS对重庆航运建设的极大关注。

在重庆分社在总部的领导下,业务发展相当快速。入级检验业务(特种船舶、船用产品)已超过分社整个检验业务量的60%。其中由重庆分社检验的"宁化417"不锈钢化学品船赢得了国际石油公司信任,成为代表CCS"国轮国造、国轮国检"在不锈钢化学品船建造方面一大亮点。

重庆分社坚定不移贯彻执行总部提出的"走以科研技术为先导的道路,服务于国家相关行业发展大局,努力建设创新型国际一流船级社"方略,抓住库区航运、造船高峰的历史和现实机遇,实现中国船级社在西部地区新的腾飞。

3. 中国船级社万州办事处

项目建筑面积750平方米,投资额120.38万元,2004年6月投入使用。

主要用途及发挥的作用:

承担重庆分社在万州地区的船舶、产品检验,为万州地区的航运市场开拓,为保障三峡库区数年无重大水上安全责任事故、防止三峡库区水域污染起到了积极作用,有力地提高了CCS在当地的影响力,铸就了CCS品牌形象。

(十三)武汉分社检验服务网点建设项目

1. 项目概况

中国船级社武汉分社是中国船级社在汉的分支机构,下设宜昌分社、九江办事处、黄石办事处 3 个分支机构,以及洛阳检验处、长沙检验处 2 个直属派出机构,形成了遍布湖北、湖南、江西、河南中部 4 省的船舶及相关产品的审图、检验、审核、认证等服务网络。

武汉分社办公楼:为适应我国船检及航运事业发展的需要,加强船检建设,根据交通部(81)交人字 2378 号文和(82)交计字 1358 号文以及船检局(83)船综字 003 号文的规划要求,决定在武汉建造船检局长江区办事处业务用房,1982 年批准 3000 平方米,1983 年又增建 1800 平方米,1985 年建成,总计为 4800 平方米(建筑面积)。项目投资额 152.50 万元。

武汉培训教学楼:为保障水运安全,培训全国内河船舶检验人员,经国家交通投资公司水字(1990)005 号文及船检局(90)船计财字第 166 号文批复,1990 年开工建设武汉培训教学楼。总计 2739.6 平方米。项目投资额 276.65 万元。

宜昌分社办公楼:于 2008 年 8 月购入,2009 年入账。中国船级社宜昌分社于 2008 年 4 月从宜昌万达实业有限责任公司开发的中环广场写字楼购买该建筑的 13 楼整层、14 楼半层建筑面积合计 1481.41 平方米办公用房,使用面积 1017.7 平方米,投资额 572.20 万元。

九江办事处办公综合楼:于 1994 年 8 月开工建设,1996 年 6 月竣工,建设施工单位为九江庐山区五里建筑公司。九江办事处综合办公楼混合结构,总建筑面积合计 2813.96 平方米,投资总额 314.78 万元。综合办公楼共有 7 层,1 层门面,2、3 层办公,4~7 层为宿舍(宿舍楼已房改)。

黄石办事处办公楼:于 1993 年 3 月与黄石市人民政府口岸管理委员会签订购房协议,购买黄石市人民政府口岸管理委员会开发的口岸联检大楼的 5 楼整层以及 1 楼的附属车库一间,1995 年建成。总面积 620.26 平方米,投资额 64.5 万元。作为办公用房,为改善黄石办事处的办公条件以及后续业务的发展发挥了重要作用。

2. 使用效果

近年来,上述办公楼均作为武汉分社及所属单位日常办公用房使用,为 CCS 员工和客户提供了良好的办公环境,为服务国家长江经济带建设战略部署、服务长江航运事业发展、服务长江中游航运中心建设、服务三峡库区及内河水域安全提供了坚强的保障。分社在社总部的正确领导下,稳中求进,科学发展,各项建设水平显著提高,分社检验收入逐年递增。自 2005 年以来,武汉分社连续五次被湖北省委、省人民政府授予"省级最佳文明单位"荣誉称号;2015 年,武汉分社被中央精神文明建设指导委员会授予第四届"全国文明单位"荣誉称号;2019 年,武汉分社被授予湖北省"五一劳动奖状"荣誉称号。

三、中国船级社科研能力建设项目

(一)上海规范所科研能力建设项目

1. 上海规范科研综合楼(4号楼)

(1)项目概况

由于上海市在国际航运中心地位,根据我国有关建立上海国际航运中心和建立上海国家造船基地的布局和要求,为了适应上海经济和社会发展战略,树立上海未来国际经济、航运中心城市的全新风貌,保障全方位提升中国船舶检验的现代服务能力,中国船级社决定建设上海规范科研综合楼项目,占地面积838.5平方米,地上6层,地下1层,总建筑面积7045.62平方米,总投资4899.6万元。

(2)建设历程

中国船级社上海规范科研综合楼项目于2012年10月开工,2014年10月完工并投入试运行,2017年11月竣工验收,由上海浦拓建设工程有限公司施工建设。

(3)使用情况

中国船级社上海科研综合楼作为中国船级社上海规范研究所及审图中心的办公场所,主要功能是开展海船规范、法规、指南及指导性文件的研究制定工作,是中国船级社核心技术研发场所之一,同时中国船级社审图中心,统筹全系统的图纸审查工作,此外办公楼还作为上海培训中心,是开展系统内外技术培训的主要场所之一。上海科研综合楼为我国船舶和海上设施技术检验提供技术监督、技术咨询、技术支持和技术服务。项目建设后极大地改善了上海规范研究所的办公条件和环境,提升了职工满意度,为单位今后持续健康发展奠定了坚实基础。

2. 海船COMPASS软件体系

(1)项目概况

海船COMPASS软件体系包括结构计算与评估、性能计算、轮机、电气模块以及其他专项应用软件,如ERS-船舶应急响应服务系统、CAP评估系统、船舶EEDI计算软件等。其中结构计算和评估分支的软件最多,达数十项,可以总体上分为规范校核和直接计算评估软件。具有代表性的软件简要介绍如下:

Compass-Rules海船计算软件:该软件是中国船级社COMPASS工程计算软件系统一个重要子系统,广泛应用于船舶审图、规范科研、辅助设计、航运安全评估规范计算和审图计算等领域。涵盖了船舶结构、性能、轮机和电气四个专业的共计30个计算模块,软件根据规范和法规的相关要求,能够进行船体结构总强度和局部强度计算、大开口强度计算、完整稳性、破损稳性和谷物稳性计算、许用重心高度计算、干舷计算、装载计算、溢油量计算、吨位计算、曲轴强度计算、齿轮强度计算、轴系纵振、回振、扭振、校中计算、船上和岸上短路电流计算等。

ERS-船舶应急响应服务计算软件:充分体现 CCS-ERS 及时、可靠、有效的应急服务理念,根据长期的 ERS 建模、应急演习和应急响应的经验积累开发,用于各工况的完整稳性计算、总强度计算、破损稳性计算及搁浅计算等方面。通过使用软件可大大缩短 ERS 建模、应急演习/响应时间,为船东提供更加及时可靠有效的应急服务。

极地船船体结构和螺旋桨强度校核软件:该软件是根据中国船级社《钢质海船入级规范》第 8 篇和第 3 篇的相关要求开发的一套极地船校核集成系统软件,具有方便的使用界面、合理的输入输出接口、计算结果实时显示和后处理功能,可通过参数化建模功能,快速进行 PC 级船舶的冰区加强结构强度计算校核,以及所有船舶的冰区加强螺旋桨强度校核,提供标准化、规范化的接口使综合的设计过程规范化和自动化,在设计阶段就可以把握设计方案的综合性能,提高工作效率。

Sloshingtools:该软件采用 VOF 法,基于 Youngs 法重构自由液面,通过几型液舱模型试验标定和三维数值程序验证,程序计算速度较快,计算结果合理可靠,可以满足规则菱形液舱的晃荡冲击载荷的预报要求。软件可用于油船、化学品船、薄膜型液化天然气运输船(LNG 船)、散货船、矿砂船等船型的晃荡计算,适用于上述船型的所有液货舱、压载舱及容积大于 100 立方米的其他液舱。

(2)海船 COMPASS 软件发挥的作用

海船 COMPASS 软件配合中国船级社的规范和相关指南应用,大大提高了海船技术评估校核的效率和准确率,为开展海船相关的科研、设计、事故分析、状态评估、应急服务等提供了强有力的技术支持与问题解决能力。该软件系统经过多年的使用,其实用性、易操作性、计算准确性和权威性都得到了业界广泛认可,已有使用客户 300 余家,范围遍布船厂、设计单位、科研院所、检验机构和高校等,在海船设计、审图、建造和检验等方面发挥了十分重要的作用。

3. 内河船 COMPASS 软件体系

(1)项目概况

中国船级社武汉规范研究所于 1986 年开始船舶计算软件研发,截至目前共分为三个大的发展阶段:

1986—2005 年,投入 200 万元研制和维护"船舶静力学计算及稳性衡准系统"和"甲板大开口船舶弯扭组合分析程序系统";

2006—2014 年,投入 200 万元开展"内河 COMPASS 整合与维护",形成统一的设计审图平台,并覆盖 20m 以下的内河小船;

2011—2015 年,投入 300 万元进行"内河 COMPASS 改版与升级",完成了从二维到三维的改版,实现了基于三维模型的稳性计算和衡准校核功能。

三个阶段总投资 700 万元,建成了"船舶静力学计算及稳性衡准系统"(1987/1989/1995/2001/2005/2008)"内河 COMPASS"(2009/2010/2012/2014/2016),分别与各时期的规范法规配套,为设计、审图和监管等用户提供内河船舶的静水力、完整稳性、破损稳性、倾斜试验、吨位计算、总纵弯曲、弯扭组合等计算校核。

(2)建设历程

第一阶段:船舶静力学计算及稳性衡准系统和甲板大开口船舶弯扭组合分析程序系统

1986 年开始研制"船舶静力学计算及稳性衡准系统",并于 1987 年、1989 年、1995 年、2001 年、2005 年、2008 年陆续发布了六个版本,用于船舶稳性辅助设计、审图与评估,与各时期的法规配套,具有静水力性能、舱容曲线、自由液面修正、倾斜试验、完整稳性、可浸长度曲线、破舱稳性和纵向下水等计算功能,适用于常规线型、折角线型、球艏线型、非对称线型、双体船、隧道船、双艉线型及以组合线型等船型的内河船舶和海船。

1994 年,武汉规范研究所与武汉理工大学联合开发了"甲板大开口船舶弯扭组合分析程序系统"(SCLOS),配套实施《钢质内河船舶建造规范》对大舱口船(集装箱船和散货船)的弯扭组合强度计算,并先后于 1997 年、2002 年两次扩充升级。

第二阶段:内河 COMPASS 整合与维护

2006 年开始研制,2009 年发布,整合形成了一个统一的内河船舶稳性和强度的辅助设计、审图与评估平台,包含船舶静力学计算及稳性衡准系统、内河船舶总纵强度计算程序、内河大开口船舶弯扭组合强度计算程序(SCLOS)、内河船舶结构规范校核程序等四个大模块,与内法规 2011 和内规 2009 配套;2010 年,新增小船模块,与内河小船法规 2007 和内河船规范 2006 配套,适用于 20 米以下的内河小型船舶,包含完整稳性衡准、吨位计算、最小干舷计算、结构规范校核、船体梁剖面特性计算等;2011 年,新增内河船舶吨位计算模块;2012 年和 2014 年发布更新版本,分别与内规 2012 和 2014 修改通报配套。

第三阶段:内河 COMPASS 改版与升级

2011 年开始第一期基于三维建模的改版研发,2014 年启动第二期改版研发,2015 年底发布,完成船体模型从二维到三维的升级改版,突破了船体外形限制(全面支持球艏、多艉、多体、首尾开槽、浮船坞、组合船体等所有浮体),并实现了同一个软件覆盖所有版本的规范衡准,包含稳性衡准、倾斜试验、总纵强度模块。

(3)使用效果

1987—2008 年,武汉规范研究所发布"船舶静力学计算及稳性衡准系统"(前后共计六个版本),以及"甲板大开口船舶弯扭组合分析程序系统"(前后共计三个版本),与各时期的法规配套,具有静水力性能、舱容曲线、自由液面修正、倾斜试验、完整稳性、可浸长度曲线、破舱稳性、纵向下水、大开口弯扭组合强度等计算功能。软件功能实用,性价比高,更新及时,用于新船设计计算,营运船舶安全装载及稳性校核、评估。软件在全国400多个单位得到广泛使用,是这一时期我国在船舶辅助计算中应用最广、使用率最高的软件,得到了内河造船航运界的广泛认可,广泛应用于船舶设计与研究、船舶审图与检验、海事(事故)分析等领域,节省了大量的人力和物力,提高了工作质量和工作效率,产生了显著的安全效益、社会效益和经济效益。

2006—2014年,发布"内河COMPASS2009/2012/2014",包括两个版本的稳性计算模块、三个版本的强度计算模块和一个版本的小船计算模块,与各时期的内河船舶(含20m以下的小船)规范法规配套,满足用户对船舶稳性、倾斜试验、总纵弯曲强度、大开口弯扭组合强度、船舶吨位的计算校核需求。软件研发成功后,先后有江西、广东、广西、湖北、湖南、江苏、黑龙江、重庆、上海、福建、山东等地区的设计和船检部门配备了该软件系统,截至2014年底在全国600多个单位广泛使用。在软件推广应用过程中,通过建立QQ工作交流群、定期征集意见等方式,多渠道收集各用户单位的反馈意见,对软件进行了多次的升级维护和修改完善,并添加了各种更加人性化和符合实际需要的功能,得到了用户好评。另一方面,武汉规范研究所还多次举办集中培训班,通过大量培训合格的使用人员(据不完全统计培训学员超800人次),很好地推动了软件的普及和应用,此举也得到了内河造船航运界的高度好评,大大提高了船舶设计研究和审图检验的工作质量和工作水平,为内河船舶安全和行业发展提供良好的技术支持。

2015年,发布了"内河COMPASS2016"。该软件具备三维船舶型表面与舱室的交互式建模和命令流快速建模的功能,采用三维可视的船舶模型,并基于三维模型进行静水力、舱容、完整稳性、许用重心、倾斜试验和破损稳性等的计算,计算精度高,适用各种线型的船体(球艏、多艉、多体、首尾开槽、浮船坞等)和水上浮体(组合浮箱等),兼容WinXP、Win7、Win10等32位和64位操作系统,已被广泛应用于辅助设计、船舶审图、规范科研、航运安全评估等领域。目前,该软件已在全国绝大部分水域的设计单位和船检部门配备,覆盖长江流域、珠江流域、京杭水域等水网地区以及福建、海南、青海、内蒙古等非水网地区。通过采用三维建模与计算等先进技术,不仅提高了计算分析精度,而且进一步满足了市场对多体、组合船体等以往软件不支持的新颖特殊船型的设计计算需求,成为船舶辅助设计与审图和规范法规准确有效实施不可或缺的强有力工具。同时,通过举办集中培训班等方式进行了用户应用培训,推动新版三维软件的普及,进一步提高了船舶设计研究和审图检验的工作水平和工作效率,得到业界的广泛认可和高度好评,为保障内河船舶水上安全作出了不可忽视的重要贡献。

4. 共同规范及协调共同规范软件系统建设

(1)项目概况

1)JBP/JTP 软件开发[IACSCSR 船型开发公共要求项目—专用结构计算软件开发(散货船)、IACSCSR 船型开发公共要求项目—专用结构计算软件开发(油船)]

2005 年 6 月 13 日,国际船级社协会(IACS)理事会决定"散货船结构共同规范(JBP)"和"油船结构共同规范(JTP)"于 2006 年 4 月 1 日生效。这意味着从那时起,世界上 90% 以上的国际航行的大型船舶的结构将按照共同结构规范(CSR)进行设计和建造。共同结构规范对于正在蓬勃发展的中国造船和航运业,是一次极好的发展机遇,使得中国船舶工业界与国际造船界站在了同一起跑线上。2005 年 7 月,中国船级社启动共同结构规范计算软件系统的开发(项目名称为"JBP/JTP 软件开发"),至 2006 年 10 月陆续完成散货船 CSR 规范计算分析软件(SDP-JBP)、油船 CSR 规范计算分析软件(SDP-JTP)、散货船和油船 CSR 直接计算分析软件(DSA-JBP 和 DSA-JTP)。该项目纳入了国防科工委的项目任务"IACSCSR 船型开发公共要求项目——专用结构计算软件开发(散货船)"和"IACSCSR 船型开发公共要求项目——专用结构计算软件开发(油船)"。开发的主要内容包括:

①散货船 CSR 专用计算软件

规范分析及直接分析中的屈服、疲劳、极限、屈曲计算;规范计算;船体梁极限强度计算;货舱口疲劳计算;线性有限元的前处理软件;屈服/屈曲计算软件;疲劳计算软件等。

②油船 CSR 专用计算软件

规范分析及直接分析中的屈服、疲劳、极限、屈曲计算;规范计算;船体梁极限强度计算;线性有限元的前处理软件;屈服/屈曲计算软件;疲劳计算软件等。

该项目开发投入资金 1200 万元人民币。

2)基于目标型标准(GBS)的共同结构规范(HCSR)的计算分析和评估软件开发

在 2009 年 5 月召开的 MSC86 次会议上批准了 SOLAS 修正案,强制要求油船和散货船按照经 IMO 验证符合 GBS 要求的船级社船舶建造规范。在 2010 年 5 月的 MSC87 会议上正式通过了 GBS 修正案,并于 2012 年 1 月 1 日生效,适用于 2016 年 7 月 1 日及以后签订合同;或 2017 年 7 月 1 日及以后安放龙骨;或 2020 年 7 月 1 日及以后交船的船长 150米及以上的油船和散货船(不包括矿砂船和兼装船)。实际上,IACS 开发的 HCSR 规范于 2015 年 7 月 1 日生效。

按照国际船级社协会(IACS)关于维护和协调 CSR 的基本原则和长、短期计划,IACS将根据实践经验、营运反馈以及技术发展状况来维护和更新 CSR,并承诺在原有 CSR 的基础上,基于统一的技术路线和方法来研究、协调制订油船和散货船的共同结构规范(HarmonizedCSR,以下简称 HCSR)。HCSR 的安全衡准水平将不低于油船共同结构规范

(CSR-OT)和散货船共同结构规范(CSR-BC);同时,在 IMO 提出对油船和散货船规范进行 GBS 审核的大背景下,HCSR 需要满足 GBS 第二层功能性要求。

本项目结合中国工业界设计需要开发了基于 IACSHCSR 规范要求的面向中国造船界的 HCSR 规范软件系统。该系统包括规定性要求(SDP)和有限元要求(DSA)两大计算模块。该项目开发投入资金 490 万元人民币。

(2)建设历程

1)JBP/JTP 软件开发[IACSCSR 船型开发公共要求项目—专用结构计算软件开发(散货船)、IACSCSR 船型开发公共要求项目—专用结构计算软件开发(油船)]

根据 CSR 推动进程和生效时间,为了给业内提供及时、准确和有效的服务和技术支持,基于"海虹之彩二期"和 MSCPATRAN 平台,项目组于 2005 年 7 月启动 CSR 计算软件开发项目,至 2006 年 10 月完成开发项目(见表 12-3-1 ~ 表 12-3-3)。

CSR 散货船规范计算软件 SDP-JBP 表 12-3-1

阶段	时 间	内 容
1	2005 年 7 月 1 日—2005 年 7 月 31 日	条文整理,准备
2	2005 年 8 月 1 日—2005 年 8 月 31 日	条文输出与测试、汉化基本工作、系统设计
3	2005 年 9 月 1 日—2005 年 10 月 15 日	编程
4	2005 年 10 月 16 日—2005 年 11 月 15 日	测试,文档编写,发布测试版本
5	2005 年 11 月 16 日—2006 年 1 月 15 日	试用,发布正式版本

CSR 油船规范计算软件 SDP-JTP 表 12-3-2

阶段	时 间	内 容
1	2005 年 8 月 1 日—2005 年 8 月 31 日	规范条文整理、结构分类、整理、输入数据库
2	2006 年 1 月 1 日—2006 年 2 月 28 日	系统设计
3	200 年 3 月 1 日—2006 年 5 月 31 日	编程
4	2006 年 6 月 1 日—2006 年 6 月 30 日	测试
5	2006 年 6 月 1 日—2006 年 6 月 30 日	整理、编写文档
6	2006 年 6 月 30 日	发布正式版本

CSR 散货船/油船直接计算软件 DSA-JBP/DSA-JTP 表 12-3-3

阶段	时 间	内 容
1	2005 年 7 月 13 日—2005 年 7 月 31 日	完成 JBP 载荷的规范整理(第二版)
2	2005 年 8 月 1 日—2005 年 8 月 31 日	完成 JBP/JTP 屈服强度评估界面、概要设计,并完成屈曲计算模块
3	2005 年 9 月 1 日—2005 年 10 月 16 日	完成屈曲模块,屈服强度评估模块的测试 完成屈服载荷,疲劳载荷计算的开发并测试
4	2005 年 10 月 18 日	发布包括屈服强度载荷计算、疲劳强度载荷计算、屈曲强度评估和屈服强度评估模块

续上表

阶段	时 间	内 容
5	2005 年 11 月 19 日—2005 年 12 月 31 日	基于 JBP 修改载荷计算模块,由于规范变动极大,导致载荷模块几乎重新开发 JBP 腐蚀折减模块的开发 DSA-JBP 发布
6	2006 年 1 月 4 日—2006 年 2 月 28 日	完成 JTP 载荷的规范整理
7	2006 年 3 月	完成网格细化计算模块和疲劳评估模块的开发和测试
8	2006 年 4 月底	完成 JTP 屈服强度载荷的编程
9	2006 年 5 月底	完成疲劳载荷的编程
10	2006 年 6 月底	完成载荷模块的测试
11	2006 年 7 月底	完成属性及腐蚀折减程序的开发
12	2006 年 8 月底	完成疲劳强度评估和子模型(Sub-model)分析法的开发
13	2006 年 9 月中旬	完成屈服强度评估(粗网格和细网格)模块
14	2006 年 9 月底	完成开孔处理和细化筛选模块
15	2006 年 10 月底	集成和改进高级屈曲程序
16	2006 年 10 月底	发布 JTP 所有模块测试版

2)基于目标型标准(GBS)的共同结构规范(HCSR)的计算分析和评估软件开发

根据 GBS 项目和 HCSR 生效时间的要求,为了给业内提供及时、准确和有效的服务和技术支持,项目组于 2010 年 7 月启动 CSR 计算软件开发项目,至 2013 年 7 月完成开发项目。详情如下:

①2010 年,HCSR 软件开发项目策划

2010 年 7 月底—2010 年 8 月上旬,完成了 HCSR 软件开发策划。

2010 年 8 月 30 日—2010 年 9 月上旬,完成了该策划的内部讨论及修改。

2010 年 10 月上旬,完成了 HCSR 软件开发项目的一系列立项文档。

2010 年 12 月,完成项目的立项相关工作。

②2011 年,软件集中开发

2011 年 4 月,软件研发组根据 IACSHCSR 规范研究的最新进展以及中国船级社实际情况制定了 HCSR 软件两步走的策略。

2011 年 5 月完成了 2011 版软件的整体框架设计并根据当时可以拿到的 HCSR 规范草稿开始了软件部分模块的规范需求梳理及开发工作。

2011 年 9 月及 12 月,随着 HCSR 规范草稿的日益丰富,软件的研发工作也全面展开。2012 年 1 月初完成了 2011 版软件大部分计算功能的开发工作。

③2012 年,软件测试、优化以及初步推广阶段

2012 年 1 月,召开了 HCSR 软件开发阶段评审研讨会,在肯定前期工作的基础上对

下一步的软件开发提出了新的要求。

2012年上半年,项目组根据1月会议的精神,配合中国船级社审图中心进行软件测试,软件界面协调、优化、输出报告,用户手册及1月版规范纳入HCSR软件等工作。

2012年7月上旬,项目组完成了HCSR7月版规范纳入软件的工作并进行了第一版软件(0.2.0)的对外发布工作。

2012年8月初,第一次实船验证对软件使用情况的反馈,项目组对软件进行了更新和修改,并于8月中旬发布了第二版计算软件(0.2.1)。

④2013年,软件规范更新、功能增强、全面宣传、推广阶段

2013年,HCSR软件及时进行了HCSR每个规范修订版本的更新,同时,HCSR软件开发组解决了大量用户使用过程中反馈的意见和建议,软件的完整性、稳定性以及计算效率均得到提高。此外,2013年,项目组还积极配合宣传部门对软件进行了市场推广工作,提高了HCSR软件在工业界的知名度,为相关船型开发提供了强有力的技术支持和保障。

(3)使用效果

JBP/JTP软件开发(IACSCSR船型开发公共要求项目—专用结构计算软件开发(散货船)、IACSCSR船型开发公共要求项目—专用结构计算软件开发(油船))。

在完成项目的同时,采用CSR软件对国防科工委立项的6型散货船和6型油船进行了升级开发。其中包括:

3.52万吨双舷侧散货船

5.27万吨单舷侧散货船

8万吨双舷侧散货船

9万吨双舷侧散货船

17.4万吨双舷侧散货船

17.5万吨单舷侧散货船

VLCC(30万吨级)

SUEZMAX(160000吨级)

AFRAMAX(原油轮)

AFRAMAX(成品油轮)

PANAMAX(7万吨级)

HANDYMAX(5万吨级)油船

自2006年4月1日至2015年6月30日,有127型472条散货船和30型90条油船采用CSR软件进行审图。

基于目标型标准(GBS)的共同结构规范(HCSR)的计算分析和评估软件开发。

在完成项目的同时,采用HCSR软件对工信部立项的7型散货船和6型油船进行了

船型评估。其中包括：

8.2 万吨散货船

20.6 万吨散货船

5.7 万吨散货船

8.7 万吨散货船

18 万吨散货船

11.8 万吨散货船

3.5 万吨散货船

16.3 万吨油船

11 万吨油船

4.8 万吨油船

7.6 万吨油船

32 万吨油船

31.9 万吨油船

自 2015 年 7 月 1 日至 2019 年，有 26 型 89 条散货船和 41 型 155 条油船采用 HCSR 软件进行审图。

（二）海工技术中心科研能力建设项目

1.海上移动平台关键技术与相关规范研制项目

（1）项目概况

项目以我国首座 3000 米深水半潜式钻井平台"海洋石油 981"、400 英尺、350 英尺、300 英尺系列自升式钻井平台等 80 多座海上移动平台为工程依托，以承担多个国家产学研项目为载体，通过关键技术研究和集成创新，制定了《深海半潜式平台设计规范》《海上移动平台入级规范（2012）》《半潜平台审图指南》《深海半潜式钻井平台建造检验指南》等多个规范指南，形成了一套科学、完整的海上移动平台入级规范体系，完善了我国移动平台规范标准技术体系，为我国海上移动平台的设计、建造和安全营运提供了科学技术依据。

在中国首座自主设计、建造的第六代深水半潜式钻井平台"海洋石油 981"项目的概念研究阶段，中国船级社成立编写组，编写"深海半潜式钻井平台建造检验指南"并通过评审。为国内第一座拥有自主知识产权的深水半潜式钻井平台"海洋石油 981"的设计建造提供了技术支持和保障。

2007 年 10 月—2009 年 10 月，在国家高技术研究发展计划（863 计划）"南海深水油气勘探开发关键技术及装备"专题中的"3000 米水深半潜式钻井平台关键技术研究"课题完成了国内首座3000米水深半潜式钻井平台的基本设计的前提下,根据国家863对该课题考核指标的要求"平台的基本设计需经第三方审核通过",为此中海石油研究中心委托中国船级社进行了3000米水深半潜式钻井平台基本设计的第三方验证工作。依据该项目合同的要求,中国船级社的主要工作包括:①平台稳性计算分析校核;②波浪载荷分析校核;③总体性能分析校核;④系泊系统计算分析校核;⑤动力定位系统计算分析校核;⑥平台整体结构强度计算分析校核;⑦平台结构屈曲计算分析校核;⑧平台疲劳寿命计算分析校核;⑨3000米水深半潜式钻井平台基本设计计算分析的审查及评估等九个方面。为此,中国船级社组成了项目组,分别对深水半潜式钻井平台的总体性能、稳性、环境载荷、总体强度、屈曲强度、疲劳强度、系泊系统和动力定位能力等计算预报理论和计算方法进行了科技攻关研究,形成了系统的深水半潜式钻井平台计算理论和方法,并针对上述基本设计平台进行了独立的第三方计算验证,并完成了相应的计算校核报告,通过了评审和验收。国内尚未对第六代半潜式钻井平台的设计进行过类似的认证,此次第三方验证工作是一次重大突破。在上述工作基础上,在"海洋石油981"的设计审查中,对平台详细设计进行了独立计算验证,并依据计算结果对详细设计提出了修改意见,为工程顺利实施及入级服务提供技术依据。

2009年1月—2011年7月,中国船级社参与完成"深海半潜式钻井平台工程开发"项目。按照中国船级社和中国船舶工业集团公司第七〇八研究所双方所签合同要求,中国船级社承担该项目中子课题三的两个专题,分别为:专题一"设计标准体系及国内、外规范标准应用研究"和专题二"《深海半潜式平台设计规范》及其关键技术研究"。该项目已通过了评审和验收。编制完成了国内第一本针对深水半潜式平台的设计规范,填补了国内空白,对该类平台各主要设计内容梳理出了设计流程、提出了设计衡准并用实际算例进行了相关验证。

整个项目以深水半潜式平台、自升式平台等典型移动平台为主杆(我国典型的座底式平台一并考虑),关键设备为枝叶,依项目需求进行立项,依次推进,项目总投资达4304.76万元。

(2)建设历程

1)项目立项

自2007年以来,中国船级社在移动平台审图、检验方面积累了丰富的经验,特别是国内最先进的半潜平台"海洋石油981"钻井平台审图作为中国船级社重大项目进行运作,整个审图工作对中国船级社的移动平台入级规范适应性进行了全面的检验,反映出了中国船级社2005版《海上移动平台入级与建造规范》在适应当前平台审图、检验中存在的许多问题。因此,为了解决以上的问题,中国船级社立即组织科研力量,攻关移动平台装备及关键设备、关键技术,诸多研究得到了国家项目的支持,主要立项和得到国家项目支持的项目见表12-3-4。

主要立项和国家支持项目　　　　　　　　　　　表12-3-4

序号	立项年份	项目名称	起始日期	截止日期	总经费(万元)
1	2008	《海上移动平台入级与建造规范》2009修改通报及改版	2008年3月	2011年12月	125
2	2008	中海油3000米半潜平台设计验证	2008年1月	2009年12月	170
3	2009	《半潜平台审图指南》编写	2009年11月	2010年6月	18.4
4	2009	海上风机作业平台指南	2009年1月	2010年12月	2.93
5	2010	深海半潜式钻井平台工程开发	2009年1月	2011年12月	600
6	2011	海洋工程结构物疲劳强度评估指南编制	2011年1月	2012年12月	53.265
7	2011	《海上移动平台安全规则(1992)》改版	2011年1月	2012年6月	112.264
8	2011	1500米概念设计评估	2011年12月	2012年12月	39
9	2012	《海上移动平台入级规范》2013年更新研究	2012年6月	2012年12月	48.502
10	2012	《海上平台振动检测与结构安全评估指南》(863项目子课题)联合编写	2012年11月1日	2012年12月	70
11	2013	《海洋工程结构物屈曲强度评估指南》研究	2013年1月	2014年9月	116.905
12	2013	单点系泊装置入级与建造规范、移规2013修改通报、海工疲劳指南翻译核稿	2012年6月	2012年12月	48.502
13	2014	近海风电安装船设计认可	2014年	2015年7月	70
14	2015	海洋工程锚链营运检验新技术研究	2015年1月	2015年12月	41.756
15	2013	岛礁中型浮式结构物安全标准研究	2013年1月	2015年12月	580
16	2013	深海半潜式生产平台总体设计关键技术研究	2013年1月	2015年6月	400
17	2015	工信部500米水深油田生产装备张力腿生产平台(TLP)自主研发	2015年1月	2017年12月	150
18	2015	工信部FPSO失效数据库及风险评估系统研发	2015年1月	2017年12月	200
19	2015	工信部浮式钻井补偿系统研制	2015年1月	2017年12月	242
20	2015	自升式钻井平台品牌工程(Ⅱ型)-400英尺	2015年12月	2017年9月	220
21	2015	自升式作业支持平台品牌工程	2015年12月	2017年1月	140
22	2015	自升式钻井平台品牌工程(Ⅱ型)	2015年12月	2017年1月	220
23	2012	半潜式钻井平台建造检验技术研究	2012年6月	2015年12月	259.17
24	2013	海洋工程装备设计建造标准体系顶层研究	2013年1月	2015年12月	320
25	2015	科技部DP-3动力定位系统样机研制	2015年1月	2017年12月	60

2)软件能力建设

在中国船级社现有软件的基础上,购买了ANSYS、HARP等软件,以使中国船级社海工结构独立校核能力达到基本覆盖常规结构分析、多场耦合分析、空间桁架结构分析等。

分批购置和升级了软件如下:

2007年,购买ANSYS 1套,投资77.11万。

2012 年,购买 SACS 1 套,投资 58.13 万元。

2014 年,购买 SACS 2 套,投资 58.38 万元。

2014 年,2015SACS 升级费,每年 29.19 万元,2 年共计 58.38 万元。

2014 年,购买 ORCAFLEX,投资 27 万元。

升级 ANSYS,投资 48.02 万。

购买 HARP,投资 26.34 万元。

（3）使用效果

《海上移动平台入级规范》（2012）及《疲劳指南》《钻井装置发证指南》等系列技术成果为 CCS 级新建海上移动平台的设计、新平台的研发、重要配套设备的研制提供了有效的技术支持,为入级中国船级社 100 余座海上移动平台安全作业提供技术保障,为提升我国海洋工程技术装备的国际竞争力提供了规范技术基础。按照《海上移动平台入级规范》和《海上风电平台指南》等规范设计、建造的海上风电安装作业平台达 40 余座,其中包括技术指标和作业能力达到世界先进甚至领先的作业平台。中国船级社为海上风电安装平台入级服务的最多的领先船级社。应用单位包括业主单位、设计单位、建造单位、产品生产厂家、金融保险等产业链相关单位。典型平台有:"海洋石油 982"、系列 400 英尺自升式平台,起吊能力达 2000 吨的自升式风电安装平台"龙源振华叁号"及研发中 2500吨风电安装平台。入级平台作业水域涵盖中国南海、墨西哥湾、中东、西非、东南亚、澳大利亚、北极水域等海域。

①完成了国内首座第六代深水半潜式钻井平台基本设计的第三方验证,形成了系统的深水半潜式钻井平台设计计算理论和方法。

②编写的国内第一本《深海半潜式平台设计规范》填补了国内空白。

③编写的《海上移动平台入级规范》（2012）反映了国内外业界最新要求并包含多项原创技术成果,为提升我国海洋工程技术装备的国际竞争力奠定了技术基础。

④《深水半潜式平台建造检验指南》《海上移动平台入级规范》2012 版、《半潜平台审图指南》等技术规范和指南)为 CCS 级新建海上移动平台的设计、新平台的研发、国家相关海工科研项目研究提供了有效的技术支持。

⑤主要规范有:《海上移动平台入级规范》《海上风机作业平台指南》《海上钻井装置发证指南》《海洋工程结构物疲劳强度评估指南》《海上自升式钻井平台桩腿裂纹检验与修复指南》《海上钻井装置检验指南》等 10 余部。

2.海上浮动设施关键技术与相关规范研制项目

（1）项目概况

针对我国业界对深水油气生产、处理、浮式结构物等海工装备规范技术的迫切需求,中国船级社联合业界突破了海上浮式装置、海上浮式结构物安全设计、制造、测试和检验等关键技术。

在攻克关键安全设计技术和设计验证技术后,研究并编制了覆盖《海上浮式装置入级与建造规范》《海上单点系泊装置入级与建造规范》《海上油气处理系统规范》等技术规范5套,完成系统性的海上设施技术规范体系创建,并通过大量实际工程项目的反复验证与完善。

中国船级社,根据深水油气生产、处理等工程的需求,针对典型装置,重点立项研究,分批、分阶段进行立项。首先针对入级规范《海上浮式装置入级与建造规范》进行升版,即《海上浮式装置入级规范》的研究编制,解决海上浮式装置入级、建造、检验的整体规范技术。然后针对关键系统、特殊设备进行立项研究。在立项研究中,诸多研究也得到了国家项目的大力支持,项目总投资2101.18万元。

(2)建设历程

浮式装置除了典型的油气生产装置(FPSO)外,还有浮式液化天然气生产、储存、装卸装置(FLNG),海上单点、张力腿生产平台(TLP)等,以及关键油气处理系统、生产装置等关键设备。根据"三个面向"的指导思想,中国船级社采取分批、分阶段立项研究,首先满足工程建设的需要,再进行技术储备(表12-3-5)。

分批、分阶段的立项和国家支持的项目表　　　　表12-3-5

序号	立项年份	项目名称	起始日期	截止日期	总经费(万元)
1	2010	FLNG/FLPG、FDPSO系统关键技术集成	2008年1月	2011年12月	63
2	2012	《海上浮式装置入级与建造规范》改版	2012年1月	2013年12月	183.63
3	2012	《海上浮式装置入级与建造规范》及《海上单点系泊装置入级与建造规范》2013年更新研究	2012年6月	2012年12月	48.502
4	2012	海上油气处理系统技术标准研究	2012年8月	2013年9月	93.336
5	2013	FLNG/FLPG、FDPSO概念设计第三方审查和设计指南研究	2012年1月	2015年6月	138.022
6	2013	海上浮式油气生产储卸装置(FPSO)专项技术研究	2013年1月	2014年12月	176.625
7	2013	岛礁中型浮式结构物安全标准研究	2013年1月	2015年12月	580
8	2013	深海半潜式生产平台总体设计关键技术研究	2013年1月	2015年6月	400
9	2014	863项目FLNG船体设计技术咨询及验证	2014	2015	30
10	2015	COTEC干式采油树半潜式生产平台AIP认证	2014年12月	2015年6月	15
11	2015	COTECSDPSO(SPAR)生产平台AIP认证	2014年12月	2015年6月	15
12	2015	BZ28-1友谊号单点系泊腿永久更换项目旧系泊腿故障原因分析报告第三方审查	2015年2月	2015年12月	8.064
13	2015	工信部500m水深油田生产装备张力腿生产平台(TLP)自主研发	2015年1月	2017年12月	150
14	2015	工信部FPSO失效数据库及风险评估系统研发	2015年1月	2017年12月	200

(3)使用效果

针对我国业界对深水油气钻井和生产、海上风电等海工装备规范技术的迫切需求,中国船级社联合业界突破了海上移动平台和浮式装置、海上钻井系统和水下生产系统安全设计、制造、测试和检验等关键技术，并转化为技术规范，形成了海上设施技术规范体系。

①创立了包括我国南海等海域作业的海上浮式装置安全设计方法和评价衡准。首次给出了我国南海典型浮式生产装置的环境烈度因子，以及十多个动载荷的组合系数，为我国南海深水浮式生产装置的开发和应用提供了技术支持；通过长期的跟踪研究，确定了我国南海、渤海浮式装置结构腐蚀设计准则。

②研发了《海上浮式装置入级规范》（2014）、《海上油气处理系统规范》（2014）等规范，并应用于海洋石油102、111、118等南海、渤海等FPSO的入级检验10艘。目前还在应用"凤凰洲号"油轮改FSO项目，保障了多座海上浮式装置设计建造与安全运营。

3.海上固定设施（包括水下生产和海管）关键技术与相关规范研制项目

（1）项目概况

在海上固定设施的科研与能力建设方面，中国船级社采取传统业务不放松，重点突破新业务的思路，根据市场需求，积极做好固定平台、海底管道相关规范的维护、研究与编制工作；积极立项新业务、新领域、新设备，并利用国家项目支持契机，开展水下生产系统、水下安防系统、海上风电等领域的规范技术研究。项目总投资2606.38万元。

2010年，以我国第一个真正意义上的深水气田荔湾3-1深水水下生产系统实际工程检验实践为基础，研究编制《水下生产系统发证指南》，与《钻井装备发证指南》和《海上油气处理系统规范》形成了系统性的、覆盖海上钻完井、水下采油、油气处理整个海上油气开发过程的关键系统安全技术规范体系（图12-3-1）。

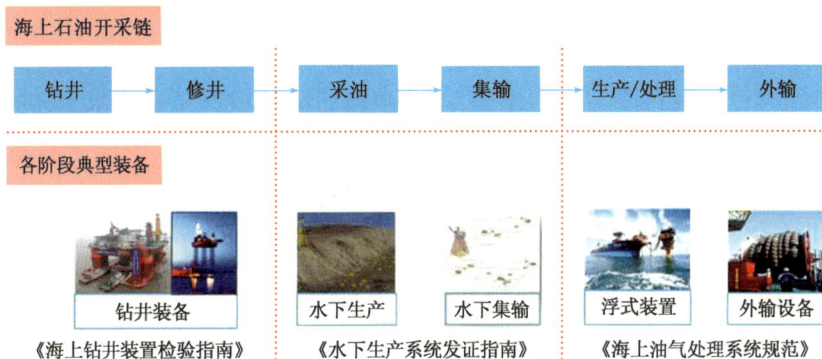

图12-3-1　安全技术规范体系

①水下生产系统工程环境测试关键技术研究：基于水下产品的特点、工作环境、主性能、主功能等的特殊要求，研究以安全和性能、功能实现分析为基础，以工程环境模拟为手段的水下生产设备工程环境测试技术研究，首次提出了适用于水下设备的工程环境测试技术要求。解决了水下设备新产品研发海上测试的门槛问题，为水下生产系统国产研制开辟了一条低费用、低成本、高效率的性能、安全和可靠性验证新途径，为水下设备国产化

铺平了设计验证之路。

②水下生产系统快速连接设备设计验证关键技术研究:针对水下生产系统典型快速连接设备立式卡爪式、立式卡箍式和水平螺栓法兰式三型连接系统进行了下列关键技术研究,并在三型连接系统设计认可过程中,总结经验与教训,形成《水下连接器及配套工机具测试推荐做法》,指导工程样机的研制;综合考虑水下连接系统的特点、工作环境、主功能、主性能的实现等因素,基于国际公认技术标准要求的水下连接系统设计认可方法与技术,并研究编制《水下连接器设计认可原则》;解决了水下连接系统设备国内外无系统性规范问题。为我国水下连接设备国产化提供关键技术支撑,为国际上水下连接设备的研发、制造与测试提供了技术指引。

③水下管汇、海底管道终端设计验证关键技术研究:针对水下管汇、海底管道终端的特点和应用环境,研究管汇、海底管道终端系统的设计验证方法,并研制《海底管线终端产品(PLET)的设计、制造、测试与安装的安全认证指导文件》。解决了订制类水下设备设计、制造、测试环节系统性的规范技术空白问题。

根据国内深海开发需求和国内外系统性的规范空白的现状,基于 GB/T 21412、ISO13628 等系列标准,吸收了我国水下生产系统应用、研制及检验的先进经验,集成水下设备设计验证关键技术,首次研究编制了《水下生产系统发证指南》,包括系统和关键设备的技术要求,共包括 11 章内容,涵盖整个水下生产系统及关键设备的技术要求,包括新产品的性能试验要求。填补国内外水下生产系统设计、制造、测试与检验的系统性规范的空白,达到国际领先水平。

(2)建设历程

1)项目立项

在海上固定设施的科研与能力建设方面,中国船级社根据市场需求,2008 年先对《海底管道系统规范》进行升版,以满足新技术的应用。2010 年,在国家深海战略的号召下,以荔湾 3-1 深水水下生产系统检验为契机,中国船级社积极对水下生产系统进行立项研究,支持工程项目的同时,也为国家对水下设备的研发,提供了规范技术保障。针对众多的老龄化导管架平台和海管,中国船级社积极面对问题,于 2012 年立项研究老龄化导管架平台和在役海底管道的评估方法和衡准,并研究编制《在役导管架平台结构检验指南》《在役海底管道检验指南》,以服务于工程项目(表 12-3-6)。

海上固定设施关键技术和相关规范研制项目　　　　　　　　　表 12-3-6

序号	立项年份	项目名称	起始日期	截止日期	总经费(万元)
1	2008	《海底管道系统规范》改版	2008 年 2 月	2009 年 8 月	—
2	2010	水下生产系统验证关键技术及审图指南	2010 年 1 月	2014 年 6 月	177
3	2010	大型深水导管架平台审图及检验关键技术研究	2010 年 6 月	2013 年 10 月	148.31
4	2010	高压气田生产系统审图及检验关键技术研究	2010 年 6 月	2012 年 12 月	99.7829

续上表

序号	立项年份	项目名称	起始日期	截止日期	总经费(万元)
5	2010	深水海底管道审图及检验关键技术研究	2010年6月	2012年12月	149.7735
6	2011	安监局课题"海洋(深海)油气开发安全监管体系研究"	2011年1月	2013年12月	110
7	2012	《在役海底管道检验指南》编制	2012年2月	2012年8月	46.059
8	2012	《在役导管架平台结构检验指南》编制	2012年6月	2012年12月	48.832
9	2012	与胜利油田合作的"滩浅海海底管道综合评价技术研究项目"	2012年8月30日	2012年4月30日	80
10	2012	固定式导管架平台基于风险的检验模式研究	2012年8月	2014年12月	132.62
11	2012	海上风力发电机组基础结构的设计和分析技术研究	2012年8月	2014年12月	130.407
12	2013	水下连接系统标准适用性研究及验证认可	2013年1月	2015年12月	220
13	2014	水下生产系统设计及关键设备研发	2014年1月	2015年12月	140
14	2014	水下立式采油树研制	2015年1月	2017年12月	100
15	2015	工信部水下控制系统与关键设备开发	2015年1月	2017年12月	200
16	2015	工信部水下安防系统工程化研制	2015年1月	2017年12月	175
17	2015	工信部水下两相湿气计量装置研制	2015年1月	2017年12月	220
18	2015	水下控制系统与关键设备开发	2015年1月	2017年12月	200
19	2015	水下安防系统工程化研制	2015年1月	2017年12月	175

2)软件建设

为了实现管道设计校核的精准性,引进管道应力分析软件 AUTOPIPE。

(3)使用效果

《在役导管架平台结构检验指南》《在役海底管道检验指南》等指南均已在实际工程中得到应用。

《水下生产系统发证指南》与验证技术,成功支持了工信部水下生产设备科研样机、荔湾 3-1 水下管道终端、水下管道三通、水下跨接管、海油工程股份有限公司水下立式连接器、上海利策水下管汇等设备的检验与发证。研究成果经中国航海学会组织专家鉴定:项目研究成果总体达到国际先进水平,其中编制的《水下生产系统发证指南》(GD 06—2016)处于国际领先水平。研究成果不仅得到了中海油等诸多企业的高度认可,还得到了国家工信部的认可。2017 年重大研发专项"东方 1-1 示范工程"中水下生产系统指定中国船级社为国内唯一认证单位,而 CCS 的认证依据为《水下生产系统发证指南》。《水下生产系统发证指南》发布后,不仅得到交通运输部网站的报道,还得到百度网、国际船舶网等诸多媒体的关注和报道,并且百度百科词条已经采纳了本项目提出的"水下生产系统"的定义。

《水下生产系统发证指南》技术应用于荔湾 3-1 深水水下生产系统中国制造的水下管道终端、水下管道三通等水下设备近 100 个;应用于东方 13-2 水下三通的设计审查及建造检验;还应用于水下设备的研发与发证 10 余项,并支撑了兰州海默集团、天津大学的水下两相湿气流量计取得型式认可,达到了量产化的水平。

首次提出基于风险控制的水下生产系统及设备安全认证准则,提出了"工作海水环境温度的压力—温度循环试验"准则,解决了国外进口产品在我国工程应用中测试问题。针对水下设备在工程研发阶段海试难、费用高的问题,提出了"工程环境测试"方法和衡准。

四、中国船级社技术服务能力建设项目

(一)上海远东防火试验中心

1. 上海防火试验中心初建

1989 年海船规范科研所从英国引进具有国际先进水平的全自动化耐火结构试验炉,包括 3 米×3 米立式、4 米×3 米水平、1.15 米×1.15 米立式/水平两用消防耐火结构试验炉各一座、控制台、数据采集系统各一套及相关辅助设备,开始进行设备安装。同年 6 月根据中华人民共和国船舶检验局《关于海规所耐火材料及结构试验室有关问题的通知》[(89)船人字 165 号]设立耐火材料及结构试验室,作为规范科研所的一个处室。为便于在国内外开展业务工作,对外名称为"远东防火试验中心",主要任务是积极开展耐火材料和结构试验方面的研究,承担国内外的有关业务。

1990 年 5 月从英国引进的耐火结构试验设备完成了调试工作,由英国 FCC 公司和 DS 公司签字交付使用,远东防火中心于下半年正式投入使用,7 个月进行了 62 炉耐火结构试验,设备运行情况良好。

2. 试验能力扩充

1994 年远东防火中心完成了二期工程"不燃性试验炉"的调试工作。

1995 年 11 月,远东防火中心研制完成了"饰面材料表面燃烧性试验装置",并投入使用,设备费用约为 46 万元。

1997 年根据中国船级社文件(CCS/RR〔1997〕254)"关于下达"材料不燃性试验设备的配置研究"合同费用的通知,远东防火中心完成不燃性试验炉课题,设备费用共计 11 万元,并于 1998 年 5 月完成该项目投入使用。

3. 远东试验中心搬迁

2003 年 11 月,上海规范所成立防火中心改造工作项目组,正式启动远东防火中心搬迁改造工程项目。

2004 年 9 月,总部批准在上海化工工业区奉贤分区购置远东防火试验中心搬迁及其他科研项目用地 16 亩,有关工作随之开展。

2005 年 7 月,中国船级社上海科研试验中心在上海市奉贤化工分区奠基。

2006 年,奉贤 CCS 上海科研试验中心一期工程完工交付使用;原防火试验楼改造为

车库的工程亦顺利完工并投入使用。同年8月远东防火中心提前一个月完成搬迁到"上海科研试验中心"和设备改造工程(此次设备改造共计483万元),9月起正式对外承接防火试验业务。并通过了国家实验室认可和计量认证二合一复审。

4.《FTP规则》全部试验能力扩建

2012年12月,远东防火试验中心FTP二期能力完工并投入使用,该项目2011年4月由总部下发《关于同意上海规范所购置防火试验设备的批复》(社财务字(2011)231号文),同时下发了交通部《关于采购烟密度箱及软件分析测量系统等9套进口设备的批复》(财资便字〔2011〕58号),财政部《关于中国船级社烟密度箱及软件分析测量系统等9套设备采购进口产品的复函》(财库便函〔2011〕155号),批复的能力建设包括:材料烟密度与毒性(FTP规则第2部分);悬挂纺织品(FTP规则第7部分);软家具(FTP规则第8部分);床上用品(FTP规则第9部分);高速船阻火材料(FTP规则第10部分);材料潜能(ISO1182);L3级船用塑料管(IMOA.753(18)附录2),总费用583.84万元。

(二)武汉船舶救生设备质量检验测试中心建设

1.项目概况

武汉船舶救生设备质量检验测试中心主要进行救生消防产品的检验检测,隶属于中国船级社武汉规范研究所,实验室总面积为272平方米,包含环境检测室、强度检测室和性能检测室等共7个检测室,1个办公室和1个客户接待中心。

2.建设历程

1987年经交通部批准,在试验站的基础上组建"交通部船舶救生设备质量监督检验测试中心"。1999年根据交通部交人劳发〔1999〕151号文的精神更名为"武汉船舶救生设备质量检验测试中心"。

3.使用效果

武汉船舶救生设备质量检验测试中心系中国船级社下属的科研试验机构,主要从事船用救生消防产品试验和科学研究,为政府和主管机关在救生产品的检验检测活动中提供技术支撑,为中国船级社制定船舶法规、规范提供技术支持。

一是服务于政府水上安全管理,为救生设备行业的健康发展提供良好的服务和技术支持。1993年以来,受国家技术监督局的委托,先后对全国救生衣、救生圈产品质量进行抽样检查和全国救生衣、救生圈产品质量进行统一检查,通过这些检查,对国内救生衣、救生圈质量的提高发挥了良好的促进作用,为救生衣、救生圈纳入工业产品生产许可证管理起到了积极作用。在1998年全国抗洪救灾中,检测中心配合防汛工作,直接到生产现场对救生衣等产品进行现场质量检测,检测人员连续奋战半个多月,从质量上、时间上保证了防汛工作的需要,得到湖北省防汛指挥部的充分肯定;进入 21 世纪,国家有关部门开始对船用救生衣、救生圈产品实行生产许可证管理工作,作为第一家国家指定的救生衣生产许可证检测机构,检测中心编写《救生衣产品生产许可证实施细则》和《救生衣产品质量监督抽查实施规范》,组织宣贯会、实施现场审核、抽样和救生衣产品质量检测工作。

二是坚持自主创新,积极研发检测技术设备,填补国内救生设备检测技术空白。近 10 年来,中国的产品向欧美出口增长尤为迅速。在这个过程中,国内船用救生设备产品要进入欧美市场必须迈过的一个门槛,是按照现行的国际技术标准,由专门的鉴定机构对相关的工业产品作技术鉴定。而困扰行业内的问题是,针对欧美的现行标准,有一些救生设备国内还不具备检测能力,为此要出口这些产品则必须送到欧洲或者美国检测,其费用通常在几万到十几万欧元。这无疑增大了企业的成本,也降低了企业的竞争力。为扭转这样的局面,检测中心以维护国家利益、促进行业发展为己任,加强自主创新,先后成功研发了火焰卷吞燃烧装置、反光材料光学特性测试装置、二氧化碳残余量检测装置、救生设备示位灯测试装置等检测设备并形成检测能力,满足了国内救生设备检测的需要,得到了救生设备生产行业的高度赞扬。通过检测能力的增强,中心的检测工作量和收入逐年增加。2010—2018 年,中心共计完成 1600 余个批次的检验检测工作,实现检验检测收入 800 余万元。

三是国内外相关标准的研究,提升研发能力和国际影响力。多年来,检测中心借助在检测工作中长期技术经验和数据积累,充分利用本中心检测实验室这个有利的平台,进行了大量的科学研究和技术创新。检测中心先后完成了"救生衣使用年限的研究""救生衣、救生圈检验指南""救生筏使用年限研究""浸水保温服及保温用具材料试验方法研究""内河船用救生衣""船用儿童救生衣""船用气胀式救生衣"和"内河船舶救生设备标志"等相关标准和科研项目;代表中国向 IMO 提交 4 份提案,即"DE54/15/2""DE57/13/2""DE57/23/4"和"SSE3-15-6"。

(三)无损检测实验室技术服务能力建设项目

1. 项目概况

中国船级社无损检测试验室成立于 2008 年,致力于无损检测新技术的研发及应用、相关无损检测技术的标准规范编写、相关无损检测资质认可等工作。试验室总占地面积 300 余平方米,拥有相控阵及衍射时差检测设备 5 台(套),专业无损检测软件 3 套。包括国际一流的 256 通道全并行相控阵超声检测设备及无损检测专业仿真软件 CIVA。试验室初始设备投资 950 余万元,2012—2015 年陆续增加设备投资 263 余万元;截至 2015 年,试验室年均投入研发成本 100 万元以上。

中国船级社实业公司理化检测实验室位于实业公司重庆分公司,创办于 2012 年,总投资 150 万元,位于重庆市渝中区船检大楼。现已具备一大类,8 个项目,60 余个参数的测试服务能力。

2. 建设历程

中国船级社无损检测试验室于 2007 年开始筹建,2008 年 5 月 28 日在北京正式成立,场地位于中国船级社总部船检大厦内。2013 年,中国船级社无损检测试验室划归中国船级社实业公司管理,更名为中国船级社实业公司无损检测实验室。

理化检测实验室与 2004 年创办并取得 CMA 资质,初期仅有 3 个参数的检测能力,随着业务发展,现已具备一大类,8 个项目,60 余个参数的测试服务能力。2015 年由于扩大规模,进行了一次场所搬迁。

3. 使用效果

中国船级社无损检测试验室成立后,于 2010 年完成了中国船级社"无损检测新技术在 18 万吨散货船建造检验中的应用研究"项目并获得航海学会科技进步二等奖;2011 年完成"自动超声探伤(AUT)技术在自动焊对接焊缝检测应用研究"并发布《自动超声检测(AUT)技术应用指南》;2011—2013 年间完成 CCS"船舶焊接质量监督抽查"工作;2015 年正式发布"超声相控阵和衍射时差(TOFD)应用指南";2016 年担任国际船级社协会(IACS)无损检测新技术 PT 项目组经理;2017 年完成国家科技部"科技支撑"项目"相控阵超声和衍射时差技术应用体系研究及其装备研制"并获得航海学会科技进步二等奖。2017 年发布了《船用厚板焊接接头衍射时差技术(TOFD)及相控阵超声(PAUT)联合检测技术指南》。通过研究,无损检测实验室开发了船舶行业首个激光自动跟踪扫查器并获得发明专利;编写了国内首个相控阵超声(PAUT)检测规范;建立了国内首个相控阵超声(PAUT)检测人员培训发证体系;为船舶行业相控阵超声(PAUT)及衍射时差检测(TOFD)的应用打下了坚实的基础。实验室获得航海学会(相当于省部级)科技进步二等奖两项,北京市金桥奖三等奖一项,专利 9 项,软件著作权 14 项,在重点期刊及会议发表论文 20 余篇。其研究成果已广泛应用于船舶及海洋工程小径管焊缝检测、船舶及海洋工程大厚度板焊缝检测、桥梁 U 肋焊缝检测、风电叶片检测等众多场合。无损检测新技术目前年产值达几千万元,成为船舶结构安全的坚强后盾,同时也为实现我国从制造大国走向制造强国作出了突出贡献。

理化检测试验室成立后,作为无损检测试验室的补充,使得 CCSI 在钢结构试验、检测方面的专业能力认证参数是交通部体系内较齐全的单位。为了更进一步将 CCS 在钢结构检测方面的专业能力进一步推广,自 2000 年起,CCSI 开始拓展陆上交通工程、房屋建筑、大型市政工程等领域的钢结构试验检测市场。经过十多年的不懈努力和开拓进取,目前仅钢结构理化检验试验室年产值就达 1000 万元以上。先后参与了重庆鹅公岩长江大桥、重庆朝天门长江大桥、重庆菜园坝大桥、重庆东水门和千厮门大桥、南溪长江大桥、南宁大桥、云南金东大桥、云南龙江大桥、云南普立大桥、贵州北盘江大桥等国内桥梁行业具有较大影响力的钢结构桥梁的第三方检测或交工检测。同时,还参与了重庆奥体中心、重庆江北机场二期到四期、重庆国博中心、重庆大剧院、重庆国泰艺术中心、成都博瑞创意成都大厦、成都华置广场、新疆体育中心等地标性建筑物的钢结构第三方检测。CCSI 充分利用 CCS50 余年在船舶检验领域所积累的技术、人才、网络和信息优势,与时俱进,不断创新,着力构筑让客户放心、让政府放心、让人民放心的"诚信文化"。"用一流的技术、一流的质量、一流的服务成就一流的业绩",既是我们履行责任,服务社会的庄严承诺,也是我们精益求精,追求卓越的品牌宣言。CCSI 秉承"独立、公正、优质、高效"的宗旨,运用专业知识和专业技术独立地为客户提供服务,积累了大量的业绩,赢得了良好的信誉,在包括船舶建、桥梁钢结构检测业务领域,业已成为国内知名品牌,在行业中处于龙头地位。为钢结构在桥梁工程领域推广应用,作出了巨大贡献!

(四)上海中挪海事技术有限公司涂层实验室

2007 年 1 月,中国船级社(CCS)与挪威船级社(DNV)在挪威奥斯陆签署了有关建立合资技术研究所的协议,以进一步支持中国造船业和航运业的发展并为世界海事业做出贡献。

2007 年 10 月,由 CCS 与 DNV 双方各投资 100 万美元建立的合资企业上海中挪海事技术有限公司正式开业。公司所属的涂层试验室是根据中国海洋船舶工业和油气勘探开发工业及其他相关工业对于防腐涂层试验的需要而建立的面向国内外的独立试验室。主要服务于造船行业、海洋工程、风电等行业的涂层材料供应商,为客户提供涉及船舶压载舱、原油油船货油舱、NorsokM – 501 海上平台等防腐涂层要求的相关试验。

2009 年 11 月,公司首先获得由英国劳氏船级社颁发的实验室认可证书。2010 年又先后获得韩国、挪威、中国、日本、法国、德国、美国船级社的实验室认可。

2012 年 1 月 18 日,公司获得国家认证认可监督管理委员会颁发的资质认定证书,证书编号是 2012091049B。

2014 年 9 月 28 日,公司根据 ISO/IEC17025 标准要求建立的涂层试验室质量保证体系,获得中国合格评定国家认可委员会(CNAS)颁发的实验室认可证书,注册号是CNASL7171。

(五)远东润滑油监测技术服务能力建设

1. 项目概况

远东润滑油监测中心的前身是 CCS 总部于 1995 年开始《润滑油监测在船舶发动机

及艉轴检验中的应用》课题研究项目组,项目科研经费人民币约 200 万,其中检测仪器设备投入约人民币 120 万,实验室使用面积约 150 平方米,为当时最大的 CCS 科研项目费用。由 CCS 广州分社检测计算中心部分人员为主组成,项目经理为徐曼平博士后,项目组成员除广州分社 8~9 人外,还有 CCS 总部总师室胡克峰等人员;课题研究项目结案于 1998 年 12 月,远东润滑油监测中心成立于 1998 年 4 月。以下是中心自 1995 年课题组开始至 2015 年中心的建设历程及用途效果简述。

2. 建设历程

自 1995 年初起筹建,前期得到武汉理工大学萧汉梁教授和广州机床研究所油液检测中心主任周洪澍教授大力支持,经过三年多在广州远洋运输公司班轮部以及广海油轮公司、广州航道局船队等单位的协助下,项目组进行了大量的润滑油检测和实船设备拆检比对,于 1998 年 12 月积累了大量数据,顺利完成该课题工作。

其间陆续添置了北京协力制造的分析和直读铁谱仪(1995 年 3 月)、上海地质仪器厂制造的开口闪点测定仪(1996 年 6 月)、美国超谱(SPECTRO)公司的 M 型发射光谱仪(1996 年 10 月)、BIO-RAD 公司的红外油品分析仪(1996 年 10 月)、上海雷磁制造的自动电位滴定仪(1996 年 10 月)、上海天平仪器厂制造的电子天平(1996 年 10 月)、日本三菱微量水分测定仪(1996 年 11 月)、上海昌吉仪器厂制造的运动黏度测定仪(1996 年 11 月)、广东佛山仪器厂制造的油份分析仪(2000 年 3 月)等仪器等设备。

1998 年 4 月,以从事这一科研课题人员中的 4 人为核心,CCS 正式成立远东润滑油监测中心,中国船级社 CCS/PD〔1998〕079 号文件明确指出了远东润滑油监测中心的主要职责、管理体制和人员编制及配备;远东润滑油监测中心所起的作用是统一和制定船舶润滑油监测检验方法和评价标准,建立能为船东机务管理提供优质、科学、先进服务的信息网络系统,监督管理各监测网点的工作,并对各监测网点的监测结果进行收集、分析、比较,形成最终结论。

1998 年 12 月,科研课题结案后远东润滑油监测中心的油样检测项目正式向用户提供收费润滑油检测技术服务。

2000 年 1 月 10 日,远东润滑油监测中心成为首家获 CCS 润滑油检测机构认可证书。

3. 主要用途及效果

远东润滑油监测中心积累了大量的实船设备润滑油监控数据,成为 CCS 唯一的为船东提供润滑油检测部门。1999 年 7 月和 2002 年 3 月中国船级社入级处颁发了《实施船舶螺旋桨轴状态监控系统的要求》和《关于柴油机滑油状态监控检验的操作要求》两个通函,同时将视情检修润滑油设备状况监控纳入 CCS《钢质海船入级与建造规范》,明确给出该两项滑油状态监控检验的详细要求,标志着 CCS 也与 DNV、LR、BV、GL、ABS、NK 等国际一流船级社般在船舶设备状况润滑油监控领域处于同一档次；目前了解并接受该船舶设备滑油状态监控检验技术的船东和船舶也越来越多，补充并提高了 CCS 在服务船东技术检验润滑油设备状况检测方面的空白和声誉。

CCS 远东润滑油监测中心是 CCS 属下唯一的从事润滑油监测分析的部门；同时面向陆上和海洋平台等领域，提供设备及润滑油状况监测检验。多年来，中心出色的服务为船东提升了管理力度和节约了船舶修理成本，避免了多次重大事故的发生，保障船东的利益不受损失。船舶设备润滑油监测技术的应用主要给船东带来三个方面的服务：一是预知性维修管理，无论是油品或是设备出现问题，能够提前预知，按照实际情况合理安排保养维修，避免轮机设备由小事故发展到大事故，避免重大事故的发生，大大节省设备拆检费用和时间，从而有效地提高船公司机务的管理水平；二是通过润滑油监控，在油品和设备都正常的情况下，润滑油分析报告将作为验船师对该设备展期免拆检的一个依据，从而减小因设备拆检带来的损失和减少船舶入厂进坞的次数和周期；三是客观评价润滑油性能，大大延长润滑油使用寿命，增加设备使用率，减少船舶备航时间。结合 CCS 的循环检验进行船舶润滑油监测分析给船东带来很大的便捷和效益；据中远航运公司技术部提供的资料，一艘 4 万~5 万吨的散货船加入 CCS 的润滑油检测附加标志，每年节约成本费用近 95 万元。

远东润滑油监测中心从事多年油品检验评定、设备润滑磨损状况监测业务，积累了丰富的数据经验，润滑油检测服务已广泛受船舶、海洋平台、陆用发电厂、汽车、矿山和化工等用户所接受，并为多家国际、国内石油公司提供润滑油分析化验服务和得到他们的认可。

五、中国船级社信息化建设项目

（一）船舶检验管理系统（SSMIS）1989

1. 项目概况

1983 年初，船检局向广州分局下达了组织研制系统的任务，并决定组成船检管理计算机应用系统业务规划组，负责提出业务需求和业务规划设计书。1984 年下半年，考虑到这种集中管理系统设在总局将更有利于发挥系统的管理作用，总局领导决定引进 HP3000/48 计算机安装在总局，并决定将系统的开发改在北京总局的机器上进行。

1985 年 1 月，船检局正式与北京市计算中心签订联合开发船舶检验管理信息系统（SSMIS）的协议。合同金额 47 万元人民币，基于 HP3000/48 型计算机进行开发。该系统具有船舶主要资料的维护和查询、法定检验证书数据管理、入级船舶数据管理、机损、海损事故管理、检验工作管理、系统字典管理、船舶录出版、检验数据转换等功能，拥有 53 个数据库文件,共 403 个独立数据项。整个系统共有程序模块 453 个,TRANSACT 源程序 8 万余条(约合 COBOL 语句 40 万余条),VPLUS 屏幕格式 784 个。

船舶检验管理信息系统从 1987 年 10 月开始试运行,1988 年 7 月 1 日正式运行,按照设计要求完成各项功能操作,产生各种输出报表及出版物,整个运行期间由北京市计算中心负责维护。

2. 建设历程

船检局从 1982 年起酝酿用计算机技术实现船舶检验工作的管理。经过研究准备,于1983 年初向广州分局下达了组织研制系统的任务。同年 10 月召开系统研制工作领导小组扩大会议,通过了系统的研制方案,并决定组成船检管理计算机应用系统业务规划组,负责提出业务需求和业务规划设计书。

鉴于当时船检局代管交通部广州计算中心的条件。系统开发工作由广州分局。广州计算中心、广州中山大学联合进行。1984 年下半年,考虑到这种集中管理系统设在总局将更有利于发挥系统的管理作用,总局领导决定引进 HP3000/48 计算机安装在总局。并决定将系统的开发改在北京总局的机器上进行。

1985 年 1 月,船检局正式与北京市计算中心签订联合开发船舶检验管理信息系统(SSMIS)的协议。

至 1987 年 4 月底,系统录入、维护、查询等联机部分程序编制完毕,开始系统集成测试阶段。同时利用新系统继续进行数据准备工作。

1987 年 10 月,系统完成并开始试运行,试运行的同时也开始按系统要求实施业务管理。总局还发文要求各分局建立相应船级管理小组,主管周报、月报、船舶状态和主要数据要更等支持系统运行业务工作,为系统正式运行准备了条件。

1988 年 7 月 1 日,SSMIS 正式运行。设计要求产生各种输出报表及出版物,并根据业务要求,进一步完善了系统功能。

3. 使用效果

系统数据库经两年运行后,系统数据库中已拥有 2634 条船舶的数据。每一船舶仅主要的表征数据及设计数据就有约 150 项。此外还有 8115 台主辅机有关数据和技术参数,2603 台锅炉的有关数据及技术参数。自试运行两年以来,系统已对全国各沿海检验机构进行的 15582 艘次的检验的开始、完成及返回报告情况进行追踪,并记入检验工作档案。此外还对 3242 艘次的外轮检验和 223 艘次的新造船检验进行了同样的追踪和记录。系统已积累了 169 次机报事件(涉及部件损坏和修理记录 667 个)和 289 次海损数据和资料。

1989 年 12 月,系统通过交通部组织的鉴定,鉴定委员会认为 SSMIS 是一个实用的大型管理信息系统。具有明显的社会效益、经济效益和管理效益,填补了我国船检信息管理现代化的空白。SSMIS的研制和成功运行,使我国在相检工作管理信息化方面达到了国际先进水平:

①SSMIS是当前我国最大的船舶检验管理信息系统,系统建立了国内己投入运行的最大的船舶数据库。系统数据结构复杂,开发难度大。

②项目的开发遵循了软件工程方法的要求,各阶段文档齐全。使用了结构化分析和设计方法,结构清晰,模块化程度高,开发中应用了数据库设计技术,系统原型化方法和较丰富的软件工具,对日常业务写联机处理的人机界面,自动实现各种业务控制功能进行了合理设计。在系统完整性、安全性及系统恢复等方面做了认真考虑。

③通过设计和建立一套涉及整船检业务的系统字典的方法。很好地解决了信息检索要求与打印出版的习惯性描述要求在存储方式上的矛盾,为《船舶录》及其他有关出版的计算机化奠定了基础,改善了用户界面,节省了大量的存储空间。整个系统的标准化和规范化达到了高水平。

④SSMIS的投入运行对提高检验工作质量,保障船舶航行安全,促进国际间船舶安全技术与业务的交流和合作起到了重要作用。SSMIS还能为制定船舶技术政策、改进产品质量、保障船舶安全、制订和修订规范标准、航运市场宏观控制等方面向有关科研、设计、保险、航运企业和国家主管部门提供咨询服务或决策的依据。

(二)CARCV 和 MOUMS 系统信息化建设项目

1.项目概况

CARCV 系统全称为"船舶证书报告管理系统"(ComputerAidReport&CertificateVisa);MOUMS 系统全称为"移动平台及浮式装置管理系统",项目于 1999 年初立项,由中国船级社信息化人员自行研发,实现了中国船级社船舶及海工移动平台的发证电子化。由验船师自行在计算机中填写证书、记录和报告并实时打印输出,极大提升了证书签发效率,缩减了客户等待证书的时间周期,为中国船级社实现证书、记录和报告的电子化管理奠定了良好的基础。

2.建设历程

1996 年 6 月 24 日,经总部批准,项目启动,由总部计算中心及天津分社负责项目的开发工作,其他相关部门参与项目的开发。

1996 年 11 月—1997 年 12 月,软件开发与试用阶段,完成了证书报告的编辑打印、SSMIS接口及系统集成工作;在天津、广州、深圳、大连和厦门分社进行试用,取得良好效果。

1998 年 1 月—1998 年 12 月,功能扩充阶段,根据试用情况,扩充新需要的功能,完成单机版、机海损报告处理等功能。

1999年1月，项目正式投入运行，开始针对船舶及海工移动平台检验发证业务正式启用计算机发证系统。

1999年12月—2005年12月，先后由总部信息中心、数码易知公司开展系统的运维工作。系统运维6年来，随着业务优化及时完善系统，系统版本从1.0一直升级到3.0；打通了系统与总部SSMIS系统的接口，通过自动二级录入（报送到总部）及时向客户展示最新的船舶检验检验信息，避免信息的重复录入；建立了与档案系统的关联，可直接在总部工作界面查阅分社签发的证书、记录和报告；完善了查询统计功能，根据总部管理要求及时查询和统计分社检验数据。

3. 使用效果

项目投入运行以来，在中国船级社首次实现了验船师使用个人计算机进行船舶及海上移动设施的检验发证业务，实现了电子化工作平台的一次重大突破，不论是在内部业务管理上，还是对外客户服务水平上，都是一次重大的进步，为中国船级社成为国际一流船级社打下坚实的基础。

（1）采用时下先进的IT技术与检验工作相结合

随着信息化技术的不断提升，CARCV和MOUMS系统采用了时下先进的IT技术，解决了格式化文件的版式输出、数据库结构化存储的问题，是当时最先进IT技术在船检业务上的大胆而又成功的尝试，很好地解决了大量证书、记录和报告的格式化文件的输入、输出问题。

从业务覆盖面上，基本覆盖了中国船级社船舶检验、海工移动平台检验的所有证书、记录和报告的输入和输出；从易用性角度看，系统的操作简单实用，验船师只需打开系统，就可看到与纸质证书和报告一样的录入界面，完美地实现了所见即所得的输入输出效果，获得用户的一致好评。

（2）全面实现检验报告的电子化管理，提高证书报告的签发效率

通过CARCV和MOUMS系统的上线运行，填补了中国船级社检验报告电子化管理的空白，验船师在检验完成后，通过计算机录入检验数据，并自行打印输出、签字盖章后即可交付客户，改变了原来需要打字员通过打印机逐个数据输入、打印输出的局面，全面实现检验报告的电子化管理。

使用系统后，大大解放了证书打印文员的工作，原本需要打印的堆积如山的检验报告，统统从打印文员的工作台上"搬进了"计算机中，由验船师直接输入、打印，并交付客户，大大节约了检验报告的打印等待时间，极大地提高了证书报告的签发效率。

（3）检验数据结构化存储、分析和利用

验船师在登轮检验后，将采集到的检验数据、船舶数据/移动平台数据输入到CARCV

和 MOUMS 系统,存储在后台数据库中,专家和指导验船师对数据进行分析,对规范的改进提供了数据模型依据;同时系统可以将存储在数据库中的数据可以通过网站、出版物提供给船东、管理公司等相关外部客户,从原始的人工数据填报、从一堆堆案卷中进行数据校核的工作中解放出来,第一时间展示中国船级社检验服务能力。

(4)缩短客户等待证书时间,提升客户服务水平

系统使用前采用的是打字员人工打印的方式,在大量的检验工作完成后,输出证书、记录和报告就成了为客户快速签发报告的瓶颈,大量的文件需要打字员逐项数据录入、输出,耗时费力。通过系统的上线,需要串行等待输入打印的文件变成了可以由验船师并行开展的工作,极大地节省了证、记录和报告的输出时间,缩短了客户等待证书的时间,客户服务水平上升了一个新台阶。

(5)减少内部管理成本

验船师通过系统自行编辑证书、记录和报告,对打字员的需求量降低,检验单位无需为了及时完成证书报告的签发工作再招聘更多的打字人员;同时在内部工作流程的流转中节约时间、节约纸张、节约电话费、传真费用等,减少了差错率,提高整体的工作效率。

(6)提高证书报告的签发正确率

验船师通过计算机系统录入检验数据,由于自己检验的数据自己非常熟悉,避免了由打字员通过辨认验船师的书写文字再输入到纸质证书报告时易出现错误的弊端。通过由于系统中增加了一些基础字典和数据类型约束,验船师在通过系统输入数据时,系统针对常见错误和基础性错误提前做了校验,避免了一些低级错误的出现,提高了数据录入的正确性。

(7)加强内部管理

实现检验信息有效的流通,验船师填写的证书记录和报告,可以在计算机系统中由部门经理进行审核、确认;后续由打印人员直接打印输出,消除了内部信息流通不畅的问题,促进检验单位内部人员的有效沟通,提高了员工的合作意识,增强了的凝聚力。

(三)CCS 专网项目

1.项目概况

2005 年,CCS 在全国沿海大中型城市有 10 个分社,3 个国外中心,总共 17 个国外办事处,26 个国内办事处。各个分社虽然目前都有自己的局域网,而且都能够上网,但是分社之间没有建立有效的网络连接,各分社之间传输各种数据还是依靠老的传输方式,主要依靠邮件进行。各船级分社之间的通话都通过电信的长途电话,因此产生高额的通话通信费用也降低了企业的利润;视频会议,网上培训更是无法实现。在这样的网络状况下,各分社之间 MIS 系统也必然是自行一体,没有经过统一的整合,同步数据靠的是邮件

传输、上载、下载数据,同时在公网上的数据传输的安全性没有得到保障;随着 CCS 业务的进一步发展,多媒体数据传输(语音、视频、传真)的需求也越来越多,而网络平台是其他任何应用的基础平台,任何一种有效的应用系统,如果不建立在一个安全、可靠、高速的网络平台上,就体现不出它的有效性。

随着 CCS 专网的建立,能使 CCS 内部实现"三网合一"即数据传输、视频会议和语音系统全部集成,建立 CCS 全系统电话的 VOIP 网络语音系统,以大大节约全社的通信开支;实现总部与各地分支机构和直接客户之间的"0"距离连接,实现全系统网络传输应用平台的统一,为中国船级社应急响应系统的建立与应用以及船舶生命周期智能管理系统的项目搭建必要的网络平台,形成上下贯通的全新网络整体,实现信息流资源的共享;使 CCS 信息管理系统的业务数据能够有效畅通,拓展 CCS 的未来业务、满足 CCS 各项检验工作电子化的需要,使现场验船师"随时随地"及时获取所需要的各种数据,满足全系统开展网上交互式办公、移动办公的需要;专网的建设能使 CCS 的信息化建设上升到另一个层面,使 CCS 的业务可以在这个全新的平台上开展起来。

CCS 专网、视频、VOIP 项目总投资额为 458 万,其中包含网络设备(带有 VOIP 功能的网络设备)52 台、视频会议设备 61 台及系统集成服务费用。

2. 建设历程

2005 年 1 月 17 日,中国船级社专网、视频、VOIP 项目全面启动建设,该项目的集成商为由中远物流网络技术有限公司,数据专线及视频会议专线租用商为中国联通总公司,项目建设原则为整体规划,分步实施,此项工程涉及数据专线的接入、专网设备的调试、VOIP 系统的建设等。

2005 年 1—6 月,完成中国船级社国内 10 个二级分社及 26 个下属分支机构数据专网和视频专网的建设工作;

2005 年 5—8 月,完成中国船级社国内 10 个二级分社 VOIP 系统的建设工作;

2005 年 7—11 月,完成中国船级社海外 17 个分支机构通过 VPN 技术连接 CCS 专网的建设工作。

3. 使用效果

2005 年,中国船级社率先进行专网建设,全球 50 多个分支机构通过统一的语音、数据、视频融合网络办公平台,全面提升了网络基础设施的水平,实现了更好的互联互通,在安全、可靠、快速、高效的同时节约了大量的费用,更加优化了整体管理结构,加快了国际化发展的步伐。

(1)领先一步,更胜一筹

中国船级社作为交通部直属事业单位,一直积极进行自身改造,不断寻求发展空间,争创行业第一,与国际保持同步发展。随着中国船级社的服务日趋国际化,其分支机构的业务也在不断延伸,移动办公的需求不断增加,相互之间的信息交流日益频繁,原有的通信方式渐渐不能适应业务发展的要求,通信费用上涨、网络管理和维护成本增加等问题从总体上影响了工作效率。面对这些严峻的问题,中国船级社主动出击,对网络基础设施进行了从广域网络、IP电话到基于IP网络的视频会议系统的全方位的现代化改造,实现了社内信息网络的无缝互联,并可进一步扩展其外部网络,方便与合作伙伴、客户及各办事处工作人员的联系。

(2)实施网络改造动力全面升级

通过在一个公共的IP基础结构之上将原有的多个网络整合为一,实现了语音、数据和视频的融合,有效地摆脱了运行多个不同网络造成的复杂性以及投资昂贵、运维成本高居不下的困扰,从而使不同新应用的实现、维护和管理变得更加简单而迅速。而且网络的灵活性和适用性得以进一步提高,可在整个组织范围内确保业务通信高度安全永续,确保员工无论在何处都可以得到一致的融合通信服务,最大限度发挥公司员工的潜力。

通过部署海外专网,实现了全球各地分支机构语音、视频和数据的无缝沟通,有效摆脱了昂贵的洲际通信费用,大幅提升了海外网点的服务效率、规范了业务流程、加强了资源整合与共享、实现了业务通联24小时不停歇,大幅提升了对客户的服务效果。

(3)迎接挑战彰显蓬勃生机

中国船级社网络改造工程不仅使得网络管理简化、工作灵活性改善,更使本单位运营成本和资本开支减少,也提供了一个支持各种创利服务的平台,带来了长期的效益回报。

(四)船舶检验管理系统(SSMIS)2005项目

1.项目概况

2004年11月9日,中国船级社第21次总裁办公会批准了船舶服务管理信息系统(SSMIS2005)项目任务书,项目经费84万元。SSMIS2005项目的目标是整合相关业务系统,以入级船舶业务流程为主线,建立统一的数据和操作平台,提高数据信息共享和服务功能,实现CCS入级船舶检验管理一体化,业务处理一体化,数据处理一体化。2006年1月,项目在南京分社、广州分社上线试运行,2006年6月系统在全系统上线运行。

SSMIS2005将PAMIS(船舶审图管理)、SSMIS、CARCV、AUTOCD、数据同步传输系统、PSC等原来独立的7个相关管理系统的功能全部整合,并进行了扩充、调整和优化,形成了完整覆盖从船舶审图、建造检验、营运检验到船舶灭失的整个船舶生命周期的管理功能。

SSMIS2005系统以CCS专网为主要通讯环境,并结合CCS的入级船舶检验业务特点,充分考虑了网络速度较慢的海外用户和移动办公的单机用户。系统由内网SSMIS工作库、SSMIS 主数据库、SSMIS 内网 WEB 应用、SSMIS 业务处理系统、脱机业务处理系统、数据交换接口、外网信息服务等几个子系统组成。SSMIS2005 采用大集中方式存储数据,数据库采用 SYBASEASE12.5FORUNIX,数据服务器为 IBMAIX 小型机。CCS 所有入级船舶检验业务数据集中在中心数据库保存。应用系统的结构采用 B/S 与 C/S 混合结构,客户端模块开发工具采用 PB8.0,C/S 到 B/S 结构转换工具采用 Appeon2.8。

2. 建设历程

2004 年 11 月 9 日,组成项目组,数码易知公司是外协软件开发单位。2006 年 1 月 5—6 日,总部/南京分社/广州分社/广州审图中心进行了系统试运行培训,2006 年 1 月 9 日,系统在总部、南京分社、广州分社广州审图中心试运行。2006 年 7 月 1 日,系统全面上线使用。

3. 使用效果

SSMIS2005 系统 2006 年 7 月 1 日在全系统投入上线,在总部、国内分社、检验单位以及 30 余个海外网点均得到了广泛应用。截至 2007 年 10 月 30 日,系统内共启动分社工作 10795 个工作,其中检验种类有初次检验、代理检验、单项审图、供方管理、建造检验、新建审图、营运检验、初次入级审图、一般改建审图、营运转级检验、重大改建审图、船舶数据初始化、鲜销船营运检验、营运及重大改建、转级及重大改建、营运初次入级检验、初次入级及重大改建;共启动的总部工作有 11657 个,检验流程除上述分社的检验种类外还包括 PSC 检验、补发证书、船级声明、总部数据修改、委托检验、总部添加备忘、过渡期总部发证流程、船级暂停、取消和恢复。系统总共办法长期证书 8224 个,进行检验的船舶 4264 条。

该系统的使用提高了 CCS 船舶检验业务的工作效率,大大加强了检验工作的信息化,提升了 CCS 的全球业务管理能力,具有明显的社会效益、经济效益和管理效益,使我国在船舶检验工作管理信息化方面达到了国际先进水平,系统具有以下特点:

(1)集成整合优势,基本覆盖了船舶生命周期

系统整合了原来独立的 7 个入级船舶检验管理相关系统的功能,基本实现了从船舶审图→建造→营运→灭失的整个生命周期的管理,与同时期的国外船级社系统相比具有更强大的管理功能。

(2)基于专网的中央数据库系统,信息资源覆盖全面高度共享,数据采集及时

SSMIS2005 采用大集中方式存储数据,CCS 所有入级船舶检验业务数据集中在中心数据库保存。中央数据库可以有效地保证数据的一致性、准确性、实时性、易维护性提高了数据信息共享和服务能力。中央数据库在带来高度共享的同时,大大降低了 CCS 各个分社的维护工作量。同时系统针对船舶、技术数据的结构化设计,增大数据涵盖量,设计

了数据表 2000 余张,基本满足业务管理和信息服务对数据项的要求。

(3)创新的工作库 + 主库架构设计,提供深度的数据积累

SSMIS2005 采用创新的工作库 + 主库架构设计,隔离工作和公布数据,完整记录船舶的每一次检验,提供深度的数据积累。主库中的数据作为对外公布和检验开始的数据基础,所有检验工作全部在工作库中进行,工作结果经过审核后进入主库,有效地将正在修改的数据与正式公布的数据分开两个数据库可以互为备份,提高数据的安全性。系统可以完整保存船舶从审图→建造→营运→灭失全过程完整的历史数据,为将来的数据智能分析积累数据。

(4)业界先进的工作流驱动模式,有效支持 CCS 质量体系运行

为了高效、有序管理控制入级检验业务的开展,将检验管理工作合理地划分成多个有序的工作阶段,在工作流程控制下分步完成,同时记录工作过程,实现检验工作的可追溯性管理,有效完成质量体系的计算机管理和控制,实现总部、分社、办事处协同工作。该系统提供了营运检验、建造检验、审图、PSC 等 20 多种检验流程,并可以定制、裁剪流程。

(5)多种脱机处理系统与应急响应系统,提高系统的适用性

为满足海外、港口、船厂等网络条件较差的状况,系统开发了多种脱机系统,提高系统的适用性。

单机版:适应于用户通常在网络版正常工作,在预期不能上网情况下的工作正常开展或现场检验处理。

海外版:适用于可以通过 vpn 进入船级社专网的低速网络。

应急号:海外版可以在能够连通 vpn 的情况下申请一些应急号备用,以便在不能连通 vpn 的情况下进行检验工作的开展。

人工脱机处理:数码易知公司提供人工的工作申请,以应付海外或者分社无法连通专网且没有准备应急号的紧急情况。

(6)系统采用模块化设计,拥有高度的伸缩性和扩展性

系统从设计开始就遵从模块化的设计方式,尽量减少耦合,无论是新增功能模块或者是新增流程还是流程步骤,都可以在开发完成后通过简单设置加入 SSMIS 系统,增强了系统的扩展性。

(7)软件开发人员在系统开发过程中形成了多个技术创新与突破

系统开发人员在系统开发过程中,为满足业务要求,在开发过程中形成了多个技术创新,在同类应用中均属首创。例如 Form 模板与动态 SQL 的绑定、多种类 DW 组合生成、Form 自动增长输出、Form 字体大小自适应、Form 紧缩保存等。

六、中国船级社人才培训基地建设项目

(一)中国船级社上海培训中心

1. 项目概况

中国船级社上海培训中心成立于 1985 年 3 月 1 日,根据中华人民共和国船舶检验局《关于成立船舶检验局海船、河船检验人员培训中心的通知》[(85)船人字 107 号]而成立的,当时对外名称为中华人民共和国船舶检验局海船检验人员培训中心,是船检局直属处级事业单位。党关系隶属于船舶检验局上海分局党委。培训业务由船检局直接领导。作为船舶检验局培训在职干部的基地,主要任务是对船检系统的在职干部进行技术业务培训,通过培训造就一支政治思想好,有较高的科学文化,专业技术和管理知识的验船队伍。

1988 年 1 月,根据船检局《关于调整上海、武汉分局与规范所、培训中心管理体制的通知》[(88)船人字第 043 号]。决定在上海、武汉地区实行由分局统一管理的体制。船检局上海、武汉分局为管理机关,负责领导检验业务部、规范所和培训中心,并在计、劳、统、财、人事、干部以及总务后勤等方面实行统一管理,对船检局负责;为了有利于工作,对外作为独立的单位开展工作。培训中心的名称不变。9 月,船检局决定将中华人民共和国船舶检验局海船检验人员培训中心更名为"中华人民共和国船舶检验局上海培训中心"。

2. 建设历程

1989 年 12 月,中国船检局上海分局浦东综合科研大楼工程于 20 日竣工,并在 25 日进行竣工验收。该工程由四个单体组成,总建筑面积 12000 平方米,占地 12 余亩,工程总造价 1200 万元。

上海培训中心楼工程随主体工程同步建设、同步竣工,工程占地约 680 平方米,总建筑面积 2876 平方米。1990 年 1 月,上海培训中心迁入浦东新建大楼;拥有 72 人多功能阶梯教室一座,可以承办大型学术研讨与交流活动;30 人教室一座,用于小型培训办班,并配备了满足培训需求的设施设备中心以及配有专业摄像设备,可拍摄各类教学录像,编辑制作各类视听教材。2 月,为培训中心配套服务的船检局上海分局招待所开业。

1999 年 7 月,根据中央机构编制委员会办公室《关于中国船级社机构的批复》(中编办字〔1999〕80 号),同年 8 月,船舶检验局与中国船级社实行"局社、政事"分开,作为中国船级社的机构,培训中心更名为中国船级社上海培训中心。

3. 使用效果

成立 30 多年来,上海培训中心为该社系统内部和船东、船厂、设计机构等单位共组织了各种类型的培训班约 280 多期,培训人员 17000 多人次。培训项目涉及新公约、新规范的培训与宣贯、验船师的基础知识培训和高级研讨、验船师的一专多能培训、各种类型船舶的专项检验培训、审图人员专项培训、稳性计算专项培训、国际船舶安全管理体系审核员培训、国际海上保安审核员培训、ISO 9000 质量体系培训、内审员培训、综合安全评估培训、无损检测、船体测厚等专项培训内容。

上海培训中心结合各类培训,组织编写了一系列培训教材,同时为了满足本社系统内培训的需要,制作了大量视听教材。近年来,为适应本社快速发展和验船师队伍建设的需要,上海培训中心按照国际海事组织(IMO)789 决议和本社培训管理体系的要求,重新组织编写了一套船检业务基础知识培训教材,并组织举办了多期培训班,接受培训的新进专业技术人员近 600 人,有力地促进了中国船级社业务的顺利开展。

上海培训中心按照中国船级社质量体系的要求,建立了严格的内部管理制度,为培训工作的规范化提供了良好的制度保障。自 1993 年起,上海培训中心通过了国际船级社协会(IACS)和欧盟(EU)的多次审核和认可。上海培训中心曾荣获"全国交通系统教育先进集体"称号、"上海市成人教育先进集体"称号。

(二)中国船级社武汉培训中心

1. 项目概况

中国船级社武汉培训中心(以下简称"武汉培训中心")的前身可追溯到 1985 年 3 月 1 日成立的中华人民共和国船舶检验局河船检验人员培训中心。根据中华人民共和国船舶检验局《关于成立船舶检验局海船、河船检验人员培训中心的通知》[(85)船人字 107 号]的精神,船舶检验局河船检验人员培训中心为船检局直属处级事业单位,党的关系隶属于船舶检验局武汉分局党委,计劳统财、后勤、干部、人事等工作由武汉分局代管,培训业务由船检局直接领导。河船检验人员培训中心主要任务是对船检系统的在职干部进行综合业务培训,为船检事业发展提供一支政治思想好、科学素养高、专业技术强和管理知识优的验船队伍。

1988 年 1 月,根据船检局《关于调整上海、武汉分局与规范所、培训中心管理体制的通知》[(88)船人字第 043 号]的要求,河船检验人员培训中心的计、劳、统、财、人事、干部以及总务后勤等工作由武汉分局代管变更为直接管理,对外仍作为独立单位开展工作,培训中心的名称不变。9 月,船检局决定将"中华人民共和国船舶检验局河船检验人员培训中心"更名为"中华人民共和国船舶检验局武汉培训中心"。

2. 建设历程

为加强培训能力建设,增强对船检业务的支撑力度,在船舶检验局的大力支持下,经过多年努力,由船舶检验局投资建设的中华人民共和国船舶检验局武汉培训大楼于 1991 年 4 月顺利竣工。培训大楼总建筑面积 4643.01 平方米,培训业务办公用房面积 497.2 平方米。

1999 年 8 月,根据中央机构编制委员会办公室《关于中国船级社机构的批复》(中编办字〔1999〕80 号)和交通部《关于中国船级社主要职责、机构设置和人员编制的通知》(交人劳发〔1999〕400 号)的精神,船舶检验局与中国船级社实行"局社、政事"分开,中华人民共和国船舶检验局武汉培训中心正式更名为中国船级社武汉培训中心。

3. 使用效果

成立 30 多年来,武汉培训中心共举办各类培训班 298 期,培训人员 18569 人次,包括本社系统和地方船检和相关单位和人员。培训项目涉及内河船舶规范法规、船检基础知识、金属材料、无损检测、焊工考试、船舶工艺、船舶安全管理体系、船舶/产品检验信息管理系统、项目管理、机电工程监理、焊接检验、保险公估、风能认证、以及新财务制度、公文处理等培训内容。

武汉培训中心组织编写的教材主要有《船检基础培训教材》《船检概论分册》《船体分册》《轮机分册》《电气分册》《材料与焊接及无损检测分册》《新录用人员培训教材》《无损检测技术》《船舶建造工艺》《地方验船人员船检业务培训教材》等。根据本社业务培训的需要还编辑制作了 28 种专题视听教材。

武汉培训中心按照中国船级社质量体系的要求,对整个培训办班过程和培训管理工作进行了质量控制,形成了一套比较严格的管理制度,为培训工作的规范性和有效性提供了良好的制度保障。武汉培训中心接受并通过了国际船级社协会(IACS)的审核。武汉培训中心曾被交通部授予"全国交通系统交通行政执法人员岗位培训工作先进集体"荣誉称号。

(三)中国船级社研修学院

1. 项目概况

中国船级社研修学院是本社内设专门培训机构,实施对本社从事检验、检测、认证和业务管理的人员获得、保持和提升任职资格的培训以及继续教育,是中国船级社人力资源开发与业务支持保障体系的重要组成部分。

2. 建设历程

适应中国船级社业务的快速发展,加强人力资源开发与队伍建设,整合培训资源。在北京研修学院(筹备部)、上海培训中心和武汉培训中心的基础上,组建中国船级社研修学院,作为中国船级社开展职业资格继续教育的专门培训机构。根据关于成立研修学院的通知（社人事字〔2009〕401号），于2009年6月26日正式成立。

3. 使用效果

研修学院自正式成立以来，整合并充分有效的利用全系统培训资源，全面满足中国船级社业务发展需要，截至2015年共开展3271期项目，培训1407202人次，专业技术人员年均离岗培训达7.7天。历年内外审情况良好，无因人力资源导致的重大不合格。

2006年，中国船级社从自身的实际出发，借鉴国际海事组织关于目标型规范的模式，结合IMO被认可组织条例ROCODE以及IMOA789(19)决议、欧盟条例（EU391）、国际船级社协会（IACS）验船师培训和资质程序等自主设计、建立、实施了目标型培训体系（GBTS），将资质管理和目标管理有机结合，基本目标是为满足"标准研发、图纸鉴定、建造检验、入级发证、船级维护、信息服务"6支人力资源队伍的资质要求，而强化对现场验船师、审图人员、规范研究人员等一线业务骨干的培训力度。从基于资质的培训目标出发，针对不同岗位培训对象，通过分析符合获取、保持资质的培训要求，制订培训大纲，并策划各类培训模块，制订统一的包括计划、实施、评估、持续改进的培训流程以及教材、教师等管理要求，在一个系统层面，针对验船师如何获得资质、扩展资质、保持资质、提升资质而展开培训。GBTS对应理论模块（76个）、培训学时、实践要求（697个）、评估要求等，在2006年试行的基础上，围绕"走以科研技术为先导的道路，服务于国家相关行业发展大局，努力创建新型国际一流船级社"的工作目标，加快人才队伍建设的战略部署，于2007年全面实施。2014年，全面更新和优化了GBTS。正式实施了国内航行船舶审图人员培训大纲、国内航行船舶检验人员培训大纲、海工检验/审图培训大纲及模块，打通了船舶与海工、国际船与国内船检验、国际船与国内船审图之间的培训和资质通道，实现各业务资质目型性培训体系全覆盖。2014版GBTS，新增资质模块1052个（国内船387个，国内船审图202个，海工检验和审图464个），培训模块总数达到1522个。通过全面实施和持续改进优化，使之更加科学、完备、有效，为中国船级社的快速发展提供了充足的满足工作要求的高素质的人力资源队伍，为实现国际一流船级社目标奠定了坚实的基础。

第四节　引航基地

一、综述

1978—2015年是我国实行改革开放、国民经济逐步恢复和快速发展的时期，是我国港口从落后到现代化的时期，也是我国引航业的能力随着港口的深水化和船舶的大型化要求逐步建设和快速提升的时期。

引航能力的建设大致可分为三个阶段：第一阶段是基本没有基础设施和装备的时期。20 世纪 80 年代中期以前，港口基础设施落后，各港引航作为当时港务局内部港务监督的一个部门，基本没有专业的基地和船艇。第二阶段是 20 世纪 80 年代中期到 2005 年。20 世纪 80 年代中期的港口体制改革将港务监督从当时的港务局分离出来，但引航仍留在港务局。随着港口的快速发展和到港船舶大型化，开始建设了一些专业的引航装备（主要是接送引航员的船艇），但还基本没有专业的引航基地。第三阶段是 2001 年开始再次进行的港口体制改革，原有的港务局实行政企分开以后转变成港口企业集团。2005 年实施引航体制改革，引航逐步从港口集团企业分离出来，成为具有独立法人的单位。为适应港口码头泊位外移和船舶的进一步大型化，各地引航机构陆续建设基础设施（主要是引航基地和办公用房）、购建引航船艇、建设信息化设施。2015 年，大中型引航机构加快建设基础设施和装备，以适应港口生产要求，引航能力快速提升。

二、长江引航中心

长江全线开放水域达 1300 多千米，引航员在船航行时间长。以南京到吴淞口为例，引航员上水连续航行时间均达 16 小时，不符合生活节律，不利于安全生产。根据国际惯例，较长内河（运河）水域引航皆采用分段引航，以利于引航员熟悉航道及船舶活动情况，以利于保持充沛的精力驾引，确保引航安全生产。

2001 年，引航中心成立江阴引航交接基地，实行分段引航，并在分段引航的基础上逐步推进了全面夜航。设立交接基地，一是通过交通艇接送执行在航交接任务的引航员；二是负责安排待命引航员的休息生活；三是组织待命引航员的学习教育；四是对在航交接进行二次调度。分段引航采取在航交接方式，实行人停船不停，提高了引航员使用效率，减小了引航员工作强度，节约了船舶企业营运成本，提高了船舶运行速度。

随着沿江经济的快速发展、引航业务量的迅猛增长，现有分段引航布局的不足逐步显现。江阴上下两段的航程时间各为 8~9 个小时，不符合交通部颁发的《船舶引航管理规定》中关于引航员连续在船工作时间不能超过 6 小时的规定。因此，每段需要派多名引航员执行任务，加剧了长江引航引航力量不足与引领业务大幅增长的供需矛盾。为了保障沿江外向型经济的发展，长期以来，引航员只能采取超负荷工作的办法，2008 年长江引航中心引航员人均年工作 342 天，比法定工作时间多 91 天。长期超负荷工作，严重影响了引航员身体健康，降低了引航工作效率，给引航安全带来极大隐患。

为了解决上述问题，引航中心在南通和扬中设立引航交接基地，进江海轮在上海到南京的江苏段航程将由二段变为四段，每段航行时间不超过 6 小时，可只委派 1 名引航员执行引航任务。这将极大提高引航员的周转利用率，缓解人少任务重的矛盾，并利于引航员保持充沛的体力、精力，保障引航安全。

(一)江阴引航交接基地

自 1998 年迁址江阴后,随着深化改革、扩大开放,沿江地区经济进一步发展,长江引航中心作为改革开放的排头兵,伴随着发展的大潮迎来新挑战。江阴地处长江对外开放黄金地带江苏段的中位,建设引航交接基地,与国际惯例接轨,提高船舶营运效益,创造良好的水运环境,既是引航事业发展的需要,也是对外开放建设的需要。

根据交通部《深化长江引航改革研讨会纪要》(交函安监字〔1996〕351 号),长江引航改革是事关长江经济发展和国家四化建设的大事,不断完善长江引航的航行交接体制。长江引航要打破行政管辖区域的限制,实施分段引航势在必行,长江引航部门虽然存在客观具体困难,但必须积极创造条件,尽快实现这一目标。根据长江引航中心基本建设十年规划和发展计划,长江引航安全生产集中统一管理,以打破行政区划,实现分段引航,在江阴建立引航交接基地,引航员集中统一调度,可提高使用效益,解决日益突出的人少任务重的矛盾。根据港航单位要求和交通部的指示,长江在条件成熟的情况下,放宽和实施长江夜航,全国人大和政协也有代表提案,长江应实施夜航。要实施引航夜航,内部要创造分段引航的条件。

江阴引航交接基地建设是切实解决江苏段引航安全生产的重大举措,是长江在航交接、分段引航的第一步,是实施长江夜航的必要条件,是落实交通部引航体制改革的重大部署,是与国际惯例接轨,配合上海国际航运中心建设,改善长江对外开放环境的具体步骤。

江阴是港城合一、极具发展前景的沿江港口城市,距吴淞口 156 千米,距南京港 175千米。江阴长江大桥、新长铁路的建设和江淮高速公路与沪宁高速公路的贯通,江阴将真正成为通江达海的交通枢纽。长江引航中心统辖长江全线引航站,占全线引航收入98%、占引航队伍 85% 的主体都在江苏各港。江阴又处江苏段中位,由沿江高速公路和沪宁高速公路贯通,引航交通便捷;江阴河段顺直,水域宽阔,河床稳定,是引航基地建设的理想之地;长江引航中心总部又在江阴,在基本建设投入和管理上符合精简效能原则,能节约大量的人力财力和物力。

码头部分 1999 年 2 月开工,1999 年 9 月完工;陆域项目于 2001 年 4 月开工,2002 年2 月完工。

长江港监局《关于长江引航中心江阴引航基地码头工程可行性研究报告的批复》(长督计〔1998〕511 号);长江港监局《关于长江引航中心江阴引航基地码头工程初步设计的批复》(长督计〔1998〕102 号);长江航务管理局《关于长江引航中心江阴引航交接基地配套生产用房工程可行性研究报告的批复》(长航计〔2000〕524 号);长江航务管理局《关于长江引航中心江阴引航交接基地配套生产用房初步设计的批复》(长航工〔2001

356 号)。

建设浮码头一座,包括栈桥工程和趸船工程。其中栈桥工程主要内容为建设 110 米 × 2.4 米钢引桥,趸船工程主要内容为建造 40 米 ×9 米钢质趸船 1 艘,趸船上层建筑面积 230 平方米。

陆域工程占地面积 4912 平方米,建设办公楼、引航员宿舍楼等建筑面积共计 2624.92 平方米。主体建筑分办公楼、引航员宿舍楼两幢建筑,办公楼两层,宿舍楼三层。留有一定的空地作附房用地、绿化用地、车库用地、停车场、室外篮球场及通道。

工程码头部分批准概算为 130 万元,实际完成投资为 130 万元;本工程陆域部分批准概算为 300 万元,实际完成投资为 420 万元。总合计 550 万元。

设计单位为上海港湾工程设计研究院、江阴市华夏建筑设计事务所;施工单位为中港集团二航局第五公司、张家港港口工程技术服务公司、江阴市市政建设工程公司、江阴市建筑安装工程总公司;监理单位为江阴市建设监理有限公司、江阴市四方建设监理公司;质监单位为江阴市建设工程质量监督站。

建设江阴引航交接基地,是沿江社会经济快速发展、提高船舶运营效率、提高引航服务质量、加快黄金水道建设的必然需要,是合理配置引航资源、满足法律法规对引航员持续劳动时间规定的必然措施,是保证引航员精力和体能支持、促进长江引航安全的必然保障,是缓解引航业务快速增长与引航员力量不足矛盾、提高引航员工作效率的必然需求。

(二)南通引航交接基地

根据《关于下达长江海事局“十二五”基本建设项目前期工作实施计划的通知》(长海计建[2011]140 号)和《长江引航中心总体布局规划》,长江引航中心建设了与扬中引航交接基地配套的南通引航交接基地,发挥两个基地的综合投资效益。

长江引航中心南通引航交接基地工程位于南通经济技术开发区内,地处长江下游南通河段的新开沙夹槽北岸,中集重件码头工程与中天科技海缆码头之间。

项目于 2012 年 11 月开工,2014 年 9 月完工,2016 年 9 月竣工。

2011 年 11 月,交通运输部《关于长江海事局长江引航中心南通引航交接基地工程可行性研究报告的批复》(交规划发〔2011〕633 号);2012 年 6 月,交通运输部《关于长江引航中心南通引航交接基地工程初步设计的批复》(交水发〔2012〕248 号)。

项目在南通经济技术开发区长江边建设浮码头一座,包括栈桥、趸船和风暴提升架。码头前沿设计底高程 2.42 米,回旋水域采用椭圆形布置,长轴长为 85 米,短轴为 51 米。建设 36 米 ×3.5 米钢引桥,30 米 ×4 米架空引桥,通过 9.2 米 ×4.5 米墩台连接,建造 65 米 ×11 米钢质趸船一艘。

生产与辅助建筑物包括新建业务用房、生产生活用房和辅助用房共 2921.54 平方米,其中业务用房为二层框架结构,建筑面积 691.11 平方米;生产生活用房为三层框架结构,建筑面积 1992.25 平方米;辅助用房为一层框架结构,建筑面积 238.18 平方米。工程批复概算 2640.00 万元,实际完成投资 2639.70 万元。

设计单位为中交武汉港湾工程设计研究院有限公司、南通中房建筑设计研究院有限公司;施工单位为南通幸福建设集团股份有限公司、南通金碧装饰工程有限公司、江苏省交通工程集团有限公司、江苏通洋船舶有限公司;监理单位为武汉长航科达工程监理有限公司、南通勘察设计有限公司、镇江市腾飞船舶监理有限公司。

建设南通引航交接基地,是沿江社会经济快速发展、提高船舶运营效率、提高引航服务质量、加快黄金水道建设的必然需要,是合理配置引航资源、满足法律法规对引航员持续劳动时间规定的必然措施,是保证引航员精力和体能支持、促进长江引航安全的必然保障,是缓解引航业务快速增长与引航员力量不足矛盾、提高引航员工作效率的必然需求。

(三)扬中引航交接基地

2007 年,交通部规划研究院编制了《长江引航中心总体布局规划》,并通过了长江航务管理局组织的审查。该规划结合国内外先进管理方式和引航中心实际,提出了未来引航中心的发展目标和建设重点。根据《长江引航中心总体布局规划》和长江海事局《关于印发"十一五"重点基建项目前期工作计划的通知》(长海计建〔2007〕246 号),长江引航中心建设了紧迫性较强、外协条件具备的扬中引航交接基地。

扬中基地水域码头位于江苏省扬中市,处长江下游唐家港长江水道丰乐桥右岸,航道距吴淞口 279 千米,距南京 87 千米;陆域位于码头后方的扬中市新坝镇丰乐桥村唐家港。

项目于 2010 年 8 月 15 日开工,2012 年 2 月 23 日完工,2014 年 3 月 24 日竣工。

2009 年 7 月,交通运输部《关于长江引航中心扬中引航交接基地工程可行性研究报告的批复》(交规划发〔2009〕346 号);2009 年 11 月,交通运输部《关于长江引航中心扬中引航交接基地工程初步设计的批复》(交水发〔2009〕618 号)。

建设浮码头 1 座,包括栈桥工程和趸船工程。其中栈桥工程主要内容为建设 36 米 × 3.5 米钢引桥,118.8 米 × 4 米架空引桥,16 米 × 8 米现浇混凝土倒车平台。趸船工程主要内容为建造 65 米 × 11 米钢质趸船 1 艘,趸船上层建筑面积 350 平方米。陆域工程占地面积 9144 平方米,建设生产及生产辅助建筑物建筑面积共计 2491.69 平方米,场区土方回填 21845 立方米、挡土墙 166 米、围墙及栏杆 322 米、场区道路面积约 2500 平方米、室外球场(篮球场、羽毛球场)745 平方米及室外绿化、景观池等。对生产及生产辅助建筑物进行了适当装修。工程批准总概算为 2700 万元,实际完成投资为 2700 万元。

项目设计单位为中交武汉港湾工程设计研究院有限公司、江苏中森建筑设计有限公司;施工单位为江苏扬州建工建设集团有限公司、江苏省交通工程集团有限公司;监理单位为长航科达监理有限公司。

建设扬中引航交接基地，是沿江社会经济快速发展、提高船舶运营效率、提高引航服务质量、加快黄金水道建设的必然需要；是合理配置引航资源、满足法律法规对引航员持续劳动时间规定的必然措施；是保证引航员精力和体能支持、促进长江引航安全的必然保障；是缓解引航业务快速增长与引航员力量不足矛盾、提高引航员工作效率的必然需求。

三、宁波引航站

随着宁波舟山港的快速发展，港口引航需求快速增长，引航服务范围进一步扩大，用于停靠接送引航员的引航艇数量增加，原有的引航基地已经不能满足快速发展的引航生产的需要。为此，宁波引航站在 2008 年研究编制了《宁波引航发展规划》并获得市发展改革委和交通局的正式批复，该规划对引航基础设施做出了科学规划。按照规划布局，宁波引航站加快了完善原有基地，推进新建基地的步伐。

宁波引航站下设镇海、大榭、桃花、西泽、梅山五个引航基地，组成了覆盖整个宁波港水域的引航基地网络。不但为船舶提供了优质便捷的引航服务，而且实现了引航资源优惠配置，节约人力物力，提高了生产效率。

宁波港域位于浙江省宁波市北部沿海，其经济腹地是浙江省、长江三角洲地区及长江经济带，属长三角港口群的南翼，上海国际航运中心的深水外港，我国"T"形发展战略的前沿地区。宁波港域由甬江、镇海、北仑、穿山、大榭、梅山、象山、石浦八个港区组成，是一个集内河港、河口港和海港于一体的多功能、综合性的现代化深水大港。

（一）镇海基地

镇海基地是最早的引航基地，位于镇海招宝山脚下，原为镇海港区 0 号泊位，前身为客运码头与客运站合用，1991 年改造成引航艇专用码头，镇海基地占地约 3583 平方米，岸线约 100 米。镇海基地建有 50 米×8 米钢质趸船 2 座，50 立方米储油罐 1 座，用于引航艇供油。原有一层平房约 500 平方米，1997 年新建三层综合管理用房 600 平方米。2007 年新建四层综合管理用房 1200 平方米。2009 年对基地配电房、场地、仓库等进一步改建升级。

镇海基地是引航艇船员调配中心，也是引航艇维修保养及物资供应的重要场所。2018 年引航艇靠离泊约 1702 艘次。

（二）大榭基地

项目于 1997 年 6 月开工建设，1997 年 12 月建成投产。

大榭基地位于大榭开发区西侧、大榭一桥东侧。宁波市大榭开发区经济发展局以榭经资〔1996〕59 号文批准立项。

大榭基地建有二层管理用房 272.74 平方米,40 米×9 趸船 2 座,45 立方米储油罐 1 座,用于引航艇供油。占地 1266 平方米,使用岸线 80 米;海域面积:0.5487 公顷。

设计单位为宁波港勘察设计室;施工单位为宁波交通工程(集团)公司、浙江省沿途基础公司、浙江省海洋工程总公司、舟山市第三建筑安装公司;监理单位为宁波港工程建设监理公司。

大榭基地的建成投产,极大地减轻了镇海基地的靠泊压力,是联结镇海基地和桃花基地的重要桥梁,是北仑、穿山等港区引航服务重要补充部分;也极大地提升了大榭开发区的港口城服务功能,改善了投资环境。2018 年引航艇靠离泊约 1232 艘次。

(三)桃花基地

项目于 2000 年 9 月开工建设,2001 年 4 月建成投产。

桃花基地位于舟山市普陀区桃花岛西北侧沙岙自然村,舟山市普陀区计划与经济委员会以普计经投〔2000〕147 号文批准立项。

桃花基地原有钢筋水泥趸船一座(36×9 米),2006 年改建升级为钢质趸船(70×12 米)。建成时为建筑面积约 500 平方米的两层建筑一幢。2005 年经改建,目前的桃花基地总建筑约 1580 平方米。基地内还建设了 50 立方米储油罐一座,用于引航艇供油。桃花基地占地 1120 平方米,岸线 95 米。使用海域面积 0.7860 公顷。

设计单位为宁波港勘察设计室;施工单位为舟山市大昌建筑工程公司;监理单位为宁波港工程建设监理公司。

桃花基地是目前宁波港最重要的引航基地,主要服务对象为进出虾峙门航道的船舶。为引航员及引航艇船员提供住宿、餐饮、休息等服务以及现场引航艇调度。桃花基地的建成投产,避免了引航艇、引航员来回奔波于镇海、北仑至虾峙门航道,不仅节约了大量人力物力,也极大提高了引航效率。2018 年,引航艇靠离泊约 4765 艘次,为引航员提供餐饮、住宿等服务约 7107 人次。

(四)西泽基地

陆域形成(填海造地)及码头工程于 2010 年 11 月开工建设,2012 年 1 月码头 1 号泊位通过交工验收。

西泽基地位于象山港入口处南岸,地处象山县贤庠镇,象山港大桥东侧。宁波市发展和改革委员会批准立项(甬发改审批〔2010〕33 号)。设计单位为中交上海港湾工程设计研究院;施工单位为中交上航局航道建设有限公司;监理单位为厦门港湾咨询监理有限公司。

建设 60×11 米浮码头 1 座,使用岸线 155 米、海域面积 2.252 公顷。建设建筑面积约为 2029.92 平方米的配套管理用房,停车场、供水、环保、绿化等设施,占地约 11228 平方米。陆域配套工程于 2012 年 10 月 7 日开工,2015 年 4 月 27 日通过竣工验收。设计单位为浙江海宏建筑设计研究有限公司;施工单位为浙江乔兴建设集团有限公司;监理单位为厦门港湾咨询监理有限公司。

西泽基地的主要服务于位于象山港区内乌沙电厂及国华电厂的煤电码头。该基地建成以前,象山港区引航艇一直借靠横码车客渡码头。截至 2018 年 11 月底,引航艇靠离泊520 艘次。

(五)梅山基地

工程项目于 2013 年 12 月 29 日正式开工建设,2014 年 12 月 20 日完工,2015 年 3 月13 日完成交工验收。

梅山基地位于梅山港区东北部夹江作业区,北仑区梅山保税区梅东村,梅山保税港区港口支持系统功能区内。宁波市发展和改革委员会批准立项(甬发改审批〔2013〕366号)。设计单位为中交水运规划设计院有限公司;施工单位为宁波交通工程建设集团有限公司;监理单位为天津天科工程监理咨询事务所。

码头由 2 艘 70 米×12 米钢趸船、活动钢引桥 1 座及钢筋混凝土引桥 1 座组成。使用岸线 147.5 米、使用海域面积 1.8752 公顷。建设四层管理用房,建筑面积 1783.4 平方米,占地面积 1782.5 平方米。陆域部分于 2016 年 12 月 16 日开工建设,2017 年 10 月建成。工程设计单位为宁波中交水运设计研究有限公司;施工单位为宁波和昌市政园林建设有限公司;监理单位为宁波港工程项目管理有限公司。

梅山基地是宁波港域目前最新也是最大的引航基地,是梅山保税港区港口支持系统的重要组成部分,码头前沿水域是梅山水道抗超强台风渔业避风锚地。梅山基地既是桃花基地的补充,又是引航艇抗风避台的主要码头。

四、舟山引航站

(一)长峙引航总基地

随着舟山港口的快速发展,舟山的引航需求快速增长,用于停靠接送引航员的引航艇数量增加,同时对引航调度管理提出更高需求。舟山引航站从港务集团分离出来成为独立法人机构之后,面临着引航调度中心功能落后,可扩展的空间不足,引航艇原来的停靠模式也不能满足高效接送引航员的需求。

引航站在 2009 年研究编制了《舟山引航发展规划》并获得市政府的正式批复,对引航基础设施做出了科学规划。按照规划布局,舟山引航站加快了引航总基地的建设。

引航总基地一期位于舟山市临城区长峙岛西南沿海的谢家山山脚,面向长峙内港。不占用农田和盐田,以山地与海滩为主。岸线条件较好,水陆交通比较便利。南和西有岙山岛、松山岛及大巨岛屏障,北和东有舟山本岛、长峙岛等挡靠,避风条件良好,便于防避西北大风和台风的袭击。

项目于2010年4月开工,2011年2月完工。

2009年,舟山市发展和改革委员会《关于舟山长峙引航总基地工程可行性研究报告的批复》(舟发改投资〔2009〕102号)。

设计单位为舟山市交通规划设计院;施工单位为宁波交通工程建设集团有限公司;监理单位为舟山市海通水运工程咨询监理有限责任公司。

引航艇码头包括1号和2号两个引航艇码头,其中1号码头为3座45×10米趸船、2号码头为2座45×10米趸船。

陆域工程包括引航指挥中心、综合培训楼、辅助管理楼、引航员宿舍。引航办公用房建筑面积3043平方米,引航综合用房建筑面积500平方米,用地6926平方米,岸线长度300米。

基地建有四个中心。①引航管理与信息中心负责整个舟山引航水域范围内的引航业务管理、信息与费收结算,全站人员和设施设备管理,以及引航站与外部系统的信息联络工作。建立网管中心,办公自动化系统、港口资料信息系统、引航导航与监控信息系统、费收与客户管理系统、引航局域网和广域网等。②信息化引航调度指挥中心负责舟山引航水域内的船舶引航申请受理,引航计划制订和实施,引航员、引航艇及引航接送车辆的调派,引航监控等工作。设置引航调度中心、引航监控中心等。③引航保障中心负责全站引航员、设备的接待和转运工作。设置引航员宿舍及其食堂,各种引航艇及其码头、仓库,车队及其车库、停车场,直升机及其停机坪,以及保安、消防安全保障等。④引航员培训中心负责全站引航员的业务技术培训、专业理论培训、知识更新培训和考证培训,引航员专业体能训练,船员和其他职工的安全、业务、教育等各种培训。设置电化教学室、普通教室、船舶操纵模拟实验室、信息技术实验室、教学办公室、多功能会议室、体能训练室、训练场所及其他辅助设施。

由于舟山中、南部海域的引航船舶绝大多数都是从虾峙门进出,长峙岛建设引航总基地建成投入使用后,以扇形辐射虾峙门、马峙锚地、条帚门、六横及岙山等地,有效缩短了引航艇航行距离,节省时间,加快引航员接送周转速度,降低油耗节约成本。同时,为引航调度和引航办公提供了更良好的环境,提高了引航调度和办公的科学化、信息化水平;为引航员培训和休憩提供了更舒适的环境,促进引航队伍综合素质的提升,为提高引航服务效率和质量作出了巨大贡献,为港口的生产提供了坚强保障。

（二）嵊泗引航基地（嵊泗分站）

舟山港域岛屿分布分散，引航作业点多面广，从本岛往来北部嵊泗岛极为不便。随着引航业务的逐年增长，为加强嵊泗港区引航管理，提高嵊泗港区引航服务效率，舟山引航站于 2002 年成立了嵊泗分站。为配套嵊泗分站的运行，建设引航专用码头和引航办公大楼。

嵊泗引航基地包括马迹山引航码头和嵊泗引航楼，分别在两地建设。根据嵊泗县发展计划委员会嵊计〔2001〕50 号文件批复，马迹山引航码头及其管理场所建设在马迹桥东侧岸线规划部门划定的红线范围内。该场址海陆两个方向的交通都比较便利，岸线条件较好，有一定避风能力。

根据嵊泗县发展计划委员会嵊计〔2004〕90 号文件批复，嵊泗引航楼在嵊泗菜园镇围垦新区 W-2 地块建设，位于县经济文化中心，西靠景海路，东临幸海路，交通便利。

项目于 2005 年 1 月开工建设，2005 年 9 月完工，于 2011 年 5 月交付使用。

2004 年 9 月，嵊泗县发展和计划委员会《关于同意建设舟山港嵊泗引航大楼的批复》（嵊计〔2004〕90 号）。

设计单位为舟山市规划建筑设计研究院；施工单位为嵊泗县第一建筑工程有限责任公司；监理单位为嵊泗县翔宏工程建设监理有限公司。

马迹山引航码头及其管理场地岸线总长度 150 米，陆域总占地面积 10000 平方米，其中包括已征用土地 3000 平方米、围涂造地 6300 平方米、进港道路荒山地 700 平方米。马迹山引航艇码头一、二期工程已经投入使用，建成钢筋混凝土码头总长度 97 米、宽度 10 米。可同时停靠 2 艘 40 米长引航艇。陆域一期工程已经建成一层管理用房 41.4 平方米。二期工程已建成引航综合楼及相应的变配电室、门卫、储油罐区、室外停车场、健身活动场地和场内道路等。

嵊泗引航楼建设规模 7193 平方米，用地面积 3300 平方米，共投资 1900 万元。

嵊泗引航基地的建设，为嵊泗分站的正常运营和安排引航员赴嵊泗驻勤提供了必要的硬件设施保障，为嵊泗港区引航艇接送引航员提供了停驻地，有效提高了嵊泗港区引航服务效率和服务质量，降低了引航艇运行的油耗和成本。

（三）六横引航基地（六横分站）

由于舟山本岛到六横局里较远，往来不便，随着舟山港务引航业务的快速增长，为满足六横港区的引航需求，舟山引航站于 2010 年成立了六横分站。为配套六横分站的正常运行，建设了六横引航大楼和引航码头。

六横引航基地位于六横岛台门镇，规划的六横港区平峧集装箱作业区的最南端港作船基地内,即六横岛大夹屯东北角的海滩上,葛藤水道的西北侧,与凉潭岛隔海相望。岸线条件较好。距离规划的环岛公路较近,交通运输便利。

项目于2008年1月开工建设,2010年11月完工。

2008年,舟山市发展和改革委员会《关于舟山港务管理局六横引航基地工程可行性研究报告的批复》(舟发改投资〔2008〕31号)。

设计单位为舟山市交通规划设计研究院;施工单位为舟山市普陀交通工程有限公司(码头)、浙江欣威建设有限公司(综合楼);监理单位为舟山市海通水运工程咨询监理有限责任公司。

引航大楼主体建设规模2700平方米,用地面积共6670平方米。

引航码头一期工程已建成156米×12米钢筋混凝土码头1座,泊位5个,58米×8米钢筋混凝土引桥1座。可同时停靠3艘40米长钢质引航艇。陆域设施包括引航管理楼和生活用房以及相应的设备设施。

六横引航基地的建设,为六横分站的正常运营和安排引航员赴六横驻勤提供了必要的硬件设施保障,为六横港区引航艇接送引航员提供了停驻地,有效提高了六横港区引航服务效率和服务质量,降低了引航艇运行的油耗和成本。

(四)桃花(虾峙门)引航基地

由于舟山中、南部海域的引航船舶绝大多数都是从虾峙门进出,从长峙和六横调派引航艇前往虾峙门航行路程较远,为提高引航艇调派效率,减少引航艇不必要的航行,故在桃花岛建设引航基地,用于引航艇进出虾峙门接送引航员时临时停泊。

桃花引航基地位于六横区桃花镇沙岙区,虾峙门航道口附近,交通便利。

项目于2011年1月开工,2012年7月完工。

2011年,舟山市发展和改革委员会《关于舟山引航站桃花基地工程项目可行性研究报告的批复》(舟发改审批〔2011〕31号)。

设计、施工总承包单位为中交第三航务工程勘察设计研究院;码头发包单位为宁波海港工程有限公司监理单位为舟山市海通水运工程咨询监理有限责任公司。

建设500吨级引航码头1座,码头尺寸为100米×12米,泊位2个。管理用房总建筑面积3144平方米,用地面积4974平方米,与桃花港航管理检查站合用。

引航基地投入使用后,极大地方便了引航艇进出虾峙门航道接送引航员,有效提高了引航艇调度和运作效率,降低了引航艇油耗和运行成本,提高了引航服务效率。

(五)衢山引航基地(岱山分站)

由于衢山港区与本岛和嵊泗距离较远,往来不变,随着衢山港区引航艘次的逐渐增长,从本岛或嵊泗调派引航员存在往来不便、路程耗时长、引航艇航行距离远、油耗大等问题,不利于引航工作的开展。为确保衢山港区的引航生产顺利开展,故在衢山岛建设衢山引航基地。

衢山引航基地位于衢山岛西端港区内,办公及宿舍楼在衢山港航大楼内,引航艇码头位于衢山车渡码头的北侧,并联接衢山车渡码头建设。岸线条件较好,交通运输便利,但易受冬季西北主导风向的影响。

衢山引航基地于 2008 年 1 月开工,2009 年 4 月完工。

衢山引航基地规划岸线总长度 200 米,陆域需征用滩涂地 3750 平方米。

建设 120 米×12 米钢筋混凝土引航艇码头 1 座,泊位 2 个。可同时停靠 2 艘 40 米长引航艇或拖轮。陆域设施包括引航管理楼与衢山港航大楼合建,面积为 400 平方米。

衢山引航基地建成并投入使用,为衢山港区引航艇运行提供了靠泊码头,为赴衢山港区执行引航任务的引航员提供了休憩场所。特别是在鼠浪湖矿石中转码头投入运营以后,为派驻引航员赴衢山驻勤提供了必要的硬件保障。

2016 年 1 月,在衢山引航基地的基础上,设岱山分站,负责衢山港区的引航工作。

(六)马岙引航基地

为了方便马岙港区引航艇调派和引航员接送工作,建设马岙引航基地。马岙引航基地位于舟山本岛北部马岙港区三江码头附近,在三江水泥厂西侧并与之相邻。水域条件较好,交通便利,引航员可直接从引航总部接送。避台条件一般,需增加防浪和避风措施。

项目于 2007 年 4 月开工建设,2008 年 1 月完工。

2007 年,舟山市发展和改革委员会《关于同意舟山港域马岙港作船码头一期工程可行性研究报告的批复》。

设计单位为舟山市交通规划设计研究院;施工单位为舟山海港工程有限公司;监理单位为舟山市海通水运工程咨询监理有限责任公司。

马岙引航基地规划岸线总长度 200 米。引航艇码头建设 97 米×12 米钢筋混凝土码头 1 座,泊位 2 个,29 米×8 米钢筋混凝土引桥 1 座。可同时停靠 2 艘 40 米长引航艇。

马岙引航基地建成投入使用后,有效提高了马岙港区引航艇调派效率,大幅减少了引航艇航行距离,降低了油耗成本。

(七)老塘山引航基地

为了方便老塘山港区和金塘港区引航艇调派和引航员接送工作,建设老塘山引航基地。老塘山引航基地位于老塘山港区五期码头东边港作码头内,在老塘山临港工业区临港四路与五路之间。岸线条件较好,交通便利。

项目 2007 年 4 月开工,2007 年 12 月完工。

2007 年,浙江省发展和改革委员会《关于同意浙江省舟山港域老塘山港作船码头工程可行性报告的批复》(浙发改交通〔2007〕109 号)。

设计单位为舟山市交通规划设计研究院;施工单位为宁波交通工程建设集团有限公司;监理单位为舟山市海通水运工程咨询监理有限责任公司。

老塘山建成 77 米×31.6 米(局部 8 米)钢筋混凝土拖轮码头 1 座,泊位 3 个,348.5 米×15 米钢筋混凝土公共引桥 1 座。可同时停靠 2 艘 40 米长引航艇。

老塘山引航基地建成投入使用后,有效提高了老塘山港区和金塘港区引航艇调派效率,大幅减少了引航艇航行距离,降低了油耗成本。

五、台州港引航站

(一)海门港区引航基地

1995 年下半年台州港设立引航站,隶属于台州市港务局港监科。2003 年实施港航体制改革,原台州港务管理局和原台州市航运管理处合并,组建新的台州市港航管理局,引航管理处仍作为市港航管理局内设处室。引航管理处行使台州港的引航行业管理职能并承担具体引航业务。2013 年 9 月台州港引航站获批独立法人事业单位,是台州市港航管理局的直属机构。办公地点仍设在台州市港航管理局办公楼内,总面积约 1400 平方米,有引航艇码头 1 个,泊位长度 42 米。现有引航艇 2 艘。

台州港位于浙江省东南沿海中部,处于长三角港口群,是浙江省重要港口,也是台州市城市发展的依托和发展外向型经济的窗口。

海门港区地处市区,港城互为依托,对台州区域经济和社会发展有着举足轻重的作用,提供对外贸易、客运、能源运输服务,是目前台州港的中心港区、行政指挥中心、航政管理中心和信息处理中心。

项目于 2001 年 10 月 30 日开工,2002 年 9 月 30 日完工。

设计单位杭州市城建研究设计院;建设单位台州港务管理局;监理单位浙江天立建设监理有限公司。

海门基地设在台州市港航管理局内,也是台州港引航站的所在地,负责接受台州港船舶的引航申请,以及后续的调度、指挥和管理;提供引航员和工作人员的日常工作、休息、活动和餐饮等服务;保障引航艇的靠泊、加油和日常维护,以及引航艇码头等设施的维护和管理。台州市港航局大楼占地面积 3967.5 平方米,建筑面积 11207.8 平方米。

引航员的办公场所按照阳光引航机构建设的相关要求进行布置,各个功能区块都得到合理运用,在日常办公、值班调度、指挥监控及引航员休息等都发挥了应有的作用。

（二）大麦屿引航基地

2009年《台州港引航发展规划》通过了由部、省、市组成的专家组评审，对引航基础设施做出了科学规划。

随着台州港大麦屿港区的快速发展，尤其是华能玉环电厂的投入运营，引航需求不断增长，对引航调度管理提出更高需求。同时，引航员都是由海门港区调派到大麦屿港区执行引航任务，路途遥远，吃饭住宿都不方便。按照《台州港引航发展规划》，台州市港航管理局投入资金于2011年在大麦屿港区开工建设大麦屿引航基地，并于2017年主体完工。大麦屿引航基地位于大麦屿（集装箱）作业区，基地交通运输便利，岸线和避风条件较好，无淤积。

项目于2011年10月10日开工，2017年6月12日主体工程完工，其他建设继续进行中。

设计单位台州市城乡规划设计院；建设单位浙江腾远建设集团有限公司；监理单位浙江双圆工程监理咨询有限公司。

项目占地面积10.5亩，用海面积1.2066公顷，码头平台长108米、宽12米，栈桥长145.5米，宽7.5米，共2个泊位，可停靠30米级和45米级以下引航船。建筑面积3013.36平方米。

大麦屿引航基地也是大麦屿引航分站所在地，接受台州港引航站的调度、指挥和管理；主要负责进出大麦屿港区、锚地及航道船舶的引航服务；提供引航员和工作人员的日常工作、休息、活动和餐饮等服务；保障基地引航艇和快艇的靠泊、加油和日常维护，以及引航艇码头等设施的维护和管理。

六、福州港引航站

（一）福清文关引航基地

随着福州港江阴港区的快速发展，为了降低接送引航员成本和减轻引航员的劳动强度，提高工作效率，福州市港务局决定在福清市东瀚镇文村建设福清江阴引航基地及配套码头工程（福州港福清文关引航基地）。建设规模为500吨级泊位1个，可停靠4000马力拖轮和配套引航艇。

福州港福清文关引航基地位于福清市东瀚镇文关村（福清市兴化湾中部北岸）。陆上交通：福州到福清东瀚全程高速，距离约100千米，东瀚至文关引航基地部分市道，部分村道，距离15千米，福州到文关引航基地车程约1.5小时。海上交通：文关引航基地至福州江阴港区登离轮水域1号距离约13海里，拖轮航程约1小时15分钟，文关引航基地至福州江阴港区登离轮水域 2 号距离约 8 海里,拖轮航程约 45 分钟文关引航基地至福州江阴港区登离轮水域 1 号距离约 5 海里,拖轮航程约 30 分钟。

工程于 2005 年 4 月 15 日开工,2007 年 12 月 28 日完工。

2005 年 6 月,福清市发展计划局《关于同意福州港引航站建设江阴港区引航错地配套码头工程的通知》(融计基〔2005〕86 号)。

配套码头工程设计单位为福州港工程设计室;建设单位是福州港引航站;监理单位是福建陆海建设监理所。

福州港福清文关引航基地占地面积 2500 余平方米,码头建设用海面积 0.7719 公顷,利用岸线 49 米。基地建设有站房一座,建设面积 600 平方米。

项目建成后,极大地提高了接送引航员的便捷性,引航调度办公更加舒适,引航员和司机的休息得到充足的保障。建成以来,年均接送了 1500 名引航员,提供了 1200 艘次拖轮靠泊,为福清江阴港区引航服务,为提高引航服务效率和质量作出了巨大贡献,为港口的生产提供了坚强保障。

(二)福州引航船队码头基地

福州港引航站引航船队码头原是福州市港务局船队的码头,产权归福州市港务局,现由福州港引航站管理使用。该码头和办公楼是 20 世纪 80 年代期建设投产使用的,基地建设有 1 个长 33 米、宽 9.6 米趸船、1 幢办公楼和 1 幢附属楼。目前,主要是停靠引航交通船。

福州港引航站引航船队基地位于福州港闽江口内港区马尾万吨码头上游。陆上交通:福州到马尾距离约 20 千米。海上交通:马尾引航基地至福州闽江口内港区登离轮水域 1 号距离约 16 海里,引航艇航程约 1 小时,琯头轮渡码头至福州闽江口内港区登离轮水域 1 号距离约 4.5 海里,引航艇航程约 17 分钟,琯海码头至福州闽江口内港区登离轮水域 1 号距离约 2.5 海里,引航艇航程约 10 分钟。

项目于 1987 年 7 月开工,1990 年 7 月完工。

福州港引航站引航船队基地占地面积约 1500 余平方米,利用岸线 33 米。基地建设有站房 1 座,建设面积是 230 平方米。

主要是停泊引航船 4 艘和提供保障船员休息。基地移交使用后,年均接送了 1100 人次引航员,提供了 1000 艘次引航艇靠泊,保障福州港闽江口内港区引航服务,提高引航服务效率和质量作出了巨大贡献,为港口的生产提供了坚强保障。

七、厦门引航站

(一)厦门引航站基本情况

厦门作为我国经济特区,根据正在实施的海峡西岸经济区的发展战略,把厦门定位为海峡西岸经济区重要中心城市,厦门面临着重要的机遇与挑战。为了营造公平、公开的港口市场环境,使厦门港各码头企业和到港船舶在引航指派、引航收费、拖轮使用、保证船舶准班等方面获得平等的待遇,1998年厦门港在全国沿海各港口率先改革引航管理体制,实行政事分开。经批准,厦门港引航站注册成为具备独立法人资格的全民事业单位。

厦门港引航站1999年独立建站以后,以"维护主权、确保安全、精心引领、服务港航"为工作宗旨,提出"引航服务,优质为本"的服务理念,将优质高效的引航服务视为自身的使命和职责,取得了良好的经济效益和社会效益,为厦门港港口吞吐量保持全国前列和厦门港口事业的发展做出了贡献。为了确保引航工作需求和持续发展的港口业务,选择设立一个接送引航员便捷、反应迅速、后勤保障完善的交通船队基地的需求迫在眉睫。

(二)厦门交通船队基地

交通船队基地建设初期选址位于海沧大桥下东邻码头,该区域为临时租借场所,虽然在一段时间内为引航船艇的停靠和维修提供了很大的便利,但该区域由于港口发展规划的限制以及陆上、海上交通等原因,不利于厦门引航站交通船队的发展建设,经站领导的多方面调研与努力,市政府批准,决定在厦门港东渡港区厦漳海达轮渡以北该区域建设厦门港引航站交通船队基地。

新建的厦门港引航站交通船队基地左邻厦漳海达渡轮码头,右邻厦门国际邮轮码头轮渡厦鼓客运。交通船队基地在东渡港区及海沧港区的咽喉地带。西南部为海沧港区,北接东渡港区,南临厦门港10万吨级进港航道及厦门湾锚地,斜对面正对招银港区,与厦门港引航站隔海相望。东渡路及疏港路分别通向东渡港区,厦门东渡自贸区,象屿保税区;海沧工业区,杏林和集美工业区,通往漳州、龙岩、汕头等地。紧邻海沧大桥、杏林大桥,交通方便。

项目于2005年6月10日开工,于2006年12月完工。设计与建造单位为福建省东南造船厂。

厦门港引航站交通船队基地主要分为海域和陆域两个部分。海域部分由两艘趸船组成,两艘趸船规范均为36米×8米,占海域总面积约为900平方米,船上均建有13米×3米一层甲板,作为船员日常待命、休息及机务维修的场所;陆域部分,占地约400平方米,主要提供船队管理人员办公、船舶配件物料仓库及船员会议、学习场所。该区域周围海域宽阔、水文条件良好、交通便利,并与厦鼓客运码头及厦漳渡轮码头同在规划建设的厦门国际邮轮城港区海岸线内,交通船队基地的建设为引航生产添加了强力后盾。

随着厦门港口的进一步发展及港口规划建设的不断延伸,厦门港引航站的引航区域也在不断地扩展,为了更好地提供引航服务,确保引航员及时登轮,进一步降低船东运输成本,厦门引航站计划于2019年继续建设两个交通船队基地,分别是厦门港刘五店南部港区引航管理基地和厦门港东山港区城垵作业区引航工作码头,基地的建设大大提高了引航效率及后方补给需求。

项目建成后,厦门引航站同时在行业内率先配置了时速30节的玻璃钢高速艇,极大提高了接送引航员的便捷性,引航艇船员的工作与休息更加舒适,同时基地的休息室为引航员的休息提供了舒适的保障。

随着厦门港的快速发展,引航业也随着海运业快速发展而发展,引航任务量日趋增加。厦门港引航站每年引航艘次均在1.2万艘次以上,基地建成以后,平均每年为引航艇提供靠泊均在3万艘次以上,平均每年接送1.5万人次引航员。目前,厦门引航站现役引航艇为7艘,平均每艘引航艇的工作时间在2500小时左右。交通船队基地的建成,极大程度上降低了引航员、引航艇船员和引航艇海上的工作时间,基地不仅能为引航艇在工作间隙提供必要的船舶机械维护和物料保障,同时还能为引航员及船员提供良好舒适的环境进行休息,以饱满的状态投入工作,最大程度保障安全生产,更好地提供引航服务质量。

交通船队基地的建成,缩短了引航员出发点到引航登轮点的距离,大大降低了引航艇的油耗和机械运行时间;引航艇靠泊基地后,可以关闭船舶上的柴油发电机,使用岸电,不仅降低成本,而且减少环境污染。同时基地能为引航艇的维修保养提供技术支持,及时发现引航艇在工作运行中出现的各种问题,排除故障,避免事故的发生,尽可能地降低船舶的维修成本。

船舶引航工作关系到船舶航行的安全和港口设施的安全,关系到港口的综合竞争力和健康发展,关系到国家主权和对外开放的整体形象。目前厦门港引航总基地为厦门东渡港区、海沧港区、漳州招银港区、东山港区、古雷港区提供引航服务,为提高引航服务效率和质量作出了巨大贡献,为港口的生产提供了坚强的保障。

八、引航船艇

为了满足引航生产的需要,引航站都配备了一定数量的引航艇或引航拖轮,用于接送引航员。在引航机构的改革过程中,有些引航机构由于改革不到位,改革前使用的船艇没有按照规定移交;有些引航机构长期租用拖轮接送引航员,而没有建造自己的船艇;还有一些引航机构用自己的经费新造的船艇,其产权属于当地的港口管理部门(如舟山等)或港口集团(如大连、上海等)。具有代表性的引航艇及引航拖轮,详见表12-4-1。

引航机构具有代表性的引航艇、引航拖轮信息表　　　　表12-4-1

单 位 名 称	船(艇)名	长度(米)	主机功率(千瓦)	设计船速(节)	投入使用日期	业 主 单 位
丹东港引航站	丹港1	28	600	10	1985年5月	丹东港集团
	丹港2	26.5	400	9	1986年4月	丹东港集团
	丹港6	36.5	1764	11	1995年5月	丹东港集团
	丹港7	38	2992	11.5	2004年12月	丹东港集团

续上表

单位名称	船(艇)名	长度(米)	主机功率(千瓦)	设计船速(节)	投入使用日期	业主单位
大连港引航站	连引1	15.4	448 千瓦×2	24	2007 年 3 月	大连港轮驳公司
	连引2	15.4	448 千瓦×2	24	2007 年 3 月	大连港轮驳公司
	连引3	14.9	366 千瓦×2	24	2010 年 8 月	大连港轮驳公司
	连引4	14.9	366 千瓦×2	24	2010 年 8 月	大连港轮驳公司
盘锦港引航站	盘锦港 1 号	35	3400	13	2012 年	盘锦港集团
	盘锦港 2 号	35	3400	13	2012 年	盘锦港集团
	北方 10 号	38	4800	14	2013 年	盘锦港集团
	北方 12 号	38	4800	14	2013 年	盘锦港集团
秦皇岛港引航站	秦港 4	32	2000	12.5	1987 年	秦港股份
	秦港 15	31	2600	12.8	1998 年	秦港股份
	秦港 21	37.5	2000	13.4	1999 年	秦港股份(拖轮用作交通艇)
天津港引航中心	津港引航 1	17.13	2230	22.1	2007 年 7 月 31 日	天津港轮驳有限公司
	津港引航 2	17.13	2230	22.1	2009 年 12 月 31 日	天津港轮驳有限公司
	津港引航 3	17.13	2230	22.1	2009 年 12 月 31 日	天津港轮驳有限公司
潍坊港引航站	潍港交 1	29	588	12.5	2009 年 12 月	潍坊引航站
烟台港引航站	烟台引航 1	17.3	533 千瓦×2	22～26	2015 年 1 月 5 日	烟台港引航站
	烟台引航 2	17.3	533 千瓦×2	22～26	2015 年 5 月 27 日	烟台港引航站
	烟台引航 3	17.3	533 千瓦×2	22～26	2015 年 5 月 27 日	烟台港引航站
	烟台引航 5	17.3	533 千瓦×2	22～26	2015 年 8 月 11 日	烟台港引航站
	烟台引航 6	20.0	651 千瓦×2	18～22	2014 年 8 月 9 日	烟台港引航站
	烟台引航 2	17.3	533 千瓦×2	22～26	2015 年 8 月 11 日	烟台港引航站
威海港引航站	威引 1	17.3	1066	26	2017 年 8 月 15 日	威海港引航站
青岛港引航站	安和	15.4	1324	30	2008 年 5 月 30 日	青岛港引航站
	安谐	15.4	1324	30	2008 年 5 月 30 日	青岛港引航站
	安迅	13.45	732	25	2012 年 3 月 13 日	青岛港引航站
	安捷	13.45	732	25	2012 年 3 月 13 日	青岛港引航站
	安泰	23	2162	30	2016 年 12 月 23 日	青岛港引航站
连云港引航站	云引 1	19	551 千瓦×2	22	2009 年 5 月	港口集团轮驳公司
	云引 2	19	551 千瓦×2	22	2009 年 5 月	港口集团轮驳公司
	云引 3	16	500 千瓦×2	20	2016 年 1 月	港口集团轮驳公司
	云引 4	16	500 千瓦×2	20	2016 年 1 月	港口集团轮驳公司
上海港引航站	沪港引 1	108.17	4410	12	2004 年 5 月 21 日	上海港引航站
	沪港引 2	120	5000	12	2006 年 4 月 26 日	上海新振远船务工程有限公司
	沪港引 5	40	1656	12	1988 年 4 月 9 日	上海港引航站

续上表

单 位 名 称	船(艇)名	长度(米)	主机功率 (千瓦)	设计船速(节)	投入使用日期	业 主 单 位
上海港引航站	沪港引 11	107.95	4080	15.5	2011 年 11 月 24 日	上港集团
	沪港引交 1	12.68	346	25	1998 年 1 月 8 日	上海港引航站
	沪港引交 3	22.24	950	18	2004 年 12 月 18 日	上海港引航站
	沪港引交 6	14.17	730	24	2007 年 2 月 26 日	上港集团
	沪港引交 10	16	730	24	2008 年 1 月 5 日	上港集团
	沪港引交 15	16.96	956	24	2009 年 1 月 5 日	上港集团
	沪港引交 16	16.96	956	24	2009 年 1 月 5 日	上港集团
	上海号	45.8	1642	12	1995 年 10 月 1 日	上海港引航站
	白玉兰号	27.55	4116	15	2001 年 3 月 26 日	上海港引航站
长江引航中心	长引 001	20.9	474	20.5	2000 年 1 月	长江引航中心
	长引 002	20.9	474	20.5	2000 年 11 月	长江引航中心
	长引 004	23.7	746	19.5	2010 年 8 月	长江引航中心
	长引 005	23.7	746	19.5	2012 年 11 月	长江引航中心
	长引 006	23.7	746	19.5	2012 年 11 月	长江引航中心
	长引 007	34.7	1790	13.5	2014 年 12 月	长江引航中心
	长引 008	24.05	746	13.5	2015 年 12 月	长江引航中心
	长引 009	24.05	746	13.5	2015 年 12 月	长江引航中心
嘉兴港引航站	嘉港引 1	18.56	515 千瓦×2	27	—	嘉兴市港务 管理局
宁波引航站	甬港引 6 号	33.40×6.24×3.15	970	19	2005 年 3 月 1 日	引航公司
	甬港引 9 号	40.88×7.40×3.2	447	14	2007 年 12 月 1 日	引航公司
	甬港环指	33.40×6.24×3.15	970	20.2	1998 年 12 月 1 日	引航公司
	甬港引 3	33.40×6.24×3.15	970	20.2	2000 年 11 月 1 日	引航公司
	甬港引 4 号	38.00×8.00×4.00	1324	13	1995 年 12 月 1 日	引航公司
	甬港引 7 号	16.89×5.25×2.51	358	10	2004 年 10 月 1 日	引航公司
	甬港引 23 号	40.88×7.40×3.2	447	14	2009 年 9 月 1 日	引航公司
	甬港引 24 号	23.30×4.60×2.0	255	14	2010 年 7 月 1 日	引航公司
	甬港引 25 号	40.88×7.40×3.2	447	14	2010 年 8 月 1 日	引航公司
	甬港引 26 号	40.88×7.40×3.2	447	14	2012 年 11 月 1 日	引航公司
	甬港引 27 号	16×5.12×1.8	368	21	2012 年 12 月 1 日	引航公司
	甬港引 28 号	16×5.12×1.8	368	21	2013 年 10 月 1 日	引航公司
	甬港引 29 号	16×5.12×1.8	368	21	2015 年 4 月 1 日	引航公司
	甬港引 30 号	16×5.12×1.8	368	21	2016 年 8 月 1 日	引航公司
	甬港引 31 号	16×5.12×1.8	368	21	2017 年 3 月 1 日	引航公司
	甬港引 32 号	16×5.12×1.8	368	21	2017 年 3 月 1 日	引航公司

续上表

单 位 名 称	船(艇)名	长度(米)	主机功率 （千瓦）	设计船速(节)	投入使用日期	业 主 单 位
舟山引航站	舟港引 8	40.18	339 千瓦×2	14	2002 年 6 月	港航管理局
	舟港引 9	40.88	339 千瓦×2	14	2003 年 12 月	港航管理局
	舟港引 10	40.88	477 千瓦×2	15	2006 年 3 月	港航管理局
	舟港引 12	16	321 千瓦×2	25	2008 年 1 月	港航管理局
	舟港引 15	40.88	441 千瓦×2	15	2008 年 11 月	港航管理局
	舟港引 16	19.9	447 千瓦×2	18	2009 年 3 月	港航管理局
	舟港引 17	40.88	339 千瓦×2	14	2009 年 7 月	港航管理局
	舟港引 18	39.9	353 千瓦×2	14	2011 年 6 月	港航管理局
	舟港引 19	40.3	373 千瓦×2	14	2012 年 7 月	舟山引航站
	舟港引 20	31.2	373 千瓦×2	15	2012 年 9 月	舟山引航站
	舟港引 21	19	552 千瓦×2	28	2011 年 6 月	舟山引航站
	舟港引 22	19	515 千瓦×2	28	2014 年 1 月	舟山引航站
	舟港引 23	19	515 千瓦×2	28	2014 年 1 月	舟山引航站
	舟港引 25	25.1	670 千瓦×2	26	2016 年 7 月	舟山引航站
	舟港引 26	45.45	596 千瓦×2	15	2016 年 5 月	舟山引航站
台州港引航站	台港引 1	31	530.4 马力×2	12	—	台州市港航管理局
	台港引 2	18.56	700 马力×2	26	—	台州市港航管理局
温州港引航站	温港引 1	25	220 千瓦	11.5	1998 年 3 月	温州港引航站
	温港引 3	33	746 千瓦	14.0	2017 年 1 月	温州港引航站
福州港引航站	榕引 3 号	16.75	205 千瓦×2	22	2004 年 4 月	福州市港口管理局
	榕引 2 号	23	150 千瓦×2	15	1991 年 6 月	福州市港口管理局
	榕引 6 号	18.12	203 千瓦×2	22	2007 年 7 月	福州市港口管理局
	榕引 7 号	16.43	373 千瓦×2	22	2016 年 12 月	福州港引航站
泉州港引航站	引航 2 号	16	405 千瓦×2	25	2011 年 11 月 1 日	泉州港口管理局
	引航 3 号	16	441 千瓦×2	26	2011 年 11 月 1 日	湄洲湾港口管理局
	引航 6 号	16	441 千瓦×2	26	2011 年 11 月 1 日	湄洲湾港口管理局
厦门港引航站	厦引航 12	19	650 马力×2	27	2009 年 7 月 31 日	厦门港引航站
	厦引航 13	19	650 马力×2	27	2009 年 7 月 31 日	厦门港引航站
	厦引航 15	19	750 马力×2	27	2012 年 8 月 31 日	厦门港引航站
	厦引航 16	19	750 马力×2	27	2012 年 8 月 31 日	厦门港引航站
	厦引航 17	19	700 马力×2	27	2013 年 10 月 31 日	厦门港引航站
	厦引航 18	16	500 马力×2	27	2015 年 12 月 21 日	厦门港引航站
	厦引航 19	16	500 马力×2	27	2015 年 12 月 21 日	厦门港引航站
汕头港引航站	汕港引 4	19.75	250 马力	10	1987 年 10 月 1 日	汕头港引航站
	汕港引 109	27	700 马力	10	2012 年 12 月 28 日	汕头港引航站

续上表

单位名称	船(艇)名	长度(米)	主机功率（千瓦）	设计船速(节)	投入使用日期	业主单位
惠州港引航站	惠港引一号	17	650马力×2	26	2013年1月	惠州港引航站
深圳港引航站	深港引1	17.13	478×2	27	2009年9月10日	深圳港引航站
	深港引3	19.59	551×2	30	2011年1月20日	深圳港引航站
	深交法01	17.13	478×2	27	2009年9月10日	深圳市交通运输委员会
广州港引航站	广州港引航1号	19	1400	21	2009年1月	广州港引航站
	广州港引航2号	26	1400	21	2012年1月	广州港引航站
茂名港引航站	粤茂拖三	27	700马力	11	2009年1月5日	茂名港引航站
湛江港引航站	湛港引1	16.98	336千瓦×2	28	2010年11月30日	湛江港引航站
	湛港引2	16.96	672千瓦	26	2012年10月31日	湛江港引航站

第五节　通信导航基地

通信导航是水上交通运输、水上交通安全保障的重要手段,是航运业运营与管理依赖的工具,是海上交通安全监管服务和救助指挥的有力抓手。

在我国的水运工程体系规划建设中,水运通信导航基地工程项目是一页重要的篇章,改革开放40多年来,我国主要建设了国际海事卫星岸站、低极轨道搜救卫星终端站和任务控制中心、数选值班台、沿海甚高频/中高频安全通信系统、船舶自动识别系统等,升级了天津海岸电台、上海海岸电台、广州海岸电台。

通信导航基地工程项目的建设,为水上交通运输提供了船舶定位、避碰、避免触礁搁浅等导航服务;提供了船舶遇险、紧急和安全通信服务,提高了海上安全信息播发的能力;提升水上交通监管服务效率,为搜救机构及时获取遇险信息,迅速组织开展搜救行动,保护海上人命安全、财产安全,保护海域环境提供了有力支撑;履行国际公约,提高国际声誉,极大地维护了国家权益,带动了区域经济发展,促进了区域整体社会经济效益的提高。

未来,水运通信导航基地建设将以综合、绿色、安全、高效的要求发展,在交通强国建设中不断赋能交通运输发展,为社会经济发展增速。

一、中国交通通信信息中心通信导航基地

（一）基地概况

1.基地综述

中国交通通信信息中心,作为交通运输部直属事业单位,成立于1989年,其职责主要是为加强交通运输经济信息系统的管理和建设,并代表国家行使国际移动卫星公司的管理职能。2010年,部党组又赋予了中心信息化技术支持和服务保障职能。

目前,基地有北京国际移动卫星地面站,提供全球、全时、全天候的各类通信业务保障;中国搜救卫星系统,是国际搜救卫星系统的组成部分,承担着我国搜救服务区内遇险安全报警和国际搜救协调网西北太平洋地区的遇险数据交换业务;交通应急宽带 VSAT系统,是交通运输行业各部门处置突发应急事件时提供应急通信的卫星宽带网络;全国交通移动应急通信指挥平台,是交通应急体系的重要组成部分;全国高速公路信息通信系统骨干网,可联通全国12万千米高速公路信息通信;交通安全应急信息技术国家工程实验室,结合行业需求,整合利用行业已经形成的安全应急基础设施,为交通安全应急信息技术成果转化和产业化发展提供技术支撑;联网联控系统,可大幅提升对重点营运车辆的动态监管能力,并可在多个应用领域提供应用支撑。

2.发展成就

自1989年成立以来,中国交通通信信息中心立足交通运输行业,拓展应用服务领域,认真履行公益性通信服务、应急安全通信服务职能,在国内外重大自然灾害救援中,在重大社会性事件中,在国家重大科研活动中,在我国各行各业的重要环节中,都提供了全面、优质的信息通信服务,发挥了举足轻重的作用,在全社会树立了良好的形象,赢得了广泛赞誉。

北京海事卫星 A/C 站项目,是基地建设的首个项目,于1988年9月开工,1994年竣工,为太平洋和印度洋地区的船舶提供电话、传真、消息存储转发业务;2013年,建成第四代海事卫星北京关口站,实现国际移动卫星宽带业务。

北京海事卫星地面站自2011年至2015年共收到真遇险36次;搜救卫星系统自2011年至2015年,共计收到真遇险106次。

(二)基地工程项目

1.北京海事卫星 A/C 站项目

北京海事卫星地面站工程(A/C 站)于1988年9月开工建设,A 站于1991年6月试投产,C 站于1993年7月试投产,1994年2月竣工。

项目建设依据:1980年报送国家计委《关于请审批海事卫星地面站计划任务书的报告》[(80)交计字2211号];1984年国家计委《关于海事卫星地面站设计任务书的批复》(计交[1984]1818号),同意交通部建设海事卫星地面站;1987年交通部《关于北京海事卫星地面站初步设计的批复》[(87)交基字928号],批准了该初步设计。

项目包括:①岸站土木建筑;②地面站通信及设备:INMARSAT-A 型标准站和 IN-

MARSAT-C 型标准站设备、卫星通信天线及馈线系统、监控系统,包括两副天线,分别覆盖太平洋和印度洋;③两条微波电路,分别由地面站直通邮电部国际局和皂君庙北京电视发射塔转发至交通部机关大楼;④电源配套设备和高低压电力设施;⑤机房空调设备;⑥机房防火报警和消防系统。总造价5811万元,其中政府4911万元,挪威政府赠款244万美元。

项目建设单位为中国交通通信中心;设计单位为中国通信建设总公司设计所、北京市建筑设计院;施工单位为北京铁路局北京工程处建筑工程段、挪威通信设备有限公司。占地面积21.77亩。

A 系统自投产后,运营良好,社会效益和经济效益显著。节省了委托邻国转递海事卫星通信业务的大量的国家外汇,在保障海运安全、避免减少事故损失,保证国家机密方面有不可忽视的重要作用。A 系统于2007年底关闭,由 B 系统代替。

2. 国际海事卫星 B/M 标准岸站新建工程

工程于1996年开工建设,1997年11月试投产,2004年4月竣工。

项目建设依据:交通部于1990年向国家计委报送《全球海上遇险和安全系统工程项目建议书》和该工程项目建议书的补充报告以及中国国际工程咨询公司的《全球海上遇险和安全系统工程项目建议书评估意见》,1991年国家计委以计交通(经贸)〔1991〕1280号文《关于海上遇险和安全系统工程项目建议书的批复》对交通部报送的项目建议书进行了批复,交通部以(91)交计字623号文《转发国家计委〈关于海上遇险和安全系统工程项目建议书的批复〉的通知》转发中国交通通信中心;1991年中国交通通信中心(91)中交通信字第65号《委请进行"海上遇险和安全系统"工程可行性研究报告》;1992年中国交通通信中心向交通部报送了"海上遇险和安全系统工程"工程可行性研究报告,交通部以交计发〔1992〕507号文《关于海上遇险和安全系统工程可行性研究报告的批复》对中国交通通信中心报送的工程可行性研究报告进行了批复;1992年中国交通通信中心(92)交通信字第21号《关于委请水规院进行"海上遇险和安全系统"初步设计的函》;1993年中国交通通信中心向交通部报送了"海上遇险和安全系统工程"工程初步设计,交通部以交工发〔1993〕668号文《关于海上遇险和安全系统工程初步设计的批复》对中国交通通信中心报送的初步设计进行了批复。

项目在北京海事卫星地面站内建设 B/M 标准岸站各1套,共用现有的 A 标准站的天线和射频设备。配置的主要设备有通信分路系统设备、接续控制设备、网络管理设备、地面接口设备和电源设备等,为 Inmarsat 系统印度洋、太平洋覆盖区服务。可以提供船岸高效可靠报警、搜救协调通信和搜救现场遇险安全通信。总造价4389.31万元,全部由政府投资建设。

项目建设单位为中国交通通信中心;设计单位为交通部水运规划设计院;施工单位为

北京兴兴交通通信工程技术公司。

设计变更:通信服务覆盖洋区增加了太平洋,功能增加了双极化、点波束和mini-M等最新业务功能。

北京海事卫星B/M标准岸站开通后5年(1999—2003年)的合计通话时间为3758680分钟。按当时的资费标准和北京海事卫星B/M标准岸站5年的业务量计算,如不建设我国的海事卫星B/M标准岸站系统,则5年需累计向国外支付的通话费用为2067.27万美元,建设北京海事卫星B/M标准岸站,节省国际陆线费939.67万美元。B/M系统于2016年底关闭,由F系统代替。

3.低级轨道搜救卫星终端站和任务控制中心新建工程

项目于1995年开工建设,1997年11月试投产,2004年4月竣工。

项目建设依据:交通部于1990年向国家计委报送《全球海上遇险和安全系统工程项目建议书》和该工程项目建议书的补充报告以及中国国际工程咨询公司的《全球海上遇险和安全系统工程项目建议书评估意见》,1991年国家计委以计交通(经贸)〔1991〕1280号文《关于海上遇险和安全系统工程项目建议书的批复》对交通部报送的项目建议书进行了批复,交通部以(91)交计字623号文《转发国家计委〈关于海上遇险和安全系统工程项目建议书的批复〉的通知》"转发中国交通通信中心;1992年中国交通通信中心向交通部报送了"海上遇险和安全系统工程"工程可行性研究报告,交通部以交计发〔1992〕507号文《关于海上遇险和安全系统工程可行性研究报告的批复》对中国交通通信中心报送的工程可行性研究报告进行了批复;1993年中国交通通信中心向交通部报送了"海上遇险和安全系统工程"工程初步设计,交通部以交工发〔1993〕668号文《关于海上遇险和安全系统工程初步设计的批复》对中国交通通信中心报送的初步设计进行了批复。

建设规模为在北京建设2个Ⅰ类本地用户终端站(LUT)和1个任务控制中心(MCC),2个LUT站一主一备运行,并可随时将其中任意1个改为接收同步轨道卫星信号使用。总投资1156.81万元,全部为政府投资。

项目建设单位为中国交通通信中心;设计单位为交通部水运规划设计院;施工单位为北京兴兴交通通信工程技术公司。

设计变更:由建设1个Ⅰ类LUT站、1个MCC和3个OCC(操作控制中心),调整为建设2个Ⅰ类LUT站和1个MCC,2个LUT站一主一备运行,并可随时将其中任意1个改为接收同步轨道卫星信号使用,不进行3个OCC的建设。

该系统从运营到目前为止,一直是搜救指挥部门的重要报警信息来源之一,并使我国成为国际搜救卫星组织的地面设备提供国。北京低极轨道搜救卫星系统的建设,填补了我国使用卫星进行遇险报警和数据定位的空白。

二、南海航海保障中心通信导航基地

(一)基地概况

1.基地综述

南海航海保障中心下设汕头、广州、湛江、北海、海口、西沙、南沙7个航标处,设置广州海事测绘中心、广州通信中心,规划设置汕头、深圳、湛江、南宁、海口5个通信中心。辖区公用航标和代维护专用航标数量共3285座;AIS基站数量达到190座;海事测绘年均测量面积超过14000换算平方公里;现有中高频DSC和常规通信等海上安全通信业务23个,VHF岸台22座;码头7个,泊位总长度达571.4米,大小作业船艇31艘。

2.发展成就

截至2016年底,南海航海保障中心公用航标和代维护专用航标数量共3285座,公用视觉航标遥测遥控率达到83.31%。航标新技术、新材料、新能源广泛应用,航标现代化、信息化管理程度显著提高。AIS岸基系统已全面覆盖沿海航路和基本覆盖内河四级以上航道,AIS基站数量达到190座;海事测绘年均测量面积超过14000换算平方公里,测绘成果优良率100%;海上安全通信质量大幅提升,现有中高频DSC和常规通信业务23个,增开4209.5KHzNAVTEX业务,辖区设广州、汕头、湛江3个VHF通信控制分中心,在沿海建设VHF岸台22座。海上安全信息辐射半径增加到约400海里,初步覆盖西沙海城;共有码头7个,泊位总长度达571.4米,大小作业船艇31艘。中心的公共服务能力和水平得到了社会各方的高度关注和好评。通过委托第三方进行的社会满意度调查,满意率超过95%。

(二)基地工程项目

1.广州数选值班台新建工程

项目于1997年开工建设,2001年3月试投产,2004年4月竣工。

项目建设依据:交通部于1990年向国家计委报送《全球海上遇险和安全系统工程项目建议书》和该工程项目建议书的补充报告以及中国国际工程咨询公司的《全球海上遇险和安全系统工程项目建议书评估意见》,1991年国家计委以计交通(经贸)〔1991〕1280号文《关于海上遇险和安全系统工程项目建议书的批复》对交通部报送的项目建议书进行了批复,交通部以(91)交计字623号文《转发国家计委〈关于海上遇险和安全系统工程项目建议书的批复〉的通知》转发中国交通通信中心;1991年中国交通通信中心(91)中交通信字第65号《委请进行"海上遇险和安全系统"工程可行性研究报告》;1992年中国交通通信中心向交通部报送了"海上遇险和安全系统工程"工程可行性研究报告,交通部以交计发〔1992〕507号文《关于海上遇险和安全系统工程可行性研究报告的批复》对中国交通通信中心报送的工程可行性研究报告进行了批复;1992年中国交通通信中心(92)交通信字第21号《关于委请水规院进行"海上遇险和安全系统"初步设计的函》;1993年中国交通通信中心向交通部报送了"海上遇险和安全系统工程"工程初步设计,交通部以交工发〔1993〕668号文《关于海上遇险和安全系统工程初步设计的批复》对中国交通通信中心报送的初步设计进行了批复。

项目新建广州中频/甚高频国际数选值班台1座。开设2MHz频段DSC/SSB/NBDP电路,覆盖距岸约100海里以内我国沿海海域;开设VHF-DSC电路,覆盖距岸20~25海里以内的港口水域。总造价3995.60万元,全部由政府投资建设。征地9.3亩,用于建设机房、中继站,安装天线。

项目建设单位为中国交通通信中心,设计单位为交通部水运规划设计院;施工单位为北京兴兴交通通信工程技术公司。

设计变更为保证广州遇险搜救通信的时效和可靠性,将广州与数选值班台中控台之间传输线路的热线设计方案,改为专线传输方式。

海上遇险和安全系统工程广州数选值班台新建工程在2001年5月竣工验收后,投入运行期间,设备运行正常。工程的建成使国际数选值班台覆盖珠江口水域,对保障水上人命安全、维护国家权益、履行国际公约起到了重要作用。

2.广州海岸电台发信台迁建工程

项目于2004年5月开工建设,2005年11月竣工。

项目建设依据:中海电信有限公司《关于广州海岸电台发信台部分发射天线迁建改造的批复》(中海电信企〔2003〕128号);《关于广州海岸电台部分发射天线迁建改造的批复》(中海企〔2003〕407号);《广州海岸电台发信台迁建工程评估报告》交通部规划研究院;交通部《关于广州海岸电台部分发射天线迁建改造的批复》(无办字〔2003〕26号);《广州海岸电台发信台迁建工程初步设计》交通部规划研究院。

项目包括:①土建工程:在34962平方米的建设用地上,建设一栋主体机房,一栋微波机房,一栋门卫房,一间杂物房及大院围墙、道路和绿化等配套设施。②天线工程:建设37付中高频天线,其中迁移原发信台天线5付,新建32付。③供配电工程:总报装容量为500KVA,建设了包括高压供配电(含低压一次配电)和台内低压供配电工程、备用电源(柴油发电机组)、直流供配电模块组和电源避雷器等配套工程。④传输线路工程:在中控台至(新)发信台之间建两路微波传输链路和一路特高频链路,组成主用、备用和应急传输通道。⑤发信台设备安装工程,搬迁原发信台42台发射机、1台天线交换矩阵和部分配套设备;新配1套监控设备、1套监控台,以及综合设备房机柜、配线跳线架等设施。总投资2300万元,全部为政府投资。发信台大院红线内面积52.5亩,建设围墙1400米。

主体机房建筑三层2906平方米。微波机房两层131.6平方米。门卫房12.6平方米。杂物房(油库房)20平方米。

项目建设单位为广州中海电信有限公司(广州海岸电台原隶属于广州海运局、中海集团广州中海电信有限公司,2005年划归至广东海事局,2013年划归至交通运输部南海航海保障中心)。设计单位为交通部规划研究院、广州南方建筑设计研究院、中国电子科技集团公司第二十二研究所、广州市电力工程设计有限公司、广州四航工程技术研究院;地质勘探单位为广东省地质建设工程勘察院;环境保护评估和验收监测单位为广东省环境辐射研究监测中心、广东省环境保护监测中心站;监理单位为广州万安建设监理有限公司、北京兴通交通工程监理有限责任公司;施工单位为广州市黄城区第二建筑工程总公司、广州市花都第一建筑工程有限公司、广州中海电信通信工程公司、广州市大安消防实业有限公司、广东穗安消防工程有限公司。

广州海岸电台发信台迁建工程在2005年11月8日竣工验收后,投入运行期间,设备运行正常。工程的建成使广州海岸电台发信台机房及设备均有了较大提升。

3.湛江硇洲指向标站(DGPS)改造

项目于1997年12月开工建设,1998年3月完工。

项目建设依据:交通部安全监督局于1997年1月2日下发《关于安排1997年海军航标专项改造任务的通知》(安监字19976号),电子工业部第二十研究所第五研究室于1997年5月编写设计方案,交通部广州海上安全监督局湛江航标区于1997年7月21日上报设计方案,交通部广州海上安全监督局于1997年7月30日来函称交通部已同意设计方案。

项目建设发射天线系统,利用原两座各高35米的自立式铁塔,改架DGPS天线。原主要设备除220伏电源外,其余全部更新。总投资35.0万元,全部为政府财政拨款。

建设单位交通部广州海上安全监督局湛江航标区;设计安装单位为电子工业部第二十研究所第五研究室。

硇洲差分台站系统自1998年3月建成,1999年10月正式对外开放播发差分修正信息。系统运行以来,工作正常,为经本辖区信号覆盖内的船舶提供高精度的定位和导航差分修正信息,从而保障船舶的航行安全。

三、东海航海保障中心通信导航基地

(一)基地概况

1.基地综述

东海航海保障中心下设连云港、上海、宁波、温州、福州、厦门6个航标处,设置上海海事测绘中心、上海海图中心及上海通信中心,规划设置连云港、宁波、杭州、福州、厦门5个

通信中心。辖区公用航标和代维护专用航标数量共5966座;AIS基站数量达到193座;海事测绘年均测量面积超过16285换算平方公里;年均绘制纸海图247幅、电子海图220幅;现有中高频DSC和常规通信业务76个,处理DSC信息年均近百万条,辖区设有上海、连云港、宁波、福州和厦门5座中高频(MF/HF)海岸电台,以及38座甚高频(VHF)安全通信基站,负责西北太平洋第七搜救区及东海沿海水上安全通信任务。

2.发展成就

截至2016年底,东海航海保障中心公用航标和代维护专用航标数量共5966座,正常率达到99.96%。航标新技术、新材料、新能源广泛应用,航标现代化、信息化管理程度显著提高。AIS岸基系统已全面覆盖沿海航路和基本覆盖内河四级以上航道,海上安全通信质量大幅提升。

（二）基地工程项目

1.上海海岸电台无线电气象传真系统工程

（1）项目背景

海上无线电气象传真(RADIOFAX)是船舶接收海上气象信息的重要手段之一,对航行船舶合理安排航行计划和制定合理航线,实现气象灾害早发现、早预警等方面发挥着十分重要的作用。航行在我国周边海域的国内外船舶主要接收国外电台播发的图像格式气象信息,不仅信号较弱,而且常有误报。特定水域的气象信息宣示着国家主权,完全依靠国外播发的气象信息可能在关键时刻导致严重后果。

交通运输部东海航海保障中心上海通信中心(上海海岸电台)作为唯一代表中国政府履行国际公约的国际海岸电台,于2014年正式启动了我国海上无线电气象传真系统项目建设,内容主要包括信息源推送系统、信息调制和控制系统、信息播发系统以及手机APP应用软件等。气象传真规划播发内容为气象传真图,包括地面图、波浪图、高空图、冰况图、海温图、重要天气图等。

（2）建设过程

项目于2015年12月开工建设,2017年11月9日通过交通运输部海事局组织的竣工验收。

项目建设依据:上海海岸电台无线电气象传真系统项目于2014年经《交通运输部关于东海航海保障中心上海海岸电台无线电气象传真系统工程可行性研究报告的批复》(交规划函〔2014〕617号)批准立项,《交通运输部海事局关于上海海事局上海海岸电台无线电气象传真系统工程初步设计的批复》(海计装〔2014〕664号)批复初步设计。

(3)项目规模

上海海岸电台无线电气象传真系统项目总投资1452.8万元。工程建设主体内容包括信息源推送系统、信息调制与控制系统、信息播发系统。

①系统总体方案。上海海岸电台开通海上气象传真播发业务,其覆盖距离不小于1000米。系统播发频率基于原北京气象传真广播播发频率进行优化,上海海岸电台海上无线电气象传真系统采用4/8/12/16兆赫等4个频段的专用频点。系统播发内容包括地面天气图、高空天气图(500百帕)、西北太平洋高空预报图、热带气旋72小时预报图、海况图、西北太平洋卫星云图等。系统信息源由上海海洋中心气象台提供,上海海洋中心气象台提供标准图片格式信息,为确保气象信息的准确性,上海海岸电台不对图像内容进行修改,本系统仅添加包含图像制作单位、图像发布单位、发布时间图像名称等信息。

②信息源推送系统设计方案。在上海海洋中心气象台设置信息源推送系统,由专题数据库单元和信息推送单元组成,配置数模产品处理服务器、专题数据库服务器(双机热备工作)、磁盘阵列、推送工作站和路由器等,同时配置相关气象信息处理软件。

③信息调制与控制系统设计方案。在上海海岸电台中控台设置信息调制与控制系统,由信号采集单元、信息调制单元、中央控制单元和信号匹配单元四部分组成。

④信息播发系统设计方案。在上海海岸电台发信台设置信息播发系统,由发信机、天线互换器和天线等设备组成。

设计变更内容:增加购置3台5千瓦发信机及配套设备以作备份之用,增加购置3台气象传真接收信机(全频道工作)并安装在海巡船艇上,用于检测系统远距离范围内的播发效果。增加购置1套信息调制与控制系统,两套系统通过物理设备互相连接,形成热备份;开发建设上海海岸电台气象传真系统APP软件,采用HttpC/S架构。

(4)应用效果

该系统于2017年6月投入试运行,在我国沿海南北主要航线,北起曹妃甸南至台湾海峡等区域,进行了22批次近30艘船舶的实船测试,信号接收效果及图片质量良好。同时,上海通信中心不断创新服务手段,定制开发了海上无线电气象传真在线App系统,用户通过手机客户端软件,可实时获得包括气象传真云图、气象信息、航行警告在内的各类海上安全信息,为航运用户提供了更为便捷和多样化的服务。

该项业务正式开放后,填补了我国航海保障领域的一项空白,无论是对水上安全通航还是对水上应急搜救都将起到先决作用,将有效提高我国航海保障服务水平,增强我国航海保障履约能力,大力提升海事大国话语权和主动权。

2.上海海岸电台发信台搬迁配套工程

(1)项目背景

在我国沿海现有的海岸电台中,上海海岸电台是我国承担海上遇险和安全通信及常规通信业务种类和电路规模最多、有效覆盖范围最广、设施最为齐备的大型海岸电台。在国际上实施的全球海上遇险和安全系统(GMDSS)中,上海海岸电台是我国政府指定的唯一全频段国际数选(DSC)值班台,开放所有 GMDSS 值守电路,代表中国承担我国沿海和国际第七搜救区西北太平洋(A1/A2/A3)的海上 DSC 值班任务,并开放 MF/HFDSC 自动测试服务。上海海岸电台发信台搬迁配套工程结合"发信台迁建工程"的实施,将在基本解决现发信台周边环境恶化和基础设施陈旧的基础上,针对发信机线设备老化、管理手段落后等影响上海海岸电台有效工作等问题进行完善。

(2)建设过程

上海海岸电台发信台搬迁配套工程于 2015 年 12 月开工,2017 年 11 月试投产,2017 年 11 月竣工。

项目建设依据:2014 年 1 月,《交通运输部关于上海海岸电台发信台搬迁配套工程可行性研究报告的批复》(交函规划〔2014〕34 号);2014 年 9 月,《交通运输部海事局关于上海海岸电台发信台搬迁配套工程初步设计的批复》(海计装〔2014〕564 号);2015 年 8 月,《交通运输部海事局关于上海海事局上海海岸电台发信台搬迁配套工程设计招标事宜的函》(海便函〔2015〕949 号);2016 年 9 月,《关于交通运输部东海航海保障中心上海通信中心采购进口产品的复函》(财办库〔2016〕177 号)。

(3)项目规模

上海海岸电台(MF/HF 部分)总投资 2547.5 万元,由张江中控台及收信台、横沙收信台、崇明新发信台、军工路备用发信台和传输线路组成。主要设备包括新购发射机 14 部,其中 10 千瓦高频发射机 8 部,5 千瓦高频发射机 6 部;新购 IP 控制平台 1 套,接入新购进的 4 部 10 千瓦发射机和 4 部 5 千瓦发射机及现有的 8 台接收机,用于遇险安全通信(GMDSS)业务;新购的另外 4 部 10 千瓦发射机和 2 部 5 千瓦发射机接入现有控制平台,主要用于部分业务的 HFSSB 电路工作。新购 20×20HF 天线互换器 1 台。主要配套设施包括供配电电量监测、配电空开状态监测、柴油发电机电量监测、空调监测、温湿度监测、漏油监测和消防监测,以及门禁、电子围栏和场区紧急广播等内容。共设置视频采集摄像头 70 套。购置 1 台电瓶拖车、1 辆电动叉车、1 台电动高空作业平台及备品备件。

(4)应用效果

该工程的顺利实施并投入运行,极大地改善了上海海岸电台的通信质量及工作效能,提高了系统设备可靠性和应急反应能力,为上海海岸电台履行国际公约要求、完成我国承担的海上遇险和安全通信责任、协助海上搜救和海事监管提供及时、有效的通信保障,经济效益和社会效益显著。同时,该工程的顺利实施,为执行《国家水上交通安全监管和救助系统布局规划调整》对全国海岸电台的布局优化和适应海上通信技术下一阶段发展需要奠定了基础。

3. 连云港海事局 VHF 安全通信系统工程

项目于 2009 年 11 月开工建设,2012 年 5 月试投产,2012 年 6 月竣工。

项目建设依据:交通运输部《关于江苏海事局辖区沿海甚高频安全通信系统工程可行性研究报告的批复》(交规划发〔2008〕239 号);交通运输部海事局《关于江苏海事局辖区沿海甚高频安全通信系统工程初步设计的批复》(海计建〔2008〕484 号);交通运输部海事局《关于江苏海事局辖区沿海甚高频安全通信系统工程概算调整的批复》(海计建〔2009〕499 号);交通运输部海事局《关于江苏海事局辖区沿海 VHF 安全通信工程设计变更及动用预备费的批复》(海计建〔2012〕426 号)。

本工程建设规模为:新建 5 个 VHF 基站、3 个 VHF 分中心,即新建旗台山 VHF 基地台、车牛山岛 VHF 基地台、燕尾港 VHF 基地台、射阳港 VHF 基地台、大丰港 VHF 基地台、在连云港、盐城海事局建设 VHF 通信控制分中心。旗台山、车牛山岛和燕尾港 VHF 基地台由连云港海事局 VHF 通信控制分中心控制,射阳港和大丰港 VHF 基地台由盐城海事局 VHF 通信控制分中心控制,配套建设微波传输、CCTV 监控、搜救指挥综合显示、数字会议等系统。本项目全部由国家投资建设,实际投资 2023 万元。燕尾港、射阳、大丰基站工程为新建工程,各个基站工程均包括基站用房及铁塔两个部分。基站用房建筑面积均为 360 平方米。

项目建设单位为连云港海事局;设计单位为交通运输部规划研究院、同济大学建筑设计研究院有限公司、连云港建筑设计研究院、施工单位为杭州优能科技有限公司、上海微康通讯设备有限公司、北京视酷伟业科技有限公司、北京立思辰新技术有限公司、河北速安达实业有限公司、连云港市地业建设工程有限公司、连云港市地业建设工程有限公司。监理单位为连云港市科谊工程建设监理有限公司和江苏万源工程咨询有限公司。

连云港 VTS 不仅是在传统管理模式中增加一种辅助管理手段,而且是水上安全监督管理的枢纽。水上监督管理特别是水域、环境、秩序管理,要以 VTS 系统为主线和中心,有机结合传统的监督手段,形成严密、高效的管控系统,促进交通安全、效率、环保,从而增强管辖水域的整体监控能力。

连云港 VTS 无论从增进航行安全还是提高港口效率方面均起到了较大的作用。由于交通组织功能的充分发挥,使单船占用主航道的时间减少 15 ~ 20 分钟,非交通意外船舶交通阻塞减少至 0,集装箱保班率达 98% 以上,大型散货船保班率达 100%,国际国内客轮保班率达 100%,全港船舶通航效率提高 30% 以上。

据不完全统计,在 VTS 服务和管理区域,水上交通事故发生率均呈明显减少趋势。以 5 年平均事故宗数做比较,有了 VTS 以后,5 年平均事故宗数减少都在 30% 以上,有的甚至达到 50%。

4. 上海海岸电台中控台系统设备更新改造及甚高频(VHF)系统新建工程

项目于 2010 年 6 月开工,2011 年 5 月竣工。

项目建设依据:《关于上海海事局上海海岸电台中控系统设备更新改造及甚高频安全通信系统新建工程可行性研究报告的批复》(交规划发〔2008〕210号);《关于上海海事局上海海岸电台中控系统设备更新改造及甚高频安全通信系统新建工程初步设计的批复》(海计建〔2008〕485号);《关于上海海事局上海海岸电台中控系统设备更新改造及甚高频安全通信系统新建工程可行性研究报告的批复》(沪海事〔2008〕828号);《关于下达上海海事局2009年度基本建设计划的通知》(沪海事〔2009〕239号);《关于上海海事局上海海岸电台中控系统设备更新改造及甚高频安全通信系统新建工程概算调整的批复》(海计建〔2009〕506号)。

项目对上海海岸电台中控台现有的MF/HF/VHF系统控制设备进行更新改造。在上海海事局机关建设VHF安全通信系统管理中心。在大戢山、崇明岛、浦东陆家嘴、佘山新建4座VHF基站。改造横沙VHF基站,迁建芦潮港VHF基站。总投资1591.4万元,全部由政府投资建设。

项目建设单位为上海海事局上海海岸电台;设计单位为北京中交兴通通信导航设计所;施工单位为远通海运设备服务有限公司、北京兴兴交通通信工程技术公司、中海电信有限公司、上海中威建筑工程有限公司;监理单位为北京兴通交通工程监理有限责任公司。

上海海事局上海海岸电台甚高频(VHF)通信工程实施后,明显改善上海海事局辖区的遇险安全通信状况,提高A1海区遇险安全通信的可靠性和时效性。保障船舶航行安全,支持水运行业发展,提高国家的国际声誉,改善投资环境,从而带动区域经济发展,带动区域整体社会经济效益的提高。

5.福建海事局沿海辖区甚高频安全通信系统一期工程

项目于2003年11月开工,2004年11月试投产,2006年4月竣工。

项目建设依据:2002年8月,交通运输部批复福建海事局编制的《福建海事局辖区VHF通信工程初步设计》(交规划发〔2002〕354号)。

新建福州、莆田和泉州3个VHF控制分中心,新建平潭天大山、罗源湾、秀屿、湄洲岛、围头、石湖和湄洲湾南岸石化基地7座VHF收发信台,其中平潭天大山和罗源湾VHF收发信台由福州海事局VHF控制分中心进行控制,秀屿和湄洲岛VHF收发信台由莆田海事局VHF控制分中心进行控制,围头、石湖和湄洲湾南岸石化基地VHF收发信台由泉州海事局VHF控制分中心进行控制。2004年11月五站三中心工程通过福建海事局竣工验收,2006年4月湄洲湾南岸石化基地和罗源湾两个VHF基站通过福建海事局竣工验收。总投资1110.0万元,全部为政府投资。

项目建设单位为福建海事局;设计单位为交通部规划研究院;施工单位为远通海运设备服务有限公司、北京兴兴交通通信工程技术公司、青岛东方铁塔股份有限公司、福建省电信公司、莆田市建安公司等;监理单位为北京兴通交通工程监理有限责任公司。

福建海事局辖区甚高频(VHF)通信工程实施后,明显改善福建海事局辖区的遇险安全通信状况,提高 A1 海区遇险安全通信的可靠性和时效性。保障船舶航行安全,支持水运行业发展,提高国家的国际声誉,改善投资环境,从而带动区域经济发展,带动区域整体社会经济效益的提高。

6.福建海事局沿海辖区甚高频(VHF)通信系统二期工程项目

项目于 2008 年 11 月开工,2009 年 9 月竣工。

项目建设依据:2006 年 7 月交通部批复交通部规划研究院编制的福建海事局辖区 VHF 安全通信系统工程可行性研究报告(交规划发〔2006〕327 号)。

主要内容为 6 站 2 中心,建设 5 座 VHF 岸台(东山岛岩仔山、南太武山、西洋岛烟台顶山、宁德海事局新综合楼和沙埕燕山)及 2 个控制分中心、1RCC 通信终端,更新改造 1 座岸台(双狮山 VHF 岸台)。在宁德沙埕燕山建设 1 座一层楼基站,在西洋岛烟台顶山建设 1 座二层楼基站。宁德海事局新综合楼建设 1 座 17 米装饰塔,宁德西洋岛建设屋面抱杆和地面抱杆,在漳州南太武山建设 1 座 25 米自立塔。总投资 1200.0 万元,为政府投资。

项目建设单位为福建海事局;设计单位为交通部规划研究院;施工单位为北京兴兴交通通信工程有限公司、福州仓建建筑工程有限公司、青岛特纳钢铁塔股份有限公司、福建恒锋电子有限公司、福建省电信公司等;监理单位为福州银正工程建设监理有限公司。

福建海事局沿海辖区 VHF 通信系统(二期)自 2010 年 8 月 26 日开始试运行。试运行期间,系统经受了风、雨等各种天气情况的考验,达到设计中对室内外设备环境条件的要求,各分部设备工作正常,通话质量和距离等主要性能指标均能达到设计和合同要求,系统运行情况良好。截至 2011 年 2 月 28 日,系统共发布航行警告 12624 次,累计播发 37872 分钟,系统共收到 DSC 报警 948 次。

系统建成并投入运行,使辖区 VHF 安全通信形成对辖区重点监控水域的有效覆盖,形成完整、有效的 VHF 安全通信网络,有效地提高遇险信息的快速传递和搜救应急反应能力,提高交通安全管理和重大突发事件应急处置能力,为船舶航行提供了安全保障,大大提高了船舶的交通效率,在保障航运安全、提高交通效率、保护海域环境等方面发挥了重要作用,经济效益和社会效益显著。尤其在多次防抗台风的工作中、在海峡两岸联合搜救演习过程中以及海难搜救过程中,得到了有关各方的好评。

7.上海数选值班台新建工程

项目于 1997 年开工,2001 年 3 月试投产,2004 年 4 月竣工。

项目建设依据:交通部于 1990 年向国家计委报送《全球海上遇险和安全系统工程项目建议书》和该工程项目建议书的补充报告以及中国国际工程咨询公司的《全球海上遇险和安全系统工程项目建议书评估意见》,1991 年国家计委以计交通(经贸)〔1991〕1280

号文《关于海上遇险和安全系统工程项目建议书的批复》对交通部报送的项目建议书进行了批复,交通部以(91)交计字623号文《转发国家计委〈关于海上遇险和安全系统工程项目建议书的批复〉的通知》转发中国交通通信中心;1991年中国交通通信中心(91)中交通信字第65号《委请进行"海上遇险和安全系统"工程可行性研究报告》;1992年中国交通通信中心向交通部报送了"海上遇险和安全系统工程"工程可行性研究报告,交通部以交计发〔1992〕507号文《关于海上遇险和安全系统工程可行性研究报告的批复》对中国交通通信中心报送的工程可行性研究报告进行了批复;1992年中国交通通信中心(92)交通信字第21号《关于委请水规院进行"海上遇险和安全系统"初步设计的函》;1993年中国交通通信中心向交通部报送了"海上遇险和安全系统工程"工程初步设计,交通部以交工发〔1993〕668号文《关于海上遇险和安全系统工程初步设计的批复》对中国交通通信中心报送的初步设计进行了批复。

新建上海高频/中频/甚高频国际数选值班台1座。开设4/6/8/12/16MHz频段数选值班电路、相应频段的单边带无线电话电路和窄带直接印字电报电路(DSC/SSB/NBDP),覆盖西北太平洋第七搜救区海域;开设2MHz频段DSC/SSB/NBDP电路,覆盖距岸约100海里以内我国沿海海域;开设VHFDSC电路,覆盖距岸20～25海里以内的港口水域。总造价5017.47万元,为政府投资。

项目建设单位中国交通通信中心;设计单位为交通部水运规划设计院;施工单位为北京兴兴交通通信工程技术公司。

为保证上海遇险搜救通信的时效和可靠性,工程将上海与数选值班台中控台之间传输线路的热线设计方案,改为专线传输方式。

上海数选值班台新建工程在2004年4月竣工验收后,运行正常。工程的建成对保障水上人命安全、维护国家权益、履行国际公约起到了重要作用。

四、北海航海保障中心通信导航基地

(一)基地概况

1.基地综述

北海航海保障中心承担海事航标建设养护、港口航道测量绘图、水上安全通信等技术支持和服务保障职责。辖区范围为北纬35°线以北至鸭绿江口5967千米海岸线。下设大连、营口、秦皇岛、天津、烟台、青岛6个航标处,设置天津海事测绘中心、天津航测科技中心、天津通信中心,规划设置大连、营口、秦皇岛、天津、烟台、青岛、哈尔滨等通信中心。辖区公用航标和代维护专用航标数量共4824座;AIS基站数量达到85座;海事测绘年均测量面积超过14038.7换算平方公里;开放中频DSC、甚高频DSC、安全信息播发、常规通信等海上安全通信业务。

2. 发展成就

北海航海保障中心公用航标和代维护专用航标数量共 4824 座，公用视觉航标遥测遥控率达到 73.3%。航标新技术、新材料、新能源广泛应用，航标现代化、信息化管理程度显著提高。AIS 岸基系统已全面覆盖沿海航路和基本覆盖内河四级以上航道，AIS 基站数量达到 85 座；海事测绘年均测量面积超过 14038.7 换算平方公里，测绘成果优良率100%；海上安全通信质量大幅提升，现有中频、甚高频 DSC 业务，中频、高频 NAVTEX 业务，常规通信业务。高频 NBDP、SSB 海上安全信息覆盖全球大部分水域，开展通信科技创新研究，开通北斗安全信息播发。中心的公共服务能力和水平得到了社会各方的高度关注和好评。社会满意度调查，满意率超过 95%。

（二）基地工程项目

1. 天津海岸电台迁建工程（615 工程）

项目于 1982 年 6 月开工，1985 年 4 月试投产，1985 年 12 月竣工。

项目建设依据：1970 年 6 月 15 日，交通部军事管制委员会批准了天津海岸电台迁建工程。❶

项目建设机房、业务用房、电力室、宿舍办公楼、食堂等总建设面积 11370 平方米；收发信台、中控台间遥控电缆 75 千米；建设天线塔 58 座，架设 10kV 高压电缆及线路 3 千米，新建公路 4.5 千米，安装发射机 25 部，收信机 13 部，架设中高频天线 31 幅。投资额为 968 万元，全部为政府资金。收信台用地 50 亩，发信台用地 58 亩。

项目建设单位为天津港务管理局；设计单位为天津市建筑设计院、天津邮电局、北京邮电设计所、邮电部设计院；施工单位为中建六局三公司、邮电部西安二公司、江苏溧阳施工队、北京电信工程公司、邮电部西安二公司。

工程投入使用后，天津海岸电台厂区环境和基础设施条件得到改善，由两址式扩建为三址式电台，成为中国三大海岸电台之一。通信覆盖远达太平洋、印度洋、红海、地中海等海域，与上海、广州海岸电台共同组成大圆方位通信覆盖圈，按分工承担国内和国际船舶公众通信和遇险安全通信任务。

2. 天津海岸电台改建

项目于 1996 年 3 月开工，1998 年 11 月试投产，1998 年 11 月竣工。

项目建设依据：1992 年交通部批准交通部水运规划设计院编制的《天津海岸电台改建工程设计计划任务书》，审批公文为《关于天津海岸电台改建工程可行性研究的批复》（交

---

❶ 因单位隶属关系多次变化，项目相关档案不全，批复文件已无法查找。

计发〔1992〕18 号)。1993 年交通部批准交通部水运规划设计院、天津市建筑设计院编制的《天津海岸电台的初步设计》,审批公文为《关于天津海岸电台改建工程初步设计的批复》(交工发〔1993〕924 号)。

项目包括土建和工艺设备安装两部分,土建工程主体是在天津海岸电台中控台场院内修建一栋 10 层、局部 11 层混凝土框架砖砌体围护结构楼房。工艺设备安装工程主要包括窄带直接印字电报设备 1 套;中短波接收机以及配套遥控器 12 套;数字微波通信设备 6 套;200 线程控交换机 1 套;防静电地板 479 平方米。投资总额为 3021.83 万元(含美元 39.52 万),全部为政府投资。

项目建设单位为天津海事局(原天津海上安全监督局);设计单位为交通部水运规划设计院、天津市建筑设计院;施工单位为中港第一航务工程局第四工程公司。

1996 年 8 月 27 日,《关于申请增加、变更天津海岸电台改建工程初步设计内容的函》〔津海监(96)计字 227 号〕,增加备用接收机 3 套,增加电梯 1 部,配套建设泵房设施。建设资金人民币 95 万元、外币 10 万美元。

工程实施后,天津海岸电台的基础设施设备状况得到明显改善,通信保障能力得到有效提高,中控台面貌焕然一新。

3. 天津数选值班台新建工程

项目于 1997 年开工,2001 年 3 月试投产,2004 年 4 月竣工。

项目建设依据:交通部于 1990 年向国家计委报送《全球海上遇险和安全系统工程项目建议书》和该工程项目建议书的补充报告以及中国国际工程咨询公司的《全球海上遇险和安全系统工程项目建议书评估意见》;1991 年,国家计委《关于海上遇险和安全系统工程项目建议书的批复》(计交通(经贸)〔1991〕1280 号),交通部《转发国家计委《关于海上遇险和安全系统工程项目建议书的批复》的通知》〔(91)交计字 623 号〕给中国交通通信中心;1991 年,中国交通通信中心(91)中交通信字第 65 号《委请进行"海上遇险和安全系统"工程可行性研究报告》;1992 年中国交通通信中心向交通部报送了"海上遇险和安全系统工程"工程可行性研究报告,交通部《关于海上遇险和安全系统工程可行性研究报告的批复》(交计发〔1992〕507 号)对中国交通通信中心报送的工程可行性研究报告进行了批复;1992 年中国交通通信中心(92)交通信字第 21 号《关于委请水规院进行"海上遇险和安全系统"初步设计的函》;1993 年中国交通通信中心向交通部报送了"海上遇险和安全系统工程"工程初步设计,交通部《关于海上遇险和安全系统工程初步设计的批复》(交工发〔1993〕668 号)对中国交通通信中心报送的初步设计进行了批复。

新建天津中频/甚高频国际数选值班台 1 座。开设 2MHz 频段 DSC/SSB/NBDP 电路,覆盖距岸约 100 海里以内我国沿海海域;开设 VHFDSC 电路,覆盖距岸 20～25 海里以内的港口水域。总造价 2114.39 万元,政府投资。

项目建设单位为中国交通通信中心;设计单位为交通部水运规划设计院;施工单位为北京兴兴交通通信工程技术公司。

该工程建设投产后,运行正常。该工程的实施,使中国海上遇险与安全通信保障水平基本与世界保持同步,也是中国政府认真履行相关国际公约责任和义务的实际见证。

4. 发信台天线迁建工程

2009年5月开工,2010年3月试投产,2011年12月竣工。

项目建设依据:2007年4月29日,交通部批复北京中交兴通通信导航设计所编制的发信台天线迁建工程可行性研究报告(交规划发〔2007〕196号)。2007年10月29日,交通部海事局批复北京中交兴通通信导航设计所编制的天津海岸电台发信台天线迁建工程初步设计(海计建〔2007〕534号)。

工程分为天线迁建工程和土建工程。天线迁建工程包括对保留天线进行加固维护;新建72米自立塔1座、拉线塔12座;新架设多模多馈天线1副、扇锥天线5副、T型中频天线1副、竖笼天线1副;安装天线馈线、桥架、地网、避雷设施以及天线交换器等。土建工程包括传达室建设、场院围墙建设、场地回填土等。总投资2000万元,全部为政府投资。2006年,天津市国土资源和房屋管理局批准将军粮城镇魏王庄村8.474万平方米农用土地转为建设用地,用于天津海岸电台发信台天线迁建项目建设。同年8月17日,天津海岸电台与天津海津建设开发有限公司签订了土地置换及征用补偿协议,将原来分散于军粮城商贸物流规划区内的天线场地集中置换到发信台场院北侧,同时以960万元价格征用场院南侧土地40亩。土地置换后,发信台场院与天线场地连为一体,总面积为152.207亩。

项目建设单位为天津海事局;设计单位为北京中交兴通通信导航设计所;施工单位为中国电子科技集团公司第22研究所、天津新安建筑工程有限公司负责土建工程;监理单位为北京兴通交通工程监理有限公司。

工程实施后,用户普遍反映接收效果良好,渤海、黄海及朝鲜海域信号达到5级,东海海域信号不低于3级,南海及东南亚海域信号在4~5级之间,通信完全覆盖中国沿海及近洋海域,达到了设计要求。

5. 天津海事局辖区VHF安全通信系统工程

2008年12月开工,2010年11月竣工。

项目建设依据:2007年9月17日,交通部批准由交通部规划设计院编制的《辖区甚高频安全通信系统工程可行性研究报告(修改稿)》(交规划发〔2007〕499号);2007年11月9日,交通部海事局批准由交通部规划设计院编制的《天津海事局辖区甚高频(VHF)安全通信系统工程初步设计(修改稿)》(海计建〔2007〕578号)。

该项目共布局 4 座甚高频站点,分别位于天津海事局通信信息中心大楼、海上 WHPA(原 11A)钻井平台、黄骅和曹妃甸。在天津海事局通信信息中心设甚高频控制中心实现对整个系统的控制。总投资 651 万元,全部政府投资。

项目建设单位为天津海事局;设计单位为交通部规划设计院;施工单位为优能通信科技有限公司;监理单位为北京兴通交通工程监理有限公司。

该系统投入运行后,增强了天津海事局辖区甚高频安全通信的覆盖水域范围,改善了天津辖区甚高频通信质量,提高了天津海事局辖区甚高频遇险通信值守和遇险搜救能力,对海上船舶遇险、船岸通信增强有重要意义。通过工程实施,天津海岸电台增加了黄骅、曹妃甸和 WHPA 钻井平台三个外部 VHF 通信站点,实现天津海事局辖区水域的重点覆盖。

6. 大连海岸电台扩建工程

项目于 1989 年 9 月开工,1993 年 9 月试投产,1995 年 11 月竣工。

项目建设依据:《关于大连海岸电台扩建工程初步设计的批复》(交通部(88)交基字 581 号);关于《大连海岸电台扩建工程设计任务书的批复》(交通部(87)交计字 528 号);关于《大连港大窑湾港区一期工程初步设计的批复》(国家计委计二〔1987〕252 号);大连市城市建设委员会大建初字(87)38 号关于进行大连海岸电台扩建工程《初步设计通知单》。其他前期工作还包括交通部无委会办公室(87)海无字(299)号《同意大连海岸电台增开中频 482kHz 的批复》;大连市城市规划局大规发〔1987〕838 号《关于改扩建机房辅助用房初步设计位置的批复》;大连市城市规划局大规建发〔1988〕406 号《关于新建微波中继站机房和塔架位置的批复》;大连市无限电管理委员会大无技发〔1988〕11 号《关于大连海岸电台新建微波传输线路的批复》;辽宁省无线电管理委员会辽无〔1988〕第 20 号《关于大连海上安全监督局设置微波遥控电路的台址和微波频率的批复》。

项目建设电路规模 8 条,并预留自动播发航情警告,单边带无线电话、窄带直接印字电报和数字选择性呼叫电路各 1 条。扩建技术用房和辅助用房建筑面积 2730 平方米,购职工住宅 1218 平方米。建设大连海岸电台微波传输线路;改扩建天线 15 副;引进 10 套遥控收信机和 1 套遥控发信机。建设发信台 11 千伏变电所及相应的供配电设施等。总投资 2525.63 万元。政府资金 2458.62 万元;自筹资金 67.01 万元。大连市城市规划局大规建发〔1988〕406 号关于《新建微波中继站机房和塔架位置的批复》;新建 1 处微波机房及 1 处塔架 510 平方米;新建 1 处微波无源中继站 20 平方米。

建设单位交通部大连海上安全监督局;设计单位中交水运规划设计院;施工单位大连第四建筑工程公司、大连凌水建筑工程公司、庄河大郑建筑工程公司。完成机房及辅助用房的土建工作。监理单位为大连港口工程质量监督站。

大连海岸电台扩建工程各单项工程,1993 年 9 月试运行,自 1996 年竣工验收以来,土建工程使用情况良好,设备运行正常。

7. 青岛海岸电台迁建工程项目

项目于 1979 年 6 月开工,1992 年 5 月竣工。

项目建设依据:1976 年 5 月 6 日,交通部《关于青岛海岸电台迁建工程设计任务书的批复》批复该项目。

项目建设收信台占地 20 亩,建筑面积 2246 平方米;架设收信天线 6 副;58 米微波铁塔一座;发信台占地 18.6 亩,架设发信天线 11 副,76.9 米微波铁塔一座;NRD-95 型收信机 9 部;NCG-95 型控制器 9 部;JRS-106 型 1 千瓦发信机 2 部;1.6～5 千瓦发信机 8 部;2GHz 微波设备 2 套。项目投资额为 660 万人民币、46 万美元。660 万元为政府投资,46 万美元为自筹。收信台占地 20 亩,建筑面积 2246 平方米;发信台占地 18.6 亩,建筑面积 1878 平方米;中央控制台业务用房,建筑面积 3700 平方米。

建设单位为青岛港务管理局;设计单位为交通部水规划设计院;施工单位为青岛港务管理局通信站。

项目完成后,运行状况良好,避免了外界环境对通信设备的干扰,保障了海上安全。

8. 青岛海岸电台发信台天线改造工程

项目于 2011 年 12 月开工,2012 年 4 月竣工。

项目建设依据:2007 年 7 月 4 日,交通部《关于山东海事局青岛海岸电台发信台天线改造工程可行性研究报告的批复》(交规划发〔2007〕347 号);2007 年 11 月 10 日,部海事局《关于山东海事局青岛海岸电台发信台天线改造工程初步设计的批复》(海计建〔2007〕571 号)。

项目新征土地 22322.8 平方米;天线改造工程:新建一副竖笼天线,两副倒 V 天线,维修一副竖笼天线;发信机光缆电路检测维修项目:维修 JRS-3 型 1000W 高频发信机 2 部;更新光端机 2 台(1 对端);查修宁波路—发信台光缆传输线路(四芯)1 条。视频监控系统:安装 13 个视频监控点位,安装室外立杆、硬盘录像机、专用硬盘、摄像机、数字式硬盘录像机等。项目投资额为 1300 万元,资金来源为政府投资。

项目建设单位为山东海事局;设计单位为北京中交兴通通信导航设计所;施工单位为中国电子科技集团公司第二十二研究所、青岛金奈特电子科技有限公司、青岛深盛浩通信工程有限公司。

项目完成后,运行状况良好,实现了通信、搜集、VTS 的集中管理,进一步提高海上监管能力和对海上遇险和船舶污染事故的应急处理能力。

9. 烟台海岸电台迁建工程项目

开工时间不详,1987 年二季度试投产,1987 年三季度竣工。

项目建设依据:1983年,国家计委批复烟台港务管理局编制的《关于烟台港西港池设计任务书的请示报告》(计交〔1983〕709号);1984年,交通部批复烟台港务管理局编制的《关于烟台港西港池建设工程初步设计的请示报告》[(84)交基字567号];1984年,交通部海洋运输管理局批复烟台港务管理局编制的《关于烟台海岸电台迁建工程电路规模的请示报告》[(84)海洋信字144号]。其他前期工作还有1984年烟台市建委以(84)烟城建字第210号文批准烟台市规划处划定的收发讯处;1984年烟台市人民政府以烟政发(1984)190号文报请山东省人民政府批准迁建台址。

建设中频报路2条;高频报路1条;船舶辅助电路1条;中高频无线电话电路1条;单边带无线电话电路2条(预留1条);VHF无线电话电路3条。项目投资额为300万元,资金来源为政府投资。

项目建设单位为烟台港务管理局;设计单位为交通部水运规划设计院;环评单位为烟台市环境保护科学研究所。

1986年烟台港务管理局以(86)烟港综信字33号文报请烟台市人民政府变更收信台址移至烟台市芝罘区初家镇邹家村村南。

项目完成后,运行状况良好,避免了外界环境对通信设备的干扰,保障了海上安全。

第六节　科技基地

一、综述

新中国成立后,特别是改革开放以来我国水路交通事业发生了历史性变化,科技创新作为第一生产力,始终与国家发展同步,从打基础、强设施、补短板开始起步,经过数十年的发展,逐渐发挥了引领和先导作用。科技基地作为科技人才和科研设备比较集中,能承担重大科研项目、具有较高科技水平的单元对我国水运发展起到了强力的助推作用。

改革开放以来,经过几次体制改革,由交通运输部门管理的水运科研单位和院校序列发生了较大变化,有些原来隶属于交通运输部门的单位转由其他部门管理。体制的变化与否,并未影响这些单位在水运行业科技创新能力提升方面发挥着重要作用,产生着重大影响。交通运输部立足行业实际认定建设了一批行业重点科研平台,同时依托有条件的行业重点科研平台积极申报国家级科研平台,行业重点科研平台建设取得了显著进展。

截至2015年底,交通运输部认定建设的水运相关行业重点科研平台总规模已达27个,包括19个行业重点实验室和2个行业研发中心。依托上述有关平台,交通运输部和国家发展改革委共同建设了1个国家工程实验室和2个国家工程研究中心,在科技部支持下建设了 1 个国家重点实验室和 2 个国家工程技术研究中心。目前,已基本形成了功能明确、布局合理的水运行业重点科研平台体系,基本覆盖了水路交通运输科技发展的主要领域,依托行业重点科研平台,在高等级航道网通航枢纽与船闸水力学等方面取得了一批高水平研究成果,有关行业重点科研平台已经成为"行业创新高地、人才培养基地和重大成果产地",在开展高水平研发活动、培养优秀科技人才、进行高层次学术交流等方面发挥了重要作用。

创新产学研相结合的技术研发组织模式,依托大型骨干企业,整合高等院校、科研机构等创新资源,建设了数个以企业为主体和以高校为主体的水运领域协同创新平台。各地交通运输主管部门和企业更加注重科研基地建设,水运科研基础条件显著完善,有效提升了水运行业科技创新能力。

二、重点实验室与研发中心

（一）行业重点实验室

1. 工程泥沙交通行业重点实验室

（1）项目概况

工程泥沙交通行业重点实验室是 1999 年首批通过交通部评审认定的行业重点实验室,依托单位是交通运输部天津水运工程科学研究院。实验室主要开展水流波浪及泥沙基础理论、港口航道通航条件及泥沙治理、通航枢纽建设、波浪与防护建筑物相互作用等专业方向的科学研究和技术咨询工作。

（2）主要建设内容

实验室拥有大型试验厅 11 座,总建筑面积达 4 万平方米,拥有大型仪器设备 160 余套。实验室拥有"L"形港池造波机、Silas 航道适航水深测试系统、风浪流多功能试验水槽、船舶通航模拟器、流场自动测试系统等国际或国内先进的仪器设备。

（3）项目发挥的作用

1）研究水平与贡献

实验室取得了一系列具有国际领先水平的科研成果,为我国长江黄金水道、港珠澳大桥岛隧工程、洋山深水港等重大水运工程建设提供了重要技术支撑。实验室积极承担国家和省部级科研项目,近 5 年承担了《基于超大型波浪水槽的沙滩动力地貌响应及横向输沙机制研究》《长江潮汐河段汊道相对稳定性及河势联动机理研究》《涉水重大基础设施安全保障技术研究与工程示范》《内河航道与港口水流泥沙模拟技术规程》等国家重点研发计划、国家自然科学基金、交通运输部科技计划、天津市科技计划等科技项目 60 余项,"离岸深水港建设关键技术研究与应用""粉沙质海岸泥沙运动规律研究及工程应用"

等 2 项获得国家科技进步奖，"跨海桥梁风浪流耦合作用研究""海洋动力环境（波流风）生成装备的研发及其应用"等省部级科技奖 40 余项，出版学术著作 20 余部，获得授权专利 20 项，发表论文 100 余篇。实验室在粉沙质海岸泥沙治理、内河航道整治、通航枢纽水流条件、波浪与结构相互作用等研究领域达到了国际领先或国际先进水平。

实验室以建设水运工程泥沙研究领域世界领先水平实验室为目标，不断加强科研条件和人才队伍建设，强化科技创新，发挥科技的支撑和引领作用，更好地支撑和服务"一带一路"倡议以及京津冀协同发展、长江经济带发展国家战略和交通强国建设。

2）研究队伍建设

实验室高度重视人才队伍建设，坚持优化人才结构，着力形成凝聚创新人才的"强磁场"，通过承担国家级、省部级科技计划项目和国家重大工程项目的研究工作锻炼和培养研究团队，培养提升团队的科研能力。实验室实施"高端人才"工程，招聘国内著名高校优秀的博士毕业生到实验室工作，增强科研活力。实验室研究开发团队固定人员 30 人，其中，交通运输部"新世纪十百千人才工程"第一层次人选 1 人，交通运输部专家委员会委员 1 人，享受国务院津贴专家 3 人，交通青年科技英才 2 人，天津市"131"创新型人才培养工程第一层次人员 2 人。具有正高级技术职称 16 人，副高级技术职称 12 人；博士 18 人，硕士 9 人，博、硕士占比 90%。

3）开放交流与运行管理

实验室与荷兰埃因霍芬理工大学、英国帝国理工大学、俄罗斯科学院等 5 个国家的 8 所高校和科研机构建立了合作关系。协办 The 13th International Conference on Hydroscience & Engineering 国际学术会议。开展了与英国巴斯大学和曼彻斯特城市大学的学术交流和访问；参加了海洋与极地工程国际学术会议（ISOPE2018）、第 17 届东北亚港口协会会长会议及第 19 届东北亚港口论坛、世界交通大会及港口、航道、海岸与海洋工程中青年学术研讨会、中国科协第 360 次青年科学家论坛等国内外学术交流活动。围绕工程泥沙基础理论研究，天津大学、天津城建大学等学者参与了实验室开放课题的研究工作。实验室管理制度规范有效，保证了实验室的正常运行。大型仪器设备实行开放共享，天津大学、长江航道局等单位利用大型综合模拟实验厅等设施开展了项目研究工作。

2. 河口海岸交通行业重点实验室建设

（1）项目概况

河口海岸交通行业重点实验室是 1999 年交通部认定的首批部重点实验室，依托单位为交通运输部长江口航道管理局、上海河口海岸科学研究中心。以开展基础性研究和重大关键技术研究为主，兼顾前瞻性技术研究和公益性技术研究，主要研发方向包括河口海岸水动力学、河口海岸泥沙输移理论与应用、水文信息处理及开发、港航工程勘测技术。

主要服务于长江口航道治理开发和长江黄金水道建设,并致力于解决我国水运工程中的水动力、泥沙、波浪等问题,具有鲜明的行业特色。

实验室的建设目标是:以潮汐河段工程泥沙研究为重点,把实验室建设成为国内知名的河口海岸重点实验室,成为解决大江大河治理和水运工程泥沙问题的创新基地,有力支撑水运交通强国建设,在河口海岸工程领域具备广泛影响。

实验室现有固定人员 27 名,其中博士 8 人、硕士 16 人、正高职称 7 人、副高职称 13 人、中级和初级职称 6 人,形成了良好的人才梯队。国家新世纪"百千万"人才工程第一层次人选 1 人,交通运输部"新世纪十百千人才工程"第一层次人选 1 人,上海市领军人才 2 人,国务院特贴专家 3 人,交通部青年科技英才 4 人,长江航务管理局中青年科技创新领军人才 2 人。

(2)项目建设历程

该实验室 1999 年被交通部评定为首批部重点实验室时名称为河口实验室,2005 年被经评估认定更名为河口海岸交通行业重点实验室。

实验室建有长江口整体物理模型大厅 1 座,由国家投资建设,总额 5354 元,于 1998 年 11 月建成使用。建有长江口局部模型厅 1 座,由国家投资建设,总投资额 4049 万元,于 2008 年 5 月建成使用。

(3)主要建设内容

实验室占地 200 亩。其中,长江口整体物理模型大厅建筑面积为 26201 平方米,东西长 330 米,东侧宽度为 115 米,西侧宽度为 50 米。长江口整体物理模型水平比尺 1:1000,垂直比尺 1:125。模型范围上至江苏省江阴,下至东海 30 米等深线区域。长江口局部模型厅位于长江口整体物理模型试验厅的西侧,建筑面积为 9460 平方米。

实验室主要设施设备数量和型号如下:超长规模风浪流水槽 1 座(长 318 米、宽 1.0 米、深 1.2 米);波浪港池 1 座(长 75 米、宽 35 米);搅动疏浚试验平台 1 套;细颗粒泥沙沉降试验筒 1 座;环形水槽 1 套(直径 2.0 米、高 0.5 米);数学模型计算软件 2 套(SWEM²D/3D、MIKE21/3);曙光高性能计算服务器 3 台(TC400A、A950、A950r);水文泥沙波浪监测系统 1 套(7 个浮标和 5 个平台站);近底水沙观测系统 7 套(同时测量流速剖面、水体紊动、波浪和近底含沙量);浮泥观测系统 2 套(包含音叉密度计、双拼测深仪和 SILAS 软件系统等);新型箱式采泥器 2 台(箱体内部为 40 厘米×20 厘米×20 厘米);自容式宽量程测沙仪(OTBS-2、OTBS-P);海洋测绘成套仪器(ADV、LISST、OBS、ADCP、多波速测深系统等)。

(4)项目发挥作用

实验室围绕长江口深水航道治理工程及国内外其他水运水利工程开展了原型观测、现场试验、河演分析、数值计算、波浪试验、物理模型试验、监测分析等方面研究课题 300

余项,产生科研效益近 4 亿元,有力支撑了长江黄金水道和长江经济带的建设,为长江口航道事业、上海国际航运中心建设、水运交通事业的发展贡献了力量。先后获得国家级科技进步奖一等奖 1 项,省部级科学技术奖 39 项,国家专利和计算机软件著作权 32 项,发表学术论文近 300 篇,被授予"全国青年文明号""交通运输部学术交流优秀单位""上海市优秀创新团队"等各类荣誉称号 10 余项。

3.港口航道泥沙工程交通行业重点实验室建设

(1)项目概况

实验室于 1999 年被认定为交通运输部首批重点实验室,依托南京水利科学研究院组建,并在 2005 年、2013 年、2018 年等历次评估中被评为"优秀",2017 年被评为"交通行业重点科研十大创新平台"。实验室以解决港口航道工程泥沙关键技术问题为特色,开展内河、河口、海岸水动力、泥沙运动、港口航道治理技术等方面的基础理论和应用研究,为我国水运工程建设提供科技支撑。主要研究方向和研究内容包括:①河口动力学及河口航道治理技术:波浪、潮流、风暴潮多种动力作用下的泥沙运动基本规律,物理模型相似理论和模拟技术,数学模型模拟技术,河口拦门沙航道演变规律和航道整治技术;②河流动力学及内河航道治理技术:复杂滩段航道演变机理,枢纽及上下游航道冲淤机理和整治技术;③海岸港口航道治理技术:现场水沙测量技术及试验控制和数据采集技术,海岸演变规律和港口泥沙回淤模拟和治理技术;④海岸动力学及波浪—结构—地基相互作用:波浪与结构和地基相互作用机制,波浪设计要素确定,船行波规律及对河岸侵蚀机理和护岸技术。

(2)建设内容

实验室是目前国内同类型实验室中规模最大、仪器设备最齐全的实验室。建设有风浪潮流长水槽、波浪水槽、变坡水槽、非恒定流水槽、波浪港池以及河流、枢纽、河口、海岸等大型物理模型试验厅 27 座,总面积 11 万平方米;拥有不规则造波系统、大型河口潮汐发生系统、浑水动床试验与监测系统、水槽自动控制与数据采集系统、浑水模型自动加沙监测系统、现场多功能定点观测系统、低水头大流量可逆泵、多功能智能流速仪、智能测沙颗分仪、流速流向仪、三维 ADV 测速仪、三维地形仪等测波、测流、测沙先进仪器设备 127 台套,设备总值 6694 万元。其中,泥沙基本规律研究实验室于 1998 年立项建设,建筑面积 3170 平方米,建设内容包括实验厅、大型变坡水槽、风浪流长水槽和大型宽水槽,总投资 1104 万元,于 2001 年交付使用。河流海岸实验室改扩建工程于 2009 年立项建设,建筑面积 5964 平方米,并配套建设大型风浪水槽、变坡水槽、小型泥沙水槽、率定水槽等 4 座基础研究水槽,总投资 3152 万元,于 2012 年完成工程竣工验收。河口海岸深水航道试验厅于 2013 年立项建设,其平面尺寸为 200 米×120 米,总建筑面积 2.50 万平方米,并配套购置"感潮河段深水航道动态监测设备"和"物理模型试验控制及量测仪器",总投资

1.36亿元,于2016年完成工程竣工验收。

(3)项目发挥的作用

实验室以研究解决港口航道工程中的泥沙问题为主,兼顾基本理论研究;在国内率先进行了不规则波试验、全沙模型试验、波浪潮流共同作用下的浑水动床模型试验以及二维全沙数学模型计算。2000年以来,实验室共承担科研项目千余项,除泥沙基础理论研究外,还承担了许多重大工程水动力和泥沙问题的研究工作,如葛洲坝、三峡、小浪底等大型枢纽工程泥沙问题,长江口、珠江口、钱塘江口、瓯江口、永定新河口等河口综合治理与出海航道建设,长江、西江、汉江、松花江和湘江等航道整治,黄骅港、北仑港、汕头港、厦门港、京唐港、曹妃甸、盐田港、丹东港、锦州港、连云港、大丰港、滨海港、上海港、广州港、防城港等全国20余个主要港口建设问题,毛里塔尼亚、韩国、尼日利亚、斯里兰卡等多个国家港口的波浪泥沙问题,港珠澳大桥、深中通道、长江苏通大桥、南京长江三桥、南京长江第四大桥、沪崇苏大通道北支大桥、崇明越江通道、润扬大桥、崇海大桥等大型桥隧工程通航条件、桥墩冲刷及防洪影响问题,相关研究成果已在工程实践中得到应用,取得了巨大的经济效益和社会效益,为我国水运工程建设提供了重要科技支撑。

实验室自认定以来,紧紧围绕水运工程科技需求,发挥学科优势,加大投入,广泛开展国际合作和交流,科技创新与科技攻关的能力得到进一步提高,取得了一系列具有自主知识产权和具有国际领先水平的科研成果。2000年以来,共获得国家科技进步一等奖2项、国家科技进步二等奖3项;部省科技进步特等奖10项、一等奖39项和二等奖27项。在河口航道治理研究方向,"长江口深水航道治理工程成套技术"获国家科技进步一等奖,"长江口深水航道治理工程方案优化泥沙回淤设计波浪研究""长江下游潮流变动段典型浅滩治理关键技术研究""港珠澳大桥对伶仃洋水沙环境和港口航道影响研究""珠江三角洲高等级航道网建设关键技术研究""海河口防洪与综合利用开发关键技术研究"等多项成果获部省科技进步一等奖。在内河航道治理研究方向,"黄河小浪底工程关键技术与实践"获国家科技进步二等奖,"三峡水库和下游江河水沙交换机制与滩群整治关键技术研究"获中国水运建设行业科技特等奖,"河流水沙动力观测和模拟关键技术""枢纽下泄非恒定流冲淤及航道治理关键技术研究与实践""航道整治工程作用下的水沙过程及河流生态效应研究""长江福姜沙、通州沙和白茆沙深水航道系统治理关键技术研究"等多项成果获部省科技进步一等奖。在海岸港口航道治理研究方向,"粉沙质海岸泥沙运动规律研究及工程应用"获国家科技进步二等奖,"曹妃甸港区开发利用关键技术与环境效应研究""废黄河口岸侵蚀与建港关键技术研究""毛里塔尼亚友谊港泥沙综合治理与可持续建设研究""滩涂资源承载力与港口岸线利用关键技术研究"等多项成果获部省科技进步一等奖。在海岸波浪—结构—地基相互作用研究方向,"离岸深水港建设关键技术与工程应用"获国家科技进步一等奖,"风暴潮对港口水陆域及航道安全影响研究""侵蚀性粉沙质海岸港口设计关键技术研究"等多项成果获部省科技进步一等奖。

4.港口岩土工程技术交通运输行业重点实验室建设

(1)项目概况

1)立项背景

港口岩土工程技术交通行业重点实验室的依托单位是中交第一航务工程局有限公司和中交天津港湾工程研究院有限公司。两家依托单位中,一家是国有大型施工企业,另一家是其下属的具有50年发展历史的科研单位,具有专业齐全的技术队伍和雄厚的资金,并有中交集团和一航局广阔的施工现场,这将会为行业重点实验室的科技创新,成果转化提供大平台。2003年,集团在天津港湾工程研究院土工研究室的基础上,建立起了集团所属的岩土工程重点实验室,重点实验室实行首席专家负责制。组建后,集团、一航局、港湾院先后向重点实验室注入700多万元的资金,用于购置国内外先进的岩土工程相关的仪器设备,建立起了土常规物理力学性质试验室、土工合成材料试验室、固化土试验室、土工模型试验室、现场检测仪器室、岩土工程现场勘察室。试验仪器设备达到了国内先进水平。

2)建设目标

以建设一个港口岩土工程技术创新体系,形成高水平的科研基地为目标,发挥实验室在港口岩土工程技术、设备方面的优势,将实验室建设成,解决岩土工程关键技术问题、进行高水平研发活动、聚集和培养优秀科技人才、进行高层次学术交流和促进科技成果转化的研究基地,专业技术水平处于国内领先,部分达到国际先进水平或领先水平,具备国际竞争能力。

3)立项批准

港口岩土工程技术交通行业重点实验室于2007年4月12日被交通部认定并批准成立,是在中交天津港湾工程研究院有限公司岩土工程研究所的基础上组建的。按照交通运输行业重点实验室的要求行业特点,实验室建立起了一套适应境内外市场需求的科研生产相结合的技术创新体系和质量保证体系。

(2)项目建设历程

重点实验室于2007年4月批准成立后,依托单位投入了大量的科研经费,2008—2018年,每年平均约8000万元。

(3)主要建设内容

实验室现有建筑面积1500平方米,正在建设的岩土工程科研试验楼建筑面积近5000平方米,拥有各类仪器设备200余台套,总价值约2000万元。实验室拥有离心模型实验系统(200$g.t$),系统包括单向振动台、造波机、多轴机器人、抛填机器人、水位升降机器人等，还拥有 GDS 动三轴仪、非饱和土三轴仪、大型固结仪、岛津万能试验机、SIR-20 地质雷达、激光粒度分析仪等特色仪器设备；实验室自主研发了"港口工程地基计算系统"（2008 版）计算软件，已在国内设计单位、科研院所推广使用，并购置了 FLAC3D、ANSYS、ABAQUS、GEO5、PLAXIS 3D、GEO Asia 和理正等多种大型数值分析软件。现已形成常规土工试验、土工合成材料试验、固化土试验、岩土工程模型试验、岩土工程现场检测等试验室，另设有黄传志工作室、仿真分析研究室和仪器研发室，国内领先水平的离心机试验系统正在建设之中。

实验室现有固定人员 24 人，流动人员 14 人，其中博士生导师 3 人，10 人拥有正高级职称，10 人拥有博士（后）学位。"十二五"期间入选中国交建优秀技术专家 2 人，入选天津市 131 创新人才培养工程第一层次人选 3 人和天津市青年科技优秀人才 1 人。

（4）项目发挥的作用

实验室成立后，形成了强大的科研能力。实验室围绕港珠澳大桥、深中通道、大连湾海底隧道、长江口深水航道治理工程、蒙华铁路、浦北高速公路等国家重点重大工程开展科学研究和技术服务，以打造岩土工程领域具有重要影响的科学研究、高层次人才培养和行业服务基地为目标，依托中国交建集团，借助国家发展基础设施的契机，响应集团"走出去"战略，积极开展技术创新，支撑港口岩土工程基础理论及应用技术在水运行业的应用，提升基础设施建设国际竞争力。

研究成果"离岸深水港建设关键技术研究与工程应用"获得国家科技进步一等奖，"真空预压法"和"真空联合堆载预压法"曾获得国家专利以及中国专利发明创造优秀成果奖、国家"六五"攻关奖，"深水抛石整平船"获得中国专利金奖；"澳门国际机场人工岛工程建设配套技术"获国家科技进步奖二等奖、交通部科技成果一等奖；"海上深层水泥搅拌加固技术"的基本计算理论研究和设计方法研究获得国家科技部等四部委的"九五"攻关优秀成果奖；"天津港东突堤码头及堆场工程""天津港北防波堤延伸工程"获詹天佑土木工程奖。除真空预压和真空联合堆载预压外，近期开发的软土地基处理技术还有浅表层真空预压加固软基技术、水下真空预压技术、自密封真空预压技术、真空联合电渗加固软基技术、降水强夯加固软基技术等等。

2013—2018 年，实验室主编了 13 部国家、行业、地方及企业标准规范，其中，《水运工程地基基础施工规范》《水运工程地基基础试验检测技术规程》和《水运工程地基设计规范》已颁布实施；参编了 13 部标准规范，其中参编的国标《吹填土地基处理技术规范》已颁布实施，参编的《港口工程桩基规范》获中国水运建设行业协会科学技术二等奖和中国交建科技进步二等奖。

实验室长期从事岩土工程基础理论与应用研究，推导出了二维、三维太沙基和比奥固结理论解析解和极限平衡理论解析解，解决了经典土力学未解决的难题；提出了二维极限分析问题的广义极限平衡法，在土体极限分析理论框架内推导了三维边坡稳定以及三维地基承载力的计算方法和解析解。

2013—2018 年期间，实验室获得国家级、省部级科技奖励的成果共 102 项。其中，2 项成果获得国家级科技奖励；实验室人员以第一作者发表论文共计 312 篇。其中，发表的论文有 155 篇被 SCI/EI/ISTP 收录；出版著作共计 17 部。实验室共有 51 项成果纳入标准规范；实验室共获得 228 项专利授权。其中，获得国内发明专利授权 55 项；实验室共承担 146 项国家级、省部级及国际合作项目。其中，国家级项目 7 项，省部级项目 139 项；实验室共获得各类科技项目经费 36632 万元。其中，国家级、省部级及国际合作项目经费 6840.36 万元；实验室固定人员中，固定人员中有 4 人在职攻读博士学位；实验室共承办国内学术会议 20 次。该实验室共设立开放课题 52 项。

5. 水工构造物耐久性技术交通运输行业重点实验室建设

（1）项目概况

2007 年 12 月，水工构造物耐久性技术交通运输行业重点实验室通过交通部认定，依托单位为中交四航工程研究院有限公司。实验室以水工构造物耐久性技术为核心，以提高工程品质、保障工程全寿命周期安全耐久为目标，针对交通运输行业技术需求，解决交通基础设施在设计、施工和运营管理阶段的耐久性关键技术问题，开展了恶劣侵蚀环境下混凝土结构耐久性理论及应用、水工构造物建造品质保障及防腐蚀技术、已建水工构造物病害诊断和整治技术及新型环保建筑工程材料及应用四个方向的研究。

（2）项目建设历程

自 20 世纪 80 年代开始，中交四航工程研究院有限公司成为国内首批开展系统的海洋环境工程结构耐久性研究的单位，主持了大量实体工程的耐久性调研分析、承建了交通运输部第一批系统化规模化专业化的海洋环境工程暴露试验站——湛江暴露试验站的建设和运营、开展了抗盐污染高性能混凝土技术研究等工作，有效提高了海港工程的耐久性寿命。随着四航研究院在耐久性研究领域的技术实力不断发展，为行业解决耐久性关键技术问题的能力不断增强，为了更好地服务于全国的交通运输行业技术进步，四航研究院于 2007 年申报交通部水工构造物耐久性技术行业重点实验室，并通过认定。

此后，对照行业重点实验室功能要求，四航研究院在上级主管单位中交第四航务工程局有限公司和中国交通建设集团有限公司的大力支持下，不断加强实验室耐久性研究平台建设，突出实验室特色，通过各种渠道申请项目资金支持，加大科研和自有资金投入，共投入平台建设资金近 5610 万元，主要用于试验场地改扩建、暴露试验场地建设、仪器设备购置和改造等方面。

通过交通部认定后，实验室利用交通运输部划拨的重点实验室建设专项资助资金以及上级单位的配套资金合计 1600 万元，于 2008 年至 2010 年期间开展了试验场地的建设和试验设备的购置更新，补充大型试验设备 20 台套，新增试验场地 350 平方米。

2013 年，在交通运输部第一次重点实验室评估基础上，针对实验室评估过程中发现的问题，实验室利用中国交建和中交四航局的实验室资助经费和依托单位配套经费 1250 万元，对试验场地进行改扩建，优化了试验场地布局，增加微观测试分析室、高分子测试分析室、新材料合成实验室和监测设备研发室，对结构试验大厅进行改建。

自 2011 年开始，实验室充分发挥海洋暴露试验研究方面的优势，启动了"实际海洋环境工程结构耐久性观测系统"的建设工作。先后主持了港珠澳大桥暴露试验站的建设，参与了远海暴露试验站的建设，承担浙江舟山北向通道工程暴露试验站的建设工作，开展青岛海湾大桥暴露试验站的试验运行工作，截至 2018 年基本建立了覆盖全国典型海洋环境的工程暴露试验站，利用信息技术，构建了全国暴露试验站网，促进了暴露试验工作的标准化和统一化。在暴露试验基础上，在全国 3 座跨海大桥、5 座海港码头建立了工程构件长期性能监测系统，建立了室内试验——暴露试验——实体试验的综合研究系统，继续占据耐久性技术发展的制高点，该项工作共计投入经费 1236 万元。

2015—2018 年期间，为持续提高实验室的测试分析能力，实验室投入经费 619.36 万元，购置了自动电位滴定仪、自动磨粉试验机、高精度探地雷达、疲劳试验机，以及结构在线监测与检测仪器等一批专业化设备。此外，在推进暴露试验站的建设，多方筹集经费进行了暴露试验站的信息化改造和工程原型观测系统建设，合计投入了 1605 万元，完善了耐久性试验研究的硬件条件，提升了实验室的基础研究水平。

（3）主要建设内容

经过多年发展，实验室先后增加结构试验大厅（662 平方米），放置了环境动载耦合试验机、反力架装置，水密性研究等试验装置，可开展大型构件的结构耐久性试验，扩充了实验室在结构耐久性方面的研究实力。增设高分子合成试验室，扩大了现有电化学试验与色谱 - 质谱与红外光谱等精确分析试验的操作场地，增加试验区域面积 264 平方米。此外，港珠澳大桥暴露试验站与远海暴露试验站建成投入使用，增加暴露试验场地面积 206 平方米。目前，实验室场地面积由 2158 平方米增加至 3007.4 平方米，满足了实验室的发展需求，保证了科研工作顺利开展。

实验室拥有连续运行 32 年、亚洲规模最大的专业化工程材料耐久性海洋工程暴露试验站——华南湛江暴露试验站，其长期累积的研究数据，对于实验室基础研究意义重大，支撑了多个国家和省部级科研创新研究。近年来，实验室对现有试验站实施了信息化改造，建立了暴露试验分析管理系统，并且通过信息化和物联网技术，整合港珠澳大桥、青岛海湾大桥、天津港和浙江舟山北向通道工程等暴露试验的信息化和标准化，在暴露试验基础上，通过建立实体工程构件的长期性能监测系统，国际上首次形成了耐久性领域暴露试验和工程监测相结合的研究系统。此外，实验室拥有模拟海水腐蚀试验室、自动电位滴定仪、直读光谱仪、微机控制电液伺服万能试验机、Scientz-2400F 超声波分散仪、温度应力试验机、红外光谱仪、气相色谱质谱联用仪、原子分光光度计、电化学综合测试仪等先进试验仪器设备 110 台套,具备开展材料性能测试、微观机理分析等全方位研究的能力,为水工耐久性技术的创新、成果转化与人才培养提供了坚实的保障。

(4)项目发挥的作用

实验室在恶劣侵蚀环境下混凝土结构耐久性理论及应用、水工构造物混凝土结构建造品质保障及腐蚀技术、已建水工构造物病害诊断和整治技术、新型环保建筑工程材料及应用四个研究方向具备行业领先、国内一流的科研能力,能够为重大工程提供技术支撑,拥有国际领先的海洋暴露试验和工程原型观测研究手段,汇聚了一批理论基础扎实和工程经验丰富的专业技术人员,建立了行之有效的人才培养制度,组建了层次结构合理的技术梯队,营造了良好的学术交流氛围,建立了完善的管理制度,实现了实验室的快速发展。

实验室围绕既定的研究方向,充分发挥在耐久性研究领域的学科优势,大力承接水工构造物耐久性技术方面的研究课题,先后承担国家重点研发计划项目、国家科技支撑计划课题、交通运输部应用基础研究多项国家或省部级科研项目,承担过青岛海湾大桥、虎门二桥、深中通道、乐清湾大桥、浙江舟山北向通道、南昌红谷隧道等国内重大多项国内重点工程的科研项目。2013—2018 年,实验室共获得省部级科技奖励 24 项,国家级科技奖 1 项,出版科技专著 6 部,发表中文核心以上及学术论文 179 篇,其中 SCI、EI、ISTP 检索收录论文 59 篇,获批专利 63 项(发明专利 33 项),软件著作权 9 项,国家级工法1 项。

实验室以长期暴露试验作为特色研究手段,依据实验室功能定位,坚持理论研究与工程实践相结合,深入重大工程建设,服务品质工程需要,响应国家"一带一路"倡议和粤港澳大湾区建设等战略决策,针对交通基础设施的关键共性技术问题开展理论研究和应用基础研究,实现材料与结构耐久性研究的融合统一。运用物联网和大数据挖掘等信息化处理技术,夯实耐久性研究基础,整合模拟试验、暴露试验与实体测试,推动耐久性研究不断创新,研究成果不断发展,完善了氯盐环境下混凝土耐久性的基础理论,创立了耐久性设计的港珠澳模型,为重大工程建设提供技术支撑,成果纳入行业标准;发展了大体积混凝土开裂风险评估与防控技术体系,在重力式码头、船闸、沉管隧道、地下空间等领域得到推广应用,有效减少施工期混凝土结构裂缝;创新了混凝土结构附加防腐蚀措施的定量评价技术,有效降低了工程全寿命成本;开拓了电化学沉积与脱盐同步、双向电渗等耐久性提升领域,开发了水工建筑物耐久性监测评估分级标准和可预期寿命的耐久性修复技术,逐步提高工程维护和管养技术水平。

6. 水工构造物检测、诊断与加固技术交通行业重点实验室

（1）项目概况

水工构造物检测、诊断与加固技术交通行业重点实验室是 2007 年通过交通部认定的交通行业重点实验室，依托单位为交通运输部天津水运工程科学研究院。实验室主要开展水工结构检测新方法、水工新结构检测技术、水工老结构健康诊断评估技术、水工建筑物升级改造加固技术研究。

（2）主要建设内容

实验室拥有大型试验厅 3 座，配备先进的水工结构和土工材料试验设施及仪器设备，拥有大型结构检测系统、混凝土雷达扫描仪、浅地层剖面仪、地形微变远程监测仪、智能钻孔成像仪、三维可视化变形监测系统、光纤光栅测试系统、土体动三轴试验系统、基桩完整性及承载力测试系统等。

（3）项目发挥的作用

1）研究水平与贡献

实验室 2013—2018 年承担"内河航道设施智能化监测预警与信息化服务""近场地震作用下台阶式高加筋土挡墙抗震性能研究""软土地基上深水高墩桥梁的地震破坏机理研究"和"软土地基双排钢板桩结构循环承载特性及计算方法研究"等国家级、省部级科技项目和重大工程项目 60 余项。获得国家、省部级科技奖 30 余项，取得授权专利 40 余项，发表 SCI、EI 检索论文 30 余篇，出版专著 8 部。

实验室研发团队开发了基于动力特性的码头隐蔽工程无损检测方法、地基无线监测遥报系统、光纤光栅码头结构应变测试系统、码头健康监测诊断评估技术方法等，形成了成套的水工结构健康检测、安全监测、修复加固技术方法，相关成果纳入《水运工程结构试验检测技术规范》等行业技术标准中。实验室研发成果成功应用于天津港、大连港、秦皇岛港、黄骅港、宁波港等沿海港口水工基础设施的建管养运，为港口安全生产提供了科技支撑。

实验室以建设水工构造物检测诊断与加固技术世界一流的实验室为目标，继续加强科技创新和团队建设，推动国际科技合作与开放交流，更好地支撑和服务交通运输行业创新发展、绿色发展、开放发展、安全发展。

2）研究队伍建设

人才是发展的核心竞争力，一直以来实验室始终重视人才梯队建设和人才培养，依托国家、行业重点实验室和资质认定、公路水运结构甲级检测资质这"一纵一横"两个平台，不断完善了人才结构，深化了用人机制。实验室研究开发团队固定人员 24 人，其中，交通运输部专家委员会委员 1 人，天津市水利专家 1 人，天津市"131"第一层次人才 1 人，天津市科技英才 1 人，享受国务院特殊津贴专家 2 人；具有高级技术职称 19 人，具有博士、硕士学位 18 人。实验室重视学术带头人和学术骨干研究水平和研究能力等方面的培养和提高,使其在实验室研究领域成为知名的专家。通过承担国家级、省部级科技计划项目,培养学术带头人,使其扩大在行业的知名度;利用中央级科研院所基本科研业务费项目,培养年轻科技人员,增强他们研发能力和创新动力。

3）开放交流与运行管理

为提升科研人员的理论水平,实验室注重做好走出去,请进来的工作,即鼓励和支持研究人员积极参与国内外学术交流活动,同时邀请国内外知名专家学者来实验室教学交流。2018 年实验室协助依托单位天科院举办了东盟国家港口与航道建设技术培训班,增进与东盟各国科研机构、高校和港口企业的互相了解,架起友谊桥梁,搭建合作平台,拓展合作空间。实验室具备完善实验室管理体制、运行机制和考核机制,实验室建设目标明确、运行管理规范高效、任务落实情况良好。

7. 内河航道整治技术交通行业重点实验室建设

（1）项目概况

1）立项背景

内河航道整治技术交通行业重点实验室是经交通部组织专家评审认定和批准的交通行业重点实验室,其支撑单位为重庆交通大学。2007 年通过交通部重点实验室的现场评审认定。内河航道整治技术交通行业重点实验室依托重庆交通大学所属的原部属西南水运工程科学研究所与河海学院两个二级单位,拥有西部地区唯一、全国高校规模最大的水运工程专业实验室,其试验设备条件较好、各层次技术人员多,实力雄厚。

内河航道整治实验室主要包括山区河流航道整治技术、航运枢纽及通航建筑物关键技术、平原河流航道整治技术和干支河口航道整治技术四个研究方向。

2）建设的目标

实验室以"山区河流航道整治和枢纽通航"为特色,紧密结合"绿色""智能",研究和解决我国内河航道整治、航运枢纽等领域基础性、战略性和前瞻性的重大理论和应用技术问题,为国家水运建设提供技术支撑和决策依据;充分发挥已设立的"国家内河航道整治工程技术研究中心""重庆市院士工作站"优势,依托博士、硕士学科授权点,吸引和培养高层次科技创新人才;使内河复杂滩险整治技术、枢纽通航及扩能技术等研究领域处于国际领先水平,打造内河航道整治理论与关键技术创新基地、高水平人才聚集培养基地,成为具有国际影响力的国家级技术研究、交流和人才培养平台。

（2）项目建设历程

2009 年 7 月,向交通运输部提出《重庆交通大学内河航道整治交通行业重点实验室航道整治技术研究设备可行性研究报告》,2009 年 11 月交通运输部正式批复项目建设,批复总经费 900 万元。自 2010 年 7 月开始建设,2013 年 12 月所有仪器设备交付使用,项目总投资经费1950万元,其中部拨经费900万元整。

2014年7月,向交通运输部提出《重庆交通大学内河航道整治交通行业重点实验室航道整治技术研究设备可行性研究报告》,后交通运输部以交规划函〔2014〕1007号文正式批复项目建设,批复总经费1200万元。自2015年2月开始建设,2017年12月所有仪器设备交付使用,项目总投资经费2000万元,其中部拨经费1200万元整。

(3)主要建设内容

1)第一期项目建设内容

根据本实验室各研究方向开展试验研究的需要,结合现有的基础条件,航道整治技术研究设备主要包括水流紊动与泥沙输移理论研究平台和水运工程模型试验测控平台。

本项目共购置设备38台套,所需经费1950万元,其中900万元(50%)申请交通运输部专项投入,另外900万元(50%)由重庆交通大学自筹资金进行配套建设(表12-6-1)。

仪器设备购置概况   表12-6-1

序号	系 统 名 称	台 套 数	总价(万元)
1	水流紊动与泥沙输移理论研究平台	19	1000.8
2	水运工程模型试验测控平台	19	799.2
合计	—	38	1800.00

2)第二期项目建设内容

根据本实验室各研究方向开展试验研究的需要,结合现有的基础条件,实验室申请购置的航道整治技术研究设备主要包括基础理论研究平台与重大工程应用技术研究平台。其中,基础理论研究平台主要为水流紊动和泥沙输移研究平台、内河航道整治测试平台与内河航道整治仿真平台,重大工程应用技术研究平台包含长河段非恒定流河工模型测控平台、船闸水力学测控试验平台、大比尺船模航行特征要素测控平台、通航安全仿真模拟与测控平台与内河深水港口码头模拟系统平台五部分(表12-6-2)。

仪器设备购置概况   表12-6-2

序号	平台名称	仪器系统	用 途
1	基础理论研究平台	水流紊动与泥沙输移理论研究平台	以大型边坡水槽为试验载体,进行水流紊动、卵石推移质输移和非恒定流传播变形理论的前瞻性研究
2		内河航道整治测试平台	研究粉砂沉降特性、大水深条件下的水流结构及淤积物干容重变化规律等
3		内河航道整治仿真平台	模拟山区河流卵石推移质运动过程、沙波发展过程以及卵石滩群的再造过程,并对水库淤积进行模拟仿真

续上表

序号	平台名称	仪器系统	用 途
4	重大工程应用技术研究平台	长河段非恒定流河工模型测控平台	对适用于长河段非恒定流试验的河工模型测控仪器进行有效融合,形成一个统一系统平台,可实现长河段非恒定流和工模型多入口流量－水位的自动控制、水位、流速与流量等重要参量的自动跟踪测量
5		船闸水力学测控试验平台	针对多线船闸、多级船闸等复杂船闸结构形式,实现多阀门的自动启闭联动控制,并对闸室内水位、流速及船舶系缆力等进行跟踪测量
6		大比尺船模航行特征要素测控平台	进行船闸、升船机等通航建筑物内船舶通航特征要素的跟踪测量
7		通航安全仿真模拟与测控平台	实现多种通航条件下,通航船舶的操纵性仿真模拟
8		内河深水港口码头模拟系统平台	码头岸坡土体的力学性质、变形特性及渗透破坏规律研究

(4)项目发挥的作用

1)基础理论研究平台

通过水流紊动与泥沙输移理论研究平台的建设,添置大型高精尖设备仪器,开展以卵石推移质为代表的泥沙基础理论研究和非恒定流传播变形理论的前瞻性研究,提升实验室的整体创新能力,获得在推移质输移和非恒定流两个方面具有自主知识产权的科研成果,提升实验室的学术地位、打造实验室的科研品牌、取得世界一流的科研成果,为申报国家重点实验室打下基础。

水流紊动与泥沙输移理论研究平台共购置设备15台套,其中核心仪器主要有基础实验多功能边坡水槽、流量尾门自动控制系统、水槽试验多功能搭载平台、推移质加沙测控系统、激光粒子成像速度场仪、水槽造波机等。

2)重大工程应用技术研究平台

实验室的水运工程模型测控平台已配备有实验室自行研制的流量水位控制系统、电阻式测沙仪、旋浆流速仪该、光电测沙仪、小比尺船模测控系统等仪器设备。这些仪器设备已应用于"三峡明渠施工通航""长江陆溪口航道整治""三峡—葛洲坝两坝间通航水流条件研究""乌江河口航道整治"等重大工程研究中,取得了良好效果。

针对以上问题,通过航道工程模型测控系统的建设,实验室的设备结构基本合理,软硬件整体功能相对齐全,实现测控系统和数据采集、传输、存储、处理、生成、显示等的自动化和网络化,实现模型试验与数学模拟计算的耦合,使实验室成为基础研究与工程实践的典范,显著提高科研技术水平和成果质量,将成为解决重大交通科技问题重要基地。

重大工程应用技术研究平台主要包括长河段非恒定流河工模型测控平台、船闸水力学测控系统、通航安全仿真模拟与测控平台大比尺自航船模航行特征要素测控平台与内河深水港口码头试验模拟平台。

长期以来,本实验室针对内河航道整治工程建设中的相关技术问题开展了大量的科学研究,解决了众多的关键技术问题,为相关工程的优化设计和重大决策提供了大量翔实的科学数据,培养了大量内河水运行业的高级专门人才,为推动行业进步作出了突出贡献,名声响亮。内河航道整治技术交通行业重点实验室已成为我国内河航道整治工程技术最主要的研究基地和高级人才培养基地。

8.航道疏浚技术交通行业重点实验室

(1)项目概况

航道疏浚技术交通行业重点实验室(中交疏浚技术重点实验室)成立于2002年,原为中港集团疏浚技术重点实验室,是中国交建首批成立的5个重点实验室之一。2009年被认定为交通运输行业重点实验室。2013年以实验室为基础筹建中交疏浚技术装备国家工程研究中心。

航道疏浚技术重点实验室以开展疏浚相关基础性问题研究、重大关键技术研究为主,兼顾前瞻性技术研究和公益性技术研究。依托国家部委、依托单位等对疏浚技术研究的扶植及国内外重大疏浚工程,实验室致力于通过基础性研究等提升国内疏浚技术水平,推动疏浚行业向高效、低耗、节能、环保的方向发展和进步,同时也服务于企业的科技创新和科技进步。

实验室遵循"瞄准国际水平、打造技术高地,聚焦四大系列、引领行业方向,开放严谨超越、实现三重价值"理念,注重自主研发创新,形成了"沿海及内河港口航道疏浚和吹填造陆技术""疏浚土有益利用和生态环保疏浚技术""疏浚设备与疏浚工艺""疏浚设备监测与控制技术"四个特色鲜明的研究方向。

交通运输部2010年对于本实验室的申请做了批复,"关于上海航道勘察设计研究院疏浚技术交通行业重点实验室疏浚机具研发等三个平台设备购置可行性研究报告的批示"(交规划发〔2010〕507号)。同意可行性研究报告提出的设备购置方案,在实验室现有设备的基础上,购置"疏浚水槽及台车系统""模型泥泵及管道输送试验系统"和"疏凌土处理现场试验系统"三个系统仪器设备共15套(220件),形成较为完善的航道疏换技术研发体系。

(2)项目建设历程

本项目为设备购置类项目,预计本项目的建设工期为18个月。本项目实际于2010年1月开始实施,2013年6月完成。项目总投资为2387万元,其中交通运输部投资900万元,其余部分由设计院自筹。

(3)主要建设内容

本项目主要是在实验室新建及改造疏浚水槽及台车系统、模型泥泵及管道输送试验系统、疏浚土处理现场试验系统三个试验系统。实验室现有"疏浚过程与设备试验平台""多功能疏浚机具波浪水槽试验平台""泥舱模型试验平台"以及"耙吸船模拟仿真平台"等四大模型试验平台,并配备具有国际先进水平的各种测试仪器,打造具有国际领先水平的疏浚技术和装备试验研究基地及产业化中心。同时,配备有3D PIV测速仪、NDV流速仪、激光粒度仪、OBS浊度计、环保型称重式产量计等先进仪器,以及FLOW3D、FLUENT、CFX、Fluent、SolidWorks等专业软件,形成了疏浚行业国内规模最大、试验手段最先进、仪器设备最齐全的实验室。

1)疏浚水槽及台车系统

台车动力子系统:航速3米/秒,行走误差<3%;绞吸试验最大扭矩2400牛·米,最高转速100转/分,可进行切削、抽吸、岩土破碎等子过程研究。

孔隙水压调控子系统:可按试验要求制备一定力学指标的试验土;可在试验过程中调控孔隙水压力。

疏浚设备模型子系统:适合新动力子系统的较大尺度的耙绞吸、抓斗模型。

监测子系统:孔压、土压监测仪可满足切削机理研究需要,可监控转速、扭矩、拉力、航速、应力应变等量的监测仪器。

模拟仿真软件:用于实现机具及机械系统的三维设计、建模、力学分析,并进行其动结构性能仿真;可模拟计算两相流动过程。

2)模型泥泵及管道输送试验系统

管路子系统:可进行3万立方米/时左右泥泵的精密级的模型泵测试(比尺最小1:2~1:3)。

泥沙供配料子系统:可满足两相流试验的供料要求。可按试验要求配备输送泥浆浓度。

动力子系统:配备功率满足试验的需要。可无级调速至指定的试验转速。

监控及预警子系统:可精确测量流量、压力、转速、磨蚀、气蚀、振动、噪声等基本参数;可测管道或泥泵内流速、浓度分布;可根据试验需要调控转速、泥浆浓度等;有超压、超功率预警等。

3)疏浚土处理现场试验系统

筛分系统:可研究疏浚过程中较大体积的固体颗粒、垃圾等的去除机理及方法;可为高效、低耗、高产能筛分系统的研究设计提供依据。

浮选系统(一级、二级):可分级浮选不同粒径的泥沙颗粒,将携带污染物、难脱水的细颗粒分离出来;可用于研究单个设备及其在系统中的性能。

余液处理系统：可研究细颗粒从泥浆中分离的处理方法；可研究不同成分的细颗粒的絮凝特征。

细颗粒脱水干化子系统：可研究细微颗粒的脱水干化过程。

监控子系统：可现场快速测量流场、泥沙浓度及粒径分布；可监控各处理设备的工作状态及处理效果。

（4）项目发挥的作用

实验室成立以来，取得了丰硕的研究成果。通过不断的研究和创新，形成了一批疏浚行业关键性技术研究成果，广泛应用在长江口深水航道治理、洋山深水港、曹妃甸工业区、天津滨海工业区等数十项国家重大工程中，成为"国内领先、国际知名"的疏浚技术研究基地，为我国交通科技进步作出了重要贡献。

通过本项目，实验室在4个研究方向的硬件配置得到了进一步的完善，实验室乃至各依托单位的科技工作人员更好地发挥了其研发潜力，在筑堤及模型试验研究、疏浚设备研究及工艺优化、数值模拟及仿真技术、模型预测控制及优化技术、环保疏浚技术、泥泵设计研究等方面形成新的研究力量，培养了一批专业研究骨干，这方面的效益是长远的、不可估计的。

实验室在以上几个研究方面获得了更多的科研成果。如实验室所研发的袋装沙等技术，一个新的技术突破带来了巨大的经济效益和社会效益。此外，实验室研究模型比尺的扩大，更精确的由室内试验推导现场工况条件，室内试验和现场试验将得到更好的结合，本项目的建成，助力了成果的推广应用和工程化、产业化。同时，本项目涵盖的环保疏浚方面的现场仪器设备，这非常符合该方向的研究特点，促进了环保疏浚成果的创收和应用。高水平的硬件条件，也带来了高水平论文、专利、奖励的创造。

本实验室作为国内规模最大的疏浚技术实验室，通过此项目的建设，其硬件条件的提高不仅将提高自身的研发水平，同时也将促进我国疏浚业的科技进步和在国际市场上的竞争力，产生巨大的社会经济效益。

9. 通航建筑物建设技术交通行业重点实验室建设

（1）项目概况

实验室于2009年经交通运输部认定，依托南京水利科学研究院组建。2013年、2018年两次被交通运输部评估为"优秀"。实验室主要开展通航建筑物基础性、前瞻性、关键性技术研究，以解决工程关键技术问题为特色，创建国际一流的通航建筑物研究中心，建成高水平人才的培养基地和国内外开放交流平台，引领我国通航建筑物水力学研究处于世界领先地位。主要研究方向和研究内容包括：①通航建筑物基础理论：船闸水力学基础理论研究，升船机仿真基础理论，通航枢纽与通航建筑物运行安全保障理论体系，通航枢纽与通航建筑物生态环境和保护基础理论研究；②升船机关键技术研究：升船机水动力学研究,升船机塔柱结构形式,升船机运行控制与安全保障技术,升船机原型调试技术;③船闸水力学与结构技术:船闸输水系统水力学研究,高水头船闸阀门空化及流激振动研究,省水船闸研究,大型闸、阀门启闭体系研究,船闸结构形式研究;④通航枢纽安全和生态环境研究:通航枢纽与建筑物风险标准研究,航电枢纽过鱼设施技术,河网水系连通和生态环境提升技术,构筑物病害诊断与治理。

(2)建设内容

实验室拥有国内外规模最大、设施最全、水平一流的通航建筑物专业研究平台。建设有通航枢纽综合模拟试验厅、通航试验厅、船闸试验室、水弹性实验室等10座试验厅室,总面积3.05万平方米。其中,2015年立项建设的通航枢纽综合模拟试验厅平面尺寸为200米×80米,总建筑面积1.65万平方米,总投资9100万元,已于2018年完成工程竣工验收。实验室现有原值10万元以上仪器设备206台套,总值约8000万元,包括国内外唯一的超大型船闸非恒定流减压设备和无缩尺影响的高速高压试验装置、升船机综合试验平台、船闸和升船机原型监测综合移动车、通航水流条件船舶操纵可视化模拟器、4条不同规格的高水头和变坡水槽,以及先进的通航建筑物水动力学数据采集系统、非恒定流空化噪声高速瞬态波形采集系统、振动测试系统、三维PIV/LDV/ADV测速系统等多套具有世界先进水平的大型仪器设备。

(3)项目发挥的作用

先进的实验平台大大提升了实验室的研发能力和创新水平,为承担重大科研项目奠定了坚实基础。2010年以来,实验室共承担国家重大科技项目、国际科技合作项目、中国工程院重大战略研究项目、国务院三建委项目、交通运输部科技建设项目、行业标准规范项目、重大工程科研项目等300余项,完成了长江三峡、西江大藤峡、长洲、桂平、西津二期和红花二期,红水河岩滩、大化、乐滩和桥巩,乌江银盘、构皮滩、思林和沙陀,嘉陵江草街,闽江水口,富春江七里垅,衢江塔底船闸、安仁铺、红船豆、小溪滩,湘江长沙、大源渡和株州二期,赣江石虎塘、新干、峡江和万安二期,京杭大运河泗阳三线和八堡,引江济淮蜀山和白山,小清河金家堰和王道,岷江龙溪口和犍为,合裕线裕溪口,巢湖等国内绝大部分大型船闸的水力学模型试验,以及长江三峡、向家坝、澜沧江景洪、乌江构皮滩、思林、沙沱升船机试验研究工作,解决了国内外近100座通航建筑物建设重大技术难题,取得了一大批具有原创性的成果,获得国际发明专利1项、国家发明专利79项和实用新型专利122项。船闸和升船机模拟技术、安全检测、维护、水力设计等研究成果已被行业标准和规范制定及修订所采纳,编制和在编《三峡船闸设施安全检测技术规程》《航道和船闸水力模型试验规程》《闸门水力模型试验》《通航建筑物维护技术规范》《航运枢纽安全检测与评估技术规范》《船闸调试技术规程》等20多部行业规范规程。船闸输水、防空化技术、船舶进出船闸/船厢等系列成果被国际航运协会内河委员会(PIANC-INCOM)官方技术文件《Innovation in navigation lock design》和《ship behavior in locks and lock approaches》引用和采纳,得到国外同行的高度评价,有力促进了通航建筑物行业科技进步。

实验室自认定以来,共获得国家科技进步一等奖1项、国家技术发明二等奖2项、国家科技进步二等奖3项;部省科技进步特等奖7项、一等奖23项和二等奖等20项。在通航建筑物基础理论方向,"国家高等级航道网通航枢纽与船闸水力学创新研究及实践"获国家科技进步二等奖,"三峡工程围堰发电期及通航初期提高船闸通过能力措施研究与实践"等多项成果获部省科技进步一等奖。在升船机关键技术研究方向,"水力式升船机关键技术及应用"获国家技术发明二等奖,"水力驱动式升船机关键技术研究与工程实践"和"大型升船机水动力学与安全保障关键技术研究及实践"获中国航海学会科技奖特等奖,"三峡升船机船厢及引航道水力学关键技术研究""乌江思林大型垂直升船机关键技术研究""澜沧江景洪升船机重大关键技术原型调试与观测研究"等多项成果获部省科技进步一等奖。在船闸水力学与结构技术方向,"复杂水工混凝土结构服役性态诊断技术与实践"获国家技术发明奖二等奖,"高水头船闸阀门防空化创新技术与实践""高坝通航船闸阀门非定常空化机理及模拟技术研究""衢江航道航行安全及梯级枢纽优化调度关键技术研究""特大型四线船闸群关键技术研究与实践"等多项成果获部省科技进步一等奖。在通航枢纽安全和生态环境研究方向,"水库大坝安全保障关键技术研究与应用"获国家科技进步一等奖,"城市河网水环境提升理论技术创新与应用"获大禹水利科技进步特等奖,"长江上游重大水利工程影响下鱼类保护关键技术研究与应用""雅砻江流域水电生态环境保护关键技术研究以应用""湖库水华风险模拟预测与管理调控技术及应用"等多项成果获部省科技进步一等奖。

10. 港口物流装备与控制工程行业重点实验室

（1）概况

港口物流装备与控制工程行业重点实验室是由交通部统一领导,依托于交通运输部水运科学研究院。实验室立足于学科发展前沿,针对国家交通水运行业重大科技需求,紧密结合我国交通强国建设、高质量发展和交通水运行业发展过程中对港口物流装备与控制技术的需求,定位于应用基础、重大关键技术和前瞻性技术研究,理工结合、多学科交叉渗透,以开展基础研究、应用技术开发与技术成果推广为主要任务,为我国交通水运行业提供技术支持,将实验室建设成为从事交通水运行业港口装备与控制技术研究、高层次人才培养和社会服务的基地。实验室紧紧围绕创新驱动发展核心要求,贯彻实行"开放、交流、合作、竞争"的运行机制,为国内外科研人员的考察、交流及试验提供便利。

（2）建设历程

1）建设时间

项目于1993年9月开工建设,1999年7月竣工。

随着 20 世纪末我国港口和水运事业的逐步发展,水运科学研究院在交通运输部的大力支持下,于 1988 年按照交通部的指示精神,又以(88)交水科字第 45 号文及(88)交水科字第 52 号文,向部申报了《港口装卸工艺及技术装备综合试验场可行性报告》和《港口装卸工艺及技术装备综合试验场计划任务书》。交通部于 1989 年下达(89)交计字第 308 号文《关于建设港口装卸工艺及技术装备综合试验场计划任务书的批复》,批文同意交通部水运科学研究院提出的在试验场建设"港口系统工程及装卸工艺模拟试验室"等六项主要建设内容。

从 1989 年至 1999 年,经多年的努力初步建成了港口工艺及装备与控制工程领域的实验室,并于 1999 年 12 月认定为交通部行业重点实验室,最终实验室定名为"港口物流装备与控制工程行业重点实验室"。它的建成为港口现代化技术的开发研究提供了一个通用性强、测试环境稳定、测试条件完善的场所,具有十分重要的意义。

2)建设规模

主体工程由 103 号楼——港口装卸工艺模拟试验楼(3389 平方米)、104 号楼——港机预防维修试验室(1151 平方米)、106 号楼——散货装卸系统试验室(2263 平方米)三栋主建筑物组成,建筑面积总计 6803 平方米。

配套工程由大门和门房(60 平方米)、变配电所(225 平方米)、柴油发电机房(159 平方米)、消防水池和消防泵房(81 平方米)、混凝土道路、人行道和地坪、给排水、热力、电讯、输电等外管线及绿化、美化工程所组成,配套工程面积合计 525 平方米。

科研设备总计 37 台套,综合成 6 台套单台设备及 13 个试验室。

3)投资规模

1993 年 2 月,交通部以交工发〔1993〕57 号文《关于大兴科研试验场一期工程初步设计的批复》批准概算 3569.54 万元。

1996 年 6 月,交通部以交基发〔1996〕613 号文《关于水运所大兴科研试验场一期工程概算调整的批复》将概算调整为 4897.34 万元。

4)设计、施工单位

变配电所及柴油发电机房由北京供用电建设承发包公司设计室设计。其余全部由航空航天部第四规划设计院设计。

主体工程以及消防水池和消防泵房由北京市建工集团第六建筑工程公司承建。变配电所和柴油发电机房由北京市芳城能源工程公司承建。

(3)主要建设内容

现今港口物流装备与控制工程行业重点实验室专业属机械、电子、计算机类学科领域,主要研究方向为"港口物流装备与控制技术""港口工艺装备节能环保技术""港口物流流程自动控制技术"和"港口计算机模拟技术"。实验室设置 4 个重点发展技术专业,分别为港口物流工艺与装备技术、港口节能环保技术、物流流程自动控制技术和计算机模拟技术。

实验室现有散货机型开发系统、集装箱装卸工艺系统、结构疲劳试验系统、集装箱水平自动运输实验系统、邮轮码头登船桥实验系统、港口集装箱大型装卸设备自动化实验系统、船岸供电实验系统、港口起重机安全监控系统、港口物流工艺仿真与虚拟现实实验系统等设备、设施。实验室位于交通运输部水运科学研究院大兴试验基地。港口物流装备与控制工程行业重点实验室面向全国开展水运科学领域的探索性、创新性和重大关键技术的基础与应用基础研究和试验,及港口新工艺、新技术、新产品的研发与人员培训等工作。

(4)发挥的作用

港口物流装备与控制工程行业重点实验室由交通运输部水运科学研究院机械、电子、计算机模拟等相关专业的研究与技术人员组成,开展的课题主要面向交通行业港口物流装备与控制领域的关键技术、关键工艺等的试验研究和开发。实验室开展的研究工作反映了当前交通行业科技发展的主要方向,解决了交通水运行业建设中的重大技术难题,很多成果达到了国际先进水平和国内领先水平,许多成果填补了国内空白,并得到了推广应用,取得了良好的经济效益、社会效益和环境效益。

从 2009 年至今,据不完全统计,在实验室四大研究方向上承担了大量的国家、部省级和企业科研工作,取得了显著的科研成果。实验室总体承担项目数量317 项,其中国家级科研项目 26 项、部省级重点科研项目 108 项、横向项目 102 项和其他项目 81 项。在上述项目中,110 余项科研项目依托于国家、部省级重大工程。科研项目经费总计 5.64 亿元。实验室取得了大量具有创新性和先进性的研究成果,其中获得部省级科技进步等奖 53 项,制修订国家标准、交通行业标准 75 项,获国家专利和软件著作权 87 项,发表科技论文334 篇,出版专著 6 本。代表性科技创新成果有西部港口物流枢纽节能减排技术研究及示范应用、港口节能减排创新与实践应用、智能化船用双臂架收油机与油囊研制、内河港口 1000 吨多用途重大件起重设备关键技术研究及应用等。

11. 航运技术交通行业重点实验室建设

(1)项目概况

航运技术交通行业重点实验室于 1999 年成立,是交通部首批认定的交通行业重点实验室依托单位为上海船舶运输科学研究所。实验室面向交通运输行业,致力于航运技术的研究与开发,是中国船舶运输技术主要研发机构。实验室立足行业需求、关注科技发展、注重人才培养、强化国际合作、重视成果转化;积极推进航运节能减排,保障航运安全,为打造绿色船舶,构建绿色航运体系提供技术支撑,在国内外具有良好信誉、知名度和影响力。实验室主要包括船模拖曳水池、风浪流水池、操纵水池、空泡水洞以及研究型航海模拟器等大型试验设施,配备国际一流的测试仪表和先进的船舶 CFD 和结构有限元分析软件。实验室拥有中国船级社 ISO 质量体系认证证书,先后获得法国船级社、英国船级社、挪威/德国船级社和美国船级社颁发的 EEDI 水池试验资质证书,是 ITTC 国际水池会议成员单位及顾问委员会成员单位。

(2)项目建设历程

实验室规模由小到大不断扩展,实验室装备持续更新完善,试验技术水平及专业人员素质不断提高。自 20 世纪 80 年代以来,实验室新建了大型船模拖曳水池,全套引进了先进的空泡水洞、新建了风浪流水池、操纵性水池及计算机工作站网络系统等重要研究设施,配置了许多先进仪器设备。实验室的水动力学科学研究综合实力已居国内领先地位。

1999 年认定实验室,成立第一届学术委员会。于 2006 年 5 月通过交通部组织的复评,并于 6 月 7 日举行"航运技术交通行业重点实验室"新铭牌揭牌仪式。2006 年初,成立第二届学术委员会,确立了实验室建设的总体目标,确定船舶及水上建筑物水动力性能研究、船舶碰撞研究与桥梁防撞技术开发、船舶操纵性与水上交通安全技术研究、船型开发与论证研究四大研究方向,努力建设成为国家一流的船舶水动力性能研发和咨询机构、桥梁防撞咨询服务机构、水上交通安全咨询服务机构。在依托单位的支持下,实验室围绕四个主要研究方向,先后在航运安全研究、绿色航运研究、智慧航运研究等领域取得有重要影响的成就,并且在船型开发技术、通航安全技术、桥梁防撞技术、船舶智能化技术、数值水池技术和船舶监控技术等领域取得一批应用型创新成果,为国家重大工程项目、国防建设和行业技术进步做出了贡献。

(3)主要建设内容

实验室科研用房面积为 12600 平方米。实验室主要科研设施包括船模拖曳水池、风浪流水池、操纵水池、空泡水洞以及研究型航海模拟器等大型试验设施,拥有先进的船舶 CFD 和结构有限元分析软件,配备先进的测试设备和分析评估手段。重大科研基础设施总价值 1550.27 万元,仪器设备总台数 269 台套、总价值 3350.32 万元,特别是原值 10 万元以上的大型仪器设备 57 台套,总价值合计 4352 万元。

1)船模拖曳水池

船模拖曳水池,价值 3502595.63 元,长度 192 米,宽度 10 米,水深 4.2 米;拖车为桁架结构,最大车速 9 米/秒;精度 0.1%。一端设有电压伺服式造波机,可生成规则波及两维不规则波,最大波高 40 厘米。水池数据实时采集,采用美国 NI 公司集成化数据采集分析系统。拥有德国 KEMPF & REMMERS 公司制造的 R 系列动力仪,测试精度小于 0.1%。

2)风浪流水池

风浪流水池,价值 11540029 元,长度 100 米,宽度 15 米,水深 0.2~2.0 米;全桁架结构拖车,最大车速 3.3 米/秒;配备可模拟风场的造风机,最大风速 12 米/秒;配备可调节流速的造流机,最大流速 0.7 米/秒;配有 30 块摇板的可升降的造波机(可模拟规则波、长峰不规则波,最大波高35厘米)。

3）操纵水池

操纵水池,价值4732143元,长度90米,宽度30米,0.2～1.0米;配备可模拟风场的造风机,最大风速12米/秒;配备可调节流速的造流机,最大流速0.7米/秒;配备小型移动式造波装置,可模拟规则波,最大波高15厘米。

4）空泡水筒

空泡水筒,价值5445821.43元,从德国Kempf and Remmers公司成套引进;两个可替换工作段,截面尺寸分别为600mm×600mm和700mm×1450mm;工作段最低空化数为0.2;工作段压力调节范围0～2个大气压;工作段流速不均匀性和不稳定性均≤1%;水洞背景噪声约75dB。主要测试仪器均为进口,有J25动力仪,H44斜流动力仪,R46动力仪,9100-6激光测速仪,1540频闪仪。

5）其他大型仪器设备

四自由度适航仪:价值2181290.60元,量程阻力±10千克、纵荡0.8米、升沉±0.3米、纵摇±30度、横摇±40度,电压模拟量输出,测量精度0.3%。用于耐波性中的船模阻力、纵荡、升沉、纵摇、横摇的测量。

动力定位船舶操纵模拟器:价值981196.63元,包含动力定位船舶数字模型1个,操纵船舶数字模型10个,训练海域5个,5通道,120度水平视扬角,35度垂直视扬角的视景系统。可进行船舶动力定位模拟操作训练,船舶动力定位控制技术性能研究,船舶航行模拟操作训练。

通用CFD计算软件:价值837606.81元,主要是对于船舶快速性,耐波性等水动力性能数值分析,分析达到工程应用精度要求。

敞水动力仪:价值1297153.77元,量程:推力45千克,扭矩183千克·厘米,测量精度0.3%,进行螺旋桨水动力性能测试。

吊舱推进控制采集系统:价值1262558.53元,船舶模型吊舱试验测试系统具有32路应变通道,3路伺服电机控制系统,4套6分力天秤测量装置,测试精度小于0.3%。船舶模型试验中Z型推进器的转速、推力、扭矩测量。

6）新水池易址建设项目

实验室正在进行新水池易址建设项目,项目位于上海长兴海洋装备产业园区,占地面积80209.3平方米,总投资约10亿。项目建设内容包括:深水拖曳水池实验室、航海安全水池实验室、空泡水洞实验室、模型综合加工车间、船模存储仓库、研发试验楼以及相应配套设施。新水池建成后的功能定位:①支撑航运能效与航运安全技术研究,服务航运业;②支撑船舶水动力性能研究,服务造船业;③支撑舰船和武备水动力性能研究,服务国防建设;④支撑标准与规则的基础技术研究,服务行业管理。

(4)项目发挥的作用

实验室始终以发展应用基础研究理论、解决行业重大工程问题的关键技术为使命,面向行业重大需求开展应用基础性研究、战略性研究和前瞻性研究,聚焦行业亟待解决的关键技术,以课题和创新成果应用为抓手,不断加强实验室科研创新能力,带动和促进行业发展。围绕"船舶水动力性能研究""船舶碰撞研究与桥梁防撞技术开发""水上交通安全技术研究"和"船型开发与论证研究"四个主要研究方向,先后在航运安全研究、绿色航运研究、智慧航运研究等领域取得有重要影响的成果,并且在船型开发技术、通航安全技术、桥梁防撞技术、船舶智能化技术、数值水池技术和船舶能效技术等领域取得一批应用型创新成果,为国家重大工程项目、国防建设和行业技术进步作出了贡献。

2013—2018 年,实验室依托具有的较为完备的重大科研基础设施,共承接各类科研任务 515 项,合同金额 3.641 亿元,其中承担纵向科研项目总经费 2.191 亿元,承接行业市场技术服务项目 1.45 亿元,为国家重大科研项目、工程项目、国防建设和行业技术进步作出了贡献。

12.船机修造工程行业重点实验室

(1)项目概况

实验室依托大连海事大学,是在船机修造工程交通运输行业重点实验室已有的设备条件基础上,重点建设了一个绿色交通新材料研究公共实验平台构建了一个面向学校和交通行业开放的大型公共实验平台,实现了高效服务的实验测试分析平台建设。已形成具有鲜明交通特色的减阻降耗新材料与技术、船舶关键零部件延寿减震降噪材料技术、清洁能源新材料和材料制备与性能评价技术等研究功能。提升了交通新材料研究水平、科技创新和技术攻关能力,满足了绿色交通的科技发展和应用以及交通行业的高速、长远可持续发展需求。

(2)建设历程和主要建设内容

2010 年 10 月 14 日,交通运输部办公厅下发了《关于大连海事大学绿色交通新材料公共实验平台仪器设备购置项目可行性研究报告的批复》(交规划发〔2010〕551 号),绿色交通新材料研究公共实验平台仪器设备购置项目正式启动。

该项目交通运输部共投资 1080 万元,根据工作进度安排和实验室实际建设情况,项目经费全部用于船机修造工程重点实验室绿色交通新材料研究公共平台项目的建设,该项目于 2011 年正式开始执行,2012 年全部完成了预期的建设内容。

船机修造工程交通运输行业重点实验室绿色交通新材料公共实验平台主要围绕的学科研究方向包括:减阻降耗新材料及技术研究;船舶关键零部件延寿减震降噪材料研究;清洁能源新材料;材料制备与评价技术等。主要购置了大型的材料微观结构和性能分析方面的仪器设备,包括:超高分辨透射电子显微镜,场发射扫描显微镜,激光共聚焦扫描显微镜,光学金相显微镜,偏振光显微镜等。该项目为整个学科的教学科研提供深入研究评价的公共实验平台。

实现金属材料、无机非金属材料和高分子材料的低倍微观组织观察、高倍微观组织观察、微观形貌观察、微观局部成分分析、微米纳米尺度的原子结构观察分析,微米纳米尺度的微观形貌观察,从而使得科研人员深入了解材料性能变化的本质,开发满足交通行业要求的新型节能、降耗和延寿的材料和材料技术。

购置的大型仪器设备主要包括:

1)超高分辨透射电子显微镜

主要分析微纳米晶体微观结构,为材料制备和工艺过程提供信息,有助于建立微观结构和使用性能的联系。

2)场发射扫描电子显微镜

主要分析金属材料微纳米尺度的表面形貌、使用破坏的断口形貌和微观区域的成分分析。

3)激光共聚焦扫描显微镜

实现在大气环境下金属材料、非金属材料和高分子材料的纳米尺度形貌的三维数字化成像。

4)光学金相显微镜和偏振光显微镜

光学金相显微镜主要用于开展金属材料微米尺度的显微组织观察分析,偏振光显微镜主要进行非金属材料和高分子材料的微米尺度的显微组织观察分析。

5)电性能测试系统

电性能测试系统主要可以实现大电流大功率恒流控制放电,主要用于测试能源材料应用于动力电源系统特性的必备仪器,也可以作为材料的导电性能评价。

6)红外光谱仪

FT-IR红外光谱仪作为有机高分子材料、无机材料常用的仪器,其主要用于材料的化学结构分析和检测,获取材料分子结构特征信息。通过对材料的化学结构分析测定,指导材料的加工和应用,也为材料的制备提供结构信息。

上述设备除了电性能测试系统以外,全部为进口设备。其总体上是从不同的层次上研究船机修造工程领域交通新材料的微观组织结构和特性的仪器设备,为材料科学与工程学科和载运工具运用工程学科服务,也为大连海事大学的相关学科服务。

(3)使用效果

1)促进学科建设

本项目依托的船机修造工程交通运输行业重点实验室主干学科为辽宁省和交通运输部重点学科"载运工具运用工程"和"材料科学与工程"等相关学科。载运工具运用工程学科是大连海事大学交通运输工程一级博士学科下的二级博士点学科。在本项目建设期间,为我校交通运输学科的全国学科评估做出了突出贡献,在教学、科研等方面完成大量的科研课题和交通新材料方面的理论成果,部分成果获得了实际生产应用。

2)推动科学研究

船机修造工程交通运输行业重点实验室绿色交通新材料研究公共实验平台,主要围绕绿色交通新材料方面的研究方向:减阻降耗新材料及技术研究;船舶关键零部件延寿减震降噪材料研究;清洁能源新材料;材料制备与评价技术等开展研究工作。在建设期,实验室完成国家科技部 973 计划课题 1 项,科技部 863 计划项目 2 项,省部级科研项目 9 项,获得授权国家发明专利 27 项;国内外发表三大检索论文 100 余篇,其中 SCI 收录论文 58 篇,EI 收录论文 41 篇。这些科研项目使得重点实验室科研能力得到了锻炼,奠定了重点实验室的研究基础,增强了重点实验室各团队的科研实力。相关科研成果在交通运输装备、船舶机械零部件和相应的船舶陆上保障领域应用,并产生了良好的经济与社会效益,并得到了相关部门和社会的肯定。

3)完善人才培养体系

本项目的成功建设为更好地培养具有交通新材料特色的研究生人才创造了良好的实验条件和科研环境。截至项目建设结束时实验室培养博士生 36 人,其中 12 人已毕业,培养硕士生 168 人,其中 89 人已毕业,其中 1 人获辽宁省优秀博士论文提名奖,2 人获得辽宁省优秀硕士论文。1 名青年教师获得大连市领军人才,2 人获得辽宁省百千万工程百人层人选。实验室可以说聚集了国内外优秀的人才,并使之成为培养船机修造工程绿色交通新材料领域高层次人才的重要基地。

13.港口装卸技术交通行业重点实验室建设

(1)项目概况

港口装卸技术交通运输行业重点实验室于 1999 年由交通部批准成立,依托单位为武汉理工大学。实验室针对我国港口建设"新布局、多功能、专业化和高效率"的发展趋势以及港口机械自动化、智能化的发展方向,充分发挥高校人才资源雄厚、学科门类齐全和实验手段先进等优势,重点开展港口装卸关键技术与先进物流装备研发等基础研究和应用基础研究。

实验室针对现代港口装卸技术与物流装备急需解决的重大技术问题,重点围绕港口机械现代实验技术与安全监测技术、港口机械现代设计理论与方法、港口物流系统智慧化发展的关键技术、港口装备绿色节能技术四个方向开展研究。

(2)项目建设历程

实验室于 1999 年由交通部认定立项建设。2005 年 11 月,交通部批准实验室建设港口集装箱物流技术与装备关键技术实验系统工程,项目总投资 1380 万元,其中交通部投资 690 万,武汉理工大学自筹 690 万。2008 年 11 月,交通运输部批准实验室建设港口大型装备金属结构动态监测与进化设计实验系统,项目总投资 600 万元,其中交通运输部投资 300 万,武汉理工大学自筹 300 万。2014 年 10 月,交通运输部投资 1500 万元支持武汉理工大学"卓越航海人才"实验实训基础平台建设和实验室相关设备购置。

(3)主要建设内容

目前,实验室占地面积 3300 平方米,现有仪器设备 172 台/套,价值 3435 万元,其中大型仪器设备(原值 10 万元以上)共 39 台/套。包括港口装备节能技术综合实验平台、自动化立体仓库系统、多层卷绕钢丝绳—滑轮磨损试验台、集装箱物流数字化硬件系统、卷筒综合性能试验台、电液伺服比例控制综合试验台、惯性负载制动器试验台、全自动三维测量系统、物流自动化控制设备、单片机开发实训平台、集装箱码头虚拟现实试验平台开发、钢丝绳—滑轮试验台、光纤传感监测系统、干散货码头物流系统虚拟现实实验平台、钢结构裂纹修复及多功能台等。

(4)项目发挥的作用

实验室立足于服务国家重大战略实施和综合运输体系建设,积极申请并承担国家重大研发计划、863 计划、国家科技支撑计划等国家级项目及各类省部级科研项目,多项研究课题实现了技术创新突破和成果转化,建立了港口机械关键零部件性能试验室、港口起重机防风制动安全实验室、物流装备自动化与系统仿真实验室、自动化立体仓库实验室、港口物流装备数字化设计平台、港口装备节能技术综合实验平台等,在行业内取得了良好的社会效益和经济效益,为港口物流装备的技术创新、成果转化与人才培养提供了保障。

结合武汉理工大学学科建设规划,实验室引进中组部"青年千人"计划人才、海外博士等高端人才 14 名,形成了一支由 8 名高水平学术带头人和一批年富力强的中青年学术骨干组成的科研创新团队,在四个主要研究方向已形成年龄结构、学历结构、学科结构合理,整体水平高,团结协作好,具有开拓进取精神的学术人才梯队。

近年来,实验室获得的主要科技创新成果有港口装备节能技术综合试验平台、大型港口机械监测及智能传感关键技术研究、面向供应链服务的物流中心关键技术与应用、大宗散货码头系列化智能螺旋平料机关键技术研究、集装箱堆场作业系统智能化操控技术及其应用等。其中,大型港口机械监测及智能传感关键技术研究获得了中国港口科技进步奖三等奖 1 项、中国航海学会科学技术奖二等奖 1 项、中国职业安全健康协会科学技术奖一等奖 1 项、国家质检总局科技兴检奖二等奖 1 项,获发明专利 3 项,国家实用新型专利 2 项,软件著作权 4 项。发表论文 29 余篇,其中 SCI 收录 5 篇。面向供应链服务的物流中心关键技术与应用获中国物流与采购联合会科学技术奖一等奖 1 项,湖北省科技进步奖二等奖 2 项,获发明专利 2 项,国家实用新型专利 2 项,软件著作权 8 项。大宗散货码头系列化智能螺旋平料机关键技术研究获 2015 年度中国港口科技进步一等奖、2017 年度广东省科技进步三等奖；获得授权发明专利 2 项，授权实用新型专利 4 项；发表学术论文 9 篇。集装箱堆场作业系统智能化操控技术及其应用获 2017 年度中国港口科技进步奖一等奖、2018 年度中国机械工业科学技术奖二等奖。共发表相关论文 8 篇，其中 SCI 收录 3 篇，EI 收录 4 篇；申请国家专利 15 项，已授权国家发明专利 3 项，实用新型专利 10 项；获软件著作权 5 项。

14. 航运技术与控制工程交通运输行业重点实验室

（1）项目概况

实验室建设的目标是以交通运输行业重大科技项目的实施为背景，建设具有研究与开发功能的一套系列化、系统化航运技术与控制工程实验平台：实物化电力推进机舱 + 驾机一体化、网络化仿真系统 + 智能航海实验平台。

依托单位上海海事大学在 2006 年 10 月向交通部报送了《航运技术与控制工程交通行业重点实验室设备购置可行性研究报告》。该报告通过了交通部组织的专家评审。

交通部于 2007 年 6 月下发《关于上海海事大学航运技术与控制工程交通行业重点实验室设备购置可行性研究报告的批复》（交规划发〔2007〕277 号），同意购置实验室设备。项目总投资 1650 万，其中交通部投资 800 万元，其余部分由学校自筹解决。本项目实验室建设计划分三期完成。其中，一期工程为船舶高压大功率电力传动实验室建设；二期工程为电力推进实验室、港口自动化实验室和检测技术实验室设备搬迁及升级。三期为海上交通安全与智能船舶实验室设备。其中，一二期建设经费为 1250.0 万元，三期建设经费为 400.0 万元。

（2）项目建设历程

一期，船舶高压大功率电力传动实验室分基础土建、测试子系统、传动子系统、电源子系统四部分。2008 年 7 月 28 日，一期项目动工建设，并于 2009 年 9 月 28 日通过学校组织的由相关专家参加的验收。测试子系统项目施工单位为上海广道电子有限公司；传动子系统项目施工单位为南通常通测试设备有限公司；电源子系统施工单位为上海大华工程设备安装有限公司。

二期，电力推进实验室、港口自动化实验室和检测技术实验室设备搬迁及升级已完成招投标阶段，于 2009 年 9 月签订了供货及安装调试合同谈判和方案深化阶段。2009 年 12 月完成仪表购置，并通过实验室验收和使用培训；2010 年 2 月完成电缆沟、电缆架与机组平台等基础施工，并通过主管部门的验收；2010 年 5 月完成搬迁系统设备的安装和调试；2010 年 11 月完成新增设备的设计制造，现进入系统总体安装和调试。施工单位为南京顺风自动化控制系统有限公司。

三期，海上交通安全与智能船舶实验平台（400 万）将购置了移动雷达数据采集系统、船舶姿态测试系统、UAIS 岸台、船舶水动力数学模型、水动力—水质模型系统和三维潮流模型等设备,搭建了智能船舶实验室的基础平台。

实验系统能为实验室学科研究提供必要的试验环境和条件。基于船舶大功率电力传动实验室可开展船港电力传动控制、电力推进装置、电能质量监控等试验研究;基于电力推进实验室可开展电力推进系统设计与模拟计算、电站 PMS、机舱数据远程传输等试验研究;基于港口自动化实验室可开展港口作业模拟、集散控制、移动目标监控等试验研究。

（3）主要建设内容

船舶高压大功率电力传动专业实验室由电源子系统、传动子系统和测量子系统组成。电源子系统提供 6 种电压等级 1000kVA 的试验电源:10000V、6600V、3300V、1140V、690V和 380V,基本覆盖船舶与港口领域的电源等级;传动子系统由负载电机、驱动电机及其控制单元组成,可满足 50~560 千瓦功率等级的 1:1 传动试验;测量子系统由高端电能质量分析仪、数字示波器、频谱分析仪和 LCR 测试仪等仪表组成。该实验平台占地面积 323平方米。

船舶电力推进专业实验室配置了常规能源电力推进试验系统电力推进试验系统。常规能源电力推进试验系统基本组成部分有:2 套发电机组、船舶电站、2 套变频控制柜、2套变频推进电机、2 套螺旋桨加载器以及监控系统。船舶电力推进专业实验室为常规能源船舶电力推进系统的设计建造、控制系统研发、系统集成、特性测试研究提供技术支撑与物理试验环境。该实验平台占地面积 272 平方米。

海上交通安全与智能船舶实验平台总投资 400 万元,建成智能船舶实验室的基础平台。包括:①360 度立体全功能操纵模拟器,直径 24 米,层高 7 米,面积 452 平方米。视景屏幕半径 10.5 米,高 6 米,周长 66 米,驾驶室面积 87 平方米;②雷达/ARPA 系统;③小型桌面系统;④电子海图显示与信息系统。

（4）项目发挥的作用

项目建成后,使重点实验室拥有船舶港口自动化与网络控制、船舶电力推进与大功率传动控制、航运仿真与决策支持等三个实验平台,为承担交通领域重大科研项目、解决航运技术重大问题、培养和集聚高层次交通科技人才提供了实验与科研条件。近年来,获得的主要科技奖项包括:云南省技术发明奖 1 项,上海市科技进步奖 8 项（一等奖 1 项）,上海市科技发明奖 1 项,中国航海学会科技进步奖 1 项;获得专利授权 100 余项;在国内外权威学术期刊上发表学术论文 200 余篇。

项目的建成支撑了上海海事大学船舶与海洋工程、物流管理与工程以及电气工程三个重点学科,并直接面向国家建设海洋大国、船舶大国和上海航运中心等三大国家经济发展战略以及近海防御国防战略;同时服务于国家大型建设工程、国防建设和大型企业。试验平台建设过程中,上海海事大学先后参与多项国家大中型项目（如上海洋山深水港建设项目、东海大桥、长江深水航道建设等)建设,并多次为国家执法机关(上海海事局、江苏海事局、南通海事局)和大型航运企业(如中国海运集团、上海宝钢集团)等提供技术服务,为国家重大水工设施的建设提供技术支持,特别是为码头、跨海大桥、海底电缆、水管等重大水工设施的建设前期工作提供坚实的安全保障措施。近几年本实验室共为国内外多家学校企业和培训机构研制了 50 多套各种类型的航海仿真模拟器。

15.船舶动力工程技术交通运输行业重点实验室

(1)项目概况

船舶动力工程技术交通运输行业重点实验室于 2007 年由交通部认定立项建设,依托单位为武汉理工大学。实验室以船舶动力的安全、环保和节能为目标,紧紧围绕我国水路交通和国防工业的重大需求,以研究和突破船舶动力工程的关键技术为重点,开展了对船舶轮机监测与诊断、船舶轮机仿真与控制、船舶轮机节能与环保、船舶轴系工程优化技术等技术的系统研究,承担和完成了一批国家及交通行业船舶动力工程技术的重大科研项目,取得了一批创新性的科研成果,培养了大批从事船舶动力工程技术的高素质专门人才,为我国交通科技的发展作出了重要贡献。

(2)项目建设历程

本实验室于 2007 年获批立项建设,2008 年 5 月由交通运输部科教司正式挂牌,总投资 2100 万,其中交通运输部投资 1000 万,其余部分由武汉理工大学自筹。2013 年 4 月通过了交通运输部科技司组织的重点实验室验收评审。

(3)主要建设内容

实验室拥有一支学术水平高,学历、年龄和职称结构合理的学术人才梯队,有固定人员 45 人(37 人具有博士学位,6 人具有博士后经历),其中博士生导师 17 人、教授 18 人、副教授及高级实验师 16 人,并外聘了包括 3 位两院院士在内的 10 位客座教授。实验室拥有交通运输部优秀科技创新团队 1 个和湖北省创新群体 2 个,国务院政府特殊津贴获得者 9 名,国务院学位委员会学科评议组成员 1 名,国家有突出贡献的中青年专家 1 名、入选科技部中青年科技创新领军人才 1 名、青年长江学者 1 名、交通运输青年科技英才 4 名。

重点实验室总建筑面积 5800 平方米,固定资产总值 10207.28 万余元,其中设备总值 10039.71 万元。10 万元以上的设备总数 126 台(套),总值 6012.69 万元。

(4)项目发挥的作用

实验室紧密围绕交通行业船舶动力工程"安全""绿色"和"智能"的主题,对接国家"一带一路""创新驱动""海洋强国"和"长江经济带发展"等重大战略需求,依托武汉理工大学"船舶与海洋工程"一级国家重点学科、"交通运输工程"一级湖北省重点学科、"轮机工程"国防特色学科的优势,致力于船舶动力工程领域高层次人才的培养、科学研究及成果转化，为我国船舶动力系统的设计、建造、运行、维护提供了有力的科技和智力支撑。实验室先后取得获国家发明二等奖、国家科技进步二等奖等国家级、省部级奖励的一批重大研究成果，培养了一大批高技术人才，实验室的科研设施和整体研究水平达到国内领先水平，部分研究领域达到国际先进水平。

实验室主要研究成果有：

1）船舶动力装置磨损状态在线监测与远程故障诊断技术及应用成果

磨损是船舶动力装置的主要故障类型，实验室针对传统的定期取样送检模式，发明磨损状态信息的实时在线监测方法与装置；针对现有的机舱自动化系统不能实现磨损故障分类与定量描述，发明多参数耦合的磨损状态定量识别技术；针对单一参数诊断精度低、故障类型少，集成摩擦学、动力学和性能参数，构建船舶动力装置一体化综合诊断体系；针对工程化应用，形成模块化、分布式的船舶动力装置磨损状态在线监测、远程诊断与维修技术。本成果获得发明专利 7 项，软件著作权 4 项，国家和行业标准 4 个，已在航标维护、航道疏浚、救助、运输和舰船等船舶上推广应用。

2）内河船舶太阳能光伏系统关键技术与装置研发

绿色船舶技术的重点是清洁能源的使用，太阳能船舶是最具代表性和节能减排潜力的绿色船舶技术之一。本成果完善了船舶光伏高效变换、逆变和充放电控制的理论方法，突破了内河船舶太阳能光伏发电最大功率跟踪控制、双闭环重复逆变控制、充放电控制和自动供电管理等关键技术，研制了船用大功率光伏控制器、光伏逆变器、大容量锂电池储能系统和太阳能电力监控系统等船舶光伏系统必备的 4 大核心装备，并获得中国船级社产品证书，形成了具有自主知识产权的内河船舶太阳能光伏系统成套技术，在"安吉204"轮等内河运输船舶和长江取水趸船等其他内河船舶获得应用。整体应用的"安吉204"轮成为我国首艘获颁中国船级社"绿色船舶"和"太阳能辅助动力能源"标志 的营运船舶。本成果由武汉理工大学、上海安盛汽车船务有限公司、哈尔滨工程大学和山东博奥斯能源科有限公司等单位共同完成。

3）船用发动机综合监测诊断系统

船用发动机综合监测诊断系统用于对船用发动机的性能进行综合监测与诊断。该系统采用软硬件相结合的方式，充分运用了自动测试技术与计算机信息技术。船用发动机综合监测诊断系统由 7 个监测子系统组成：船用发动机气缸压力在线监测系统、船用发动机气缸压力监测系统、船用发动机动力平衡监测系统、船用发动机主轴承磨损热－电监测系统、船用发动机气阀漏气监测系统、船用低速发动机活塞环磨损监测系统和船用发动机轴功率监测系统等。各监测子系统具有不同的监测功能，既可单独使用，也可组合使用。

研究团队在船用发动机监测诊断和智能控制研究领域，开展了大量的基础性和应用性研究，掌握了船用柴油机运行状态在线监测、安全报警、故障诊断和电子控制相关技术。

近 5 年,研究团队承担包括"基于热电法的船用柴油机主轴承磨损监测方法研究"等国家自然科学基金 3 项,工信部高新技术船舶专项"船用中速柴油机智能控制系统关键技术研究"、国家科技支撑计划子课题"柴电混合动力系统轴系设计与监测诊断技术集成研究"等纵向项目 10 余项,近五年科研经费约 4500 万元,获得授权专利 17 项、其中发明专利 11 项。通过项目研究,实验室先后培养了博士生 5 名,硕士生 48 名,发表论文 60 余篇,多项成果得到企业和国防部门应用。

4)船舶太阳能光伏系统关键技术与装置研发

绿色船舶已成为航运业的发展趋势,其中新能源应用是重要内容。航运和造船业发达国家自 20 世纪初开始积极探索风能、太阳能等新能源在船舶上的应用,但迄今为止国内外只有小型船舶光伏系统应用的报道。

本成果针对船舶太阳能光伏系统关键技术与装置研发难题,依托工信部、交通运输部等国家及省部级项目,通过产学研合作形式,历时 6 年,构建了船用光伏系统的海洋及运营环境可靠性和节能减排效果评估的技术体系,突破了船用光伏系统的智能控制技术,研制了船用光伏系统的"两器两系统",即大功率控制器、离并网一体化逆变器、大容量船用锂电池管理系统(BMS)和远程管理系统等四大核心装置,形成了具有自主知识产权的船用光伏系统成套技术。

实验室依托本成果获得授权发明专利 11 项、实用新型专利 9 项、外观设计专利 3 项,软件著作权 5 项,发表论文 39 篇,出版专著 1 部,发布我国船舶检验指南 1 项,获得中国船级社型式认可证书 3 份、产品检验证书 3 份,获得欧盟 CE 认证证书 1 份。

实验室依托本成果研制的系列化产品已在远洋和内河运输船、科考船、海事公务船、趸船等推广应用,引领了我国绿色船舶技术中船用光伏系统的创新发展。其中,"中远腾飞"轮是目前世界上搭载容量最大的采用光伏离并网一体化装置和大容量锂电池储能装置的远洋营运船舶;"安吉 204"轮是我国内河首艘获得中国船级社"绿色船舶－Ⅰ"和"太阳能辅助动力能源"标志的营运船舶。实验室研制的大功率光伏控制器和光伏逆变器还出口到印度尼西亚和菲律宾,应用在独立海岛光伏发电项目,经济效益和社会效益显著

5)船舶轮机系统数据孪生与虚拟现实

研究团队在船舶轮机系统数据孪生与虚拟现实领域,开展了大量的基础性和应用性研究,掌握了船舶轮机系统动态建模及系统优化控制方法、轮机系统数据孪生及智能控制技术、基于大数据挖掘与深度学习的故障诊断技术、基于 VR/AR 的船舶轮机系统管理及应急等相关技术。近 5 年,研究团队目前承担国家自然科学基金 2 项,工信部和财政部的高技术船舶专项 1 项和军工及企业委托研究项目多项,近五年科研经费约 2500 万元。通过项目研究,实验室先后培养了博士生 3 名,硕士生 40 名;发表论文 40 余篇,获得专利 9 项。

6)传热传质及热力系统应用研究

实验室研究团队依托船舶与海洋工程动力系统国家工程实验室、高性能舰船技术重点实验室、船舶动力工程技术交通运输行业交通行业重点实验室,获批成立了热科学与船舶应用研究所,以船舶与海洋工程中热能优化利用为主要研究方向,以开发高效传热装置和能源有效利用,实现船舶动力装置节能最大化为研究目标,重点开展传热传质的机理、动力机械和换热器设备中的热力系统仿真分析与系统结构优化基础及应用研究。

研究团队先后承担了5项国家自然科学基金、1项国防预研基金、1项"863"计划子课题、多项省部级项目及企业合作项目,获得省部级科技成果二等奖1项,发表SCI论文20余篇,授权发明专利6项,出版专著1部。

7)船舶水润滑尾轴承鸣音机理研究

水润滑尾轴承鸣音会污染环境,影响乘员的舒适性,尤其影响水下航行器的隐蔽性与生存能力。目前,水润滑尾轴承材料主要依赖国外进口,结构设计基本参照国外产品,而国外公司的关键核心技术对我国严格进行封锁,我国急需在水润滑轴承方面建立完整的理论体系。为了创新研究水润滑轴承鸣音机理及减振降噪技术,项目研究团队利用水润滑代替油润滑尾轴承,从尾轴承鸣音产生机理和船舶轴系试验装置研制方向开展了大量的研究工作,对于减少水域污染和提升船舶静音水平具有十分重要的理论意义和工程应用价值。近五年,研究团队承担了国家自然科学基金项目5项;获得省部级科技奖励2项;先后培养了博士生5名,硕士生20余名,获湖北省优秀博士论文3篇;发表论文30余篇;获得授权发明专利2项,实用新型专利9项。

此外,实验室自主研制了轮机模拟器,在长江以南市场占有率近90%;自主开发的船舶轮机系统仿真训练器、远洋船舶轮机系统仿真器及特种船舶作业建模与仿真系统研究达到了国际先进水平,获中国航海学会航海科技二等奖1项和湖北省教学成果二等奖1项;自主研制了国内首台船用柴油机电控气缸注油系统,在中远航运COSCO、中海集运CSCL、中外运SINOTRANS和香港航运HKMSH等公司获得应用;完成了工信部高技术船舶专项重大项目"船用中速柴油机智能控制系统关键技术"的研究,研制的船用发动机在线监测诊断系统已应用于粤海铁路轮渡的船用柴油主机及其柴油发电机组的监测诊断和健康状况评估;开发的钻井平台用柴油发电机组在线监测诊断与健康管理系统已应用于中海油自营油气田和流花南海挑战号等重要钻井平台的柴油发电机组;自主研制了具有强电磁力、高速动态响应、大流量、高可靠性、性能一致性好的控制用电磁阀和电磁阀试验平台,研制的电磁阀和测试平台等相关技术已用于自主开发的船用柴油机气缸控制系统。

16.水路交通环境保护技术交通行业重点实验室

(1)项目概况

水路交通环境保护技术实验室是2009年通过交通运输部认定的交通行业重点实验

室,依托单位为交通运输部天津水运工程科学研究院。实验室主要开展水运开发建设环境承载力研究、港口建设及内河航运开发生态环境保护关键技术研究、港口粉尘污染治理技术研究和港口节能减排技术研究。

（2）主要建设内容

实验室拥有大型试验厅2座,建筑面积近10000平方米,仪器设备总值7600多万元。实验室以3D－粒子图像测速系统、电子压力扫描测量系统等为代表的风洞试验系统和以电感耦合等离子体发射光谱仪、水质自动监测仪为代表的水质监测分析系统成为水运行业功能齐全、运营良好的粉尘研究和水质分析设施设备。

（3）项目发挥的作用

1）研究水平与贡献

2013—2018年实验室承担国家自然科学基金项目5项、国际科技合作项目3项,参与国家重点研发计划项目4项,承担省部级科技计划项目20余项,获得省部级科技奖22项,编制、修订国家及行业标准6项,取得授权专利和计算机软件著作权45项。实验室完成的港口粉尘源污染扩散预测及治理技术、内河航道岸坡生态治理技术研究、石油化工码头危险源动态分级智能巡检及预警技术、港口能耗在线监测及动态分析优化技术研究、近海海域生境改善污染控制与溯源应急关键技术研究、高效处理港口含油污水物化材料与生物菌剂的开发应用等成果达到国际先进水平。实验室重视人才培养和学术交流,聘请中国工程院院士和国外风工程研究领域专家作为技术顾问,指导实验室人员开展水环境治理和风工程领域的前沿技术研究;实验室与美国、德国、荷兰、日本、澳大利亚等国家科研机构开展学术交流,推动国际间科技合作。

实验室以建设水路交通环境保护领域世界一流的实验室为目标,加强学科建设和人才培养,推动国际科技合作和开放交流,更好地支撑和服务交通运输行业高质量发展。

2）研究队伍建设

实验室研究开发团队固定人员25人,其中,享受国务院特殊津贴3人、交通青年科技英才4人、天津市科技创新领军人才3人、交通运输部"新世纪十百千人才工程"1人。具有高级技术职称25人,45岁以下研究人员17人,具有博士、硕士学位23人。实验室在人才队伍建设方面,充分发挥学术带头人的"传、帮、带"作用,通过国家级、省部级科技计划项目和重大工程项目的研究工作,锻炼和培养研究团队,提升团队的科研能力。实验室实施青年人才培养工程,选拔青年首席专家和青年科技英才,鼓励青年科技人员科研创新。实验室利用中央级科研院所基本科研业务费支持实验室研发团队尤其是年轻科技人员开展创新性研究,重点开展学术前沿问题研究,推动研发团队成长。实验室实施高端人才工程,招聘国内高校优秀的博士生到实验室工作,补充实验室血液,增强科研活力。

3）开放交流与运行管理

实验室邀请国外专家讲学,举办学术交流会。实验室举办了"国际化绿色港口枢纽及多式联运关键支撑系统合作研发"中日专家技术交流暨天科院风工程国际学术交流会、"港口安全风险管控与评估技术和先进经验"中澳专家技术交流会、"全国水运专用计量器具计量技术委员会成立大会暨全体委员第一次会议""京津冀区域绿色港口科技创新联盟"成立大会;与生态环境部环境工程评估中心共同举办港口环境保护及污染防治技术研讨会;举办"平安港口建设科技创新联盟"工作会议;举办交通运输部科技示范工程"船舶与港口污染防控科技示范工程"岸电技术交流会等。

17.航海动态仿真和控制交通运输行业重点实验室

（1）项目概况

航海动态仿真和控制实验室 1999 年经交通部评定为交通行业重点实验室,并于 2005 年和 2012 年顺利通过了交通(运输)部的重新评估,目前为大连海事大学交通信息工程及控制博士点的依托单位。2002 年交通信息工程及控制学科被批准为国家级重点建设学科。实验室是一个在航海、轮机、船舶电气系统的动态仿真和自动化、智能化领域进行系统性科学研究的大型、综合性实验室。实验室的根本任务是为我国海运、造船、水产等部门提供船舶操纵仿真、轮机系统仿真、航海信息化、船舶自动化和智能化等方面的先进研究成果。实验室现有教学、科研和科研管理人员49 人,其中博导 12 名、教授 26 名、副教授 14 名、讲师 6 名。科研人员中具有博士学位的 35 人,硕士学位的 8 人。年均培养毕业博士生 8 名、硕士生62 名,现有博士后进站人员 3 名、访问教师 1 名、博士生 42 人,硕士生 83 人。

实验室设航海仿真、航海智能、轮机仿真和轮机智能 4 个研究方向。研究目标为瞄准航海领域国际学术前沿,面向国家交通行业重大需求,开展前瞻性基础研究、技术研发和高层次人才培养,成为国际航海领域有影响的科学研究基地、高技术辐射基地和人才培养基地。

（2）建设历程和主要建设内容

2006 年,交通部《关于大连海事大学航海动态仿真和控制实验室海上搜救模拟器项目初步设计研究报告的批复》(交水发〔2006〕705 号)批复部投资额 1310 万元,自筹 560 万搭建了海上搜救模拟器。项目建设时间 2009 年,验收时间为 2012 年。2009 年科技部 973 项目投资和2015 年交通部应用基础研究项目共投资 150 万建设了拖轮模拟器。海上搜救模拟器(型号:DMU-SJ)包括教练台一套(面积 40 平方米),360 度主本船一套(面积 400 平方米),180 度投影副本船 2 套(面积 300 平方米),直升机模拟单元一套(面积 60 平方米)。

（3）使用效果

实验室承担了 973 项目、863 项目、公益专项、国家自然科学基金项目等国家级科技项目40余项,省部级科技项目30余项,国家、省部级重大工程科研项目4项,横向科技项目和其他科技项目150余项,共获得经费近3亿元。在国内外刊物及会议上共发表论文900余篇,其中SCI检索100余篇,EI检索400余篇,出版专著14部。获得国家科技进步二等奖2项,省部级科技进步一等奖4项,省部级科技进步二等奖5项,省部级科技进步三等奖1项,并获发明专利18项。"电子海图(航道图)技术及其应用系统"和"多本船功能完备的航海模拟系统及其开发平台"分别于2007年和2008年获得国家科技进步二等奖。

实验室研制的V. Dragon-5000A型大型船舶操纵模拟器系统为驾驶人员提供了十分逼真的训练环境和船舶驾驶台操作环境,可用于进行STCW公约马尼拉修正案所规定的模拟器培训和适任评估、受限水域的高级操纵和引航训练;模拟器的性能指标完全满足挪威船级社(DNV)有关大型船舶操纵模拟器的性能标准以及中国海事局和STCW公约马尼拉修正案对用于培训和适任评估的模拟器的性能要求,满足国家海事局关于"大型船舶操纵模拟器""航海操纵模拟器""驾驶台资源管理""雷达/ARPA模拟器""GMDSS模拟器"培训大纲的训练要求,可用于电子海图的操作训练、港口和航道的开发应用及事故调查分析等。实验室先后为集美大学、宁波大学、广东海洋大学、香港海员工会、新加坡海军、宁波公安海警学院、大连远洋公司、上海远洋公司、广州远洋公司、交通运输部天津水运工程科学研究院、山东渔港监督局等70余家院校和单位研制了大型船舶操纵模拟器。除此之外,利用自行研制的航海模拟器开展航道与港口规划论证、航行安全评价等研究共计100多项。研制航海模拟器获取的科研经费已累计超过了1亿元。

实验室面向国家"安全交通、绿色交通"及辽宁省"东北亚航运中心"的重大需求,依托多个国家级项目,经过十余年的攻关,在海上立体搜救、全任务交互式拖轮多船协同作业及一体化仿真等关键训练装备和技术方面实现了重大突破。国内首次提出并成功研发了具有完全自主知识产权的全任务交互式拖轮模拟器。打破了国外垄断,可为大吨位船舶靠离码头安全论证、高风险港口应急处置方案预演及港航企业从业人员的实操演练等提供科学有效的理论支持、技术支撑和关键装备。国内首次提出并成功研发了具有完全自主知识产权的海上立体搜救仿真系统。研发了船舶驾驶台资源管理模拟器,全面打破了该项成果的国外技术壁垒。制定了我国交通运输行业第一套船员培训模拟器性能标准。包括《船员培训船舶操纵模拟器性能标准》《船员培训雷达模拟器性能标准》《船员培训ECDIS模拟器性能标准》《船员培训GMDSS模拟器性能标准》和《船员培训轮机模拟器性能标准》。"全任务交互式多船协同作业一体化仿真系统关键技术与应用"项目已授权发明专利9项,软件著作权6项,制定交通运输行业标准5项,发表高水平学术论文42篇,出版专著4部,毕业博士9名、硕士研究生25名。该成果已成功推广到航海类院校、航运企业等80余家单位,占国内市场份额达85%,其中为辽宁省内用户提供该成果10余项;95%的国内液化天然气接收站都利用该成果进行相关通航安全论证及从业人员培训等。用户利用该成果已培训船员等30000余人次。据不完全统计,该成果增收节支总额达1.8亿元,取得了十分显著的社会效益和经济效益。

电子海图导航系统是为船舶航行安全专门设计和开发的具有自主产权的船用导航系统(产品)。项目成果已达到国际先进水平,核心技术获得了国家专利和技术转让费5000万元,取得了很好的经济效益和社会效益。该系统在国内率先实现了电子海图显示与信息系统的国际标准化,兼容中国海军航保部、海事局、航道局等部门出版的电子海图,符合S-57国际标准的电子海图可"即插即用",兼容C-MAP公司全球电子海图数据库,通过了C-MAP公司的认证,是完全国际化标准的电子海图导航系统,是符合国际标准、具有自主产权的电子海图应用平台;实现了"电子海图显示与信息系统"与GPS、AIS、雷达/ARPA、罗经、计程仪、测深仪、自动舵、Inmarsat-B、GSM/GPRS/CDMA等多种导航通信设备的高度集成,使国产船舶综合导航系统达到了世界先进水平;从根本上解决了电子海图改正问题,具有人工编辑改正、标准海图数据自动更新和网上下载自动改正多种方式,克服了电子海图导航系统实船应用的最大障碍;价格仅为国外同类产品的1/2左右,性价比高。该项目产业化5年来,累计销售船舶导航系统1000余套,实现销售收入近6000万元。

18. 集装箱运输智能化行业重点实验室

(1)项目概况

随着世界集装箱海运量不断增长和集装箱船舶日趋大型化,集装箱接卸的稳定高效、节能环保和低成本成为港口经营者关注的重点。今后集装箱运输将日益实现智能化,集装箱的运输状态将变得实时可知,使得全球供应链变得更加透明。而集装箱运输的智能化,使集装箱运输在降低人力成本、提高集装箱场站通过能力、降低装卸作业能耗、保障物流运输安全、提升企业品牌形象等方面发挥出重要作用,是未来集装箱运输发展的必然趋势。

集装箱运输智能化行业重点实验室以推动和实现现代集装箱综合运输系统的便捷、高效、安全、绿色环保为目标,聚焦现代集装箱生产、集装箱化货物运输装卸效率提升、集装箱物流无缝化衔接与管理优化、集装箱运输安全与环保等技术领域,以集装箱多式联运、集装箱新箱型、集装箱运输智能化应用为重点,在新型运输组织模式、新工艺、新装备、传感识别、智能控制、可视化跟踪、信息化服务及技术标准等方面,围绕集装箱物流装备适应性技术、集装箱供应链无缝化衔接技术、集装箱运输业务仿真与预测技术、集装箱测控技术等集装箱运输智能化新技术的开发和应用,开展实验室建设,并成为我国交通行业集装箱智能化技术、装备的孵化器和技术成果的实验平台,为交通行业重点推进的集装箱多式联运与综合运输体系建设,加快大型港航企业发展转型,强化集装箱运输市场管理等重点任务,建设我国现代化的、专业化的集装箱运输集疏运系统,推进"一带一路"及综合立体交通走廊的建设提供有力技术支撑。

（2）项目建设历程

交通运输部水运科学研究院在20世纪90年代就开始"集装箱运输智能化行业重点实验室"的建设工作,从1999年起就先期建立了"港口无线通信实验系统",重点研究集装箱港口堆场管理的无线通信保障;2000年开始,从院里不同部门抽调人员,专门从事集装箱智能化运输的研发工作,同时筹建"集装箱堆场调度及监控实验系统"和"港口智能信息管理实验系统",重点解决集装箱港口堆场的信息管理与自动化调度问题;2002年开始建设"集装箱港口智能运输实验系统",完善集装箱智能运输实验室在无线智能调度、闸口智能检测、堆场智能管理等方面的实验能力;2009年依托交通运输部投资及财政部实验室修缮项目投资,分别开始建设"集装箱运输标准化研究实验系统"和"集装箱运输监测系统"等;近年来,实验室又建设了"集装箱货物全程状态追踪实验系统"(2013年)、"危险货物集装箱快速查验及监控试验系统"(2016年)。国家及单位先后投资金额超5千万元。

2014年底,依托上述实验系统建成的"集装箱运输智能化实验室"获得部行业重点实验室认定。

（3）主要建设内容

"集装箱运输智能化实验室"依托北京大兴的交通运输部水运科学研究院的综合试验场,该试验场占地约15万平方米,拥有集装箱拖车环形实验场地、集装箱空重箱堆场、模拟港区闸道、35吨轨道式龙门吊、集装箱牵引车、计算机网络和覆盖实验场地的无线网络、模拟集装箱中央调度室、场地视频监控系统、车载无线数传系统、车载终端和手持终端、集装箱GPS跟踪定位系统、集装箱箱号和车牌号识别系统、冷藏箱远程监控系统、集装箱码头信息管理控制系统、3D作业模拟、集装箱堆场作业模拟、集装箱电子标签和电子箱封测试实验系统、智能闸口模拟实验系统、电子设备环境应用测试设备、无线网络及RFID实验测试设备、移动车载实验设备等,相关实验条件渐趋完备。

（4）项目发挥的作用

依托实验室建设,充分研究了特种货物集装箱智能监控技术、集装箱运输工艺及仿真优化技术、集装箱运输装备智能化技术和集装箱运输信息服务与交换技术在集装箱运输智能化领域中的应用,特别是对集装箱RFID自动识别技术、集装箱运输实时跟踪和精确定位技术、基于物联网的危险货物集装箱状态多点无线监测技术、集装箱运输信息处理与智能决策技术、数字化远程控制技术、冷藏集装箱物联网数据采集技术、集装箱码头运行模拟与优化技术、集装箱智能模拟仿真技术、集装箱运输机械的自动控制技术、集装箱标准化技术、集装箱运输管理信息化技术等进行了重点实验研究,形成了丰硕的研究成果,许多成果在承担的国家级及省部级科研项目中得到了应用。

同时,实验室已研发出成熟的港口装卸设备设计技术、移动机械的油电改造技术、集装箱运输远程监控技术等,研发制造的轻型电动轮胎式集装箱门式起重机、GJM40.5轨道式集装箱门式起重机、轮胎式集装箱龙门起重机调速柴油发电机组节能技术,已用于广东肇庆港、宜宾港、广州鱼珠码头、青岛港;研发的 JAJ40t－39m 岸边集装箱起重机已用于珠钢码头;研发的一种集装箱吊具减摇装置已用于青岛港;集装箱装备节能改造技术,已在厦门港务集团石湖山码头有限公司、上海浦东煤气制气有限公司、日照港股份有限公司第二港务公司、南京港口建设指挥部、石岛新港港务股份有限公司等公司得到了广泛的应用;集装箱装备轻型化设计技术已用于南京港轻型全功能集装箱起重机整机系统集成工程。

在集装箱运输信息服务与交换技术领域,实验室先后承担了多个交通运输信息化项目,如"广东省交通电子口岸公共信息服务平台建设方案""西部港口物流枢纽信息服务平台建设技术研究及示范应用""重庆交通电子口岸一期建设""河北港口集团综合管理平台初步设计""长三角智能航运公共综合信息服务平台建设关键技术及标准研究应用"等。实验室研发人员开发的港口综合管理信息系统软件已广泛应用于全国各个港口与港航管理单位;集装箱码头生产信息管理系统软件在我国内河港口多个集装箱码头得到应用。远程数据监控信息交换平台应用于多个集装箱监控项目,取得了良好的应用效果。作为最早制定和推动 EDI 数据交换的部科研单位,对现有的国际集装箱电子数据交换系统的广泛应用,提供了极大的技术支持。

据统计,依托实验室建设应用,科研人员先后承担了 40 多项国家级、省部级的集装箱智能化研发项目,为行业的科技进步做出了重要的贡献。另外,实验室的一项重要功能是对集装箱运输智能化标准技术进行实验验证,受全国集装箱标准化技术委员会委托,实验室开展了大量的集装箱智能标准化实验工作,在集装箱基础标准研究、标准制修订、标准的宣贯实施等领域取得了重要的成果,先后支持了几十个集装箱相关标准的制修定工作。

19. 水上智能交通运输行业重点实验室建设

(1)项目概况

人工智能技术与计算机技术的蓬勃发展,对传统水上运输行业造成了巨大冲击,也带来了革命性的巨大机遇,使得水上交通智能化成果新的蓝海。随着交通强国和海洋强国、海运强国战略的提出,国家对智能交通、智慧航运和信息化等技术与装备的需求大幅增加。为推进水上智能交通关键技术攻关与应用示范,夯实"建设海洋强国"和"一带一路"的战略部署重要基础,契合《国务院关于促进海运业健康发展的若干意见》重点任务、国家中长期科学与技术发展规划纲要》中交通运输安全与应急保障的重要议题和《全国科技兴海规划纲要》中重点强调的科技目标,大连海事大学申请建立"水上智能交通运输行业重点实验室",开展相关研究。2016 年,交通运输部正式认定通过该实验室。水上智能交通交通运输行业重点实验室以研发具有中国自主知识产权的水上智能交通核心技术、进一步提升我国水上智能交通核心技术水平、保障水上交通及信息安全为主要目标。

（2）项目建设历程

水上智能交通运输行业重点实验室于 2014 年开始进行认定工作,2016 年被正式认定,由大连海事大学负责实验室具体管理与建设,依托辽宁省船舶污染监测与检测信息化重点实验室、交通安全与通信技术省重点实验室、大连海事大学重点支持的空间遥感与地理信息系统等科技创新团队。实验室设施设备主要为建设前已有设备,后续建设主要为学科建设投资,累计投资约 30 万元。

（3）主要建设内容

本实验室现有设施主要为建设前的积累,建成后投资购买设施较少。主要投资的设施设备包括近红外探测器 1 套、荧光传感器 1 套、光电传感器 1 套。

（4）项目发挥的作用

本重点实验室以空间遥感、遥测、电子海图及 4S(GIS、GPS、RS、AIS)技术等为手段,开展空天船岸多传感器交通空间信息获取技术、船舶航行态势智能感知、水上交通污染监测技术与装备、基于无人平台的遥感定标传感识别与水上交通应急保障技术等研究工作,站在了水上交通监测技术和船舶通信导航技术领域的国际技术前沿,形成了具有核心技术的创新能力和创新条件,对于支撑水上智能交通系统、保障水上交通及信息安全具有重大意义。

围绕着空天船岸多传感器交通空间信息获取技术,攻克水上交通空间信息多平台立体监控与追踪集成前沿课题。开发出多源航天遥感交通空间信息监测系统,研制了机载激光荧光、多光谱扫描仪和便携式远程红外水上交通目标探测传感器,并建立了多传感器的航空遥感监测系统,研发了航海雷达船舶与钻井平台监测软硬件系统;构建了水上交通重大事件的立体监测与追踪集成体系,推动了本领域的科技创新与进步,为我国海事、海洋和石化企业安全管理提供完全自主知识产权原创性高端装备制造产品。

在船舶航行态势智能感知研究方面,针对 GNSS-R 新型传感器的独特优势,以及海上探测传感技术在智能船载平台的创新性需求,研发 GNSS-R 传感采集系统,开展基于全球导航卫星系统反射信号(GNSS-R)的航行环境感知与识别技术研究,弥补其他遥感探测技术在时空延展上的不足,服务于智能船舶航行感知与识别,保障远洋船舶航行安全,推动北斗导航卫星系统应用发展。

在水上交通污染监测技术与装备研究方面,突破了水上交通油污染识别、微量污染探测、污染源追溯等技术瓶颈并取得重大研究进展。首次构建了典型船舶油品光谱数据库与稳定碳同位素油指纹数据库,填补了国内外空白;研发了指标领先的船舶油污染主被动全谱段高光谱遥感监测与原子水平同位素检测系列技术与装备,实现了装备自主创新国产化、功能完备化、光谱精细化、指纹精准化，对装备产业化和行业的技术进步起到了显著作用；项目研发的关键技术与装备成果达到同类技术领先水平，使海上交通安全保障技术与溢油污染应急处置技术水平跨越到一个新台阶，提高了履行国际公约的能力。

基于无人平台的遥感定标传感识别与水上交通应急保障技术，突破了无人平台终端传感器成像精度、海陆一体化定标体系、遥感大数据高效拼接与多传感多波段的水上交通目标信息识别模型体系等瓶颈问题。构建了地表目标与成像光电参量相互关系分解模型，解决了从光电成像系统源头破解遥感成像误差难以度量的难题。发明了基于遥感载荷定标的海面—地面定标精度验证系统，为目标信息识别模型精度提升奠定坚实基础。构建了多传感多波段的水上交通目标信息识别模型及方法体系。发明了多传感器多波段覆盖的水上交通目标信息识别模型体系，实现海上多目标复杂信息的高效精准识别。建立了世界首个无人机遥感载荷综合验证场。为水上交通灾害应急提供科学支撑，推进促进无人平台遥感产业化发展。

依托"水上智能交通运输行业重点实验室"，团队立足水上智能交通及其安全领域，瞄准国际学术前沿开展前瞻性研究。先后主持了国家重点研发计划、国家科技支撑计划、国家海洋公益性行业项目、工信部高技术船舶项目、国家自然科学基金等国家级科研项目30 余项，获得水上交通领域核心专利 30 余项，交通运输行业标准 2 项，在国际知名期刊发表 SCI 检索论文百余篇，出版专著 2 部。2017 年，李颖教授领衔组建并获批科技部"海上交通安全与空间信息技术"重点领域创新团队和交通运输部重点领域创新团队，形成了具有国际影响力的水上智能交通研究团队，支撑了我国建设海洋强国和交通强国的发展战略。

（二）行业研发中心

1. 长江航运技术行业研发中心

长江航运技术行业研发中心是交通运输部设立的首个行业研发中心，依托长江航务管理局建设和管理。研发中心按研发方向设航道整治与维护、枢纽通航、水上交通安全与防污染、信息与智能航运 4 个研发基地，分别依托长江航道规划设计研究院、长江三峡通航管理局船闸通航工程研究中心、武汉理工大学水路公路交通安全装备与控制工程研究中心、大连海事大学航海智能技术研究所 4 家科研机构。自 2012 年 3 月 28 日正式挂牌运行以来，研发中心强化环境建设与人才培养，依托项目研究，在航道整治与维护、枢纽通航、水上安全与防污染、信息与智能技术等方向突破了一批关键技术，实现科技成果推广与应用。研发中心以现代长江航运发展需求为导向，以实现成果转化为主要目标，开展新技术、新材料、新工艺、新装备的研究开发和系统集成，促进科技成果推广应用，建设成为培育一流工程技术人才的重要基地，在水运资源优势利用、综合运输体系发展、带动流域经济发展、生态环境保护及技术人才培养等方面发挥了巨大的社会效益和环境效益。成立以来已完成科技项目 350 余项，获得 70 余项省部级奖励，申请专利 80 余项，软件著作权 50 余项，产生经济效益 6 亿多元。

（1）长江航运技术行业研发中心航道整治与维护研发基地

1）项目概况

该项目于 2014 年 8 月由交通运输部批准实施——交通运输部关于长江航道局航运技术研发中心设备购置项目可行性研究报告的批复（交规划函〔2014〕700 号）。通过长江航运中心航道整治与维护基地装备购置方案，达到以下目标：

航道整治方面：长江航道河床演变与水沙关系分析技术、航道整治模拟技术、长河段航道系统治理关键技术、航道整治建筑物新结构新材料新工艺、生态航道建设关键技术等科学技术研究能力显著提高。

航道维护方面：新水沙条件下航行基准面、枯水碍航预测预报系统、航道整治工程监测系统、航道整治建筑物水毁修复技术、航标维护及设计关键技术等研究顺利开展，并获得相关成果。

数字航道建设方面：开展航道信息化标准、智能航道物联网、水位遥测遥控系统、电子航道图数据更新与发布平台、船岸一体化技术在航道管理中应用等技术研究，实现相关领域的突破。

2）项目建设历程

项目 2014—2015 年开展了进口设备的论证，并于 2015 年 11 月获财政部批准——关于交通运输部长江航道规划设计研究院水流仪等设备采购进口产品的复函（财办库〔2015〕2015 号）。2015 年 12 月研究院开展进行设备购置招投标，2016 年 2 月开展设备购置，交付使用时间为 2018 年，总投资为 1170 万元。全部为部拨经费。

3）主要建设内容

根据航道整治与维护基地建设目标，结合当前长江航道转型发展的要求，航道整治与维护基地计划按三个平台分别进行建设：

航道整治与维护技术仿真实验平台。购置 FLOW3D 计算软件 1 套、Mike Zero 软件 1 套、360 全息沙盘 1 套、高性能计算机 2 台、生态数值模拟仿真系统 1 套、交通流仿真软件 1 套、高分辨率大屏幕显示系统 1 套、多功能 3D 打印机 1 台。具体指标见附图。

航道整治水流紊动与泥沙输移研究平台。购置 PIV 流速仪 1 套、悬移质浓度测量系统 1 套、推移质输沙率测量系统 1 套、多功能仪器设备平台 2 套。具体指标见附图。

航道工程模型测控技术研发平台。购置水流仪 1 套，声学多普勒流速剖面仪 ADCP1 套，单频测深仪 1 套，高精度 GNSS 接收机 1 套，浊度仪 3 套，泥沙浓度剖面仪 1 套，柱状采泥器，BioSonics 探测仪 1 套，水上交通流检测雷达 2 套，雷达数字接口卡 2 套，测量专用计算机 2 台。具体指标见附图。

4）项目发挥的作用

经济效益方面。工程建设后，研发基地将在研发出一批适合目前形势的透水消能及生态环保的航道整治建筑物结构形式，加快航道整治前期工作进度，节省航道维护成本。研发的生态结构应用到工程实际，可以减少航道整治工程对长江生态的影响，增强长江航道的生态功能，维护长江流域生态环境，有利于保证长江流域的生态多样性，可减少国家对长江生态环境修复的投入。研发基地在为社会和全行业服务的同时，将拓展市场，通过技术转让、承担纵向课题和横向任务，从而在技术和经济两方面形成可持续发展的良性循环。

社会效益方面。可以确保长江干线航道畅通，避免出现阻碍航行的局面，确保工农业生产的正常顺利进行，为经济发展提供可靠的物质保证；可以保护长江流域水生动植物，增强长江流域生态功能，不仅使长江成为黄金水道，更是生态航道和绿色长廊，环境效益显著；可以发展长江沿线生态观光产业，带动长江沿线区域经济发展，丰富长江沿线人民物质精神生活；可以推动新材料、新结构、新方法在长江航道整治工程中应用，彻底淘汰长江航道整治过程中高能耗、高污染的结构、技术和方法，促进长江航道建设的结构升级和转型；购置一批设备能够有效地提高人才培养质量，在未来 5 年可培养工程师 10 人、高级工程师 15 人、教授级高工 5 人以上。

（2）长江航运技术行业研发中心枢纽研发基地

枢纽通航研发基地依托长江三峡通航管理局通航工程技术中心设立，研发方向为枢纽通航交通组织、通航建筑物运行维护和枢纽通航安全保障等。枢纽通航研发基地现有科研实验人员 19 人、专业范围覆盖水工、机械、金属结构、电气自动化和交通运输管理等领域。枢纽通航研发基地立足葛洲坝、三峡船闸运行管理维护，同时装备了枢纽水运环境和交通流仿真系统平台、通航建筑物检测维护技术及装备研发平台设备、枢纽通航建筑物电控系统仿真平台设备，为枢纽通航技术研发提供了科研条件，面向行业积极开展科研工作。

1）项目概况

为适应长江航运发展需要，提高内河通航枢纽通过能力和安全保障水平，增强长江航运技术研发能力，加快科技成果转化应用，交通运输部以《关于长江航运技术研发中心（枢纽通航研发基地）设备购置可行性研究报告的批复》（交规划函〔2014〕611 号）批准了本项目建设内容。项目主要通过相关设备采购，建设枢纽水运环境和交通流仿真系统平台、通航建筑物检测维护技术及装备研发平台和枢纽通航建筑物电控系统仿真平台，批复总投资 1100 万。

2）项目建设历程

枢纽水运环境和交通流仿真系统平台，2015 年 6 月完成招标、合同签订及项目开工，12 月完成出厂验收、中间交工验收工作，进入软件调试运行阶段，2016 年 6 月完成交工验收工作并投入运行。通航建筑物检测维护技术及装备研发平台,2015 年 7 月完成招标、合同签订及项目开工,11 月完成出厂验收、中间交工验收,并开始为期 1 个月的调试运行,2015 年 12 月完成交工验收工作并投入运行。枢纽通航建筑物电控系统仿真平台,2015 年 6 月完成招标、合同签订及项目开工,11 月完成出厂验收、中间交工验收,并开始为期 1 个月的调试运行,2015 年 12 月完成交工验收工作并投入运行。

项目设计单位为交通运输部水运科学研究所;施工单位为北京思维科系统科技有限公司、广州英钛信息科技有限公司、南京苏润科技发展有限公司;监理单位为长航监理有限公司。

本项目建设费用总计 1100 万元,其中交通运输部投资 1000 万元、自筹 100 万元。我局按照年度资金计划组织项目建设,严格执行投资控制管理程序,控制工程建设费用;项目实施中无设计变更,较好地控制了工程投资;项目完工以后,本项目除质量保证金外的合同费用均已支付给施工单位,使得项目投资得到了有序有效的控制和实施。

3）主要建设内容

①枢纽水运环境和交通流仿真系统平台:软件包括枢纽水运环境和交通流仿真软件（思维科定制开发）、三峡枢纽区域水运环境模型（思维科定制）、数据库软件（微软 SQL Server）、可视化编程工具软件（My Eclipse）和建模仿真软件（AnyLogic Professional V7.1.2）;硬件包括大屏幕显示系统（Sharp Designjet T795）、大幅面打印机（HP Designjet T795）、网络交换机（H3C S5120-28P-LI 企业级 24 口）和 2 台服务器（Dell PowerEdge R430）。

②通航建筑物检测维护技术及装备研发平台:通航建筑物设备设施检测和维护检修技术研究用仪器和设备,主要包括多通道数字信号在线分析试验台、船闸传感器综合试验台（SX-PXIe-STB）、传感器检测技术实验台（YL610）、声发射采集仪（SAEU2S-1016-06）、液压便携式测量仪（Hydraulic Tester PPC-Pad-103）、压力式水位计测试仪（DPI611-11G）、钢丝绳探伤仪（TS-XII60）和动态应变仪（YD-28A）等。

船舶过闸安全状态监测技术研究用仪器和设备,主要包括远距离位移信号采集仪（LMS511-20100）、远距离速度信号采集仪（Hotweels J2360）、云台（YP3040）、数据采集及处理计算机（ThinkStation P500）等。

检测和维护检修技术装备研发工具和试验环境,主要包括示波器（MDO3014）、高精度信号发生器（AFG3022C）、逻辑分析仪（MDO3054）、直流电源（UTP3704S）等基础实验仪器和设备,以及虚拟仪器开发控制平台（PXL-1033）、PLC 电气控制试验系统（定制）和用于装备研发的台架和工器具等。

③枢纽通航建筑物电控系统仿真平台:包括船闸电控系统仿真子平台（定制,包含船闸电控仿真系统和计算机模拟执行机构）和升船机电控系统仿真子平台（定制,包含升船机电控仿真系统和模拟执行机构）。

4)项目发挥的作用

枢纽通航研发基地立足三峡,立足新建科研平台,积极开展枢纽通航交通组织、船闸检测和维护技术开发以及船闸升船机电控系统模拟等方面的技术工作,并加快科研项目申报和成果转化的工作,利用通航建筑物检测技术及装备研发平台积极开展停靠线检测技术成果工程化转化及应用工作,利用枢纽水运环境和交通流仿真系统平台开展省部级科研项目"大型通航枢纽扩能与运营安全保障科技示范工程"和三峡局科技项目"基于葛洲坝枢纽扩能工程三江方案的船舶交通流仿真研究",其中已完成"基于葛洲坝枢纽扩能工程三江方案的船舶交通流仿真研究"研究工作,其他正在积极推进研究工作中,对三峡葛洲坝新通道以及枢纽通航交通组织产生了积极作用。

依托基地,已完成10余项省部级科技项目,如"复杂条件下三峡船闸通过能力提升技术研究""山区河流水上设施风、光、水流新能源复合供电关键技术"和"三峡升船机通航与运行保障关键技术研究"等,多项在研科技项目,如"大型通航枢纽扩能与运营安全保障科技示范工程"和"三峡枢纽水运新通道航运关键技术比较研究中三峡河段通航交通组织及航运配套设施研究"等,并积极推进部分成果应用以及工程化研究工作。自2013年以来,研究成果获得中国航海科技奖3项,长航科技奖2项,获得授权的发明专利4项、实用新型专利5项、计算机软件著作权2项,并编制专著2册,多项研究成果技术在船闸运行管理维护中得到了实际应用,有效提高枢纽通航的安全和效率。

2. 应急救助与抢险打捞交通运输行业研发中心

(1)项目概况

中国救捞作为我国海上应急保障的重要力量,是处置海上急难险重应急任务的关键力量,是我国海上安全保障的最后一道防线。交通运输部上海打捞局(简称上海打捞局)顺应国家建设"海洋强国"战略的需要,以《国家水上交通安全监管和救助系统布局规划》为引领,整合所属技术服务中心、深潜水研发中心(筹建)、上海潜水装备厂即交通运输部上海潜水装具研发基地(简称上海潜水装具研发基地)、芜湖潜水装备厂即交通运输部救助打捞局芜湖救捞装备研发中心(简称芜湖救捞装备研发中心)的科技研发资源,联合上海交通大学、上海海事大学、大连海事大学和交通运输部水运科学研究院等科研院校的科研优势,于2013年向部提交申请成立交通运输部应急救助与抢险打捞行业研发中心(简称行业研发中心),并于2014年8月28日正式获得批复。

中心重点围绕涉及深潜水技术与装备、超深水抢险打捞作业平台与机器人系统、大深度大吨位打捞技术、海上救助装备与技术的500米饱和潜水技术、大水深重型遥控作业系统、沉船整体快速打捞、海上遇险搜救定位等关键技术和重要装备进行研发和攻关,已初步形成开放、合作、共建、共享的管理体制和运行机制,破解一批救捞行业急需解决的技术难题和技术瓶颈,形成科技项目来源于生产并最终服务于生产、产学研一体化的技术物化链,初步显现中心在行业内的辐射作用。10 年内基本具备覆盖海上救生、深潜水作业、沉船打捞、环境救助、海洋工程等领域重大技术与装备的综合集成研发能力,承担并组织系统各领域重大关键技术瓶颈的科研攻关,在关系到制约整体救捞能力提高的一大批关键性、基础性、战略性的重大技术方面取得重大突破,为救捞系统应急保障能力与水平的全面提高提供强有力的技术支持,成为交通行业中具有相当影响力的研发基地,同时也是救捞系统内唯一具有超强辐射力的技术装备研发基地。

(2)项目建设历程

2014 年 8 月,上海打捞局委托交通运输部规划研究院开展应急救助与抢险打捞交通运输行业研发中心一期设备购置项目的可行性研究工作,并为其提供了基础资料并落实了外部建设条件。交通运输部规划研究院负责救捞行业研发中心一期设备购置的必要性、总体功能、设备配置方案等方面的论证及投资估算的编制,最终出版了《应急救助与抢险打捞交通运输行业研发中心一期设备购置项目可行性研究报告》(送审稿),并通过了我局内部评审认可。2014 年 9 月 22 日,工可送审稿通过了规划司委托交通运输部科学研究院组织的专家组(7 位专家)审查,并最终根据评审意见修改形成了《应急救助与抢险打捞交通运输行业研发中心一期设备购置项目可行性研究报告》(报批稿),并于 2014 年 12 月 4 日获得《交通运输部关于应急救助与抢险打捞交通运输行业研发中心一期设备购置项目可行性研究报告的批复》(交规划函〔2014〕1008 号),部正式批复同意建设上海打捞局应急救助与抢险打捞交通运输行业研发中心设备购置项目。项目委托中交进出口有限公司作为招标代理,与 5 家计算软件公司、5 家检测仪器制造公司、10 家机械设备制造公司签了购置合同,于 2015 年 3 月签订了第一项设备数控等离子切割机的采购合同,于 2018 年 10 月完成了深潜水人员生理及环境监测分析平台最后 8 台/套设备的交付验收,共历时 3 年 10 个月。项目共购置 67 台/套设备,总投资 1854 万元人民币,其中国家投资 1670 万元,自筹 184 万元。项目于 2019 年 1 月 30 号获得档案验收批复,与 2019 年 5 月 13 日获得竣工验收批复。

(3)主要建设内容

自获得立项批复以来,行业研发中心紧紧围绕建设目标和任务,狠抓贯彻落实,全面强化组织架构,深入开展科技项目研究,总体发展情况稳中向好。中心成立管理委员会,负责行业研发中心研发方向调整及重大决策,同时对中心下设的管理办公室、财务处、技术推广部等部门,以及深潜水技术研究、救助打捞技术与装备研究制造、潜水装具研究与制造、海洋工程技术与装备研究等 4 个基地/单位进行全面领导。中心还设有技术咨询评审委员会,由大连海事大学、救捞系统行业专家、上海交大等知名专家组成,负责技术咨询及成果评议等。行业研发中心一期设备购置项目建设内容是为应急救助与抢险打捞交通运输行业研发中心下设的交通运输部上海打捞局深潜水技术研发中心、交通运输部上海打捞局技术服务中心和交通运输部救助打捞局芜湖救捞装备研发中心三个部门购置关键研发设备,配备深潜水人员生理及环境监测分析平台、深水打捞计算辅助平台和深潜水装备研发制造检测平台,共购置设备及软件36项、67台/套。其中,深潜水人员生理及环境监测分析平台由潜水员生理检测设备、潜水员心理检测设备和环境监测设备组成,设备及软件共7项、8台/套,包括多普勒超声气泡测量仪、体内温度测量装置等;深水打捞计算辅助平台共有GHS-Slavage静水力计算软件、Ansys通用有限元分析软件等5套软件组成;深潜水装备研发制造检测平台由开发设计设备、试验检测设备和制造设备构成,设备及软件共24项、54台/套,包括数控等离子火焰切割机、移动综合管路实验平台等。

(4)项目发挥的作用

通过不断整合内外部科研资源,进一步依托单位交通运输部上海打捞局现有科研资源及支撑条件,积极联合具备相关学科优势的大专院校及科研院所,调研救捞工程面临的重点难点,行业研发中心目前在以下几个方面发挥了积极的作用。

一是进一步完善和发展了深水救捞施工技术体系,总体上达到国际先进水平。近年来,救捞研发中心在沉船打捞、饱和潜水、深潜器工程应用方面取得突破性研究进展,特别是2017年救捞研发中心二十多名工程技术人员作为"世越号"项目组骨干,成功整体起浮难船,创造了世界打捞史上的奇迹。同时重点加强了饱和潜水、水下无人遥控器等尖端应用技术领域的科研攻关,积极向国家科技主管归口部门申请科研立项,已成功承担了2项与饱和潜水、深海潜器相关的国家级科研项目,有利推动救捞深水作业工具与技术谱系化发展。

二是创新深水施工工艺,具备了水下管线敷设、设施模块化安装工程设计和施工能力。针对依托单位交通运输部上海打捞局水下应急处置职能方向,依托海底管线抢修、敷设,海底采油设施建设等海洋工程项目,通过技术引进及改良,研发了"reel lay"(海底软管敷设技术)、浮吊船DP模式下吊放超大型模块等新型施工工艺,部分已得到实际工程应用检验。

三是积极配合"交通运输救捞与水下工程标准化技术委员会"开展标准制修订工作,起草了"饱和潜水消毒卫生要求""链式提升器操作要求""空气潜水设备设计和周期性检验要求""气升式吸泥器""水下粘胶剂技术要求与试验方法""潜水热水机""潜水作业现场急救方法与要求"7项标准,目前已完成一项标准的起草工作,其余6项正在紧张进行中。

(三)国家工程实验室(发展改革委)

1.港口水工建筑技术国家工程实验室

(1)项目概况

港口水工建筑技术国家工程实验室是国家发展改革委和交通运输部为加快公路、水路交通运输行业技术创新体系建设,提升行业整体创新能力组织实施的建设专项,2012年9月获得国家发展改革委批复建设,经过近6年的建设,于2018年8月顺利通过验收。港口水工建筑技术国家工程实验室依托单位为交通运输部天津水运工程科学研究院,组建单位包括天津大学、中交第一航务工程勘察设计院有限公司、中交第一航务工程局有限公司、天津港(集团)有限公司等9家单位。实验室主要开展波浪潮流泥沙对港口通航安全影响及防治技术、深水码头及防波堤新型结构设计与施工技术、地基及基础稳定性及安全监测技术、码头结构检测评估与加固技术4个方向的科学研究、技术研发和成果转化工作。实验室拥有多方向不规则波模拟、港口航道防淤减淤、港口工程检测评估、波浪——结构——地基耦合作用、土工离心模拟5个实验研究平台。

(2)主要建设内容

实验室拥有多方向不规则波模拟、港口航道防淤减淤、港口工程检测评估、波浪—结构—地基耦合作用、土工离心模拟5个实验研究平台。世界最大规模大比尺波浪实验水槽(长450米、宽5米、深8~12米,能生成3.5米大浪)和大型土工离心机($500g \cdot t$)是实验室的代表性试验设施。

(3)项目发挥的作用

1)研究水平与贡献

实验室以交通强国国家战略为指引,强化科技创新,加强基础研究和应用技术研究,实施科研领先工程,积极承担国家级省部级科技项目和重大工程建设项目科研工作,解决行业关键技术问题,服务交通运输行业发展。

实验室承担"软土地基上双排钢板桩结构循环承载特性及计算方法研究""长江潮汐河段汊道相对稳定性及河势联动性机理研究""波浪作用下浮体大幅慢漂运动水动力特性研究""弯道明渠多环流三维结构动力演化机理研究"等4项国家自然科学基金项目;开展了"珠江河口与河网演变机制及治理研究""国际绿色港口枢纽及多式联运关键技术支撑系统合作研发""复杂多分汊河段航道滩槽调控技术与示范"等国家重点研发计划项目研究工作;承担"基于大数据感知与分析的港口安全智能预警及控制关键技术开发""港口安全生产风险和隐患分级判定指南研究"等省部级科技项目。

实验室承担了"深中通道施工期沉管隧道基槽水域水沙环境监测及基槽回淤预警预报研究""舟山至上海跨海大通道战略规划研究水沙环境港口航道影响分析""三亚新机场波浪潮流泥沙整体物理模型试验研究""唐山LNG项目码头工程模型试验研究""宁波舟山港金塘港区码头工程潮流泥沙数模研究""连云港港赣榆港区十万吨级航道延伸段及其港池泊位泥沙淤积研究""大连临空产业园填海造地工程纳泥区地基处理试验区监测及检测"等国家和地方重点建设工程项目的相关研究工作,为交通运输行业发展起到了支撑作用。

在涉外工程项目研究方面,开展了"意大利威尼斯离岸深水港项目防波堤断面物理模型试验""印尼海螺国际贸易有限公司帕卢水泥中转项目地形测绘水文气象观测及分析""菲律宾 MWC 填海造陆项目波浪数学模型试验研究""缅甸伊洛瓦底省 LNG 燃机电站工程循环冷却水温排专题试验研究""马来西亚登嘉楼 Paka 河口拟建沿海建筑物物理模型试验研究""迪拜 Hassyan 清洁煤电厂工程取水头波浪力与原型观测研究"等研究工作,提高了实验室在水运工程领域的知名度和国际影响力。

实验室还开展了"水下悬浮隧道相关技术及数模物模试验研究"等科技前沿研究,针对悬浮隧道所处的特殊环境,开展水动力、结构及锚固系统物理模型试验研究及相关数模分析,研究复杂水动力条件下悬浮隧道结构体系的动力响应特性、水弹振动与控制;建立复杂水动力及动荷载作用下结构响应耦合分析理论、承载特性及强度分析理论,明确破坏机理和主要失效模式,提出控制策略,为悬浮隧道的建造及安全服役提供关键技术保障。

实验室研究成果获得省部级科技奖 12 项,其中天津市科技奖 2 项、中国航海学会科技奖 4 项、中国公路学会科技奖 1 项、中国水运建设行业协会科技奖 2 项、中国港口协会科技奖 2 项、中国海洋工程科学技术奖 1 项。其中"海洋动力环境(波、流、风)生成装备的研发及其应用"获得天津市科技进步一等奖,"特大型桥梁风 - 浪 - 流耦合作用研究"获得中国公路学会科学技术特等奖,"大型人工复式航道建设关键技术研究及应用"获得中国水运建设行业协会一等奖,"多因素影响下船舶系泊模拟及应用技术研究"获得中国港口科技一等奖。

实验室依托研发成果,出版《大比尺波浪水槽中波浪条件及软土地基模拟技术》等著作 8 部;发表 SCI/EI 检索论文 22 篇;取得"一种淤泥质海岸人工沙滩减缓泥化的抽泥管廊系统"等发明专利 5 项和"一种用于沙滩防护的柔性离岸式防波堤系统"等实用新型专利 36 项;取得"波浪作用下板桩墙波压力试验数据分析计算软件"等计算机软件著作权 12 项。

2)研究队伍建设

实验室组建了管理委员会和技术委员会,实行管理委员会领导下的实验室主任负责制。实验室研发团队固定人员 65 人,其中全国水运工程勘察设计大师 2 人、全国水运工程建造大师 1 人、交通运输部专家委员会委员 1 人;具有高级技术职称 60 人。

实验室实施青年人才培养工程,选拔青年首席专家和青年科技英才,定期进行考核,既激励青年科技人员开展科研创新,又给予青年科技人员一定的压力,推进他们更快进步。实验室实施"高端人才"工程,吸引国内著名高校优秀的博士生到实验室工作,补充新鲜血液,增强科研活力。实验室 1 名专家获得"天津市有突出贡献专家"荣誉称号,2 人被评为交通青年科技英才,1 人入选中国科协第四届"青年人才托举工程"。

3)开放交流与运行管理

实验室邀请国际著名的专家学者到基地开展讲学和技术交流,与国外先进科研机构开展科技合作研究。实验室与德国联邦水工研究所、德国汉诺威大比尺波浪水槽、挪威奥斯陆大学、瑞典查尔莫斯理工大学、荷兰埃因霍芬理工大学、挪威科技大学等国外高校和科研机构开展了学术交流。实验室邀请中国工程院杨志峰院士、日本植松康教授等到实验室开展学术讲座，实验室人员参加了国际水环境生态建设技术发展交流会、中国—马来西亚港口联盟第三次会议等并进行交流。

实验室管理制度规范有效，保证了实验室的正常运行。大型仪器设备实行开放共享，天津大学、北京交通大学等单位利用大比尺波浪水槽、土工离心机等设施开展了项目研究工作。

（四）国家工程研究中心（国家发展改革委）

1. 中交疏浚技术装备国家工程研究中心概况

（1）项目概况

疏浚工程中心的主要目标和任务方向是围绕国家重大工程建设和行业发展需求，建立疏浚共性技术和关键装备的研发、验证和工程化平台，开展高效节能疏浚技术、先进疏浚机具与部件、疏浚监控自动化和优化技术、疏浚土有益利用及环保疏浚技术、关键疏浚设备等的研发和产业化，推进相关技术标准研制，加强重大科技成果的系统集成和推广应用，推动国际合作与交流，为相关企业提供技术咨询服务，带动提升我国疏浚行业的整体技术水平和重大疏浚装备的自主发展能力。

（2）建设历程

2011年11月，国家发展改革委批复（发改办高技〔2011〕2676号），由中交上海航道局有限公司牵头在上海市筹建疏浚技术装备国家工程研究中心。2012年6月，中交疏浚技术装备国家工程研究中心有限公司（以下简称"疏浚工程中心"）注册成立。2013年开始，疏浚研究中心正式进入预备期。至2015年底，注册成立了独立法人的中交疏浚技术装备国家工程研究中心有限公司，建立了相应的组织机构和科学合理的运行管理机制，落实了固定研发人员和管理人员。2016年6月，疏浚研究中心正式授牌，正式开始运营。

（3）建设内容

中交疏浚技术装备国家工程研究中心有限公司是集研发和产业化于一体的大型科研和产业化单位。拥有28537平方米办公场所以及近17843平方米科研场所。疏浚研究中心拥有世界规模最大、试验条件领先的疏浚技术研发试验基地。可开展机理研究、物理模型试验、数值与仿真模拟、工程工艺研究、装备产品研制与测试、工程咨询与技术服务、成果产业化验证、示范工程承包、自动化控制系统研究、企业级装备管控平台定制等全产业链技术服务。研究中心是上海市高新技术企业，拥有航道疏浚技术交通行业重点实验室和中国交建疏浚技术重点实验室以及一个博士后工作站，是国内规模最大、综合性最强的疏浚技术研发中心。研发中心同时设有湖泊污染治理与生态修复技术国家工程实验室上海研究试验基地。

疏浚研究中心通过资源整合、社会招聘及人才引进等措施，逐步建立了三个层面的科研和产业化团队，目前，科研人员85人，管理人员28人，产业化人员（生产人员）112人。科研人员中，高级职称25人，博士研究生11人，硕士研究生49人。疏浚研究中心科研板块主要由四所一室组成：重点实验室、工程研究所、装备研究所、自动化系统研究所、智能与信息技术研究所。重点实验室主要是开展疏浚及相关行业的应用基础和前瞻性技术研究，是目前世界最大、功能最强的疏浚实验室；工程研究所主要开展疏浚及相关行业的工程工艺研究；装备研究所主要开展装备研制、设计；自动化研究所主要开展自动控制系统集成相关研究工作；智能与信息技术研究所主要开展大数据研究与智能软件开发。产业化板块由四个公司组成：修造船公司、备件公司、自动化装备公司以及工程承包公司。修造船公司主要开展疏浚船舶维修、改造、建造等业务；备件公司主要开展装备和备件制造等业务；自动化装备公司主要是开展监控系统建造与维护；工程承包公司主要是对相关的工程工艺开展示范工程。

（4）项目发挥的作用

疏浚研究中心重视"产学研用"的全价值链，定位是做价值链的组织者。国家发展改革委设立国家工程研究中心的初衷就是，搭建产业与科研之间的桥梁，促进产业技术进步和核心竞争能力的提高。所以疏浚研究中心在模式方面要突出"以研促产，以产养研"。

自2013年7月疏浚研究中心组建至今，围绕高效节能疏浚技术，先进疏浚机具与部件国产化和标准化，疏浚土有益利用与环保疏浚技术，疏浚自动化监控系统和优化技术四个研究方向开展科研与产业化，取得多项成果。其中，累计承担科技研发项目90项（其中国家级、省部级项目8项），总经费2.5亿元。获得省部级及以上科技进步奖25项。主编或参编标准规范37项，其中国际标准2项，国家标准4项，行业标准7项，企业标准24项；在编国际标准3项、国标4项、行标4项。取得发明专利9项，实用新型专利40项，计算机软件著作权22项。发表论文119篇，其中三大检索22篇，国际会议论文31篇，核心期刊论文50篇。在成果转化方面，疏浚研究中心围绕船舶、装备管控技术、装备智能化、疏浚装备标准化、疏浚土有益利用及环保疏浚技术、海洋工程技术跟踪与探索、重大工程保障和现场技术研究等方面取得众多成果。

经过多年的发展，疏浚研究中心已经成为本领域国际一流的、解决疏浚领域重大科技问题的研发及成果转化基地，整体水平已经达到国内领先、国际先进。

2.疏浚技术装备国家工程研究中心创新能力建设项目

（1）项目概况

我国疏浚业现状是，属于"疏浚大国"而非"疏浚强国"，研发条件及能力、技术装备水平、整体效率、成本能耗等方面与产能不对等。同时，疏浚是一个多学科交叉的行业，模型试验研究要兼顾多因素的影响，小比例模型试验模拟大型挖泥船时，比尺效应较大、精度较低，以定性研究为主。建设大尺度的模型试验条件、先进的模拟仿真研究平台，解决疏浚研究从定性到定量的问题，填补了我国在"高、精、尖"疏浚技术装备研发硬件条件方面的空白。

国家发展改革委在批复组建疏浚技术装备国家工程研究中心的批复明确提出，在疏浚工程中心组建过程中，可组织创新能力建设项目资金申请。2012 年，经交通运输部审查同意（交函规划〔2012〕195 号），向国家发展改革委申报"创新能力建设项目"，由国家发展改革委 2012 年 10 月批复立项（发改办高技〔2012〕2952 号）。

根据该批复，疏浚工程中心 5 年内的发展目标：研发挖泥船高效节能疏浚关键技术，以及疏浚工艺过程自动化技术，开展高精度定位、防扩散疏浚和疏浚土分级处理等工艺和装备的工程化验证，推进先进泥泵、耙头、绞刀、泥门等核心设备的国产化和标准化，实现 5 项以上重大技术成果的产业化和推广应用。

根据该批复，疏浚工程中心在发展过程中，必须坚持以国家和行业战略需求为出发点，主动组织、参与产业化关键共性技术开发，为行业提供技术开发及成果工程化的试验、验证环境，承担国家和行业下达的科研开发及工程化研究任务，并将形成的技术成果向行业转移和扩散。每年至少应实现 3 项以上重大科研成果产业化，成果转化和技术服务收入占总收入比例应达到 60% 以上。

该批复同意了创新能力建设项目，项目主要在上海市浦东新区新场镇古翠路新建疏浚过程与设备试验平台、多功能疏浚机具波浪水槽试验平台、泥舱模型试验平台和耙吸船模拟仿真平台四个试验平台及相关配套设施。

（2）项目建设历程

创新能力建设项目获批后，工程研究中心控股股东上海航道局成立了项目建设领导小组，项目承担单位成立了项目建设工作小组，确定了建设各节点目标。为了更有效地推进平台的建设工作，针对平台建设资金投入大、突破技术多、专业性强、涉及面广等情况，疏浚工研究中心成立了由土建、设备、工艺等各专业方向人员组成的"3 + 1"平台建设工作小组，现场设业主项目部，按照工艺配置、试验仪器设备、集成监控系统、土建、土体制备、安全监管、基建、管线排摸等进行了细致的专业分工，工作小组实行周例会的工作形式，定期汇总讨论，有效的推进平台建设工作。通过资质业绩的必选，以及公开招投标，项目选取了最为合适的设计、施工、监理单位，确保了工程的质量、进度、安全。其中，设计单位为中船第九设计院工程有限公司以及南京瑞迪建设科技有限公司（南京水利科学研究院）、施工单位为上海交通建设总承包有限公司、监理单位为上海振华工程咨询有限公司。

项目自 2013 年开始设计、地方审批等相关工作；2014 年 9 月开始试桩施工；2014 年

12 月获批施工许可证以后开始正式施工；2015 年 12 月基本建成，主要仪器设备安装到位；2016 年 6 月，各平台调试、试运行结束，工程结算、结算审价、财务审计等完成；2016 年 7 月，项目通过中交集团组织的预验收，9 月通过正式验收并投入使用。

创新能力建设项目批复总投资 11484 万元（不包括土地购置费用 4000 万元），其中建设投资 11034 万元，铺底流动资金 450 万元。实际总投资为 11493.73 万元，其中建设投资支出合计 11043.73 万元（其中国家发展改革委拨款 2800 万元，交通运输部投入 2000 万元，自筹资金支出合计 6243.73 万元），流动资金支出 450 万元。

（3）主要建设内容

创新能力建设项目建设地点在上海市浦东新区新场镇古翠路，整个项目土地面积 17843 平方米，建筑面积 11068 平方米。项目完成了疏浚过程与设备试验平台、多功能疏浚机具波浪水槽试验平台、泥舱模型试验平台和耙吸船模拟仿真平台四个试验平台及相关配套设施建设。创新能力建设项目主要设施设备如下：

1）疏浚水槽试验平台

主要用于研究耙吸、绞吸、抓斗挖泥船的疏浚过程及设备研究，兼顾船模试验（船舶航行，波浪水流作用下的动力定位、桩力、锚泊，船行波等）要求。试验平台长 118 米，台车系统最大稳速 3 米/秒时，可提供最大拉力 150 千牛，对硬黏土、密实粉土等开展 3～5 个原型耙齿的高速试验，试验精度可达 1%，具备世界领先的疏浚切削试验条件，并配备完备的原状试验土制备系统。试验平台还配备不规则波造波系统和造流系统，能开展外海中长周期波和海流对疏浚船舶机具同时作用的研究。该试验平台是世界最大、模拟能力最强的疏浚试验平台。

2）耙吸挖泥船泥舱模型试验平台

用于研究耙吸挖泥船装舱—溢流过程、抛泥过程、抽舱吹泥过程。试验平台泥舱长 17 米、宽 5 米、高 4 米，设计最大进舱流量 1600 立方米/小时；试验平台配备了供配料系统、泥沙沉降回收系统，还是世界唯一配备与实船一致的泥舱装置的试验平台。大比尺试验确保了定量数据的可靠性，泥舱模型试验平台的规模和功能均处于世界同类泥舱模拟平台之最。

3）风浪流水槽试验平台

主要用于研究风浪流作用下的疏浚机具设备、水工结构物、泥沙运动等。试验平台的水槽长 107 米、宽 2 米、高 2.5 米，最大试验水深 2 米，配备不规则波造波系统、往复流模拟功能和风量模拟系统，可以研究外海中长周期波、海流及大风对疏浚设备和过程的影响，满足疏浚集团走出去的要求。该平台在疏浚界同类平台中尺度最大、功能最全。

4）耙吸船模拟仿真平台

大型耙吸船模型仿真试验平台运用了仿真技术、虚拟现实技术和大数据技术，是世界首套将航行、疏浚、环境三大因素结合起来,实现航行和疏浚全过程复杂工况仿真的大型研究平台。耙吸模拟仿真平台的成功研制是国家工程中心在疏浚仿真和数字化领域的重大突破,平台硬件设施先进,软件模块可扩展性强,整体设计处于国际领先水平。

（4）项目发挥的作用

依托创新能力建设项目,疏浚研究中心完成了"建设国际一流的疏浚技术设备研发中心基地"的平台建设目标:①建成了世界最大、模拟能力最强的疏浚过程与设备试验平台、泥舱模型试验平台;②建成了世界先进的多功能疏浚机具波浪水槽;③自主研制了硬件系统先进、软件系统可扩展性强、国际领先的耙吸挖泥船仿真平台。

随着创新能力建设项目的建成,疏浚研究中心将获得了更大更快的发展:①提高了行业创新能力和核心竞争力。通过产学研用体系,带动国内高校、科研院所、设计单位、施工企业的技术融合和创新,实现技术及装备的自主研发、国产化及标准化,提高了整体创新能力和核心竞争力。②强化产学研用能力,初步形成了产业集群。建设国际一流、综合型的研发、成果转化和产业化基地,产业集群逐步涵盖检测、设计、咨询、教育、培训、工艺推广等。③推进有重大市场价值的关键成果的产业化。包括高效、节能、环保疏浚等核心工艺技术,高性能泥泵、耙头、绞刀等拳头产品,自动控制系统及智能优化系统,疏浚土有益利用及环保疏浚技术等。④扩大技术交流,培养一流人才。推动疏浚科技体制改革,培养高端人才,促进联合开发、区域合作、成果转化。

（五）国家重点实验室（科技部）

1.航运技术与安全国家重点实验室建设

（1）项目概况

贯彻《国家中长期科学和技术发展规划纲要（2006—2020年）》的精神,依据《公路水路交通运输"十二五"科技发展规划》的要求,围绕交通建设和科技发展战略目标,适应新世纪航运技术和海洋工程发展趋势,结合中远海运集团核心主业发展,以建设国际一流航运科研机构为契机,进行资源整合,建立适合于应用技术研究和市场需求的实验室经营管理模式,构建核心创新机制,努力创建航运技术与安全国家重点实验室。科技部《关于批准第二批依托转制院所和企业建设国家重点实验室的通知》（国科发基〔2010〕718号）于2010年底下达,批准《航运技术与安全国家重点实验室建设计划任务书》（以下简称"建设计划任务书"）,本实验室建设工作随即正式开始。

（2）项目建设历程

航运技术与安全国家重点实验室于2010年由科技部批复建设,2014年通过科技部验收,是国家科技部批准建设的第二批企业国家重点实验室。建设初期,上海船舶运输科学研究所（以下简称"依托单位"）组建了重点实验室建设领导小组,由分管所长担任组长,并抽调专业技术专家和相关处室骨干组成工作小组,按《建设计划任务书》的要求,开展具体建设工作。在实验室建设期,依托单位共投入基建改造和装修土建费用957.22万元,实验室仪器设备购置费用2577.6万元,有效提升了实验室的实验手段和试验水平,进一步拓展了研究范围。为保障实验室正常运行,在保证实验室升级建设经费的基础上,依托单位按每年3500万元左右标准安排了实验室运行和科研经费。此外,2014年航运技术与安全科研设施及基地建设项目《可行性研究报告》由中海集团正式批复,同意依托单位在长兴海洋装备工业园区建设新科研设施,并在建设过程中陆续增资5亿元资本金用于项目建设。

(3)主要建设内容

在依托单位支持下,实验室规模由小到大不断扩展,目前实验室面积31047平方米,实验室装备持续更新完善,主要科研设施包括船模拖曳水池、风浪流水池、操纵水池、空泡水洞、研究型航海模拟器、联合动力装置模拟试验室、中压岸电试验室、电站及主推进装置监控系统模拟试验装置、动力定位船舶操纵模拟器等大型试验设施,拥有先进的配套软件,配备先进的测试设备和分析评估手段。500万元以上重点科研基础设施总值1698万元,科研仪器、设备858台(套),50万元以上大型仪器、设备23台(套)。

1)船模拖曳水池

长度192米,宽度10米,水深4.2米;拖车为桁架结构,最大车速9米/秒;精度0.1%。一端设有电压伺服式造波机,可生成规则波及两维不规则波,最大波高40厘米。水池数据实时采集,采用美国NI公司集成化数据采集分析系统。拥有德国KEMPF & REMMERS公司制造的R系列动力仪,测试精度小于0.1%。可进行船舶快速性能试验和船舶适航性试验研究,主要包括:船模阻力及自航试验;螺旋桨敞水试验;伴流场测量试验;流态试验(油漆或水下摄影);耐波性试验;二维规则波试验;二维不规则波试验;平面运动机构约束船模操纵性试验。通过相关实验研究进行船体线型及附体的优化,节能装置的设计开发,实船航速和功率预报,螺旋桨设计,实船耐舶性能研究,操纵性能理论预报。

2)风浪流水池

长度100米,宽度15米,水深0.2~2.0米;全桁架结构拖车,最大车速3.3米/秒;配备可模拟风场的造风机,最大风速12米/秒;配备可调节流速的造流机,最大流速0.7米/秒;配有30块摇板的可升降的造波机(可模拟规则波、长峰不规则波,最大波高35厘米)。可进行风浪流条件下船舶运动与受力,水上建筑物泊稳,码头设施受力,浅水等试验研究。主要包括:浅水条件船舶阻力与自航试验;海上过驳系统运动与受力试验;船队在海上的交会,追赶试验;海上建筑物的单点锚泊,多点锚泊系统的模拟试验;码头及桥墩波浪力试验;船舶登陆冲滩运动与受力试验。

3）操纵水池

长度 90 米,宽度 30 米,0.2～1.0 米;配备可模拟风场的造风机,最大风速 12 米/秒;配备可调节流速的造流机,最大流速 0.7 米/秒;配备小型移动式造波装置,可模拟规则波,最大波高 15 厘米。可进行不同水深条件下船模操纵性试验以及各类港工试验等试验研究,主要包括:复杂航道通航试验;水上建筑物受力试验;船舶码头靠泊模拟试验;船舶航行避碰试验;深浅水自航模船舶操纵性试验。

4）空泡水筒

从德国 KEMPF & REMMERS 公司成套引进;两个可替换工作段,截面尺寸分别为 600 毫米 × 600 毫米和 700 毫米 × 1450 毫米;工作段最低空化数为 0.2;工作段压力调节范围 0～2 个大气压;工作段流速不均匀性和不稳定性均 ≤1%;水洞背景噪声约 75dB。主要测试仪器均为进口,有 J25 动力仪,H44 斜流动力仪,R46 动力仪,9100-6 激光测速仪,1540 频闪仪。可进行螺旋桨,导流管,机翼,导弹弹体等在均流,斜流和轴向非均匀流中的空泡,振动,噪声试验研究;主要包括:三向伴流场模拟及测试;螺旋桨特征曲线试验(均流,非均流);均流,非均流及斜流中螺旋桨空泡;空蚀试验;螺旋桨激振力测试;水下噪声测试;螺旋桨设计;水下物体水动力参数测量。

5）联合动力装置模拟试验室

由控制台、齿轮箱、推进电机、模拟燃机、模拟柴油机、控制箱等组成;可开展对柴油机—推进电机—燃气轮机组成的船舶柴电燃联合动力装置的协同控制研究。通过模拟试验可以找到柴电燃联合动力装置的最佳控制方法,以确保这些动力装置实船运行的安全性、可靠性、机动性和经济性。本试验室可以进行各种类型的联合动力装置的试验研究,如柴—柴联合动力装置(CODAD)、柴—燃联合动力装置(CODOG、CODAG)、燃—燃联合动力装置(COGAG)、柴—电—燃联合动力装置(CODLAG)等。通过模拟试验可以找到这些联合动力装置的最佳控制方法,以确保这些动力装置实船运行的安全性、可靠性、机动性和经济性。柴电燃试验装置的建成,为我所船舶自动化产品的技术研究、工程化开发和试验验证提供了必要的条件,使得我所在船舶机舱自动化专业领域的技术水平能一直保持国内领先。

6）中压岸电试验室

由发电机、电动机、变压器、低压配电屏、交流负荷柜、控制屏等组成;通过对船舶中压大容量交流岸电系统和设备、船岸中压大容量电力传输及控制技术的全面研究,开展中压大容量交流岸电系统国产化应用的研制试验,解决中压大容量交流岸电系统有关电缆快速连接技术以及智能化控制技术等关键技术。

7）电站及主推进装置监控系统模拟试验装置

由 5 屏机组控制屏、1 屏跨接屏、5 套发动机组、2 组可调电阻负载、2 组可调电感负载组成。通过对舰船电站及主推进装置监控系统的采集技术、控制技术的全面研究,通过电站及主推进装置监控系统模拟试验装置,可以真实模拟各类船舶电站及主推进装置的运行状态,解决监控系统各种采集方法、控制策略的深入研究验证,还可以对出厂的监控系统设备进行检验验收。该装置主要可以提供以下几方面的用途:①为监控系统提供调试、试验平台;②为操作人员提供操作技能培训和训练。模拟装置利用市电 380 伏和 220 伏,通过变频控制器驱动异步电动机。然后由异步电动机带动发电机发出交流 380 伏交流电输出至机组控制屏,操作人员可在机组控制屏上进行合分闸,并车等操作。

8)其他大型仪器设备

a. 四自由度适航仪:量程阻力 ±10 千克、纵荡 0.8 米、升沉 ±0.3 米、纵摇 ±30 度、横摇 ±40 度,电压模拟量输出,测量精度 0.3%。用于耐波性中的船模阻力、纵荡、升沉、纵摇、横摇的测量。

b. 动力定位船舶操纵模拟器:包含动力定位船舶数字模型 1 个,操纵船舶数字模型 10 个,训练海域 5 个,5 通道,120 度水平视扬角,35 度垂直视扬角的视景系统。可进行船舶动力定位模拟操作训练,船舶动力定位控制技术性能研究,船舶航行模拟操作训练。

c. 通用 CFD 计算软件:主要是对于船舶快速性,耐波性等水动力性能数值分析,分析达到工程应用精度要求。

d. 敞水动力仪:量程推力 45 千克,扭矩 183 千克/厘米,测量精度 0.3%,进行螺旋桨水动力性能测试。

e 吊舱推. 进控制采集系统:船舶模型吊舱试验测试系统具有 32 路应变通道,3 路伺服电机控制系统,4 套 6 分力天秤测量装置,测试精度小于 0.3%。船舶模型试验中 Z 型推进器的转速、推力、扭矩测量。

(4)项目发挥的作用

实验室根据国家中长期科技发展规划和航运、造船业发展的需求,始终以发展应用基础研究理论、解决行业重大工程问题的关键技术为使命,面向行业重大需求开展应用基础性研究、战略性研究和前瞻性研究,聚焦行业亟待解决的关键技术,以课题和创新成果应用为抓手,不断加强实验室科研创新能力,带动和促进行业发展。围绕"航运安全关键技术研究""航运效率及节能技术研究"和"航运监控与信息集成技术研究"三个主要研究方向,先后在航运安全研究、绿色航运研究、智慧航运研究等领域取得有重要影响的成果,并且在船型开发技术、通航安全技术、桥梁防撞技术、船舶智能化技术、数值水池技术和船舶监控技术等领域取得一批应用型创新成果,为国家重大工程项目、国防建设和行业技术进步做出了贡献。

近年来,实验室承担国家重大专项、重大国防科技项目、省部级科技计划项目 50 余项,项目经费逾 8 亿元人民币;获得省部级科技奖项 20 项,专利 56 件(其中发明专利 15

件),软件著作权 56 项,主编或参编标准规范 9 件,论文 268 篇。

(六)国家工程技术研究中心(科技部)

1.国家内河航道整治工程技术研究中心建设

(1)项目概况

国家内河航道整治工程技术研究中心于 2011 年 1 月由科学技术部批准组建,中心依托重庆交通大学和长江航道局共同建设。依托单位还拥有交通运输部内河航道整治技术重点实验室、水利水运工程教育部重点实验室、重庆市航运工程技术研究中心、重庆市水工建筑物健康诊断与设备工程研究中心、教育部省部共建长江航运工程与智能航道技术协同创新中心、生态航道重庆市重点实验室等多个省部级研发平台。2014 年 11 月,经科技部现场评估和验收委员会综合评议,在 34 个同期国家工程中心中排名第二,获"优秀"等级。2015 年 6 月,确定长江航道局国家内河航道整治工程技术研究中心由长江航道规划设计研究院、长江航道测量中心、长江重庆航运工程勘察设计院三家单位共建。2018年,中心吸纳上海河口海岸科学研究中心作为新增依托单位,至此形成了囊括山区河流、平原河流、潮汐河口航道整治的完整体系。

中心立足于重庆交通大学和长江航道局的传统优势,紧密围绕国家战略需求,瞄准水运学科前沿,通过系统的共性技术创新和工程应用,实现近期和远期两个阶段的目标:

①近期目标,服务国民经济的持续快速发展,为我国现代化内河水运体系建设提供具有重大应用价值的创新技术;成为本行业最有影响力的研发平台,在研究成果、创新技术、技术服务方面达到国家工程技术研究中心优秀水平。

②远期目标,成为水运工程领域有影响的国际知名的研发机构,成为水运行业的技术创新和成果转化基地,成为我国水运工程优秀人才的培育基地。

(2)项目建设历程

中心 2011 年组建以来,得到科技部、交通运输部和教育部的大力支持,通过各种方式支持中心的基地建设。主要包括科技部通过"十二五"国家科技支撑计划项目形式支持 3000 万元,交通运输部以实验基地建设形式支持 6300 万元,教育部以中地共建实验基地的形式支持 850 万元,中心建设单位自筹约 8500 万元,合计 18650 万元。重庆交通大学建设双福试验基地、长江航道局建设武汉长江航道规划研究院新基地已于 2016 年 12 月之前全部建成交付使用。

(3)主要建设内容

中心依托单位建有重庆交通大学南岸校区 3000 多平方米的中心办公大楼,武汉建设科研与办公大楼面积约 1.2 万平方米。中心试验基地总占地约 500 亩,建有航道整治、渠化工程、港口工程、水沙科学、船模技术、水工结构等各类试验厅 18 个,建筑面积约 5.4 万平方米；另有大型模型试验场6万平方米。先后购置各类仪器设备3900余台（套），配置有PIV流场仪、激光颗粒粒度分析仪、ADV流速仪、流量控制系统、变坡水槽试验系统、多功能港池、码头结构试验系统、大型清浑水试验系统等先进的量测仪器，总价值约12000万元；其中大型设备200多台套，价值8000多万元，单价50万元以上的设备47台（套），约4500万元。大部分仪器设备处于国内领先、部分仪器设备属于国际领先状态。

（4）项目发挥的作用

中心建设后形成了由重庆交通大学的二级机构河海学院和西南水运工程科学研究所（含西科咨询有限公司），以及长江航道局的二级机构长江航道规划设计研究院、长江重庆航运工程勘察设计院和测量中心等机构的研发设计人员共164人组成的研发团队。人员年龄结构合理，其中，具有高级职称人员占总人数的79.3%。3人获评国家百千万人才、5人享受国务院政府特殊津贴、2人被评为全国优秀教师，另有10余人次获得交通部百千万、重庆市百千万、两江学者、巴渝学者、重庆市学术技术带头人等省部级人才称号。获批重庆市创新团队2个；汇聚中科院、工程院院士4名、千人计划专家1名、特聘知名专家3人，巴渝引智计划专家3人，各类省部级人才共计20余人；新进博士后流动人员10人，其中专职博士后2名。

近五年来，中心坚持基础理论研究、工程关键技术研究和自主技术创新并重，开展了系统、深入的工程技术创新，取得了一批高水平、有影响的重要成果。这些成果为山区河流航道整治、平原河流航道整治、智能航道、生态航道等方向的技术发展和国家水运工程建设做出了重大贡献。先后承担国家级项目50余项，省部级项目160余项、企事业委托项目1000余项、自主研发项目160余项，研究经费超过5亿元。获省部级奖共计80余项；取得发明专利100余项；制定行业标准30余项。

代表性的科技创新与工程技术研究开发情况如下：

长江黄金航道整治技术研究与示范。提出了新水沙条件下航道演变机理及承载力基础理论方法，研发了长江不同类型航道整治关键技术以及长江生态航道评价方法与绿色整治技术，发表论文88篇，其中SCI+EI共35篇，出版专著6部，获授权1项发明专利，申请18项发明专利，获软件著作权7项。

库区和坝下游重点河段航道治理措施研究。完成了重点滩险卵石推移质监测的系统布置工作，开展了广阳坝水道物理模型制作工作，概化水槽试验，分析坝下游典型河段的水沙与河道形态调整的耦合机制。

三峡水库变动回水区压力法卵砾石输移原型观测技术研究与应用。承担了三峡后续工作重大科研项目《三峡水库变动回水区压力法卵砾石输移原型观测技术研究与应用》提出卵砾石运动音频信号分析识别技术，研发压力—音频耦合的卵砾石输移实时观测系统（GPVS），成功应用于寸滩水文站推移质观测。

航运承载力大数据研究平台。研究航运承载力动力学过程及模拟,经济对货运需求的驱动机理,研发航运需求模拟预测和公铁水运输联运模拟等关键技术。

长江上游生态涵养区建设技术。探索鱼类运动行为相似性模拟技术,基于多功能光合微生物噬菌藻的水环境修复技术,研制基于特拉锚垫的永久(>50年)生态护岸系统,实现岸坡生态防护,较传统硬质护岸节约成本20%,经济生态效益显著。

长江上游控制河段智能航道技术。研究复杂流态智能监测技术,卵石推移质时空运动智能监测技术,船舶适航区域计算模拟技术,基于大数据与深度学习的船舶航线规划技术。

2.国家水运安全工程技术研究中心建设

(1)项目概况

2013年,为有利于突破水路交通安全控制与装备研制面临的关键技术瓶颈,促进水路交通安全控制与装备核心技术的转化及创新型工程人才的培养,提升水路交通安全产品技术创新、成果转化和产业化发展水平,提高水路交通安全保障能力,武汉理工大学整合水路交通安全研究资源和力量向科技部申报国家水运安全工程技术研究中心。

中心针对我国交通运输安全领域的迫切需求,河海兼顾,安全智能,面向多层次的事故分析与预防、全方位的安全监管与控制、全天候的应急指挥与搜寻,开展高水平的水运安全工程技术研发。

2014年9月28日,科技部批准依托武汉理工大学立项建设(国科发计〔2014〕284号),建设期3年。

(2)项目建设历程

2014年9月,中心以武汉理工大学独立设置的二级机构智能交通系统研究中心为主体,结合航运学院、能源动力学院等相关科研资源实施建设,设立了实行管理委员会、技术委员会、咨询委员会,实行管理委员会、技术委员会、咨询委员会指导下主任负责制。下设综合办公室、技术研发部、技术服务部、技术转化部(中试与产业化基地)四个部门,分别承担日常事务管理、水运安全工程化的关键技术研发、对外项目合作及技术服务、船员培训、产品的中试生产检测和产业化等任务。在技术研发部下设8个研究所,其中风险评价与应急研究所、交通感知与控制研究所、交通信息与安全研究所、综合交通规划与安全研究所等4个研究所依托武汉理工大学智能交通系统研究中心建设;可靠性与新能源研究所、系统仿真与控制研究所等2个研究所依托武汉理工大学能源与动力工程学院建设;船舶导航与仿真研究所、通航安全与保障研究所等2个研究所依托武汉理工大学航运学院建设。

科技部拨款700万元,湖北省拨款730万元,依托单位武汉理工大学投入8459万元支持中心建设。2018年9月6日中心通过了科技部高新司组织的建设期验收。

（3）主要建设内容

中心现有人员 154 人（固定人员 89 人，流动人员 65 人），其中研究人员 95 人，教授、研究员 46 人，副教授、副研究员 44 人，管理人员 23 人。中心拥有入选"国家千人计划"、湖北省"百人计划"、湖北省"楚天学者"、"青年长江学者"、教育部"新世纪优秀人才支持计划"等各层次人才计划的优秀人才，建立了完善的管理运行机制，保障中心运行的良性循环和可持续发展。

中心现有实验及办公用房 4114 平方米。中心在建设期内投资 5102 万元，完成了 8 个实验系统的改建和升级，总面积 869 平方米，有效提升了中心在水路运输安全领域的研发能力，为人才培养、科学研究和成果转化提供了良好的软硬件条件。

中心拥有各类仪器设备 2665 台（套），配置大型船舶操纵模拟器、电子海图模拟器及 IBS 综合驾驶台系统、船舶排放、能效管理与控制实验平台等先进的软硬件设备，总价值约 8892 万元，其中大型设备 11 台（套），价值 1120 万元。

中心根据发展方向和建设目标，在以下方向开展研究：

①船舶运行状态监控及预警。重点攻克船舶机械在线监测及远程诊断、多能源船舶机舱自动控制、船舶综合驾驶台集成和船舶避碰预警等共性关键技术。

②通航环境感知与助航服务。重点攻克航道要素智能感知、海事信息立体采集、虚拟航标与电子助航、限制水域与枢纽通航安全等共性关键技术。

③海事安全监管与应急决策。重点突破危险品船舶运输安全监控、电子巡航、风险评价与事故应急决策、海事应急演练等共性关键技术。

④船员适任能力与素质提升。重点突破船—机—环境仿真建模、船员安全素质检测、船员实操评估、船舶资源管理实训等共性关键技术。

（4）项目发挥的作用

中心自 2014 年组建以来，完成了工程技术研究开发能力和水平的建设目标，实现了水运安全共性关键技术的突破。中心承担国家和省部级课题 70 项，横向委托项目 151 项，获得国家科技进步二等奖在内的国家和省部级科研成果奖励 16 项；申请发明专利 127 项，授权发明专利 40 项，计算机软件著作权 69 项，出版学术著作 16 部，发表高水平论文 264 篇；成型产品规模化生产线、原型产品的中试测试装置等项目已全部竣工并投入使用，新增仪器设备配置合理、运转情况良好。

中心建设期间培育了一批成熟的科研技术成果，并向相关企业辐射、转移，顺利实现了产业化，包括船舶动力系统监测诊断系统、多功能航标、海事巡逻船、长江 AIS 应用服务平台、船舶轮机模拟器、综合船桥模拟试验系统等核心技术、重点产品、综合技术服务，极大地推动了水运安全行业技术的发展与进步。

实验室在科研成果方面的典型案例主要有：

1）船舶轴系性能研究与艉轴承研制及其工程应用

实验室围绕大型船舶轴系性能的试验方法、测量技术、仿真模拟与计算分析平台和船用艉轴承等关键技术，针对船舶轴系工作模式复杂、运行环境多样、工况多变、条件苛刻以及具有强烈的时变性、环境响应性和系统耦合性的难题开展研究，开展了多载荷激励、多运动形式和多参数测量的船舶轴系性能试验技术研究；自主研发了船舶轴系现场测试新方法；建立了船舶轴系与船体变形多因素耦合的船舶推进系统动力学综合模型；研制了低摩擦、低噪声、长寿命的新型艉轴承。

该成果获 2015 年湖北省科技进步一等奖，先后被《船上振动控制指南》和《钢质海船入级规范》两部相应的船检规范指南所引用，为提升我国船舶轴系的设计与建造水平起到技术支撑作用，为突破西方国家对我国大船制造业施加的技术壁垒发挥积极作用。实验室依托该成果获发明专利 7 项，发表学术论文 60 篇（其中 SCIE 15 篇、EI 19 篇），论文引用达 279 次。

围绕该成果形成的设备、系统与技术在相关行业中得到推广应用：自主设计研制的船舶轴系性能试验装置在相关行业单位推广应用，发展了船舶轴系的轴承磨损、校中工艺和振动分析等试验条件；LH－IV 钢弦轴功率现场测量仪和 TorqueD 船用轴扭矩和功率在线监测仪先后现场测试各类船舶约 300 艘，吨位从 0.6 万～30 万吨，有效评定了船舶轴系的安装质量，发现了螺旋桨与主机不匹配问题，找出了轴系振动超标的原因；船舶轴系计算系统软件先后在船舶设计、制造、营运和维修等 93 家企业推广应用 112 套，提高了工作效率和市场竞争力；船舶轴系试验装置先后为 11 家单位开展了轴承性能试验分析，为艉轴承研制的材料筛选、性能优化与寿命评价提供了试验数据和依据。

2）内河高等级航道通航运行支持系统关键技术

实验室围绕该技术创立了高等级航道通航运行支持系统的设计方法与标准体系；发明了多功能内河电子航道图生产与要素动态更新技术；研制了航道要素与船舶状态的快速实时感知装备与系统；构建了高等级航道通航运行的多模式公共服务平台体系。

该成果获 2016 年国家科技进步二等奖和 4 项省部级科技奖励一等奖。实验室依托该成果共制定了 11 项国家行业标准，获发明专利 17 项、软件著作权 53 项，出版专著 2 部、发表 SCI/EI 论文 63 篇。研究团队获"十一五"交通运输部科技创新团队称号，通航运行状态感知、水位预测预报、电子航道图、多级枢纽航运调度等技术在成果鉴定中被评为达到国际领先水平。

依托该成果形成的电子航道图、内河航道在线服务平台、多级船闸运行与调度服务平台、京杭运河江苏段综合信息服务系统、船舶定位服务平台、内河海事监管服务平台等系统平台和技术得到广泛应用，得到长江航道测量中心、长江海事局信息中心、长江三峡通航管理局、广西海事局、中国长江航运（集团）总公司、以及水路运输企业等用户单位的好评。

3）海事风险评价与通航安全保障技术

实验室围绕该成果提出了船舶运动控制与航行安全保障理论；形成了通航安全影响论证与评估成套技术、船舶交通态势评测及交通组织优化理论与技术、超大型船舶通航安全保障技术。

该成果获得包括 2015 年中国航海科技一等奖在内的教育部、行业学会、行业协会奖项 20 余项。实验室依托该成果在国内外期刊上发表高水平论文 125 篇，出版专著 11 部，获国家发明专利 9 项、实用新型专利 10 项、获得软件著作权 30 项。经中国航海学会成果鉴定，通航安全影响论证与评估成套技术及应用研究成果整体达到了国际先进水平，受限水域船舶欠控与失控运动理论和富裕水深确定方法达到国际领先水平。

该成果在船舶航行操纵、运营与安全管理、引航服务等方面的研究具有重要的应用价值，对制定我国船舶通航标准、提高通航效率和装载率、规范船舶操纵技术以及海事监管能力提升、通航秩序维护和水域环境保护等具有重要的指导意义，并已在我国众多涉水工程建设中得到广泛、成熟的应用。

4）海事系统全任务仿真平台

实验室依托该平台实现船舶与通航环境仿真技术，自主开发了船舶驾驶模拟技术，形成海事事故应急演练技术，建立了内河船舶驾驶模拟器技术与船员培训、评估系统。

实验室依托该成果共申请发明专利 8 项（其中 1 项已授权，其余 7 项已公开），获软件著作权 7 项，发表论文 38 篇（SCI 论文 6 篇，EI 论文 14 篇），申请了标准 1 项、IMO 提案 1 项。该成果已初步用于水路交通的应急管理、救助指挥和船员培训，并在海事管理部门和航运企业开展了应用示范。

三、科研院所其他重要基本建设项目

（一）交通运输部水运科学研究院

1. 概况

交通运输部水运科学研究院（以下简称"水运院"）成立于 1956 年，是我国成立最早、规模最大的综合性水路交通运输科研机构。60 多年来，在交通运输部的领导下，水运院始终坚持科研报国、科技兴交，高质量完成了一系列国家级和省部级重大科研课题，牵头组织开展了多项重大科研攻关，创造了我国水运史上的多个第一，如：研发了我国第一只国际集装箱和第一台浮船吸煤机和第一台岸边集装箱装卸桥，设计了第一套集装箱码头管理信息系统，参与规划了第一条国际集装箱运输班轮航线，编写了我国第一部《水运技术词典》等等，有力地促进了我国水运事业发展。

水运院主要承担交通运输特别是水路交通运输领域的科技创新职责,发挥"为政府决策提供智力支撑、为行业发展提供技术支撑"职能作用;所属交通运输部环境保护中心主要承担交通运输行业公路水路环境监测、统计和建设项目环境评价等有关工作;所属中国海事服务中心主要承担国家船员、注册验船师等海事职业资格的考试考务工作。

水运院现有 7 个机关职能部门、20 个院属单位及 1 个博士后科研工作站,挂靠有 3 个全国标准化技术委员会及分支机构、4 个中国航海学会分支机构及 8 个经交通运输部批准设立的专门工作机构。中国海事服务中心投资成立的全民所有制企业——华洋海事中心在北京和沿海主要城市成立了 28 家全资、控股或参股企业,在中国香港、新加坡、缅甸投资成立了 3 家全资企业,在希腊设立了办事处。

水运院总编制数 620 名,现有在职职工 824 人。其中,水运院本部编制数 490 名,现有在职职工 485 人(事业 388 人、企业 97 人),在编职工中硕士以上学历 282 人,占 72.7%,高级职称以上 197 人,占 50.8%;交通运输部环境保护中心编制数 40 名,现有在职职工 57 人(事业 25 人、企业 32 人);中国海事服务中心编制数 60 名,现有在职职工 282 人(事业 49 人、企业 233 人),此外还拥有船员 4400 人,每年向全球 150 家船东近 400 艘船舶派遣船员 15000 人次。水运院本部拥有部长决策咨询组成员、部专家委员会委员、国家有突出贡献的中青年专家、新世纪百千万人才工程国家级人选、全国杰出专业技术人才等一批专家。

水运院全院占地面积 17.2 万平方米,建筑面积 6.6 万平方米,资产总额 13 亿元,其中,流动资产 5.97 亿元,拥有 1 个大型综合性试验基地(大兴),1 个国家国际科技合作基地,2 个行业重点实验室,5 个院级实验室和多套重要实验系统与装备,并创立出版了《水运科技》《水路交通决策参考》等多本内部刊物。

2. 科研办公设施建设

水运院本部建有三栋科研办公楼,占地面积 17.22 万平方米。其中,本部占地面积 2.68 万平方米,科研用房面积 2.58 万平方米;大兴试验基地占地面积 14.54 万平方米,科研用房面积 1.75 万平方米。

科研楼于 2011 年完成改造工程,中央投资 3100 万元,建筑面积 11171 平方米,地下 1 层,地上 10 层,建筑高度 38.5 米。

综合楼建于 2007 年,于 2009 年 12 月建成,中央投资 2600 万元,总建筑面积 6750 平方米,地上建筑面积 6005.2 平方米,地下建筑面积 744.8 平方米;地上高度 30.8 米;地上 7 层,地下 1 层;地下层及 1 层层高 4.2 米,2～6 层层高 3.6 米,7 层层高 7.1 米。

北楼于 2011 年完成修缮改造,中央投资约 1400 万元,4 层总建筑面积 2297.36 平方米。

3. 科学试验基础设施建设

水运院大兴实验基地位于北京南部大兴区安定镇，占地 208 亩。试验基地现有工作人员 31 人，建有一批先进的实验设施，是开展科学研究和科学实验、科研成果转化和新技术新产品产业化的开发基地。

大兴试验基地分为新、老两区，老区为原交通部干部管理学校旧址，占地面积 36 亩，老区房屋近 30 栋，包括 9 栋二层楼房，其余为平房，总建筑面积约 7500 平方米，1988 年划归水运院管理。新区主要是 20 世纪 90 年代初开始规划建设，占地约 172 亩，主要分 4 个项目建设，即：试验基地一期工程、试验基地二期工程、水运科学综合试验场中试车间建设项目及结构疲劳实验室迁建及整改建设工程，中央投资合计 12522 万元。

目前，大兴试验基地建成的试验室或试验系统有：职业卫生实验室、水上交通安全立体化应急监管实验室、集装箱风险控制实验室、船—港节能实验集成测试与分析系统、液压实验室、水运行业节能监测实验室—船舶发动机台架试验系统、电力拖动实验室、码头电力安全试验室、声发射传感器、金象显微镜、电子万能试验机、疲劳试验机、散货装卸机械开发循环试验系统实验室、气固两相流试验开发系统实验室、水喷洒实验室、易流态化固体散货参数实验室、电器电磁兼容实验室、水运行业节能监测实验室—热能监测试验系统、水运行业节能监测实验室—电能监测试验系统、环境遥感实验室、港口筒仓可燃性粉尘爆炸模拟实验系统、集装箱水平运输自动导引车（AGV）定位导航实验室、大型集装箱装卸设备精确定位实验室、集装箱装置环境应用试验室、港口物流装备与控制工程交通行业重点实验室管控一体化、船舶动态视频跟踪技术实验室、人机工程模拟实验室、港口智能信息管理试验室、集装箱港口智能运输试验室、集装箱堆场调度及监控试验室、集装箱运输标准化研究试验室、数字航运分析与测试实验系统、船舶操控模拟实验室和集装箱装卸实验室等。

大兴试验基地内还设有试验工厂，其占地 50 余亩，有车间厂房 2 座，面积 3500 平方米，现有工人 13 名。试验工厂定位是促进水科院科研产品成果转化，并为港口设备等硬件产品的开发提供中间试验条件和检测平台。截至 2020 年，试验工厂配合院内科研部门完成了邮轮码头登船桥、清仓机和智能化水面溢油应急处理装备等多款产品的成果转化，具备一定的加工制造能力。

4. 实验系统建设

试验实验系统建设围绕水运院的总体发展目标，优化建设布局，完善基础设施，充分整合科研条件资源，突出建设重点，组织实施一批具有前瞻性、战略性、先进性的建设项目，除两个交通运输行业重点实验室外，建成"三大平台"和"五大重点实验室"，为切实提升水运院科技创新能力提供有力支撑。

(1)水运经济形势分析预测平台

水运院依托水路交通运输动态评估系统实验室建设该平台,在搭建大数据分析系统的基础上,继续完善数据库建设,深化实验室分析模块产品开发,加强实验室在多元数据整合、数据分析、计算能力、系统安全、远程控制、信息发布等方面的能力建设。

(2)内河航道网运行监测平台

水运院通过对基于高分遥感内河数字航道实验系统、内河航道网通航环境与交通流分析实验系统等进行整合,完成该平台建设。其实现向社会提供内河航道基础设施和船舶交通流实时监测数据,通过数据分析还可提供航道网运行维护、应急处置和节能减排等技术支持。

(3)溢油及危化品事故应急决策技术支持平台

水运院通过整合溢油及危化品事故应急决策相关实验功能建成该平台。其重点加强溢油及危化品事故应急处置仿真模拟系统、浮标环境跟踪定位与报警系统、溢油及危化品污染监视监测系统等,更新溢油及危化品事故污染模拟预测系统等。

(4)水运安全与应急技术重点实验室

该实验室建设以服务水路运输安全生产、事故应急等领域技术发展和管理为基本定位,在水运安全风险防控、水上危险品运输、船舶通航安全及航海保障、水上应急决策支持、货物运输安全等重点方向开展科学实验和技术测试。其重点建设领域为危险品罐区风险防控、港口储罐检验、内河化学品泄漏处置技术、船舶LNG动力系统安全监测检测等实验系统,并加强易流态化固体散货实验系统升级改造。

(5)交通节能环保技术重点实验室

该实验室以服务绿色交通建设为基本定位,以水路运输领域建设为重点,在水运节能、减排、环保等重点方向开展科学实验和技术测试。重点建设港口大气污染源解析、港口废水处理技术、船舶污染治理、水运耗能设备能耗与能效监测、港口带式输送机节能技术等实验系统。

(6)智能航运重点实验室

该实验室建设以服务船舶运行、通航建筑物监管、水路运输等领域提升智能化水平为基本定位,在智能化识别、定位、跟踪、监控和一体化管理等方向开展科学实验和技术测试。重点建设内河航道网交通控制与应急仿真、灾害预警与风险防控、内河通航船舶吃水检测、船舶综合导航系统性能测试分析等实验系统。

(7)海上溢油应急处置重点实验室

该重点实验室依托天津实验研发基地建设,以服务水运行业溢油污染事故应急和处置技术发展为基本定位,在溢油污染机理、溢油事故各阶段特征、溢油事故应急、溢油后恢复处置等重点方向开展实验研究。重点建设国际一流的综合溢油试验水池系统和相关配套实验设施,其与已有溢油应急相关实验资源相整合,完善相关实验系统,争取建成国家级重点实验平台。

（8）水运职业健康技术重点实验室

该实验室建设以服务水运行业主要工种从业人员工作环境安全为基本定位,在交通行业职业病危害因素检测、危险货物作业风险鉴别等方向开展科学实验和技术测试。重点建设与其资质等级相匹配的实验条件,补充购置放射性危害因素检测设备,并着力优化测试手段,提升检测效能。

（二）南京水利科学研究院

1.概况

水利部 交通运输部 国家能源局南京水利科学研究院（以下简称"南科院"）成立于1935年,时名中央水工试验所,是我国成立最早的综合性涉水科研机构。1957年起一直由水利（电）部和交通部共同领导,2009年经中编办批准更名为水利部 交通运输部 国家能源局南京水利科学研究院。其主要从事基础理论、应用基础研究和高新技术开发,承担交通、水利、能源等领域中具有战略性、前瞻性、基础性和关键性的科学研究任务,为国家和行业宏观决策、经济社会建设提供科技支撑和服务,并于2001年被确定为国家级社会公益类非营利性科研机构。

南科院建院84年来,薪火传承,风雨兼程,虽历经战火与动乱,科研工作却从未间断,为我国交通、水利、能源事业的发展做出了重要贡献,被誉为中国水利水运科技的摇篮和人才培养基地。南科院的黄文熙、严恺、窦国仁、沈珠江院士等著名专家,对我国水力学、土力学、河流动力学及泥沙运动、河道整治、港（水）工新材料等工程学科的发展做出了开拓性和奠基性的历史贡献。目前,南科院已发展成为拥有近60个具有鲜明特色和专业优势的研究方向、在国内外具有重要影响的涉水科研院所,现设有河流海岸、水工水力学、岩土工程、材料结构、水文水资源、大坝安全与管理、生态环境等18个研究所（中心）,并拥有院属科技企业南京瑞迪建设科技有限公司和14个下属子公司（分公司）。南科院建有水文水资源与水利工程科学国家重点实验室、港口航道泥沙工程交通行业重点实验室、通航建筑物建设技术交通行业重点实验室、水科学与水工程国际联合研究中心,以及水利部、国家能源局科研创新平台11个。

南科院现有在职职工1300余人,其中包括:中国工程院院士、全国专业技术杰出人才、国家级有突出贡献中青年专家、百千万人才工程国家级人选、"万人计划"领军人才、国家杰青、长江学者、交通青年科技英才等各类高层次创新人才120余人。1978年全国科技大会以来,南科院已正式出版专著476部,主持和参编国家行业标准规范350多项,获国家和省部级科技奖678项。其中,南科院获国家科技奖83项（特等奖1项,一等奖6

项），部省级科技进步特等奖 27 项、一等奖 96 项，并于 2014 年被中组部中宣部人社部科技部评为"全国专业技术人才先进集体"，同时被科技部评为国家"科技创新人才培养示范基地"。

南科院自建院以来，始终坚持围绕中心、服务大局，积极开展基础性、前瞻性和关键性等科学研究，承担了葛洲坝枢纽、三峡工程、长江黄金水道、港珠澳大桥、西江大藤峡、沪通长江大桥等众多国家重大工程科技攻关，取得一大批重大科技成果，为水运行业发展提供了有力科技支撑。

在通航枢纽方面，南科院承担了葛洲坝船闸、三峡五级船闸和升船机、大藤峡水利枢纽、西江贵港航运枢纽、澜沧江景洪枢纽、江西赣江新干航电枢纽、长洲水利枢纽、乌江构皮滩等我国内河几乎所有的重要通航枢纽与船闸水力学科研工作，其研究成果在我国高等级航道网通航枢纽及船闸建设和运行中得到全面成功应用，该研究成果对保障我国内河水运主通道畅通、促进区域经济发展等方面发挥了重大的社会和经济效益。

在沿海港口方面，南科院先后承担了我国沿海从东北丹东港到广西防城港沿线 100 余个港口（丹东港、曹妃甸、京唐港、天津港、日照港、连云港、南通港、宁波港、温州港、福州港、厦门港、盐田港、湛江港、海口港、防城港等）建设的科研工作，并对水动力和泥沙问题等进行了深入系统研究，为港口的规划、设计，以及航道整治、防洪评价等提供了科学依据，为服务"一带一路"国家战略提供了重要的技术支撑。

在河口航道方面，南科院先后承担了长江口、珠江口、海河口、辽河口、永定新河口、灌河口、瓯江口、闽江口等的综合治理与重大涉水工程的论证研究，并进行了大规模的现场资料观测、室内物理和数学模型试验，为我国典型河口整治和航道规划提供了可靠论证。同时，南科院对河口航道上延工程也进行了大量研究工作，如：对长江口深水航道上延工程、珠江口磨刀门、虎跳门、崖门及广州港出海航道关键技术的研究，为其确定整治方案提供依据。

在内河航道方面，南科院承担了三峡工程、葛洲坝工程等多个枢纽工程泥沙问题的研究，承担了长江上游宜宾河段和重庆河段、中游荆江河段、下游南京以下河段等众多航道整治工程科研、防洪评价等工作，还承担了广西西江龙圩水道、榕州大桥航道、湘江下摄司河段航道、汉江游荡性河段航道、松花江公路大桥河段航道、江西信江湖区航道、黄河北干流航道等多项工程研究，对长江、西江等我国重要内河黄金航道的规划、碍航滩险治理等提出了技术方案，为长江经济带建设提供了有力的科技支撑。

在桥梁隧道方面，南科院承担了港珠澳大桥、深中通道等国家重大工程多项科技攻关，对珠江口港口与航道影响、人工岛地基加固关键技术、沉管隧道试挖基槽、冲刷及防护技术等进行专题研究，为工程设计与施工安全提供了重要科技支撑。其还承担了苏通大桥、崇启大桥、沪通铁路长江大桥、南京长江五桥、南京长江四桥、泰州大桥、扬中大桥等重大桥梁工程的基础冲刷、河段河床稳定、基础与土体相互作用等研究工作，为工程设计提供了科学依据。

在港工结构方面,南科院自主开发的 20 万吨级分离卸荷式板桩码头成套技术在唐山港、京唐港得到成功应用,其适用于外海深厚软基大波浪条件下的新型桶式基础结构已在连云港深水港建成防波堤 5.7 千米,被列入交通运输部科技示范工程。南科院还承担了大连港、京唐港、青岛港、连云港、盐城港、南通港、洋口港、北仑港、厦门港、盐田港以及长江黄金水道沿线等众多港口码头建设及升级改造的科研与咨询工作,并取得了显著的经济社会效益。

2. 南京水利科学研究院科学试验基础设施建设

目前南科院建有其本部前沿基础研究与人才培养基地、南京铁心桥水科学与水工程综合实验基地、安徽当涂工程科学试验及科技开发基地、安徽滁州流域水文及防洪抢险实验基地、江苏无锡河湖治理研究基地、浙江杭州农村电气化与再生能源研发推广基地等六大创新研发基地。

(1)南科院本部前沿基础研究与人才培养基地

该基地包括南京市广州路、虎踞关等工作区,占地 128 亩,是水文水资源、水工水力学、河流海岸、岩土工程、材料结构、大坝安全与管理、生态环境、农村水利等研究部门和水利部大坝安全管理中心、水利部水闸安全管理中心、水利部应对气候变化研究中心、水利部基本建设工程质量检测中心的办公和研究场所。其主要承担公益基础性科学研究、科技创新和科技开发以及创新人才培养等任务。

该基地始建于 1935 年,中央水工试验所建所时设在南京清凉山南麓,占地 23 亩,建立试验大厅,负责水利科学试验研究工作。1949 年,中央水利实验处在南京全部场地面积约有 52.3 亩。1950 年,水工试验大厅建成,为开展工程模型实验创造了条件,土工、材料试验设备也大为改善,初步具备了大量承接试验研究的能力。1957 年,在虎踞关征地 116.5 亩。1957—1976 年期间,虎踞关工作区陆续兴建了水槽试验厅、河道试验厅、潮汐河口模型试验厅、港口模型试验厅、放射性同位素试验室、土材试验大楼、技术情报室和图书馆,广州路工作区兴建了渗流试验室、船闸试验棚、水工试验棚、水洞和减压箱试验室等。1977—1984 年期间,建成了高速水流试验室、不规则波港池试验厅、内河航道试验棚、水利枢纽泥沙试验厅、结构试验楼、土工试验楼、土工模型试验厅、大三轴实验室、电子计算机楼,扩建了图书馆。1986 年,院机关综合楼兴建,1989 年竣工投入使用,建筑面积 10443 平方米。2005 年,研究生教育中心楼竣工投入使用,建筑面积 5691 平方米;2008 年,水资源科学研究实验室竣工投入使用,建筑面积 10964 平方米。2010—2013 年,图书资料馆改扩建工程、河流海岸实验室改扩建工程、材料结构实验室改扩建工程、岩土工程实验中心加固改造工程、波浪基础研究水槽建设等基础设施相继建成,其中图书资料馆建筑面积 4511 平方米,河海海岸实验室建筑面积 9443 平方米,材料结构实验室建筑面积

7084 平方米。

（2）南京铁心桥水科学与水工程综合实验基地

该基地位于南京市雨花台区，分为南、北两个区，南区为铁心桥实验基地，北区为水文自动化研发基地，总占地 510 亩。南区是水文水资源与水利工程科学国家重点实验室、港口航道泥沙工程交通行业重点实验室、通航建筑物建设交通行业重点实验室试验基地的重要组成部分，是全国青少年科技教育基地，是南科院与河海大学、武汉大学研究生联合培养基地，以及清华大学毕业生实践基地。

该基地始建于 1983 年，经过 30 多年建设，已建成 35 座、总面积 13 多万平方米的试验厅（室）。其主要包括淮河试验厅、水电试验厅、通航试验厅、土工离心机试验厅、海岸工程试验厅、渤海湾试验厅、永定新河试验厅、雅砻江试验厅、工程新材料实验室、海岸泥沙试验厅、三峡回水试验厅、三峡坝区试验厅、泥沙基本理论实验室、防洪新技术试验厅、淮安试验厅、厦门港试验厅、汉江试验厅、河口治理试验厅、水工新技术试验厅、长江下游试验厅、枢纽水力学试验厅、环境水力学试验厅、环境工程试验厅、工程质量检测实验室、渗流试验厅、曹妃甸试验厅、珠江口试验厅、高坝水力学试验厅、生态水文研究中心、松花江试验厅、材料试验厅、高速水流试验厅、沉砂池试验厅、筑坝技术试验厅、白鹤滩试验厅及基地综合楼等。试验厅（室）配置有各类先进的科研仪器设备，具有国际一流的物理模型试验条件，已成为我国水利、水运、水电事业基础理论研究、重大工程论证研究以及科技开发研究的重要研究基地。

该基地主要承担大型水利水电水运工程的物理模型试验，解决工程可行性论证、建设和运行中的关键技术问题，多年来取得了一大批重要试验研究成果，为水运行业改革发展提供了重要科技支撑。其先后完成长江三峡工程回水变动区长河段泥沙模型试验研究；三峡枢纽泥沙淤积、施工通航、永久通航及枢纽防淤减淤措施的研究；汉江典型河段航道整治模型试验；三峡五级船闸、大藤峡船闸等水力学与输水阀门大比尺模型试验；长江三峡、澜沧江景洪、乌江构皮滩、福建水口水电站、广西岩滩水电站等升船机整体模型试验；黄河沙坡头水利枢纽泥沙模型试验；松花江哈尔滨江段河工模型试验；洋山港、连云港港、曹妃甸港、厦门港、防城港等规划方案论证、泥沙回淤物理模型试验；珠江口、海河口、辽河口、永定新河口、灌河口、瓯江口、闽江口等河口综合治理物理模型试验；向家坝、溪落渡、锦屏、白鹤滩等水电站水力学模型试验；长江中下游深水航道整治、珠三角高等级航道网建设等河工模型试验；苏通大桥、沪通铁路长江大桥等长江下游跨江桥隧和港珠澳大桥、深中通道等跨海桥隧工程方案通航模型试验；韩国 sihwa 港潮汐发电、KuangYang 港区泥沙淤积模型试验研究等科研项目。

（3）安徽当涂工程科学试验及科技开发基地

该基地位于安徽省当涂县经济技术开发区，规划总面积 1140 亩，一期用地 580 亩，二期用地 508 亩,规划建设各类试验厅 20 余座,是大型水利、交通、能源领域试验研究基地,是集水工程科学实验研究及科技开发为一体的大型综合试验基地,也是重要的科技成果转化及展示基地。目前,其正开展一期工程建设,河口海岸深水航道试验厅、通航枢纽综合模拟试验厅、防汛抢险新材料新技术试验厅、土工席垫研制试验厅、复杂条件水工结构灾变防控试验厅、引调水工程安全保障技术研究试验厅、水生态环境实验室、水电环境测试实验室等已建成并投入使用。其中,河口海岸深水航道试验厅于 2013 年立项建设,其平面尺寸为 200 米×120 米,总建筑面积 2.50 万平方米,并配套购置"感潮河段深水航道动态监测设备"和"物理模型试验控制及量测仪器",总投资 1.36 亿元,于 2016 年完成工程竣工验收。通航枢纽综合模拟试验厅于 2015 年立项建设,其平面尺寸为 200 米×80 米,总建筑面积 1.65 万平方米,总投资 0.91 亿元,已于 2018 年完成工程竣工验收。

（4）安徽滁州流域水文及防洪抢险实验基地

该基地位于安徽滁州市,始建于 1981 年,占地约 180 亩,是我国目前唯一的国家重要水文实验站,也是国家防汛抗旱总指挥部抗洪抢险实验基地。基地建有水文山实验区、南大洼实验区、综合水文气象观测场、实体坝溃坝抢险试验场以及后勤保障集成设施等。依托该基地,南科院开展了大量的水文水资源基础理论实验研究,取得了丰硕的成果,在国内第一次开设了《实验水文学》和《同位素水文学》的课程,先后有苏联、美国、德国、加拿大、以色列、瑞士、俄罗斯和国际原子能机构的国外同行来基地开展学术交流与合作研究。

（5）江苏无锡河湖治理研究基地

该基地位于无锡市太湖新城,占地 110 亩。基地包括太湖试验厅、太湖试验模型及试验设备、长江主要口门段模型及试验设备等基础设施,规划总建筑面积 27578 平方米。其中,太湖试验厅平面尺寸为 150 米×150 米,钢结构主体工程已经完成,即将竣工投入使用。基地将以太湖及相关江河湖泊综合治理为研究对象,针对水安全、水环境、水生态、水污染等问题开展专题研究,建成后将成为无锡市太湖新城的重要组成部分和太湖治理科学试验研究、科学普及教育和国内外学术交流的重要基地。

（6）浙江杭州农村电气化与再生能源研发推广基地

该基地位于杭州市学院路,始建于 1981 年,占地 15 亩,是水利部农村电气化研究所、亚太地区小水电研究培训中心的办公和研发场所。基地主要承担小水电开发利用技术研究,开展风能、太阳能、生物质能、地热能和海洋能等可清洁能源技术研发与推广,是国家级农村电气化与可再生能源研发推广基地和科普教育与培训中心。

3.南京水利科学研究院试验实验系统建设

依托国家重点实验室、交通运输行业重点实验室、院创新研发基地等各类科研平台,南科院自主研发、购置了大量精度高、性能先进的科研仪器设备,建设了一批具有国际领先或先进水平的试验实验系统,为促进行业科技创新奠定了坚实基础。

(1)通航建筑物综合模拟试验平台

该平台包括升船机综合试验子平台、船闸综合试验子平台、输水阀门水动力学与流激振动试验子平台、大型通航闸门试验子平台、通航建筑物安全监测及数值仿真模拟研究子平台、自航与拖曳船模及测控系统等。平台可开展各种类型船闸、垂直升船机的全整体全相似模型试验,以及通航建筑物中的输水阀门、工作闸门等局部结构的大比尺物理模型试验,可实现模型全流程运行自动控制,以及水位、流速、流量、压力、波高、系缆力、扭矩、转角、行程等各种参数的集成综合同步测量。平台还可开展通航建筑物原型观测、调试与应急安全监测,通航建筑物结构与水力学数值模拟与仿真,以及不同类型船舶航行与停泊条件等试验研究。

(2)超大型非恒定流减压箱

该装置,其长、宽、高分别为26.7米、1.4米、4.5米;最大流量达到1200升/秒;真空度99%。其设备主要包括:上下游钢板水库、通用减压试验工作段、地下泵房、动力及供回水系统、真空减压系统、水位调节系统、自动控制系统及测试设备。装置主要用于大型高水头船闸输水阀门非恒定流空化问题研究,以及泄水建筑物非恒定流和恒定流大比尺减压模型试验,可实现水位、流量、真空度等参数自动控制与测量,已应用于三峡船闸、向家坝水电站、阿海水电站、大藤峡船闸等重大工程研究。

(3)闸门水力学和流激振动研究平台

该平台可模拟各种形式的水工闸门,模型最高水头11米,最大流量为1.2立方米/秒,24位采集系统,各通道独立,全并行同步采集,最高采样频率为2兆赫。平台主要用于水工闸门结构的水力学和流激振动特性的研究,可模拟水工闸门实际运行过程,同时实现水力学参数和结构参数相似,实时同步进行水位、流量、流速、动水压力、振动加速度、振动位移、应力、动态多维拉压力等参数的一体化测量和分析,已用于向家坝电站、锦屏电站、南京三汊河水闸、常州钟楼水闸、曹娥江大闸等重大工程研究。

(4)泥沙基本理论试验研究设备

该系统包括大型变坡水槽、小型变坡水槽、风浪流长水槽、波浪大水槽、波浪小水槽、大型宽浅水槽、率定水槽等水动力泥沙基本理论研究水槽7座。大型变坡水槽长、宽、高分别为40米、0.8米、0.8米,底坡可调范围1/400~1/60;小型变坡水槽长、宽、高分别为44米、0.8米、0.8米;风浪流长水槽长、宽、高分别为175米、1.2米、1.5米,造波机为自行研制,最大波高约0.35米,波周期范围0.5~6.0秒。波浪大水槽长、宽、高分别为60米、1.8米、1.6米,波浪小水槽长、宽、高分别为40米、0.8米、1.0米;大型宽浅水槽长、宽、高分别为60米、12米、1.0米;率定水槽长、宽、高分别为30米、1.0米、1.0米。变坡水槽通过调节水槽的坡度,研究不同河床比降条件下泥沙的起动、输移和扬动等规律。风浪流长水槽可模拟规则波、不规则波、风、潮汐、水流等动力条件作用下的泥沙运动规律。

（5）水（潮）流波浪泥沙试验量测系统

该系统主要用于测量水位、潮位、波高、流速等水动力要素。系统包括水位仪、二、三维电磁流速仪、声学多普勒流速仪、三维激光流速仪、剖面流场测量仪、泥浆密度仪、泥沙浓度剖面仪、三维波浪力量测设备、波高测量设备、浮体撞击力量测设备等。其中，声学多普勒流速仪流速测量范围 0～4 米/秒，最高输出 200 兆赫；三维激光流速仪 2×200 毫升激光器；二维电磁流速仪 ±1 厘米/每秒或 ±2%；三维力矩测控仪力 ±300N，误差 ≤ 0.5%。

（6）内河航道整治物理模型试验系统

该系统主要用于河道水流泥沙运动的模拟。系统采用非恒定流控制与采集系统控制模型进出口水位、流量，配备自动加沙设备、跟踪式水位仪、大范围流场测量及分析系统、激光超声波非接触式地形仪等设备。其拥有长江下游试验厅、汉江试验厅、淮河试验厅、多汊河试验厅、西江试验厅等试验大厅 5 座，建筑面积 16000 平方米，已围绕长江、西江黄金水道航道通过能力等级提升，港口与跨河桥梁等国家重大工程建设开展了大量试验研究。

（7）河口综合治理物理模型试验系统

该系统主要用于河口综合治理研究。其中，潮汐模型测控系统能够实现模型的控制与多点水位、流速的采集，PIV 监测大范围流场、地形仪观测河床变化。系统拥有长江口、珠江口、海河口等试验大厅 6 座，建筑面积 15700 平方米，已围绕长江口、珠江口、瓯江口、海河口等重大河口的综合治理与开发开展了大量试验研究。

（8）港口及海岸工程物理模型试验系统

该系统主要用于海岸工程波浪水流泥沙运动的模拟。其中，多向不规则造波机已实现模型的控制，同时已配备多点同步波要素量测设备。系统可模拟规则波、椭圆余弦波、孤立波、叠加破碎波、聚焦波等常用频谱及自定义频谱所描述的不规则波。其配备波流自动控制、包含流场粒子成像分析系统、地形测量系统、模型试验远程测控控制系统、试验视频实时监控系统、大屏幕综合展示系统、激光器等，还拥有小港池、海岸工程、渤海湾试验厅、曹妃甸试验厅、丹东港试验厅、连云港试验厅、吕四港试验厅、厦门港试验厅等试验大厅 8 座，建筑面积 22300 平方米，已围绕国内外海岸工程建设开展了大量试验研究。

（9）枢纽泥沙物理模型试验系统

该系统主要用于枢纽工程水流泥沙运动的模拟，具有模型进口非恒定流自动控制、水沙调制装置、含沙量控制、水位、含沙量、泥沙颗粒级配等数据多点同步采集与处理等功能。系统拥有三峡坝区试验厅、三峡变动回水区试验厅、小浪底试验厅等试验大厅 3 座，建筑面积 18300 平方米，已围绕三峡、葛洲坝、小浪底等航电枢纽建设开展了大量试验研究。

（10）土工离心机系列试验设备

该试验平台,包括容量 $400g \cdot t$（2000 千克@$200g$）、$60g \cdot t$（300 千克@$200g$）、$50g \cdot t$（200 千克@$250g$）等系列离心机,配备 NS-I 型离心机振动台、模型试验辅助机器人、造波机系统、离心机固结仪等辅助设备。其中,$400g \cdot t$ 大型离心机的载荷能力 $400g \cdot t$,转臂半径 5.50 米,最大离心加速度 $200g$,载重能力 2000 克,挂篮空间 1.5 米 ×1.5 米 ×1.0米。主要用于开展超重力场环境离心模型试验研究,为港珠澳大桥西人工岛软基处理等重大工程建设提供了重要支撑。

（11）港工结构及工程隐患探测设备

该设备主要用于港工结构和工程内部结构实时成像分析,混凝土破坏过程动态分析、内部裂缝定位及扩展分析,港工建筑物的无损检测,以及渗漏通道、孔洞、不密实区域富水带等隐患的实时准确定位和发展趋势评价等。相关设备包括地质雷达（配备高中低频屏蔽天线、超强地面耦合柔性天线）、McSEIS－SX 多功能综合地震仪、核磁共振探测器（最深 150 米）、3D 成像与分析系统（隐患定位准确率超 99%,工程裂缝定位及扩展破坏分析精确度达 95% 以上）、高密度电法仪（最大输出电压 400 伏,电流 1000 毫安）、超高速动态破坏成像系统（满幅分辨率 2560 ×1920 下最高速度 2000 帧/秒,最高速度 1300000 帧/秒）、堤坝渗漏检测仪、WGMD-6 分布式三维高密度电阻率成像系统、多功能电法仪等。

（12）大型结构承载性能试验系统

该系统主要用于开展静态恒速率、恒应变、恒应力控制下的试验和各种常规力学性能试验,并可进行断裂力学、抗剪试验等。系统包括拟静力液压伺服大型结构试验加载系统、20000 千牛伺服压力试验机、1000 千牛疲劳试验机、多通道数据采集系统、现场结构无线遥测与在线监测系统等。最大试验力:压 20000 千牛,拉 2000 千牛;试验力测量控制精度:优于 ±1% 。

（三）交通运输部天津水运工程科学研究院

1.概况

交通运输部天津水运工程科学研究院（以下简称"天科院"）大型水动力实验基地位于天津市滨海新区临港经济区,总占地 18.86 万平方米,约 300 亩。该院于 2011 年 3 月奠基,分三期建设,一期占地面积 10 万平方米,包括综合实验大厅和科研附楼、水泵房等,并于 2012 年 12 月投入使用;二期占地面积 2.75 万平方米,其中大比尺波浪水槽实验厅于 2014 年 9 月投入使用、土工离心机实验厅 2015 年 11 月投入使用。一期二期建筑面积 6 万平方米,至 2018 年总投资已超过 6 个亿。三期占地面积 6.11 万平方米,待建的国家水运专业计量研究与验证综合试验厅于 2019 年开工,投资 8000 万;2020 年预计建设水运工程生态保护修复综合实验室,投资5000万。后期规划建设港口危险货物储运安全及应急技术研究实验室和交通离岸工程模拟实验厅。

天科院大型水动力实验基地主要为港口水工建筑技术国家工程实验室,实验室是国家发展改革委和交通运输部为加快公路、水路交通运输行业技术创新体系建设,提升行业整体创新能力组织实施的建设专项,于2012年9月获得国家发展改革委批复建设。实验室拥有多方向不规则波模拟、港口航道防淤减淤、港口工程检测评估、波浪—结构—地基耦合作用、土工离心模拟5个实验研究平台,实验室完成世界最大规模海港内河综合试验厅(长440米、宽100米)、大比尺波浪实验水槽(长450米、宽5米、深8~12米,能生成3.5米大浪)和$500g \cdot t$土工离心机建设。实验室主要开展波浪潮流泥沙对港口通航安全影响及防治技术、深水码头及防波堤新型结构设计与施工技术、地基及基础稳定性及安全监测技术、码头结构检测评估与加固技术4个方向的科学研究、技术研发和成果转化工作。实验室在粉沙质海岸泥沙运动规律研究、淤泥质港口适航水深应用技术、高含沙强水流岛群泥沙运动研究、老码头健康检测评估技术等取得国际领先或国际先进水平研究成果,支撑了黄骅港、天津港、上海洋山深水港等沿海港口建设和航道运营维护。

该基地已完成海岸河口综合模拟实验厅、大比尺波浪实验水槽和土工离心机试验厅建设。

2. 大比尺波浪实验水槽建设

(1)建设基本情况

大比尺波浪试验水槽长450米,宽5.0米,深度8.0~12.0米,是世界上尺度最大、造波能力最强的波浪实验水槽之一。按照实验功能不同,水槽分为造波机段、生波段、实验段和消波段。水槽实验段深度为12米,其他区域深度为8米。

(2)实验设施功能

造波装置是大比尺波浪实验水槽的核心设施,其采用活塞式推板造波机,驱动方式为交流伺服电机(260千瓦×6台)带动齿轮和齿条工作。造波板的前面和后面都有水,采用背面平衡方式运行。造波板的中心位置可移动,背面距离取波长的1/4左右,造波板背面受力单纯,受到波能量的影响较小。造波装置的最大冲程为±4.0米,采用位移进行控制,利用造波板前面的波高计采集的波高信息进行吸收式造波。造波板深11米,宽5米,可生成规则波和常见谱型的不规则波,其设计造波能力为规则波最大波高3.5米,波浪周期范围为2~10秒。大比尺波浪实验水槽的顶部两侧铺设有轨道,观测台车在轨道移动,并设置升降机,升降机可以降到水面为实验人员开展各种观测提供方便。实验人员也可以利用升降机进行实验测量仪器如波高仪、压力计、位移计、流速计等的布置。实验段安设有20t轨道门机,用于实验模型的吊装和安放。实验厅设有控制室,测量数据通过电缆传输至控制室,数据自动记录存储在电脑内。实验人员在控制室内可以实时读取测量数据并进行分析,并根据实验情况,通过给予程序指令对实验过程进行控制。大比尺波浪试验水槽已于2014年7月建成投入试运营。

(3)实验设施先进性

大比尺波浪水槽最大造波能力为3.5米,最大模拟海啸波2米,造波周期2～10秒,最大造流能力20立方米/秒,能进行1/5到1/1的大比尺模型试验,最大限度地消除比尺效应,还原更为真实的物理过程。同时,大比尺波浪水槽配备了高精度波高传感器、大量程压力传感器、单点及剖面流速仪、水下高清摄像机、六分量位移传感器、三维地形扫描仪、越浪量自动测量仪等先进的测量仪器和设备。

(4)实验设施应用

研究人员已利用大比尺波浪试验水槽开展了半圆堤结构和直立沉箱结构两种形式物理模型试验,并研究了波浪作用下结构受力以及失稳情况,测试了地基土体的强度变化,分析了波浪、结构和地基三者之间的响应关系,还揭示了结构破坏机理。

1)长江口半圆堤大比尺波浪水槽试验

该试验把长江口深水航道治理工程中的一种导堤结构和地基土在相应波浪条件下的三种不同表现形式,即稳定、临界、破坏,进行了概化模拟和复演。其物理模型试验重点研究了软土地基在波浪循环荷载作用下的承载力破坏模式和机理。

试验通过长江口航道整治二期工程半圆堤在波浪作用下的沉降破坏大比尺波浪水槽软黏土地基波浪模型试验研究,探索出一套合理可行的水工模型试验研究方法,包括软黏土地基的模拟技术、仪器设备的选择与测试技术等,为在大比尺波浪水槽中进行波浪—防波堤—软黏土地基三者相互作用模型试验提供技术支撑。

试验研究成功再现了长江口工程半圆堤在波浪作用下的沉降破坏模式,此工程实例验证试验积累的经验可以作为大比尺波浪地基水槽和相关数学模型研究的基础,并可借此进一步完善地基土模拟技术和理论。

研究得到了不同水位作用下半圆堤所受水平力、下压力分布规律;总结了波浪长时间循环荷载作用下孔隙水压力和土压力的变化规律,得出了半圆堤前趾下方土体孔隙水压力变幅大于半圆堤后趾下方土体孔隙水压力变幅值,还了解了半圆堤前趾下的软黏土承受的动荷载大于半圆堤后部堤身下的软黏土承受的动荷载。此外,在循环荷载作用下,研究发现了防波堤下部某些特殊部位的软黏土的孔隙水压力会出现逐渐增加的现象,当软黏土地基强度小,试验结果类似长江口二期导堤工程半圆体的破坏模式。其典型的特征表现为软化的地基土从防波堤前后的基床孔隙钻出隆起,防波堤主体结构明显沉降。

2)烟台港直立沉箱大比尺波浪水槽试验

该试验依托大比尺波浪水槽,以烟台港西港区直立沉箱为依托工程,进行波浪—结构—地基相互作用试验。其开展了设计低水位和设计高水位、不同波高、不同波浪作用时

间条件下直立沉箱稳定性试验,并得出以下结论:

直立式沉箱防波堤地基土体孔隙水压力分布具有很强的空间特性。孔隙水压力均值随着土体深度的增加而增加。直立式沉箱防波堤堤身下部地基土体孔隙水压力均值大于相同深度防波堤堤身之外土体的孔隙水压力均值;直立式沉箱防波堤前趾下的土体孔隙水压力均值大于其他区域的土体孔隙水压力均值。

直立式沉箱防波堤地基土体孔隙水压力变幅值随着波高的增加而增大。迎浪侧和前趾附近的土体孔隙水压力变幅值增加明显,防波堤后方土体孔隙水压力变幅值增加较小,沉箱迎浪侧和前趾下土体的孔隙水压力变幅值大于沉箱背浪侧土体孔隙水压力变幅值;直立式沉箱防波堤底部土体孔隙水压力变幅值变化相对均匀。随着波高的增加,浅层土体孔隙水压力变幅值总体上大于深层土体孔隙水压力变幅值。

直立式防波堤的孔隙水压力发展趋势主要分为两种类型:一种为基本不变形,主要发生在距离防波堤堤身较远的地基土体区域;另一种为增长型,主要发生在防波堤堤身附近表层地基土体区域。

直立式沉箱防波堤地基土体的地基应力随着深度的增加而增大。防波堤堤身底部地基土体的地基应力明显大于远离防波堤堤身地基土体的地基应力,且防波堤前趾和后趾附近区域地基土体的地基应力大于防波堤堤身中间区域地基土体的地基应力。

在波浪长时间作用下,直立式防波堤堤身下部的地基土体孔隙水压力略有增加,在总应力基本不变的情况下,有效应力略有降低;防波堤迎浪侧和背浪侧距离堤身较远的地基土体有效应力基本不发生变化。在波浪作用过程中,地基土体的总应力和孔隙水压力都随着波浪波动而周期变化,总应力波动幅值大于孔隙水压力波动幅值。

3)波流作用下围油栏性能测试与优化试验

该试验项目是科技部国际科技合作项目"港湾突发性溢油应急及生态修复技术合作研发"中的内容之一。试验利用大比尺波浪水槽波流模拟系统,开展了不同港湾溢油条件下围油栏的随波性、滞油性、抗风抗浪性等拦油能力实验,对上述优化设计的围油栏的溢油逃溢、溢油泄漏、溢油飞溅、围油栏不稳定性等进行实验研究,分析造成拦油失效的条件,总结不同结构参数的围油栏在波浪和水流作用下的失效规律,优化港湾溢油的围油栏各部件的几何尺寸及其布设方式,并根据上述模拟实验研究结果,进一步完善了在实际应用过程中围油栏的各组件的配置及立体化结构,改善了对溢油的拦截效果,并防止了溢油的外溢或者沉积到港湾底部。

4)岛礁地形波浪传播变形规律研究试验

该试验项目是科技部重点研发专项波浪地震作用下岛礁安全性评估中的研究内容之一。试验利用大水槽水深浪大的特点,研究了波浪与岛礁地形的相互作用机理,分析了入射波浪在礁盘上的传播变形规律,研究了不同波浪条件的波浪增水规律,给出了波浪增水的经验公式,建立了岛礁波浪数学模型,还对不同坡度以及有无建筑物对波浪传播变形的影响进行了研究。项目取得的研究成果补充了我国岛礁水文设计参数的确定方法,有力地支撑了我国相关工程的设计与建设。

3. 土工离心机建设情况

(1)建设基本情况

土工离心机建设项目占地面积 1381 平方米,建设土工离心机试验厅 1 座,建筑面积 2846 平方米,为地上二层,地下一层,建筑高度 15.45 米。该建筑采用钢筋混凝土框架结构,离心机主机室及地下动力室采用钢筋混凝土剪力墙结构。离心机实验厅基础采用桩承台基础,基桩采用钢筋混凝土钻孔灌注桩。主机室门采用专用防护门,以保障其安全性能。根据离心机工艺要求,地下层层高 4.2 米,地上一层层高 6 米,二层层高 4 米(局部 8 米),室内外高差 0.45 米。地下层布置有主机室设备基础及动力层,地上一层布置有试验大厅、开土间、制样间、油源间、变配电间、离心机主机室,地上二层布置有办公室、控制室、实验室等。

该项目建设实行项目法人责任制、施工监理制和招投标制。其采取公开招标的方式,公开、公正、公平的选择设计、监理、施工和设备供应单位。项目的设计单位是中交水运规划设计院有限公司,施工单位是天津三建建筑工程有限公司,土工离心机主机系统的设备供应单位是中国工程物理研究院总体工程研究所,土工离心机数据采集系统和振动台等设备的供应单位是北京欧美大地仪器设备有限公司,监理单位是天津市塘沽海洋高新技术开发区工程监理有限公司。项目工程于 2013 年 10 月 15 日开工,于 2015 年 11 月 18 日完工。项目总投资 6442 万元。其中,国家发展改革委投资 1500 万元,交通运输部拨款 4442 万元,天科所自筹资金 500 万元。

2018 年 3 月 23 日,经商交通运输部水运局同意,交通运输部天津水运工程科学研究院组织有关单位和特邀专家组成了港口水工建筑技术国家工程实验室项目竣工现场核查委员会,对本项目工程进行了现场核查。竣工验收核查委员会认为,港口水工建筑技术国家工程实验室项目已按交通运输部批准的建设规模、标准、内容和要求建设完成,工程质量总体合格,经试运行,满足使用要求,具备竣工验收条件,同意通过竣工验收现场核查。2018 年 5 月 9 日,交通运输部水运局颁发了该项目竣工验收证书(水运验证字〔2018〕23号),港口水工建筑技术国家工程实验室项目工程竣工验收合格,准予投入使用。

(2)试验系统功能

土工离心机主机最大容量为 $500g \cdot t$,最大离心加速度为 $250g$,最大半径为 5 米,最大负载 5 吨。该系统配备了水平/垂直双向振动台,其水平加速度为 $40g$,垂直加速度为 $20g$;配备的四自由度多功能机械手,可实现打/拔桩、基坑开挖、削坡、锚固等功能;配备的降雨与波浪及潮汐发生装置,可以研究复杂水环境条件下的岩土工程问题。TK-C500 型土工离心机是中国国内已建成的容量最大、功能最全、性能最先进的土工离心模拟试验系统之一。

（3）实验系统组成及其先进性

1）土工离心机系统组成

国家工程实验室土工离心机设计有效容量 $500g \cdot t$，最大加速度为 $250g$，最大转动半径 5 米，吊篮设计长、宽、高分别为 1.4 米、1.5 米、1.5 米，有效荷重 $100g$ 下最大 5 吨，$250g$ 下最大有效荷重 2 吨，满足一般大型水工建筑物模型试验的要求。为扩展土工离心机平台的功能，配备有振动台、打拔桩机械手、锚固机械手、潮汐发生装置等配套设备。

土工离心机主机组成主要包括：离心机主机机械系统、电气控制系统、视频监视系统、安全辅助系统等。主要技术指标如下：离心机容量：$500g \cdot t$；离心机最大加速度：$250g$；吊斗设计长、宽、高分别为 1.4 米、1.5 米、1.5 米（高）；空间尺寸同时满足常规试验系统和动态试验系统的安装要求；离心机半径（轴线到箱底半径）：5 米；有效荷重：$100g$ 下最大 5 吨；$250g$ 下最大有效荷重 2 吨；主机采用单吊斗、不对称臂结构；离心机加速度值：$10g \sim 250g$，转速稳定度 0.5%／F·S12h；离心机转臂不平衡监测，离心机转臂在旋转时保持平衡，设定离心机容量的 5% 为不平衡停机限；设备具有运行安全报警、自动（或手动）停机功能；集流环总计：108 环（功率环 20A 30 环，信号环 70 环，视频环 8 环），光纤集流环 1 通道；旋转接头：油 4 路，21 兆帕；水二路，水压 1.8 光帕；气 1 路，提供相应的油水站；预留振动台的空间和接口；从静止加速到 $250g$ 最快 20 分钟，停机最快 20 分钟；连续运行不小于 72 小时。

2）数据采集系统

数据采集系统分为静态数据采集和动态数据采集，静态信号经过放置在转臂下仪器舱的采集模块调理、放大后，传输至下位机（采集计算机），下位机采集传感器信号并进行存储，然后通过上位机（地面计算机）与下位机的通信来实现数据的交换和传输。这时通过集流环的信号已经是数字信号，这样做可以把信号干扰降到最低，也解决了需要大量信号通道的问题。动态数据采集系统主要采集土压力、孔隙水压力、位移和加速度在模型突然发生变化时的瞬态信号。试验之前，地面计算机可对每个通道的采样频率、采样时间、放大倍数、滤波等参数进行设置，采集过程中可实现多通道波形显示。

数据采集系统，采用静态与动态数据采集相结合的方式，组成 130 通道数据采集系统；用于土工离心模拟试验时，对试验模型各种变化数据的量测与采集，如土压力、水压力、位移、加速度、动态应变等。被测信号经由采集模块及滑环传输到地面测量计算机。

3）振动台

土工离心机振动台主要应用于研究岩土的动力学问题，由于其能真实模拟原型应力场中的应力条件，能精确地再现原型在实际应力条件下的真实动力响应，因此，动力离心模型试验技术在地震破坏机理、抗震设计计算及数值模型验证等方面被国内外岩土工程界认为是最有效的试验手段。土工离心机配套的振动台,可以在原型应力条件下,在模型底部产生可控制的地震波,从而可以通过各种监测手段直接获得地震引起的岩土结构物的动力变形和稳定特性。土工离心机振动台的主要技术指标如下:驱动方式:液压(蓄能器)驱动;最大加速度:水平 $40g$/垂直 $20g$;最大速度 0.50 米/秒;最大位移 5 毫米;最大振动时间:3 秒;频率范围:20～250 赫兹;最大有效负载(含模型箱、模型、以及其他辅助装备)800 千克;振动台控制:利用以太网通过滑环实现通信;激振波形:正弦、地震波再现;单次连续工作时间:正弦 1 秒,地震波 3 秒;控制方式:开环;$100g$ 离心加速度振动台能正常工作。

4)机械手

土工离心机机器人(机械手)系统一般是指在离心机不停机状态下,通过预设的计算机程序,能够自动完成一系列施工模拟的自动化装置,如打拔桩、基坑开挖、隧道掘进、削坡、锚固等施工过程。

该系统为 4 轴机械手,移动平台具有 3 个自由度(即:X_1、Y_1、Z_1),R 为旋转轴,位于机器人末端,相对移动平台转动,固定于 Z_1 驱动的随动平台上。X 方向上采用单电机驱动,单根滚珠丝杠在伺服电机的驱动下,沿直线导轨保持运行,带动整个横梁在 X 方向导轨上滑动,从而实现在 X 方向上定位;Y 向伺服电机驱动横梁内部的单丝杠旋转,带动整个 Z 向平台装置在 Y 向导轨上滑动,从而实现 Y 方向上定位;Z 向伺服电机经齿轮驱动丝杠旋转,丝杠螺母带动 Z 向平台在 Z 向导轨上滑动,从而实现在 Z 方向上定位;在 Z 向平台上可另外固定一个伺服电机,通过电机旋转,实现 R 轴向的转动。

打、拔桩机械手的具体技术指标为:打、拔桩机械手工作在离心机运行 $100g$ 下;驱动方式:液压驱动;压、拔桩数量:至少 24 根;压桩最大深度:500 毫米;压、拔桩最大作用力:10 千牛;桩心最大分布范围:350 毫米×250 毫米;桩心距:最小 60 毫米;工作模式:逐一压桩或拔桩;锚固机械手技术指标:削坡形状:不同坡比的台阶状;台阶尺寸:单个最小 10×300 毫米;台阶的数量:不少于五个;坡比范围:1:0.75、1:1、1:1.5、1:2;锚固方式:将固定于铁板上的钢丝压入坡比的边坡中;钢板厚度 2 毫米,钢丝长度最大 100 毫米。

5)潮汐发生装置

潮汐的模拟可以通过控制水位的变化来实现。在离心机上对一些水位变化的模拟,多数通过在模型箱内配置水箱,利用水头差的原理,实现水位的上下变化。因此,在对潮汐的模拟时,可以通过变化水头差或增减压力的原理来控制水面的变化。

(4)应用情况

1)高桩码头软土岸坡变形离心模型试验

老旧高桩码头承台在后方高荷载情况下,易发生滑移变形,针对这一问题,可在承台后方施工 m 形水泥搅拌桩形成连续加固体。研究人员利用离心机开展离心模型试验，主要研究加固体对高桩承台承载力及变形影响，试验加速度为 $100g$。试验为新型 m 形水泥搅拌桩加固体加固老旧码头承台的效果提供评价依据。

高桩码头是码头三大结构形式之一，因其适用于软土地基，因而在我国众多河口、海岸地区广泛采用。然而，由于码头后方软土地基在自重及垂直堆货荷载的作用下会产生明显的侧向变形，给码头结构造成严重的损伤，对码头安全生产构成严重的威胁。因此，本项目通过离心模型试验研究有、无加固体情况时，码头后方在堆载作用下高桩码头岸坡变形机理、高桩码头承载及变形模式及高桩码头承台结构内力，进而研究在有加固体的情况下，加固体对高桩码头岸坡变形的影响。两个模型试验中，除码头后方有无加固体外，其他如模型比尺均为 1∶100、加载方式及大小、岸坡坡度、土层条件等均相同。

研究结果表明，相对于没有加固体的情况，在有加固体的情况下，高桩码头的结构内力、结构承载力、结构位移、岸坡变形模式及变形量、地基土体变形模式均发生显著变化。此外，在有加固体的情况下，高桩码头承载力显著提高，高桩码头岸坡变形也显著减小。

2）四线隧道下穿既有隧道离心模型试验

本次试验以深圳地铁 7、9 号线四条隧道近距离下穿既有地铁 1 号线隧道工程为研究背景，考虑到新建隧道和既有隧道的尺寸和空间位置关系以及边界效应的影响，根据土工离心模型试验台的尺寸，选定本次离心试验的几何相似比为 1∶80，试验加速度为 $80g$。试验前制作带液压顶推装置的模型箱一套，既有隧道模型若干，试验土样取自深圳地铁施工现场。根据既有隧道间距的不同，研究人员共进行 4 组离心机试验，每组试验得到五十余项试验测试数据。通过对位移、土压和应变等指标的分析，研究人员得到隧道群施工对周围土体应力影响，并获得了盾构多次近距离穿越施工引起既有线变形及受力变化的规律。此类研究成果对类似新建隧道下穿既有隧道工程具有一定的指导意义。通过对上述试验数据进行对比分析，可以得到以下成果内容：

①土体应力变化规律，包括：非下穿区域土压力变化；下穿区域土压力变化；既有隧道周围土体荷载变化；

②既有隧道受力情况，包括：隧道环向弯矩；隧道纵向弯矩；既有隧道变形情况。

3）竖向地震作用下盾构隧道管片衬砌的稳定性离心模型试验

在盾构隧道建设过程中，隧道衬砌由大量管片经螺栓连接形成整体式钢筋混凝土管。该试验根据离心机振动台对盾构隧道在地震作用下的响应问题开展试验，试验目的为测试地基自由场在单向激振作用下的反应情况和不同管片形式的模型在地震作用下的响应。试验根据土工离心模型试验台和原型的尺寸，选定本次离心试验的几何相似比为 1∶50，试验加速度为 $50g$。试验将管片拼装隧道结构和管片未切割隧道结构模型埋入砂土地基中，开展地基—盾构隧道结构系统离心机振动台模型试验。本次试验共进行了自由场地、拼接隧道、非拼接隧道三种工况的试验,地震波分别采用了水平单向和水平/竖直双向的试验方式,每组试验可得到相应的加速度、土压、位移、应变等试验数据。

4)航道开挖卸载与岸壁构筑加载离心模型试验

该离心模型试验以深圳妈湾跨海通道工程为背景,测试特定条件下航道清淤施工过程对航道下方隧道的结构受力与变形的影响,试验加速度为100g。试验成果为妈湾航道开挖与隧道施工相互影响提供了技术参数,也为评估工程建设带来稳定性的影响。

5)高水压条件下开挖面稳定离心模型试验

该试验依托琼州海峡隧道工程开展,琼州海峡水深大于100米。试验主要研究不同土层厚度、不同水深条件下隧道盾构机前部开挖面土体的稳定情况,试验离心加速度为100g、150g和200g。试验提出了高水压条件下盾构开挖面的变形参数以及泥水支护方案。

(四)重庆西南水运工程科学研究所

1.概况

重庆西南水运工程科学研究所(以下简称"西科所")的前身为水利电力部、交通部西南水利水运工程科学研究所,是西南地区目前规模最大的从事水利水电工程、港口与航道工程、河流治理和通航建筑工程的专业科研机构。

西科所始建于1965年7月24日,由水利电力部、交通部共同筹备成立。1966年4月10日,根据交通部、水利电力部《关于正式建立水利水运科学研究所的通知》,西科所正式成立,人员编制111人。1974年1月,交通部根据周恩来总理关于"加快海港建设,三年改变面貌"的指示精神,将西南水利水运科学研究所与天津新港洄淤研究站合并,成立交通部天津水运工程科学研究所。1977年9月,交通部恢复续建交通部西南水运工程科学研究所〔《关于西南水运工程科学研究所的领导关系和续建问题的通知》(77)交人字42号〕。1986年6月,交通部根据交通体制改革的总体部署,以(86)交劳字380号文《关于将西科所并入重庆交通学院的通知》将交通部西南水运工程科学研究所并入重庆交通学院。

西科所专业齐全,学科配套,设备先进,技术力量雄厚。全所现有职工80余人,其中高、中级技术人员占80%以上,具有长期从事水工水力学、通航水力学和河流泥沙模型试验研究的丰富经验,所内现设有水工/环境研究室、航道室、河港室、信息技术与船模研究室、设计室5个专业室。西科所拥有国家内河航道整治工程中心、交通运输部内河航道整治技术交通行业重点实验室、重庆市院士专家工作站、重庆市航运工程技术中心、重庆市桥梁防撞与通航安全工程中心等高水平研发平台,拥有国家发展改革委颁发的水运(港口河海工程)、水利水电咨询资信甲级资质,还拥有住房和城乡建设部颁发的水运行业(港口工程、航道工程)专业甲级设计资质。

西科所科研基础条件优越,已建有三峡、航道、水工、船模和基础水力学等多座试验大厅。试验厅总面积近1.8万平方米,并拥有占地面积约4万平方米的大型露天试验场。西科所在江津双福校区已开工新建占地400余亩的试验基地,配备了较完善和大型的清浑水试验系统(供水能力达3立方米/秒),研制和开发了小比尺自航船模及水位、流速、流量控制、泥沙分析测试等先进设备,拥有小型计算站及配套专业软件。

建所50年来,西科所采用物理模型、数学模型和小比尺遥控自航船模技术与水位—流量—流速可视化自动控制测试技术等手段,先后完成了三峡泥沙与通航等众多关键技术问题研究,其中包括两坝间通航水流技术标准、三峡枢纽通航、三峡施工导流与通航、三峡水库回水变动区泥沙淤积与航道整治等,还完成了金沙江向家坝水电站通航所涉及的多项关键技术问题研究课,承担了长江干支流、西江水系、黄河及淮河等河流的多座渠化工程、航道整治工程及河道治理工程所涉及的水工水力学、河流泥沙、航道整治、防洪工程、港口工程、施工技术等2500余项科研项目,为相关工程的优化设计和重大决策提供了重要的科学依据和技术支撑,取得了良好的社会效益和巨大的经济效益,先后获国家科技进步奖3项,省部级科技奖励40余项。

2.重庆西南水运工程科学研究所科研办公设施建设

重庆西南水运工程科学研究所新建科研办公楼位于重庆交通大学双福校区。科研办公楼共计5层,建筑面积合计5807.21平方米,为混凝土框架结构,总计投资1000万元。

科研办公楼内一楼主要为船舶模拟仿真实验室、小比尺船模制作工间、水工量测设备制作工间及泥沙分析室等。科研办公楼二楼设置有多功能厅1个、大小会议室各1个,还设有财务、办公室等房间。科研办公楼3~5楼主要为各专业科研办公室及各重点科研平台建设办公室等。

3.重庆西南水运工程科学研究所科研基础设施建设

重庆西南水运工程科学研究所新建科研基础设施位于重庆交通大学双福校区,其中包括船闸水力学实验厅4185平方米、基础水力学实验厅3301平方米、船模与波浪实验厅3123平方米、综合实验厅30853平方米,其均为钢管桁架、钢框架结构,总计投资2亿元。

目前,基础水力学实验厅配备有大型变坡水槽、大型波流水槽、流速率定水槽、流量率定装置各一套,船模与波浪实验厅配备有大型波流港池系统一套。

整个基础设施建设自2017年10月开工,于2019年9月完工,其间建设各项工作进展顺利。

4.重庆西南水运工程科学研究所试验实验系统建设

(1)大型船舶通航操纵模拟系统

西科所添置的V.Dragon-4000型大型船舶操纵模拟器,重点分析船舶在典型流量工况下的航行和自漂轨迹的确定,结合 AIS、GPS 等实测的船舶航迹线,共同制定出最符合实际的船舶航路中心线,尤其是在船舶失控或断缆这种实际中样本资料较少的情况下的数据,为船撞风险、通航安全评估中的几何概率确定提供强有力的数据支撑。

西科所大型船模模拟器系统为驾驶人员提供了十分逼真的训练环境和船舶驾驶台操作环境,可用于进行 STCW78/95 公约所规定的模拟器培训和通航安全影响评估、受限水域的高级操纵和引航训练。模拟器的性能指标完全满足挪威船级社(DNV)有关大型船舶操纵模拟器的性能标准以及中国海事局和 STCW78/95 公约对用于培训和通航安全影响评估的模拟器性能要求,其满足国家海事局关于"大型船舶操纵器""雷达/ARPA 模拟器""GMDSS 模拟器"和"驾驶台资源管理"等培训大纲的训练要求,可用于电子海图的操作训练、港口和航道的开发应用及事故调查分析等。

通航船舶操纵模拟器所采用的技术手段和方法具有一定的先进性和前瞻性,加上选配的多种良好的三维地形建模,潮流、波浪和风的数值模拟以及船舶航行数值模拟等计算软件服务支持,使该模拟器能进行下列试验研究工作:内河航道水流数值模拟计算及可视化研究;港口航道潮流、波浪场数值模拟计算及可视化研究;各种工况下、各种类型和吨位船舶、多船会遇避让、各种气象及不同航道、港池、码头条件下的船舶操纵通航条件模拟试验;港口航道工程通航安全评估;港口航道工程方案评价及优化等工作。

(2)水运工程模型测控研究系统

实验室的水运工程模型测控研究平台已配备有实验室自行研制的流量水位控制系统、数控制模机、电阻式测沙仪、旋浆流速仪、光电测沙仪、小比尺船模测控系统等仪器设备。这些仪器设备已应用于"三峡明渠施工通航""长江陆溪口航道整治""三峡—葛洲坝两坝间通航水流条件研究""乌江河口航道整治"等重大工程研究中,并取得了良好效果。但随着国家航运建设的蓬勃开展,不断出现的新、疑、难问题,为研究团队提出了新的课题,也对实验室测试设备提出了更高的要求。因此,目前的系统配备已不能适应航运科技发展和人才培养的要求。

针对以上问题,西科所通过航道工程模型测控系统的建设,实验室的设备结构目前基本合理,软硬件整体功能相对齐全,实现测控系统和数据采集、传输、存储、处理、生成、显示等的自动化和网络化,实现模型试验与数学模拟计算的耦合,显著提高科研技术水平和成果质量,西科所将成为解决重大交通科技问题重要基地。

水运工程模型测控研究平台主要包括长河段非恒定流河工模型测控平台、船闸水力学测控系统、通航安全仿真模拟与测控平台、大比尺自航船模航行特征要素测控平台与内河航道仿真平台。

水运工程模型测控研究平台主要用于:各类航道整治方案研究;枢纽通航建筑物布置

方案与通航条件研究;电航枢纽下泄非恒定流传播规律、影响与对策措施的研究;水库泥沙淤积影响与治理措施研究;航道整治建筑物破坏机理研究等;河工模型试验成果的信息化、可视化处理技术研究;航道整治的数值模拟研究;船舶数模在航道整治中的应用研究;数模、实体模型相结合的复合模型研究;超高水头船闸输水形式与水力学特性研究;闸阀门振动及治理措施研究等。

水运工程模型测控研究平台拟购置的仪器设备如表 12-6-3 所示。

水运工程模型测控研究系统仪器设备 表 12-6-3

序号	试验系统	设备名称	数量	单位	产地
1	长河段非恒定流河工模型测控系统	多通道非恒定流水位—流量自动控制仪	1	套	中国
		河工模型表面流场实时测量系统	3	套	中国
		信号无线收发多通道超声水位(波浪)测量仪	2	套	中国
		模型断面声学多普勒测流仪	2	套	美国
		多点超声水位测试分析系统	3	套	中国
		流速动态测试仪	3	套	中国
		流速传感器自动跟踪测架	2	套	中国
		悬移质加沙系统	1	套	中国
		基于激光扫描的船模轨迹仪	1	套	中国
2	船闸水力学测控系统	船闸非恒定流流量控制系统(含流量计、变频控制器等)	2	套	中国
		多通道动静态便携式数据采集仪	1	套	美国
		静态数据采集系统	2	套	中国
		动态数据采集系统	2	套	中国
		单船闸阀门启闭控制系统	2	套	中国
		多船闸水位—阀门启闭联动控制系统	2	套	中国

(五)大连海事大学

1. 船舶导航系统国家工程研究中心建设

(1)项目概况

船舶导航系统国家工程研究中心(简称"工程研究中心")是 2005 年国家发展改革委批复成立的。

海上交通运输业是国民经济的基础性产业,在国民经济建设中起着重要的支撑作用。我国拥有 1.8 万多千米的大陆海岸线,海上运输承载 90% 以上的国际贸易运输量,海上交通运输业的健康运行是国民经济健康增长的物质前提。同时,它的发展也必将对我国的可持续发展产生极其重要的影响。海上交通安全与航空安全一样,已经成为当今世界各国要优先解决的重大问题。海上事故所造成的经济损失巨大,人员伤亡惨重。解决这一问题的关键是利用现代高科技手段,确保船舶航行安全与畅通。

海上交通具有移动范围广、环境复杂、事故危害严重等特点。目前,我国海上交通运输业存在着宏观调控乏力、基础设施能力短缺、管理手段落后、技术装备水平低、事故多发(平均每年发生 800 起交通事故)等问题,其成为制约我国海上交通运输业发展的主要因素,还影响了海上运输整体优势的发挥和国际竞争力。因此,加强海上交通运输管理,保障海上交通安全,提高海上事故应急处理能力对于国民经济建设是至关重要的,而这又有赖于船舶导航系统技术的提高。

船舶导航系统运用先进的电子海图技术、卫星导航技术、通信技术、信息技术、控制技术、人工智能技术及系统工程技术等,能实现海上(江河)船舶的自动导航和船舶交通管理,确保船舶航行安全、畅通,对提高船舶导航系统技术意义重大。

工程研究中心的建设目标是瞄准国家重大科技进步和交通行业发展的需要,针对船舶运输安全、节能、环保等技术领域,在船舶智能导航装备、海事信息处理及控制系统、信息服务三个层面协同攻关。实现引领中国船舶导航技术的发展,进行产品生产技术的换代和升级,持续不断地提供具有世界先进水平的船舶导航系列产品和生产技术,是中国著名的船舶导航系统集成研发基地、高层次人才培养基地和服务商的目标。

工程研究中心是以独立法人大连海大船舶导航国家工程研究中心有限责任公司(以下简称"海大导航")为主体,项目建设根据国家发展改革委《关于组建船舶导航系统国家工程研究中心项目的批复》(发改高技〔2005〕452 号)文件精神并结合本工程研究中心的经营目标,于 2005 年 10 月开始的建设项目。在积极开展并落实各项筹建工作后,公司体制组建完成,并于 2008 年 3 月向国家发展改革委提出《船舶导航系统国家工程研究中心项目资金申请报告》。2008 年 6 月,国家发展改革委正式批准该项目建设。

(2)项目建设历程

2008 年 6 月,工程研究中心开始建设。2009 年 3 月,根据大连市发展和改革委批复的项目初步设计方案,研究团队相继实施了项目建设的初步设计、施工图设计、房屋租赁及改造装修、设备采购及委托加工、安装、运行、调试等任务,2010 年初工程研究中心开始试运行,着力开展船舶导航技术的研发、产品的开发及工程化成果验证推广等工作,并取得了显著成效。至 2012 年 9 月,工程研究中心已顺利完成了预备期的全部建设任务。

项目建设根据国家发展改革委 2008 年批复的《船舶导航系统国家工程研究中心项目资金申请报告》以及 2009 年经大连市发展和改革委批复的项目初步设计方案,工程研究中心项目总投资 8100 万元,其中,建设投资 5849 万元,建设期利息 177 万元,铺底流动资金 2074 万元。资金来源中,项目建设单位自筹 3050 万元,国家发改委补助 2000 万元,交通运输部补助 2000 万元,大连市发改委补助 530 万元,另外,银行贷款 520 万元。

工程研究中心主要建设四个实验室,共计 6775 平方米。其中,导航雷达仿真实验室 1060 平方米、海上交通信息处理实验室 757 平方米、船舶导航应用产品实验室 840 平方

米、工程化技术验证实验室 2227 平方米、综合办公 713 平方米、公共分摊面积 1178 平方
米。主要设备情况如表 12-6-4 所示。

主 要 设 备 情 况

表 12-6-4

序号	品　　名	功能及用途	数量	单价	产地	购置时间
1	数字船舶运动仿真模拟实验台	模拟 VTS 监管船舶的轨迹	1	160.00	中国	2010 年 1 月 21 日
2	船用导航设备测试系统	检测 VTS 测试用船舶的 GPS 等相关设备运转情况	1	102.48	美国	2009 年 4 月 6 日
3	模拟数字通信设备综合测试系统	检查 VTS 通信用的 VHF 等设备相关运转情况	1	98.18	美国	2009 年 4 月 16 日
4	VTS 雷达设备	扫描 VTS 监管海域的雷达信号	1	82.10	法国	2015 年 1 月 28 日
5	射频波形采集设备（数字示波器）	对 VTS 雷达输出进行测试	1	79.50	马来西亚	2009 年 5 月 25 日
6	锡膏印刷机	VTS 信号处理板制板用	1	70.27	德国	2009 年 3 月 11 日
7	航运综合信息服务软件平台	VTS 的 MIS 信息管理系统原型	1	64.90	中国	2008 年 9 月 1 日
8	频谱分析仪主机	对 VTS 雷达以及其他设备输出进行测试及分析	1	45.46	马来西亚	2008 年 9 月 24 日
9	电路板制板系统	VTS 信号处理板制板用	1	44.70	中国	2008 年 8 月 1 日
10	AIS 基站系统	收集 VTS 监管海域的船舶 AIS 信号	1	44.50	瑞典	2007 年 12 月 13 日
11	AIS 岸台	收集 VTS 监管海域的船舶 AIS 信号	1	41.33	日本	2009 年 3 月 18 日
12	GPS 信号模拟器	模拟 VTS 监管海域的船舶 GPS 信号	1	41.00	中国	2009 年 6 月 12 日
13	测量仪器	VTS 项目验收时对相关验收内容测试用	1	40.00	美国	2010 年 3 月 2 日
14	EMI 测试接收机	测试 VTS 系统无线电测向仪等设备	1	39.96	中国	2008 年 11 月 24 日
15	导航系统主控制器	VTS 监管船舶的导航系统控制器	1	39.50	中国	2008 年 9 月 1 日
16	KH S 波段航海雷达	扫描 VTS 监管海域的雷达信号	1	39.00	英国	2009 年 12 月 12 日
17	样机制作（工控机）	VTS 综合处理服务器等软件运行的工控机	1	38.09	中国	2009 年 3 月 18 日
18	核心服务器系统	VTS 综合处理服务器等软件运行的服务器	1	35.40	日本	2008 年 11 月 13 日
19	蓝牙 RTK 测量系统（流动基准站）	用于 VTS 使用的 AIS 基站自身位置校准	1	35.02	美国	2008 年 11 月 4 日

续上表

序号	品　　名	功能及用途	数量	单价	产地	购置时间
20	北斗多信道信号模拟器	VTS 监管海域的船舶北斗信号模拟	1	35.00	中国	2009 年 6 月 12 日
21	微波噪声系数分析仪	测试 VTS 系统无线电测向仪等设备	1	32.04	中国	2008 年 11 月 24 日
22	微波综合测试仪	测试 VTS 系统无线电测向仪等设备	1	31.96	中国	2008 年 11 月 24 日
23	微波合成扫频信号发生器（信号源）	模拟 VTS 系统无线电测向仪等设备信号	1	30.27	中国	2008 年 11 月 24 日
24	雷达视频采集与处理装置	VTS 用雷达信号的采集及处理	1	30.00	英国	2010 年 2 月 18 日
25	GPS 卫星信号模拟器	模拟 VTS 监管海域的船舶 GPS 接收信号	1	29.50	中国	2013 年 5 月 15
26	磁盘阵列	VTS 记录回放服务器使用	1	28.02	中国	2008 年 9 月 3 日
27	自动舵系统	模拟 VTS 监管海域的船舶自动驾驶信号	1	26.50	挪威	2009 年 5 月 21 日
28	雷达（ARPA）	扫描 VTS 监管海域的雷达信号	1	26.24	日本	2009 年 3 月 11 日
29	IBM P4/2.1G×4 小型计算机	VTS 客户端运行的计算机	1	25.00	美国	2008 年 6 月 12 日
30	模拟电路芯片测试仪	VTS 信号处理板测试用	1	24.00	中国	2009 年 3 月 19 日
31	无铅回流炉	VTS 信号处理板制板用	1	23.57	美国	2009 年 3 月 11 日
32	移动 VPN 网络	传输 VTS 雷达、AIS 等信号到 VTS 中心的链路	1	21.91	中国	2008 年 12 月 12 日
33	INMARSAT-F（海事卫星设备）	VTS 监管海域的船舶卫星通信测试调试设备	1	20.00	丹麦	2008 年 11 月 20 日
34	徕卡 GPS1200	VTS 监管海域的船舶 GNSS 定位设备	1	20.00	瑞典	2009 年 9 月 15 日
35	轮机模拟器	VTS 监管海域的船舶轮机驾驶系统	1	20.00	中国	2010 年 3 月 10 日
36	示波器	对 VTS 雷达以及其他设备输出进行测试及分析	1	20.00	中国	2013 年 2 月 1 日

（3）项目发挥的作用

在项目的建设过程中，工程研究中心不仅研发自己的创新技术，还将取得的技术成果运用到各种科技计划项目中，解决了国家及行业领域的重大科技攻关问题。这些科技项目的研发，促进了船舶交通领域的技术进步与提升，为国家乃至行业的发展起到了技术支撑作用。几年来，工程中心先后承担了国家发展改革委、科技部、交通运输部及中国海事局的几十项科技计划项目或科技攻关项目，取得许多重大科技成果，获得技术发明专利 4

项,软件著作权 24 项,获得较好的经济效益和社会效益。

工程中心通过对 VTS 技术的研究,取得了多项技术成果。这些技术成果应用不仅用于 VTS 系统本身,还具有十分广阔的应用空间。比如工程中心将这些成果应用在边防领域,与大连湾边检站合作完成了"大连湾边检站海港勤务锚地信息管理系统示范项目"。与辽宁刑警学院合作,承担了科技部的"恐怖风险监测预警新技术综合应用研究"项目,合作研究了海、陆多信源融合的恐怖风险监测预警技术。与辽宁渔政合作,完成了"海上禁捕期内渔船监控管理系统"。与长江航道局合作,完成了"长江电子航道图 3.0 系统"和"长江电子航道图 APP 系统"。与福建新能有限责任(集团)公司合作,开发研制了"福建省海上风电海域 VTS 系统平台建设项目"。这些项目的开发,对工程化技术成果的辐射、扩散起到了积极的促进作用,带动了行业的技术进步和发展。

2. 海湾生态国际科技合作基地建设

(1)项目概况

大连海事大学海湾生态国际科技合作基地于 2010 年 10 月由科技部批准成立。海湾生态在围垦、水利工程建设和环境污染等多重因素的干扰下,面临着自然来水减少、水盐失衡、植被退化、生境质量下降等多种威胁。因此,呈现湿地生态受损,甚至光滩现象。因此,全面分析和评估了河口污染水域和湿地生态系统退化机制,对于流域污染的治理和生态修复起到至关重要的作用。

该基地建设以辽宁省环境系统生物学重点实验室为依托,整合了目前和环境系统生物学研究所密切合作的国际持久性有毒物质联合中心、微流体及芯片实验室技术中心和细胞冷冻和生物传热技术开发平台,共同打造了面向环渤海、辐射东北工业基地的集海湾生态环境监测、预警和修复为一体的研究平台。其学科方向涵盖海洋科学、生命科学、环境科学、生物信息科学和计算机科学等。

(2)项目建设历程

基地在已有学科定位的基础上,进一步围绕海湾生态污染监测、海洋污染物环境行为及环境毒理学机制、船舶防污染治理、海湾生态修复、生态环境管理与规划、实施现场自动化监测和生态损伤监测技术开展研究,是集基础、应用基础和应用技术为一体的研究平台。基地长期与国际持久性有毒物质联合中心、加拿大滑铁卢大学、欧洲航空航天局和北极大学联盟(University of the Arctic,UArctic)等合作,共同打造了围绕环渤海近岸海域、中国至北极海洋带的环境污染归趋及对海洋生态风险评估和修复技术开发为一体的国际化研究团队。

在污染物环境行为和毒理学机制方面,基地主要任务是研究化学污染物在大气、水、土壤、底泥和生物体之间的迁移转化规律,以及源与汇解析;研究空间环境中的辐射品质因子,不同辐射源和激发的辐射源对人体损伤的品质因素、辐射生物损伤的生物学、遗传学和表观遗传学基础。主要目标是理解污染物的环境行为、评估污染物的环境来源和归趋、了解污染物对海洋生物影响的机制；全面了解空间辐射对人及其他生物体的生物学影响机制。

在生态和健康风险评估方面，基地主要任务是建立化学及物理污染对人体健康和生态安全的风险评估模型，为生态和健康安全提供风险评估技术。基地还开展包括海域、海湾、港口及河道的生态环境评估，为管理与规划，服务区域社会经济发展提供服务。

基地现拥有一支包含千人计划2人、二级教授6人、正高18人、副高及研究骨干青年教师21人的研究队伍。基地目前拥有高通量的基因组，蛋白质组分析系统，细胞分子生物学分析系统，和可以培养各种模式生物材料的培养设施，如人工气候室、植物温室、海洋生物实验室、标准动物房、斑马鱼饲养系统等。其还拥有相关设备192台套，含价值30万元以上大型仪器。如：多功能成像系统、遗传分析系统、流式细胞仪、蛋白纯化系统、高效液相色谱系统及实施荧光定量基因检测系统等。

（3）使用效果

基地自成立以来，执行了3项国家科技部支撑计划，20余项国家自然科学基金和30余项省部级及重点专项等任务，经费共计8800余万元。其中代表性研究项目是于2012年底超额完成的科技部支撑计划《典型河口污染水域生态修复技术及示范》2010BAC68B0课题。其中关于河口污染分析和河口湿地退化的诊断技术，由本基地承担完成。该研究技术以大凌河为示范区域，建立了流域布设监测点，对水、土壤、底泥以及生物进行污染监测，分析无机污染物、重金属、有机污染物在水、土壤、底泥以及生物中，对大凌河流域造成污染的现状，特别分析了有机污染物在不同介质间的转化规律。研究团队在这里首次发现了的大凌河河口德克隆的生物蓄积问题。其分析了有机氯农药和重金属污染在50年间的时空分布及其变化规律与特征，并对大凌河下游及河口湿地地区污染物来源进行分析和排查，诊断和评估了污染水域的污染现状及污染来源，并通过模型和监测估算出主要点源污染对水域污染的贡献率。本研究还分析了有机污染物对微生物群落的影响，揭示了该流域生境的变化特征，发现了与污染修复相关的微生物种群，为未来该流域污染的生物学修复提供了基础。其通过对湿地植被与生境调查，确立河口湿地退化主要诱因，确立了河口生境恢复的要素。

3. 绿色航运与海上安全创新引智基地建设

（1）项目概况

大连海事大学绿色航运与海上安全创新引智基地（以下简称"引智基地"）创立于2008年，是由教育部科技司、国家外国专家局科教文卫司与交通运输部三方共同建立而成，是我国第一个航海科学与技术方面的引智基地。其秉承鲜明的航运特色，通过引进和培养具有国际影响力的高层次人才，依托学科力量，致力于国际航运前沿科学技术的研究,不断提高学科可持续发展能力和学术声誉。

(2)项目建设历程

引智基地是基于大连海事大学 IMO 国际海事研究中心、航海动态仿真和控制重点实验室、船舶导航系统国家工程研究中心筹建的。其结合了交通信息工程及控制和轮机工程两个国家重点学科的人才优势。在支撑条件方面,IMO 国际海事研究中心为基地提供良好的国际人才培养运作模式;航海动态仿真和控制重点实验室为基地提供相应的实验条件和硬件环境,其仪器设施总值达 9000 万元;船舶导航系统国家工程研究中心为基地提供成果转化的工程研究中心;大连海事大学投资近 500 万元进行远程教学系统、引智基地条件及环境建设,将其用于交通信息工程及控制人才的培养;"育鲲"号实习船,除了可作为航海类本科生的实习船以外,其先进的设备、良好的科研条件,还为本基地的科学研究提供了先进的科研平台,意义重大。

引智基地的研究方向与内容包括:海上安全风险评价与管理技术、海上安全应急处理技术、水上安全保障技术、海洋环境及轮机污染控制技术。预期目标是重点围绕国家和交通运输部重大海上安全与环境保护技术方面的科技工程、装备研制关键工艺与装备以及东北老工业基地振兴与大连市东北亚航运中心的建设与发展中的科学技术和成果转化问题为中心开展研究,并在原创性研究方面有所突破,研发一批具有自主知识产权的技术,提高我国海上安全与环境保护技术的核心竞争力和可持续发展能力,积极开展国内外合作交流,培养出若干名国际知名的学科带头人,建立起具有研究型和个性化的人才培养体系,力争将大连海事大学交通信息工程及控制和轮机工程建设成为国际一流的学科。

(3)使用效果

基地运行近 5 年来,适时引进了一批在海洋运输过程中的安全、节能、减排和防污染等方面进行交叉研究的海外专家,包括 Hongbin Ma 教授、Donqing Li 教授和 Charles Chun Yang 教授等。其中,基地国外学术大师、美国密苏里大学 LaPierre 首席教授 Hongbin Ma,2008 年受聘为学校全职长江学者特聘教授,担任轮机热能研究所所长,为基地引进国外学术梯队成员,培养博士研究生、硕士研究生数名,还开设相关专业课程,带领年轻教师成功申报国家自然科学基金 6 项、联合发表 SCI 检索论文 4 篇。引进的海外教师与国内人员开展了实质性合作研究。这些教授大都在各自的领域具有较强的国际影响力,并且与基地学术骨干的研究有所交叉和互补。通过合作,国内人员将其先进的研究成果在海洋运输领域进行转化和再创新,已获得了一些被国际同行认可的学术成果,初步具有一定的国际影响力。

在过去的 5 年中,基地完成了国家级项目 28 项,获取科研经费 1 亿多元,发表 SCI、EI 收录论文 105 篇,出版著作 10 余部,获得国家发明专利授权项 30 项,实用新型专利授权项 32 项,年均毕业博士生 18 名、硕士生 110 余名,获得省部级以上科技成果奖励 10 项,其中国家科技进步二等奖 1 项,国家海洋科学工程技术奖一等奖 1 项,辽宁省科技进步二等奖 2 项,辽宁省技术发明三等奖 1 项,中国航海学会科学技术奖一等奖 1 项、二等奖 2 项、三等奖 1 项,海洋创新成果二等奖 1 项。

4. 船舶动力装置实验室

（1）项目概况

船舶动力装置实验室是大连海事大学"211 工程"轮机科学与运用工程重点学科建设项目中子项目之一。该实验室主要服务于轮机工程学科,同时可用于其他相关学科,当时为轮机工程学科服务的实验室存在着主要设备多老化等现象,无法组成一个能代表轮机发展方向的高水平的动力装置系统,并且测试手段落后、零散、水平较低,其严重地制约着轮机工程学科的发展,因此,建设一个高水平的船舶动力装置实验室势在必行。

（2）项目建设历程

船舶动力装置实验室初建于 1956 年,工程面积为 1260.68 平方米,造价为 111626.61 元。实验室由旅大第二设计院设计,由旅大市第一建筑公司施工完成,其于 1956 年 6 月开工,8 月竣工。轮机工程学院现有的实验设备落后、陈旧、系统设置不尽合理,船舶机械振动研究设备和液压系统研究设备空白,不具备从事该方面研究和人才培养条件,更无法满足学科发展和专业建设的需要,严重地制约着轮机工程学科教学和科研水平的提高。因此,船舶动力装置实验室于 1998 年开始扩建,建筑面积为 1511 平方米,由交通部"211 工程"专项资金拨款 2050 万元进行改造,其中设备费 1250.5 万元,土建费 800 万元。实验室由大连理工大学勘察设计研究院设计,由大连顺发建筑有限公司施工完成。

实验室建设规模按每年承担实验教学工作量 24800 人时和每年同时开展 10~15 个课题研究工作来规划。基于原有综合实验室地基及结构不能适应新型船舶柴油机安装和运转的要求,动力装置及各系统安装、维护保养也需要有相当的面积和空间。此次共建设实验和科研楼一座,其中包括船舶动力装置拆装实验室、船舶液压系统实验室、船舶防污染实验室、船舶动力系统节能研究室、船舶机械振动研究室等 12 个实验室和研究室,还包括控制室、仪器室、学术报告厅、教室、办公室等,建筑面积共约 2400 平方米。船舶动力系统实验机房的建筑面积约 1200 平方米,配备船用主动力系统、电力系统、各种高水平测试仪器等若干先进设备仪器;实验和科研楼占地面积为 600 平方米,建筑面积为 1800 平方米;油库一座,占地面积为 400 平方米、容纳重油 30 吨轻油 5 吨;400 平方米水池 1 个,占地面积为 200 平方米。

（3）使用效果

建设船舶动力装置实验室的目的就是在轮机工程学院建设一个用于教学和科研的基地,与轮机工程重点学科匹配,以此提高学院轮机工程学科的教学水平,并加大实验教学建设力度,以适应现代化航运事业的需求。同时,在此可以从事大量的科研工作,为承担重大科研项目创造条件,满足学校"211 工程"建设目标的需要,为建设大连海事大学成为世界一流的航海大学的目标创造条件。

1)该项目建设是教学水平提高的需要

以往研究生培养中有部分实验需要实船进行,由于许多无法解决的困难而不能完成。本实验室可以完成与实船类似条件的一些实验,并且还可进行更深一层的研究,以轮管专业为例:现每年招硕士生 10 人左右,博士生 4 人,实验室建成后,通过改善实验教学条件,每年可增加招收硕士生 5 人,博士生 2~3 人。此外,该实验室可以为今后在轮机工程学科设立博士后流动站创造条件。

其次,该实验室进行的实验可达到与实船基本相同的条件。对本科教学来讲,学生可以从中了解并掌握实船操作,对一些问题可深一步地进行研讨,而且在此也可以了解到现代轮机的发展状况。实验室可为研究生安排课程实验 1200 人时,为本科生安排 24800 人时的实习及实践课。此外,研究生毕业设计论文实验与导师科研课题可同时进行。

2)该项目建设是科研迅速进步的需要

该实验室的建成,有利于对一些航运重大问题进行更深入的研究。例如:对船舶能源合理利用、环境污染防治、船舶轮机智能自动控制、船舶机械有害振动控制等海上交通运输中的重大科技问题可以进行系统性的研究。企业中所亟待解决的部分实际课题,如故障诊断专家系统,船机维修预测系统等可以在此得以解决。

另外,该实验室还可为与轮机工程相关学科提供部分实验条件。例如:对船机修造领域,在船机零部件磨损研究方面,对柴油机零部件监测并提供实验条件,等等。

3)该项目建设是适应现代化船舶轮机技术发展的需要

随着世界经济的发展,船舶向高度自动化、智能化方向发展,出现"一个驾驶台"系统,只需一人在驾驶台便可以完成全船的所有操作的局面,该系统要求必须具备高度可靠的设备以及先进的监控手段。毋庸置疑,高新技术和成果将在现代轮机工程中得到更广泛的应用,具体体现在:所采用的柴油机动力设备应具有较高的可靠性、动力性和经济性指标,而且对劣质石油燃料具有较强的适应性;船舶操纵系统高度自动化;对柴油机燃烧参数实行自动监测与控制;对柴油机易损零部件状态实行自动监测并提供维修预报;有完善、高效的节能措施(如排气的余热利用、冷却水废热的回收利用);具有高效的船舶防污染设施和相应的应急处理设备(除现有的防止海域污染设备外,还须具有控制排气造成大气污染的设备)。

5.水上交通工程实验中心

(1)项目概况

该项目建设于 1995 年 12 月 19 日根据交通部批复的交计发〔1995〕1220 号《关于大连海事大学水上交通工程实验中心建设项目工程可行性研究报告的批复》设立,由交通部投资 1600 万元开始建设,并于 1999 年完成建设。

(2)项目建设历程

该项目建设涉及水上交通安全分析、评估和预测系统、海上交通仿真器和模拟船舶交通管理系统 3 个部分。

(3)使用效益

1)人才培养方面:该实验室承担 10 门课程的实验课程教学,支持开设 36 种实验。通过项目建设,该实验室对内可提供实验服务和计算机辅助教学,同时对外可提供对水上航行安全保障系统方面的人员培训,以满足我国在此方面的发展需要。实验室从根本上改革传统的教学形式,使我校在实现现代化教学方面向前迈进一大步,力争达到国际先进水平。

2)科研成果方面:该实验室可支持 18 个方面的科学研究,我校开展了 35 项水上交通工程领域的科研项目,其中国家级项目 4 项、部级 9 项、省级 1 项,市级 2 项。

6.船机修造工程实验室

(1)项目概况

该项目建设于 1996 年 11 月 18 日依据交通部批复的交计发〔1996〕994 号《关于大连海事大学船机修造工程实验室建设项目工程可行性研究报告的批复》设立,交通部投资 1500 万元,并于 1999 年完成建设。

(2)建设历程

该项目建设涉及船机维修技术实验室、船机零件表面技术实验室、船机检验和失效分析实验室、船机材料技术实验室、船机制造及轴系工程实验室、镀铁研究室 6 个部分。

①船机维修技术实验室:充实摩擦磨损试验、故障诊断与检测等表面失效监控研究设备;增加维修方式和策略研究等方面的手段。购置了高能球磨机、打印机、微型计算机、记录仪、多功能频谱 QT4030、数据采集器 SMC90 等仪器设备。

②船机零件表面技术实验室:增加喷涂、激光等新的表面处理设备,改造和扩充原有的表面处理设备。购置了 HJ-4 型激光处理系统、DHP 多弧离子镀设备、离子渗金属多用炉和超音速喷涂设备。

③船机检验和失效分析实验室:提高现有船机材料表面微观分析和性能分析设备的功能,增加表面失效机理、修复、改性表面组织分析设备。购置了真空电弧熔炼设备、实验电炉、集成电路可控硅电源等仪器设备。

④船机材料技术实验室:增加研究船用耐磨、耐腐蚀材料和表面修复材料所需的冶炼和试验设备。购置了荧光探伤仪、非接触式扭振测量系统、计算机、硬度计、红外测温仪等仪器设备。

⑤船机制造及轴系工程实验室:完善基本实验教学的手段,增加船舶轴系及尾轴承修造工程研究的试验设备。购置了图像处理系统、真空薄化器、差示扫描量热卡计等仪器

设备。

⑥镀铁研究室:增加大型曲轴检测设备,进行船用缸套修复技术的研究。购置了双头曲轴磨床、光学显微镜、万能液压拉伸机、缸套衍磨机等仪器设备。

(3)使用效益

①人才培养方面:该实验室承担9门本专科船机专业必修课程的实验项目,开出本专科必修课程实验个数超过200个;承担本专科生选修课3门,开出本专科选修课程实验12个。承担硕士、博士研究生课程实验6门,开出硕士、博士研究生课程实验14个,满足了相关专业实验教学的需要。

②科研成果方面:该实验室作为水上运载工具机械可靠性、维修性、零部件修复与强化等与水上交通运输密切相关的科学研究与高层次船机修造开发中心、船机检验和检验人员培训中心,承担国家和交通运输部重点科研课题,通过建设,该实验室将每年取得5～7项国际国内先进的科研成果和一批国际 SCI 文摘收录的高水平学术论文,同时实验室还将每年为船检部门、修船部门、机械部门以及有关科研院所和高等院校,培养高层次人才十数名。因而该实验室的建设投资意义重大。

7.船机修造工程实验室设备购置项目

(1)项目概况

该项目建设于 2006 年 10 月 25 日依据交通部批复的交规划发〔2006〕585 号《关于大连海事大学船机修造工程实验室设备购置可行性研究报告的批复》设立,交通部投资1100 万元,并于 2010 年完成购置。

(2)建设历程

该项目建设涉及船舶机械失效、检测与修复技术、船舶机械摩擦磨损机理与控制技术、低温等离子体技术在船舶机械中的应用技术和船舶结构物腐蚀与防护技术 4 个研究方向。

①船舶机械失效、检测与修复技术研究方向:购置了送粉器、粒子温度与速度测量仪、真空等离子喷涂系统、等离子喷涂机械手、低压罐体、真空系统和低压等离子喷涂设备和控制系统、多通道直读光谱仪等仪器设备。

②船舶机械摩擦磨损机理与控制技术研究方向:购置了磁致伸缩超声波振动仪、服务器、旋转滴界面张力测量仪和耐磨涂层综合性能声发射评价系统。

③低温等离子体技术在船舶机械中的应用研究方向:购置了低温等离子体渗扩与物理/化学气象沉积复合处理系统、全自动等离子体渗扩炉、船舶零件微弧表面修复设备、微弧氧化专用电源。

④船舶结构物腐蚀与防护技术研究方向:购置了多功能恒电位仪、局部交流阻抗系统、微区探针及三维成像系统、综合盐雾试验箱、原子吸收光谱仪、X－射线荧光测厚仪、

COLT 涂层测试电化学仪、循环加速试验、海洋腐蚀数值模拟软件系统和应力腐蚀仪。

（3）使用效益

①人才培养方面：通过项目建设，实验室扩大了招生规模，年培养博士生 5～10 名，硕士生 20 名，工程硕士 10 名。

②科研成果方面：通过"十一五"的建设，实验室使船舶机械失效、检测与修复技术研究方向的研究水平达到国内领先水平。其可承揽大型的横向课题，可以承担交通、机械、石油、化工等部门的重要研究任务，每年新增科研经费达 50 万元，发表检索论文达 5 篇；该实验室承担国家自然科学基金项目 2 项，获省部级科技奖励 1 项，年发表 SCI，EI 收录论文达 10 篇，申报专利达 10 项。在低温等离子体技术在船舶机械中的应用技术研究方向，实验室承担国家自然基金项目 1 项，年发表 SCI 论文达 3 篇；在船舶结构物腐蚀与防护技术研究方向，实验室承担国家自然科学基金项目 1 项，年平均科研经费达 200 万元，年发表 SCI，EI 收录论文达 10 篇。

8. 轮机系统与船舶新动力实验室船用燃机与新型动力分实验室

（1）项目概况

该实验室建设于 2006 年 11 月 13 日依据交通部批复的交规划发〔2006〕664 号《关于大连海事大学轮机系统与船舶新动力实验室船用燃机与新型动力分实验室设备购置可行性研究报告的批复》设立，交通部投资 1890 万元，并于 2009 年完成购置。

（2）建设历程

该项目建设涉及船用燃气轮机结构及气动热力学实验系统、船用旋转冲压发动机实验系统和船舶动力机械结构设计与性能仿真系统 3 个系统。

①建设船用燃气轮机结构及气动热力学实验系统：购置了校准风洞、环形压气机和涡轮叶栅机理研究实验台、燃气轮机燃料燃烧和先进燃烧室综合实验台和先进的实验测试仪器。

②建设船用旋转冲压发动机实验系统：购置了船用旋转冲压发动机是高速旋转的船舶动力机械、船用旋转冲压发动机先进 TVC 和 AVC 燃烧室实验装置、船用旋转冲压发动机进排气蜗壳等仪器设备。

③建设船舶动力机械结构设计与性能仿真系统：购置了船舶动力系统结构设计与性能仿真实验台—并行机节点机与终端机增容、船舶动力系统结构设计与性能仿真实验台—机房防音隔尘和恒温设备等仪器设备。

（3）使用效益

①学科建设方面：实验室于 2010 年建立动力机械及工程专业博士点，2012 年建立博士后流动站。

②科研成果方面：依托该实验室，团队开展了船用燃气轮机和新型动力系统的研发，

研究提高效率、降低能耗、低污染排放和高性能、长寿命的船舶动力系统,为海上运输,长江和三峡库区等内河航运所需的渡轮、游船和高速客艇提供先进的高速船舶动力系统新理论和新技术。实验室科研经费年人均达到 30 万元,每年发表高水平的 SCI、EI 等检索的科研论文 15 篇以上,团队每 3～5 年出版学术专著 1～2 册。

③国际交流与合作方面:依托该实验室,团队每 5 年举办国内、国际学术会议各一次,并聘请外国专家来校讲学和开展国际间的科学合作研究。

9.航海动态仿真与控制实验室海上搜救模拟器建设项目

（1）项目概况

该项目建设于 2006 年 10 月 25 日依据交通部批复的交规划发〔2006〕586 号《关于大连海事大学航海动态仿真与控制实验室海上搜救模拟器建设项目可行性研究报告的批复》设立,交通部投资 1310 万元,并于 2011 年完成建设。

（2）建设历程

该项目采用购买的基本设备,然后自行研制一套海上搜救模拟器的建设方案。项目海上搜救模拟器由主本船、副本船和直升机模拟单元,教练员站和搜救协调中心 3 个子系统构成,于 2011 年完成建设。

①3 个子系统:项目购置了船舶水动力学模型、直升机动力学模型、主本船模拟驾驶舱、主本船驾驶台设备、主本船柱幕投影、副本船驾驶台设备(2 个本船)、副本船立体显示柱幕投影(6 通道)等仪器设备。

②研发的软件:项目研发了教练员站练习设置、编辑、系统运行控制软件、网络通信软件、电子海图及船舶动态显示软件、雷达/ARPA 模拟器软件、视景系统显示程序、港口视景数据库、本船运动数学模型及解算软件、搜救中心系统软件等。

（3）使用效益

①人才培养方面:通过项目建设,实验室建立了海上搜救模拟器研究平台,其研制的海上搜救模拟器每年用于本科生的实验及培训不少于 200 学时。

②科研成果方面:"海上搜救模拟器"项目的建设为实验室的发展提供了必要和及时的硬件条件,并为交通信息工程及控制国家重点学科和实验室培养了一批具有较高的学术水平、较强科研能力的科技人才,大大提高了实验室的研究水平,增强了实验室承接高水平国家项目的能力。2007—2013 年,实验室共承担和完成"973"项目 2 项,"863"项目 1 项,实现了承担国家重大科技项目的新突破。实验室承担国家级项目 3 项、国家自然科学基金项目 8 项、其他省部级项目 10 余项,并发表学术论文 190 多篇,其中 SCI/EI 收录 100 余篇。实验室 3 个项目获省部级科技进步一等奖。

③师资队伍建设方面:该实验室培养了一批交通信息工程及控制国家重点学科人才,尹勇教授、任鸿翔教授和李铁山教授 3 位教授入选辽宁省百千万人才工程百层次,4 名青

年教师获得国家自然科学基金青年基金,使得人员素质大幅度提高,中青年学术带头人脱颖而出。2010 年,实验室主任金一丞教授获得交通运输部授予的"科技杰出成就奖"。副主任尹勇教授荣获"交通运输部先进工作者"、大连市"首批科技领军人才"及"第三届青年科技奖"称号。金一丞、尹勇、张显库荣获大连市"优秀专家"称号。任鸿翔教授荣获辽宁省"第八届青年科技奖"和交通运输部"青年科技英才"称号。研究团队荣获"交通运输行业优秀科技创新团队"。

10.环境科学与工程实验室高级氧化技术海洋污染防治分实验室

(1)项目概况

实验室建设于 2007 年 9 月 20 日依据交通部批复的交规划发〔2007〕510 号《关于大连海事大学环境科学与工程实验室高级氧化技术海洋污染防治分实验室设备购置项目可行性研究报告的批复》设立,交通部投资 800 万元,于 2009 年完成建设。

(2)建设历程

该项目涉及远洋船舶压载水羟基自由基处理技术试验平台、大气压强电场电离放电规模高效羟基自由基的制备试验平台和船舶柴油机尾气羟基自由基脱硝技术试验平台 3 个试验平台的仪器设备购置。

①远洋船舶压载水羟基自由基处理技术试验平台:项目购置了深水多功能水质检测仪、总有机碳分析仪、便携式流式细胞仪和高效液相色谱仪。

②大气压强电场电离放电规模高效羟基自由基的制备试验平台:项目购置了低温等离子体实验系统、高压调频电源设备、紫外成像仪、红外热成像系统、1000MHz 数字示波器。

③船舶柴油机尾气羟基自由基脱硝技术试验平台:项目购置了羟基自由基产生设备、模拟烟气调控单元、气—质联用仪、离子色谱仪。

(3)使用效益

①学科建设方面:通过项目建设,实验室建设"绿色氧化技术海洋环境工程"等新的研究领域,支撑我校"环境科学与工程"一级学科建设;2005 成功申办"等离子体物理"理学硕士学位授权点,2010 年成功申办"等离子体物理"理学博士学位授权点。

②科研成果方面:依托该实验室,团队总体科研经费达到 5000 万元以上,主持国家973、863 或者国家攻关项目等 2 项,承担国家自然科学重点项目、国际科技合作重点项目、国家重大基础前期研究专项等 3 项,获得国家自然科学基金资助项目 5 项以上,与企业联合攻关项目 2 项;获得 2 项省级科研成果奖励,申请国际和国家发明专利 20 项,出版专著 3 部以上,发表学术论文 100 篇,其中 50 篇以上被 SCI、EI、ISTP 收录。

③师资队伍方面:依托该实验室,团队组建国家级创新团队,并培养出国家新世纪人才计划 2 人,国家"百千万人才工程"百层次人才 2 人。

11. 交通装备技术实验室船舶救助装备应用技术分实验室专项设备购置

(1)项目概况

项目建设于 2007 年 8 月 21 日依据交通部批复的交规划发〔2007〕440 号《关于大连海事大学交通装备技术实验室船舶救助装备应用技术分实验室专项设备购置可行性研究报告的批复》设立,交通部投资 1200 万元,并于 2010 年完成购置。

(2)建设历程

该项目涉及实验室船舶救助减震与稳定平台技术及应用、水下救助工具关键技术及应用研究、船舶消防装备技术研究 3 个研究方向以及支撑该学科人才培养的仪器设备购置。

①船舶救助减震与稳定平台技术及应用研究方向:项目购置了 6 自由度液压伺服运动模拟器、6 自由度电气伺服运动模拟器、运动模拟器控制系统、3 轴陀螺仪、直升机模拟驾驶舱、救助人员训练舱、虚拟现实软件、MEMS 加速度传感器和超声波位移传感器。

②水下救助工具关键技术及应用研究方向:项目购置了海水液压集成阀组、海水液压比例/伺服控制阀、力触觉试验台、气动伺服实台等。

③船舶消防装备技术研究方向:项目购置了高压海水液压泵、高压海水液压缸、海水液压控制阀、高压海水液压马达(海水液压综合试验系统部件)、高压海水动力泵站等。

④支撑学科及人才培养:项目购置了激光测微仪、三维粒子图像测试系统、流场计算软件、质量流量计、16 通道压力扫描测试系统、高压气源系统、冷干机、气罐和结构强度与振动测试系统。

(3)使用效益

①人才培养方面:该实验室在机械电子工程、工程力学、船舶与海洋工程等学科具有硕士学位授予权,并获得了机械电子工程博士学位授予权。依托先进的仪器设备,实验室人才培养与国际相关领域前沿技术接轨,在论文选题和研究内容方面跟踪本领域的前沿课题,促进实验室成为高技术人才的培养基地。实验室每年计划培养硕士研究生 30 人,博士研究生 10 人,到 2010 年达到每年培养硕士生 50 人,博士生 20 人的目标。

②科学成果方面:该实验室建成后,2010 年获得省级以上科技进步奖 3 项;建立了船用海水液压细水雾灭火系统示范基地;研制出了系列化应用海水液压技术的水下救助工具,并实现产业化。其科研成果转化每年创造产值 1500 万元;每年的科研经费达到 1000 万元;每年发表检索论文 30 篇,专著 1 部;每年申请专利 3 项以上。

③师资队伍建设方面:该实验室在"十一五"末,人数达到 20 人左右,其中具有博士学位的教师达到 80% 以上,并培养出了 3 名此领域的国内外知名学者。

12. 水上交通安全与电子信息技术实验室仪器设备购置

（1）项目概况

该项目建设于 2008 年 1 月 30 日依据交通部批复的交规划发〔2008〕41 号《关于大连海事大学水上交通安全与电子信息技术实验室仪器设备购置可行性研究报告的批复》设立，交通运输部投资 1340 万元，并于 2013 年完成购置。

（2）建设历程

该项目建设涉及深潜水打捞探测实验平台、海上移动通信实验平台、高速信息网络实验平台和基础研究公共实验平台 4 个实验平台。

①深潜水打捞探测实验平台：项目购置了潜航测量器、双频回声测深仪、水下高精度定位器、声呐相机、水声 modem 和水声信号频谱分析仪。

②海上移动通信实验平台：项目购置了智能天线测试仪、测量接收机、时间调制域分析仪、便携式传输天线测试仪、电磁波网络规划和射频电视仿真软件、天线方向性自动测量仪和微波扫频信号源。

③高速信息网络实验平台：项目购置了通信测试分析仪、xDSL 线路仿真仪、双通道 PCI 高速 A/D、D/A 转换板、和高性能波形分析与显示仪（包括选购件 options）。

④基础研究公共实验平台：项目购置了动态信号分析仪、40GHz 矢量网络分析仪和信号发生器。

（3）使用效益

①人才培养方面：依托本实验室先进的仪器设备，实验室于 2008 年至 2014 年，累计培养硕士研究生 400 人，博士研究生 40 人。四年间，高层次人才的培养数量成倍增长，为交通、港航企事业单位培养和培训了大量的工程技术人才。

②学科建设方面：经过"十一五"的建设，实验室获得了信息与通信工程一级博士学位授予权，并增设了光电信息工程二级博士学位授权点。

③科研成果方面：通过项目建设，该实验室为"水上交通信息探测与处理技术""水上交通信息通信技术"两大研究方向的关键技术的攻克创造了良好的实验条件，提高了承担国家级、省部级重大科研项目的能力，增强了学术研究的水平。在本项目的支持下，学术梯队成员成功申请并承担了多项国家级和省部级项目以及企业委托重大项目，共获得科研经费 3000 余万元。得益于本项目所建立的实验平台，该学科在"水上交通信息探测与处理技术"研究方向上，助力学术梯队成员成功申请并承担了 1 项国家科技支撑计划课题、1 项国家 973 计划子课题、4 项国家自然科学基金、1 项某部重点预研基金、13 项省部级项目、5 项企业委托重大项目（150 万元以上）、其他市级及企业项目 30 余项；在"水上交通信息通信技术"研究方向上申请并承担了 5 项国家自然科学基金、1 项某部预研基金、13 项部级项目、2 项国家重点实验室开放研究基金、1 项市级科技攻关项目，以及其他

市级和企业项目 20 余项。

④师资队伍建设方面:依托该实验室,团队组建了信息与通信工程学科和电子科学与技术学科学术梯队队伍,人数达到 32 人。其中教授 12 人,副教授 13 人,讲师和实验人员 7 人,平均年龄为 40 岁,具有博士以上学位的科研人员占 87% 以上,使团队成为辽宁省科技创新团队。

(六)武汉理工大学

1.港口物流技术与装备教育部工程研究中心

(1)项目概况

港口物流技术与装备教育部工程研究中心依托武汉理工大学组建,围绕我国港口物流领域面临的重大科技难题,在港口物流装备设计理论与产品研究开发,港口机械动态监测与故障诊断新技术,港口机械关键零部件试验研究与疲劳分析,港口物流系统规划、设计与仿真技术,港口电气自动化控制系统成套设备开发与应用等方向开展研究,不断提高港口机械高性能关键技术的研发能力和港口机械的监控、诊断、维护与管理的软硬件发展水平,同时建立相应的研发基地和中试基地来加速科技成果的转化。

(2)项目建设历程

2001 年 1 月,教育部批准武汉理工大学立项建设港口物流技术与装备工程研究中心,建设期 4 年。按照教育部立项要求,中心同期注册了武汉华海物流工程有限公司,注册资本 1000 万元,其中教育部投入引导资金 100 万元,学校配套投入 200 万元,原有形和无形资产折合 600 万元,武汉港迪电气有限公司和武汉交科港口机械工程研究所共同出资 100 万元。

中心成立了包括武汉交科港口机械工程研究所、武汉港口机械质量监督监测中心、港口机械关键零部件试验研究中心、物流仿真中心和武汉港迪电气有限公司在内的研发及工程化工作体系。

中心根据下属的各个机构业务发展需要,积极筹措资金进行软硬件条件建设,如港口机械关键零部件试验研究中心通过与大型企业合作方式筹资 200 多万元,通过在交通部重点实验室建设中以立项方式争取到部拨资金 160 万元,通过校内学科建设及“211”建设专项争取到资金 438 万元,目前已建成或在建的各种大型试验设施 7 台(套);武汉港迪电气公司注重试验设备和生产设施的投资建设,自筹发展资金近 300 万元对其生产和实验设施进行了建设;港口机械监测中心也自筹资金对监测仪器和办公环境进行了改善,中心整体条件基本达到国家实验室认可的要求。

2004 年 8 月,中心通过了教育部科技司主持的建设项目验收。

（3）主要建设内容

中心现有研究人员 53 人，专职研究人员 29 人，其中享受国务院政府特殊津贴 1 人，入选湖北省有突出贡献中青年专家 1 人、湖北省"楚天学子" 3 人、国家"青年千人计划" 1 人、武汉市"黄鹤英才计划" 2 人。45 岁以下的研发骨干人员共 16 名，占全部专职研究人员的 55%，他们均具有副高及以上职称，在工程研究中心的整个人才队伍中发挥了中坚作用，在本行业内享受较高声誉。

中心高度重视对外交流合作和人才培养，广泛开展跨校跨国合作。中心现有流动研究人员 24 人，包括来自交通运输部水运科学研究院、上海国际港务集团、河北港口集团、广州港务集团、武汉港务集团、黄骅港、卫华集团、中交天和机械、南京特检等机构的研究人员，以及 4 位分别来自普渡大学、卡拉布里亚大学、代尔夫特大学和密苏里大学罗技分校的海外研究人员。中心兼职研究员包起帆同志获得全国劳动模范称号，并被党中央授予"改革开放中的中国工人创新先锋"称号。

中心现有场地总面积约 10000 平方米，拥有各类仪器设备 2847 台（套），总价值约 6554 万元。其中 100 万元及以上的大型设备 7 台（套），总价值 2436 万元，另包括港口装备节能技术综合实验平台、物流装备与物流自动化实验系统、自动化立体仓库系统、港口大型装备金属结构动态监测实验平台、多层卷绕钢丝绳滑轮磨损试验台、集装箱物流数字化硬件系统、卷筒综合性能试验台等。

（4）项目发挥的作用

中心自成立以来，完成了工程技术研究开发能力和水平的建设目标，实现了港口物流技术与装备共性关键技术突破，承担国家和省部级课题 50 余项，横向委托项目 1000 余项。中心推动成立了湖北省长江航运产业发展研究中心，培育了具有十亿规模的民族品牌"港迪电气"及其集团有限公司，打破了港口大型装备智能控制系统方面的国外技术垄断，形成了具有自主产权的核心关键技术及其成套装备，同时为我国港口和港机制造企业培养了大量科技型创新人才，促进了我国港口行业的转型升级。

中心主要围绕以下四个方向开展研究，并取得多项研究成果：

1）暴风作用下大型港口机械安全性能分析及风力自锁防爬器的开发和研制

中心针对暴风作用下大型港口机械的安全性能，从机理、实验、预防措施和安全监测技术等方面展开了一系列研究，分析港口典型暴风的特征、大型港口机械结构风致疲劳损伤机理、大型金属结构风振特性及损伤识别方法；建立港口机械群受静、动态风载荷下的流 – 固耦合模型，研究暴风作用下港口机械群的受载特性，提出保障暴风作用下大型港口机械安全性能的方法和预防措施，构建港口机械防风系统的安全监测平台；研究风力转化为制动力和制动力实时响应等技术，研发了一种风力自锁防爬器，解决了港口机械在极端气候下被大风吹动而沿着轨道发生滑移，最终在惯性力作用下导致设备倾翻的难题。该研究成果获得中国港口科技进步奖三等奖。

2)港口大型设备结构安全性能检测技术与事故概率评估方法研究

中心针对港口大型设备开展了大型设备结构检测技术、损伤模式的评估判据、概率失效评估曲线、港机结构寿命与安全在线评估研究,提出了基于无线技术的应力应变、声发射和超声探伤相结合的港口大型设备结构安全性能检测与事故概率评估技术方法。该研究成果获得中国航海学会科学技术二等奖。

3)基于声发射技术的起重机低速重载回转机构状态监测技术研究

中心针对回转机构各个部件的运动特性,提出了各部件故障模式,并对各故障模式产生的机理进行了理论研究,针对各种故障模式采用相似准则,设计制作了带有不同故障模式的声发射监测技术的实验平台,基于平台试验得到了在不同故障模式下声发射信号的故障特征。该研究成果获得中国职业安全健康协会科学技术一等奖、国家质检总局科技兴检二等奖。

4)港口机械节能技术研究

中心依托港口装备节能技术实验平台,进行源动力与储能器的经济配置研究,开展了多动力源系统控制策略可行性和有效性等方面的实验研究,实现了港口装备多动力源协同工作稳定性控制,提出了能量管理控制策略和控制算法,解决了储能器充放电电流、功率与剧烈变化负载的适应性和快速响应的问题,保证了储能器的安全应用和效果。该研究成果获得了中国港口科技进步奖三等奖、中国航海学会科学技术二等奖、中国职业安全健康协会科学技术一等奖、国家质检总局科技兴检二等奖。

以上项目成果先后在湛江港口集团、武汉重机实业有限公司、秦皇岛港股份有限公司、日照港口集团股份有限公司、天津港口集团股份有限公司、宁波石化集团有限公司等企业进行了成功应用,为企业带来明显的直接经济效益,受到用户的肯定与好评。

2. 水路公路交通安全控制与装备教育部工程研究中心

(1)项目概况

水路公路交通安全控制与装备教育部工程研究中心依托武汉理工大学组建,聚焦水路公路交通安全的共性关键技术研究,主动服务于我国经济社会发展过程中交通运输行业的发展,不断提高水路公路交通的安全保障能力。中心下设综合办公室、智能交通系统研究所、系统仿真与控制研究所、水上交通安全与环境研究所、桥梁与道路健康维护研究所、中试与产业化基地、《交通信息与安全》杂志社7个机构。

(2)项目建设历程

2005年,学校向教育部申请建设水路公路交通安全控制与装备教育部工程研究中心。2006年6月,教育部批准立项建设,中心由教育部与交通部共建,依托单位为武汉理工大学。中心以武汉理工大学智能交通系统研究中心为主体,结合航运学院、能源与动力工程学院、交通学院等相关科研资源实施建设,武汉南华高速船舶工程股份有限公司等单位参与建设工作;中心以合作协议和资源共享的方式取得中国远洋运输(集团)总公司、中国外运长航集团有限公司、国家智能交通系统工程技术研究中心、青岛北海船舶重工有限责任公司、孝感市捷能特种光源照明器具有限责任公司等单位的支持与合作。

中心建设投资共计2812万元,其中武汉理工大学以重点学科建设、实验室建设、人才队伍建设、日常运行等形式投入资金360万元;交通运输部以交通行业重点实验室建设和交通运输部交通重点专业条件建设投入资金1441万元;中心以承担科研项目研究或产品开发项目研制的形式投入经费211万元;相关合作单位以产学研基地建设形式投入经费800万元。

2010年5月,中心通过教育部建设期验收。

(3)主要建设内容

中心现有人员108人,其中教授、研究员26人,副教授、副研究员19人,管理及编辑出版人员8人,另聘请兼职研发人员39人。中心拥有入选国家"千人计划"、湖北省"百人计划"湖北省"楚天学者""青年长江学者""教育部新世纪优秀人才支持计划"的各层次人才。

中心现有实验及办公用房面积2150平方米,中试与产业化基地研发面积7060平方米。中心拥有实验设备100多台(套),总价值约2812万元,有力提升了中心在水路公路交通安全控制与装备领域的研发能力,为成果研究和转化提供了良好的软硬件条件。

中心根据发展方向和建设目标,在交通安全监控与装备、交通系统仿真和交通安全评价与控制这三个方向开展研究,并围绕这三个研究方向建设了两个平台、一个实验室和一个中试及产业化基地:交通安全监控与装备实验平台、交通系统仿真实验平台、交通安全评价与预警实验室、水路公路交通安全控制与装备中试及产业化基地。

(4)项目发挥的作用

中心自2006年组建以来,完成了工程技术研究开发水平和能力建设的目标,中心共承担包含国家973项目、国家863项目、国家支撑计划专项、国家自然科学基金及攻关项目、国际合作项目、省部级项目、企事业单位委托项目等各类科研项目847项,总合同额2.5亿元;获得专利授权94项,其中发明型专利56项;获软件著作权53项;获科技奖励17项,其中国家技术发明二等奖1项,省级奖13项,高校科研成果奖1项,行业科技进步奖17项;发表学术论文730余篇,被三大检索系统收录280余篇,出版专著和教材11部。

中心围绕三大研究方向,建立了实验平台和中试与产业基地,培育了一批成熟的技术成果,并在相关企事业单位实现了应用。主要建设成果有:

1)交通安全监控与装备方面

中心主要围绕船舶动力机械监测诊断、船舶安全监测与管理、高性能特种船舶及配套产品、道路交通设施安全检测技术及其装备等方面开展了研究工作,重点突破了在不同运行环境下的设施状态信息实时在线监测问题,包括传感技术、信息融合技术等;研制了特种船舶及配套产品和大型设备结构物监测系统。运用中心研究成果的全铝、钢铝混合结构船舶已经生产销售百余艘,在长江海事局、上海海事局等单位得到应用;中心开发的基于光纤光栅传感技术的安全监测专家系统,可应用于桥梁、边坡、隧道等大型结构物的安全检测,已应用于上海至成都高速公路武汉至荆门段桥梁监控、马水河特大桥运营阶段健康观测、湖北省麻武高速公路观石河特大桥施工监测监控等项目。此外,中心研发的船舶机械远程诊断系统、AIS系统、船舶和车辆的特种照明系统、多功能道路设施性能检测装备等产品已经实现产业化。

2）交通系统仿真方面

中心主要围绕船舶轮机模拟器、汽车驾驶模拟器、船舶驾驶模拟器等产品关键技术开展研究工作,突破了面向交通安全装备、仿真训练器和交通管理系统的高精度动态建模以及大系统动态建模与仿真技术,有针对性地开展驾驶行为计算机建模和仿真研究,并成功引入到交通安全装备及仿真训练器的开发中,形成了船舶轮机系列模拟器、船舶操纵系列模拟器、汽车驾驶模拟器等产品,被广泛用于高等院校、政府机构、科研机构等单位。其中,船舶操纵模拟器已被泰州市地方海事局、武钢集团、中国石油天然气总公司等单位应用;船舶轮机模拟器被广州远洋运输公司、浙江海洋学院、广州航海高等专科学校、武汉航道学校、上海海事职业技术学院等单位应用;汽车驾驶模拟器被山东交通学院、武汉天天驾校、武汉理工大学交通学院等单位应用;汽车驾驶疲劳试验方法、城市智能交通设计及监控成套产品,已经得到转化应用。

3）交通安全评价与控制方面

中心主要围绕航道通航能力及航运安全评估系统、道路安全评估、水运交通安全的应急管理系统、危险品运输等方面开展研究工作,突破了交通灾害早期识别技术、演变机理和防控技术、突发事件多源检测数据融合技术等,提出了水运工程通航安全评价规范,开发了基于专家数据库系统的"通航安全论证软件",实现通航安全论证工作的标准化、智能化,并以此为基础形成了船舶综合船桥系统（IBS）、航运和港口安全评估系统、通航论证评估系统。该软件运用实地检测数据与模拟试验数据进行综合分析,为港航部门、引航部门、工程设计部门、各种水工工程提供数据参考和通航安全评估服务,目前已应用于佛山市顺德区杏坛镇了哥山港区首期工程码头工程通航环境和通航安全研究、广珠铁路跨河桥梁工程通航安全评价、连云港30万吨级航道工程通航安全评估、港珠澳大桥主体工程初步设计阶段通航安全技术评估、中国海洋石油公司惠州炼油项目通航安全技术论证等工程化项目。

此外,中心根据建设期发展规划,积极开展产学研合作,分别于2006年12月与中国远洋运输(集团)总公司合作组建了中国远洋运输(集团)总公司技术中心(国家级)武汉理工大学技术分中心,于2007年5月与孝感市捷能特种光源照明器具有限公司合作组建了武汉理工大学交通照明技术研究基地,于2008年4月与交通运输部长江海事局共建成立了长江海事研究中心。于2011年12月与交通运输部长江航务管理局等单位共同建设交通运输部长江航运技术行业研发中心,并负责该中心水上安全与防污染分中心日常运行工作。

3.高性能舰船技术教育部重点实验室

(1)项目概况

高性能舰船技术教育部重点实验室依托武汉理工大学组建,立足高性能舰船系统理论与技术开展相关研究,在高性能舰船基础理论和装备技术研究领域形成了特色与优势,为我国各项事业发展作出贡献。实验室下设船舶性能多学科设计优化研究所、船舶先进制造技术研究所、船舶振动冲击与噪声研究所、船舶信息化技术研究所、噪声与振动研究所、船舶抗爆抗冲击研究所、船舶尾轴承润滑与密封研究所7个研究所。

(2)项目建设历程

2008年5月,武汉理工大学获教育部批准建设高性能舰船技术教育部重点实验室,2013年9月,实验室通过教育部专家组验收。实验室以武汉理工大学交通学院和能源与动力工程学院为主体,结合相关科研资源实施建设。

(3)主要建设内容

实验室有专职研究人员46人,流动人员20人,湖北省自然科学基金创新群体1个。实验室人员在Journal of Engineering for the Maritime Environment期刊、第27届国际拖曳水池组织ITTC操纵性技术委员会、国际船舶与海洋工程结构大会(ISSC)专家委员会等相关国际学术机构中担任学术职务。

实验室实验用房面积5840平方米,办公及科研用房面积900平方米。实验室依托武汉理工大学"船舶与海洋工程"一级学科国家重点学科,拥有大型深浅水两用拖曳水池、露天操纵水池、循环水槽、造船工艺与自动化设备实验系统、振动与噪声测试系统、大型结构静动两用试验平台及加载与分析系统、轮机仿真与控制系统、轮机综合试验系统、船舶电力推进仿真与控制系统、船舶尾轴试验系统、高性能计算集群等设备,形成了一个比较完整的高性能舰船研究与试验平台。

实验室紧跟舰船科技发展的国际前沿,结合我校在高性能舰船研究领域的基础和成果,确立了四个研究方向:①高性能舰船水动力性能多学科综合优化,该方向主要围绕新船型开发、高性能推进器设计、节能减阻技术、舰船性能多学科综合优化设计等内容开展研究;②高性能舰船轻型结构与特种制造设备,该方向主要围绕结构轻型化、结构直接计算设计、造船自动化技术与装备等内容开展研究;③舰船动力系统及装置,该方向主要围绕动力系统在线监测与远程故障诊断、动力装置仿真与控制、电力推进仿真及控制等内容开展研究;④舰船振动与噪声控制技术,该方向主要围绕抗爆结构优化设计方法、动力系统噪声预报方法与振动控制技术、结构振动及抗冲击性能分析、轴系振动控制技术与减振方法等内容开展研究。

(4)项目发挥的作用

自成立以来,实验室发挥自身优势,依托实验室科研平台,承担了包括国家自然科学基金重点项目、国家自然科学基金优秀青年基金项目、国家科技支撑计划、国家重点研发计划、国家高技术船舶专项、装备预研领域重点基金项目、装备预研联合基金项目、装备预研支撑项目各类科研项目,为我国各项事业的发展作出了贡献。2011年至2015年,实验室专职研究人员主持以上相关项目共计346项;承担科研任务到款总经费约14143.59万元;专职研究人员人均到款经费300.93万元;前25项重点项目到款总经费5773.06万元。2011至2015年,实验室获国家科学技术进步二等奖1项、国家技术发明二等奖1项、省部级一等奖3项、省部级二等奖2项;申请发明专利155项,获授权发明专利52项,其中实现成果转让2项;出版著作6部,发表SCI检索论文57篇,EI检索论文187篇,完成国家标准与规范1项。

实验室主要研究成果有:

1)机械手肋骨冷弯机

实验室研制的具有完全自主知识产权的"机械手肋骨冷弯机"集成了先进的型材冷弯工艺力学理论、人工智能技术、测量技术、信息技术和控制技术,在世界上率先实现了船舶骨材加工过程的自动化与数字化,改变了传统的船舶肋骨加工工艺,大大提高了船舶制造效率,整体技术达到了国际领先水平。该成果获得国家科技进步二等奖1项、湖北省科技进步一等奖1项,授权发明专利8项,软件著作权3项。作为船舶制造加工重大装备,"机械手肋骨冷弯机"目前已出口到韩国、日本、泰国及越南等国的船厂,并在江南船厂、武昌船厂、韩通船舶机械有限公司、中远船务、431工厂等26家国内船厂得到广泛应用。

2)船舶三维数控弯板机

实验室自主研制的"船舶三维数控弯板机"针对金属板材多点成形易产生压痕、皱折及回弹等复杂问题,集成了先进的船体板材加工工艺技术、测量技术、信息技术和控制技术,研发了新型活络方形压头可重构模具,提出了非对压及连续冲压成形等新的压制方式,在世界上率先实现了船体板材加工全过程的自动化与数字化,大幅提高了弯板效率,创造性地解决了复杂曲面船板数字化成形加工的世界性难题,技术水平居国际领先。该成果获得中国造船工程学会科学技术二等奖1项,授权发明专利3项、软件著作权1项,已在我国大型舰船建造中得到了成功应用。

3)船舶动力装置磨损状态在线监测与远程故障诊断技术及应用

实验室针对传统的定期取样送检模式,发明磨损状态信息的实时在线监测方法与装置;针对现有的机舱自动化系统不能实现磨损故障分类与定量描述,发明多参数耦合的磨损状态定量识别技术;针对单一参数诊断精度低、故障类型少,集成摩擦学、动力学和性能参数,构建船舶动力装置一体化综合诊断体系;针对工程化应用,形成模块化、分布式的船舶动力装置磨损状态在线监测、远程诊断与维修技术。本成果获得国家发明二等奖 1 项、湖北省科技进步一等奖 1 项,授权发明专利 7 项,软件著作权 4 项,形成国家和行业标准 4 项,已在舰船和民船上得到了广泛应用。

4. 内河航运技术湖北省重点实验室

（1）项目概况

内河航运技术湖北省重点实验室依托武汉理工大学组建,主要以内河通航环境与安全保障、内河船舶操纵与控制、内河航运信息与服务以及船舶应急救援与减灾为研究对象,围绕建设综合、智能、平安、绿色的内河航运,开展重大基础理论和关键技术研究,通过产学研协同创新,积极推动成果转化和应用。实验室以应用基础研究为主,同时向应用研究延伸。

（2）项目建设历程

2012 年 12 月,实验室由湖北省科技厅批准组建。实验室以武汉理工大学为依托单位,挂靠武汉理工大学航运学院,利用学校交通运输工程、船舶与海洋工程、管理科学与工程、安全科学与工程、环境科学与工程等多学科优势,推动实验室的建设与发展。

（3）主要建设内容

2015 年,实验室专用办公楼（建筑面积 672 平方米）正式投入使用,连同武汉理工大学航运大楼东侧 1 楼、东侧 5~7 楼、西侧 7~8 楼等科研实验用房,实验室实验及办公用房总面积达 3289.57 平方米。

实验室不断推进人才队伍建设,自成立以来,共培养国务院政府特殊津贴专家、交通运输行业科技创新人才、楚天学子等省部级人才 6 人。目前,实验室有固定研究人员 60 人,其中国家"千人计划"特聘专家 1 人,享受国务院政府特殊津贴专家 1 人,交通运输行业科技创新人才 2 人,中国航海学会青年科技奖获得者 2 人,楚天学子 1 人;武汉理工大学"15551 人才工程"首席教授/产学研特聘教授/特色专业责任教授/精品课程教学名师/青年拔尖人才共 16 人;博士生导师 11 人,教授 22 人,副教授 32 人;45 岁以下研究人员 31 人,占固定人员总数的 51.7%。实验室自成立以来,共培养硕士研究生超过 500 人,培养博士研究生超过 50 人,指导本科生和研究生参加全国"互联网＋"大学生创新创业大赛、全国海洋航行器设计与制作大赛获奖超过 20 项。

实验室现有大型仪器设备 20 余台（套）,总资产超 9000 万元,其中包括生产实习船、大型船舶操纵模拟器以及自主研发的国内首个船舶 AIS 大数据系统平台、船舶操纵与海事指挥相联合的全任务海事仿真系统等。

（4）项目发挥的作用

在以朱英富院士为主任委员的学术委员会的指导下,实验室自成立以来,立足湖北、面向长江、辐射全国,紧密围绕国家内河航运产业和科技发展,主动服务"长江经济带"建设和湖北省地方经济建设,在内河航运科技方面取得一系列研究成果,已成为我国内河航运技术领域高层次人才培养、科学研究、技术开发与社会服务的重要基地。

实验室自成立以来,在内河通航安全保障、智能船舶控制、内河海事事故演变机理、内河智能航道关键技术、内河船舶防污染技术、船联网及船载三维导航系统研发等研究领域都有较大的发展,取得了一批重大理论与应用研究成果;共承担国家、省部级科研项目50余项,经费总额超过5000万元,其中包括国家自然科学基金、国家科技支撑计划课题在内的国家级科研课题26项,科研经费超过3000万元;共发表高水平论文300余篇(其中三大检索收录或获奖论文120余篇),获得软件著作权60余项,获得国家发明专利10余项,出版专著8部,获得省部级科研奖励近十项。

5. 交通物联网技术湖北省重点实验室

（1）项目概况

2010年我国两会工作报告中明确提出要"加快物联网的研发应用",物联网进入了"国字号"发展的轨道。从2013年开始,传感技术、云计算、大数据、移动互联网等融合发展,全球物联网应用已进入实质推进阶段。在这个大背景之下,结合湖北省经济建设发展的需求,武汉理工大学向湖北省科技厅申报并获批建设交通物联网技术湖北省重点实验室。实验室形成了交通大数据处理和智能方法、建材行业大数据、光纤信息感知技术、桥隧监测和大规模视频图像数据智能分析、智能无人(车船飞机)系统、港口监控一体化等研究团队。

（2）项目建设历程

2013年12月,湖北省科技厅批准依托武汉理工大学立项建设交通物联网技术湖北省重点实验室,建设期三年。实验室以武汉理工大学计算机科学与技术学院为主体,结合通信、光纤传感、交通、船舶航运等相关科研资源实施实验室建设。

自2013年12月立项以来,实验室获武汉理工大学拨付实验室运行费和开放基金项目费90余万元、湖北省科技厅下拨20余万元实验室运行费、国家"双一流学科"建设投入184.9万元,由武汉理工大学计算机学院提供科研实验场地和人员支持。

（3）主要建设内容

实验室现有固定研究人员62名,教授24人、副教授27人、讲师10人,其中入选"教育部新世纪优秀人才支持计划"1人、湖北省"百人计划"2人、湖北省"楚天学者"1人。

实验室现有科研实验场地及办公用房2059平方米,拥有各类仪器设备原值2000余万元,其中包括价值140余万元的CPU + GPU + FPGA的异构计算服务器10台。

实验室根据物联网学科特点和我校学科优势及现有科研基础,形成了四个研究方向:

①智慧物联网(即 AIoT),研究 AI + 物联网的共性技术和平台建设,包括 AIoT – OS、AIoT 分布式框架、AIoT 嵌入式系统超级计算机等。

②智慧交通,包括基于 AIoT 平台的交通大数据处理、桥隧监测和大规模视频图像数据的智能分析等。

③无人系统(无人船、无人机、无人车)的研究和应用,包括智能无人船操控、无人机监控与智能调度、无人车(专用领域车)系统等。

④交通物联网其他应用技术研究,包括港口监控一体化、运输智能调度等研究。

(4)项目发挥的作用

实验室主要在以下几个方面取得重要研究成果:

1)长江航道通航能力建设关键技术研究与应用

该项目的主要完成单位包括武汉理工大学、长江航道局、国家内河航道整治工程技术研究中心、南京水利科学研究院、河海大学、武汉中原电子集团等,属交通运输学科,涉及航道通航标准、整治设计与施工、助航服务等领域。

长江干线通航里程 2838 千米,是当前世界上货运量最大、运输最繁忙的河流,是长江经济带建设的重要依托。由于长江水沙条件、河床演变规律、船舶通航环境复杂,航道治理与助航服务均存在重大科技难题。在交通运输部重大科技专项等项目的支持下,历经十余年研究,该项目在航道通航标准、整治设计、整治施工、助航信息服务等领域上突破关键技术,构建了航道通航能力计算、分析和评价的技术体系,形成了长河段航道整治设计与施工成套技术,并在 34 项长江航道整治工程中全面应用,10 余年间 26 次提高航道维护尺度,同时构建了航道要素感知、交互及智能应用的航道信息服务技术体系,在 4 项长江数字航道建设工程中应用。

该项研究成果经科技成果鉴定总体上达到国际领先水平,获发明专利授权 10 项、发明专利申请公开 10 项、实用新型授权 9 项、软件著作登记 14 项,发表 SCI 收录论文 22 篇,出版学术专著 3 部,编制国家标准 1 项、行业标准 7 项,制定行业一级工法 3 项。该项目相关成果获 2015 年湖北省科技进步一等奖。

2)面向物联网的大规模无线网络拓扑控制理论及方法

该项目主要研究单位包括武汉理工大学、华中科技大学、中国科学院深圳先进技术研究院,所属学科为计算机科学技术,属国家中长期科技发展纲要里信息产业和服务业中传感器网络和智能信息领域。

该项目专注物联网技术下大规模无线网络的信息感知与处理难题,专注面向物联网的大规模无线网络的关键技术,以基于拓扑控制的信息处理基础理论与方法为中心,研究开发了成套的理论方案,包含针对大规模无线拓扑的网络几何理论、基于网络几何的路由和定位方法、基于拓扑控制的节能型可扩展数据采集理论三个方面,取得了重大科学发现和创新性成果。至 2013 年底,该研究成果公开发表了 40 余篇学术论文,其中 IEEE/ACM Transactions 系列期刊论文 11 篇,INFOCOM 等 CCF A 类国际会议 5 篇,并在包括 ACM/IEEE Fellow 在内的国际知名学者的研究中被参考和引用,形成了良好的领域影响力。该项目相关成果获 2016 年湖北省自然科学三等奖。

6. 内河智能航运交通运输行业协同创新平台

(1)项目概况

为加快综合交通、智慧交通、绿色交通和平安交通建设,研究突破制约内河航运智能化的瓶颈问题,武汉理工大学牵头联合我国内河航运领域具有重要影响力的相关机构向交通运输部申请以高等院校为主体建设内河智能航运交通运输行业协同创新平台。平台按照"行业急需、国际一流"的目标要求,结合国家内河航运发展战略提出的重大技术创新任务,推动机制体制改革,有效汇聚国内外创新资源,建设国内外一流水平的内河智能航运平台,成为我国内河航运发展的战略支点。

(2)项目建设历程

2013 年,武汉理工大学牵头向交通运输部申请以高等院校为主体建设内河智能航运交通运输行业协同创新平台,我国内河航运领域具有重要影响力的 3 所高校、4 家科研院所、5 家大型企业及 4 家长江航运规划与管理部门共同参与建设。2014 年 3 月,平台获得交通运输部认定建设。为保证的运行,平台成员单位以承担科研项目的形式投入经费 6.27 亿元。

(3)主要建设内容

平台按照核心层、协同层和合作层三种模式开展协同创新工作。核心层包括武汉理工大学、重庆交通大学、上海海事大学;协同层包括长江航务管理局、长江航道局、长江海事局、长江三峡通航管理局、交通运输部水运科学研究院、中国交通通信信息中心;合作层包括中交第二航务工程局有限公司、中国船级社武汉规范研究所、中国船级社武汉分社、长航凤凰股份有限公司、武汉港务集团有限公司、武汉新港管理委员会、武汉南华工业设备工程股份有限公司、武汉港迪电气有限公司、中交水运规划设计院有限公司 7 家单位。

平台共有人员 129 人,其中科研人员 121 人(含国家千人计划 3 人,中国工程院外籍院士 1 人),包括 77 名专职人员和 44 名兼职人员,管理人员 8 名。平台拥有交通运输部优秀科研创新团队、湖北省创新群体及重庆高校创新团队各 1 个。

平台依托现有的国家级、教育部和交通运输部科研基地等实验设施及仪器开展科研设施建设。平台成员单位拥有相关教学科研用房 640 间,占地面积约 33.6 万平方米;现有相关仪器设备 1700 台(套),仪器设备总值约 53000 万元,其中 10 万元以上大型仪器设备 1350 台(套);拥有相关专业图书 20 万册,其中中文藏书 13 万册,外文藏书 7 万册,中文期刊 48 种,外文期刊 36 种,中文电子图书 48 万册,外文电子图书 1.3 万册,中文电子期刊 52 种,外文电子期刊 32 种。

(4)项目发挥的作用

平台立足于突破内河智能航运研发的体制机制壁垒,推动以"三大机制、五项制度"为重点的机制体制改革,将行业重大需求转化为中心的历史使命和重大项目优势,将各类分散创新资源转化为行业整体创新能力和创新人才培养优势,将重大技术创新成果转化为行业新技术标准和市场优势,构建面向交通运输业协同创新的全新模式,在如下方面取得显著成效:

①协同创新任务:构建了船舶动力能效控制与航运电气化、船用发动机智能控制、船桥避碰与船舶结构智能监测、船舶智能导航应用、港口运作效能提升、港口物流资源管理智能化、航道要素智能感知、海事大数据挖掘及内河通航枢纽智能调度、内河航运智能平台及标准体系等 10 个相互支撑的任务领域和一个创新人才培养试验区,每个领域聘请一位首席科学家,根据任务分工由平台单位联合攻关。

②人才培养的成效:武汉理工大学、重庆交通大学、上海海事大学、长沙理工大学、河海大学等高校与协同创新平台成员单位中的科研机构和大型骨干企业共建了多个创新人才培养培养基地,其中有 3 个国家工程实践教育中心,分别由重庆交通大学与中交第二航务工程局共建、上海海事大学与中交第三航务工程局共建以及河海大学与中交第三航务工程局共建。平台积极探索人才培养新模式,已基本形成了政企主导模式、学校主导模式、项目牵引模式等联合培养模式,探索出一套团队协作指导的成功办法。武汉理工大学以人才联合培养基地为依托,以满足经济社会发展对人才的需求为目标,探索建立了全日制专业学位研究生的"团队培养模式"。该模式由不同学科领域导师组成的导师团队,建设了团队培养的课程体系,构建了"平台 + 模块"的课程体系,形成了面向专业学位研究生培养目标要求的相应学位论文撰写与答辩制度。这一模式在河北沙河、江苏泰州等人才培养基地的实施,推动了专业学位研究生理论结合实践的专业化研究,形成了校企双赢的格局。2013 年以来,该模式已招收协同创新平台专业型学位硕士 5 届,依托武汉理工大学协同多家成员单位共同培养,即武汉理工大学师资作为硕士指导教师,协同单位相关技术人员作为校外指导教师。

③科技创新成效:科研任务方面,围绕内河智能航运的关键技术研发,平台成员单位共承担科研项目经费 6.27 亿元,其中 1000 万以上的国家及行业重大科研项目 10 项。平台协同单位之间通力合作、联合攻关,多项研究成果获得国家及省部级科技奖励,其中代表性的成果包括国家技术发明二等奖 1 项,国家科技进步二等奖 1 项,省部级科技进步二等奖 4 项,行业学会特等奖 1 项,行业学会一等奖 3 项,行业学会二等奖 7 项;科技产出方面,平台研究成果转化成智能化船舶微电网试验平台,船用发动机的监测、报警与控制集成平台的实船应用,基于 IBS 系统的内河船舶智能航行与辅助导航系统,船桥智能避碰系

统的实船应用,多功能航标、无人测量船等智能化航道要素感知产品,以及3D电子航道图信息平台、水上安全风险预测预警系统、海事应急指挥仿真平台、枢纽水域船舶操纵运动模拟器、内河航运智能服务平台等产品。

④国内外学术交流成效:平台主要成员单位与英国曼彻斯特大学、利物浦约翰莫尔斯大学、法国巴黎中央理工大学、挪威科技大学、葡萄牙里斯本大学等内河航运领域国际知名高校建立了长期合作关系,承担2项欧盟第七框架国际合作项目;组织与参加多项国际学术会议,其中由武汉理工大学主办,协同创新平台协办召开的交通信息与安全系列国际学术会议(已举办4届)在国内外智能交通领域产生了重大影响;平台成员单位组织成立了中国智能交通协会水路交通专业委员会(2013年9月26日),武汉理工大学成为该专业委员会主任单位。

⑤基地建设方面,武汉理工大学与南安普敦大学联合成立了具有世界先进水平的"高性能船舶联合研究中心",中心主任由英国皇家工程院院士、英国皇家学会院士、中国工程院外籍院士、南安普敦大学 W. G. Price 教授担任;武汉理工大学与武汉新港管理委员会、武汉港务集团等单位共建了武汉新港研究院;依托武汉理工大学组建成立了"内河航运技术湖北省重点实验室"(2012年12月)。

7. 船模实验室

(1)项目概况及建设历程

武汉理工大学船模实验室于1985年建成并投入使用,1986年正式成为国际船模试验水池会议(ITTC)成员单位,有深浅两用船模拖曳水池和深浅两用露天船模操纵性水池。船模拖曳水池长132米,水面宽10.8米,最大水深2米(0~2米可变水深),拖车自重29吨,最大速度7米/秒,是国内较早建成的大型深浅两用船模试验水池,可进行船模阻力试验、波形测量、船模运动升沉浮态测量等常规试验和水中运动物体相互干扰力的测量、海洋结构物的水动力研究等非常规试验。深浅两用露天船模操纵性水池长80米,水面宽60米,最大水深1.5米,配备全数字式船模操纵性试验遥控遥测系统、双RTK的GPS船模运动轨迹实时遥测系统等,可以针对浅水对船舶操纵性的影响、内河限制航道船舶和大型船舶进出港口时的操纵性及安全性、单船及船队通过桥墩等水上建筑物的模拟驾驶、风帆船的操纵性等进行研究。2008年至2009年,学校利用200余万元交通运输部专项经费为拖曳水池安装造风系统和电动控制边消波装置,进一步提升其实验测试能力。

(2)使用效果

自建成以来,实验室完成了国家级、省部级及其他科研与科技服务项目600多项,其中"内河浅吃水大径深比推轮开发研制""山区浅水急流运输方式及船舶研制"等十多个项目获得国家级或省部级科技奖励。学校依托该试验水池,近年来发表高水平论文130余篇,承接了包括港珠澳大桥沉管物理模型实验在内的国家自然科学基金重点项目、面上项目、国际合作重点项目,工信部江海直达船专项、邮轮游艇专项,在绿色智能江海直达船舶技术、内河高等级航道通航运行安全保障、智能新能源船舶关键技术等领域产生了一批关键成果,为长江经济带发展、粤港澳大湾区建设和交通运输行业发展提供了重要的支撑和保障。

8. 港口装备节能技术综合试验平台

(1) 项目概况及建设历程

为探索港口设备的节能减排技术,推进绿色港口建设,武汉理工大学于2014年向交通运输部申报建设港口装备节能技术综合试验平台。2014年10月,交通运输部批准立项建设,并投资2000万元。经过理论研究、采购样机、实验平台混合动力电控系统和能量管理控制系统安装调试,以及系统软件开发与调试,平台于2016年开始进行系统实验。平台包含工业场桥、发电机组、电气控制系统、能量管理系统、储能器、在线监测系统等组成部分,利用集装箱升降过程中势能的转换,将设备在运行过程中下放时产生的巨大势能,通过技术手段补偿到起重机上升起吊时的能量控制系统,进而减少能源消耗与废气排放。

(2) 使用效果

该平台对于港口节能减排和绿色港口建设有着重要意义。根据测算,采用平台新型混合动力系统的港口起重设备平均每台功率可降低50%,废气排放最少降低30%,节能减排效果十分明显。鉴于港口设备功率大、在用台数多,实现港口设备大幅度节能减排,能够减少污染、改善环境,也能降低能源消耗,降低供电设备的建设和维护费用,并改善电网(尤其是港口电网)的安全性。

9. 轮机模拟器

(1) 项目概况及建设历程

武汉理工大学长期致力于轮机系统仿真和船用发动机智能控制技术的研究与工程应用。1994年,学校研制出第一台国产轮机模拟器WMS-1型轮机模拟器,1995年12月交通部科技司对轮机模拟器进行了部级技术成果鉴定,该轮机模拟训练器的总体技术、系统性能以及制造质量,都达到了20世纪90年代国际同类设备先进水平,被中国政府列入向国际海事组织报告的履行SCTW(78/95)公约的培训设备。在WMS-1型轮机模拟器的基础上,学校不断进行升级改造,先后研制了WMS2000、WMS2004型等轮机模拟器。学校研制的WMS系列模拟器获得挪威船级社(DNV)ISO9001质量管理体系认证,设备性能国内领先。

(2) 使用效果

武汉理工大学研制的轮机模拟器曾获国家科技进步三等奖、国家科学技术委员会等五部委颁发的"国家级新产品"证书、交通部科技进步一等奖等奖励。学校研制的轮机模拟器不仅用于学校内部的教学科研,同时也面向企业和其他高校研制、销售。至 2015 年,学校已与 30 余家高校和企业合作,研制、销售船舶轮机模拟器共计 50 余台(套),合同金额达 5000 余万元,国内市场占有率领先,有力提升了国内航海高级船员培训的实验条件。在长期的实验与实践教学中,学校研制的轮机模拟器为我国培训了数以千计的船舶轮机专业人员,为我国航海事业的发展贡献了力量。

10. 轮机综合实验室

(1)项目概况及建设历程

为了满足培养轮机工程高级技术人才的要求,武汉理工大学在交通部专项建设经费和"211 工程"建设子项目"船舶柴油机数字化监测、诊断与控制系统研制" 等建设经费支持下,经过自行设计、专家组论证、监理组监造,历时两年建成轮机综合实验室。该实验室依据《钢质海船入级与建造规范》,采用与实船基本相似原则设计和建造,主要由船舶主推进系统、柴油机数字化监测与诊断系统、主机遥控系统、轴带发电机及全自动化电站、机舱 CANBUS 现场总线系统和集中监控系统组成。该实验室为培养远洋船舶机电一体化轮机工程高级技术人才提供了试验教学平台,也为轮机工程及相关学科研究提供了科研平台。

(2)使用效果

实验室于 2005 年 11 月通过了湖北省科技厅组织的专家鉴定,研究成果为国内首创、国际先进水平,是船舶动力工程技术交通运输行业重点实验室的重要组成部分。实验室持续不断地为在校学生提供培训和实践教学,每年服务本科和研究生 600 余人,同时也为值班机工、三管轮和大管轮船员提供培训。该实验室长期致力于船用发动机监测诊断、智能控制,振动与噪声控制等技术的研究,学校依托实验室先后获批"基于磁粗传感技术的船用柴油机活塞环监测方法研究"等 6 项国家自然科学基金项目、"民用船舶推进系统集成关键技术研究"等国家高技术船舶专项及 10 余项省部级科研项目,并与香港城市大学合作开展"电站柴油机监测诊断技术"项目研究。学校依托实验室取得的研究成果先后获得 1 项国家技术发明奖。

11. 大型船舶操纵模拟器

(1)项目概况及建设历程

武汉理工大学全任务大型船舶操纵模拟器由交通部投资建设,于 2003 年投入使用,实验条件在当时属于国内一流水平。在投入使用当年,模拟器联网接入 27 套 NT expert 3000 型模拟器。2007 年至 2015 年,模拟器进行了多次升级,增加拖轮模拟器,升级了软件版本。该模拟器符合国际海事组织(IMO)STCW78/10 公约及国家海事局的相关要求,获得挪威船级社(DNV)、英国海运安全局(MSA)、英国劳氏船级社(Lloyd's Register)、英国海事及海岸警备署(MCA)、俄罗斯海运部(DMT)、俄罗斯船级社(MRS)等权威机构的认证,在船舶动态模拟、船舶导航设备模拟和航海模拟计算机成像技术方面处于先进水平。

该设备包括教练站、四个本船(一个主本船和三个副本船)及40套桌面系统,主本船为七通道270度弧形柱面视景,副本船为三通道120度视景;系统由综合船桥驾驶台(IBS)模块、船舶控制模块、雷达/ARPA模块、电子海图显示与信息系统(ECDIS)模块、全球海上遇险与安全系统(GMDSS)模块、导航仪器模块、视景系统模块、音响模拟模块等构成,包括船舶动态软件、三维视景软件、教练监控软件、视景及船模开发软件、实物驾驶台硬件和基于网络分布式处理计算机系统。

(2)使用效果

大型船舶操纵模拟器的建成对培养高素质的航海人才和模拟仿真研究发挥了重要作用。大型船舶操纵模拟器模拟效果逼真,能使学生较为直接地感受到海上的环境状况,对于航海技术、海事管理专业的海上航行模拟实习和船舶操纵、船舶值班与避碰等专业课程的学习大有助益,使理论教学与实践教学得到有机结合,实验、实习效果得到了学生、同行、航运企事业单位的充分肯定。

大型船舶操纵模拟器是学校重要的科研工作平台,已具备了自主开发新的训练海域、新的船舶模型的能力,承担了综合船桥模拟试验系统研究、港珠澳大桥主体工程初步设计通航安全技术评估专题研究、天津浮式LNG接收终端项目船舶操纵模拟试验研究、三沙永兴岛综合码头工程船舶操纵模拟试验研究、越南沿海电厂海港工程船舶操纵模拟试验等重大项目的研究与论证工作,其中离岸深水港建设关键技术研究与工程应用等6项相关成果获得省部级奖励。

(七)长沙理工大学

1.水沙科学与水灾害防治湖南省重点实验室建设

(1)项目概况

立项背景:水沙科学与水灾害防治湖南省重点实验室在长沙理工大学水利实验中心的基础上组建,于2007年9月开始正式运行和对外开放,2010年4月通过湖南省科技厅验收。中国水利水电科学研究院韩其为院士一直担任学术委员会主任,长沙理工大学蒋昌波教授担任实验室主任。实验室依托我校水利工程学院等在港口与航道、水文与水资源、水环境、水利水电等学科的行业优势,立足湖南,面向全国,重点解决水资源开发利用、水生态水环境保护、水旱灾害和河湖治理等涉水领域的重大问题。

主要研究内容包括如下三个方面:

①水资源时空演变规律及可持续利用系统模式研究,包括水资源时空演变规律研究、不确定性分布式水文模型研究和水资源优化配置及综合管理系统模式等三方面的研究。

②水流泥沙运动机理及河流湖泊开发治理技术研究,包括波浪水流泥沙动力学机理

研究、水动力要素时空演变规律及模拟技术研究、河流湖泊水动力过程及其环境效应研究和河流湖泊开发治理技术研究。

③水灾害形成机理与防治技术研究,包括河湖洪水演变规律及防洪综合管理研究、涉水工程安全评价及修复加固技术研究、极端气候条件下水灾害监测预警技术体系研究、水污染灾害防治与水体修复技术开发和水致地质灾害综合分析评价与预警研究等方面的研究。

本实验室自组建以来,基于水资源、水利工程和水环境的基础理论和研究热点,针对我国特别是湖南地区水资源开发利用、水利水运工程建设、水环境污染防治、涉水事务管理实践中的问题和社会经济发展的战略需求,围绕3个主要的研究方向开展了系列研究,实验室研究内容和实验室建设目标一致。

立项批准:2007年9月由湖南省科技厅正式批准。

(2)项目建设历程

项目于2007年9月开始正式运行和对外开放,2010年4月通过湖南省科技厅验收,2014年和2017年两次通过湖南省科技厅三年评估和检查。2010—2018年统计期内,项目承担各类科研任务300余项,其中国家级项目50余项,省部级项目20项,科研经费总计约8000万元。湖南省科技厅累计投入建设经费80万元,学校自筹配套经费160万元。

(3)主要建设内容

本重点实验室现有试验场地16400平方米,建筑面积10000平方米,仪器设备总值4000余万元,仪器设备整体达到国内领先水平,能满足实验室各研究方向的需要。科研仪器设备473台套,年均新增仪器设备总值约230万元,仪器设备单价超过1万元的均实现了上网共享,实验硬件和软件环境均进一步得到改善,实验硬件条件在同类科研院校中居于国内领先水平。本实验室在"水文—气象多指标联合观测""水流泥沙实验测量和现场观测""水质现场实时观测技术""水质水环境观测及分析""水利水运工程原型检测技术"5个方面的实验设备已经较为齐全,其中"水流泥沙实验测量和现场观测"的实验条件在国内同行中处于领先水平,能满足本实验室3个主要研究方向的科研要求,并已充分应用于各类科研项目的实验研究和原型观测中。

(4)项目发挥的作用

本实验室承担国家自然科学基金委"西南河流源区径流变化与适应性利用"重大研究计划的重点培育项目2项(编号:91547112、91647118)和合作重点支持项目1项(编号:91647204),项目研究了黄河源、长江源和拉萨河流域的弯曲与辫状河群演变、湿地演变过程与退化机制、泥炭沼泽地下水时空变化与水量平衡和供水—发电—环境相互作用与自适应机制。本实验室承担国家自然科学基金委的重点项目"全球气候变化下的近岸水沙动力特性及其岸滩响应机制研究"(编号:51239001),项目系统研究了极端波况动力过程的概化、水动力特性和模拟技术，分析海岸非均匀沙运动规律、岸滩剖面形态演化、建筑物局部床面变形、海床动力响应机制和泥沙液化规律，建立三维固液两相流泥沙输运数学模型和岸滩演变预测数学模型。

此外，实验室还承担国家自然科学基金项目 30 余项，省部级项目 20 余项，取得了一系列研究成果，充分表明实验室具备承担重大项目的能力，研究绩效较好。水沙动力过程及其模拟技术研究取得的相关研究成果，通过模拟江湖河海等大尺度的水流泥沙运动，计算结果可为水利工程、港口工程、桥梁工程、海岸工程的设计与施工提供基础数据和技术支持，本研究方向承担横向课题 30 余项，科研经费约 1000 万元，相关成果应用于南中国海、洞庭湖、珠江、湘江等水域的相关涉水工程的评价和决策中，社会经济效益显著，产业前景较好。

水资源时空演变规律及系统模式开发研究，深入分析水文生态格局变化的驱动机制及内在关联机理，研究社会和经济可持续发展过程中所遇到的水资源短缺和水质污染等一系列突出问题，研究成果可为水资源系统的综合模拟、评价、修复和整体调控提供理论支持，研究成果应用于湖南省水资源问题和三江源水生态问题，为解决相关水资源问题提供了技术支持，社会效益和环境效益显著，产业前景较好。

水灾害形成机理及防治技术研究，针对洞庭湖流域系统和"干旱走廊"动力学机制研究、湖南省自然变化与人类活动影响对灾害发生的复合效应、湖南省水旱灾害的时空分布特性、三峡水库运行后对洞庭湖区洪涝灾害系统的影响、湖南省水旱灾害发展趋势预测与防灾减灾对策研究、防洪减灾 GIS 的应用、极端气候下流域典型河段的水力学河流动力学形态模拟等问题开展了系统深入的研究。近年来，本研究方向承担相关研究课题 20 余项，科研经费约 800 万元，取得的主要成果均达到国内领先水平，部分成果达到国际先进水平。

"水污染治理及生态修复理论研究"方向立足于流域和城市中所面临的水生态安全和水环境健康问题，以理论分析为指导，结合现场调查、试验研究及数学分析，针对水利开发建设对水环境和水生态造成的水环境污染、生物多样性下降等问题，利用生态水利原理，开展水利开发建设背景下水环境和水生态安全保障理论与技术研究，近年来研究成果应用于湖南省洞庭湖流域及湘江流域的水污染防治，社会经济效益显著。

2. 长沙理工大学水利实验中心

（1）项目概况

水利实验中心隶属于长沙理工大学水利（河海）工程学院，包括位于金盆岭校区的港航实验研究中心和位于云塘校区的水利实验研究中心两部分。水利实验中心的建设可以追溯到 1972 年或更早的船机动力实验室，从 1978 年起最初仅有水力学和河流泥沙两个实验室，经过 40 多年的发展与建设，中心仪器设备总资产 5000 万元，实验室建筑总面积共约17000多平方米。现有水力学、港口、航道与海岸工程、船舶与海洋工程、水利水电工程、给水排水工程、水文水资源与水环境、水利虚拟(数字)仿真实验中心、水利结构工程等8个专业实验室和湖南省水利工程实践教学示范中心、湖南省水沙科学与水灾害防治研究中心重点实验室、湖南省洞庭湖综合治理与环境保护研究中心、湖南省环境保护河湖疏浚污染控制工程技术中心等省级实验教学示范平台1个和省级研究型重点实验室学科平台3个。

中心是港口航道工程与海岸工程、水利水电工程、水力学及河流动力学、水文与水资源工程、给水排水工程、船舶与海洋工程等本科专业方向的实验实践教学基地,平均年本科实验教学约2500学生左右,年均接待量2万人次以上。同时为水利工程一级学科博士点各专业的博士和硕士研究生提供实验条件。

(2)建设经历

长沙理工大学水利学科的发展有力地促进了"水利实验中心"的全面建设与发展,概括起来水利实验中心主要有三大发展模块:

1)中心实验室平台建设历程

①1978—1981年,设置水力学实验室,主要开设水力水文学基础实验,逐渐开展河流动力学和航道整治的教学和科研工作。

②1991—1993年,建立船闸模型,开设渠化工程学的课程实验。参加了交通部教育司主持的港航专业实验教材的编写工作,将实验教学中形成的理论和方法写入教材中,开始形成自己的实验教学理论体系。

③1995年长沙交通学院成立河海系,整合组建"河海系实验中心"。

④1997年,承担了全国教育科学规划重点课题子课题"实验和工程实践教学内容体系改革研究"。并于2001年获得了湖南省教学成果一等奖和国家教学成果二等奖。

⑤2000年,新建了给水排水工程实验室和水文水资源环境工程实验室。

⑥2005年,建设完善水工流体实验室。

⑦2007年,获批水沙科学与水灾害防治湖南省重点实验室。

⑧2008年,"水利实验中心"正成挂牌成立。

⑨2009年获批湖南省水利工程实践教学示范中心,并于2012年通过湖南省教育厅验收。

⑩2014年11月,学校投资建设水利大学生创新实验室。

⑪2016年获批湖南省水利虚拟仿真实验教学中心。

⑫2017年,新能源大楼1栋负一楼大厅建设水利工程结构实验室。

⑬2017年,学院新增专业船舶与海洋工程专业招生,并建设船海工程实验室。

⑭2018年获"洞庭湖水环境治理与生态修复湖南省重点实验室""湖南省环境保护河

湖疏浚污染控制工程技术中心"。

2）水利实验中心基础建设历程

①1988 年,由交通部投资 300 万元改建成建筑面积约 1874 平方米(含供水泵房三层建筑、水池系统等)使用面积 1075 平方米的航道实验室。

②1998 年,交通部投资 1000 余万元建成港工厅,设计单位为长沙交通院建筑设计研究院设计,施工单位为湖南省教育建筑公司六分公司。1995 年 12 月开工,历时 2 年多建成建筑面积 1860 平方米、使用面积 1412 平方米,建成中南地区最大港池和波流水槽的港口海岸实验室。

同期完成航道厅二次改造,增设了航道厅西办公区、会议室与研究室等,施工单位为湖南省教育建筑公司六分公司,设计单位为冶金工业部长沙冶金设计研究院;交通部投资约 100 万元,增加使用面积 344 平方米(航道厅二次改造),两项工程均为 1998 年 5 月投入使用。

③2000 年,金盆岭 12 教负一楼新增实验室面积 1200 平方米。

④2006 年 8 月 1 日开工,长沙理工大学与湖南省水利厅在(新)云塘校区共建面积达 7600 平方米的水利实验研究中心开始投建,包括面积约 4800 平方米的水利实验大厅和 1800 平方米的实验教学大楼及水泵、水池等,总投资约 2500 万元。实际建筑为三层框架结构,建筑面积 8496 平方米,2007 年 5 月 30 日竣工,2008 年 9 月投入使用。本项目设计单位为中机国际工程设计研究院;施工单位为中国建筑第五工程局湖南事业部;监理单位为湖南益佳建设监理有限公司;总投资金额为 2054.98 万元,资金来源为自筹。该建设项目 2008 年获"湖南省优质工程奖"。

⑤2010 年,学院自筹科研项目经费 60 万元,学校配套 20 万元,由长沙楚湘轻钢活动板房有限公司施工,规划建设了水利实验研究中心(水利馆)外大棚,大棚建成后使用面积 2688 平方米,合同金额 59 万元。2010 年 9 月 30 日竣工。为大模型、枢纽模型等研究实验打下了坚实的基础,有效缓解了研究实验场地紧张问题。2017—2018 年学院自筹资金 7 万元对外大棚陆续进行了油漆维护与彩钢板加固,加固维护施工单位:湖南港怡科技有限公司。

⑥2014 年,学院自筹资金投入 15 万元建设了水利实验研究中心(水利馆)外大棚板房约 140 平方米临时水工混凝土测试实验室。

⑦2017 年,水利实验中心新增新能源大楼 1 栋一楼面积大厅 900 平方米,夹层 150 平方米,合计 1050 平方米,成立水利工程结构实验室。

⑧2018 年新增校建新能源大楼 1 栋一楼实验室房屋建筑面积 600 平方米。

3）水利实验中心仪器设备建设发展历程

实验中心通过中央财政支持地方高校发展专项资金、交通运输部实验室建设资金、

"十五""十一五""十二五"湖南省重点学科建设经费、湖南省水利虚拟仿真实验教学中心建设经费、学校自筹经费等多渠道共投入4000多万元购置仪器设备。

建有长度不等,宽分别为0.5米2套、0.8米和1.5米各1套,共计4台套专用波浪水槽(含造流系统);0.4米和1.2米宽全自动通用造流水槽各1套;长、宽、高分别为20米、40米、1.2米的港池造波(含供水)系统1套;常规枢纽类动态河工测试模型长期在3座以上;弯道水槽4座、都江堰水流特性演示模型1套;船闸模型、升船机模型、渗流槽、变坡水槽、浑水系统各1套。拥有ADV\NDV类三维剖面(点)流速仪(15套);粒子图像测速PIV系统2套、超声波三维地形测量系统2套、水下地形测量系统1套、超声波非接触式浪高仪2套、实时流场测量系统2套、高速跟踪摄像机1套、专用气泡测试系统1套,优泰、东华等动态测试系统8套、基桩低应变测试系统、混凝土渗透性测试仪、混凝土完整性测试仪、软固体流变测试仪、激光粒度仪、伺服程控万能试验机、便携式透地雷达系统、振动智能检测仪、MIKE21和FLOW-3D等计算软件。

(3)使用效果

港口航道与海岸工程专业于1979年开始招收本科生,2001年被确定为湖南省重点专业,2009年被确定为国家第一类特色专业,2012年列入教育部卓越工程师培养计划并实施,2012获批湖南省"十二五"专业综合改革试点项目,2013年首次通过国家工程教育专业认证,2016年通过认证复评。2018年被学校列为重点建设的五个"一流专业"之一。至今已为水运工程及相关行业输送毕业生近3000人。

"港口、海岸及近海工程"学科1987年开始招收研究生,1993年取得了硕士学位授权,2006年取得了博士学位授权,为"十五""十一五"湖南省重点学科。"水利工程"2011年被评为湖南省重点学科并获得一级学科硕士点。教育部第四轮学科评估报告中,长沙理工大学水利工程为B-类,并列全国排名第15位,在华南地区具有独特的区位优势。

学科点共承担国家自然科学基金60多项,其中重点项目2项;科研总经费达2亿元。目前在研课题185项,可用研究经费2850万元。先后为湖南、广东、广西、黑龙江等省区水利水运工程建设解决了大量的技术问题,其中获国家及省部级及以上奖励30多项。

(八)上海海事大学

上海海事大学科研楼

(1)项目概况

上海海事大学科研楼建设依据为:沪教委发〔2004〕76号立项批复,沪教委发〔2004〕209号可行性研究报告批复,占地面积为13940平方米,总建筑面积12742平方米。资金来源为土地置换金,总投资额7381万元(包含行政楼建设项目)。2007年,被上海市建筑施工行业协会授予"白玉兰"奖。

（2）建设历程

该项目于 2006 年 3 月 23 日开工建设,2007 年 5 月 28 日竣工完成,建筑物为 1~5 层框架结构。项目设计上遵从整体性、通用性、学术性原则,总体思路考虑了建筑所处的位置,结合自身功能,设计出落有致的体量感,同时回应校园总体规划,与学校地理位置和建筑群协调一致,使建筑与道路绿化融为一体,并与校前区建筑共同形成完整的校前区广场空间。考虑到学校当前和未来的发展关系,为教学与科研的现代化发展留有足够的余地和可变性,项目建设采用统一大柱网,功能分区具有独立性,平面布局紧凑,营造宁静、高效、自然的学习氛围。项目由同济大学建筑设计研究院设计,浙江耀江建设集团股份有限公司、无锡金城幕墙装饰工程有限公司施工建设。

（3）使用效果

科研楼位于上海海事大学临港校区南侧校园入口西边,与东边的行政楼相对,被环形的道路围绕。建筑主体为两个"L"形条状体量错落布置,外部形态反映了内部功能空间。建筑高五层,局部实验室一层。

南楼为科研功能区,面向干道,三个一层高仿真实验室置于最南侧,既丰富了道路景观,形成强烈的建筑标示,又使得主体建筑退后道路更多,减少干扰。其余各研究所用房从 1~5 层行列布置,便于识别。科学研究院及研究生院的主要办公用房均为南向布置,为办公及科研人员提供较舒适的环境。北楼主要是研究生院,设置公共课程教学用房、多媒体教室、语音教室和阶梯教室,四、五层主要是办公用房;中部一层为可容纳 270 人的多功能学术报告厅,二层以上为共享中厅(公共交流区域),设有多个交流平台及咖啡茶座,还有一个可供科研人员及研究生院共同使用的会议室,用作公共交流区域,汇聚科研发展力量。

（九）集美大学

1.船舶辅助导航技术国家地方联合工程研究中心

（1）项目概况及建设历程

船舶辅助导航技术国家地方联合工程研究中心依托集美大学,整合学校航海、水产等面向海洋学科的专业特色和优势建立而成。中心的前身是成立于 2008 年 5 月的集美大学船舶助航技术研究所;2009 年 6 月,中国航海学会航标专业委员会批准研究所成为其会员单位;2009 年 10 月,经中国海事局推荐,国际航标协会(IALA)批准研究所为中国首家联系会员单位(Associate Membership);2010 年 7 月,交通运输部海事局批准集美大学依托研究所成立中国海事助航技术研究中心;2010 年 11 月,厦门市科学技术局批准集美大学依托研究所成立厦门市海上交通信息工程技术研究中心;2012 年 11 月,经福建省发展和改革委员会批复，同意集美大学联合东海航海保障中心厦门航标处等单位共同建设福建省船舶助导航工程研究中心；2014 年 8 月，集美大学向国家发展和改革委员会申请将福建省船舶助导航工程研究中心建设为船舶辅助导航技术国家地方联合工程研究中心，该中心于 2015 年 3 月获得国家发展和改革委员会批复，于 2018 年 7 月完成建设。

船舶辅助导航技术国家地方联合工程研究中心根据行业急需、国际一流的建设目标，以船舶助导航关键技术研究和产业化为主要任务，与各级海运行业主管单位、港航管理单位、航运企业和相关科研院所进行了多方面的深度合作，积极开展船舶助导航关键技术研究和产业化工作，部分关键技术达到国际水平，取得良好经济社会效益。近年来，中心获得自主知识产权 30 多项，获得各级科技奖十多项，最具代表性的成果有"航标综合信息管理与服务系统""郑和一号船舶引航系统"和"大型船舶靠泊系统"；中心还参与了"极地 211 航海保障工程"，并出版了中国首部《北极（东北）航道航行指南》。

船舶辅助导航技术国家地方联合工程研究中心自批复至建设完成总投入 4138.34 万元，其主要建设内容为船舶助导航技术研发平台和技术服务平台，建筑面积共计 3543.63 平方米，拥有科研设备 377 台/套，并搭建了"E 航海船舶助导航系统研发平台""海上交通大数据挖掘与分析平台"和"船舶助导航装备检测中心"。技术研发平台主要包括海上助航技术及装备研究室、船舶导航装备工程化研究室、船舶助导航整体应用系统开发与产业化研究室，配置相应的研发设备 200 多台/套。建设地点位于厦门市集美区嘉庚路 1 号集美大学航海学院内，建筑面积 3187.63 平方米；万邦楼 1 层，建筑面积 1280.69 平方米；万邦楼 5 层，建筑面积 953.47 平方米；万邦楼 6 层，建筑面积 953.47 平方米。技术服务平台包括技术服务系统、网络信息系统和助导航设备性能检测中心，配置通用助导航设备性能测试仪器及信息系统 100 多台/套。建设地点位于厦门市集美区嘉庚路 1 号集美大学航海学院海达楼 1 层，建筑面积 356 平方米。可以为企事业单位提供技术转让、技术开发、标准制定、产品检测等系列化服务。

（2）使用效果

"船舶辅助导航技术国家地方联合工程研究中心"技术研究方向主要是针对海上交通信息化建设的关键技术和共性技术，进行科研攻关，自主研发核心技术，发挥产学研合作优势。具体包括以下三个研究方向：航标助导航方向（航标技术与系统、船舶助导航装备等）、港口引航工程方向（船舶引航系统、引航员安全装备等）和海事工程方向（E 航海、综合航海保障信息化及技术等）。

根据 IMO、IALA、IHO 等国际海事相关组织提出的技术前沿和各种港航部门、船公司的实际科技需求，工程研究中心的研究主要内容有海上交通地理空间信息、海上交通信息共享及服务、海上助导航设备应用及其助导航信息服务、海上交通安全保障等，并在差分北斗/GPS 高精度定位、AIS 等关键技术的深度运用取得重大进展,完成了基于北斗/GPS 高精度定位技术的新型船舶引航系统研究、引航员安全装备研发,开展了 E-Navigation 工程研究和航海保障信息化项目建设。

船舶辅助导航技术国家地方联合工程研究中心致力于建设成为国内一流水平的船舶助导航技术研究开发的综合平台。其坚持走产、学、研、用相结合的发展道路,面向国内外先进的船舶助导航技术,结合国际海事组织(IMO)、国际航标协会(IALA)、国际海道测量组织(IHO)、国际海事卫星组织(INMARSAT)等机构提出的技术前沿以及各涉海企事业的实际科技需求,开展人才培养、科研团队建设、课题研究、学术交流、技术创新、咨询服务等工作,致力于海上助导航科研成果产品化运作及应用推广。

2. 福建省船舶与海洋工程重点实验室

(1)项目概况及建设历程

福建省船舶与海洋工程重点实验室涵盖轮机工程、船舶与海洋结构物设计制造、动力装置、载运工具 4 个二级学科。重点实验室现有面积 3433 平方米,仪器设备总值约 3300 万元,实验室固定人员 38 人,其中正高职称 8 人,副高职称 22 人。研究方向及研究内容:

①先进轮机工程技术:其围绕"绿色船舶",开展船艇空调及冷藏设备的优化控制、船舶液压系统节能与性能优化、发动机性能优化与排放控制、船舶氢燃料电池动力系统与储氢技术等基础和应用基础研究。

②船舶智能控制及仿真:其围绕"智能船舶",开展船艇综合电力系统及其控制、船舶机舱综合信息系统及智能化、再生能源应用及多能源复合推进系统、轮机智能仿真技术、基于北斗卫星的船舶通信技术等应用研究。

③船舶建造工艺与性能:其围绕"特种船舶"——邮轮游艇、海洋工程辅助船、客滚船、远洋渔船等,开展船艇选型和舱室优化设计、工艺与焊接技术、结构与材料性能、水动力性能仿真等应用基础与应用研究。

④船舶检测与再制造技术:其围绕"安全船舶",开展船舶与海洋结构物及其动力装置的表面修复与强化技术、噪声与振动检测与控制技术、油液检测、无损探伤等船机设备维修与再制造领域的基础研究与应用研究。

(2)使用效果

福建省船舶与海洋工程重点实验室围绕福建省海洋经济发展重要战略及省级重点学科优势,开展现代轮机管理工程、船舶自动控制与仿真、船舶与海洋结构物制造及可靠性和船舶节能减排 4 个学科方向的研究。船舶与海洋工程重点实验室服务于海峡西岸经济区建设,目标是建立一个国内领先、国际上具有较高影响的船舶与海洋工程领域重点实验室,成为福建省船舶与海洋工程领域产品和系统创新设计、检验与检测、高级人才培训基地。

3.福建省能源清洁利用与开发重点实验室

(1)项目概况及建设历程

福建省能源清洁利用与开发重点实验室致力于可再生能源与海水资源利用、多相流动与工程传热传质、工业过程高效节能、清洁燃烧理论与技术等领域的研究。通过多年建设,实验室现有固定开发人员30余人,客座人员16名,实验室面积达2200平方米,仪器设备资产总值超过2500万元,具备了先进的现代化仪器设备、研发实验平台,形成了稳定的、高水平的科研队伍,在产学研及人才培养方面取得了丰硕的成果。

实验室拥有热能工程福建省重点学科,热能与动力工程福建省特色专业,并拥有船舶与海洋能源工程二级学科硕士点和能源清洁利用与可再生能源技术开发福建省高等学校科技创新团队。实验室已具备了热重及同步差热分析仪、高压气体吸附分析仪、原子吸收分光光度计,激光粒度分析仪,透光式烟度计,浪潮仪、高性能计算机集群系统等单台套价值超过10万元或2万美元的大型分析测试仪器68台/套,其中包括自主设计并已建造完成的高低频海水造波池、多能量系统海水淡化实验台、工质热物性综合测试平台、海洋生物微藻固碳实验平台、海洋垃圾焚烧处理实验平台、制冷与热工系统能效测试平台、小型高温沉降炉、生物质燃烧与气化综合测试台、多点直驱式波浪能发电半物理仿真实验台、漂浮式波浪能发电试验样机等各类实验研究平台共30余座。

(2)使用效果

福建省能源清洁利用与开发重点实验室侧重于开展清洁燃烧、高效节能和可再生能源利用等方面的应用基础研究,实现创新性基础研究储备与工程应用转化的紧密结合及有机接轨,为东南沿海地区众多涉及能源开发和利用的企业提供技术支撑服务,在落实科学发展观、推动区域节能减排和循环经济建设方面作出积极贡献。

(十)中国交通建设集团有限公司

1.概况

中国交通建设集团有限公司(以下简称"中国交建")是全球领先的特大型基础设施综合服务商,主要从事交通基础设施的投资建设运营、装备制造、房地产及城市综合开发等,为客户提供投资融资、咨询规划、设计建造、管理运营一揽子解决方案和一体化服务。中国交建在香港、上海两地上市,公司盈利能力和价值创造能力在全球同行中处于领先地位。2019年,中国交建居《财富》世界500强第93位。

中国交建有60多家全资、控股子公司,有作为中国诸多行业先行者的百年老店;有与共和国一同成长壮大的国企骨干;有在改革开放大潮中涌现的现代企业;有推动公司结构调整而成立的后起之秀;有并购而来的国内外先进企业。

中国交建从事相关业务已有一百多年历史,产品和服务遍及150多个国家,并通过几代员工的持续努力,建设了一大批高水平的交通基础设施,为客户提供了成熟完备的服务,构建了全球领先的技术体系,形成了"用心浇注您的满意"的企业服务文化。

中国交建坚持以"让世界更畅通、让城市更宜居、让生活更美好"为愿景,秉承"固基修道、履方致远"的企业使命,坚守"交融天下、建者无疆"的企业精神,正在努力打造成为全球知名工程承包商、城市综合开发运营商、特色房地产商、基础设施综合投资商、海洋重工与港机装备制造集成商,率先建成世界一流企业。

新的时期,中国交建将努力成为政府与经济社会发展急所的责任承担者、区域经济发展的深度参与者、政府购买公共服务的优质提供者。中国交建确立了"三步走"中长期发展目标:第一步,在"十三五"末部分领域和核心业务率先达到世界一流企业水平;第二步,在"十四五"末率先全面建成世界一流企业;第三步,在2035年左右,建立起全球产业链和全球化治理的体制机制,跨国指数超过50%,基本完成由一流跨国公司向一流全球公司的转型。

中交集团建成了涵盖企业技术创新全链条的"三类三级"科研创新平台体系,即:重点实验室、研发中心和企业技术中心的三类,国家级、省部级和集团级的三级。目前拥有集团重点实验室8个,主要开展基础研究和应用基础研究,是聚集和培养优秀科技人才、开展高水平学术交流、促进科技成果转化的重要基地。"十二五"期间,实验室共承担包括国家"863计划""973计划"及国家科技支撑计划在内的各类科研项目770余个,获得科研经费超过6亿元。主编、参编各类技术标准100余项,其中国家、行业标准61项。共获得国家级科技奖励9项,省部级以上科技奖励230项。获得各类知识产权414项,其中发明专利115项,软件著作权36项。出版专著22本,发表科技论文1338篇,其中被三大检索系统(SCI、EI和ISTP)收录434篇。重点实验室取得了丰硕的科研成果,这些成果支撑了包括港珠澳大桥项目、长江口深水航道整治项目、海上风电工程等100余项重大工程的建设工作,多项技术成果处于国际领先或先进水平,通过为国家重大工程服务、为行业科研、设计、施工服务,有力支撑和引领了交通行业相关建设领域的技术进步。

在水运科研方面,中交集团有3个行业重点实验室和1个国家工程研究中心,即港口岩土工程技术行业重点实验室、水工构造物耐久性技术行业重点实验室、航道疏浚技术行业重点实验室、疏浚技术装备国家工程研究中心。

除此之外,在水运科研方面,中交集团还有3个集团重点实验室,即中国交建工程结构重点实验室、中国交建海岸工程水动力重点实验室、中国交建交通基础工程环保与安全重点实验室。

2.中国交建工程结构重点实验室建设

(1)概况

实验室依托单位为中交第三航务工程局有限公司和中交上海三航科学研究院有限公

司,2002年被认定为中国交建工程结构重点实验室。2006年交通部确定以本重点实验室为基础,培育建设深水港工程结构(企业)国家重点实验室,实验室准原型结构试验系统自主研发工作正式启动。

实验室主要从事深水港工程结构研究,以解决我国港口工程深水化、外海化带来的问题和挑战为目标,致力于深水港工程结构的科研与技术开发工作,着眼于离岸深水港、海上人工岛等大型基础设施建设,开展前瞻性、基础性研究,对复杂环境下的深水港结构及其与土的相互作用等进行深入系统的研究,服务于深水港工程建设。

实验室业务涵盖港口、航道、土建、公路、桥梁、铁路、市政、海上风电等多个领域,承担了多项国家级、省部级科研项目,为重大工程建设提供了重要技术支撑。实验室在管桩研发、桩基承载力研究、软土地基处理、海上风电基础结构研究等方面拥有雄厚的科研实力。经过多年的积累与发展,实验室已形成"水运工程新型结构研究""码头结构检测、评估及加固改造技术研究""水运工程预制桩研究""海上风电工程基础结构研究"四个主要研究方向。

(2)建设历程

为了提高科研技术水平,发挥科技支撑作用,更好更快解决工程建设中的关键技术问题,2002年中交三航局整合技术骨干成立了中国交建工程结构重点实验室,从事港口工程结构研究,成为中国交建在工程结构专业领域科研工作的领军者。

对此,2006年为进一步提高交通运输行业自主创新能力,加快交通科技创新体系建设,进一步发挥企业在技术创新中的主体作用,交通部根据《关于依托转制院所和企业建设国家重点实验室的指导意见》,确定了以中国交建工程结构重点实验室为基础培育建设深水港工程结构国家重点实验室。经过两年多的培育建设,2008年以交通运输部办公厅文《关于申请建设深水港工程结构企业国家重点实验室的函》(厅函科教〔2008〕108号)正式上报科技部,并获得批准。

2009年8月,针对培育建设深水港工程结构(企业)国家重点实验室的设备购置,中交三航局以"深水港工程准原型结构试验系统(设备购置)工程可行性研究报告"正式上报交通运输部。交通运输部做出批复,发文《深水水工工程准原型结构试验系统设备购置可行性研究报告的批复》(交规划发〔2009〕682号),并投资1000万元用于购置实验室设备。2011年1月,中国交建科技研发合同形式,立项"深水港工程准原型结构试验系统研制与开发",投资220万元用于试验系统研制、开发与购置;同年10月,三航局以科技开发项目立项投入配套资金1380万元,以支持深水港工程结构(企业)国家重点实验室培育建设。鉴于深水港工程结构试验系统建设对科技研发服务业类现代服务业质量和水平的巨大提升作用,徐汇区以"深水港工程准原型结构试验平台开发"将其纳入"现代服务业专项资金扶持项目",并给予100万元专项资金支持。为配套实验室建设,2011年中交三航局选址上海康桥建设试验基地,新建的康桥试验基地占地 6944 平方米,投资 2600 多万元,主体试验大厅建筑面积 2600 多平方米,并建有工程结构试验室、土工试验室、新材料试验室、耐久性试验室等 23 间试验室。

(3)主要建设内容。

实验室特色设备与软件见表 12-6-5。

特色设备与软件　　　　　　　　　　　　　　　　　　　表 12-6-5

序　号	特色设备与软件
1	准原型结构试验系统
2	PMW800-1000 型电液式脉动疲劳试验机
3	YAW7506 型微机控制电液伺服压剪试验机
4	TMR-211 动态数据采集系统
5	SM130 光纤光栅解调仪
6	高低温湿热试验箱
7	GDS 非饱和土三轴试验系统
8	TDS-530 静态数据采集仪
9	混凝土快速冻融试验机
10	HTX-12X 型混凝土碳化试验箱

试验设备 1200 多台套,其中大型仪器设备近 70 台套,原值总计 5531 万元。自主研发的准原型结构试验系统规模为国内外之最,技术水平国际领先,其中土压力加载系统为国际首创技术。

试验大厅内建有长 15 米、宽 10 米、深 7 米的试验坑,用于安装准原型结构试验系统,建设规模属国内外之最,可施加竖向荷载、水平往复荷载、土压力荷载,及其多项耦合荷载,实现模拟深水港工程结构建设期和运营期受到的各种荷载作用,技术水平达到国际领先。其中自主研发的土压力加载系统,以分层加载方式实现土压力加载,为国际首创技术。试验系统配备了美国穆格(Moog)公司的 SMARTEST 控制系统,大大提高了试验精度和准确性。

除此之外,实验室还配备了 PMW800-1000 电液式脉动疲劳试验机、YAW7506 微机控制电液伺服压剪试验机、TMR-211 动态数据采集仪、SM130 光纤光栅解调仪,以及 Flac、Abaqus、Plaxis、ANSYS、Robot、Midas 等结构和岩土专业有限元分析软件,进一步加强了实验室的研发能力和潜力。

准原型结构试验系统,可模拟工程结构在建设期和使用期受到的各种竖向荷载、水平动态荷载和侧向土压力,广泛应用于深水港工程、水运工程新型结构、海上风电基础结构、海上人工岛,以及公路、桥梁、铁路、隧道、市政等领域土木工程各领域,为工程结构研究提供了新的试验平台,以试验数据指导实际工程,对工程结构设计、施工进行优化,以降低工程建设成本,并保证工程建设的安全。

(4)发挥的作用

长期以来,实验室依托中国交建和中交三航局的优势,凭借科研院丰富的设计、科研、检测经验和成果,密切结合重大工程,为重大工程解决了大量关键技术,有效保证了工程的顺利开展和工程质量。尤其是在港珠澳大桥、洋山深水港、长江口深水航道整治、海上风电等重大工程建设中,充分发挥科学技术的引领作用,开拓创新,为重大工程建设做出了突出贡献,成为中交集团在港口工程结构领域的研发基地。

目前实验室已成为开展行业应用基础研究、聚集和培养优秀科技人才、开展科技交流的重要基地。通过持续创新和进一步发展,努力使其成为发展共性关键技术、增强技术辐射能力、推动产学研相结合的重要平台。

3. 中国交建海岸工程水动力重点实验室

(1)概况

实验室依托单位为中交第一航务工程局有限公司和中交天津港湾工程研究院有限公司,1970年创建海岸工程水动力实验室,2010年实验室被认定为"中国交建海岸工程水动力重点实验室"。以实验室作为合作单位,与牵头单位联合组建了"港口水工建筑技术国家工程实验室"。

实验室作为中国交建唯一一家从事海岸工程水动力方面研究的重点实验室,密切结合国家重大战略需求,立足水运科技发展前沿,开展基础性、前瞻性科研课题研究,以解决工程实际问题与学科发展建设为目标,为水运工程建设科学规划提供相应的理论与技术支持,规划发展成为技术领先、功能齐全、资源共享、配置先进的国内一流实验室,成为基础理论研究、重大技术突破、高层次人才培养和学术交流的科研基地。

实验室遵循"技术一流,服务领先"的发展理念,坚持对优势领域的不断深入研究和对创新的持续投入,多年来形成了"波浪与结构物相互作用研究""波浪与船舶、超大型浮体、锚泊系统的相互作用及其动力响应研究""海岸演变规律、港口航道泥沙运动规律研究""水动力模型试验的理论与技术研究"四个主要研究方向。

(2)建设历程

海岸工程水动力重点实验室始建于1970年,经过40余年的发展,而今已成为一座具有世界先进水平、现代化、开放型港口及海岸工程实验室。

目前,实验室下设物理模型试验、数值计算和仪器设备三个试验室;拥有两座实验大厅、一座平面试验水池、一座大型风浪联合试验水槽、一座波流联合试验水槽和多套数值模拟软件。为了保持实验技术的创新领先,从20世纪80年代中期至今,先后从日本、丹麦购置了的水槽和水池两套不规则波造波机系统及其成套设备,日本三井造船株式会社

（MES）制造的无反射水槽造波机系统及其成套设备,从丹麦水工所（DHI）购置了 System^{2}1、二维 Mike21、三维 Mike3 等多套具有国际一流水平的港口及海岸工程水动力数学模型系统软件。此外,还拥有六分量船舶运动仪、六分量动力仪、三分量动力仪和 2D/3D 声学多普勒流速仪等具有世界先进水平的量测仪器。"十一五"期间,实验室自主研制了大型可移动式 SZA 型造风系统及智能数据采集分析系统;与天津理工大学联合研制了一套大型可移动式不规则造波机系统;并先后购置了非接触式六分量船舶运动仪、NLS 型护舷传感器、LA2 型拉力传感器、高精密四通道风速仪等具有先进水平的量测仪器。

经过多年建设,试验室有固定成员 19 人,其中博士 7,硕士 9 人,具有正高级职称 6 人,副高级职称 13 人。被评为天津市 131 创新人才培养工程第一层次人选 3 人,中国交建优秀技术专家 2 人,天津市有突出贡献专家 1 人;入选水运工程建设技术与标准专家库专家 5 人,入选中国水运建设协会专家库专家 3 人,入选天津市环境评价专家库专家 1 人,担任浙江省高等学校校企合作项目导师 1 人,重庆交通大学硕士生导师 1 人。实验室形成了以博士、硕士高学历人才为有生力量和以高级工程师以上职称中青年专家为领军人物的研发团队,实验室的学源结构、学历层次、年龄结构得到进一步优化。

（3）主要建设内容

实验室主要建设内容见表 12-6-6。

实验室特色设备与软件

表 12-6-6

序号	特色设备与软件
1	大型平面综合试验水池（长 46 米、宽 30 米、深 1 米）,配备丹麦 DHI 不规则波造移动式造波机系统
2	大型风浪联合试验水槽（长 98 米、宽 4 米、深 1.8 米）,配备日本 MES 不规则造波机系统
3	大型波流联合试验水槽（长 68 米、宽 1 米、高 1.6 米）,配备无反射水槽造波机系统
4	船舶六分量运动仪非接触式六分量仪
5	HydroStar、Ariane 系泊分析软件
6	六分量动力仪（日本）三分量动力仪（日本）ZL-2 型总力仪（中国）
7	64 通道智能数据采集仪 32 通道护舷缆力仪
8	声学多普勒流速仪（挪威）声学多普勒流速剖面仪（加拿大）
9	Mike21、Mike3 水动力学计算软件,HydroStar、Ariane 系泊分析软件,Ansys 有限元分析软件,scSTREAM 通用热流体仿真软件

实验室拥有两座大型平面水池和两座大型断面水槽,拥有移动式不规则波造波机系统（DHI）、无反射造波机系统（日本）、平面风谱造风系统、船舶六分量运动仪、六分量动力仪（日本）三分量动力仪（日本）、64 通道智能数据采集仪、32 通道护舷缆力仪、声学多普勒流速剖面仪等国内外先进的特色仪器设备。其中,数值计算中心拥有 Mike21、Mike3、HydroStar、Ariane、Ansys、scSTREAM 等一系列国内外先进的水动力数值计算软件。

（4）发挥的作用

实验室积极服务港珠澳大桥工程、长江深水航道建设工程、核电厂建设等国家重点工程建设，进行相应的基础性、关键性技术研究工作，特别是在深水防波堤研究、新型消浪块体研究、大型浮体三维运动试验研究以及海啸波试验研究等科研领域，积极打造国内品牌技术。

2009 年实验室全年新签订科研合同 5 项，其中省部级科研项目 1 项。全年实验室科研人员完成科研项目 10 项，编写科研报告 11 篇，在国内外公开发表高质量的学术论文 11 篇。实验室获得中国水运建设行业协会科技进步一等奖 1 项，三等奖 2 项，天津市科技进步三等奖 1 项，一航局科技进步二等奖 1 项、三等奖 2 项。有两项专利获得了国家知识产权局的发明专利授权，同时申报专利 1 项。

2010 年实验室新签订科研合同 21 项，合同金额达 1135 万元，完成科研产值 863 万元，提交科研成果报告 30 篇。获得中国水运建设行业协会科学技术奖 1 项，一航局科学技术进步奖 2 项，申请发明专利 1 项。

2011 年实验室新签订科研合同 33 项，合同金额达 1376.696 万元，完成科研产值 865.7294 万元，提交科研成果报告 31 篇。

2012 年实验室新签科研合同 28 项，合同金额为 2075 万元；完成科研产值 1153 万元，提交科研成果报告 12 篇。

2013 年实验室新签科研合同 21 项，合同金额为 1684 万元；完成科研产值 863 万元，全年完成科研产值 1350 万元，提交科研成果报告 24 篇。实验室参加的"离岸深水港建设关键技术与工程应用"获得国家科技进步一等奖；参加的"水运工程设计通则（JTS 141—2011）"获得中国交建科技进步一等奖。

2014，实验室新签纵向课题研究 11 项，完成横向科研合同 25 项，纵向科研合同 4 项，合同金额总计 1750 万元，完成科研产值 1545 万元，提交科研成果报告 18 篇。多项研究成果获得一航局科技进步特等奖 1 项、二等奖 2 项、三等奖 1 项。在国内外公开发表高质量的学术论文 12 篇，其中 4 篇被 EI 收录。

2015 年完成科研项目 6 项，横向科研合同 25 项，合同金额总计 1672 万元，完成科研产值 1583 万元，提交各类科研成果报告 32 篇。实验室承担的"港珠澳大桥人工岛施工监测检测和数值分析关键技术"获 2015 年获中国水运建设行业协会科学技术奖三等奖，承担的"外海人工岛试验，监控与仿真分析技术"获中国交建科学技术二等奖，参与的"外海深水深槽大型沉管水下无人安装施工成套技术研发与应用"获中国交建科学技术一等奖。

2016 年，完成国家重大工程科研项目 11 项，省部级科研项目 2 项，一航局科研项目 5 项，开放基金项目 1 项；提交各类科研成果报告 33 篇。申请发明专利 2 项，实用新型专利

2 项,在国内外公开发表高质量的学术论文 11 篇。

2017 年完成或在研的国家重大工程科研项目 20 项、海外工程科研项目 7 项、省部级科研项目 6 项、一航局科研项目 8 项、其他科研项目 8 项、仪器设备研制项目 8 项、现场水文观测项目 4 项,提交各类科研成果报告 25 篇。实验室完成或在编的行业规范及标准共 7 项,其中主编 2 项,参编 5 项。同年,实验室从荷兰 Deltares 引进的主动吸收式大型水槽造波机完成了现场安装、调试和验收,顺利完成了重点实验室专项资助资金项目,同时筹建的天津临港试验大厅已经开建。

2018 年实验室完成各类科研项目 20 项,其中天津市科委项目 1 项、中国交建科研项目 2 项、开放课题 2 项、一航局科研项目 6 项、重大工程项目试验研究 9 项。提交各类科研成果报告 26 篇。2018 年,实验室获得中国交建科技进步特等奖 1 项,二等奖 2 项,天津市专利优秀奖 1 项,中交企协优秀 QC 成果奖 1 项。

4. 中国交建交通基础工程环保与安全重点实验室

（1）概况

中国交建交通基础工程环保与安全重点实验室（以下简称"环保与安全实验室"）于 2011 年被认定为中国交建重点实验室,其依托单位为中交第四航务工程局有限公司（以下简称"四航局"）和中交四航工程研究院有限公司（以下简称"四航研究院"）。重点实验室前身为 20 世纪 70 年代四航局科学研究所的地基与结构研究室,经过近 40 年的发展成为中国交建、四航局的主要专业实验室之一。重点实验室已成为行业企业聚集和培养优秀科技人才、开展学术交流、孕育创新型技术及其成果转化的重要平台,促进了交通基础工程环保与安全技术的进步。

环保与安全实验室坚持"面向行业、支撑企业、产研一体、特色鲜明"发展之路,结合中国交建、依托单位的"十三五"科技规划及中长期发展战略,发挥软基处理传统优势和环境岩土后发优势,突出环境岩土、特殊土、特殊环境基础工程等研究特色,聚焦陆域形成与地基处理、地下工程与基础工程等重点研究领域,打造具有工程特色、国内领先、国际知名的交通基础工程环保与安全研究机构。

环保与安全实验室现有固定人员 43 人,其中博士 16 人,硕士 24 人,教授级高级工程师 14 人,高级工程师 18 人,以 35～40 岁为主力,专业以岩土工程、结构工程为主,能够承担实验室各研究方向的工作。环保与安全实验室紧紧围绕行业需求及中国交建、四航局、四航研究院的主业,致力于开展环保型陆域形成与地基处理,复杂水土环境下基础工程关键技术及安全保障,公路及港口基础工程安全监控、评估及对策,地下结构与空间开发环境影响与岩土技术对策等技术研究。

（2）建设历程

中国交建交通基础工程环保与安全重点实验室前身为 20 世纪 70 年代四航局科学研

究所的地基与结构研究室,于2011年被认定为中国交建重点实验室,经过近40年的发展成为中国交建、四航局的主要专业实验室之一。

(3)主要建设内容

环保与安全实验室主要建设内容见表12-6-7。

<table>
<tr><td colspan="2" style="text-align:center">环保与安全实验室设备与软件名称</td><td>表12-6-7</td></tr>
<tr><td>序号</td><td colspan="2">特色设备与软件名称</td></tr>
<tr><td>1</td><td colspan="2">GDS高级动三轴试验系统</td></tr>
<tr><td>2</td><td colspan="2">氙灯老化箱</td></tr>
<tr><td>3</td><td colspan="2">G-梅纳旁压仪</td></tr>
<tr><td>4</td><td colspan="2">地质雷达</td></tr>
<tr><td>5</td><td colspan="2">GDS高级固结试验系统</td></tr>
<tr><td>6</td><td colspan="2">土工膜撕裂强度试验机</td></tr>
<tr><td>7</td><td colspan="2">NOVA CABLE静力触探仪</td></tr>
<tr><td>8</td><td colspan="2">VANE电子式剪切仪</td></tr>
<tr><td>9</td><td colspan="2">塑料排水板纵向通水量测试仪</td></tr>
<tr><td>10</td><td colspan="2">紫外老化箱</td></tr>
</table>

环保与安全实验室拥有室内实验室和模型试验大厅,先后从国内外引进GDS高级动三轴试验系统、标准应力路径+非饱和土三轴试验系统、高级固结试验系统、静力触探车、地质雷达等先进仪器设备,同时还自主研发了自密封式排水板纵向通水量检测仪等土工合成材料检测设备。

(4)发挥的作用

中国交建交通基础工程环保与安全重点实验室近年来承接国际合作、国家、交通运输部、中国交建、广东省及中交四航局科研课题共计50余项,制定、修订或参编各类标准规范28部,获国家专利41项(发明专利19项)、软件著作权5项、国家级工法4项,中国交建和省部级工法12项,尤其在环境友好型大面积围海造陆技术创新和工程实践上成就突出,拥有授权专利20余项核心研究成果"吹填造陆超软土地基加固成套技术研究及应用",总体上达国际领先水平。实验室获得国家科技进步奖1项,省部级奖励18项,发表科技论文200余篇,其中三大检索56篇。其科研成果被广泛应用于安哥拉、斯里兰卡、埃及和中国澳门、天津等国内外数十项国家级、省部级重大工程,开展围海造陆、地基处理、边坡工程、深基础工程方面的成果转化,实现产值超过6亿元,社会效益显著。

5.中交集团科研办公设施建设

(1)中国交建工程结构重点实验室

该实验室拥有上海浦东、连云港、南京、宁波、厦门、康桥6处规模较大的试验基地。

2011 年选址上海康桥建设试验基地,新建的康桥试验基地占地 6944 平方米,投资 2600 多万元,主体试验大厅建筑面积 2600 多平方米,并建有工程结构试验室、土工试验室、新材料试验室、耐久性试验室等 23 间试验室。

(2)中国交建海岸工程水动力重点实验室

原有建筑面积 5100 平方米,2017 年新实验基地水工大厅建筑面积近 6500 平方米。地址为天津市河西区大沽南路 1002 号。

(3)中国交建交通基础工程环保与安全重点实验室

拥有室内实验室和模型试验大厅,占地面积约 1500 平方米。地址为广州市海珠区工业大道南大干围 2 号。

6. 中交集团科学试验基础设施建设

(1)大型平面综合试验水池

该水池长 46 米、宽 30 米、深 1 米配备 DHI 可移动式不规则波造波机成套设备。造波机可按要求造规则波和不同谱型的不规则波。

(2)大型风浪联合试验水槽

长 98 米、宽 4 米、深 1.8 米的大型风浪联合试验水槽,配备日本三井造船株式会社制造的不规则波造波机。该造波机可产生规则波和各种谱型的不规则波。自造波机推波板前 36 米处开始,水槽沿纵向分为 1 米、2 米、1 米宽的三条窄水槽。造波机前设有滤波器,水槽尾部设有 1∶15 的消波斜坡。

(3)大型波流联合试验水槽

长 68 米、宽 1 米、高 1.6 米的大型波流联合试验水槽,配备日本三井造船执照的无反射水槽造波机系统,是国内第一家引进的无反射造波机。该无反射造波机可以模拟规则波和五种不同谱型的不规则波以及双峰谱和任意谱,可以模拟斯托克斯波、椭圆余弦波、孤立波、过渡波等特殊形式的非线性波,以及模拟天然波列和波群等。

7. 中交集团试验实验系统建设

(1)准原型结构试验系统建设

目前我国正处于交通基础设施建设的一个高峰期,大量正在或即将建设的大型工程面临复杂的技术问题。为积极响应国家发展战略,为国家建设贡献一份力量,除传统的港口工程建设外,中国交建在公路、桥梁、铁路、隧道、市政等领域承担了大量的建设任务。不同的建设领域、多样的地质环境,必然带来各样的技术难题,研发应用于港口工程乃至土木工程各领域的综合性试验平台成为当前的迫切需求。

基于以上需求,中交三航局积累了大量的施工经验和技术成果,在科技部、交通运输部、中交集团的大力支持下,开展了准原型结构试验系统研发。康桥实验基地占地 6544

平方米,主体为一个 2600 平方米的试验大厅,并建有 23 间专业实验室,及会议室和办公室。大厅西侧为安装准原型结构试验系统的试验坑,长 15 米、宽 10 米、深 7 米的试验坑中,建设规模为国内外之最,加载系统由竖向、水平和土压力加载子系统组成,实现模拟工程结构建设期和服役期受到的各种荷载,技术水平达国际领先,其中土压力加载系统为国际首创技术。

竖向和水平加载子系统用于模拟港口工程结构受到的结构重力、货物堆载、风、浪等荷载作用。竖向加载子系统安装于试验坑上方,由加载龙门架和 4 台 50 吨的加载作动器组成,行程为 300 毫米。水平加载子系统安装于试验坑侧壁,通过 5 台 20 吨往复加载作动器施加水平荷载,行程 ±300 毫米,加载频率为 0 ~ 5 赫兹。考虑到试验过程中需在结构不同位置开展试验,在试验坑侧壁和边沿安装预埋构件,形成竖向和水平加载子系统调节加载装置,加载点基本覆盖了整个试验坑中的试验区域。

港口工程乃至整个土木工程领域普遍存在结构与土相互作用问题,对此研制开发了专门的土压力加载子系统。土压力加载子系统由 14 层 0.5 米高的加载梁和加载作动器组成,加载作动器吨位自上向下线性增加,行程为 400 毫米。土压力加载子系统可根据试验方案施加上下分布不均匀的荷载或位移,从而模拟结构受到的多种荷载耦合作用。这种通过加载作动器将试验力传给加载梁并推动试验坑中的土体,从而达到施加土压力荷载的目的,为国际首创技术。通过反复试验和改进,自试验区向土压力加载作动器之间研制了三道防水措施:防水幕帘、加载面防水和隔墙防水,保证了有水环境中土压力加载子系统元件的安全性。

控制系统采用美国穆格(Moog)公司的 SMARTEST 控制系统,在试验过程中可以不中断试验,随时进行力控制和位移控制的相互转换,各子系统之间可独立运行,也可耦合加载,以达到模拟各种静、动态荷载以及多向耦合荷载的目的。

为保证试验系统运行安全有效,研制了安全保护监控系统,通过双输出的载荷传感器、2 套安装于作动器的位移传感器及 NI 实时数据采集系统,一旦判定土压力加载子系统发生故障,监控系统立即将土压力加载子系统断电停机进行保护,并维持与停止时相同的力和位移,保证故障排除后试验能够继续进行。

准原型结构试验系统将可在以下方面发挥重要作用:①开展深水港工程结构形式与设计方法、结构监控技术、结构与地基基础相互作用等方面的研究,为完善深水港工程结构理论奠定理论基础;②开展水运工程新型结构受力机理和计算方法研究,服务业新型结构的设计、施工,以及检测评估、维修加固提供技术支持,促进我国水运行业技术进步;③开展海上风电基础结构研究,为开发新型海上风电基础结构奠定基础,为研发海上风电基础监控系统提供依据;④通过开展准原型结构试验,可以对土木工程领域普遍存在结构与土相互作用进行深入的研究和分析,为整个土木工程领域提供试验研究平台。

（2）土工离心模型试验系统建设

1）概况

土工离心机是离心模型试验的重要设备,其能提供一种超过地球 $1g$ 重力加速度的"超重"模拟重力场,具有通过模型模拟原型边界条件的优势,为物理模拟提供了重要的基础试验平台。离心模型试验技术已经广泛应用于堤坝、边坡、地基基础、挡土结构、路基、隧道等领域的工程应用,探索各种自然现象及机理,如地震、大地构造、异常地质形成等的研究,对促进土力学基本理论研究的发展起了重要作用。

首先,从学科的特点与发展需求来看,大型岩土工程项目越来越需要离心模型试验研究。其次,从水运行业和天津市港口建设的发展来看,大型深水港口航道、海上人工岛等基础设施建设的特点是,自然环境恶劣、工程建设难度大,为确保工程建设的顺利进行,必须进行大量相关的研究工作。最后,从重点实验室的定位与发展来看,要建设成为主导行业技术创新与科技进步的研发中心,更好地服务于天津的建设发展,要求很高。但从现有硬件设备来看,不能满足行业重点实验室的发展需求,因此,建设离心模型试验系统,对促进实验室的发展是非常有益的。

经多次论证,中交集团最终于 2012 年 9 月同意在天津临港经济区购置 40 亩土地用于科研试验基地的建设。

2）建设历程

该系统自 2012 年开始土地购置,2014 年完成设计招标和离心机选型论证,2015 年开始土建工程,于 2019 年底投入使用。

离心机系统的设计、制造单位为中国工程物理研究院总体工程研究所,土建工程设计单位为中交天津港湾工程设计院有限公司,施工单位为中交一航局第四工程有限公司。

土工离心模型试验系统的建设,获得交通运输部资助 900 万元,天津市重大科技项目支撑经费 100 万元。其余为港研院自筹资金,预计总投资 1900 万元。

3）主要建设内容

土工离心模型试验系统主要包括土工离心机主机、离心振动台、多轴机器人、抛填机器人和水位升降机器人等设备,可满足水运工程建设的各类试验要求,后期还将增加造波系统。主要设备参数如下:

a. 离心机主机。$200g \cdot t$;最大加速度:$200g$;最大有效载荷:1000 千克。

b. 机器人系统。打拔桩深度最大 400 毫米;加载压力为 1~200 千牛,拉力为 1~10 千牛。

c. 振动台。水平单方向振动;最大振幅 ±3 毫米;振动历时不小于 3 秒;频率范围10~200 赫兹。

4）发挥的作用

随着离心模型试验技术飞速发展,其重要性与价值逐渐为学术界和工程界所认同,越来越多的工程需要进行离心模型试验。本项目建成后，成为首套具有水运工程特色的离心模型试验系统，其技术服务范围辐射向全国，将促进行业的技术进步，产生巨大的社会效益与经济效益。

（3）水池不规则波造波系统

1）概况

波浪模型试验是海洋工程前期研究，设计阶段对工程规划方案、设计条件的确定以及设计方案的验证所必需的。几十年来，凡海工工程必须进行波浪模型试验的验证。从滨海港口、滨海电厂、人工岛、核电厂、海洋平台、各类船舶等，其设计、研究过程中均需要进行大量的模型试验。水池不规则波造波系统主要包括试验水池、不规则造波机系统、数据测试及采集系统及相关的配套系统等。造波机作为波浪模型试验的核心设备，其先进性代表了一个科研单位的技术水平。

2）建设历程

中国交建海岸工程水动力重点实验室作为国内最早开展波浪模型试验的科研单位，建设有试验水池长 46 米、宽 30 米、深 1 米，可进行绝大部分港口工程、滨海电厂、河道水系等水动力的模拟研究。水池中配备 1988 年从丹麦水工研究所（DHI）引进的可移动式不规则波造波机成套设备，该系统是我国最早的不规则波造波系统。2008 年自主研发的新型可移动式不规则波造波机投入使用，该系统采用更新的伺服电机驱动进行造波，其造波能力进一步提升。

3）主要建设内容

该实验室自 1985 年开始筹备引进国内第一台可移动不规则波造波机成套设备，经过比选最终选定当时代表国际最先进的丹麦水工研究所（DHI）的设备，该系统是我国最早的不规则波造波系统。

其主要设计参数如下：生波波型：规则波及各种谱型的不规则波；造波板运动形式：平推式；驱动形式：液压式；试验水深：0.2 ~ 0.6 米；波浪周期：0.5 ~ 2.5 秒；设计最大波高0.4 米。

2008 年，实验室自主研发的新型可移动式不规则波造波机投入使用，该系统采用更新的伺服电机驱动进行造波，其造波能力进一步提升，主要设计参数如下：生波波型：规则波及各种谱型的不规则波；造波板运动形式：平推式；驱动方式：伺服电机驱动；试验水深：0.2 ~ 0.8 米；波浪周期：0.5 ~ 3 秒；设计最大波高 0.5 米。

4）发挥的作用

多年以来，凭借实验室一代又一代科研人员的努力，依靠先进的仪器设备和科研管理，实验室每年平均完成横向课题 20 项以上，纵向课题 10 项以上，获得国家级、省部级、天津市等各类奖项数不胜数，每年完成合同额超过 1500 万，为国家重点工程（天津港、上海洋山港、宁波—舟山港、港珠澳大桥等)、滨海核电站(大亚湾核电站、阳江核电站、防城港核电站、宁德核电站、太平岭核电站等)做了大量科研工作,为我国近海工程的建设作出了巨大贡献。

实验室主要研究方向为波浪传播、浅水变形、折射、绕射及反射的整体物理模型试验;船舶系靠泊、大型浮体三维运动物理模型试验;高桩码头、桥墩、沉箱受力三维波浪物理模型试验;港口、海湾及流道潮流场及泥沙淤积三维物理模型试验。

(4)大型水槽无反射不规则波造波系统

该系统主体为长98米、宽4米、深1.8米的大型风浪联合试验水槽,配备荷兰 deltas 公司制造的大型无反射不规则造波机,该造波机是目前国内同类型水槽造波机中性能最先进的造波设备。其最大工作水深1.3米,最大波高600毫米,周期0.5~6秒,可生成规则波和各种谱型不规则波,造波品质达到二阶波精度;水槽中还装备了造流系统(配备双向可逆造流泵,最大流量3立方米/秒,能够模拟恒定流和潮汐流);造风系统(配有 Q2ANO13 型轴流风机,最大风速15米/秒,可模拟恒定风和不同风谱自然风);拖曳系统(配有台车和高精度拖曳轨道,拖曳速度0~2米/秒)。从造波机推波板前60米处开始,水槽沿纵向分隔成1.0米、2.0米、1.0米宽的3条窄水槽,试验模型可根据需要布设在其中任一水槽内,试验水槽造波板前设置了1.5米宽的滤波栅,水槽尾部设有1:15的抛石消波斜坡,消浪效果良好。

其主要设计参数如下:生波波型:规则波及各种谱型的不规则波;造波板运动形式:活塞式;试验水深:1.0~1.3米;波浪周期:0.3~6.0秒;最大波高大于0.6米。

其主要研究方向为防波堤、护岸等断面二维波浪物理模型试验;大型浮体三维运动物理模型试验;高桩码头、桥墩、沉箱受力二维及三维波浪物理模型。

第七节 教 育 基 地

一、大连海事大学

(一)单位概况

大连海事大学源于1909年设立的邮传部上海高等实业学堂船政科。1950年与交通大学航业管理系合并成立上海航务学院。1953年,中央人民政府决定将上海航务学院与发端于1927年东北商船学校的东北航海学院合并组建大连海运学院,同年,发端于1920年集美学校水产科的福建航海专科学校并入。1960年,学校被确定为全国重点大学。1994年,学校更名为大连海事大学,江泽民同志亲笔为学校题写了校名。1997年,学校成为国家"211工程"重点建设高校。

大连海事大学位于中国北方海滨名城大连市西南部。学校占地面积135.76万平方米,校舍建筑面积89.87万平方米。学校拥有设施和功能齐全的航海类专业教学实验楼群、航海训练与工程实践中心、水上求生训练馆、教学港池、图书馆、游泳馆、天象馆等;拥有航海模拟实验室、轮机模拟实验室等100余个教学科研实验室,拥有2艘远洋教学实习船。

大连海事大学设有航海学院、轮机工程学院、船舶电气工程学院、信息科学技术学院、交通运输工程学院、航运经济与管理学院、船舶与海洋工程院、环境科学与工程学院、法学院、外国语学院、公共管理与人文艺术学院、马克思主义学院、理学院、体育工作部、创新创业学院、继续教育学院(交通运输高级研修学院)、专业学位教育学院、航海训练与工程实践中心、航运发展研究院、留学生教育中心、国际联合学院(世界海事大学大连分校)等21个教学科研机构。在校本科生、研究生共计2万余人,同时招收攻读学士、硕士、博士学位的外国留学生。

大连海事大学拥有49个本科专业,6个一级学科博士点、32个二级学科博士点、18个一级学科硕士点,97个二级学科硕士点,7个博士后流动站,拥有14个领域专业学位授予权。学校现拥有2个国家重点学科,14个省部级重点学科,2个省重点培育学科,工程学科进入ESI全球前1%;1个国家工程研究中心,2个国家级科技合作基地,10个省级工程技术研究中心,20个省部级重点实验室,5个省级人文社会科学重点研究基地;1个国家级人才培养模式创新实验区,5个专业列入国家卓越工程师教育培养计划,1个国家级卓越法律人才教育培养基地,6个国家特色专业建设点,3个全国工程教育专业认证专业,1个国家级教学团队,1门国家级精品课程,1门IMO示范课程,1门国家级双语示范课程,6门国家级精品视频公开课程,1门国家级精品资源共享课程,4个国家级工程实践教育中心,4个国家级实验教学示范中心,1个国家级虚拟仿真实验教学中心,4个国家大学生校外实践教育基地,11个省级特色(示范性)专业,7个省级本科综合改革试点专业,4个省级本科工程人才培养模式改革试点专业,2个省级本科重点支持专业,7个省级优势特色专业,1个省级课程体系国际化试点专业,3个省级创新创业教育改革试点专业,10个省级教学团队,20个省级教学名师,15个省级实验教学示范中心,11个省级大学生教育实践基地。

大连海事大学拥有一支整体素质好、层次结构较合理、相对稳定的师资队伍,现有专任教师1162名,其中教授304名,专职博士生导师177名,聘任二级教授28名,三级教授62名,并涌现了大批优秀中青年教师。在海上交通工程、航海信息工程、船舶智能化、船舶动力系统及节能技术、船机修造工程、通信与信息系统、海洋环境保护、海事法规体系等领域,集中了一批专业理论深厚、科研能力较强的知名专家、教授和学术思想活跃、富有创新精神的青年骨干。学校还聘请共享院士7名、"长江学者"8名、讲座教授101名,通过聘请国内外知名专家学者来校开展实质性工作与交流,使大连海事大学师生能够近距离接触各学科前沿理论,进一步拓展了视野,活跃了学术气氛。

改革开放以来,大连海事大学先后与俄罗斯、美国、加拿大、日本、英国、韩国、澳大利亚、瑞典、埃及、越南、斯里兰卡等34个国家和地区的127所国际著名院校、单位正式建立合作关系。2005年3月,学校与世界海事大学合作举办的"海上安全与环境管理硕士班"首次招生,进一步提升了学校国际合作办学层次。学校在斯里兰卡科伦坡国际航海工程学院建立了我校海外校区,并于2007年在斯里兰卡开始招生,实现了我国高等航海教育的首次输出。学校还与多个国际组织和机构保持了长期合作关系,其中包括:国际海事组织、国际劳工组织、国际海事大学联合会、全球海事培训协会、国际航海教师联合、亚太经合组织、东南亚国家联盟、国际航运协会、国际船级社协会、波罗的海航运公会、英国劳氏船级社以及日本邮船等世界著名的航运公司。学校还积极开展教育创新,不断拓宽办学渠道,引进教育资源。

新百年、新海大、新征程、新贡献,大连海事大学在交通运输部、教育部和省市的正确领导下,将始终牢记使命与责任,践行"学汇百川,德济四海"的校训,传承"坚定、严谨、勤奋、开拓"的海大精神,发扬"同舟共济、艰苦卓绝、科学航海、爱国为根"的海大传统,坚持航运特色,强化内涵发展,向着世界一流海事大学建设目标努力奋斗!

（二）教学实习船

1."育鲲"轮

（1）项目概况

大连海事大学作为培养我国航海类专业高级技术人才的院校,多年来为国家的航运事业输送了大批的符合国内、国际有关政策法规要求的高级航海技术人才,为我国航运事业的发展作出了积极的贡献。2000年前后,随着国内国际航运市场的变化和国内外相关政策法规的重新修改和制定,特别是新修订的STCW国际公约的生效,对航海类专业的人才培养质量尤其在实操训练方面提出了更高的要求。

航运业是最具有国际性的行业,航海类人才的培养受国际约的约束,新修订的STCW国际公约中采取了"功能发证""适任性评估""遵章核实机制"等新办法,在评估项目中有"认可的船上实习"等要求。我国是海上运输大国,是国际海事组织缔约国,也是该组织A类理事国之一。为履行STCW(78/95)国际公约,进一步提高我国航海教育的国际地位,提高我国航海类专业人才走向国际航运市场的竞争能力,按国际公约的要求培养符合标准的人才,意义重大。因此,航海训练设备特别是用于航海类专业实习的实习船是提高航海类专业学生实践能力不可缺少的关键设备。

当时,大连海事大学拥有一艘实习船"育龙"轮,该轮是由交通部投资在广州文冲船厂建造的,总吨位为9091吨,舱容12000立方米,实习学生床位102个。该轮于1989年10月投入运行,承担着大连海事大学航海类专业学生的船舶教学实习、毕业实习和教师科研、业务培训等任务,为学校的人才培养作出了贡献。随着大连海事大学实习人数的增多,"育龙"轮无法满足正常实习要求。为了缓解实习任务紧张的矛盾,充分保证学生的实习时间和实习质量,确保培养的学生符合STCW国际公约和我国海事局的要求,能胜任现代化船舶管理,适应国内、国际航运业发展的需要,建造一艘专用实习船是十分必要的。

(2)建设历程和主要建设内容

2000年9月18日,大连海事大学向交通部行文《关于建造新教学实习船的请示》(连海大教字〔2000〕363号),为了满足航海类人才培养质量的要求,提高航海类专业学生船舶教学实习的质量,早日实现建设世界第一流的高等航海学府的目标,特提请交通部给予投资建造一艘专用教学实习船。2002年9月17日,交通部下发《关于大连海事大学教学实习船设计任务书的批复》(交规划发〔2002〕438号)。2003年9月4日,交通部又下发《关于大连海事大学教学实习船方案设计的批复》(厅规划字〔2003〕372号)。

"育鲲"轮建设规模为:总长约116米,型宽约18米,型深8.35米,设计吃水约5.4米,总吨位约6114吨,最大航速18.7节,航区为无限航区,续航力10000海里,定员236人,可接纳196名学生上船实习。"育鲲"轮由上海船舶研究设计院设计,武昌造船厂建造。该船于2006年3月21日开工建造,2006年11月15日下水,2008年4月8日正式交付大连海事大学投入使用。

(3)使用效果

①开展实践教学,培养师生实践能力。"育鲲"轮每年根据学校教学计划和教学实习大纲要求,完成18个航海类及相关专业学生认识实习、毕业实习任务,完成20个批次相关专业船舶概论现场教学实习任务。累计完成300多人次的"双证"师资培养,其中,4名高级船长获选参加亚丁湾护航舰队执行"蓝盾任务"。

②对外访问交流,传播中华传统文化和航海文化。十余年来,"育鲲"轮作为中国海事教育的友好使者,主动服务国家战略,开展"海上丝路和谐之旅"系列访问交流与合作活动。"育鲲"轮应邀成功访问了"一带一路"沿线等10个国家(韩国、菲律宾、越南、新加坡、俄罗斯、马来西亚、泰国、日本、印度尼西亚和柬埔寨)以及中国香港和中国台湾的共20多所海事类或者设有相关专业的院校。践行了习总书记"共建人类命运共同体"的发展新理念,传播了中华传统文化和航海文化,展示了国家高等航海教育实力、履约履诺成就和影响力。

③海事教育输出,开展海事人才专项培训。"育鲲"轮发挥IMO主导的"全球实习船培训项目"成员船作用,积极开展"中国-东盟海事海员教育培训发展计划"项目。每年完成上合组织成员国高级官员培训项目,并举办"一带一路"沿线国家(中、缅、老、泰)高级

官员培训班等相关活动。"育鲲"轮充分发挥海事人才培养优势,先后完成新加坡理工学院和新加坡国立大学、泰国农业大学、日本明治大学和日本中央大学,香港理工大学和香港大学、高雄海洋科技大学和台湾海洋大学、哈尔滨工程大学和大连理工大学等20余所国内外院校师生的实习船专项海事培训与实习任务。

④履行社会责任,开展专项扶贫等综合培训。"育鲲"轮承担来自革命老区延安职业技术学院师生随船实习任务(扶贫专项),每年完成该学校50余名航海类师生的随船培训任务。其充分发挥"最高人民法院海事法官实践培训基地"的功能。此外,"育鲲"轮完成多批次来自大连海事法院、广州海事法院海事法官随船培训工作。2012年,"育鲲"轮被命名为"辽宁省高等学校辅导员培训与研修基地",并完成7批次、80多所院校、1000余人的培训研修,为高等院校思想政治人才培养作出了重大贡献。

⑤提升海洋意识,开展航海科普教育和中小学研学工作。"育鲲"轮作为中国航海学会"航海科学普及教育基地"和大连市"青少年记者基地",每年结合全国科普日活动、中国航海日、世界海员日、世界海事日等,开展维护海洋权益、航海知识普及工作。每年面向国内外社会各界人士和不同层次的学生开展50余批次的特色鲜明的航海和海洋科普教育,受众人数5000人左右。自2017年底入选教育部等11个部委主导的首批"全国中小学生研学实践基地"以来,"育鲲"轮承接国内外中小学研学团体20余批近2000余人上船研学。

⑥同心同向同行,开展爱国主义教育。"育鲲"轮作为"党外知识分子爱国主义教育基地",创造性开展统战工作。其立足地方,打造"同心"思想教育常态化平台;辐射全国,搭建"同源"凝心聚力交流平台;走向海外,打造"同行"民心相通国际平台。近两年,"育鲲"轮完成多批次500余名辽宁省党外知识分子上船接受爱国主义教育。

⑦推进资源共享,服务海运强国和海洋强国战略。2016年10月15日,由交通运输部倡议发起的"中国航海实习船共享联盟"启动仪式在我校隆重召开。"中国航海实习船共享联盟"的成立在航海教育发展中具有里程碑意义,联盟切实发挥了实践育人功能,统筹协调、共商共建,广泛合作,资源共享,打造航海类人才培养基地,为海运强国和海洋强国战略做出了贡献。2017年7月11日上午,中国航海实习船共享联盟"共享首航"活动在牵头单位大连海事大学专用实习船"育鲲"轮举行。三年来,"育鲲"轮接纳了中国交通运输职业教育教学指导委员会航海类专业指导委员会安排的300余名师生随船实习。

"育鲲"轮先后获得多项殊荣,国家级"航海实验实训示范中心"、教育部"全国中小学生研学实践教育基地"、中国航海学会"航海科学普及教育基地""最高人民法院海事法官实践培训基地""辽宁省高等学校辅导员培训与研修基地""大连市党外知识分子爱国主义教育基地"、大连市"青少年记者基地"等。学校《创建"育鲲"轮党外知识分子爱国主义教育基地》获"2018年度全国统战工作实践创新成果奖",为东北地区唯一获此殊荣的项目。2018年7月5日，时任中央统战部副部长戴均良率辽宁、吉林、上海等省（市）统战部分管副部长及相关处室负责人等一行专程到"育鲲"轮调研统战工作，戴均良对学校统战工作和依托"育鲲"轮打造统战工作实践创新品牌工作给予充分肯定和高度评价。国际海事组织和国际劳工组织秘书长，海牙国际法庭高级法官，欧盟国家海事局官员，世界海事大学校长等，高度肯定了"育鲲"轮和中国高等航海教育的发展成就。

2. "育鹏"轮

（1）项目概况

交通运输是国民经济的命脉，是我国重点建设与发展的领域。2010年前后，我国正处在从海运大国走向海运强国的战略发展时期。当时我国拥有船员155万人，数量居世界第一，但我国船员发展存在着"船员数量严重不足，船员综合素质不高；船员队伍结构不甚合理，高级船员紧缺，普通船员富余"等一些深层次的矛盾。建设海运强国的战略目标的实现，一支高素质的船员队伍必不可少。大连海事大学每年培养的航海类专业本科生占全国高等航海类院校的航海类专业本科生的三分之一。作为我国培养航海类专业高级人才的唯一的国家重点院校，大连海事大学更应抓住从海运大国走向海运强国建设的战略机遇期，加速建设，努力培养更多的高素质的航运人才，为海运强国建设提供人才支持。

航海类专业是实践性很强的专业，教学实习船是航海类院校最重要的教学设施。交通运输部一直十分关心与支持航海类院校的教学实习船的建设。改革开放以前，航海类院校的教学实习船大部分是由国产货船改造的载货教学实习船；改革开放之初，购置国外设备较先进的货船进行改造作为教学实习船；在国家的经济实力有了一定提高后，20世纪80年代末、90年代初交通部先后投资建造了"育龙"轮、"育锋"轮2艘载货教学实习船；21世纪初，交通部投资近2亿元为大连海事大学建造了我国第一艘先进的专用远洋教学实习船"育鲲"轮。我国教学实习船的发展历史是我国航海教育事业蓬勃发展的一个重要的缩影。

2011年，大连海事大学"育鲲"轮已经运行3年，航海类专业的认识实习效果好，实习质量得到较高的提升。实践证明，"育鲲"轮作为专用教学实习船完成认识实习的优势十分明显。2010年11月27日，部综合规划司主持召开了"大连海事大学教学实习船建造项目前期论证座谈会"，会议认为，"育龙"轮已经运行20多年，属于老旧船舶，其安全状况已不宜作为教学实习船使用。学校亟须新建一艘载货教学实习船，以满足"育龙"轮更新和学校发展对海上教学实习的需要。

（2）建设历程和主要建设内容

2012年5月14日，交通运输部办公厅下发《关于大连海事大学新建教学实习船的函》（厅函规划〔2012〕50号），鉴于学校近10年来航海类专业在校学生规模快速增长，同意学校新建1艘30000吨多用途载货教学实习船。2012年8月30日,交通运输部下发《交通运输部关于大连海事大学30000吨载货教学实习船建造项目可行性研究报告的批复》(交规划发〔2012〕412号),原则同意可行性研究报告推荐的船型方案,同意学校新建30000吨级母型船。其建成后主要用于航海类专业的教学、实习和科学研究,兼顾散杂货、工程件及集装箱运输。文件要求其要突出教学实习特色,完善教学实习功能,预留部分科研空间,不得为多装载货物而刻意压缩教学、实习和科研空间。2014年1月13日,交通运输部下发《交通运输部关于大连海事大学30000吨载货教学实习船建造项目投资及有关事项的批复》(交规划发〔2014〕10号),依据批复,核定该项目总投资为33715万元人民币。

"育鹏"轮建设规模为:总长约199.8米,型宽约27.8米,型深约15.5米,设计吃水约10.3米,总吨位约27143吨,最大航速17.5节,定员135人,航区为无限航区,续航力15000海里。其可接纳90名学生、8名见习生和6名教师上船教学实习和科研。"育鹏"轮由上海船舶研究设计院设计,大连中远船务工程有限公司建造。该船于2014年7月28日开工建造,2015年11月27日下水,2016年10月16日建造完工并正式交付大连海事大学投入使用。

(3)使用效果

"育鹏"轮于2016年10月16日交付大连海事大学,截至2020年3月,已运行三年半时间。三年来,育鹏"轮共完成18个生产经营航次,一直跨大洋、跨季节、长航线航行,各机械动力设备、通导设备等船舶质量和性能方面均表现良好可靠,未出现较大问题,充分检验了"育鹏"轮的质量。

1)安全运营

三年来,学校精心遴选政治可靠、理论知识扎实、实践经验丰富的优秀适任船员、指导教师和指导员,确保每实习航次所配船舶工作人员能够很好地完成岗位职责任务。学校指定国有资产与实验室管理处作为实习船管理部门,选定业务精通、经验丰富、责任心强的人员专职负责"育鹏"轮各项具体工作。船舶安全运行管理工作横向到边、纵向到底。"育鹏"轮每次回国挂靠港口,学校都会派出检查组对船舶进行安全运行管理检查和教学质量检查,确保船舶适航和实践教学质量。船舶投入运行以来,"育鹏"轮机务管理、海务管理、船员和学生管理、航运调度等船舶运行管理工作取得成效,船况船貌保持良好,港口国安全检查无滞留项,没有发生任何船舶安全责任事故。

2)教学实习

航海类专业学生实习是"育鹏"轮的根本任务,根据教学计划,主要承担我校航海技术、轮机工程专业学生认识实习和毕业实习任务。实习期间,船员和指导教师利用靠离泊、锚泊、海上航行、夜航等时机进行了理论和实践教学。截至2020年3月底,"育鹏"轮共完成19个实习航次任务(含1个预备航次),累计实习学生1186人次。每实习航次,教务处、航海学院、轮机工程学院和船舶电气工程学院对"育鹏"轮教学实习都要进行检查和质量评估,总结经验,对存在的薄弱环节等提出整改意见,落实整改措施。通过每个实习航次的实习质量评估,以及岸基和船舶航次总结座谈会、问卷调查统计情况来看,几批学员完成了实习大纲规定的内容,实习生实习效果良好,达到了预期的实习效果。

3)"双证"教师培养

"育鹏"轮"双证"教师等培养基地的建设,旨在为适应航海教育的发展,提高我校航海类专业教学质量和水平,建设一支高素质的系统理论知识扎实、实践能力经验丰富的"双证"教师队伍、指导教师队伍、指导员队伍。为此,"育鹏"轮每个实习航次的工作人员配备中,管理级船员全部来自教学单位,并增加了指导员和见习教师岗位编制。实践证明,该项工作已经取得初步成效。三年来,共有105名教师在"育鹏"轮任职,有效提升了学校航海类教师师资水平,为学校"双一流"建设提供了强有力的支撑。

4)社会服务

"育鹏"轮投入运营以来,主要服务于南美地区航运市场,承运成套设备、风电设备、港口机电设备等出口货物和矿石、纸浆、原木等进口货物,提升南美国家基础设施水平。其助力增加就业、改善民生,为当地经济社会发展作出了实实在在的贡献。其中,"育鹏"轮承运的轨道门机,提升阿根廷圣尼古拉斯港口50%的装卸货能力,有效地促进了当地经济社会发展。三年来,"育鹏"轮利用靠泊各地港口期间,接待当地校友、海事院校师生及中资驻外机构人员1000余人参观学习,赢得了普遍赞誉,展示了我校航海实践教学日新月异的发展,同时也增强了航海类专业学生职业自豪感和对航海事业的热爱,锻炼了师生的社会活动能力。

5)生产任务

三年时间,"育鹏"轮共完成18个生产经营航次,主营南美航线,将中国生产的成套设备、风电设备、港口机械、渔船等运输到南美、西非,将矿石、原木、纸浆等运输到国内,服务国际贸易货运运输,为我国和南美国家的经济发展作出重要的贡献。

(三)办公及教学楼群建设项目

1. 综合楼

(1)项目概况

大连海事大学综合楼位于海事大学校门的正前方,校园主广场的中心位置上。全楼是由综合主楼、阶梯教室、报告厅、轮机实验楼四部分相互连接而成的建筑群。其中综合主楼为十层主体建筑,局部十二层;报告厅位于主楼的西南侧;阶梯教室位于主楼的西北侧,为两层;轮机实验楼位于主楼的后侧,轮机实验室为五层;四部分通过连廊相互联连,汇成一体。

原综合楼主楼是大连海事大学的主要教学楼之一,设计始于1983年,建成于1989年。随着时间的推移,学校教学规模的不断扩大,以及新教学楼的相继落成,该教学楼无论是功能、面积和结构等都已不能适应学校教学和科研发展的实际需要。因此,为适应新世纪对人才的培养,学校于2003年对综合楼进行了立面改造,改造后的综合楼各方面都适应了国家和学校的需要,与周边的大连高新园区,大连理工大学的现代化建筑相协调,在醒目的地理位置上,其庄重典雅的风格、挺拔的姿态为我校创办"世界一流高等航海学府"增光添彩。

(2)建设历程和主要建设内容

交通部于1981年11月以(81)交计字2293号文批准了新建综合实验教学楼的计划任务书,于1983年4月以(83)交计字817号文件批准了综合实验教学楼的初步设计,1983年根据交通部下达的基本建设年度计划,正式开工兴建。为解决学院教学、实验用房紧张的局面,根据教学急需和提高投资效益,综合楼实行分步施工、分期交付的政策。其中,教学主楼于1983年11月8日立项建设,建筑面积15975平方米,建设内容包括吊顶、地面、门窗、室内设计以及采暖、照明、电梯等附属工程,于1988年8月31日交付使用。轮机实验室建筑面积5654.3平方米,于1986年5月竣工。阶梯教室建筑面积2696.7平方米,于1986年8月竣工。整个综合楼由大连市建筑设计院设计,大连市第一建筑工程公司五工区施工建设。

后综合楼历经近20年,随着社会需求的增加,办学规模的不断扩大,国际、国内要求的办学标准、办学质量越来越高,该教学楼在功能上已不能满足现在的教学需要。因此,大连海事大学于2002年向交通部报送《大连海事大学综合楼改造工程项目可行性研究报告》的报告,得到了交通部批复,于2003年对综合楼进行了改造。改造包括更换综合楼主楼门窗和办公家具、改造供暖、给排水及供电系统以及卫生间等;加宽阶梯教室外走廊,室内装修翻新,更换外墙砖与门窗等;更换轮机实验楼门窗和外墙砖、改造卫生间等。

综合楼改造于2003年1月20日开工,于2003年8月20日竣工,设计单位为大连建发建筑设计院,施工单位为深圳海外装饰工程公司,改造总投资4698.399万元,其中交通部批复3200万元,其余由大连海事大学自筹。

(3)使用效果

大连海事大学综合楼的改造是为学校教学服务的社会公益性事业项目,大部分难以用货币计量,该项目的效益不仅体现在学校方面,更体现在社会方面。

1)综合楼改造改善了学校原有行政办公出现的问题

大连海事大学原有的行政办公房相当分散,各个机关、部门之间相互联络、协调非常困难,因路程遥远,给工作带来了不必要的麻烦和时间上的浪费,降低了工作效率,客观上需要将办公用房集中安置。而原有的教学综合楼,是按照当时的实际情况,学生数量少,教学规模小、班型小的国情来进行设计的。历经近20年,随着社会需求的增加,办学规模的不断扩大,国际、国内要求的办学标准、办学质量越来越高,该教学楼在功能上已不能满足现在的教学需要。同时,原有综合楼内部设备已破旧落伍,外观形象已陈旧不堪,尤其在校园内新的教学楼相继落成后,地处显要位置的该教学楼更加相形见绌。另外,综合楼作为一栋办公类建筑,尤其是大连海事大学这样的一流高校的办公建筑,要经常举办国际、国内的学术交流,经常有中央、省、部级领导来指导工作,还有许多国际友人到学院来参观学习。

因此,对综合楼的改造是学校发展的需要,改造后的综合楼不仅解决了现存问题,更展示了一流高校的风采。

2)综合楼改造树立了学校形象,提高了其知名度、美誉度

大连海事大学是一所历史悠久,培养航运业高级人才的重点院校,其教学质量、科学研究、管理水平在世界范围内屈指可数。近年来,随着科学技术突飞猛进地发展,人民物质文化生活水平的提高,对办公设施的功能提出了更高的要求。

作为国内一流的大学,不仅需要性能优良的"软件",更需要功能完善的"硬件"设施来为"软件"的正常运转提供良好的外部环境。现代化的办公需要有与之相匹配的、功能齐全的办公设施。综合楼改造后作为海事大学的办公大楼,充分树立起了学校崭新的形象,使教职员工精神焕发,进一步提高了学校的知名度和美誉度。

3)综合楼改造提高了办公效率,适应21世纪的办公需要

大连海事大学作为培养我国航运业高、精、尖人才的摇篮,其办公和教学水平直接关系到我国航运事业的前途命运。对综合楼改造的建设,大大提高了海事大学的办公效率及教学水平,为学校的发展及创名牌学校奠定了基础。

4)综合楼改造满足了我国日益增长的文化教育的需求

提高一个国家的综合国力,根本在于提高的全体国民文化素质。改造后的综合楼增加了办公和教学设施,适应了新世纪对人才的培养,满足了我国日益增长的文化教育的需求。

2.专家楼

(1)项目概况

大连海事大学位于中国北方滨海名城大连市的西南部,是中国著名的高等航海学府,是被国际海事组织认定的世界上几所"享有国际盛誉"的海事院校之一。学校的建设目标是"建设世界第一流的高等航海学府"。为实现这一宏伟目标,学校必须努力优化学校教师的结构,既要努力培养和提高学校专职教师的教学水平和科研能力,还要在国内的知名院校聘请教授、在国外的大学聘请专家来校任教。

为此,学校于1993年建设了一座用于接待外国专家居住的专家公寓,总建筑面积4673平方米。该建筑位于西山校区的南侧,为当时学校外籍教师提供了住宿保障。

但随着时间推移,由于原专家公寓建设时间较长,建筑标准较低,以致后期该楼设施老化,管网老化,内部布局不合理,也不能满足24小时热水供应。而且学校每年聘请外籍教师的人数也在不断增加,原专家公寓的居住场所已远远不能满足需要。为此,学校决定将原有的专家公寓暂时改做硕士生公寓,于2008新建了一栋海事专家与留学生公寓楼。新建的大连海事专家与留学生公寓实际建筑面积约为11000平方米,与国际海事交流中心组成了和谐的建筑群体。

(2)建设历程和主要建设内容

原海事大学专家公寓始建于1993年,由交通部投资建设,总建筑面积4673平方米,设有33套一室户,每套建筑面积约为20平方米;10套两室户,每套建筑面积约为65平方米。原留学生公寓建筑面积1300平方米,系1975年交通部投资24万元建设。

由于建设时间较长,原专家楼按照国家外国专家局、财政部1996年颁发的外专法〔1996〕247号文件《关于外国文教专家工资和生活待遇的管理方法》的要求标准相差甚远,无法满足专家生活的需要。因此,学校聘请外籍专家只能安排在校外居住,其大大增加了学校的开支成本,也与学校的国际地位和建设一流的高等学府的目标极不相符。另外,原留学生公寓也由于年代久远,其水、电等设施严重老化,不能满足留学生的需要,该建筑在校园总体规划中被确定为拆除建筑。所以,学校于2008年新建了海事专家公寓与留学生公寓。

2003年12月23日交通部批复的交规划发〔2003〕599号《关于大连海事大学海事专家与留学生公寓建设项目可行性研究报告的批复》同意在西山小区南侧原规划的校科技园区西南角建设海事专家与留学生公寓,总建筑面积为8800平方米,其中专家公寓建筑面积为4000平方米,留学生公寓建筑面积为4800平方米。总投资4000万元。建设项目于2008年12月29日开工,于2009年8月20日竣工,设计单位为大连建发建设设计院,施工单位为大连筑成建设集团有限公司。

新建的大连海事大学海事专家公寓与留学生公寓位于原大连海运学校运动场内,紧邻城市主干道——旅顺南路,与大连市高新技术产业园区咫尺相连。该建筑南侧为国际海事学术交流中心,东侧为科技园主楼,整个园区环境优美,景观共享,各单位之间或有通廊或有庭院相连,设施配套齐全,便于进行统一管理,为外籍专家的工作和生活提供极大方便。

(3)使用效果

大连海事大学海事专家与留学生公寓项目是为教育、科研服务的社会事业项目,使用效益不仅体现在学校方面,更体现在社会方面。

1)海事专家与留学生公寓的建成满足了外籍教师居住的需要

国家外国专家局、财政部1996年颁发的外专法〔1996〕247号文件《关于外国文教专家工资和生活待遇的管理方法》文件中提出:"聘用单位必须保障外国文教专家在华工作和生活的基本条件：提供配有必要的仪器设备、办公用品以及取暖和降温设备的办公室；提供附设家具、卧具、电话、电视机、电冰箱、卫生间、取暖和降温设备的住房。对聘期在半年（一学期）以上的外国专家提供的住房还应配备厨房，要做到设备完好，安全可靠。同时，国家教委对于外国专家来华居住的建筑面积也做了相应的规定。"海事专家公寓设备齐全，且建筑面积符合国家标准，满足了外籍教师居住的需要。

2）公寓的建成提高了国际知名度，扩大了留学生招生规模

大连海事大学十分注重对外交往和校际交往。新中国成立初期学校就被国家确定全国少数招收留学生的高等学校之一，近年来，学校组团和派人考察、访问了世界上20余所著名高等航海院校，与俄罗斯、美国、日本、英国、韩国、澳大利亚、瑞典、埃及、越南等国近20所国际著名的航海院校正式建立了校际合作关系，双方在合作办学、互派访问学者和招收留学生、科研合作等方面一直保持着实质性联系，合作的领域正在不断拓宽。

2003年，大海事大学"十五"规划中明确提出，办学规模为15000人左右，留学生数比例为在校生总数的1%左右，按此计算，当时对外国留学生的招生规模将扩至150人左右。根据国家教委颁发的《普通高等学校建筑规划面积指标》规定："留学生生活用房包括留学生居室、盥洗室、浴室、厕所、食堂、洗衣房、生活锅炉房、辅导室、阅览室、文娱室、会客室、管理人员办公室、值班室等。"因此，海事专家与留学生公寓的建成为学校进行留学生扩招提供了保障，为留学生提供了较好的生活环境。

3）公寓的建成还产生了巨大的社会效益

我国当时正在实施的"211工程"是落实国家教育改革与发展纲要的重大举措，其目标是，力争在21世纪初，有一批高等学校和学科、专业在教育质量、科学研究和管理方面，达到世界较高水平。大连海事大学已跻身于国家"211工程"建设行列。大连海事大学海事专家与留学生公寓是为了适应学校的发展而建设的，既是大学的重要办学条件，又是一所大学综合水平的象征。

海事专家与留学生公寓建成后，为在大连海事大学工作的外籍专家及留学生提供了良好的住宿保证，树立起了大连海事大学崭新的对外形象，产生了巨大的社会效益。

3. 基础实验楼

（1）项目概况

大连海事大学基础实验楼位于学校东山校区，是以学校基础实验为主，并包括为其配套的准备室、研究室、办公室为一体的综合楼，建于1954年，建筑造型庄重大方，有深厚的古典风格。但经过50年的使用，该建筑外观已十分陈旧，内部设施破损严重，且档次较低。

按照目前教育部对本科基础实验教学的要求，原来的基础实验楼的教学办公家具早已陈旧过时，破损严重，并且与其他的重点大学的教学办公家具的更新率想比较，基础实

验教学更新率也远远落后了 5～10 年。此外,更为严重的是,水、电、暖设施已陈旧老化,且容量已远远不能满足现代教学实用功能的需要。

针对以上问题,学校于 2004 年对基础实验楼进行了改造,改造后的基础实验楼成为涵盖物理、化学等基础实验为主要内容的基础实验教学中心,有效地改善了基础实验教学条件和实验环境,提高了基础实验的综合利用效率。

(2)建设历程和主要建设内容

大连海事基础实验楼始建于 1954 年,由旅大市土木建筑设计公司(现辽宁省建筑设计院前身)设计,建筑面积 7670 平方米,其主体建筑为三层,局部四层的砖混结构。该建筑包含 44 间实验室,18 间教研室及行政办公室,14 间教室,1 间科研室以及 5 间档案室等。

2003 年,根据学校的校园规划,将基础实验楼确定为近期保留建筑,在东山大学生活动中心项目实施时决定是否拆除,因此,该楼还要继续使用 10 年。鉴于该楼的陈旧现状,学校请了大连市城市建设专家事务所对此楼改造的可行性进行了鉴定,鉴定结论为:该楼主体结构是安全的,建筑经过翻修改造后,能重新满足基础实验楼的功能需要,在确保翻新改造的质量的条件下,在正常使用和正常维护的条件下课正常使用。为此,学校决定对其进行改造,延长其使用期至少 10 年。

2004 年 7 月 26 日交通部批复的交水发〔2004〕411 号《关于大连海事大学基础实验楼改造工程初步设计的批复》对基础实验楼 7670 平方米进行改造,总投资 620 万元。实验楼改造于 2004 年 5 月 22 日开工,于 2004 年 8 月 12 日竣工,建筑设计单位为大连建发建筑设计院,施工单位为福州省泉州宏星装潢有限公司。

(3)使用效果

1)基础实验楼的建设与改造更好地适应学校的建设目标

大连海事大学已跻身于国家"211 工程"建设行列,其"211 工程"建设的总目标是面向 21 世纪。学校建设以江总书记提出的"建设世界一流的高等航海学府"为目标,计划用 15 年左右的时间,将大连海事大学建设成以航海重点学科为骨干,多学科协调发展,特色鲜明的世界同类院校一流水平的海事大学。并将其建设成为我国培养航运业高层次人才的主要基地,成为解决我国航运事业科技进步中重大科研问题的重要基地;成为交通院校中在教育质量、科学研究、管理水平和办学效益等方面起示范带头作用的学校。基础实验楼的建成与改造满足了学校师生的教学、实验需求,满足了学校总体发展的需求。

2)基础实验楼的建设与改造适应了学校的发展变化

根据海事大学"十五"规划的分析,学校全日制学生发展规模合计约 15000 人,按照"十五"规划和校园总体规划要求,学校招生规模急剧增长,基础实验部分将成倍增长。学校通过对基础实验楼进行改造,加强了基础实验室的基础设施,满足了学校总体发展的需要。同时基础实验楼还与东山实验楼形成了实验教学功能上的互映,突出了基础实验教学功能的实验。改造后的基础实验楼成为了涵盖物理、化学等基础实验为主要内容的基础实验教学中心,有效地改善了基础实验教学条件和实验环境,提高了基础实验的综合利用效率,为学校的公共实验室建设打下了基础。

3)基础实验楼的建设与改造有利于提高学校教学质量,培养高素质人才

高等学校是创造新的科学、文化的基地和培养高级人才的摇篮。加强教学理论与生产实践的紧密结合,注重学生知识的开拓、素质的提高和创新能力的培养,为社会培养大批一专多能,并具有良好的思想素质、文化素质、心理素质以及拓展专业能力的综合性人才是高校重要的社会职责。在人才的培养中,实验教学是素质和能力培养的重要一环,它对提高学校人才培养质量、教学质量、增强科研实力和提高办学水平起着重要的作用。在教育部2007年2月的《关于进一步深化教学改革全面提高教学质量的若干意见》中已明确指出,要大力加强教学实验室和校内实习基地的建设,采用多种方法改造和更新实验设备,提高实验设备的共享程度和使用效率,保证学生的实践教学环节的教学质量。

基础实验楼建设为学生提供了条件更好的基础实验室,而基础实验室,其涉及学生最基本、最重要的实验项目,实验量大,覆盖面广,是实验教学环节中的重点,是引导学生理论联系实际。加强学生理解和掌握所学理论,培养学生的创新精神和实践能力,是实现"双基"教学质量的重要保障。建设好基础实验室,将有力地推进基础实验教学内容、教学体系、教学方法和教学手段的改革,对全面提高本科生的培养质量,多出高水平的人才具有非常重要的意义。

此外,在教育部组织的本科教学工作水平评估中,基础实验室的建设及其教学质量的考核成为评估的一个重要内容。

所以,基础实验楼的建设与改造更有利于学校提高教学质量,培养高素质人才,助力世界一流的海事大学建设。

4.航海楼

(1)项目概况

大连海事大学是中国著名的高等航海学府,是交通运输部所属的全国重点大学,是被国际海事组织认定的世界上少数几所享有国际盛誉的海事院校之一。大连海事大学2008年成为教育部"航海类专业人才培养模式创新示范区"。2009年教育部批准大连海事大学船舶电子电气工程专业为航海类专业。2011年教育部批准大连海事大学实施"卓越工程师培养计划"。

作为高等航海学府,航海学院是学校特色专业之一。航海学院航海楼的建设为该学院师生提供了更好的学习和研究的场所,展示了学校的风采。航海楼始建于1979年,位于学校东山校区航海学院,为一栋7层的建筑,后经几十年使用,航海楼内部设施陈旧不

堪,水、电设施落后,暖通、消防、给排水已不符合当前使用要求。因此,学校分别于2002年和2013年对航海楼进行了改造。

(2)建设历程和主要建设内容

大连海事大学航海楼始建于1979年,开工于1979年5月30日,竣工于1980年8月31日,设计单位为旅大设计院,施工单位为旅大第一建筑工程公司,建筑面积6200平方米,建筑楼层为7层,局部两层,总投资约53万元。

后经过20多年的使用,原航海楼内部设施陈旧,学校于2002年对航海楼进行了初次改造,改造主要内容包括土建、电气、给排水、暖通、消防工程等方面。该次改造开工于2002年7月29日,竣工于2002年8月20日,施工单位为大连金州建筑工程有限公司,总投资约67万元。

航海楼再次改造开工于2013年6月19日,竣工于2013年8月29日,设计单位为大连建发建筑设计院,施工单位为大连筑成建设集团有限公司,改造建筑面积6641平方米,改造主要内容包括对原有屋面、室内墙体、房间地面、墙面、门窗、顶棚、门前院落的装修与翻新;对给排水采暖系统的改造;对电气照明的改造等。改造总投资约549万元,资金来源为国家拨款。

(3)使用效果

大连海事大学航海楼建设项目是为教育、科研服务的社会事业项目,使用效益不仅体现在学校方面,更体现在社会方面。

1)航海楼的建成更好满足了学校的建设目标

大连海事大学长期承担着为我国经济建设培养人才的重任,培养大量的高素质、高科技水平的人才是该校的主要任务。航海楼建设进一步完善了校园的教学条件,提升了海事大学航海模拟方面的教学科研水平,为学校进一步发展为国际知名、有办学特色的一流海事大学保驾护航,也将为我国培养更多掌握现代科学技术的高级技术人才,提高我国科技人才的素质。

2)航海楼的建造为满足了航海学院的教学需求

大连海事大学航海学院现有航海技术、海事管理和地理信息科学3个本科专业,交通信息工程及控制、航海科学与技术和海上交通工程3个二级学科硕士和博士点,已形成博士、硕士、本科等多层次、多方式的办学体系。

1992年航海技术专业被列为交通部"八五"首批重点建设学科专业,2006年被评为辽宁省高等学校示范性专业,2007年顺利通过教育部组织的全国重点学科的重新评估,被确定为国家高等学校特色专业建设点,2008年获批国家级航海类专业人才培养模式创新示范区,2011年被列为辽宁省普通高等学校本科综合改革试点专业,2013年列入教育部"卓越工程师"教育培养计划专业。航海实验实践教学中心先后被评为国家及辽宁省普通高校实验教学示范中心,2013 年以航海类专业为主的"海运工程虚拟仿真实验教学中心"获批国家级虚拟仿真实验教学中心。2014 年航海虚拟仿真实验教学中心获辽宁省虚拟仿真实验教学示范中心建设立项。航海学院下设航海、船艺、货运、航海仪器、船舶安全管理、通信、航海英语、航海气象与地理信息、海事管理等教研室。航海实验实践教学中心下设航海、船艺、航海仪器、积载计算机、GMDSS 通信等实验室。学院拥有 1 个国家工程研究中心,1 个辽宁省工程研究中心,7 个校级研究中心,2 个交通行业重点实验室,5 个省级重点实验室。

航海楼的建成满足了航海学院的教学需求,为学院师生提供了一个学习与实验的优质场所。

3)航海楼建设产生了一定的社会效益

航海楼的建成,大大改善了学校大学生文化活动和创新教育的物质技术条件,提高了大学生的动手能力、实践能力、组织能力和领导能力等,从而提高了科学研究和人才培养水平,吸引更多的优秀的高层次人才汇聚学校。其助力学校出人才、出成果,为地区社会发展和经济建设提供科技和实验服务,为社会提供科学研究成果,促进国民经济发展和社会进步,社会效益显著。

5. 文源楼

(1)项目概况

大连海事大学,是一所历史悠久的著名高等航海学府,直属于交通运输部,同时也是全国"211 工程"重点建设大学之一。通过多年来不断的建设与发展,大连海事大学在办学规模、办学层次等方面均已居于世界同类院校的前列,被国际海事组织认定为世界上少数几所"享有国际盛誉"的海事院校之一。

文源楼位于大连海事大学东山校区,始建于 20 世纪 90 年代,地上 5 层,为框架结构。经过多年使用,以往坚实可靠的教学楼内外设施均出现了不同程度的损坏,屋面、外墙、卫生间、自来水管道及消防管道、供暖管道、散热器、供电系统均存在不同程度问题,不但有碍观瞻,更不符合国家相关规范,且部分位置存在较严重的安全隐患。这些问题的存在不但对学校正常的教学工作和学生日常学习带来影响,更与大连海事大学"享有国际盛誉的"高等航海学府和"211 工程"的学校整体定位不相适应,制约了"创建双一流学校,一流学科"的发展目标,不符合学校高等教育发展趋势,不利于促进教育事业的良性发展。因此,大连海事大学根据交通运输部和大连市人民政府联合批复的《大连海事大学校园规划调整方案》及学校的基本建设计划在 2016 年对文源楼进行了改造。

(2)建设历程和主要建设内容

大连海事大学文源楼初建于 1999 年,建筑面积为 500,7.06 平方米,由大连建发工程事务所设计,大连第五建筑工程公司。国家拨款支持建设,于 1999 年 3 月开工,同年 9 月完工。文源楼又在 2016 年进行了改造,其改造面积为 4840 平方米。

文源楼的外墙未做保温措施,透寒现象严重。其外墙檐砖因多年风吹雨蚀,已经出现局部脱落的严重现象,给师生安全造成隐患。卫生间墙面瓷砖、地砖脱落,隔断老化损坏,管线老化渗漏严重,严重影响到相邻房间的使用。文源楼内外设施损坏较严重,屋面防水层破损,有漏点,防水保护层失效,顶层房间潮湿长霉,影响正常使用。因学校临海,原有铁质供水、消防管道锈蚀严重;其室外自来水管网经多年锈蚀,影响水质;供暖管道及散热器堵塞严重,冬季室内温度较低。楼内综合布线等现代配套设施配备不足,后接入的网线、电线不能暗墙敷设,凌乱地散布在走廊墙面、天棚,不但有碍观瞻,且不符合消防规范,存在较严重的火灾隐患,其供电系统维持着多年前的设计标准,且线路老化,难以承载新增电器设备用电负荷。改造过程中这些问题都得到了解决,并且设计还立足于当前使用的功能,把当前与长远恰当地结合起来。由于教学楼的社会要求与指导方针,学生对象及其需求,管理思想及机构部门技术装备与物质条件等诸方面,都处于不断发展变动之中,因此这就要求学校内部空间的分隔和使用功能需具有允许扩容、可换的灵活性,以便在未来使用中尽可能具有较大的互变性,即使教学楼改造后具有较强的生命力。

(3)使用效果

1)符合未来高等教育事业发展的需要

现代社会的发展,与高等教育关系越来越密切,高等教育不仅是传授知识的机构,更是增强国家创新机能,提高国民素质的重要基地,我国政府一直把高等教育放在优先发展的重要地位。国家确定了推进世界一流大学和一流学科建设的重大举措,通过一流学科率先突破,示范和带动提升我国高等教育综合实力和国际竞争力,促进新经济壮大、培育新动能,推动文化繁荣和社会进步。

我国的高等教育又主要由高等学校来完成,所以高校的建设在教育界始终备受瞩目。我国政府在《国家中长期教育改革和发展规划纲要(2010—2020 年)》中提出:今后十年要"加快建设一流大学和一流学科",到 2020 年,"建成一批国际知名、有特色的高水平高等学校,若干所大学达到或接近世界一流大学水平,高等教育国际竞争力显著增强"。

大连海事大学长期承担着为我国经济建设培养人才的重任,培养大量的高素质、高科技水平的人才是学校的主要任务。该项目的实施有利于改善学校教学基础设施条件,满足学校教学要求,为我国培养更多掌握现代科学技术的高级技术人才,提高我国科技人才的素质。

2)满足当地经济、教育发展的需要

该项目建设所需的大部分建筑材料和设备将由大连市直接供应,这将给建筑业和设备制造业带来一定的发展机遇,这将直接促进区域经济的发展。教育的发展将促进地方经济的发展,从而进一步提升大连市经济建设,为全面建设小康社会作出重要贡献。项目建成后,极大地缓解了学校由于规模扩大而带来的教学压力,为本校学生提供更好的学习环境,提升学校综合实力,从而提升整个区域的高等教育水平。

3)满足大连海事大学建设和发展的需要

大连海事大学是中央部属高校、交通运输部直属高等学府,同时也是国家"211工程"重点大学,并且担负着完成《国家中长期教育改革和发展规划纲要(2010—2020年)》的使命。为了适应我国社会与国民经济建设发展的新形势,满足交通运输事业的快速发展对科技与管理人才的需求,2005年大连海事大学编制了《大连海事大学中长期发展规划》,得到了交通部的批准。规划中明确了未来大连海事大学的发展目标分为两个阶段:第一阶段到2010年,将海事大学建设成为世界一流的高等航海学府;第二阶段到2020年建成具有鲜明航运特色的高水平大学。在高校建设方面,师资力量、教学硬件设施、管理水平、学生质量等都是关乎高校建设的重要因素。大连海事大学文源楼作为学校重要的教学硬件设施,其改造促进了学校未来发展,改善了学校教学建筑环境,促进学校提升了教学服务质量以及综合服务水平。

在校学生是该项目的直接受益者,学校的基础设施条件环境极大改善后,不仅能够给学生提供一个舒适的学习环境,有助于学生保持饱满的精神状态,还直接关乎学生对知识的吸取与消化效率。

通过以上分析可以看出,该项目的实施可以促进大连海事大学教学、科研、办学实力的提高,其符合国家方针政策,意义重大。

6.档案馆

(1)项目概况

《中共中央、国务院批转〈关于调整我国档案工作领导体制的请示〉的通知》(中委〔1985〕29号)中,要求"各级党委和人民政府进一步加强对档案工作的领导,把档案工作作为一项事业列入国民经济和社会发展规划,解决档案部门存在的一些实际问题"。为此,我们要认真贯彻落实中央的指示精神。

大连海事大学档案工作的任务是直接面对各学院、系、部(所)处等单位,实行业务协调、指导、检查、监督以及档案的收集、保管、开发和利用工作。随着我校"211工程"建设和发展,学校办学规模不断扩大,档案门类、档案数量急剧增加。档案种类有文书、科技、教学、设备、外事、基建、出版、会计、人事九大类。其中文书档案包括五个全宗,含并校前上海航务学院、东北航海学院、福建航海专科学校的历史档案及交通部大连公安学校的档案。全校现有文书档案各类档案总计34000余卷。尤其是在当时"改革开放"的新形势下,学校加强内部体制改革,实施ISO 9001质量管理办法,提高办学效益,学校和各部门的业务内容不断更新和拓宽,使档案工作变得更加繁复和重要。而目前的档案馆在体制、地位、职能、人员数量以及物力、财力、管理手段等方面都与学校的教学、科研,尤其是管理上水平不相适应,所以档案馆的建造迫在眉睫。

(2)建设历程

大连海事大学档案馆是目前交通运输部唯一的一所高校档案馆。

档案馆建筑外观设计符合学校规划要求,与周围环境协调,整体上实用、经济、美观。新馆立面造型结合学校建筑物的立面设计风格,采用简洁、通透、轻盈具有现代感的外观设计,其建筑格调、外观色彩要求符合大连海事大学总体规划要求。

档案馆布局充分考虑对建间距、房间的通风、采光因素,既体现了对外档案利用的开放性,又保证了档案存放的安全性。档案馆大楼主体工程含框架结构构筑与砌体、室内外装修等。配套工程含室内给排水系统、消防系统、电力系统、通信和计算机系统、通风系统、避雷系统等。给水系统主要保证建筑物的室内、外供水管网,以及与馆外供水管网的连接。排水系统主要为室内雨水管(渠)和污水管(渠)的建设。消防安全系统包括消防灭火器、灭火装置系统等。配电及动力照明系统包括配电系统、动力系统(抽风机、风扇等用电设施)、日常照明系统。通信和计算机系统主要包括馆内、外通讯和馆内的计算机网络通风系统包括各室内排气、抽排烟等。避雷系统则含建设物接地网络。档案馆内道路系统简明、直接,通行顺畅,紧急时能保证人流及档案的安全疏散和转层。

(3)使用效果

学校的教学、科研、产业、管理等一切活动,档案都有对其真实的记录,这些原始记录,对于学校的改革发展和各项活动都起着不可替代的借鉴、凭证作用。学校档案工作即是学校深化改革、发展建设的必要条件,也是衡量学校教育质量、学术水平和管理水平的重要尺度。所以说,一个学校的档案工作就是这个学校各项工作的缩影。

1)有利于促进当地档案事业与经济社会协调发展

档案馆作为党和国家的科学文化事业机构,不仅具有收集、保管、利用档案资料的基本功能,而且还具有保存人类文化遗产、维护历史真实面貌、繁荣科研、发展经济、宣传教育等社会功能。该项目的建设有利于完善档案基础设施建设,并满足档案安全保管与公共服务的需要;加强档案资源建设,拓展进馆门类,有助于档案资源体系覆盖各个领域;搞好档案信息化建设,有助于积极推进档案数据库和档案网络建设;充分发挥档案部门的工作优势,深入挖掘馆(室)藏资源,有助于服务当地经济社会发展,推动档案事业与经济社会协调发展。

2)有利于学校档案工作的规范与进步

高校档案是国家档案的一部分,是记录、维护与承载学校历史发展的真实记录,具有原生性和唯一性,是高校的宝贵财富,在推进教育教学改革、加强学科建设和科学研究、保证国有资产完整与安全、推动学校国际合作与交流、服务学校中心工作、促进学校发展等方面具有显著作用。建立一个与大连海事大学的历史、地位、水平、规模相适应的、具有大连海事大学特色和传统的档案馆,是适应了我校教学、科研及各项管理工作的需要,逐步形成门类齐全、结构合理、手段较为先进、管理科学化、规范化、服务有效的档案管理工作系统,有助于在校内建立起完善的档案管理体系。

7. 知行楼

（1）项目概况

大连海事大学是中国著名的高等航海学府,是交通运输部所属的全国重点大学,是被国际海事组织认定的世界上少数几所享有国际盛誉的海事院校之一。大连海事大学2008年成为教育部"航海类专业人才培养模式创新示范区"。2009年教育部批准大连海事大学船舶电子电气工程专业为航海类专业。2011年教育部批准大连海事大学实施"卓越工程师培养计划"。

大连海事大学知行楼位于西山校区,建于1981年,按照教育部对本科教学楼的要求,原来的教学楼的办公家具早已陈旧过时,破损严重,并且与其他的重点大学的教学办公家具的更新率相比较,知行楼的更新率也远远落后了5～10年。此外,更为严重的是水、电、暖设施已陈旧老化,且容量已远远不能满足现代教学的需要。

针对以上问题,学校于2002年对知行楼进行了改造,改造后的知行楼改善了教学设施条件,提高了教学质量和教学水平,促进了教学、科研、服务整体水平的提高,提高了知行楼的综合利用效率。

（2）建设历程

西山教学楼始建于1981年,建筑面积为5000平方米,由财政拨款55万元建成。知行楼由市设计院设计,由大连市第一建筑公司完成,开工于1981年2月,竣工于同年8月。知行楼原建设标准较低,经过20多年的使用,建筑物内外破坏严重,设施落后并老化,已不能适应学校教学的要求。于是知行楼在2002年进行了改造,建筑面积为5058.84平方米,由基建拨款410万元完成。该改造由大连顺发建筑工程公司承接,于2002年7月开工,同年12月完工。

建筑总高度为26.65米,共六层,其中一层层高为4.5米,二至四层层高均为3.9米,五层层高为4.2米,六层层高为3.9米。教室进行了层间隔音处理,增加补充一层大厅、各层电梯前室和走廊墙裙的建设。其外墙进行了维修,屋面加强了防水处理,室内装修精致实用,更新了给排水、照明、消防、门窗、教学设备家具等基础设施,还增加了综合布线、防火防盗、自控系统等。教学楼改造后,使用功能不变,建筑物外与学校校园总体环境相协调。

（3）使用效果

1）知行楼的建成更好满足了学校的建设目标

大连海事大学已跻身于国家"211工程"建设行列,其"211工程"建设的总目标是面向 21 世纪。学校建设以江泽民同志提出的"建设世界一流的高等航海学府"为目标,计划用 15 年左右的时间,将大连海事大学建设成以航海重点学科为骨干,多学科协调发展,特色鲜明的世界同类院校一流水平的海事大学。并将其建设成为我国培养航运业高层次人才的主要基地,成为解决我国航运事业科技进步中重大科研问题的重要基地,成为交通院校中在教育质量、科学研究、管理水平和办学效益等方面起示范带头作用的学校。知行楼的建成与改造满足了学校师生的教学需求,满足了学校总体发展的需求。大连海事大学长期承担着为我国经济建设培养人才的重任,培养大量的高素质、高科技水平的人才是学校的主要任务。知行楼建设进一步完善了校园的教学条件,提升了海事大学航的教学科研水平,为学校进一步发展为国际知名、有办学特色的一流海事大学保驾护航,也将为我国培养更多掌握现代科学技术的高级技术人才,提高我国科技人才的素质。

2）知行楼建设产生了一定的社会效益

知行楼建设坚持以人为本,进一步整合教育资源,构建和谐社会,促进学生全面发展。知行楼的建成,大大改善了学校大学生文化活动和创新教育的物质技术条件,提高了大学生的动手能力、实践能力、组织能力和领导能力等,还提高了学校的科学研究和人才培养水平,吸引了更多的优秀的高层次人才汇聚学校。其建设促进学校出人才、出成果,为地区社会发展和经济建设提供科技和实验服务,为社会提供科学研究成果,促进国民经济发展和社会进步,社会效益显著。

8. 电航楼

（1）项目概况

大连海事大学电航大楼位于西山校区。该工程建于 1960 年,砖混结构水平呈一字形布局,传统的五段式。竖向呈四、五、六、七、八层分布,中间高两侧逐渐降低,中部为九层的塔楼,有当时流行的俄式教学建筑风格,曾是学校的标志性的建筑。然而随着时间的推移、社会的进步,无论在楼面、墙面、地面,还是在管网方面都存在突出的陈旧、老化问题,尤其是暖通管道和给排水系统年久失修,锈蚀严重,跑冒滴漏现象突出,电照方面也不符合现行规范。该建筑已经不能适应现代使用要求,对其进行翻新改造势在必行。

考虑到学校现有实验室用房的面积及规划建设中的实验室用房等因素,学校总体规划决定,保留电航大楼,将其翻新改造作为学校教学实验用房的一部分,以满足西山教学区的教学实验用房的需要。因此,对西山教学区电航大楼的改造是非常必要的。

（2）建设历程和主要建设内容

电航楼始建于 1964 年,建筑面积为 12900 平方米,由旅大市人民政府建筑工程局第一建筑公司完成,于 1960 年 4 月开工,于 1964 年 8 月竣工。电航楼原建设标准较低,经过约五十年的使用,建筑物内外破坏严重,设施落后并老化,已不能适应学校教学的要求。于是电航楼在 2004 年进行了改造,建筑面积为 12418 平方米,由中央拨款 1100 万元完成。该改造由大连理工大学土木建筑设计研究院设计,大连筑成建筑有限公司完成改造,于 2003 年 9 月开工,2004 年 3 月完工。

西山区新区建筑形式新颖,环境条件配套齐全,广场道路及绿化布置有序,是西山校区的亮点,原有的西山校区建筑由于建设年代久远,内外装饰标准较低,显得陈旧老化,需进行改造。改造方式为原主体结构剖面不变,一层高度为 4.2 米,二至六层高 3.9 米,七层 4.5 米。建筑主体高度 28.8 米,局部 45 米。一层各出入口几个大门改为 10 厚夹胶玻璃不锈钢大门,增加门厅的采光效果,提升时代感。其余为成品实木(红松)门,配置木质门套,以提高室内可观瞻性及舒适度。所有窗改为电泳涂漆铝合金中空玻璃窗,增加美观度,同立面改造形式相协调一致,同时该窗气密性好,可大大减少冬季能源消耗。所有内墙面进行刮大白高级乳胶漆处理,具有一定的耐擦洗能力,便于维护管理。一层主入口门厅改为高级磨光花岗岩拼花铺装,反映学校特点和文化内涵。走廊地面、回廊栏板及墙裙用黏合剂贴玻化砖饰面,提升舒适度。吊棚采用铝合金龙骨矿棉板,便于管线安装检修。卫生间墙面聚氨酯防水后贴面砖,地面铺防滑地砖,顶棚为铝合金扣板吊顶。在五层端部各加一部室内楼梯,以满足防火要求。外墙采用暖灰色仿石面砖和高级涂料饰面,底层用花岗岩板饰面,使整个立面庄重典雅,美观大方,与周围环境协调统一,同时又体现了一个现代化教学建筑应有的精神和面貌。

(3)使用效果

大连海事大学是中国著名的高等航海学府,学校的"十五"总体规划在各方面的努力下,经过几轮的论证,于 2002 年得到相关部门批准。电航大楼改造工程就是其中的项目之一。改造后的电航大楼作为大连海事大学西山校区以实验为主兼有部分教室的教学实验楼,为学生提供一个从外到内装饰一新,设施设备符合实验要求的,环境优雅、信息化程度较高的新电航大楼。

电航楼建设坚持以人为本,进一步整合教育资源,构建和谐社会,促进学生全面发展。电航楼的建成,大大改善了学校大学生文化活动和创新教育的物质技术条件,提高了大学生的动手能力、实践能力、组织能力和领导能力等,从而提高了科学研究和人才培养水平,吸引更多的优秀的高层次人才汇聚学校。其为地区社会发展和经济建设提供科技和实验服务,为社会提供科学研究成果,促进国民经济发展和社会进步,该项目的社会效益显著。

9. 新教学楼

(1)项目概况

大连海事大学是中国著名的航海学府,是被国际海事组织认定的世界上少数几所

"享有国际盛誉"的海事院校之一。通过"九五"建设,大连海事大学的办学规模进一步扩大,1999 年,全校在校生人数为 11052 人。根据大连海事大学"十五"计划纲要提出的办学总规模,到 2005 年为止,全校在校生规模总计将达 17400 人。大连海事大学原有各类教室 136 个,其中专用及多功能教室 15 个,语音室 8 个,普通教室 113 个,教室总建筑面积为 15963.14 平方米。从教室的功能及状况来看,西山教学区的教学楼无论是教室的数量,还是教室的功能都不能满足安排在西山教学区的陆上专业 4 个学院近 120 个班级(4200 人)的教学需要。为此学校必须加大对教学基本建设的投入,积极筹措资金扩建教学楼,以适应学校日益扩大的规模需求并力争达到较合理的生均面积。

大连海事大学成立了专门机构,组织专业人员通过邀请国内知名专家召开专题讨论会,参观访问国内知名大学教学楼建设等形式,结合学校教学楼现状和国家有关规定,经过认真调研和认证,认为应当建设一座与世界同类院校一流水平相适应的、多学科的、现代化的新教学楼。经交通部批复的交规划发〔2000〕367 号《关于大连海事大学西山新教学楼工程可行性研究报告的批复》文件,同时为了尽快完成西山校区的布局与建设,学校决定在西山新校区建立新教学楼,与图书馆二期、科学会馆围合成一个环形建筑群。

(2)建设历程和主要建设内容

大连海事大学新教学楼,又名学汇楼,其名字源于大连海事大学校训"学汇百川,德济四海"。其位于大连市甘井子区凌海路 1 号,大连海事大学西山校区内部。遵循党的"适用、经济、在可能的条件下注意美观"的建筑方针,依据国家有关规定,新教学楼建筑主体 5 层,局部 6 层,高 26.65 米,建筑面积为 14200 平方米,结构形式为现浇钢筋混凝土全框架结构。新教学楼由交通部投资 3800 万元建造,于 2001 年 8 月 28 日开工,2002 年 8 月 27 日竣工。其设计单位为大连建发建筑设计院,施工单位为大连金广建设有限公司。

新教学楼造型庄重、典雅、色彩明快、结构坚固耐用、布局合理、功能完备、通风和采光良好,充分体现高等学府建筑文化的特点且与周围景观相互辉映、协调统一,成为大连海事大学的标志性建筑,是学校现代化教学的中心。

新教学楼设计与建设包括几下几项主要内容:

①平面教室共 16 个,其中合班教室 15 个,单班教室 1 个。每个教室均安装可伸拉式静电、防粉尘黑板,黑板下方 2~3 个带保护盖的电源插座,教室窗户采光条件良好。

②阶梯教室共 39 个,除安装与平面教室相同的设备外,还装有放大音箱、无线话筒及可伸缩的简易大屏幕。

③多功能教室 4 个,均为可容纳 110 个座位的阶梯教室。室内设大屏幕声像系统,室内进行隔音和消音处理,安装立式空调,设置封闭式的计算机控制台,高清晰度且可调节

的投影仪,可伸拉式的防粉尘黑板,设满足录音、录像、电脑等使用要求的连接装置、墙壁电源插座及不间断电源设备,安装可调节式窗帘,安装放大音箱、无线话筒、幻灯教学设备。

④多媒体语音室5个,准备室1个,每个语音室可容纳40个座位。语音室安装高保真音响,以保证现代化听音训练;主控台配备高档次计算机,以保证多媒体英语的试听、口语教学需要。

⑤同时还有教师休息答疑室、教学楼管理员及工勤室、门卫室、机动室、多功能准备室等。

(3)使用效益

大连海事大学西山新教学楼是一座集课堂教学、电化教学、多媒体教学于一体的教学大楼,西与新建图书馆接壤,北与科学会馆相呼应,其共同围成一组椭圆形的建筑群体,使西山教学区以广场为中心,建筑环绕布置,其中图书馆二期工程与新建教学楼、图书馆、科学会馆连成一体,形成一个完美的规划区域,并合理地疏导人流,成为供学生学习、看书、观赏的文化中心。其效益主要体现在以下几个方面。

1)社会效益

大连海事大学是一所历史悠久、培养航运业高级人才的重要院校,其教学质量、科学研究、管理水平在世界范围内屈指可数。然而,近年来随着科学技术突飞猛进的发展,人民物质文化生活水平的提高,人们对教学设施的功能提出了更高的要求,不再满足于传统的教学功能,希望能够进一步提供供师生交流、学生休息交流的场所,而新教学大楼在设计中充分考虑到了这一点。

作为国内一所一流大学,不仅需要性能优良的"软件",更需要功能完善的"硬件"设施,来为"软件"的正常运转提供良好的外部环境。完美的教学设施不仅是提高教学科研水平的保证,也是学校的"脸面"。西山新教学楼作为大连海事大学的形象工程,可以有效地提高其知名度和美誉度。

21世纪是知识经济的时代,科学技术的日新月异使人应接不暇。衡量一个国家、民族的竞争力不再通过传统的方式,而是通过对新知识的占有量来衡量。因而,提高整个中华民族的文化素质成为摆在学校面前的一项紧迫任务。高等学府承担着培育高素质人才的重任,拥有的不仅仅是殊荣,更多的是沉甸甸的职责。大连海事大学作为培养我国航运业高、精、尖人才的重要基地,从某种意义上说,学校的教学水平直接关系到我国航运事业的前途命运。新教学大楼完全按照现代化的教学要求设计,采用合班教室模式,每个教室均配有现代化的教学设施,一方面为教师更新教学手段提供了必要条件,有助于提高教学水平;另一方面,大屏幕声像系统的设置,避免了由传统板书所带来的不便及时间浪费,助力教师在有限的课堂教学时间内传授给学生更丰富的知识。

提高一个国家的综合实力,根本在于提高的全体国民文化素质,所以我国把教育放在突出位置。然而,我国现有的高等院校普遍存在规模小的问题,在数量上远远无法满足人们接受高等教育的需要,大连海事大学也存在同样问题。社会对高级航运人才的需求受到了学校办学规模的"瓶颈"制约,现有的教学设施严重不足,满足不了扩大招生的需要,增加教学设施成为学校的当务之急,新教学大楼正是为满足这一需要而建设的。

2)经济效益

大连海事大学作为国家的公办大学,其使命是为我国培养高级航运人才,所以追求的首先应是社会效益。新教学大楼全部是大教室设计,并采用合班上课模式,配有先进的语音设备,这样取得与小班同样的授课效果的同时节省了人力资源。新教学大楼可新增教学面积14200平方米,新增座位6000多个,为学校扩大招生提供了前提条件。

10.船艺楼

(1)项目概况

大连海运学院,由东北航海学院、上海航务学院、福建航海专科学校三校合并而成,于1960年被确定为全国重点大学,1994年更名为大连海事大学。学校位于中国北方海滨名城大连市的西南部,是交通运输部所属的中国著名高等航海学府。学校拥有设施和功能齐全的航海类专业教学实验楼群、教学港池、图书馆、游泳馆、天象馆等。1988年,为实现继续推进学校的发展与建设的目标,同时为学校航海、船舶及相关专业的师生提供优质的教学与学习、实践用地,学校决定新建一栋水上训练中心船艺实验楼。

根据大连市城乡规划局批复的文件《关于新建实验楼位置的批复》(大规建发〔1988〕690号)、交通部教育局批复的文件《关于大连海运学院水上训练中心船艺实验楼设计的批复》〔(88)教基字32号)〕等,同意大连海运学院在大连市甘井子区凌水桥建设一栋船艺楼,用于学校航海、船舶及相关专业师生的教学与实习工作。

随着时间的推移,由于船艺楼的建筑时间较为久远,建筑标准相对较低,以致后期出现楼内多处设施设备老化、墙皮脱落,多处存在不符合国家有关规定和规范的问题,存在一定安全隐患。为了给学校航海及相关专业师生提供更加优质、高效的教学、学习及实践用地,大连海事大学于2013年对学校船艺楼进行了改造,改造后的船艺楼各项指标符合国家标准,其主要功能不变。

(2)建设历程及主要建设内容

大连海事大学船艺楼位于大连市甘井子区凌水街,为一栋4层高建筑,砖混结构,占地面积为868.13平方米,总建筑面积为1516平方米。由国家交通运输部投资75万元建成。该建筑主体部分由二轻设计室进行设计,由普兰店建筑公司施工完成,开工日期为1988年12月,竣工日期为1989年10月。主要内容为适用于船舶驾驶、仓面设备、航行定位、轮机、通信、水文气象等与实际操作及模拟机器相关的实验室及设施设备建设，为航海、船舶及相关专业师生提供了优越的教学培训、科学实验场所。

室外工程由新金县校办建筑公司承包，开工时间为 1989 年 10 月 20 日至同年 11 月 10 日。船艺楼改造工程于 2013 年 7 月 15 日开工，于同年 8 月 25 日完工，改造面积为 1516 平方米，其由大连建发建筑设计院进行改造设计，大连嘉宇建筑工程有限公司施工完成。改造内容包括土建装饰、给排水、采暖、通风、消防、电气、照明等工程。

（3）使用效果

航海类人才的培养和提升是海事科教支撑能力的重要保障，也关系到我国海洋业与海洋安全的未来发展。大连海事大学经过不断的建设和发展，已经成为培养航海人才的重要基地。船艺楼属于学校用于教学和实习的水上训练中心实验楼。依托于学校海事学科的建设和运行，航海类学科综合实力不断增强，航海、船舶技术等专业已居全国航海类高等院校前列。经过多年的建设和发展，大连海事大学已居国家及社会培养了一大批高水平的具有国际竞争力的高级航海应用型专业人才。船艺楼的使用效益不仅体现在学生和学校上，更体现在社会方面。

1）为相关专业学生提供可靠的实践平台

作为一名航海、船舶及相关专业的学生，不仅要有扎实的理论基础，也要有丰富的实践能力和动手能力。船艺的内容主要包括三个方面，分别是水手工艺、船体和舱面设备的技术管理以及船舶操纵、避碰和海事处理。船员必须具备水手的一系列基本技能，还要会维修及保养船舶与驾驶相关的设施设备。更重要的是，要能够正确估计客观环境对于操纵的实际影响，在船舶发生碰撞、触礁、搁浅、失火等海事后，船员可以冷静应对，立刻采取相关措施，保护船舶及船上人员安全。

这些都是船员需要掌握的基本技能，是船舶安全航行的基本保证。船艺楼的建立，使学生在充分了解船舶及驾驶相关的理论知识的同时，能够亲自动手实践、参与到实际的船舶航行和海事问题当中，对实际发生的情况或突发问题进行亲身体验，增加操作感受。

2）提高航海、船舶类专业以及学校综合教育水平

船艺，指操纵、使用和管理船舶及其舱面设备，帆船时代船上的工作除航行定位外几乎都属于船艺的范围。随着机动船的出现和发展，船舶构造和装备日趋复杂，船员必须具备的知识和技能的范围日益扩大，如轮机、通信、航海仪器、水文气象、货运等。在教学及教育资源方面，学校拥有全面、完整、高水平的教学课程设置，教学、实验和科研水平均位于国内同类航海院校及专业的前列，为学生多方面理论知识的学习保驾护航；同时还拥有严格的设备设施管理制度、实验室管理制度、实验教学管理制度等规定，能够保证教学及实习设施设备的完好率和利用率；又有多名拥有多年丰富实际操作经验的师傅及培训教师，具备较强的设施设备的使用、维护、管理能力，大多数设施设备的故障完全可以做到自

行解决和处理。作为大连海事大学的重点建设专业之一,航海、船舶及相关专业及该船艺楼的建立,为提高学校的航海、船舶类专业水平以及学校综合教育水平提供了有力保障。

3)促进学校发展,产生巨大社会效益

大连海事大学的航海、船舶类专业作为学校的重点建设专业之一,多年来获得来自交通运输部、教育部、国家海洋局、国家国防科技工业局、辽宁省人民政府和大连市人民政府等的支持和帮助,学校拥有多个教学科研实验室、国家级重点实验室、省部级重点实验室、远洋教学实习船,已为国家培养了无数各类高级专业技术人才。我国实施的"211工程"是落实国家教育改革与发展纲要的重大举措,其目标是"力争在21世纪初,有一批高等学校和学科、专业在教育质量、科学研究和管理方面,达到世界较高水平。"大连海事大学已跻身于国家"211工程"建设行列,学校建设以江泽民同志提出的"建设世界一流高等航海学府"为目标,将大连海事大学建设成为以航海重点学科为骨干,多学科协调发展,特色鲜明的世界同类院校一流水平的海事大学。大连海事大学还将成为我国培养航运业高层次人才的主要基地,成为解决我国航运事业科技进步中重大科研问题的重要基地;成为交通院校中在教育质量、科学研究、管理水平和办学效益等方面起示范带头作用的学校。大连海事大学水上训练中心船艺实验楼的建设是为了适应学校的发展和建设目标,扩大学校的知名度,体现学校在培养与培育海员方面的专业性。它既是学校的一处重要教学及实习用地,又是大连海事大学综合水平的象征。

11.大连海事大学东山航海类专业教学楼工程

(1)项目概况

根据交通部的工可、初设文件批复精神,学校对此项工程非常重视,专门成立了东山航海类专业教学楼工程现场项目组,由学校主管校长领导,基建处处长任项目负责人,对项目的建设全过程进行严格管理。

该工程严格按照国家建设基本程序进行建设。按照国家《招投标法》的规定,该工程通过公开招标的方式选择监理及施工队伍;依据国家有关规范、标准、施工和监理合同以及由基建处编制的《大连海事大学基建项目管理规定》开展工作;现场派驻土建、水暖和电气代表,履行合同中赋予甲方的权利和义务;重点做好工程建设中的"三控制"和"二协调",以保障工程建设的顺利进行。

在施工准备工作就绪后,主体施工单位于2004年2月16日开工,以招标方式确立的主体及各配套专业施工单位分别成立项目经理部,负责整个施工阶段的施工及协调管理。2004年12月24日工程竣工。

该工程实施过程中,以李波任总监理工程师的监理单位,依据合同、监理规范以及本工程的监理规划和监理细则开展工作,按照工程的建设工期、质量和投资目标严格把关。安全第一,过程中通过巡视、平行检验和旁站监理的方式对每道工序加以控制。

工程竣工后,学校审计处按工作程序以招标方式确立大连光华工程造价咨询事务所有限公司对该项目进行严格的审计,并出具审计报告。

(2)建设历程和主要建设内容

根据交通部《关于大连海事大学东山航海类专业教学楼建设项目工程可行性研究报告的批复》的文件精神,大连建发建筑设计研究院进行了该项目的扩初设计,并完成了该建设项目的初步设计文件。经交通部水运司主持的专家审查会,于2004年3月10日以交水发〔2004〕108号文件下发了《关于大连海事大学东山航海类专业教学楼建设项目的批复》,批准大连海事大学航海类专业教学楼建设项目,建设规模为13070平方米,投资估算为3603万元。

依据交通部综合规划司和水运司的工可、初设文件批复精神,学校对该项目进行了认真的准备工作,对施工单位和监理单位进行了公开的招标,在公开、公正、公平的原则下,大连筑成建设集团公司为工程主承包施工中标单位:大连正信土木建设监理公司为工程施工阶段监理中标单位。

该工程于2004年2月16日正式开工。经过校基建处及施工单位、监理单位等承建单位的共同努力,该工程于2004年12月24日竣工。该工程竣工后,通过了大连市甘井子质量监督站、大连市消防局、大连市规划局、大连市环保局验收,验收合格,并获得了辽宁省建筑工程"世纪杯"奖和国家优质工程"银奖"。

设计单位:大连建发建筑设计研究院

施工单位:大连筑成建设集团有限公司(土建)

武汉飞天科技有限公司(消防)

大连联众电子工程有限公司(综合布线)

深圳金粤幕墙装饰有限公司(玻璃幕墙)

大连万讯科技发展有限公司(多媒体设备)

河南偃师师友校用设备有限公司(课桌椅)

哈尔滨市广进家具有限公司(家具)

①东山航海类专业教学楼总建筑面积13070平方米,通过190米的长廊和22米的架空通廊与航海类专业实验楼群连为一体。教学楼以教室为主,每层分别设有76人小教室及220人、300人阶梯教室。

②该工程形式为3~5层钢筋混凝土框架结构,建筑高度为17.10~23.90米。

③建筑物外立面以镶贴瓷质仿古面砖为主,局部采用点式玻璃幕外墙,断桥铝外窗,内墙、柱面以乳胶漆墙面为主。教学楼大厅墙、柱面采用干挂大理石;室内均采用高级木门。楼地面采用大理石、玻化砖、PVC及防静电地板;吊顶分别为矿棉板、硅钙板和石膏板吊顶。

④屋面采用 SBS 合成高分子防水卷材、两道设防,上人屋面采用彩色面砖镶贴。

⑤楼内安装电梯、中央空调系统、消防自动报警联动系统、综合布线等配套设施,其设备配套完善、功能齐全。

(3)使用效果

东山航海类专业教学楼群坐落在大连海事大学入口前区紧邻海事大学综合楼,由航海类专业教实验楼、模拟器培训中心、基础培训中心三部分组成。建筑群依地势设计,体量错落有致,深厚的光影刻画出建筑雕塑感,使得群体厚重而不失轻盈。校园总体规划中,校区入口主轴线与入口广场轴线在校园标志性雕塑——"锚"的节点处发生交汇并转折,外部开敞空间随之展开,坡地地形与植被在形式上围合出综合楼广场。

大连海事大学航海类教学楼建设项目是为教育、科研服务的社会事业项目,使用效益不仅体现在学校方面,更体现在社会方面。

1)航海类教学楼的建成更好满足了学校的建设目标

大连海事大学已跻身于国家"211 工程"建设行列,其"211 工程"建设的总目标是面向 21 世纪。学校建设以江泽民同志提出的"建设世界一流的高等航海学府"为目标,计划用 15 年左右的时间,将大连海事大学建设成以航海重点学科为骨干,多学科协调发展,特色鲜明的世界同类院校一流水平的海事大学。大连海事大学还将成为我国培养航运业高层次人才的主要基地,成为解决我国航运事业科技进步中重大科研问题的重要基地;成为交通院校中在教育质量、科学研究、管理水平和办学效益等方面起示范带头作用的学校。航海类教学楼的建成与改造满足了学校师生的教学、实验需求,满足了学校总体发展的需求。大连海事大学长期承担着为我国经济建设培养人才的重任,培养大量的高素质、高科技水平的人才是该校的主要任务。航海类教学楼建设进一步完善了校园的教学条件,提升了海事大学航海模拟方面的教学科研水平,为学校进一步发展为国际知名、有办学特色的一流海事大学保驾护航,也将为我国培养更多掌握现代科学技术的高级技术人才,提高我国航运科技人才的素质。

2)航海类教学楼的建造为满足了航海学院的教学需求

大连海事大学航海学院现有航海技术、海事管理和地理信息科学三个本科专业,交通信息工程及控制、航海科学与技术和海上交通工程三个二级学科硕士和博士点,已形成博士、硕士、本科等多层次、多方式的办学体系。

航海技术专业于 1992 年被列为交通部"八五"首批重点建设学科专业,2006 年被评为辽宁省高等学校示范性专业,2007 年其顺利通过教育部组织的全国重点学科的重新评估,被确定为国家高等学校特色专业建设点,2008 年获批国家级航海类专业人才培养模式创新示范区,2011 年被列为辽宁省普通高等学校本科综合改革试点专业,2013 年列入教育部"卓越工程师"教育培养计划专业。航海实验实践教学中心先后被评为国家及辽宁省普通高校实验教学示范中心,2013 年以航海类专业为主的"海运工程虚拟仿真实验教学中心"获批国家级虚拟仿真实验教学中心。2014 年航海虚拟仿真实验教学中心获辽宁省虚拟仿真实验教学示范中心建设立项。航海学院下设航海、船艺、货运、航海仪器、船舶安全管理、通信、航海英语、航海气象与地理信息、海事管理等教研室。航海实验实践教学中心下设航海、船艺、航海仪器、积载计算机、GMDSS 通信等实验室。

航海类教学楼的建成满足了航海学院的教学需求,为学院师生提供了一个学习与实验的优质场所。

3）航海类教学楼建设也产生了一定的社会效益

航海类教学楼的建成,大大改善了学校大学生文化活动和创新教育的物质技术条件,提高了大学生的动手能力、实践能力、组织能力和领导能力等,从而提高了科学研究和人才培养水平,吸引更多的优秀的高层次人才汇聚学校。该项目出人才、出成果,为地区社会发展和经济建设提供科技和实验服务,为社会提供科学研究成果,促进国民经济发展和社会进步,社会效益显著。

12. 研究生楼—管理楼

（1）项目概况

大连海事大学研究生院楼位于东山校区,与学校所在地段主要道路之一的红凌路相毗邻,东面与大连理工大学主校门相对,南面为已建成的学生宿舍与食堂,北侧为已建成的学生活动中心、公寓。

为了满足我校培养高层次人才的需要,解决无研究生专用教学设施的问题,2004 年 7 月 26 日,交规划发〔2003〕574 号《关于大连海事大学研究生院教学楼建设项目可行性研究报告的批复》同意我校在东山校区建设研究生院教学楼。研究生院教学楼建设总面积为 10000 平方米,其中,教学用房面积 290 平方米、办公用房面积 900 平方米、会议用房面积 290 平方米、辅助用房面积 2410 平方米,共五层,一层层高 3.9 米,二至五层层高 3.6 米,建筑总高度 19 米（女儿墙高度）。工程总投资 3248 万元,由政府出资建设。

（2）建设历程

大连海事大学是一所历史悠久的著名高等航海学府,直属于交通运输部,同时其也是全国"211 工程"重点建设大学之一。通过多年的建设与发展,大连海事大学在办学规模、办学层次等方面均已居于世界同类院校的前列,被国际海事组织认定为世界上少数几所"享有国际声誉"的海事院校之一。

大连海事大学研究生部始建于 1959 年,经过多年的发展,至 2003 年时有在校研究生近 2000 人。研究生部时有办公面积为 200 平方米,现无资料室（存放学生档案、3 年内的入学试卷、学籍卡、成绩单、学位论文、学位服、教材、办公用品等）、无保密室（存放考卷、公共课试卷等）、无会议室（召开学术会议）等。研究生部现无研究生专用教室,只能利用本科生排课后课余的教室排课,且条件差、多媒体教室极少,无专用机房、无答辩室、无讨论室,课外活动、学术讨论等活动无法展开。

就大连海事大学研究生部时有条件而言,其与学校的发展规划及培养的高层次研究型人才的目标相差甚远,因此,为建设世界一流的高等航海学府,适应我国航运事业发展、航运现代化和提高我国航运人才国际竞争力的需要,为我国的企事业单位培养出高层次技术和管理人才,是学校真正成为解决航运科技进步中重大科技问题的重要基地,新建一座集办公教学于一体的研究生院楼意义重大。

研究生院楼建设项目,由大连建发建筑设计院设计,大连恒圣建设集团有限公司施工,于2004年10月15日正式开工,历时10个月,于2005年8月15日竣工。

经过十多年的使用,研究生院楼楼体内外部设施均有损坏,屋顶防水破损,防水保护层、女儿墙体酥化,顶层房间潮湿长霉,影响正常使用。以往坚实可靠的教学楼内外设施均存在不同程度的损坏,屋面、墙体、卫生间、自来水管道及消防管道、供暖管道、散热器、供电系统均存在不同程度的问题,不但有碍观瞻,而且不符合规范,部分位置存在较严重的安全隐患,严重影响了日常教学工作的开展。

为了改善现有研究生院教学楼的现状,保障大连海事大学在校师生的人身安全,为广大师生创建良好的教学、学习环境,维护其合法权益,大连海事大学依据2006年交通部和大连市人民政府联合批复的《大连海事大学校园规划调整方案》及学校的基本建设计划,对研究生院楼进行改造,可以明显改变配套设施落后的现状,改善研究生院楼现有硬件设施条件、优化教学环境。

（3）使用效益

大连海事大学将在交通运输部、教育部和省市政府的正确领导下,认真贯彻落实科学发展观,瞄准新目标,践行"学汇百川,德济四海"的校训,传承"坚定、严谨、勤奋、开拓"的海大精神,坚持"尚德、励志、感恩"的育人主线,弘扬"同舟共济、艰苦卓绝、科学航海、爱国为根"为主体的校园文化,承载使命,抢抓机遇,与时俱进,开拓创新,把大连海事大学建设成世界一流的高等航海学府,并向着具有鲜明航运特色的高水平大学建设目标而努力。

高等教育离不开完善的软硬件教学设施,有着良好硬件条件的高校更能带动学生的学习积极性,提高学生学习效率,并为学生创造良好的学习氛围。其完善程度不仅是衡量一所高校建设水平高低的重要标准,同时也将直接影响到高校的办学条件与教育质量,对人才的全方位发展起着至关重要的作用。

高校教学楼作为学子们知识获取和进行自我提升的重要载体,是大学生在校学习、生活、交往的重要场所,一名大学生在读期间的绝大多数时间要在此度过,学校环境本身对学生就是一种教育。因此,加强作为高等教育基础设施的教学楼建设、营造良好的育人环境,不但直接影响着每个学生的身心健康,还对于建设优良学风也起着重要作用。

研究生院楼改造是改善研究生院楼现有硬件设施条件、优化教学环境的需要;是加强校园基础设施建设、满足大连海事大学建设和发展的需要;是贯彻国家教育政策、符合未来高等教育事业发展的需要。因此,该项目建设意义深远,项目的建设极其必要。研究生院楼改造完成后,不仅能够彻底消除教学楼原有的安全隐患,完善内部功能布局设置,也将为在校师生提供现代化服务,进一步提升大连海事大学的办学能力,以科学的方式强化学习的内涵发展,提高学校的办学水平和综合能力,巩固"世界一流的高等航海学府"的建设成果。同时,通过该项目对建筑原有破损外立面的修复,会使其重新焕发出新的生机与活力,为学校添加一道靓丽的风景线。

13. 西山工科类实验楼群

（1）项目概况

近年来,随着生物技术的迅速发展和生物学研究领域的不断扩展,对生命的研究已成为 21 世纪的前沿研究领域,而大连海事大学作为在世界上享有盛誉的海事院校,对与海洋有关的生命科学的研究和教学基本上为空白。大连海事大学根据学校发展战略,为填补学科设置上的空白,引进了一批生命科学研究领域的高级人才,希望以科研带动教学,扩展学校的学科设置。同时,随着国家航运事业的发展及东北亚航运中心在大连的成立,国家对高级航运人才需求将逐步增加。而大连海事大学作为高等航海学府将义不容辞地承担起培养航运人才的重要任务。然而,根据大连海事大学"十五"发展规划,至"十五"末期,目前学校现有实验用房面积 71066 平方米,与《普通高等学校建筑规划面积指标》15000×8.21＝123150 平方米有一定差距,且实验用房面积不足,学校无法购置新的实验设备以满足现代实验教学及科研的要求;同时,实验用房建设年代久,部分实验用房功能不能满足需求,学校交通运输管理学院无专用的行政及教学、实验用房。

2005 年 6 月 30 日,交通部批复的交规划发〔2005〕292 号《关于大连海事大学西山工科类实验楼群建设项目可行性研究报告的批复》同意在西山校区建设工科类实验楼群。1 号实验楼建筑面积 7700 平方米,2 号实验楼建筑面积 7480 平方米,工程总投资 4840 万元,由政府出资建设。2005 年 6 月 30 日,原交通部批复的交规划发〔2005〕291 号《关于大连海事大学西山工科类 3 号实验综合楼建设项目可行性研究报告的批复》同意在西山校区建设工科类 3 号实验实验综合楼工程。建筑总面积 10910 平方米,其中实验用房建筑面积 6750 平方米,学生科技创新实践中心建筑面积 4160 平方米。总投资 4900 万元,由政府出资建设。

（2）建设历程

大连海事大学西山工科类实验楼群由 1 号、2 号、3 号实验综合楼组成,1 号实验综合楼为环境科学与工程学院综合实验楼（环工楼）;2 号实验综合楼为自动化与电气工程学院综合实验楼(信息楼);3号实验综合楼工程主要分为两部分,其中一部分为学生科技创新实践中心(3号-1启航楼),另一部分为生物实验及交通运输管理学院(3号-2生物楼)。

环境科学与工程学院实验综合楼和自动化与电气工程学院实验综合楼均是集实验室、教研室、行政办公、科研用房为一体的综合楼。

环境科学与工程学院实验综合楼由环境科学与工程学院和环境工程研究所两部分组成,其布局要求行政办公在三层。其他为实验室用房。其中,有机化学实验室在顶层,由于大部分实验室用水较多,所以实验室地面要求做好防水处理。1号实验综合楼主要用于环境科学与工程学院的日常教学、实验、科研等,总建筑面积为7700平方米,其中地上面积723平方米,地下面积470平方米,建筑高度22米,共5层。该工程由大连市规划设计研究院设计,大连市筑成建设集团有限公司施工,于2006年11月开工,2008年11月完成竣工验收。

自动化与电气工程学院实验综合楼由自动化与电气工程学院和自动化研究中心两部分组成,自动化与电气工程学院中船电部分的实验室由于重型设备多而设置在一层;二层主要是自动化实验中心;三层用于行政办公;四层是电子实验室和自动化研究中心。2号实验综合楼主要用于自动化与电气工程学院的日常教学、实验、科研等,总建筑面积为7480平方米,建筑高度18米,共4层。该工程由大连市规划设计研究院设计,大连市筑成建设集团有限公司施工,于2006年11月开工,2008年11月完成竣工验收。

西山工科类3号实验综合楼主要包括实验室部分和办公教学部分。该工程主要分为两部分,其中一部分为生物实验及交通运输管理学院建设,另一部分为学生科技创新实践中心建设。学生科技创新实践中心部分平面形状为"一"字形,共四层,该楼共设两个出入口,其中北入口为主要出入口,西入口为辅助出入口。生物实验及交通运输管理学院部分,平面形状为"L"形,地上五层,局部四层其长边为南北向,短边为东西向。该楼共设四个出入口,其中北入口为主要出入口;南入口为次要出入口;两个东入口为辅助出入口。建筑面积10900平方米,建筑高度为23.40米。3号实验综合楼的两部分相互围合形成了两个院落,并与西山工科类教学、实验楼群和现有的电航楼将组成西山校区的教学科研核心区。学生科技创新实践中心、生物实验及交通运输管理学院两项工程分别由大连市规划设计研究院与中元国际工程设计院设计,大连渤海建筑集团有限公司施工,于2006年11月开工,2008年11月完成竣工验收。

(3)使用效益

大连海事大学西山工科类实验楼群是为了适应学校的发展而建设的,它的建设将改变环境科学与工程学院和自动化与电气工程学院实验室不足、办公环境较差的现状,并促进相关学科在教学科研方面飞速发展。其可改变学科空白的局面,吸引更多的高级研究教学人才,促进学科发展,培养具有创新精神和创造创业能力的高素质人才。该实验楼群建设除了可产生一定的经济效益外,还将产生巨大的社会效益。

1)满足学校教学实验及科研的需要

大连海事大学建设3号实验综合楼,将为学校环境系统生物学科、交通运输管理学科的教学、科研人员提供必要的教学实验及科研场所,为该学科的建设提供广阔的发展平台。

2)适应高等教育改革发展的需要

高等院校是国家科技创新的主要阵地,在某种意义上可以说,高校是科技创新的主力军。高等教育要主动适应这种要求,培养学生的动手能力和创新思维。培养具有创新、创造、创业能力的高素质人才是当前高等学校的重要任务。大连海事大学通过"学生科技创新实践中心"的建设将加强对学生创新精神和创造能力的培养,确保培养出适应社会需求、具有竞争力的优秀毕业生。

3)满足学校培养该领域高级人才的需要

通过本项目的建设,大连海事大学将使环境系统生物学学科建设成为集教学、科研、生物工程产品研制等产、学、研为一体的学科,其不仅能够完成硕士研究生、博士研究生等各类人才的培养工作,同时还能承担交通行业急需解决的生命科学技术类研究课题,利用现代生物学技术为航海交通行业做贡献。

随着航运业的发展,与此相关的行业,如航运管理、综合物流等行业领域的人才需求必将增强。因此,通过本项目的建设,大连海事大学将完成交通运输管理学科本科生、硕士生、博士生的培养工作,并能担任航运领域的重大课题,为国家输送高级航运人才。

14. 西山工科类教学楼群

(1)项目概况

大连海事大学是中国著名的高等航海学府,是交通运输部所属的唯一的全国重点大学,是被国际海事组织认定的世界上少数几所"享有国际盛誉"的海事院校之一。

根据大连海事大学"十五"发展规划,至"十五"末期,在校生总数达15000多人。目前学校现有教学用房面积35463平方米,与《普通高等学校建筑规划面积指标》52950平方米有一定差距,且教学用房功能不尽合理,缺少大班型及多媒体教室。因此,为缓解学校教学用房紧张的局面,满足学校现代化教学的要求,急需扩大教学楼面积。2005年6月30日,交通部批复的交规划发〔2005〕293号《关于大连海事大学西山工科类教学楼群建设项目可行性研究报告的批复》同意在西山校区建设工科类教学楼群。西山工科类教学楼群以学校日常教学用房为主,兼顾校园其他活动的场所。三个单体分别为1号、2号、3号教学楼,包括普通教室、阶梯教室及辅助用房,其中部分阶梯教室做多媒体教学使用。教室类型及数量主要包括:220人阶梯教室2个,150人教室22个,110人阶梯教室

10个,76人教室18个;辅助用房包括管理员室,教师休息室、答疑室、值班室等。西山工科类教学楼群总建筑面积14800平方米,其中1号教学楼建筑面积为4720平方米,2号教学楼建筑面积为4780平方米,3号教学楼建筑面积为5300平方米。建筑主体4层,局部半地下,建筑总高度:18.15米。总投资4900万元,由政府出资建设。

(2)建设历程

西山工科类教学楼群是为了适应学校的发展而建设的,它建成后将改善现有教学条件,促进工科类学科的发展水平。根据大连海事大学"211工程"建设目标,随着学校办学规模的不断扩大,社会对学校设施的需求也越来越高,同时现代化、电教化、网络化的教学设备越来越成为现代化教学的必备条件。为满足学校教学要求,满足学校本科教学评估的要求,建设西山工科类教学楼群意义重大。

大连海事大学西山工科类教学楼群用地位于大连市甘井子区旅顺南路西侧大连海事大学西山校区内,其西北侧是保留的5层高的电航楼,东北侧是西山新图书馆,南侧临近计算机科学与技术学院。西山工科教学楼群由1号教学楼(百川楼)、2号教学楼(德济楼)和3号教学楼(四海楼)组成,于2006年9月21日正式开工,由大连市规划设计研究院设计、大连恒圣建设集团施工,工程于2007年12月30日竣工验收。

结合总平面布局和功能使用,教学楼群布置为二栋点状集中式的大阶梯教室;一栋带状廊式的普通教室;三栋楼沿南北方向交错组合。一方面在楼与楼之间围合成小的院落;另一方面形成了台地上下交通和视觉的通道。该工程在教学楼内部也利用台地高差,将楼内上下交通融为一体,在台地上下均设有出入口,台地上侧出入口设置在靠中心景观步行带一侧,台地下侧靠近自行车停放处也设有出入口便于人行。

在教学楼单体平面布置中,该工程充分考虑了教室的功能性和使用舒适性。100人以上的大教室都布置为阶梯教室,并做到两侧通风、采光,走廊从后侧通向教室,便于教学使用;在人数较少的教室,布置为单面走廊,单面采光。同时结合走廊等交通空间,灵活布置了供学生与老师交流、休闲的空间,工程将走廊、室外平台、楼梯平台、庭院空间相互组合,为营造人性化的现代教室模式提供建筑功能上的支持。教学楼层高4.2米,在阶梯教室内安装吊顶,在吊顶内暗装槽灯,用以改善教学照明质量。此外,多媒体教室均考虑安装吊顶式空调。

为结合坡地和主入口位置,工程分别在东北侧220人大教室下和西侧150人教室下设计了架空空间,为学生停放自行车创造了条件,同时满足了建筑自身立面的景观效果要求。

本工程是校园内教学建筑,无污染物产生,对环境无不良影响。根据《民用建筑设计通则》的规定,本建筑耐久年限等级为二级,即主体结构耐久年限为50~100年。根据《建筑设计防火规范》的规定,本工程属二类民用建筑,耐火等级为二级。建筑内部公共区域的外墙面采用玻璃幕墙,外窗为深灰黑色喷氟碳漆的铝合金框、中空玻璃。室内房间采用水磨石地面,交通部分花岗岩地面,室内墙面以乳胶为主,局部使用面砖。阶梯教室顶棚采用的轻钢龙骨室内门除防火门外,均为高级装饰木门。卫生间地面使用防滑地砖,墙面瓷砖贴到吊顶下,采用铝合金扣板吊顶。环境部分地面以广场砖、步道砖、花岗岩为主,局部铺木地面、文化石地面。

(3)使用效果

学校现有教学楼包括:西教一、西教二、东山综合楼阶梯教室及正在建设的航海类专业教学楼,教学用房面积合计为35463平方米;且西山校区工科类专业的教学用房主要是西教一约5058平方米,西教二约14200平方米。现有多媒体教室23个,语音室14个,视听教室7个,230~240人教室5个,130~150人教室29个,77~110人教室45个,36~42人教室130个。从目前情况看,现有教学用房面积的数量无法满足逐年增加的学生数量的需求;同时由于现代化教学的需要,多媒体教室及130~150人教室缺口较大。

1)有助于满足学校教学的需要

从大学教学需要来看,现代化的教学用房已趋向电化教学、多媒体教学,对网络和电化教学设备的要求较高;同时也需要较多的大班型教室。而学校现有的教室中有多媒体设备的较少,而且小班型教室较多。为了适应学校今后教学发展的需要,提高大连海事大学教育质量,把大连海事大学建成世界一流的高等航海学府,建设一座与办学规模相适应的西山工科类教学楼群是十分必要的。

2)有助于满足学校本科教学评估的需要

大连海事大学系交通部所属唯一一所全国重点大学,学校已申请2004年秋季进行教育部本科教学评估。学校制订的评估目标是达到优秀。依据教育部评估指标,参照现有的学生规模,学校的教室面积不足,需建设新的教学楼。

3)遵循学校发展的总体规划,注重节约土地

设计依据大连海事大学校园总体规划,将西山工科类教学楼群和西山工科类实验楼群与保留的电航楼共同组成了西山工科类教学实验组团。在保持适当容积率、绿化率、覆盖率的前提下,尽量压缩用地使用范围,节约土地。整个楼群内的布局充分考虑与西山校区的融合,既优化了台地上下的空间关系,又延续了老校区中以电航楼为轴线的空间序列。

4)传承校园文脉,实现新老建筑的和谐共生,为老校区注入活力,创造丰富的院落空间

工程在设计中引入"组团"概念,将教学楼与实验楼合理布置在不同组团中,形成各自的主题,创造丰富的院落空间。一方面保留了老校区中原有的绿化树木,延续了老校区以电航楼为中心的轴线序列关系,另一方面丰富了校园空间,并创造出尺度适宜、空间开

放、环境优美的现代校园环境,为老校区注入活力。

5)注重人与自然的和谐相处,营造促进交流、激发想象的开放的校园环境

工程以人为本,并注重可持续发展。其充分考虑学生、老师的使用方便,营造人性化的环境,注重生态环保,并在布局中为今后的发展预留了空间和可能。其注重校园景观的实用性,既保证了绿化率,又创造了景观的可观赏性,同时也考虑了自行车的停放。此外,工程实现人与车分流,创造宜人的课间休息、室外学习交流的场所,并将景观环境与建筑空间相互渗透,达到和谐统一。

15. 机电与材料学院综合实验楼

(1)项目概况

1)项目立项背景

大连海事大学机电与材料工程学院时有 1 个博士学位授权点、1 个一级学科硕士学位授权点、5 个二级学科硕士学位授权点、4 个本科专业。学院下设 2 个系、2 个实验中心、10 个研究所。学院时有 79 名教职工,高级职称人员达到 75%,博士学位的教师达 60%,学科梯队 11 个,学术方向梯队 15 个,承担了国家多个自然科学基金以及交通部、辽宁省、大连市科研项目及港航企事业单位委托项目。学院所属的船机修造工程实验室为交通运输部和辽宁省重点实验室。目前学院实验用房面积不足,无法购置新的实验设备以满足现代实验教学及科研的要求,且部分实验用房功能不能满足需求;现有实验用房,位置分散,既不便于管理也不能合理使用。鉴于此,根据《大连海事大学校园规划调整方案》,学校拟在西山校区新建机电与材料学院综合实验楼,建筑面积约为 9500 平方米。机电与材料综合实验楼的建设能为该学院在机电与材料等学科的发展建设上提供一定的发展空间,为交通企事业的发展培养合格人才,进一步满足学校实验教学及科研的要求。

2)项目立项批准

根据由中华人民共和国交通部批准立项的 2007 年 8 月 28 日《关于大连海事大学机电与材料学院综合实验楼建设项目可行性研究报告的批复》(交规划发〔2007〕447 号)和 2007 年 11 月 13 日《关于大连海事大学机电与材料学院综合实验楼建设项目初步设计的批复》(交水发〔2007〕637 号),并于 2008 年 3 月 4 日获取大连市规划局颁发的编号为:地字第 210211200800028 号《中华人民共和国建设用地规划许可证》,机电与材料学院综合实验楼建设项目工程正式立项。

3)项目规模以及投资

整个工程总占地面积为 13100 平方米,总建筑面积初步设计批复为 9457 平方米;建筑主体为五层,建筑高度 20.4 米,其中实验室用房建筑面积 4010 平方米,教学用房建筑面积为 1375 平方米,辅助用房面积 830 平方米。建筑主体为现浇钢筋混凝土框架结构;

相应建设给排水,暖,通风消防、电气、环境保护等配套工程。

该建设项目工程支出总计为 2930 万元,由交通部投资为 2930 万元。

(2)建设历程和主要建设内容

1)项目主要建设内容

大连海事大学机电与材料学院实验楼总建筑面积为 9457 平方米,地上五层,建筑总高度 20.55 米。设计使用年限 50 年,围护墙体采用混凝土小型空心砌块砌筑。外门窗为断热铝合金框中空玻璃门窗和玻璃幕墙;外墙为面砖、金属漆、真石漆及涂料。内墙装饰为大白、乳胶漆及面砖等。天棚为乳胶漆、矿棉板吊顶和铝合金条板吊顶。室内地面采用花岗岩及强化复合地板,走廊、楼梯间采用花岗,岩,屋面防水采用贴必定卷材,卫生间防水采用聚氨酯涂膜,楼内设有电梯 1 部。

该工程结构形式为框架结构,楼板为普通混凝土楼板,围护墙体采用混凝土小型空心砌块砌筑,内外填充墙采用空心砖 M5.0 混合砂浆砌筑。

给水系统由学校内的管网供给,楼前设独立水表井,室内管材采用 PP-R 给水管,热熔连接,大便器采用延时自闭冲洗阀,小便器冲洗阀采用,红外线感应冲洗阀。

排水采用 UPVC 排水管,连接方式为粘接。室内污水排出室外后,经化粪池排入校内污水干管。对于有处理要求的污水,由设备自带污水处设备处理后排出。

该工程电气包括变配电系统、照明系统、动力系统、实验室电力、防雷及接地;低压配电系统采用放射式和树干式相结合的方式;动力配电系统主要包括电梯、热风幕、消防增压泵等,其均采用放射式配电方式,防雷及接地按三级防雷保护设计。

2)项目开工、竣工时间以及主要服务单位

该建设项目工程开工日期为 2008 年 7 月 18 日,竣工日期为 2010 年 3 月 31 日,于 2010 年 3 月 31 日对建设项目工程所含工程范围的各项目进行了竣工验收工作。

工程主要设计单位为大连建发建筑设计院,施工单位为大连实力建设有限公司。

(3)使用效果

大连海事大学机电与材料学院综合实验楼的建成,缓解了学校教学实验用房面积不足的局面,改善了学校的实验教学条件,促进了学科的发展。

1)满足了海事大学高速发展的需求

机电与材料学院下设 2 个系、2 个实验中心、10 个研究所。按学校当时规划预计至 2008 年,学院的学生规模将达到 1000 余人,教职工人数将达到 100 余人。学院正在筹建的本科实验室、学科实验室及相关研究室共 79 个。随着学院各项事业的迅速发展,学院现有的教学、学科场所等已远远不能满足学院发展的需要。而现有的本科及学科实验室由于受到现有场所的限制,在发展等方面受到一定制约,解决教学、学科实验室及教师办公场所等已成为学院的当务之急。机电与材料学院综合实验楼的建成,满足了大连海事大学高速发展的需要。

2）促进了实验教学的开展

机电与材料学院现有用房是临时调整状态，由于面积受限，很多实验设备无法购置，应该开设的实验课和拟增加的实验课无法进行，而且一些实验室还与轮机实验室合用。机电与材料学院综合实验楼建成后的投用，有力促进了机电和材料学院的各项实验教学的开展，大大提高了教学质量。

3）满足了学科发展和科学研究的需要

大连海事大学机电与材料工程学院承担了国家自然科学基金、交通运输部、辽宁省、大连市科研项目及港航企事业单位委托项目。学院所属的船机修造工程实验室为交通运输部和辽宁省重点实验室。该学院为交通企事业单位及其他有关部门培养了百余名博士、硕士毕业生，这些专业人才在交通各个领域做出了重要贡献。机电与材料学院综合实验楼的建成改善了办公环境，满足了学科发展和科学研究的需要，为国家和社会培养和提供了大批高素质人才。

16.基础课程教学楼建设

（1）项目概况

该建设项目于 2009 年经交通运输部批复，现已按照批准的建设规模和标准全部建成；完成了质监、环保、消防、规划等专项验收；竣工档案归档齐全，经报大连市城建档案馆验收合格；竣工决算报告编制完成，并按有关规定通过审计；工程建设过程，廉政合同已履行；目前已投入使用，使用情况良好；现已编制完成竣工验收材料，具备向交通运输部申请竣工验收条件。

项目建设前，根据交通运输部批复的学校中长期发展规划，学校发展规模为全日制在校生 20000 人。至 2009 年 9 月，学校在校全日制学生可达 19826 人。现有教学用房面积为 5.16 万平方米，分别是西教一、二、三、四、五楼、航教楼、综合楼及阶梯教室。与国家教育部颁布的《普通高等学校建筑规划面积指标》要求相比，尚缺教学楼建筑面积 2.32 万平方米。根据交通运输部批复的校园规划调整方案，学校申请了在西山校区建设基础课程教学楼，它的建设可满足学校学生基础理论课的教学需要。因此，学校分别以"连海大基字〔2009〕260 号文、连海大基字〔2009〕333 号文、连海大基字〔2009〕436 号文"向部申请了拟在西山校区新建基础课程教学楼建设项目，并于 2009 年 11 月 6 日得到交通运输部的批复。

（2）建设历程和主要建设内容

随着学校办学规模的扩大，现有教学用房已经无法满足在校生的教学需要，为保证教学工作的正常开展，根据交通运输部和大连市政府联合批准的大连海事大学校园规划，同意学校在西山校区建设基础课程教学楼工程，以满足公共基础课教学需要。

主要建设内容和建设规模如下：

①基础课程教学楼建筑总面积 8080 平方米，其中 154 人教室 20 间、114 人教室 5 间。

②原则同意建筑方案、总平面布置方案和主体采用现浇钢筋混凝土框架结构方案。

③相应建设给排水、暖通、供电、消防、通信、监控、电梯、室外绿化道路等配套工程。

工程总投资 2580 万元，交通运输部将在年度投资计划中安排。

1）工程主要服务单位

建设单位：大连海事大学

设计单位：大连建发建筑设计院

主要施工单位：大连筑成建设集团有限公司

监理单位：大连东方工程建设监理有限公司

勘察单位：大连勘察测绘研究院

勘察单位：大连市勘察测绘研究院有限公司

施工单位：

a. 主承包：大连光宇建设工程有限公司

b. 消防工程：大连北亚消防工程有限公司

c. 电梯工程：蒂森电梯有限公司

d. 空调工程：大连华烽机电消防工程有限公司

e. 弱电工程：大连顺达伟业通信网络有限公司

f. 教学家具采购：河北吉荣家具有限公司

监理单位：大连东方建设监理有限公司

质量监督单位：大连高新技术产业园区建设工程质量监督管理站

竣工结算编制单位：辽宁新华工程造价咨询事务有限公司

2）建设时间

本工程于 2010 年 9 月 13 日开工，竣工日期为 2011 年 8 月 25 日，竣工验收时间为 2011 年 9 月 22 日。

（3）使用效果

我国高等教育重点建设"211 工程"是落实国家教育改革与发展纲要的重大举措，其目标是"力争在 21 世纪初，有一批高等学校和学科、专业在教育质量，科学研究和管理方面，达到世界较高水平。"大连海事大学已跻身于"211"建设行列，基础实验楼是为了适应学校的发展而建设和改造的，即是大学的重要办学条件，被看作是一所大学综合水平的象征。

1)基础教学楼的建设与改造更好满足了学校的建设目标

大连海事大学已跻身于国家"211 工程"建设行列,其"211 工程"建设的总目标是面向 21 世纪。学校建设以江泽民同志提出的"建设世界一流的高等航海学府"为目标,计划用 15 年左右的时间,将大连海事大学建设成以航海重点学科为骨干,多学科协调发展,特色鲜明的世界同类院校一流水平的海事大学。其将成为我国培养航运业高层次人才的主要基地,成为解决我国航运事业科技进步中重大科研问题的重要基地;成为交通院校中在教育质量、科学研究、管理水平和办学效益等方面起示范带头作用的学校。基础课程教学楼的建成与改造满足了学校师生的教学、实验需求,满足了学校总体发展的需求。

2)基础课程教学楼的建设与改造适应了学校的发展变化

根据海事大学"十五"规划的分析,学校全日制学生发展规模合计约 15000 人,按照"十五"规划和校园总体规划要求,学校招生规模急剧增长,基础实验部分将成倍增长,学校通过对基础实验楼进行改造,加强了基础实验室的基础设施建设,满足了学校总体发展的需要。改造后的基础教学楼成为涵盖物理、化学等基础实验为主要内容的基础实验教学中心,有效地改善了基础实验教学条件和实验环境,提高了基础实验的综合利用效率,为学校的公共实验室建设打下了基础。

3)基础课程教学楼的建设与改造有利于提高学校教学质量,培养素质人才

高等学校是创造新的科学和培养高级人才的摇篮。加强教学理论与生产实践的紧密结合,注重学生知识的开拓、素质的提高和创新能力的培养,为社会培养大批一专多能,并具有良好的思想素质、文化素质、心理素质以及拓展专业能力的综合性人才是高校重要的社会职责。在人才的培养中,实验教学是素质和能力培养的重要一环,它对提高学校人才培养质量、教学质量、增强科研实力和提高办学水平起着重要的作用。在教育部于 2007 年 2 月提出的"关于进一步深化教学改革全面提高教学质量的若干意见"中已明确指出,要大力加强教学实验室和校内实习基地的建设,采用多种方法改造和更新实验设备,提高实验设备的共享程度和使用效率,保证学生的实践教学环节的教学质量。

基础课程教学楼建设为学生提供了条件更好的基础实验室,而基础课程教室是引导学生理论联系实际。加强学生理解和掌握所学理论,培养学生的创新精神和实践能力,是实现"双基"教学质量的重要保障。建设好基础实验室,将有力地推进基础实验教学内容、教学体系、教学方法和教学手段的改革,对全面提高本科生的培养质量,培养高水平的人才无疑具有非常重要的意义。

基础课程教室在引导学生理论联系实际,培养学生的创新精神和实践能力方面有着不可替代的作用。基础实验教学已不仅仅是验证知识和探索新技术的一种方法,还是培养学生多种能力和创新意识的主要手段。建设好基础实验室,将有力地推进基础实验教学内容、教学体系、教学方法和教学手段的改革。在教育部组织的本科教学工作水平评估

中,基础实验室的建设及其教学质量的考核也是评估的一个重要内容。

所以,基础教学楼的建设与改造更有利于学校提高教学质量,培养高素质人才,建设世界一流的海事大学。

17. 轮机综合实验楼

(1)项目概况

随着世界航运市场的东移,全世界范围内船员的需求量逐年大幅度增加。同时,随着国家经济的快速发展,航运业面临着一个很好的发展契机,与航运相关的企事业单位需要大量的高层次管理人才。大连海事大学是中国著名的高等航海学府,是交通运输部所属的唯一的全国重点大学,是被国际海事组织认定的世界上少数几所"享有国际盛誉"的海事院校之一。培养符合要求的高层次轮机管理人才是海事大学义不容辞的责任和义务。目前轮机工程学院实验室建设存在的主要问题表现在:

①轮机工程学院的实验室布局相对比较零散,分布在校园各个地方,需要进行资源和布局的优化。

②由于轮机工程专业招生规模的扩大,大部分实践教学仪器设备的台套数都需要增加,原有的实验室场地满足不了要求。

③"十一五"轮机工程专业和学科实验室都需要淘汰更新或购置新的,仪器设备。而目前的实验室场地满足不了"十一五"轮机工程专业和学科的发展要求。

④根据《大连海事大学中长期发展规划》,一些旧实验室属于拆迁的范畴,这些实验楼的仪器设备缺乏实验室场地。

鉴于上述原因,学校急需建设轮机实验楼,以满足轮机工程专业学生实践教学的需要。

根据交通部2007年9月11日交规划发〔2007〕498号《关于大连海事大学轮机实验楼项目工程可行性研究报告的批复》和2007年11月12日(交水发〔2007〕653号)《关于大连海事大学轮机实验楼建设项目初步设计的批复》,该项目获得批准立项。

轮机综合实验楼的规模:总建筑面积7613.45平方米,地上五层,建筑总高度21.2米,层高为首层4.2米,其他3.6米,配套建设给排水、电气照明、消防、弱电及室外工程,结构形式为主体为钢筋混凝土框架结构,基础为柱下独立基础。

批复本工程项目概算金额为2559.20万元,实际投资为2554.13万元。其中交通运输部投资2510.00万元,校方自筹44.13万元。

(2)建设历程和主要建设内容

1)项目主要建设内容

轮机综合实验楼共五层,沿内廊双面布置实验室,每层布置相应的配电室,卫生,饮水处等设施,总建筑面积7613.45米,建筑高度为21.2米,五层框架结构,基础形式为柱下独立基础。该工程设计使用年限为 50 年,耐火等级为二级,屋面防水等级为 II 级,防水层为两道 3 毫米厚 sbs 高聚合物改性沥青防水卷材,防水耐久年限为 15 年以上。围护结构按节能 50% 设计,外保温按照 JG144 施工。外墙饰面以外墙砖为主,局部外墙涂料。外部门窗为断桥铝隔热窗,采用断热型材铝合金、中空玻璃,内墙装饰为大白、乳胶漆及面砖等。天棚为乳胶漆、硅钙吊顶和铝合金条板吊顶。地面采用花岗岩及强化复合地板,走廊、楼梯同采用花岩,卫生间防水采用聚氨酯涂膜,楼内电梯 1 部。生活给水管道选 PP-R 管及本管材相应的专用配件,工作压力 0.45 兆帕,热熔连接;排水主管采用 UPVC 螺旋排水塑料管,其他横管采用 UPVC 塑料管黏接。本工程采暖采用钢制高频翅片管散热器。

2)项目开工、竣工时间以及主要服务单位

建设项目工程开工报告批准时间为 2009 年 2 月 20 日,于 2013 年 12 月 4 日对建设项目工程所含工程范围的各项目进行了竣工验收工作。

该工程主要的服务单位:

设计单位:大连都市发展建筑设计有限公司

施工单位:大连实力建设有限公司

(3)使用效果

轮机综合实验楼的建成,缓解学校教学实验用房面积不足的局面,改善了学校的实验教学条件,促进了轮机工程本科专业还是轮机工程学科的发展,加速了大连海事大学成为一流的高等航海学府的进程。

1)提供了充足的实验室场地,保证了教学质量

根据大连海事大学中长期发展规划,"十一五"末学校全日制在校本科生规模将增加到 17000 人(航海类专业学生占 30% 左右),高等职业技术教育与轮机员培训年规模达到 10000 人次。"十一五"末,轮机工程专业海上方向(轮机管理方向)及船机修造方向年招生数将由"十五"末的 15 个自然班增加到 24 个自然班,高等职业技术教育与轮机员培训为 25 个自然班,还有 600 人规模的非航海工科毕业生的航海类专业培训。与"十五"期间相比,轮机工程专业本科生和高等职业技术教育与培训的招生规模有较大的发展,需增加部分实践教学仪器设备的台套数和实验场地。轮机综合实验楼的建成提供了充足的实验室场地,保证了教学质量。

2)满足了更新的设备以及新购置的设备对实验室场地的需求

船舶技术发展很快,船舶的设备更新也很快,一些当时先进的仪器设备已经过时,需要淘汰更新。另外我国还没有培养从事某些特种船舶运输,如培养 LNG 船舶运输船员的能力,为此而新购置相关的仪器设备,安装至轮机综合实验楼后可以更好地培养高科技人才和特种人才。

3)保障了中国海事局评估规范的需求

中国海事局越来越注重船员的适任评估,新的评估大纲及评估规范都增加了一些新的评估项目。建好的轮机综合实验楼保障了这些新的评估项目的实施需要相应的仪器设备及实验室场地。

4)提高了旧设备的利用价值

根据大连海事大学校园规划调整方案,对部分旧实验楼拆迁,楼中的部分轮机仪器设备仍有一定的使用价值,搬迁轮机综合实验楼后进行重新安装,最大限度地发挥这些旧仪器设备的价值。

5)促进了轮机工程本科专业和轮机工程学科的高速发展

大连海事大学轮机工程本科专业 2005 年被评为辽宁省首批高校示范性专业,轮机工程学科是交通运输部"八五"期间首批建设的重点学科,现已被列为国家级重点学科。轮机综合实验楼的建成,大大促进了轮机工程本科专业还是轮机工程学科的发展。

18.外国语学院视听教学实验楼

(1)项目概况

大连海事大学外国语学院前身是大连海运学院科技外语部,1997 年成立大连海事大学外语系,2005 年更名为外国语学院。自 1953 年大连海运学院并校以来,有一批归国知识分子,从事外交工作的人员和学识渊博的,英语教师来院执教。1985 年获批"外国语言学与应用语言学"硕士学位授予权,2005 年获批"英语语言文学"硕士学位授予权,2010 年获批"英语笔译和日语笔译"专业硕士学位授予权。2008 年"外国语言学与应用语言学"硕士点成为辽宁省重点学科,是国内最早开展语料库语言学和计量语言学研究的为数不多的机构之一。外国语学院的"大学英语研究基地"是辽宁省首批和唯一的外语教育规划重点研究基地。

根据学校"十二五"规划,到"十二五"末,外国语学院教师数量将达到 140 人,其中教授 25 人;全校航海类本科生外语教学实现单班授课,原两班合一的状况将改为按自然单班授课,原 30 个班的教学将改为 60 个班。

然而,目前外国语学院教学硬件条件有限,尚无专用的教学实验用楼,语音实验室、视听实验室、机助翻译实验室、自主学习教室等实验室分散在学校多个教学实验楼宇中,不利于管理且数量不足,无法满足日益增长的实验教学需求。

大连海事大学分别以连海大基字〔2011〕262 号文、连海大基字〔2011〕367 号文、连海大基字〔2011〕460 号文向交通运输部申请了拟在西山校区新建大连海事大学外国语学院视听教学实验楼工程建设项目。根据交通运输部文件《关于大连海事大学外国语学院视听教学实验楼建设项目可行性研究报告的批复》(交规划发〔2011〕564 号)和《关于大连海事大学外国语学院视听教学实验楼建设项目初步设计的批复》(交水发〔2011〕694

号),该项目获得批准立项。

本工程项目是一栋实验教学性质的公共建筑,建设用地面积3246.4平方米,总建筑面积7741.97平方米。建筑工程等级一级,设计使用年限50年,地上6层,建筑高度23.85米,耐火等级二级,屋面防水等级二级。结构形式为钢筋混凝土框架结构,抗震设防烈度7度。本工程共包含地基与基础工程、主体,工程、建筑装饰装修工程、屋面工程、给排水及采暖工程、建筑电气,工程、智能建筑工程、电梯工程、通风空调工程、建筑节能工程等10个分部。

该项目计划投资2900.00万元,项目建设资金来源于交通运输部投资2900.00万元。

(2)建设历程和主要建设内容

1)项目主要建设内容

外国语学院视听教学实验楼占地面积3246.4平方米,建筑总面积7741.97平方米,配套建设给排水、暖通、供电、消防、通信、监控、电梯、室外绿化、道路等辅助工程,大连海事大学外国语学院视听教学实验楼位于大连海事大学西山校区中心区域。东侧为陆上专业课程教学楼,南侧为陆上专业新生教学楼,西侧是正在规划中的新图书馆,北侧为校园主干道凌水南路。外国语学院视听教学实验楼地上六层,呈"L"形布置,建筑高度23.85米,层高3.9米。建筑主体为框架结构,人工挖孔灌注桩基础。楼板为普通混凝土,楼板和蜂巢芯空心楼板,围护墙体采用混凝土小型空心砌块砌筑。外门窗为断热铝合金框中空玻璃门窗和玻璃幕墙;外墙为面砖及涂料,内墙装饰为乳胶漆及面砖等。天棚为乳胶漆、矿棉板吊顶和铝扣板吊顶。室内地面采用花岗岩、静电地板、塑胶地板及强化复合地板,走廊、楼梯间采用花岗岩。屋面防水采用SBS改性沥青防水卷材,卫生间防水采用聚氨酯丙纶防水材料。

2)项目开工竣工以及主要服务单位

工程于2012年4月30日正式开工,竣工日期为2013年8月10日,竣工验收时间为2013年8月20日。

该工程的主要服务单位如下:

设计单位:中国航天建筑设计研究院(集团)

施工单位:大连实力建设有限公司

(3)使用效果

外国语学院视听教学实验楼是服务全校外语视听教学、进行外语视听,说教学研究与实践的综合性实验楼。该楼的建成大大提高了大连海事大学外语听力和口语方面的教学水平,重点是提升外语视听教学和数字化多媒体外语教学的水平,满足教育部大学英语教学改革尤其是航海类大学英语教学改革的需要,其建成不仅改善了学校课程教学的条件,也为学生自主学习、参加全国大学英语无纸化网络考试提供了良好的学习条件,为教师、学生提供一个更为良好、专业、方便学习和交流的空间,也向国家输送了更多优秀的海事英语高级人才。

1)满足了学校教学实验及科研的需要

作为中国著名的高等航海学府,航海类专业外语教学为重要的基础性科,专业外语的水平最直观地体现我校所培养学生的国际海运素质和知识水平,为成为海事外语人才培养的摇篮及国际海事交流的基地,为外语教学提供一个更好更广阔的教学实验空间。

2)学校培养符合国际公约航海类高级人才的需要

外国语学院将人才培养放在各项工作的首位,特别重视航海类专业的外语教学,按照STCW公约的要求培养学生外语应用能力,以适应航运业作为最国际化的行业的语言方面的需要。但近年来通过对航运企业及毕业学生的走访调研发现,学校毕业的航海类学生在实际工作中,外语基础知识较扎实,但听说能力较差,与学校国际化航运人才培养目标有一定差距。

随着航运业的发展,与此相关的行业也在迅速发展。因此,通过本项目的建设,学校将完成海事外语学科本科生、硕士生的培养工作,为国家输送高级航运人才。外语专业教学依托航运背景,坚持理工科外语专业教学的优势和特色,以培养学生外语应用能力为主导,同时要求学生掌握一定的航运、计算机、外贸知识,其培养厚基础,宽口径,高素质,具有创新精神的国际通用人才,造就具有良好人文素养、独立研究能力和开拓创新精神的高级外语人才。学生毕业后可从事教育、编辑、翻译、外事、外贸等领域的工作,同时具备外语专业及相关学科领域深造的能力。

3)学校优化管理模式,提高教学质量的需要

实验楼的建成不仅提供了足够的空间,一改目前用房紧张、很多部门合用房间的局面,还优化了学院管理模式,促进党政工作的开展,为学院每一位教学工作人员提供良好的视听教学研究基地,促进了外语教学质量的提升。

19. 机舱实验楼

(1)项目概况

随着世界航运市场的东移,全世界范围内船员的需求量逐年大幅度增加。同时随着国家经济的快速发展,航运业面临着一个很好的发展契机,与航运相关的企事业单位需要大量的高层次管理人才。大连海事大学是中国著名的高等航海学府,是交通部所属的唯一的全国重点大学。培养符合要求的高层次轮机管理人才是大连海事大学义不容辞的责任和义务,并为国家的航运事业快速发展提供技术支持和保障,实验教学是培养轮机工程高层次人才的关键环节。但船舶机舱实验室仍存在许多问题,主要表现在:

①现有船舶机舱实验室设计为平面机舱,与实船的立体机舱仍有很大的差别。很难给学生提供实船的直观印象,难以达到本科实验教学的要求。

②由于轮机工程专业招生规模的扩大,原有的实验室场地满足不了要求。

③在船舶技术飞速发展的时代,船舶更新换代加快,"十一五"轮机工程专业和学科实验室都需要淘汰、更新或购置新的仪器设备。而目前的实验室场地满足不了"十一五"轮机工程专业和学科的发展要求。

综上所述,轮机工程专业目前的船舶平面机舱实验室及其他实验室的技术落后和设备不足是制约该专业开展实践教学的主要矛盾。从学校本科教学、学校"十一五"建设规划和国际海事组织的 STCW 公约及 MARPOL 公约的要求考虑,要培养高素质的轮机管理人才,现代智能机舱楼的建设已迫在眉睫。

大连海事大学分别以连海大基字〔2007〕287 号文、连海大基字〔2007〕345 号文、连海大基字〔2009〕428 号文向交通部申请了拟在凌海校区新建机舱实验楼建设项目。

交通部《关于大连海事大学机舱实验楼建设项目工程可行性研究报告的批复》,(交规划发〔2007〕497 号)及《关于大连海事大学机舱实验楼建设项目初步设计的批复》(交水发〔2007〕652 号)批准该项目的立项。

大连海事大学机舱实验楼建设项目的初步设计批复面积为 5155 平方米,竣工备案面积为 5153.21 平方米,地上 5 层,局部 6 层,配套建设给排水、采暖、电气照明、消防等工程。结构形式为主体为钢筋混凝土框架结构,基础为独立柱、带型基础。

该项目计划投资为 2497.46 万元,实际完成投资额为 3447.24 万元,其中由交通运输部投资 2380 万元,超出部分由学校自筹解决。

(2)建设历程和主要建设内容

1)项目主要建设内容

机舱实验楼位于我校凌海校区,建筑面积 5153.21 平方米,分为模拟机舱和附属用房。建筑主体地上 3~5 层,建筑总高度为 19.15 米(至烟囱顶部为 24.05 米)。结构形式为模拟机舱为钢框架结构,辅助教学用房为钢筋混凝土框架结构,基础形式采用柱下独立基础。机舱部分采用蓝灰色金属质感的压型钢板作为建筑的外围护材料;辅助用房外墙体采用浅灰色和深灰色涂料;外窗的框材采用断热型材铝合金,表面为深灰色黑色粉末喷涂、玻璃为透明中空玻璃;该实验楼的立面,采用蓝灰色金属质感的钛锌板围护的弧形片墙。

2)项目开工、竣工时间以及主要服务单位

该建设项目工程开工日期为 2009 年 5 月 22 日,竣工日期为 2011 年 10 月 20 日,于2011 年 11 月 29 日对建设项目工程所含工程范围的各项目进行了竣工验收工作,工程的主要服务单位为:

设计单位:大连都市发展建筑设计有限公司

施工单位:中冶东北建设有限公司

(3)使用效果

机舱实验楼的建成,缓解学校教学实验用房面积不足的局面,改善了学校的实验教学条件,促进了轮机工程专业的发展,加速了大连海事大学成为一流的高等航海学府。

1)船舶机舱实验室的立体化设计满足实验教学的需求

《国家教育事业发展"十一五"规划纲要》提出,高校要把教学作为中心工作,重点放到提高质量上,着力培养学生的创新精神和创新思维,增强学生的实践能力、创造能力和就业能力、创业能力。船舶机舱实验室的立体化设计真实地反映实船的性能和特点,给学生更直观地印象,使学生在实验室便可以进行实船操作,提高了学生的实际操作能力,对于因特殊原因不能上船的学生也可以取得与实船类似的操作经验。

2)为保证实践教学提供了必要的空间

根据大连海事大学中长期发展规划,"十一五"末,学校全日制在校本科生规模将增加到17000人(航海类专业学生占30%左右);高等职业技术教育与轮机员培训年规模达到10000多人次。"十一五"末,轮机工程专业海上方向(轮机管理方向)及船机修造方向年招生数将由"十五"末的15个自然班增加到24个自然班,高等职业技术教育与轮机员培训为25个自然班,还有600人规模的非航海工科毕业生的航海类专业培训。现代智能机舱楼的建设,扩大了本科、培训教学的空间,解决因实验教学场地不足而不能满足教学需要的问题。基本达到了教育部及相关部门的标准与要求。

3)满足了"十一五"轮机工程专业本科实验室建设和轮机工程学科实验室建设的需求

大连海事大学轮机工程本科专业是国家教委认定的 A + 名牌专业,2005 年被评为辽宁省首批高校示范性专业。轮机工程学科是交通部"八五"期间首批建设的重点学科,现已被列为国家级重点学科。"十一五"期间,现代化智能机舱楼的建成偷用,大大促进了轮机工程本科专业和轮机工程学科的快速发展。

(四)图书馆

1.东山图书馆

(1)项目概况

大连海事大学现有三座图书馆,分别位于东山教学区和西山教学区。东山教学区图书馆建成于 1982 年,建筑面积 6924 平方米。由于当时确定图书馆功能是以藏书、借阅为主,为此,该馆的设计为主体三层回字形建筑,北侧是藏书库,南部、东侧是阅览和自习室,西侧是办公和服务区。该馆舍属典型的传统图书馆建筑,藏书区按闭架管理模式设计,难以实现现代图书馆开架管理的服务模式。2004 年,因其基础管网等方面不能适应使用要求,且在消防等方面亦不符合有关的规范和规定,存在安全隐患,经由交通部批准同意对该馆进行了改造,改造后,其主要功能不变。

改造后的东山老图书馆环境优雅、信息化、自动化程度高、管理手段先进,在业务与管理方面与新图书馆相协调一致,为全校师生提供了一个高效、优质的文献信息服务和良好的学习环境。

（2）建设历程和主要建设内容

大连海事大学东山图书馆,始建于1979年,由大连建筑设计院进行设计、大连第一建筑工程公司施工,1980年竣工,建筑面积6924平方米,投资95万元。该建筑物是以海运学校图书储藏、借阅为主,南楼四层,东、西楼三层,为砖混结构。北楼为书库,四层,为内框架无梁楼盖结构,中间设夹层,全馆书集中于此,投入使用以来为大连海事大学的发展和建设作出了很大贡献。

经过几十年的发展,建于20世纪80年代初的大连海事大学东山图书馆的基础设施和功能布局等方面已不能适应现代图书馆的使用要求,在消防等方面亦不符合规范和规定,存在安全隐患。为给全校师生提供良好的图书馆学习环境和高效、优质文献信息服务,我校于2004年对东山老图书馆进行了改造。改造的主要内容包括:原书库改为开架阅览室,拆除夹层,相应增加防火疏散楼梯;原目录大厅改造为电子检索大厅,拆除内隔墙;更换门窗及内外墙装修;改造给排水、照明、电梯等基础设施;更新采暖管线和消防设施;增加综合布线、安全防盗设施、客货两用电梯一部。

2003年12月22日交通部批复的交规划发〔2003〕595号文件《关于大连海事大学东山老图书馆改造工程可行性研究报告的批复》对东山老图书馆6924平方米进行改造,总投资600万元。项目改造于2004年10月15日开工,竣工于2005年6月22日,设计单位为大连理工大学土木建筑设计研究院,施工单位为沈阳海鸟装饰工程有限公司。

（3）使用效果

我国政府在《国家中长期教育改革和发展规划纲要（2010—2020年）》中提出:今后十年要"加快建设一流大学和一流学科",到2020年,"建成一批国际知名、有特色高水平高等学校,若干所大学达到或接近世界一流大学水平,高等教育国际竞争力显著增强";"高等教育大众化水平进一步提高,毛入学率达到40%"。然而,要实现这一目标并非易事,因为它牵涉到方方面面,受着众多因素的影响和限制。其中,高等学校图书馆的建设就是众多因素之一。《普通高等学校图书馆规程（修订）》第一条规定:"高等学校图书馆是学校的文献信息中心,是为教学和科学研究服务的学术性机构,是学校信息化和社会信息化的重要基地","高等学校图书馆的建设和发展应与学校的建设和发展相适应,其水平是学校总体水平的重要标志"。可见,一流的大学图书馆是构成一流大学和建设一流学科的必备条件。大连海事大学是被国际海事组织（IMO）认定为世界上少数几所"享有国际盛誉"的海事院校之一,是中央部属高校、交通运输部直属高等学府,同时也是国家

"211 工程"重点大学,并且担负着完成《国家中长期教育改革和发展规划纲要(2010—2020 年)》使命。

1)东山图书馆的文化氛围为学校创建了一个良好的学术氛围

高校图书馆是一个神圣的地方,是学习的殿堂,是知识密集、人才集中的特定场所。图书馆里良好的学习氛围让进入的师生情不自禁地读书,对学生具有导向、教育、凝聚、激励等功能,它可以潜移默化地影响着学生的学习与成长,也可以更直接更全面的影响学生的成材,对养成学生良好的学习习惯具有决定性作用,可以说图书馆是学校进行素质教育的重要场所。图书馆里良好的文化氛围是一种享受空间,它的发展需要开放,需要吸收新的信息,反之,如果不对外开放,图书馆就会像一潭死水,难以清澈迷人,难以获得丰富养料,难以走向现代化,也难以发挥出它应有的作用,难以成为意识形态领域的前沿阵地。东山图书馆的建成为学校营造了一个良好的学术氛围,是学校不可或缺的元素之一。

2)东山图书馆充分发挥了其教育智能

高校图书馆的教育智能主要体现在两方面,一是文科学科知识的教育,二是思想政治教育。文化知识的教育主要体现在图书馆每年都结合学校的教学计划及科研任务,有针对性地为师生提供相应的文献参考资料。实践证明,要想在四年的时间里把大学生培养成为一名德智体美劳全面发展的高级专业人才,单靠课堂的学习是远远不够的,而图书馆里有大量的文献资料,学生可以尽情地学习,在图书馆里可以充分地消化吸收课堂所学知识,可以拓展课堂学习内容,扩大知识视野,所以,图书馆对学生的学科知识完善具有非常重要的作用,由此,很多教育家把图书馆看成是发展教育、培养人才的重要基地。思想政治教育方面主要体现在图书馆是大学生进行思想政治教育的大课堂,大学生在图书馆里学习的时间比较长,学习的过程也是形成人生观、世界观的过程,大学生普遍具有的特点是:思维敏捷、求知欲强,但缺乏对事物的鉴别和分析能力;有想法、有抱负但缺乏社会经验;容易受到周围环境的影响。这也说明大学生要想成为合格的社会栋梁,要经历一个积累的过程,光靠学习知识是不够的。图书馆是学生最喜欢的地方,几乎每天都要去的地方,所以,东山图书馆的建成充分发挥了其教育智能,加强了对大学生的思想政治教育,即主动地向他们提供一些精神食粮,帮助他们树立爱祖国、爱人民、爱劳动、爱科学、爱社会主义的思想,使他们具有对社会现象和个人行为进行比较、分析、综合、抽象、概括的能力,使他们具有判断是非、善恶、美丑的能力,使他们能掌握科学的思维方法,正确地看待社会问题和人生问题。

3)改造后的东山老图书馆对东山校区作出了极大贡献

大连海事大学东山老图书馆位于东山校区,东山校区是航海专业的教学区和生活区,而且是校部后勤所在地,是学校的主校区之一。校区内水、电、暖设施齐全,尤其经过校区基础设施改造后,水、电、暖供应得到了保证,因有标准规范可依,有成熟的技术保障,所以对老图书馆的改造十分有利。改造后的东山老图书馆的投入使用为东山校区的师生就近提供了一个查阅信息的方便去除处,为改善东山校区学习环境作出了重要贡献。

改造后的大连海事大学老图书馆是一座不囿于传统图书馆模式的信息化、自动化程度高,管理手段先进,在业务和管理方面与新图书馆相协调一致的现代化大学图书馆。改造后的老图书馆基本实现了藏、借、阅、管、检五大功能合一的管理工作模式。老图书馆改造既满足了现时学校办学的要求,又满足了学校发展规划实施的要求。东山图书馆在平面布局上本着内外有别的原则,动静区分,普通文本读物与电子读物区分,内部环境既突出了现代化图书馆的特色,同时又营造了浓郁的文化氛围,是东山校区的一大建筑亮点。

2. 新图书馆

(1)项目概况

随着教育事业的发展,大连海事大学已由学科面较窄的海运学院发展成为多学科协调发展的大学,学校已成功跻身于国家"211工程"重点建设高校,而原东山图书馆是20世纪70年代初设计、施工,1982年落成并投入使用的,总建筑面积6924平方米,属传统图书馆建筑。由于原图书馆规模小,建筑面积严重不足,设施落后,且图书馆藏书数量已无法满足学生日益增长的阅读要求,与国家计委批复的大连海事大学"211工程"的总体目标极不适应,不能满足现代化管理和计算机信息服务的需求。

《普通高校图书馆规程》中明确规定:"高校图书馆是学校文献、资料、情报中心,是为教学和科研服务的学术型机构,它的工作是学校教学和科研工作的重要组成部分。"众多教育学家已形成共识:图书馆是大学中最重要的教学设施,并恰如其分地称之为"学校的心脏"。因此,一流的大学必须拥有一流的图书馆与之相适应。

根据学校"九五"规划、2009年远景规划和"211工程"建设目标,学校组织论证并制定了图书馆新馆建设计划,认为有必要建设一所与世界同类院校一流学科的多学科海事大学相适应的现代化图书馆。按照学校总体规划,为方便管理,同意在学校新区(西区)东部新建图书馆,原图书馆改作学校行政或档案用房。

2001年,为了尽快完成大连海事大学西山新校区的布局和建设,使新图书馆与完工的科学会馆和拟建的西山教学楼连为一体,形成环形建筑群,结合学校校园总体规划和学校"十五"计划,新图书馆建设进入二期工程。

(2)建设历程和主要建设内容

大连海事大学新图书馆位于大连市甘井子区凌海路1号,大连海事大学西山校区内部,为一栋地上6层、地下1层建筑,建筑总面积为14707平方米。主要建设内容为图书馆大楼及与其相配套的设备、设施和办公家具。新图书馆由交通部投资5700万元建成,开工时间为2000年4月23日,竣工时间为2000年12月20日。其由清华大学建筑设计研究院进行设计,金州一建七公司施工完成。

新图书馆按照布局合理、功能齐全、使用方便、信息自动化程度高、管理先进的要求设计、建设,其建筑造型与大连市城市规划和周围环境相协调,并具有特色。这里能够向读者提供高效、优质快捷的文献信息服务,提供优雅、舒适、恬静的内外学习环境。按国家教委《关于下发普通高等学校本专科招生计划管理意见的通知》精神,普通高校生均占有图书数量最低标准为 130 册,生均年进书数量为 4 册。大连海事大学作为跻身于"211 工程"世界一流学科建设行列的学校应高于此项标准,因此新馆总藏书量应为 140 万册。此外,新馆阅览面积为 3417 平方米,文献阅读区可提供阅览座位 1216 个,期刊阅览可提供座位 308 个,并设研究厢 42 个、讨论室 2 个,藏书和阅览使用面积大于 6800平方米。

新图书馆二期工程与新图书馆一期相连,为两栋 4 层建筑,分别位于一期两侧,建筑面积各为 1320 平方米,总建筑面积为 2640 平方米。由交通部投资 1050 万元,开工时间为 2001 年 9 月 1 日,竣工时间为 2002 年 5 月 15 日。由大连建发建筑设计院进行设计,江苏南通三建集团公司施工建成。

图书馆二期工程的建筑风格、建筑色彩、建筑语言与一期工程一致,浑然一体,互相协调,天衣无缝。通过和谐有序的体量变化,简洁统一的细部处理,以达到融城市历史文脉和校园文化气息于一体的建筑艺术效果,并以其丰厚的文化底蕴给人启迪,催人向上,吸引更多读者到"知识殿堂"吸取营养。二期工程一层为过街通道,二、三、四层作为文献借阅区、研究厢等,阅览座位达 350 个、藏书 10 万册。是新图书馆面积、造型的重要补充,同时把新图书馆、科学会馆、教学楼连成一体,形成一组椭圆形的建筑群。

(3)使用效果

大连海事大学新图书馆是一座打破传统图书馆建筑模式的具有世界同类院校一流水平的现代化图书馆。其造型新颖、色彩明快协调、环境幽雅、结构坚固、功能齐全、布局合理、自然通风和采光良好,已成为学校的标志性建筑和知识的殿堂,成为学校海事类文献信息收藏、查询和学习中心,成为我国海事类学科文献信息中心,其效益主要体现在以下几个方面。

1)社会效益

新馆建筑的社会效益可以从它形成的服务能力和可以满足读者的需求程度体现出来。新图书馆一改以往传统的服务方式,成为藏、借、阅、管四大功能合一的现代化图书馆,可满足全校师生对图书馆的需要。此外,新馆使用大量电子计算机等现代化设备开展服务工作,设有多种读者活动场所,延伸图书馆的多元服务功能,大大提高高层次服务能力。新馆还利用拥有的文献、设备和人才优势,吸引社会读者,介入社会文化教育和情报活动,使其真正成为我国海事类学科文献信息中心,成为学校开展学术交流的窗口,并能更好地为我国航运业提供服务。综上所述,新馆对于学校教师队伍的培养,教学质量的提高,学生学习环境的改善和学习质量的提高,无疑都是十分重要的,是学校实现"211 工程"总目标的重要保障条件之一。

2)经济效益

新馆建筑的经济效益可以从它的适用性、先进性、科学性以及由此而带来的各种方便条件、节约程度和新馆所产生的直接经济效益来体现。

新馆建筑按照适用长久、经济高效、安全美观的原则进行设计和施工,布局更加灵活,方便各种用房相互调整,有利于图书馆实行现代化服务和管理模式,有利于人流物流畅通,互不干扰,使读者有一个宽敞、舒适的阅读环境,增强读者阅读的效果,提高文献的利用程度。新馆投入使用后,充分利用自身的文献和人才优势,加速进行信息资源的开发和利用,加速数据库的建设,使信息资源的开发、利用与信息网络建设相互协调,推进信息资源产业化方针政策的逐步落实,从而大大提高利用计算机网络和多媒体等新信息技术为学校的教学、科研服务和为社会服务的能力。根据《国家教委关于加强信息资源建设的若干意见》的通知精神,学校新馆着重使海事类文献信息资源的开发利用形成规模化、产业化,支持学校的教学和科研工作,并面向我国交通系统,提供社会服务,直接创造经济效益。

3)形象效益

新馆矗立在学校东西山之间,建筑气势恢宏,环境优雅清新,带有浓郁的文化教育氛围,成为学校的标志性建筑,并以其丰厚的文化底蕴给人启迪,催人奋进,这本身就可以吸引更多的读者关心和利用图书馆。因而,无论从形象上还是从功能的发挥上来看,都能让人感觉到这是学校的一座知识殿堂,产生良好的形象效应,同时为大连海事大学实现"建设世界第一流的高等航海学府"的目标作出突出贡献。

3.图书馆

(1)项目概况

1)项目立项背景

高校图书馆作为重要的高等教育实质性文化载体,是学子们进行自我提升与知识获取的重要途径,成为大学生素质教育的第二课堂。同时也正是由于高校图书馆其自身的性质和功能特点,使其在校园文化建设中有着不可替代的重要地位和作用,被誉为"没有围墙的大学"。为大力推进我国高等教育事业的建设步伐,以科学发展观为指导思想有效地提升我国高等教育的办学质量,培养高素质全面型人才,国家在"十二五"发展规划中针对高等教育发展提出:"以提高高等教育质量为核心,以适应国家和区域经济社会发展需要为宗旨,充分利用优质资源和先进技术,创新运营机制和管理模式,整合现有资源,构建先进、高效、实用的数字化教育基础设施,进一步促进高等教育科学发展"。

大连海事大学是我国著名的高等航海学府,是直属于我国交通运输部的全国重点大学,也是国家"211 工程"重点建设大学之一。该校多年来通过不断地壮大与发展,目前已拥有了较为完善的教育设施和雄厚的师资力量,每年为我国输送大批高级航运专业技术人才,是我国知名的航运人才摇篮。大连海事大学时有全日制在校生人数达 20000 余人,同时招收攻读学士、硕士、博士学位的外国留学生,各类在校生总人数达到 25000 余人。而作为该校文化建设的主体,大连海事大学现拥有的西山教学区和东山教学区两座图书馆,由于分版式的运营管理模式所造成的现有优势资源难以整合利用、人力资源管理复杂、文化特色不够突出等一系列问题亟待解决,为切实地解决该校现有图书馆现阶段所存在的诸多问题,推进现代化的高等院校文化建设,最大化程度地整合现有优势资源,以发展的眼光为学校师生提供一处文献收藏丰富,功能设施完善,可同时进行书籍阅览、信息交流、咨询服务等活动的数字化平台,大连海事大学提出了该项目建设。

2)项目立项批准

该项目《可行性研究报告》于 2012 年由交通运输部报送国家发展和改革委员会审批,2013 年国家发展和改革委员会对该项目的《可行性研究报告》下文批复(发改基础〔2013〕823 号)。2014 年《交通运输部关于大连海事大学图书馆建设项目初步设计的批复》(交函水〔2014〕72 号),该项目获得立项批准。

3)项目规模以及投资

在大连海事西山校区建设图书馆 1 座,总建筑面积 34970 平方米,并配套建设通信、信息、给排水、暖通、消防和绿化等。

其批准总概算为 20595 万元,所需资金全部由交通运输部安排中央专项资金解决。

(2)建设历程和主要建设内容

1)项目主要建设内容

目前正在建设中的图书馆工程位于大连海事大学西山校区内,已建外国语学院视听教学实验楼西北侧。图书馆总体呈"回"字形布置,共设置 14 个,出入口及应急疏散出口,其中南侧出入口为主出入口。图书馆周边设置环形道路、停车场以及绿地等。

图书馆为地上 4 层、局部地下 1 层建筑物,地上建筑面积为 33780 平方米,地下建筑面积为 1190 平方米;建筑平面呈方形,主轴线尺寸 117.0 米 × 97.50 米;图书馆地下一层、地上一至四层层高均为 5.00 米,建筑物高度为 23.80 米。

图书馆一层主要布置主入口前厅,借还书处,新书藏阅区等;二层主要布置中文图书藏阅区,中文图书借阅区,海事类文前献藏阅区等;三层主要布置外文图书藏阅区,外文报刊藏阅区等;四层主要布置样本藏阅区,特种文献藏阅区等;地下一层主要布置排烟机房,钢瓶间,变电所,消防水泵房,消防水池,冷水机房等,图书馆楼面主要采用地砖及 PVC 地板等,乳胶漆内墙、面、矿棉吸声板吊顶顶棚,外立面以涂料为主,局部采用面砖及玻璃幕墙。

2）项目开工工时间

建设项目于 2015 年 3 月 21 日开工。

（五）食堂

1. 西山三、四食堂

（1）项目概况

大连海事大学是交通运输部所属的全国重点大学，是国家"211 工程"重点建设高校，素有"航海家的摇篮"之称。随着大连海事大学的学生发展规模逐渐扩大，学校内原有的学生食堂数量已经满足不了学校发展规模及学生用餐的需要。学校是培养祖国未来人才的地方，而人才必须要有好的身体去支撑。如果没有足够的学生食堂和健康安全的食品，学校难以保证学生在日常和学习生活的正常进行。根据大连海事大学校园总体规划方案，以"建设世界第一流的高等航海学府"为目标，以建设符合未来发展、高标准、现代化、有时代气息的海事大学新校园为指导，同时为避免出现因学校学生食堂数量较少而出现的学生无处就餐、等餐时间过长、食堂内拥挤不通等状况，学校决定分别于 1979 年和 1999 年在西山校区内新建两座学生食堂，即学生第三食堂和学生第四食堂，以满足学生日常生活、饮食等需要，为全校学生提供更为丰富的菜肴和更加美味的菜品。

（2）建设历程和主要建设内容

大连海事大学西山校区学生第三食堂又名海华三餐厅，是一座一层建筑，为砖混结构，总建筑面积约为 2000 平方米，开工时间为 1979 年 3 月 30 日，竣工时间为同年 7 月 31 日，工程造价 26.61 万元。其由旅大设计院进行设计，由大连第一建筑公司七二区施工建成。其建成时间较早，属于大连海运学院较早的学生餐厅之一，满足着全校师生每日的用餐需要，受到大家的广泛喜欢和支持。

大连海事大学西山校区学生第四食堂又名海华四餐厅，是一座四层建筑，为砖混结构，总投资为 700 万元，总建筑面积约为 4741 平方米，工程于 1998 年 6 月 6 日开工，于 1999 年 10 月 30 日竣工。其由大连建发工程事务所进行设计，由大连市北大建筑工程公司施工建成。时大连海事大学被国家批准进入"211 工程"重点建设之列，为向全校师生提供更好的生活和学习环境，同时避免学生出现因食堂数量较少而等待就餐时间较长、食堂过于拥挤等情况的出现，学生第四食堂应运而生。

学生食堂建设内容包括员工工作区、学生就餐区、安全及疏散通道等。员工工作区有食品原料贮存间、食品加工区、备餐及留样区、后勤区、员工更衣室等，学生就餐区有学生就餐桌椅、人行通道等。大连海事大学多个学生食堂建立以来，满足了每天上千甚至上万名校内外人员和师生的用餐需要，不仅提供给人们舒适美好的进餐环境，更以其健康美味、种类繁多的特点吸引着人们的目光。

（3）使用效果

1）学生食堂是全校师生学习、工作和生活的重要物质基础

学生食堂承担着全校数万师生尤其是学生的日常饮食工作,这就决定了学生食堂在校园里有着"至高无上"的特殊地方和重要作用:众多师生首选的获取食品的场所。大学生的生活圈子是"三点一线":教室、寝室、食堂。由此可见,学生食堂对于师生尤其是学生群体的重要服务作用,既是服务也是保障。大连海事大学西山校区学生第三食堂和第四食堂健康丰富的可口饭菜,能够保证全校师生日常生活、工作、学习合理正常地进行。此外,国家特别关注民生民情,作为学校学生的"吃"是首要民生问题,许多国家领导人视察学校时,都会到学生食堂亲自体验,所以从这个角度讲,响应国家号召,充分体现"以人为本",也是学校和学生食堂力所能及的一部分。

2）学生食堂是学校重要的育人阵地和校园文化建设阵地

学生食堂是学生"三点一线"的重要一"点",学生每日三餐至少要有 2 个小时在食堂中度过,累积下来一年(按 10 个月计算)则有 600 个小时在食堂度过,那么大学四年累积下来就有2400 个小时在食堂中,折合 100 天。即四年下来,学生有近7%的时间在食堂度过,该时间段内学生在食堂不仅仅是传统意义上的打饭和吃饭,还包括在食堂中进餐时同食堂工作人员及其他师生的接触、接触食堂中的"常识小广告"、感受食堂的文化氛围(各种与饮食和节俭有关的小标语)、试验食堂中的综合环境。大连海事大学西山校区学生第三食堂和第四食堂就餐环境优美惬意,舒适宜人,为全校师生提供良好的进餐和交流环境。

3）学生食堂能满足学生们高效便捷、批量的饮食供应需要

学生来学校的主要目的是学习知识,大量的课余社团活动、社交活动等也占据了他们的生活时间,因此学生的日常生活也是快节奏的,学生食堂能够最有效最便捷的满足学生的饮食需要。大连海事大学西山校区学生第三食堂和第四食堂采用的是"大锅大灶",多人流水作业,所以食堂中的食品不仅种类繁多且取餐速度快。据统计,大连海事大学一个学生食堂一餐(2 个小时内)同时接待上千名学生不成问题。不同的学生食堂遍布在校园的多个地方,方便位于不同方向和地方下课的学生及时就餐。学生从步行到就进食堂,到购餐,再到进餐,再到回寝室总共约需半小时到四十分时间足矣。

4）学生食堂的食品安全可以得到保障

学校食堂的食品安全是餐饮工作的生命线,就餐安全是全校师生乃至社会共同关注的热点问题。伙食工作由于参与人数较多,影响因素较广,内容较为复杂,历来被人们视若危途。大学生从入校到毕业,绝大多数时间都生活在学校,学生食堂的伙食质量营养配比和食品安全对大学生身体健康至关重要,热量的补充也需要依靠学校食堂的伙食来补充。因此,认真学习贯彻落实上级文件精神,吃透、读懂《食品卫生法》和《学生食堂与学

生集体用餐卫生管理规定》实施细则等一系列关于食品卫生和饮食安全的各项法律法规尤为重要。大连海事大学西山校区学生第三食堂和第四食堂，不以片面追求利润为益，不靠"型""色"为单一元素来吸引学生，而是从食品原料到食品健康层层把关，为全校学生提供丰富可口又安全的餐食。

5）学生食堂是学校发展和建设的重要力量

学生食堂既是学校的一项公益事业，也应是创收的来源之一。学生食堂主要是服务学生日常生活和健康的，从校方角度来看，它应是重公益、轻效益的，即以"薄利多销"的经营模式为主，适当少量的赚点利润。同时学生食堂也为周边下岗失业人员提供了许多的就业岗位，对于学校其他单位来说，学生食堂也是创收机构之一，所以食堂在做好服务的基础上，多多少少也可以为学校的发展提供一定的物质来源。大连海事大学西山学生第三、四食堂的建设是为了适应学校的发展和建设目标，它们既是学校学生赖以生存的用餐地，又是大连海事大学综合水平的象征。大连海事大学西山学生第三、四食堂建成后，不仅解决了校内外师生和工作人员的吃饭问题，更树立起了大连海事大学对外的形象，产生了巨大的社会效益。

2. 中心食堂

（1）项目概况

1）项目立项背景

大连海事大学是中国著名的高等航海学府，是交通运输部所属的全国重点大学，是被国际海事组织认定的世界上少数几所"享有国际盛誉"的海事院校之一。

为了牢牢把握我国交通运输事业快速发展的黄金期，进步加快海事大学的全面发展，交通运输部和大连市人民政府联合批复了《大连海事大学中长期发展规划》，将海事大学的办学规模定为在校生 20000 人（其中研究生 5000 人）。

高等学校要健康、持续、稳定地向前发展，有力的后勤服务是必需的保障之一。而在高校后勤服务工作中，餐饮服务是高校后勤服务的重要组成部分。食堂作为高校后勤保障的首要设施，是后勤服务环节中最基础但也是最重要的部分，为保障在校学生及教职工的身心健康、卫生安全和学习生活水平，学校食堂的建设必须与学校的办学规模协调一致，并随着学校办学规模的不断扩大而同步实施规划和配套建设。

项目启动前期立项工作，成立专门机构，设立项目论证组，聘请专业设计院和咨询机构，为学校规划设计一座造型新颖、功能完备、设施一流的现代大学中心食堂。

2）项目立项批准

大连海事大学分别以连海大基字〔2012〕142 号文、连海大基字〔2012〕314 号文、连海大基〔2012〕457 号文向交通运输部申请了拟在西山校区新建大连海事大学中心食堂建设项目，于 2012 年 9 月 17 日得到交通运输部批复。

根据《交通运输部关于大连海事大学中心食堂建设项目初步设计的批复》(交水发〔2013〕90号)和《交通运输部关于大连海事大学中心食堂建设项目可行性研究报告的批复》(交规划发〔2012〕468号),该项目批准立项。

3)项目规模以及投资

依据交通运输部批复的大连海事大学"十二五"发展规划,项目论证组结合建设场地现状和国家有关规定,经过认真调研和充分论证,设计建设了一座建筑面积为13918.68平方米的现代化学生中心食堂。主要功能包括:大众化餐厅、风味餐厅、零点式餐厅、教工餐厅、办公用房、员工宿舍、标准厨房及加工间、仓储用房、设备用房等。

该项目计划投资额为6300万元,实际投资额为6121.60万元。项目建设资金来源为交通运输部投资。

(2)建设历程和主要建设内容

1)项目主要建设内容

大连海事大学中心食堂项目工程占地面积9195.40平方米,建筑总面积13930平方米,其中包括就餐面积6828.75平方米、厨房面积2612.54平方米,库房和储藏间面积2340.21平方米、辅助面积2148.50平方米。配套建设供电、照明、通信、给排水、消防及室外工程等设施。

该项目地下一层、地上四层建筑,地下建筑面积为3109.27平方米、地上建筑面积为10820.73平方米;地下一层至地上三层层高均为5.1米,四层层高3.15米,建筑高度为23.85米。

建筑主体为框架结构,人工筏板基础。楼板为普通混凝土楼板,围护墙体采用混凝土小型空心砌块砌筑。外门窗为断热铝合金框中空玻璃门窗和玻璃幕墙,外墙围涂料,内墙装饰为乳胶漆及面砖等。天棚为乳胶漆、矿棉板吊顶和铝扣板吊顶。室内地面采用防滑地砖,屋面防水采用SBS改性沥青防水卷材,卫生间防水采用丙纶防水材料。

2)项目开工、竣工时间以及主要服务单位

本建设项目工程于2013年9月20日开工,竣工日期是2015年7月11日,竣工验收时间为2015年12月17日。该工程的主要服务单位为:

设计单位:中国航天建筑设计研究院(集团)

施工单位:大连三川建设集团股份有限公司

(3)使用效果

大学中心食堂,是后勤保障的首要设施,是后勤服务环节中最基础但也是最重要的部分,有力地保障了在校学生及教职工的身心健康、卫生安全和学习生活水平。

1)满足全校师生正常就餐的需要

随着海事大学的扩建扩招,人员急剧增加,中心食堂提供了足够的后勤保障。

2)改善就餐环境的需要

良好的就餐环境不但促进人的食欲,减轻精神压力,而且加强相互之间的交往。随着我国国民经济的增长,学生对就餐环境有了更高的要求,独特的外观设计,优雅、洁静内室内环境,流畅、便利的就餐通道在深受师生们的喜爱的同时,也有利于教育学生热爱校园、勤俭节约、谦让有礼,有利于培养学生独立的人格和社会责任感。其在设计中融入大学校园,独特的文化气息,成为校园人文精神的延伸,发挥环境育人的作用。

3)促进了高校后勤发展

高等学校要健康、持续、稳定地向前发展,有力的后勤服务是必需的保障之一。而在高校后勤服务工作中,餐饮服务是高校后勤服务的重要组成部分。随着改革开放的不断深入,经济的快速发展,人民生活水平的提升,中心食堂的建设水平在服务方式、管理方式、就餐模式、空间模式等各方面均有了很大的提高。

(六)功能性楼群建设项目

1.计算机中心

(1)项目概况

近年来,随着信息技术、网络技术和应用技术的飞速发展,信息化建设已成为高等学校建设的重要组成部分。在大连海事大学中长期发展规划中,信息化建设是学校发展的重点。学校现有的计算中心始建于1986年,建筑面积约2100平方米,为三层钢筋混凝土框架结构和局部一层砖混结构用房,主出入口设于东南角。该建筑当时按照IBM4381中型计算机机房进行设计并建设,并包含CAD机房、终端机房以及办公室、资料室等。后根据学校的发展和计算机基础教学的需要改建成了微机机房以及网络机房,主要用于计算机基础教学和校园信息化服务。

经过20年的使用,该楼存在配套设施严重老化、网络用房及计算机基础教学面积不足等问题。为此,学校于2008年对原计算中心进行了改扩建,成为目前的信息中心楼。信息中心楼位于大连海事大学中部校园主出入口区域,位于规划的新校门和老校门的轴线末端,是原计算中心楼的基地,地理位置显著且重要,对学校的形象有较大的影响。其东边为年代较久远的3层档案馆。南侧为一条小河沟,西侧规划有5层教学实验楼,东侧规划为爱国主义教育基地。信息中心楼改扩建后,它消除了安全隐患,满足了东山校区学生计算机基础教学和学校信息化建设的需要。

(2)项目建设历程和主要建设内容

我校原计算中心主要用于东山校区航海类专业和文科专业计算机基础教学和网络信息服务,该建筑开工于1985年12月6日,竣工于1987年5月25日,设计单位为电子工业部第十一设计研究院,施工单位为大连第一建筑工程公司,建筑面积为2265平方米,总投资约92万,资金来源为拨改贷。

经过20年的使用,原计算中心出现了一系列问题:由于面积有限,网络机房设备的摆放是见缝插针式,且主机房内通道与设备间的距离过小,明显不符合国家标准电子计算机机房规范。该楼当时按照IBM4381中型计算机机房进行设计并建设,现随着网络设备的增加,供电严重不足,机房环境很差,易造成学校校园网运行的不稳定。另外,由于该楼已使用20年,原水、电等设施老化,存在严重的安全隐患,且防火防盗系统也不能全部覆盖现有的机房和房间。因此,学校于2008年对改建筑进行了改扩建。

改扩建的信息中心楼开工于2008年7月26日,竣工于2009年4月10日,设计单位为大连建发建筑设计院,施工单位为大连筑成建设集团有限公司,建筑面积为6200平方米,其中新建4380平方米,改造1820平方米,总投资2856万元,由交通运输部批复。

信息中心楼改建部分为原三层的计算中心办公楼,其南侧局部的一层砖混结构房屋将拆除,老楼改造后各层主要功能均为教学微机机房,设备用房和教师用房。扩建部分为一栋五层的新楼,并对旧楼进行内外装修,与新楼形成一个整体,并结合规划中的爱国主义教育基地及已有的档案馆,形成一组环境优美的建筑群。

新建部分在一层入口门厅处与原计算机中心楼连接。功能有消防控制室工程、材料库、教学微机机房、校园一卡通服务中心。还有一些设备间,如电话控制间、双路供电配电室、机房UPS配电室等。二层至五层主要功能空间为主机房,二层主机房包括网络托管机房、网络培训用房等;三层主机房包括网络应用机房;四层主机房包括运行监控室、网络通信机房和保密机房等;五层主要有教学微机机房。

(3)使用效果

信息中心楼改扩建工程完成后,学校的信息化建设实现了以全校服务器、网络等提供校园信息化(公共、办公、教学、科研等)服务的设备集中管理和数据的集中共享为主的高效运行模式。

1)改扩建的信息中心楼改善了学校网络通信基础设施建设的现状

按照学校招生计划,我校航海类专业每年招生1190人,位于东山校区的文科专业每年招生超过630人;航海类专业在校时间按3.5年计算,文科专业在校时间按4年计算,东山校区在校非计算机类专业学生数(1190×3.5+630×4)超过6685人,加上每学期重修班(以往这几门课程不及格的学生)的上机需求,需要670台微机(每10人一台微机计算);按两个班级作为一个教学班计算,每个教学微机房放置75台微机,面向东山校区非计算机专业教学的公共机房数量应为9个。该楼现有教学微机机房3个,微机200台左右。

学校已建成连接教学区和学生宿舍区共35栋主要建筑的光纤主干网。全校网络分为6个区域,全部使用光缆连接,区域间主核心交换机使用万兆链路提供10Gb级高速互连,同时提供 1Gb 备份链路;各楼宇使用 1Gb 光纤链路接入校园网。共安装接入层交换机 831 台,汇聚层交换机 54 台。网络线路到达所有的办公室、实验室、研究室,网络端口到达全校师生桌面的数量为师生总数的 50%。网络综合布线端口达到20520个,可管理信息端口超过 10000 个,入网计算机近万台,注册用户近 7000 人,占在校师生员工的 40%。

显然,原计算中心满足不了教学需要,扩建后的信息中心楼改善了学校网络通信基础设施建设的现状。

2)改扩建的信息中心楼为学校信息化建设提供了基础保证

根据《大连海事大学中长期发展规划》,学校将根据办学规模的增长和信息技术的进步,加强学校信息化建设,以信息技术支持教学与科研,提高学校核心竞争力;在开放的系统框架、技术体系和信息标准下,解决"信息孤岛""应用孤岛"问题。其采用科学的建设模式、合理的运行机制、有力的管理体制,形成强大的技术支撑和服务队伍,对教学、科研、社会服务和政务管理给予全面支持。

学校信息化建设的主要任务包括:继续网络通信基础建设与基础服务设施建设;推行信息标准,建立数据中心;整合全校信息资源,实现综合校务信息系统;续建航运科技信息资源库;提高网上教学服务水平;完善网络信息安全体系和校园安防监控系统。

依据《中华人民共和国国家电子计算机机房设计规范》,学校对该楼进行改扩建,有效地解决了网络机房、微机用房面积指标不达标问题;解决了原楼内的配套设备老化、供电不足等问题,消除安全隐患;解决了学校东山校区航海类学生基础教学实验用房不足问题。该楼的改扩建,建筑面积的增加以及电力等配套设施的改善不仅为校园信息化建设所需增添的设备提供了基础保证,也大大改善了机房的环境,使得机房的现代化规范管理得以顺利实施。

3)改扩建的信息中心楼满足了专业研究生的科研需要

考虑到网络相关专业研究生的科研需要,以及校园网信息化建设的开发、维护的需要,学校在新建信息中心设立了供研究生使用的研究生试验机房。此项工作不仅为我校的研究生教育、相关科研课题的研究提供了技术支持,同时也有效的利用宝贵的研究生资源为我校的信息化建设、网络技术的研究开发提供了人才上的补充,解决人力资源不足的现状,提供网络信息技术人才的资源共享。

2.天象馆

(1)项目概况

大连海事大学位于大连市南部的高新技术园区,从属于交通运输部,是"211 工程"重点建设的院校之一。大连海事大学天象馆始建于 1985 年,是一栋两层的建筑。后经过近20年的使用,天象馆内部设施陈旧不堪,水、电设施落后,学校于2004 年对其进行了修缮。

(2)建设历程和主要建设内容

大连海事大学天象馆建设开工于 1984 年 11 月 15 日,竣工于 1985 年 6 月 30 日,建筑面积 519 平方米,设计单位为大连市设计院,施工单位为大连市第三建筑工程公司,总投资 11.66 万元,资金来源为国家拨款。

经过近二十年使用,天象馆内部设施陈旧不堪,供水管道锈蚀严重,多处渗漏;供暖管道堵塞严重,室内保温效果差;供电线路维持着原设计的铝线,仅供照明,增加其他电气设备难以承载;卫生间渗漏,狭小,房间是老木门,一直修补使用,旧钢窗损坏严重,已无法修复,急需更换;楼内无综合布线等现代化办公配套设施,教学用品损坏,办公家具也损坏严重;办公、教学条件较差,不能满足教学发展需要,与学校建设世界一流的高等航海学府的目标不相符合。因此,学校于 2003 年对天象馆进行了修缮。

天象馆修缮项目开工于 2004 年 4 月 26 日,竣工于 2004 年 6 月 26 日,修缮面积 519 平方米,施工单位为大连新宇装饰工程有限公司,工程总投资约 177 万元,其中国家财政预算拨款 141.6 万元,单位自筹资金 35.4 万元。

此次修缮保持了原天象馆内部结构不变,主要修缮内容有:按现标准设计更换了供水、供电、供暖系统;楼内进行了综合布线,换塑钢窗;走廊铺大理石地面,墙面刮大白,室内铺复合地板,更换教学、办公家具;屋面、卫生间进行防水大修,外墙镶面砖;增加通风设备。

(3)使用效果

在科技不断发展的今天,学生需要学习和掌握的知识在课本上和课堂上已远远不足。我国高等教育重点建设"211 工程"是落实国家教育改革与发展纲要的重大举措,其目标是"力争在 21 世纪初,有一批高等学校和学科、专业在教育质量,科学研究和管理方面,达到世界较高水平。"大连海事大学已跻身于"211 工程"建设行列,天象馆是为了适应学校的发展而建设和改造的,是大学的重要办学条件,是一所大学的特色所在。

1)天象馆的建成更好满足了学校的建设目标

大连海事大学已跻身于国家"211 工程"建设行列,其"211 工程"建设的总目标是面向 21 世纪。天象馆的建成与修缮满足了学校师生的教学、实验需求,满足了学校总体发展的需求,且该楼已成为大连市爱国主义教育基地。

2)天象馆的建成利于进行航海实验教学

大连海事大学天象馆是航海实验室的组成部分,主要承担《航海学》课程中天文航海部分的实验教学。核心设备 GE-Ⅱ星天象仪是从日本东京五藤株式会社引进的大型光学设备。天象仪能够演示 6000 颗恒星和主要行星。具有赤道和地平两套天文坐标系统,能同时做恒星周日太阳周年北极星岁差南北及星空变换等多个方向的视运动,这些功能极大地方便了复杂抽象的航海天文理论课教学,也方便了承担使用航海六分仪配合航海天文表册观测计算天体高度教学和测罗经差内容的实验教学。

3)天象馆的修缮适应了本科教育条件

天象馆修缮前室内潮湿,透风效果不好;供水管道锈蚀严重;供暖管道堵塞严重,室内保温效果差;供电线路维持着原设计的铝线,仅供照明,增加其他电气设备难以承载;卫生间渗漏,狭小,房间是老木门,一直修补使用,旧钢窗损坏严重,已无法修复,急需更换。楼内无综合布线等现代化办公配套设施,对于进入"211工程"的高等航海学府,已明显滞后于学校发展。修缮改造后的天象馆不仅为学生创造了一个良好的育人环境,也有助于提高教学质量,与学校本科的教育目标相一致。

4)天象馆的建设还产生了一定的社会效益

大连海事大学作为"211工程"重点建设院校,是一所特色的航海类院校,天象馆是航海实验室的重要组成部分。天象馆的建成不仅满足了学校的教学需要,还带来了一定的社会效益。学校假期会有夏令营活动,参观天象馆可以打开孩子的视野,增加他们对有关航海的兴趣,这在一定程度上也让学校被社会更多的了解,也有利于学校扩大招生。

3. 医院

(1)项目概况

大连海事大学位于大连市南部的高新技术园区,从属于交通运输部,是"211工程"重点建设的院校之一,学校规模大,学生多,为保障学校学生的基本医疗卫生服务水平,校医院的建设必不可少。大连海事大学校医院位于学校东山校区,周围环绕学生公寓,建筑面积1686平方米,是一栋三层的建筑。校医院基本医疗设施齐全,环境卫生,为学生提供了基本的医疗保障,是大连海事大学必要的建筑之一。

(2)建设历程和主要建设内容

大连海事大学校医院建于1983年,开工于1982年11月10日,竣工于1983年6月20日,设计单位为大连市建筑设计院,施工单位为大连第一建筑工程公司,建筑面积为1686平方米,建筑层数为三层,总投资45万元。

校医院主要建设内容包括诊断室、治疗室、处置室、输液室、药房和值班室等,主要设备有药品柜、高压灭菌设备、输液设备、听诊器、血压器等基本设备。基础设施包括水、电、暖等,符合国家和辽宁省对有关高校校医院的标准要求,为学生就医提供了基本保障。

(3)使用效果

近几年来,随着我国国民经济的快速发展,人民群众生活水平不断提高,人们对公共卫生保健服务要求越来越高。党中央、国务院对医疗卫生事业非常重视,多次召开各种会议,要求各级党委和政府要将卫生事业纳入战略发展重点和现代化建设的整体布局中,切实把卫生事业的基础性工作摆在优先发展的战略重要地位,为构建和谐社会奠定良好基础。学校作为培养人才的重要基地,校医院的建设为学校师生提供了安全保障,对学校的发展非常重要。

1)符合国家加强疾病预防控制体系的医疗救治体系建设的政策要求

党中央、国务院十分重视公共卫生事业的建设,2003年10月14日十六届中央全会通过的《中共中央关于完善社会主义市场经济体制若干问题的决定》提出:"深化公共卫生体制改革。强化政府公共卫生管理职能,建立与社会主义市场经济体制相适应的卫生医疗体系,加强公共卫生设施建设,充分利用、整合现有资源,建立健全疾病信息网络体系,疾病预防控制体系和医疗救助体系,提高公共卫生服务水平和突发性公共卫生事件应急能力。"《中华人民共和国国民经济和社会发展第十二个五年规划纲要》提出:"完善重大疾病防控等专业公共卫生服务网络。逐步提高人均基本公共卫生服务经费标准,扩大国家基本公共卫生服务项目,实施重大公共卫生服务专项,积极预防重大传染病、慢性病、职业病、地方病和精神疾病,提高重大突发公共卫生事件处理能力。"

疾病预防控制体系和医疗救治体系是公共卫生体系的重要组成部分,搞好"两个体系"建设,不仅关系到广大人民群众的切身利益,也关系到全面建设小康社会宏伟目标的实现。校医院的建设可提高学校师生的医疗服务条件和服务质量,有效地提高人们的生活质量,符合国家和辽宁省对"两个体系"建设的政策要求。

2)符合国家深化卫生体制改革的精神

随着世界由"产业经济"向"知识经济"的转化,知识型人才在经济发展中的地位越来越突出,成为决定一个国家综合国力强弱的最重要因素。因此,为经济建设提供强有力的健康支撑,是目前我国经济发展面临的重要任务之一,也是我国实行卫生体制改革的重要原因之一,新中国成立以来,特别是改革开放以来,我国的卫生事业取得了巨大的成就,为国家的经济建设作出了很大贡献。但随着世界经济的发展,我国卫生体制和规模已不适应市场经济发展的要求,卫生资源配置不尽合理,有限资源得不到充分利用,卫生观念及健康水平已经难以适应现代化建设的需要。面对这种状况,优化卫生结构,加快卫生管理体制改革的步伐,提高医疗质量和社会效益,已成为迫切需求。

3)符合当地发展需要和公共卫生发展规划

随着人民生活水平不断提高及现代医学技术的迅速发展,人们对于疾病预控制机构和医疗救治的服务能力和预防保健水平,提出了越来越高的要求。大连海事大学校医院的建设大大改善了学校医疗服务条件,达到了国家和辽宁省有关高校的标准要求,促进了当地的公共卫生事业和社会发展。

4)医院建设为学校师生带来了极大便利

校医院的建设为学校师生的身心健康提供了保障,由于医院就建设在学校内部,学生看病也就非常方便,而且减少了像校外大医院一样挂号排队的时间。校医院也承担了学校每年对学生进行的固定体检,因需求一致,即使体检人数众多,体检也能有序顺利进行,大大节约了排队以及等待结果的时间,为学校师生带来了极大便利。

因此,校医院的建设不仅符合了国家深化卫生体制改革的精神,也符合当地公共卫生发展规划,既提高了学校医疗卫生服务条件,也是学校自身发展的需要。因此,校医院的建设必不可少。

4. 游泳馆

(1)项目概况

大连海事大学游泳馆(老游泳馆)位于大连海事大学院内,于20世纪50年代开工建设,最初设计为一层面积697.652平方米,二层面积283.0296平方米,建筑使用期间历经辽宁省城市设计院,辽宁省建筑设计院等设计单位的多次修改变更,现主体结构为钢筋混凝土排架结构,上部屋面为钢屋架结构,建筑面积增加为3500平方米。该建筑经较长时间的使用后,出现裂缝、渗水、墙体表面装饰层脱落等问题,针对上述问题,海事大学于1999年请大连市设计院为该校原游泳馆进行了技术鉴定通过专家的认证,已出示鉴定报告将其确定为危房。

为了新建一座合适的、规模恰当的游泳馆,确保论证充分可靠,学校成立了专门机构,组织专业人员,通过邀请国内知名专家召开专题研讨会,参观访问国内知名游泳馆和广泛收集国内外著名游泳馆建筑资料等形式,结合学校游泳馆现状和国家相关规定,最终于2011年对原游泳馆在原址基础上进行了翻建,建成了一所与世界同类院校同步,与一流海事大学相适应的现代化游泳馆。

(2)建设历程和主要建设内容

大连海事大学原游泳馆1958年建成,使用面积3182平方米,已使用40余年,当初的设计由于受到政治、经济等条件的制约,不仅是在建筑环境、造型等方面,还是在功能上,都已无法与时代相适应。原游泳馆存在的主要问题包括:

①建筑结构严重损坏。原游泳馆混凝土表面已受侵蚀、剥落,与目前教学要求有很大的差距,建成后40余年来,池底、池壁防水层出现裂缝并导致严重渗漏,由于无排风和换气系统,受蒸汽、潮气的影响,内墙壁、柱也出现不规则裂缝,外墙面、装饰面层也与墙体脱落,露出的红砖已被严重腐蚀,屋架亦腐蚀严重,建筑的结构方面存在严重安全隐患问题,导致原游泳馆已无法正常使用。

②建筑面积严重不足。原游泳馆建筑面积3182平方米,其中除标准泳池外,跳水池只有2米、5米跳台各一,与目前的教学要求相距甚远。

③建筑格局与教学要求不相称。原游泳馆使用的是苏联图纸,从结构、功能、流线等方面均与我国的具体实际存在着明显的差距,因此建筑布局的不合理给学校的正常教学活动带来了很大的负面影响。

针对原游泳馆出现的问题,2010年12月13日交通运输部批复的交规划发〔2010〕

738 号《关于大连海事大学东山游泳馆翻建建设项目可行性研究报告的批复》同意对东山游泳馆进行翻建,建筑面积 6220 平方米,总投资 4700 万。翻建工程于 2011 年 12 月 16 日开工,于 2013 年 6 月 15 日竣工,设计单位为大连建发建筑设计院,施工单位为中国三冶集团有限公司。主要建设规模和建设内容包括:

①根据 2003 年中华人民共和国建设部和国家体育总局联合颁布的《体育建筑设计规范》(JGJ 31—2003),新增加了淋浴、水质检查、急救、器械、教室、办公室等功能要求,新建游泳馆建筑面积 4153 平方米,总建筑面积为 6220 平方米。其中,游泳训练区 2830 平方米,配套设备用房 900 平方米,更衣、淋浴、教学、器材库、管理等辅助用房 2470 平方米。

②游泳训练区由长、短两个泳池组成,长泳池长 50 米,宽 21 米,设 8 个泳道,水深由 1.4 米至 1.6 米;短泳池长 25 米,宽 21 米,设 8 个泳道,水深由 1.2 ~ 1.3 米。

③配套建设配备排水、暖通、供电、消防等设施。

④场馆主体采用钢筋混凝土框架结构,泳池区域屋面主要采用钢网架结构,其他配套区域屋面采用钢筋混凝土蜂巢芯板,基础采用柱下独立基础。

(3)使用效果

大连海事大学东山游泳馆用地位于大连市黄浦路的西侧大连海事大学东山校区内,其东南是已建成的大连海事大学体育馆,东北侧是已建成的礼堂,西侧临近东山运动场,东山游泳馆用地位于已有的体育馆、礼堂和东山运动场之间。根据大连海事大学"211 工程"建设目标,随着学校办学规模的不断扩大,师生对游泳教学及训练的要求也越来越高。东山游泳馆的翻建满足了游泳教学及训练要求,促进了学科发展,提高了游泳训练水平。

1)游泳馆的翻建满足了学校游泳教学的需要

按照《辽宁省普通高等学校体育教学管理暂行规定》及学校的《航海类专业体育》《体育教学——游泳》教学计划,根据学校招生情况和教学计划,学校每学期必须为航海类专业学生开设游泳必修课的班级为 90 个班,为其他专业学生开设游泳课的班级为 50 个班,合计为 140 个班级。而此前,东山游泳馆和水上求生训练馆每周一至周五开设游泳教学课,周六、周日对全校学生开放,以满足航海类专业学生课后训练和陆上专业学生游泳健身的需求,除此之外,利用假期还兼顾了国家海事局适任证书考试培训任务。两馆合计可承担 100 个班级的游泳教学任务,但因东山游泳馆各种管路老化,经常需停课维修,为此,这两个馆基本只能保证 90 个班级的教学任务。

未对游泳馆进行翻建前,从学校现有游泳教学设施分析,只能满足航海类专业学生的游泳教学,不能满足陆上专业学生的游泳教学,且东山游泳馆是在带"病"工作的前提下满足的,如遇维修等特殊情况,航海类专业学生的游泳教学都很难满足。

所以,翻建后的东山游泳馆每周将能承担 100 个班级的教学工作,加之学校于 2005

年建成并投入使用的水上求生训练馆,每周可承担 40 个班级的教学工作。为此,东山游泳馆和水上求生训练馆每周一至周五共同能承担 140 个班级的教学任务,满足了学校游泳教学的需要。除此之外,利用节假日,还满足了学生游泳健身的需要,并兼顾国家海事局适任证书考试培训任务。

2）游泳馆的翻建满足了学校游泳教学安全的需要

原东山游泳馆不论结构和使用都存在安全隐患,对使用者将会造成伤害。而翻建后的该馆,有力保证了学校游泳教学的安全。

3）东山游泳馆的翻建满足了学校资源共享的需要

在翻建东山游泳馆中,将现有存在安全隐患的东山浴池拆除,并将该功能加之该馆中。它符合教育部 1992 年颁发的《普通高等学校建筑规划面积指标》建设内容,并使学校资源达到了共享。

4）将东山浴池并入东山游泳馆符合了国家发展低碳经济政策

学校现有东山、西山和学生公寓新区三个浴池,分别建于 1988 年、1997 年和 2004 年,建筑面积分别为 1043 平方米、1382 平方米和 277 平方米。东山浴池主要用于东山校区学生洗浴,西山浴池主要用于西山校区学生洗浴,学生公寓新区浴池主要用于该区域学生洗浴。当时东山校区的学生公寓中无洗浴设施,且因为年久失修存在很大的安全隐患,是一栋拟拆除的建筑。翻建后的东山游泳馆,将有洗浴功能的东山浴池并入到了翻建的东山游泳馆中,有利于节能和环保,符合国家发展低碳经济政策。

5. 船舶动力装置实验室

(1)项目概况

为适应 21 世纪海运事业新技术的发展,国家已经计划要把轮机科学与运用工程学科在 20 世纪末之前建设成为国家级重点学科,使得该学科在教学质量,学术水平等方面具有国际先进水平。为此,结合学院具体情况,建设一个高水平的船舶动力装置实验室势在必行。它应该包括高度自动控制的船舶世界航运发展的轮机新科技,使其成为该学科高级科技人才的培养基地。这一实验室也应是一个为国家高等院校、科研单位和港航企、事业单位共同利用的科技基地,并能与国外相关学科密切合作,具有承担国家重大科研课题能力的重点实验室。

船舶动力装置实验室是大连海事大学"211 工程"轮机科学与运用工程重点学科建设项目中子项目之一。该实验室主要服务于轮机工程学科,同时可用于其他相关学科,当时为轮机工程学科服务的实验室存在着主要设备多老化等现象,无法组成一个能代表轮机发展方向的高水平的动力装置系统,并且测试手段落后、零散、水平较低。因此培养高层次人才和从事轮机重大科学实验室条件比较落后,较为严重地制约着轮机工程学科的发展。

（2）建设历程和主要建设内容

船舶动力装置实验室初建于1956年,工程面积为1260.68平方米,造价为111626.61元。实验室由旅大第二设计院设计,旅大市第一建筑公司施工完成,于1956年6月开工,8月竣工。当时轮机工程学院实验设备落后、陈旧、系统设置不尽合理,船舶机械振动研究设备和液压系统研究设备空白,不具备从事该方面研究和人才培养条件,更无法满足学科发展和专业建设的需要,严重地制约着轮机工程学科教学和科研水平的提高。其无论从基础理论的探索还是对行业发展的研究,都不能适应新形势的要求,与担负为海运事业培养高级技术和管理人才的重任不相称。于是,船舶动力装置实验室于1998年开始扩建工程,建筑面积为1511平方米,由交通运输部"211工程"专项资金拨款2050万元进行改造,其中设备费1250.5万元,土建费800万元。实验室由大连理工大学勘察设计研究院设计,大连顺发建筑有限公司施工完成。

该实验室建设规模按每年承担实验教学工作量24800人时和每年同时开展10~15个课题研究工作来规划。基于原有综合实验室地基及结构不能适应新型船舶柴油机安装和运转的要求,动力装置及各系统安装、维护保养也需要有相当的面积和空间。此次共建设实验和科研楼房1座,其中包括船舶动力装置拆装实验室、船舶液压系统实验室、船舶防污染实验室、船舶动力系统节能研究室、船舶机械振动研究室等12个实验室和研究室,还包括控制室、仪器室、学术报告厅、教室、办公室等,建筑面积共约2400平方米。船舶动力系统实验机房的建筑面积约1200平方米,配备船用主动力系统、电力系统、各种高水平测试仪器等若干先进设备仪器;实验和科研楼占地面积为600平方米,建筑面积为1800平方米;油库1座,占地面积为400平方米、容纳重油30吨,轻油5吨;400平方米水池1个,占地面积为200平方米。

（3）使用效果

建设船舶动力装置实验室的目的就是在我院建设一个教学和科研的基地,与轮机工程重点学科匹配,以此提高该院轮机工程学科的教学水平,加大实验教学建设力度,以适应现代化航运事业的需求。同时,在此可以从事大量的科研工作,为承担重大科研项目创造条件,满足学校"211工程"建设目标的需要,为建设大连海事大学成为世界一流的航海大学的目标创造条件。

1)该项目建设是教学水平提高的需要

实验室的建设是围绕现代航运不断发展着的船舶动力装置而进行的,它代表着当代最优秀的轮机机舱现状,而且反映出海运船舶动力装置今后发展方向。以往研究生培养中有部分实验需要实船进行,由于许多无法解决的困难而不能完成。本实验室可以完成与实船类似条件的一些实验,并且还可进行更深一层的研究。以轮管专业为例:现每年招硕士生10人左右,博士生4人,实验室建成后,通过改善实验教学条件,每年可增加招收硕士生5人,博士生2~3人。此外,该实验室可以为今后在轮机工程学科设立博士后流动站创造条件。

其次,该实验室进行的实验可达到与实船基本相同的条件,对本科教学来讲,学生可以从中了解并掌握实船操作,对一些问题可深一步地进行研讨,而且在此也可以了解到现代轮机的发展状况,会使教学水平大大提高一步,以适应STCW公约95修正案的要求本实验室中的动力装置系统比较完善,可以每年接纳船舶工程、船电和自动化专业学生的认识实习,部分解决学校认识实习安排困难的问题。实验室可为研究生安排课程实验1200人时,为本科生安排24800人时的实习及实践课。研究生毕业设计论文实验与导师科研课题可同时进行。

2)该项目建设是科研迅速进步的需要

该实验室的建成,对一些航运重大问题可以进行更深入的研究。例如:对船舶能源合理利用、减少环境污染、船舶轮机智能自动控制、船舶机械有害振动控制等海上交通运输中的重大科技问题可以从事详细的系统性的研究。企业中所急待解决的部分实际课题,如故障诊断专家系统,船机维修预测系统等可以在此得以解决。

另外,该实验室还可为与轮机工程相关学科提供部分实验条件。例如:对船机修造领域,在船机零部件磨损研究方面对柴油机零部件监测并提供准确究提供实验条件等。

3)该项目建设是适应现代化船舶轮机技术发展的需要

随着世界经济的发展,船舶向高度自动化、智能化方向发展,出现"一个驾驶台"系统,只需一人在驾驶台便可以完成全船的所有操作的局面,该系统要求必须具备高度可靠的设备以及先进的监控手段。毋庸置疑,高新技术和成果将在现代轮机工程中得到更广泛的应用,具体体现在:所采用的柴油机动力设备应具有较高的可靠性、动力性和经济性指标,而且对劣质石油燃料具有较强的适应性;船舶操纵系统高度自动化;对柴油机燃烧参数实行自动监测与控制;对柴油机易损零部件状态实行自动监测并提供维修预报;有完善、高效的节能措施(如排气的余热利用、冷却水废热的回收利用等);具有高效的船舶防污染设施和相应的应急处理设备(除现有的防止海域污染设备外、还须具有控制排气造成大气污染的设备)。

6.科学会馆

(1)项目概况

大连海事大学是中国著名的航海学府,位于大连市西南部的高新科技园区,是被国际海事组织认定的世界上少数几所"享有国际盛誉"的海事院校之一。随着教育事业的发展,大连海事大学已由学科面较窄的海运学院发展成为多学科协调发展的大学,学校已成功跻身于国家"211工程"重点建设高校。通过"九五"建设,大连海事大学的办学规模进一步扩大,西山校区的原有基础设施已无法满足更多师生的生活和学习需要。为了更好地对学校西山校区的用地进行规划,利用和优化西山校区的整体布局,大连海事大学决定在学校西山校区内部新建一座科学会馆。

1997 年,为早日完成"211 工程"建设任务,在交通部、辽宁省人民政府、大连市人民政府的支持和帮助下,大连海事大学已将学校"211 工程"重点实验室与科学会馆合并为一栋 12800 平方米的大楼。由于学校急需重点实验室和科学会馆的投入使用,同时为迎接学校 90 周年校庆,大连海事大学特向大连市城乡规划土地局提出申请,边办理手续边施工,并获得批准,科学会馆项目于 1998 年提前开工。

(2)建设历程和主要建设内容

大连海事大学科学会馆,原名为大连海事大学试验楼,位于大连市甘井子区凌海路 1 号,大连海事大学西山校区内部,南面为大连海事大学西山校区新建教学楼,西面为西山校区新图书馆。科学会馆与新建教学楼、新图书馆三栋楼楼体通过两个连廊相连并呈半圆形。大连海事大学科学会馆,总建筑面积为 12800 平方米,建筑主体五层,局部六层,结构形式为全框架结构,由国家投资 6850 万元建成。该建筑开工日期为 1998 年 10 月 5 日,竣工日期为 2000 年 8 月 1 日,由大连市建筑设研究院进行设计,由大连第五建筑公司施工完成。

根据大连海事大学文件《关于我校科学会馆、"211 工程"重点实验室提前开工的请示》(连海大基字〔1998〕178 号)及其批复,大连海事大学科学会馆项目提前开工并按预期竣工。科学会馆造型优美、结构坚固耐用、布局合理、功能完备、通风和采光良好。其通过和谐有序的体量变化,简洁统一的细部处理,以达到融城市历史文脉和校园文化气息于一体的建筑艺术效果,并以其丰厚的文化底蕴给人启迪,催人向上,充分体现高等学府建筑文化的特点且与周围景观相互辉映、协调统一,成为大连海事大学西山校区的标志性建筑,体现着学校现代化的办学和经营理念。

(3)使用效果

科学会馆与新图书馆、新教学楼连成一体,形成一组椭圆形的建筑群,使西山教学区以广场为中心,建筑环绕布置。科学会馆、新教学楼、图书馆连成一体,形成一个完美的规划区域,并合理地疏导人流,成为供学生学习、看书、观赏的文化中心。大连海事大学科学会馆建成后,为全校师生、为学校乃至整个社会带来了巨大效益。

1)优化学生学习环境,提高教学质量

大学作为构筑人才的基地,更是集中了大批精英,他们是中华民族的希望与未来。高等学府承担着培育高素质人才的重任,拥有的不仅仅是殊荣,更多的是沉甸甸的责任。大连海事大学作为培养我国航运业高、精、尖人才的龙头老大,某种意义上说,学生的学习环境和学校的教学水平直接关系到我国航运事业的前途命运。科学会馆的建立,一方面使学生通过看、听、说、感等多方位学习手段了解和学习专业知识与技能,让其学习内容不仅局限于书本上,也来自实际生活中的所见所得;另一方面,其建立为教师更新教学手段提供了必要条件,有助于提高教学水平。

2)提高学校知名度,树立对外良好形象

大连海事大学是一所历史悠久、培养航运业高级人才的重要院校,其教学质量、科学研究、管理水平在世界范围内屈指可数。然而,近年来随着科学技术突飞猛进的发展,人民物质文化生活水平的提高,人们对于学习环境、教学质量和教学设施等方面都提出了更高的要求,不再满足于传统的学习模式,希望学校能够进一步提供环境优美、便于交流、可操作性强的学习场所,而科学会馆在设计中充分考虑到了这一点。作为国内一所一流大学,大连海事大学不仅需要性能优良的"软件",更需要功能完善的"硬件"设施,来为"软件"的正常运转提供良好的外部环境。一栋完美的建筑物不仅是提高学校综合水平的保证,也是学校的"脸面"。大连海事大学西山校区科学会馆作为大连海事大学的形象工程,可以有效地提高其知名度和美誉度,树立良好的对外形象。

3)吸引优质生源,扩大招生规模

提高一个国家的综合实力,根本在于全体国民文化素质的提高,所以我国把教育放在突出位置。然而,我国现有的高等院大多存在学校规模小、基础建设不足、师生教学、学习环境不好等问题,这些问题使得各大院校无法满足人们接受高等教育的需要,大连海事大学也存在同样问题。社会对高级航运人才的需求受到了学校办学规模的"瓶颈"制约,现有的学校环境和基础设施状况满足不了学校扩大招生的需要,优化学生学习环境与增加教学设施成为学校的当务之急。根据大连海事大学"十五"计划纲要提出的办学总规模,到2005年为止,全校在校生规模总计将达17400人。合理规划校园布局,优化师生教学和学习环境、建设基础设施等一系列举措,都是为了吸引优质生源,满足学校扩大招生规模的目标,进而更好地向国家输送人才,为社会奉献力量,科学会馆正是为满足这一需要而建设的。

4)适应学校发展和建设目标,成为国内一流大学

我国正在实施的"211工程"是落实国家教育改革与发展纲要的重大举措,其目标是"力争在二十一世纪初,有一批高等学校和学科、专业在教育质量、科学研究和管理方面,达到世界较高水平。"大连海事大学已跻身于国家"211工程"建设行列。大连海事大学科学会馆的建设是为了适应学校的发展和建设目标,扩大学校的知名度,是大连海事大学综合水平的象征。

科学会馆的使用效益可以从它形成的服务能力和可以满足全校师生的需求程度体现出来。综上所述,科学会馆的建立对于学校教学质量的提高,学生学习环境的改善和学习质量的提高,无疑都是十分重要的,其是学校实现"211工程"总目标、成为国内一流大学的重要保障条件之一。

7. 凌海管区机械车间

（1）项目概况

凌海管区机械车间是大连海运公司凌水修船厂的一部分，大连海运公司凌水修船厂位于大连市西南端凌水桥。该厂建于1970年，1971年开始投入生产使用，隶属于大连市交通局领导下的大连海运公司。大连海运公司凌水修船厂在当时的主要工作内容为修理五十年代木质船、拖驳船、火头机等，保证船舶安全及船舶质量，成为船舶的安全航行提供可靠后盾力量。

自1984年起，大连海运公司凌水修船厂开始进行技术改造及翻建翻新工作，凌海管区机械车间也包括在其中。其先后根据1982年12月《大连海运公司修船厂技术改造规划》（带可行性研究报告）、1982年12月《辽宁省重点技术措施项目计划任务书》、1983年1月《关于大连海运公司修船厂技术改造规划的批复》、1983年10月中国船舶工业总公司第九设计研究院设计的《大连海运公司凌水修船厂规划设计》等文件对大连海运公司凌水修船厂及厂内的机械车间进行技术改造的前期准备、批复、设计、施工等工作。

（2）建设历程和主要建设内容

凌海管区机械车间为一栋4层建筑，建于1980年，总建筑面积为2050.35平方米。包括凌海管区机械车间在内的大连海运公司凌水修船厂在1982年时已有工人213名，年产值平均112万元。工厂总面积42000平方米，其中陆域约21800平方米，水域20000平方米，改造前各类厂房4227平方米，工程设施1000平方米。水工建筑有引航道一条，长360米，宽15.5米。港池一处约7000平方米，停船泊位2处。工厂拥有2×560KVA变电所一座，各种设备21台，能适应千吨级修船要求的有7台。

大连海运公司凌水修船厂的改造于1984年开始，其中凌海管区机械车间于1984年11月开始进行翻建工作，翻建面积为2050.35平方米，总投资为75万元，其中由辽宁省拨款14万元，自筹61万元，总计实际支出为721836.71万元。改造工程于1984年11月25日开工，1985年3月30日完工，工期分为二期，由两个单位分别承包。基础部分由大连第五建筑工程公司一工区承包，开工日期为1984年11月25日，竣工日期为1985年4月30日，此次工程将生活间由三层改建为四层，同时增加两个教室177平方米，基础由带型基础改为桩基，增加了49根桩子。地面部分由大连第一建筑公司六工区，工期由1985年8月1日开工，同年12月20日主体工程竣工。总建筑面积，因加层原因，由原定的1873平方米增加至2050.35平方米。建筑防火审核证书及防治污染"三同时"批准施工审查表齐备。

大连海运公司凌水修船厂此次改造的重点放在机械车间的翻建上，同时也对其他项目进行了技术准备，主要实施内容包括：

1）第一期工程

机械车间翻建，该工程使钳工、电工、车工、行政生产部门由分散趋于集中，提升管理效率,显著改善劳动条件,清除危房隐患,为提高劳动生产率助力。

锅炉房改造由分散取暖改为集中供热,其节省能源、保护环境、扩大取暖面积,同时可以提高劳动效率。

厂区管路建设和改造解决了原道路上水、下水电力、热水、乙炔管道等杂乱、无规则的现象,有利于安全生产和厂内规划工作。

2)第二期工程

该工程改造的目标是将凌水修船厂修理五十年代木质船、拖驳船、火头机的能力提高到修理钢质船、货轮和柴油机的水平,通过技术改造在技术装备、修理质量、管理水平等三个方面达到国内同类小型修船厂的先进水平,同时保证对千吨位以下的船舶具有一定的改造能力。此外,在人员规模上,1984年,工人203名,管理干事19人,科技人员20人;1986年,工人125人,集体所有制工人41人,管理干部21人,技术干事10人,年产值总计130万元。这意味着大连海运公司凌水修船厂此次技术改造及凌海管区机械车间翻建工作取得圆满成功。

(3)使用效益

大连海运公司凌水修船厂建厂多年,已有一套生产和管理方面的制度,但是由于建厂时的指导思想是因陋就简、土法上马,厂内主要的工程设施和基本建设项目都是简易性和临时性的,其中危房1858平方米,占总面积的44%,主要工种为钳工、铆工、车工的生产场地早已不安全,条件也比较差。凌海管区机械车间翻建完工,将为生产组织、技术进步和推进现代化管理提供良好的条件,此次凌海管区机械车间成功改造,将会产生诸多良好效益。

1)经济效益

1984年,大连海运公司凌水修船厂当年总产值为110.5万元,1986年,总产值增加至130万元,集体所有制、整个船厂利润达16.5万元。

大连海运公司凌水修船厂此次改造将搁置了8年、原价53566元、现价150000元的15吨吊车,经修理已安装就位,待试车后便可投入生产使用。另有11支已报废的钢架,经技术鉴定,改制加固后都已重新派了用途,节约了不等边角钢约30吨,资金约达10991元。

在此次改造工作中,没有出现因船厂自身人为或主观原因造成的经济上的损失,局部返工的损失均由施工单位负责,为发展生产、开展横向联合创造了一定的物质条件。

2)经营效益

主要工种的劳动、生产条件有了相对较大的改善,有利于提高工人的劳动生产率和修船质量,对稳定工人情绪也起到了良好的作用。

凌海管区机械车间此次翻建成功,为工厂第一期技术改造工程的实施提供了坚实的物质基础和宝贵的实践经验,可供他人学习和参考,具有极大意义和价值。

在过去的机械车间中,机械设备的管理方式比较单一,工人们在操作机械时没有根据自身特点来执行管理,造成没有取得额外的经济效益。而改造后的车间拥有一套更为完整且符合自身特点的机械管理模式,既具备现代化,又具有先进、成熟、规范等特点。

随着机械设备的翻新及新机械设备的出现,工人们不仅仅要学会如何使用机械设备,也要学会如何保养与维护,做到防患于未然,这样才能保证工作的顺利进行,产生最大化的效益。

8.航海训练中心

(1)项目概况

大连海事大学素有"航海家的摇篮"之称,是被国际海事组织认定的世界上少数几所"享有国际盛誉"的海事院校之一。根据大连海事大学校园总体规划方案,以"建设世界一流的高等航海学府"为总目标,以建设符合未来发展、高标准、现代化、有时代气息的海事大学新校园为指导,大连海事大学已建立国家工程研究中心、国家级科技合作基地、多个省级工程技术研究中心及多个省部级重点实验室。为继续推进学校的发展与建设,大连海事大学决定在凌海校区内新建一处航海训练中心。

凌海校区是学校航海类专业学生海上训练的重要实习基地。根据航海类专业的特点,国内外航海院校都极其重视水上训练基地的建设,以提高学员的海航操作技能。大连海事大学的建设目标是把凌海校区建设成为以航海训练与研究及国际海事培训为主体的兼有高新技术园区的重要教学、实践和高科技研发基地。根据《城市规划法》和大连市城市规划及大房开字〔2000〕38 号文件,同意大连海事大学建设航海训练中心,用于学校航海及相关专业学生学习和了解关于航海实际操作的知识和技能。

(2)建设历程及主要建设内容

大连海事大学航海训练中心位于大连市西南端的凌水湾,依山傍海,自然条件得天独厚。该建筑 3 层高,总建筑面积为 2104 平方米,由国家拨款 4280 万元建成。开工日期为 2000 年 7 月 4 日,竣工日期为同年 11 月 24 日。其设计单位是大连理工大学土木建筑设计研究设计院,施工单位为大连顺发建筑工程有限公司。

航海训练中心是大连海事大学的一处独立科研机构,中心拥有避风条件极佳的专用港口和陆域,专用港口经由 500 米长的航道可直通广袤的黄海。作为学校海上专业学生的重要实践教学基地,其硬件建设上在国内已经处于领先水平,具备了较高水平的全面履约的功能。大连海事大学航海训练中心的宗旨是为港航事业培养高素质的实践型人才,树立学生的安全与实践环保意识,提高学生的动手与应变能力,增强学生的海员素质。

(3)使用效果

航海类人才的培养和提升是海事科教支撑能力的重要保障,也关系到我国海洋业与海洋安全的未来发展。大连海事大学经过百余年的建设和发展,已经成为培养航海人才的重要基地。航海训练中心依托学校海事学科的建设和运行,航海类学科综合实力不断增强,航海技术专业为全国航海类高等院校前列。经过多年的建设和发展,其已经成为实验室管理规范、实验设施完善、队伍结构合理、教学效果显著的航海训练中心,为国家及社会培养了一大批高水平的具有国际竞争力的"能安心、能吃苦、能创业"的高级航海应用型专业人才。

大连海事大学是国家交通运输部所属的全国重点大学,多年来在交通运输部、教育部、国家海洋局、国家国防科技工业局、辽宁省人民政府和大连市人民政府等的重点帮助下,航海训练中心拥有设施和功能齐全的航海类专业教学实验设备设施、训练场所和航海经验丰富的师资力量,为教学工作提供了有力保障,使教学效果明显提升。

9.轮机技能培训中心建设

（1）项目概况

轮机工程学院成立于1994年4月,其前身是1953年三校(上海航务学院、东北航海学院、附件航海专科学校)合并成立的大连海运学院时设立的轮机系。大连海事大学建设轮机技能培训中心是轮机工程技术专业校内实践教学和技术开发的重要平台。在推进特色专业建设过程中,为满足本专业各课程的教学需要,培养高素质的现代商船轮机管理人才,应建立一套满足《STCW78/10公约》要求并与国际海员教育接轨的实习培训中心。本着"校内有机舱,船上有课堂,实训环境与商船机舱工作环境对接"的理念。建设轮机技能培训中心,建成集仿真、实际生产操作,融教学、社会服务、职业技能鉴定和科研于一体的满足船舶智能化和综合化发展对学生实训要求的现代轮机技能培训中心。

（2）建设历程和主要建设内容

大连海事大学申请建设轮机技能培训中心,大连市规划局依据《辽宁省实施〈城市规划法〉办法》和《辽宁省房屋建筑工程和市政基础设施工程竣工验收备案工作的有关规定》,对甘井子区凌水校园内的海事大学轮机技能培训中心项目建设进行了竣工规划分段的验收。

①准予分段验收的建设工程为符合建设工程规划许可证2003036及附图要求的部分建设工程。准予分段验收建筑面积为4100平方米。

②本次验收为建筑工程外部规划分段验收,不包括建筑物内部的布局、功能以及建设工程的环境和基础设施等内容。

③涉及未拆建筑应及时拆除,场地环境等未达到建设工程规划许可证及附图要求的地方由大连海事大学负责整改。整改完毕后,再向大连市规划局申请建设工程竣工规划整体验收。

④涉及建设项目备案、土地、房产、交通、环保、消防、人防、基础设施等事项由大连海事大学负责到相关部门办理手续。

⑤因未进行整改或整改不彻底产生的挡光等其他纠纷，由大连海事大学负责解决。

该项目轮机技能培训建设的用地面积8878.6平方米，建筑面积为4100平方米，工程造价348万元。

本次工程的开工时间为2002年11月20日，竣工时间为2007年11月2日。设计单位为大连建发建筑设计院；施工单位为大连九洲建设有限公司。

（3）使用效果

2007年该项目获批辽宁省实验教学示范中心，2009年获批国家级实验教学示范中心，2011年获批国家级工程实践教育中心，2013年获批国家级虚拟仿真实验教学中心，2014年获批辽宁省跨专业综合性实验实训平台，2017年获批省级实验教学示范中心2个，2018年获批国家示范性虚拟仿真实验教学项目。

随着国际海运事业的不断发展，高级船员的需求量日益增加，轮机技能培训中心为学校学生提供了很好的机会，大大满足国际航运事业的需求，同时给广大航海类大学毕业生提供了就业机会，为海运事业输送高级船员，减轻高级船员短缺的压力。

同时，轮机技能培训中心为国际培养大量符合国际海事组织（IMO）制定的《海员培训、发证和值班标准国际公约》（STCW）要求，能胜任现代船舶机电管理技术要求，且具有国际竞争能力的高级工程技术人才。另外，其也为修造船、船检、船级社、海事管理、国内同类院校的师资以及航运企业机务管理等领域输送人才。

10. 求生馆建设

（1）项目概况

大连海事大学是为国家培养高级航海专业人才的高等学府。根据国际海员培训、发证和值班标准国际公约（STCW）的要求，航海类专业学生必须进行基本水上安全技能训练。由于学校游泳馆建于20世纪50年代，安全隐患多、功能落后，且现有水上安全训练设施严重不足，影响了航海类专业教学、训练以及水上求生训练教学、海员培训任务。为满足航海类专业学生对游泳、跳水、水上求生等技能训练的要求，根据校园规划，在凌海校区建设水上求生训练馆工程。

项目实施过程中，由于水上求生馆位于大连市主干道——旅顺南路南侧，建筑设计方案需要报大连市有关领导审定，学校委托中国建筑东北设计研究院、大连理工大学建筑设计研究院和上海东方建筑设计院进行了外装立面方案设计，最后大连市确认了上海东方建筑设计研究院设计的水上求生馆设计的外装立面方案，在原主受力结构体系不变的前提下，中国建筑东北设计研究院和上海东方建筑设计研究院对水上求生训练馆施工图进行修改和完善，使工程得以顺利实施。

（2）建设历程和主要建设内容

该项目建设地址位于大连海事大学凌海校区西侧。总建筑面积为5505平方米，主要建设内容包括游泳池、跳水池、求生训练大厅、观摩座位。本工程共计二层，一层裙房包括更衣室、淋浴室、器材室等用房；二层裙房包括观摩厅同房；地下层包括设备间及管道环廊用房。

本工程全部采用现浇钢筋混凝土框、排架结构，现浇混凝土灌注桩基础，屋面采用钢网架、轻质彩钢屋面板。设计单位为中国建筑东北设计研究院和上海东方建筑设计研究院。监理单位为大连港工程监理有限公司。施工单位为辽宁有色基础工程公司（基础）、东北金城大连水陆工程局（主体）、中国第三冶金建设公司（网架）、深圳奇信装饰设计工程有限公司（外装）、广东省工业安装总公司（机电安装）、普罗名特流体控制（大连）有限公司（水处理）、大连里克流体工程有限公司（池面设备）、大连世纪消防楼宇自控工程设备有限公司（消防）。

该工程于2003年4月12日开工，2006年12月11日竣工。大连市甘井子区建筑工程质量监督站对该工程进行了验收，并取得了大连市工程质量监督站颁发的《房屋建筑工程和市政基础设施工程竣工验收备案证》。

在工程建设的同时，各单位注意档案资料的收集与整理，做到及时整理、及时归档，包括建设单位的前期档案资料、监理单位的监理档案和施工单位的工程技术档案。档案资料的归档严格按照工程技术档案规范要求进行，严格档案的时效性、准确性和可追溯性，保证档案资料作为工程建设过程的第一手基础资料。

遵照交通部交水发〔2003〕6号《关于大连海事大学水上求生训练馆项目初步设计的批复》，本工程总概算审定额4020万元，其中部投资3600万元。实际完成投资3710万元。因此，该项目投资支出情况如下：2003年交通部投资2000万元，2004年交通部投资1600万元；实际完成投资3710万元。该项目投资总造价3710.05万元，其中：工程费用3478.53万元，其他费用231.95万元。

该项目9家施工单位工程结算的总报审定额3296.55万元，总审定额3152.25万元，总审减定额144.3万元。

（3）使用效果

自从求生馆建成后，几年来，学校大力弘扬优良作风，满足学生日益增长的体育、文化需要，把增强学生体质，提高学生的整体素质作为工作的基本任务。

根据工作的需要，学校不断完善求生馆各项管理制度，如：制定突发事件应急程序、安全责任划分示意图、贵重物品存放管理制度等，学校在不断的努力下，受到学生们的称赞和表扬。此外，学校还加强专业人员的培训和教育，如救生员培训、教练员培训及水质管理培训。

水上求生训练馆建筑面积 5646 平方米,设有 924 个观众座席,拥有 50 米×25 米 10 泳道标准泳池 1 座(水深 1.6~2.0 米)和 1 个具有造浪功能的 4 米深、长宽为 25 米× 17.5 米的跳水池,两级跳台高度分别为 3 米、5 米。该馆已连续 12 年被评为大连市卫生信誉 A 级单位。

新建成的求生训练馆大大地满足了该校对学生水上求生技能的要求,以航海类专业学生进行水上求生基本安全技能训练为主、航海类及其他专业学生进行游泳训练为辅、适当兼顾海员训练和社会开放。

该求生馆为大连海事大学师生提供一个现代化、配套设施完备、环境舒适的教学基地。使用功能以学校日常教学与培训为主,包括配套的更衣室、淋浴室及办公用房和会议用房的综合体。裙房一层为运动员入口门厅,男女更衣室、淋浴室、配电室、消防控制室及各种辅助用房。裙房二层为电教室、会议室及辅助用房。机房及水箱间布置在建筑物顶部。由于和环境呼应的关系,研究生楼南北形成了两个较为集中的交往活动空间。因此,其主要入口面向下沉广场及内庭花园,便于人流聚合。两部分人流基本具各自独立的交通体系,并可通过二层天桥互动。楼梯并连分布,整体流线简练便捷。平面采用矩形布局。主楼梯位于整个建筑的中部,另在该建筑两端各设一辅助楼梯,卫生间每层设置,且位于建筑中部,使用便捷。

本工程为游泳馆,包括游泳池水处理系统、给水、消防、热水、排水系统设计。该工程设计合理,满足了使用要求。求生馆的建成使用,为大连海事大学的学子和社会发挥了很大的实际作用。

11. 多功能体育馆

(1)项目概况

大连海事大学体育馆是集体育教学、训练、比赛、大型活动及业余健身为一体的多功能、综合性体育馆。2004 年 6 月 7 日,交通部批复的交规划发〔2004〕296 号《关于大连海事大学多功能体育馆建设项目可行性研究报告的批复》同意在东山校区建设多功能体育馆,主体建筑单层,局部三层,建筑总高度 24.8 米,总建筑面积为 11399 平方米,(地上建筑面积 9786 平方米、地下建筑面积 1613 平方米),其中主馆面积 3850 平方米,训练馆面积 1732 平方米,辅助用房面积 3829 平方米,设备用房面积 1527 平方米。座位总数为 4739 座,总投资为 4930 万元,由政府出资。馆内设有球类训练馆、体操馆、武术馆、器械健身馆等多个训练场馆。建筑主体平面呈椭圆形,以渐变线向外延伸;立面由环状的带形窗和竖向的凹凸墙构成。主体结构采用框架结构,主比赛馆、训练馆屋面采用网架结构,其余为钢筋混凝土屋面,基础采用独立基础。

(2)建设历程

大连海事大学位于中国北方海滨名城大连市的西南部,是中国著名的高等航海学府,是被国际海事组织认定的世界上几所"享有国际盛誉"的海事院校之一。近年来,随着学校办学规模的不断扩大,学校的体育教学对体育设施的需求也越来越高。教育部对全国高校的本科教学提出了严格的要求,并制订了评估标准即每所高校应配备室内教学设施。而学校仅有的于1956年建设的风雨操场现已无法使用,且因大连气候的影响,如遇阴雨天、大风、室外气温较低等,正常的体育课也被迫停止,无法完成教学任务。就学校实际情况而言,学校的体育教学设施已无法满足教学的需要,因此,学校急需新建一座多功能体育馆。

新建的大连海事大学多功能体育馆位于东山校区的体育设施区,东面隔路与航海类专业教学区相邻,西南面隔校园内主干道与陆上专业教学区相望,西北面为具有400米跑道和看台的标准体育场。它的建成将为广大在校生提供一个极好的生活和活动空间。

因此,为改善学校文体活动和举行集会的设施条件,满足学校加强体育、美育等素质教育的需要。依据校园规划,建设一座集教学、训练、集会、竞赛、演出等为一体的现代化体育馆是非常必要的。

经过多次方案比选、论证,学校最终确定上海东方建筑设计研究院设计的建筑方案为最终方案,并委托该院在充分调研的基础上,编制完成《大连海事大学多功能体育馆工程建设项目可行性研究报告》。工可报告经学校审核认为:方案可行,论述全面,满足学校体育教学、集会等活动的要求。学校向交通部报送了《关于报送〈大连海事大学多功能体育馆建设项目可行性研究报告〉的报告》(连海大基字〔2004〕80号)和《关于报送〈大连海事大学多功能体育馆建设项目可行性研究报告〉(修改稿)的报告》(连海大基字〔2004〕158号)。经交通部规划司组织召开的专家审查会,以交规划发〔2004〕296号文下发了《关于大连海事大学多功能体育馆项目可行性研究报告的批复》。

根据《关于大连海事大学多功能体育馆项目可行性研究报告的批复》文件精神,学校委托上海东方建筑设计研究院完成了大连海事大学多功能体育馆建设项目的扩初设计。根据设计院编制完成的《大连海事大学多功能体育馆项目初步设计报告》,学校审核认为:初设报告可行,并向交通部报送了《关于报送〈大连海事大学多功能体育馆建设项目初步设计〉的报告》(连海大基字〔2000〕325号)及附件。2004年9月17日经交通部水运司组织的专家审查会,认为:该初步设计文件符合国家和交通部关于初步设计文件编制的规定,达到了初步设计的深度要求,并以交水发〔2004〕715号文下发了《关于大连海事大学多功能体育馆建设项目初步设计的批复》。

初设批复后,学校正式委托上海东方建筑设计研究院完成了施工图设计,并依据交通部批复文件,向大连市建设行政主管部门办理了开工前期手续。同时,按照建设程序,学校进行了开工前各项准备工作,主要施工单位为中国建筑第五工程局第一建筑安装公司,该项目于2005年5月11日正式开工兴建。经过校基建处及施工单位及施工单位、监理单位等主体单位的共同努力,项目于2007年8月20日竣工。该工程竣工后,顺利通过了大连市消防局、大连市规划局、大连市环保局验收。

(3)使用效果

多功能体育馆的建立改善了学校文体活动和举行集会的设施条件,满足学校加强体育、美育等素质教育的要求,为学校增加了主要用于教学、训练、竞赛,并兼顾集会、演出等多功能活动中心和会堂功能。

1)满足学校体育教学的需要

大连地区最冷月平均气温达-4.9摄氏度,极端最低气温达-21.1摄氏度,冬季不利于学生进行户外锻炼。而大连海事大学由于其航海类专业的特殊性使其对学生的体魄有着更高的要求,学校的一些体育课程需要安排在室内进行。如拳击课、羽毛球课、武术课等,全年课时数为2学时/周×36周×80班=5760学时。为了完成体育教学任务,学校必须配备一座满足其体育教学需求的体育馆。

2)满足学校本科教学评估的需要

当时,大连海事大学系交通部所属唯一一所全国重点大学,已申请于2004年秋季进行教育部本科教学评估,学校制订的评估目标是达到优秀。教育部本科教学评估达到优秀的标准中规定,学校应具备室内体育教学场地。而学校现有的唯一一座风雨操场已无法使用,且按清华大学城市规划设计研究院所做的《校园规划》,风雨操场系拆除建筑。因此,学校就体育教学场地面积而言,几乎为零,基本上达不到教育部评估优秀的标准,且离学校制订的目标有一定的差距。

3)满足学校大型集会活动的需要

大连海事大学由于其航海类专业的特殊性,每年都要多次举行3000~5000人的大型会议,如军训动员大会、开学和毕业典礼、国际形势报告会、专题讲座和革命传统教育等。由于没有一座大型的室内场馆,所以,每年学生的各类大会,学校需花费一定的资金为学生们配备小凳,且在室外的空地进行,如遇阴雨或大风,经常改变计划。

另外,大连海事大学学生们的校园文化活动非常活跃,经常需要举办大型娱乐或集会活动,而由于受学校无大型场馆的限制,只能搞一些规模较小的活动,从而制约了校园文化活动的开展。

大连海事大学体育馆是集教学、训练、比赛、大型活动及业余健身为一体的多功能、具有承办中型国际比赛的能力。体育馆自开馆运行以来,坚持"以人为本,安全第一,服务至上,确保质量"的服务宗旨,把"保障有力,优质高效,服务到位,师生满意"作为质量目标,得到了全校师生和社会各界的热情关心和大力支持。在满足学校教学、师生业余健身和各类大型会议需求的同时,体育馆还成功承办了中国乒乓球超级联赛、中国世乒赛选拔赛、郎朗钢琴音乐会、李云迪钢琴音乐会及杨坤演唱会等大型赛事和文艺活动。目前,大连海事大学体育馆已成为开展校园体育文化活动、宣传展示学校精神面貌的窗口,赢得了广泛的赞誉。

12.海大展馆

（1）项目概况

为使学校广大师生更直观地了解我国航海事业发展历史,更有效地普及航海知识,进行爱国主义教育,培养热爱航海事业的高素质人才,2007年7月9日,交通部批复的交规划发〔2007〕364号《关于大连海事大学高等航海爱国主义教育基地建设项目可行性研究报告的批复》同意在东山校区档案馆楼东南侧建设高等航海爱国主义教育基地（以下简称教育基地）。教育基地以展览教学为主,兼顾校园的其他活动,建筑内部包括展厅、报告厅、多媒体演示及辅助用房,展示内容包括续篇、关怀篇、历史篇、专题篇和未来篇,以图片、图表、实物为主,采用场景复原、模型、沙盘、展柜、展台、影视多媒体和声光电等形式,记载了百年校史和中华民族有识之士对民族高等航海教育事业的探索与追求。海大展馆总建筑面积为3400平方米,根据地形情况,分地上两层,地下一层,其中地上1400平方米,地下2000平方米,建筑高度为17米,该项目主体采用现浇混凝土框架结构,基础形式为柱下独立基础。工程总投资940万元,由学校自筹资金建设。

（2）建设历程

2009年是中国高等航海教育暨大连海事大学百年华诞,为了充分展示近百年来中国高等航海教育事业发展的历史轨迹,充分展示历代航海人呕心沥血为中国航海事业所取得的丰功伟绩,为广大学生和全社会进行航海知识普及和爱国主义教育,弘扬传统,承载使命,大连海事大学于2005年底启动了航海教育史展品征集工作,目前所征集的展品有的已到校,有的陆续到校,而学校无场地摆放,为了适应高等航海教育的需要,在东山校区新建"高等航海爱国主义教育基地"是必要的。项目的建设符合大连海事大学中长期发展规划和校园规划调整方案。大连海事大学对该项目的建设设立了专门机构,拥有专职管理人员和专业人员,大连海事大学与该项目的设计单位大连都市发展建筑设计有限公司结合场地的具体现状和国家的有关规定,经过认真调研,并进行了充分论证,认为:建设高等航海爱国主义教育基地是十分必要而且可行的。该楼的建设将有助于加快培养符合社会主义事业要求的高素质航运人才,有利于把大连海事大学建成一流的高等航海学府。

教育基地的新建,由大连海事大学和大连都市发展建筑设计有限公司共同完成。大连海事大学负责提供设计任务书技改项目有关的设计资料,大连都市发展建筑设计有限公司根据设计任务书进行方案设计,该公司与学校基建处及使用单位的相关人员经实际调研、反复讨论,共同编制完成了《大连海事大学高等航海爱国主义教育基地项目可行性报告》。经特邀专家及相关学校领导审查,设计公司针对专家提出的意见进行了修改,形成了《大连海事大学高等航海爱国主义教育基地项目可行性报告》。

大连海事大学高等航海爱国主义教育基地工程于 2008 年 4 月 20 日开工,由大连渤海建筑集团有限公司建设,于 2009 年 4 月 30 日竣工完成。

（3）使用效果

历史是文化与精神的永恒依托,是薪火传承、继往开来的不竭动力。在中国高等航海教育暨大连海事大学建校百年华诞之时,学校在交通运输部的大力支持下建成了海大展馆,以此来全面梳理中国高等航海教育百年发展的脉络,挖掘航海教育文化的深厚内涵,凝聚思想传统与文化积淀,给一代又一代的学子以积极的影响与良好的熏陶。

①海大展馆是大连海事大学文化建设的重要组成部分,展示了中国深厚的航海文化底蕴和中国航海教育一百余年的办学成就,成为全民普及航海知识的重要精神文化平台,成为全国著名的航海文化景观。2012 年 5 月,海大展馆被辽宁省列入首批免费向中小学生开放设施。2012 年 6 月,海大展馆被中国航海学会命名为国家首批"航海科学普及教育基地",2013 年 7 月被确定为"大连市航海教育基地"。

海大展馆作为学校的窗口单位,自 2009 年 6 月 5 日开馆以来,顺利完成各级各类接待任务千余批次,参观人数已超 3 万人。接待了来校视察的国家领导、国务院、交通运输部、外交部、教育部、国外专局、辽宁省、大连市等各级领导,与我校有合作关系的神华集团、中国航天科工集团、北方重工集团、大唐集团、中远集团、中海集团、天津港集团、招商局集团、中外运长航集团、英国劳氏船级社、德国劳氏船级社、中国船级社等众多企业单位的领导,以及众多有合作关系的高等院校领导,包括来自美国、韩国、德国、日本、芬兰、英国、俄罗斯、南非、乌克兰、坦桑尼亚、斯里兰卡、阿根廷、加拿大、新加坡等国家的国际友人和港澳台同胞。海大展馆还承担学校校史校情教育工作,海内外校友返校参观任务等。

②建设高等航海爱国主义教育基地有重要的历史意义和积极的推动作用。中国位于亚洲东方,濒临西太平洋,有着漫长的海岸线与众多岛屿,是一个航海自然条件与地理条件十分优越的大陆性兼海洋性国家。中国的航海历史源远流长,是世界航海文明的主要发祥地之一。中华民族的航海文明水平,曾在相当长的历史时期内居于世界领先地位,对整个世界航海事业的发展作出过杰出贡献。"盛世修史",建设"高等航海爱国主义教育基地"对于帮助人们了解与熟悉我国航海事业所走过的艰难历程,掌握航海事业发展的规律,努力推进我航运事业的发展和坚持对外开放的战略方针,有着重要的历史意义和积极的推动作用。

③建设"高等航海爱国主义教育基地"有助于向全民普及航海知识、增强航海意识教育。国务院已经批准自 2005 年起每年 7 月 11 日定为中国"航海日"。设立"航海日"是我国航海史上的一件大事,对于全民普及航海知识和增强航海意识、推进我国航海和海洋事业发展,对于弘扬我国睦邻友好的悠久历史传统、树立和平外交的国际形象,对于增强

海外华人的情感凝聚力、增进我国和世界各国的友好交往,对于弘扬中华民族精神、开展爱国主义教育、进一步拓展爱国主义教育平台,都具有深远的现实意义和重大的历史意义。

大连海事大学是中国著名的高等航海学府,是交通运输部所属的唯一的全国重点大学,是被国际海事组织认定的世界上少数几所"享有国际盛誉"的海事院校之一。大连海事大学有责任有义务发展好中国的高等航海教育事业,有责任有义务开展好高等航海爱国主义教育工作。

④建设"高等航海爱国主义教育基地"有助于把大连建设成为东北亚重要国际航运中心。党中央、国务院明确提出"把大连建设成为东北亚重要国际航运中心"。把大连建设成为东北亚重要的国际航运中心,是一项涉及诸多方面的系统工程,是关系到辽宁乃至东北地区的对外开放水平的重大问题,是辽宁乃至东北地区的共同责任。

大连海事大学地处辽宁大连,具有建设"高等航海爱国主义教育基地"的"天时、地利、人和"的诸多优势。通过建设"高等航海爱国主义教育基地",学校加强宣传,形成大连建设东北亚重要国际航运中心的良好氛围;凝心聚力,处理好航运中心建设与老工业基地振兴、与经济腹地的关系,形成大连建设东北亚重要国际航运中心的合力:共谋发展,为大连建设东北亚重要国际航运中心提供人才和技术支撑,提供更多的信息和技术支持。

13.救助与打捞工程实验室

(1)项目概况

大连海事大学素有"航海家的摇篮"之称,是被国际海事组织认定的世界上少数几所"享有国际盛誉"的海事院校之一。根据大连海事大学校园总体规划方案,以建设符合未来发展、高标准、现代化、有时代气息的海事大学新校园为指导,大连海事大学已获批多个辽宁省重点实验室、辽宁省工程技术研究中心,基本覆盖了大连海事大学现有主要学科,为提升学校科技创新能力提供了重要的平台支撑。

为继续推进大连海事大学的发展与建设,同时为实现学校的办学目标。根据大连高新技术产业园区发展改革局《关于大连海事大学救助与打捞工程实验室项目备案的函》(大高发改函〔2011〕51号)和《修建性规划方案》等工程前期批复手续,同意大连海事大学在西山校区内建立一处救助与打捞工程实验室,为学校救助与打捞及相关专业学生提供更加方便、高效的海上救助与打捞工程模拟环境实训基地。

(2)建设历程和建设内容

大连海事大学救助与打捞工程实验室位于学校西山校区凌水南路以南,陆上专业新生教学楼和基础课程教学楼的东侧,海大科技园的西侧。主体结构为4层框架结构、钢结构,框架部分建筑高度为17.4米,为办公、试验楼;钢结构部分建筑高度为29.7米,为救助打捞试验区域。地下部分为打捞池、动力区、循环水池,均为阀板基础剪力墙结构。该建筑总建筑面积为6600.80平方米,由辽宁省财政投资2800万元建设。于2013年3月

18 日开工建设,于 2014 年 8 月 30 日竣工完成。其设计单位是中国航天建设集团有限公司,施工单位为中国三冶集团有限公司。

大连海事大学救助与打捞工程实验室是一处教学实验室,依托于学校船舶与海洋工程学科,交叉机械工程、交通运输工程等学科,重点围绕救助打捞与海洋工程装备技术领域,开展救助技术与装备、打捞工程技术与装备、船舶与海洋工程机电系统、海底工程应急技术与装备等方向的理论和应用技术研究。实验室建有大型实验水池和救助船模拟平台、海空立体救助模拟训练系统、水下打捞作业技术等装备技术研究平台,为救助与打捞工程学科提供了优越的教学培训、科学实验场所。

（3）使用效果

航海类人才的培养和提升是海事科教支撑能力的重要保障,也关系到我国海洋业与海洋安全的未来发展。大连海事大学经过百余年的建设和发展,已经成为培养航海人才的重要基地。在国家大力发展教育事业,全面提升教育环境,完善各种教育服务基础设施建设,提升服务环境水平的前提下,大连海事大学在西山校区内建设了一处救助与打捞工程实验室,这是一项为救助与打捞及相关专业教育和科研服务的项目,使用效益不仅体现在学生和学校上,更体现在社会方面。

1）为相关专业学生提供优质的实践平台

大连海事大学的航海、船舶专业为学校的重点建设专业之一,近年来在交通运输部、教育部、国家海洋局、辽宁省人民政府和大连市人民政府等的支持和帮助下,在各方面实现了不小的发展与进步。大连海事大学的救助与打捞工程专业,是交通运输部救助打捞局与学校合作共建的国内外首个救捞领域的本科专业,2011 年成为教育部卓越工程师教育培训计划专业,救助与打捞工程专业烟台打捞局、上海打捞局实践教育基地获批建设国家级工程实践教育中心,是学校重点建设的特色优势专业。学生需要了解救助与打捞相关的法律、法规,掌握先进的救捞技术及专业技能,熟悉现代化的救捞设备,而大连海事大学救助与打捞工程实验室的建立,不仅满足了学生对于专业理论知识的学习,更为学生提供了可操作、可实践的平台。既注重学生综合素质和实践能力的培养,又为国家救捞卓越计划提供了良好的实践条件。在交通运输部和学校的直接支持下,学校救助与打捞工程实验室已拥有国内外一流的救捞实验室实践教学仪器和先进的救助与打捞设施设备,各项教育水平与实践经验位于国内同类大学及专业的前列。

2）提升学校综合教育水平及专业发展优势

大连海事大学救助与打捞工程实验室立足于大连海事大学航运、海事教育特色,针对国内外救助与打捞日益强烈的需求,在国家及学校的支持和帮助下,建设了沉船打捞实验教学平台、水下应急保障与处理技术实验教学平台等。以满足学生创新创业实践项目以及专业技能实验的需求为目标,使学生通过亲自观察与动手实践,获得专业的救捞技术与技能,同时强化提高学生的自主创新创业能力与实践动手能力,保证学生日后进入工作时更具备业务能力和创造能力,具备在海事相关单位、各类海洋工程公司、救助打捞装备研究、设计及制造的研究所、设计所、企业以及救助打捞技术培训的教育机构从事设计、研究、制造、检验、指挥、管理及实施等工作的能力,为国家贡献出自己的力量。在教学及教育资源方面,大连海事大学救助与打捞工程实验室拥有严格的实验室管理制度、仪器设备管理制度、实验教学管理制度等规定,做到重点设备专人负责制,保证实验设备的完好率和利用率;目前实验室的人员业务水平也较高,实验教师具备较强的设备的使用、维护、管理能力,大多数设备故障完全可以做到自行解决和处理。作为大连海事大学的重点建设专业之一,救助与打捞专业与该救助与打捞工程实验室为提高学校的整体综合教育水平及专业发展优势提供了有力保障。

3）社会效益

我国当时正在实施的"211 工程"是落实国家教育改革与发展纲要的重大举措,其目标是"力争在 21 世纪初,有一批高等学校和学科、专业在教育质量、科学研究和管理方面,达到世界较高水平。"大连海事大学已跻身于国家"211 工程"建设行列。学校建设以江泽民同志提出的"建设世界一流高等航海学府"为目标,将大连海事大学建设成为以航海重点学科为骨干,多学科协调发展,特色鲜明的世界同类院校一流水平的海事大学。学校还将建设成为我国培养航运业高层次人才的主要基地,成为解决我国航运事业科技进步中重大科研问题的重要基地;成为交通院校中在教育质量、科学研究、管理水平和办学效益等方面起示范带头作用的学校。大连海事大学救助与打捞工程实验室的建设是为了适应学校的发展和建设目标,扩大学校的知名度,体现学校在培养与培育海员方面的专业性。它既是学校的一处重要基础实验室,又是大连海事大学综合水平的象征。救助与打捞工程实验室建成后,不仅为校内救助与打捞及相关专业学生提供有力帮助,提升学校的整体教学及科研水平,更树立起了大连海事大学对外的形象,产生了巨大的社会效益。

14.大学生活动中心

（1）项目概况

1）项目立项背景

随着我国社会主义市场经济的快速发展,高校正在经历与之相适应的持续变革。如何培养即能适应 21 世纪市场经济大环境,又具有综合能力和创新能力的优秀人才,是高等教育的重要任务。为使高校培养的人才能够符合社会主义市场的需要,就必须以促进学生的全面成长和掌握可持续发展的能力为中心,加强第二课堂建设。

随着学校办学理念的逐步转变,在学校党委的正确领导下,学生组织及学生的社团工作取得了蓬勃的发展。学校现有学生组织 11 个、学生社团 97 个。学校积极发挥他们的优势,引导这些学生组织及学生团体开展多种形式的活动,全面提高学生的综合素质和可持续发展能力。但从学校现有条件看,学生活动场所及相应配套设施已远远落后于发展的需要,主要表现在:

①由于学生组织及社团的增加,学校现有的活动场所满足不了要求。

②为了培养学生们的综合素质和提升就业能力,学校无场所为学生提供开展科技创新、进行技能培训、组织社会实践等活动。

为了满足高等教育持续变革和高校人才培养的需要,同时为了活跃校园文化、增进文化交流、满足大学生日益增长的精神需求,学校亟须建设大学生活动中心作为学生自我发展、自主创新的活动基地。

2）项目立项批准

学校分别以连海大基字〔2009〕249 号文、连海大基字〔2009〕332 号文、连海大基字〔2009〕435 号文向交通运输部申请了拟在西山校区新建大学生活动中心建设项目。

交通运输部《关于大连海事大学大学生活动中心建设项目可行性研究报告的批复》（交规划发〔2009〕502 号）及《关于大连海事大学大学生活动中心建设项目初步设计的批复》（交水发〔2009〕664 号）批准该项目的立项。

3）项目规模以及投资

大学生活动中心工程位于大连海事大学西山校区内,主体结构为 6 层框架结构,建筑高度为 21.55 米,建筑面积为 11265 平方米。包括文体活动区（包括舞蹈室、器乐室、琴房等）,技能培训区,社会实践区,科技创新区,多功能厅（包括剧场、化妆室、道具室等）,志愿者指导室、社团工作室、学术交流室、研讨室等,仓库、设备间,开敞式活动交流区,走廊兼展示空间等。

该项目计划投资 2994.51 万元,其中交通运输部投资 2890.00 万元,项目实际到位资金 2890.00 万元,学校自筹资金 105.51 万元。

（2）建设历程和主要建设内容

1）项目主要建设内容

大学生活动中心工程位于大连海事大学西山校区内,此活动中心建筑规模约为10650 平方米,主要功能包括:文体活动、技能培训、社会实践、科技创新、志题者服务指导、研究生活动、多功能厅、社团活动等。

2）项目建设历程和主要服务单位

本工程于 2010 年 10 月 15 日开工,竣工日期为 2012 年 11 月 30 日,竣工验收时间为2013 年 9 月 29 日。

该工程主要服务单位:

设计单位：大连都市发展设计有限公司

施工单位：大连市建设工程集团有限公司

(3)使用效果

1)满足了学生群团组织的迅速增长进而对学校的活动场所的大量需求

学校近些年新成立的民乐团、弦乐队、先锋戏剧社、海潮文学社有了合适的训练场所，学校原有的军乐队、大学生合唱团、大学生艺术团、电航学社也有了固定的活动场所，极大促进了学校第二课堂的快速建设发展。

2)克服了学校原有活动场所功能单一的不足，满足了学生全面发展的客观需求

学校原有的两个小型活动中心主要是开展各类文体活动，功能比较单一。大学生活动中心建成后，大学生在其中开展了大量的科技创新、技能培训、社会实践等活动，提高校大学生核心竞争力，提升了海大学生的就业能力。

其为学校的第二课堂建设提供了活动空间，改善了学校的办学条件，丰富了学生的课余生活，培养了学生良好的心理素质，提高了学生的综合素质。

15.西山学生浴室

(1)项目概况

1)项目立项背景

大连海事大学是中国著名的高等航海学府，是交通运输部所属的全国重点大学，是被国际海事组织认定的世界上少数几所"享有国际盛誉"的海事院校之一，为了牢牢把握我国交通运输事业快速发展的黄金期，进一步加快海事大学的全面发展，交通运输部和大连市人民政府联合批复了"大连海事大学中长期发展规划"，将海事大学的办学规模定为在校生20000人(其中研究生5000人)。

高等学校要健康、持续、稳定地向前发展，有力的后勤服务是必需的保障之一。而在高校后勤服务工作中，浴池是高校后勤服务的重要组成部分。浴池作为高校后勤保障的主要设施，学校学生浴池的建设必须与学校的办学规模协调一致，并随着学校办学规模的不断扩大，而同步实施规划和配套建设。依据交通部与大连市政府2006年联合批复的《大连海事大学校园规划调整方案》中提出的"根据国家相关标准，规划将西山校区用地向北扩展，新征土地建设教学实验用房、学生公寓、浴池和大学生活动中心等形成用地完整、设施齐全的西山校区"精神，本次拟建学生浴池位于海事大学新征用地附近，位置在学生居住、学习、生活集中的区域内，能够更好地满足学生需求。

2)项目立项批准

西山学生浴室建设项目是根据交通运输部《关于大连海事大学西山学生浴室建设项目可行性报告的批复》(交规划发〔2013〕734号)及《关于大连海事大学西山学生浴室建设项目初步设计的批复》(交函水〔2014〕75号)批准建设的项目。

3)项目规模以及投资

该项目现已按照批准的建设规模和标准全部建成。建设三层钢筋混凝土框架结构学生浴室 1 幢,建筑面积 2989.05 平方米,建筑总高度为 15.5 米。实施室内外装修、给排水,消防、供电照明、暖通及综合布线等工程,并配备必要的家具,配套建设道路、绿化等工程。

项目计划总投资 1420 万元,实际完成投资 1420 万元,全部为交通运输部投资。

(2)建设历程和主要建设内容

1)项目主要建设内容

①地基与基础工程:本工程基础结构形式为独立柱基础。

②主体结构工程:主体为框架结构,墙体外墙为蒸压砂加气混凝土砌块墙,内墙为轻集料混凝土小型空心砌块填充墙。

③建筑装饰装修工程:楼梯间与走廊为花岗石板楼面、玻化砖楼面,房间地面包括:玻化砖、防滑地砖、环氧砂浆自流平地面、防静电架空活动地板地面及花岗岩地面,更衣室、淋浴室、卫生间为防滑地砖地面,房间门为钢木门、防火门,窗为断桥铝合金窗,墙面釉面砖防水墙面、穿孔板吸声墙面、防水乳胶漆墙面,卫生间、洗浴室、更衣室、洗衣房为铝合金复合板吊顶,一层走廊、门厅、休息厅为非石棉纤维增强硅酸钙板吊顶,办公室、男女职工休息室为矿棉装饰吸声板吊顶,热水机房、空调机房为板底吸声顶棚岩棉毡铝板网,外饰面为真石漆系统。

④建筑屋面工程:屋面防水层为 3 毫米厚 SBS 改性沥青防水卷材(两道),保温层为 80 毫米厚聚苯乙烯板(燃烧性能等级 A2 级)。

⑤建筑给水、排水采暖工程:室内生活给水采用市政给水及校区给水,自来水压力 0.35 兆帕、直径 DN50。卫生间冲厕水采用校区中水供水管网直接供给;卫生间冲厕用中水(大便器、小便器)。给水管及中水管皆用 PP-R 管,热熔连接。室内排水采用硬聚氯乙烯 UPVC 排水塑料管,胶接,主管道直径 DN150、DN100;室内采暖干管及立管、连接散热器的支管采用 S4 系列玻纤增强纳米复合四型聚丙烯管道:室内设置单栓消火栓(减压稳压消火栓,栓口压力控制为 0.35 兆帕)。箱内配 DN65 的消火栓一个,DN19 的水枪 1 支。

⑥通风与空调工程:浴室设置按 6 次换气次数设计,新风按排风的 80% 设计,设置组合式热回收新风机组对新、排风进行能量回收,额定热回收效率不小于 60%,组合式热回收新风机组的设置防冻保护系统,机组自带控制箱。

⑦建筑电气工程:本工程电气为一路电源入户。分为 3 个子分部:电气照明、电气动力、防雷与接地。

⑧智能建筑工程:本工程智能建筑分为综合布线、安全防范、电视监控、防盗报警系统

4 个子分部工程。

⑨建筑节能工程:本工程节能主要有屋面保温、墙体保温、门窗节能、电气节能、采暖、通风空调节能 6 个分项。

2)项目建设历程和主要服务单位

该项目于 2014 年 10 月 15 日开工建设,于 2014 年 11 月 24 日基础验收,2015 年 6 月 5 日主体验收,2015 年 11 月 30 日竣工验收,2018 年 2 月 27 日通过大连高新技术产业园区质量监督管理站竣工验收,工程主要服务单位如下:

设计单位:大连建发建筑设计院

施工单位:大连永和圣地建设集团有限公司

(3)使用效果

1)改善师生洗浴环境

独特的外观设计,优雅、洁净的室内环境,流畅、便利的洗浴通道,其在深受师生们的喜爱的同时,也有利于教育学生热爱校园、勤俭节约、谦让有礼,有利于培养学生独立的人格和社会责任感。该项目融入大学校园独特的文化气息,成为校园人文精神的延伸,发挥环境育人的作用。

2)满足高校后勤社会化改革的需要

高等教育是我国培养社会主义高级建设者的重要途径,浴池是高校建设一项必不可少的项目之一,始终坚持"培养人"的发展方向,模拟企业搞好核算并向管理要效益,在成本控制上下功夫,降低洗浴成本,走节约型浴池的路子,为高校"培养人"的中心工作服务。通过近年推行的高校后勤社会化改革,一套"管理企业化、生产集约化、服务专业化"的高校后勤体系已逐步成熟。

(七)学生公寓

根据原交通部批复大连海事大学的发展规模,学校总规模为在校生 20000 人。随着大连海事大学办学规模不断扩大,为了适应培养人才的需要,学校决定建设一些学生公寓为学生提供良好的生活环境。学校新建和改造学生公寓情况如表 12-7-1 所示。

学校新建和改造学生公寓统计表 表 12-7-1

建筑名称	建筑面积(平方米)	总投资额(万元)	开工日期	竣工日期	备注
海华 1~4 公寓	12000	1100	2001 年 4 月	2001 年 8 月	—
海华 5 公寓	6333	500	2014 年 4 月	2001 年 8 月	—
海华 6 公寓	18451	2600	2002 年 3 月	2002 年 8 月	—
海华 7 公寓	3689	100	1987 年 8 月	1988 年 3 月	2002 年内部改装修
海华 8 公寓	4380	64	1986 年 11 月	1987 年 7 月	2002 年内部改装修

续上表

建 筑 名 称	建筑面积(平方米)	总投资额(万元)	开 工 日 期	竣 工 日 期	备　注
海华9公寓(原四舍)	3148	—	—	—	2002年内部改装修
海华10公寓	4268	440	2006年4月	2006年9月	—
海华11公寓	6388	605	2006年4月	2006年9月	—
文华1公寓	13580	1610	1998年6月	1998年11月	—
文华2公寓	9000	976	1998年6月	1998年11月	—
文华3公寓	3200	591.2	1990年6月	1991年2月	—
文华4公寓	3431	—	1985年4月	1986年8月	—
文华5公寓	5268	650	1997年3月	1997年8月	—
翰海1公寓	20161	3339	2004年3月	2004年9月	—
翰海2公寓	12281	2382	2003年4月	2005年12月	—
翰海3公寓	4919	953	2003年4月	2004年12月	—
翰海4公寓	4294	850	2003年4月	2003年8月	—
翰海5公寓	4919	953	2003年4月	2005年1月	—
翰海6公寓	3617	715	2003年4月	2003年8月	—
翰海7公寓	4176	826	2003年4月	2003年8月	—
方舟1公寓	4585	870	2004年5月	2004年11月	—
方舟2公寓	6272	1190	2004年4月	2004年9月	—
方舟3公寓	5134	975	2004年5月	2004年12月	—
方舟4公寓	5279	1002	2004年3月	2004年10月	—
方舟5公寓	9518	1447	2003年4月	2003年9月	—
方舟6公寓	9247	1405	2003年4月	2003年9月	—
英华1公寓	19333	6000	2009年4月	2010年2月	—
英华2公寓	20625	4123	2009年11月	2010年9月	—
英华3公寓	24085	6500	2012年2月	2012年11月	—
英华4公寓	25658	5000	2010年3月	2011年8月	—
英华5公寓	33323	9100	2012年3月	2013年6月	—
留学生公寓	7814	2618.8	2013年7月	2014年10月	—
留学生与专家公寓	8770	4065.6	2008年12月	2009年8月	—
海事公寓	3655	105	1984年12月	1985年7月	专家及留学生公寓

二、上海海事大学

(一)单位概况

(1)建校历史及发展过程

中国高等航海教育发轫于上海。1909年晚清邮传部上海高等实业学堂(南洋公学)

船政科开创了我国高等航海教育的先河。1912 年成立吴淞商船学校,1933 年更名为吴淞商船专科学校。1959 年交通部在沪组建上海海运学院,学校选址浦东大道 1550 号。2004 年经教育部批准更名为上海海事大学。为支持上海国际航运中心建设和临港新城开发,2004 年 11 月 19 日,上海海事大学在临港新城举行新校建设开工典礼。2005 年 5 月 30 日始,上海海事大学陆续取得新校一期、二期、三期的国土资源部建设用地批准书。2005 年 12 月 22 日,上海市建设和交通委员会批复临港新校区建设一期项目初步设计。2007 年 1 月 25 日始,陆续取得新校区一期、二期、三期的建设部建设用地规划许可证。2008 年,上海海事大学整体搬迁临港新城。

（2）教学及科研情况

上海海事大学是一所以航运、物流、海洋为特色,具有工学、管理学、经济学、法学、文学、理学和艺术学等学科门类的多科性大学。2008 年,上海市人民政府与交通运输部签订协议,共建上海海事大学。

学校设有 2 个博士后科研流动站（交通运输工程、电气工程）,4 个一级学科博士点（交通运输工程、管理科学工程、船舶与海洋工程、电气工程）,23 个二级学科博士点,16 个一级学科硕士学位授权点,60 个二级学科硕士学位授权点,12 个专业学位授权类别,48 个本科专业。学校拥有 12 个省部级重点研究基地。现有 1 个国家重点（培育）学科,1 个上海市高峰学科,2 个上海市高原学科,9 个部市级重点学科,工程学科进入 ESI 全球前 1%,港航物流学科保持全球领先。5 个国家级特色专业,1 个国家级综合改革试点专业,6 个教育部卓越工程师教育培养计划专业,17 个上海市本科教育高地。现有 2 个国家级实验教学示范中心,2 个国家级虚拟仿真实验教学示范中心,5 个国家级实践教学示范中心,1 个全国示范性工程专业学位研究生联合培养基地。设有水上训练中心,拥有万吨级集装箱教学实习船"育锋"轮和 4.8 万吨散货教学实习船"育明"轮。

（3）主要贡献

学校致力于培养国家航运业所需要的各级各类专门人才,已向全国港航企事业单位及政府部门输送了毕业生逾 16 万人,被誉为"高级航运人才的摇篮"。

学校于 2013 年成立中国（上海）自贸区供应链研究院和上海高级国际航运学院。中国（上海）自贸区供应链研究院将自贸区建设与供应链研究有机结合,以提升自贸区产业链建设水平,促进自贸区货物贸易向服务贸易的转型发展,同时推动政府监管职能的转变。上海高级国际航运学院采取国际上先进的商学院运作模式,与全球优秀教育机构资源共享,着力打造国内领先、国际知名的航运金融教育品牌,构筑具有影响力的航运高端人才输出基地。

2008 年,上海市教育委员会、上海市城乡建设和交通委员会、上海海事大学、虹口区人民政府等 20 多家单位共同发起成立上海国际航运研究中心。中心挂靠上海海事大学,是国际航运业发展的研究和咨询机构,为政府、国内外企业与航运机构等提供决策咨询和信息服务,是上海市教委首批建立的"高校知识服务平台"之一。2014年,市教委将该平台挂牌为"上海市协同创新中心"。

(二)教育基地建设项目

1.上海海事大学4.8万吨教学实习船"育明"轮

(1)项目概况

航海类专业是实践性很强的专业,教学实习船是航海类院校最重要的教学设施。2010年12月16日,上海海事大学与中国海运集团签署深化校企项目合作协议暨4.8万吨级教学实习船建造合同。同年12月28日,上海海事大学4.8万吨级教学实习船开工仪式在中国海运江苏造船基地举行。

(2)建设历程

2012年3月16日,上海海事大学新建的4.8万吨级散货教学实习船在中海工业江苏造船基地2号船台举行分段上船台合龙仪式。4月12日,上海海事大学教学实习船主机交接庆典在沪东重机股份有限公司总装D3车间举行。实习船主机由制造厂方沪东重工正式提交上海海事大学和船厂使用。4月20日,在中海工业江苏造船基地2号船台,上海海事大学新建4.8万吨级散货教学实习船实现全船贯通。5月25日,上海海事大学4.8万吨远洋教学实习船下水仪式在中海集团江都造船厂举行。11月20日,上海海事大学4.8万吨远洋教学实习船圆满完成各项试航任务。12月12日,上海海事大学4.8万吨远洋教学实习船"育明"轮正式交付。

(3)使用效果

"育明"轮是上海海事大学所属的一艘无限航区航海教学实习船,由中海集团江苏造船基地建造。教学实习船载重4.8万吨,可同时容纳160名学生上船实习,具备教学、科学研究、国际交流和散货运输的功能,可赴全球码头"跑货"。为方便学生实习,"育明"轮设置有"生产驾驶台"和"实习驾驶台",可进行"无扰动切换",为学校高素质航海类人才培养和航海科技研究提供了必要设施。

2013年3月13日,上海海事大学教学实习船"育明"轮迎来首批毕业实习学生。来自上海海事大学商船学院航海技术、轮机工程、船舶电子电气工程专业的44名本科毕业生和9名随船带教教师踏上"育明"轮,开始毕业实习教学环节。

2.上海海事大学行政楼

(1)项目概况

上海海事大学行政楼经沪教委发〔2004〕76号立项批复,沪教委发〔2004〕209号可行性研究报告批复,总建筑面积 10018 平方米。资金来源为土地置换金,总投资额 7381 万元(包含科研楼建设项目)。2007 年,项目被上海市建筑施工行业协会授予"白玉兰"奖。

(2)建设历程

该项目于 2006 年 3 月 23 日开工建设,2007 年 5 月 28 日竣工完成,建筑物为 1~4 层的框架结构。由于建筑物的功能需求形成了较大开阔的柱网布置,采用了现浇混凝土框架结构,柱网布置力求规则,以减小地震作用下产生的扭矩,竖向构件也连续均匀,传力直接,无刚度突变。项目由上海建筑设计研究院有限公司设计,由浙江耀江建设集团股份有限公司、无锡金城幕墙装饰工程有限公司施工建设。

(3)使用效果

行政楼位于上海海事大学临港校区南侧校园入口东边,是集教学管理、行政办公于一体的综合性建筑,贯穿学校行政职能核心。其西南侧为主入口,通过建筑体量布置围合成一入口,汇集各主要外部人流。东北侧为大会议厅入口,同时围合成另一个广场,集散校园及各种人流,形成合理适宜的建筑外部空间。

3.上海海事大学科研楼

(1)项目概况

上海海事大学科研楼经沪教委发〔2004〕76 号立项批复,沪教委发〔2004〕209 号可行性研究报告批复,占地面积为 13940 平方米,总建筑面积 12742 平方米。资金来源为土地置换金,总投资额 7381 万元(包含行政楼建设项目)。2007 年,项目被上海市建筑施工行业协会授予"白玉兰"奖。

(2)建设历程

该项目于 2006 年 3 月 23 日开工建设,2007 年 5 月 28 日竣工完成,建筑物为 1~5 层框架结构。设计上遵从整体性、通用性、学术性原则,总体思路考虑了建筑所处的位置,结合自身功能,设计错落有致的体量感,并回应校园总体规划,与学校地理位置和建筑群协调一致,使建筑与道路绿化融为一体,并与校前区建筑共同形成完整的校前区广场空间。考虑到学校当前和未来的发展,为教学与科研的现代化发展留有足够的余地和可变性,项目采用统一大柱网,功能分区具有独立性,平面布局紧凑,营造宁静、高效、自然的学习氛围。项目由同济大学建筑设计研究院设计,由浙江耀江建设集团股份有限公司、无锡金城幕墙装饰工程有限公司施工建设。

(3)使用效果

科研楼位于上海海事大学临港校区南侧校园入口西边,与东边的行政楼相对,被环形的道路围绕。建筑主体为两个 L 形条状体量错落布置,外部形态反映了内部功能空间。建筑高五层,局部实验室一层。

南楼为科研功能区,面向干道,三个一层高仿真实验室置于最南侧,既丰富了道路景观,形成强烈的建筑标示,又使得主体建筑退后道路更多,减少干扰。其余各研究所用房从1~5层行列布置,便于识别。科学研究院及研究生院的主要办公用房均为南向布置,为办公及科研人员提供较舒适的环境。北楼主要是研究生院,设置公共课程教学用房、多媒体教室、语音教室和阶梯教室,四、五层主要是办公用房;中部一层为可容纳270人的多功能学术报告厅,二层以上为共享中厅(公共交流区域),设有多个交流平台及咖啡茶座,还有一个可供科研人员及研究生院共同使用的会议室,用作公共交流区域,汇聚科研发展力量。

4.上海海事大学图文信息中心(中远图书馆)

(1)项目概况

上海海事大学体育中心(中远图书馆)经沪教委发〔2004〕76号立项批复,沪教委发〔2004〕209号可行性研究报告批复,总建筑面积45407.5平方米,资金来源为土地置换金及社会捐赠,投资额约14074.36万元。2009年,该建筑获中国建设工程鲁班奖(国家优质工程)。

(2)建设历程

项目于2006年6月15日开工建设,于2008年3月31日竣工完成,建筑物为9层框架结构。其遵循了开放性的设计原则,旨在打造具有开放性的现代化功能的高校信息中心,并创造优雅、宁静的室内外环境,追求形态丰富、明亮的内部空间。项目由上海建筑设计研究院有限公司设计,由上海市第五建筑有限公司、上海美特幕墙有限公司和上海兆祥建筑装饰股份有限公司施工建设。

(3)使用效果

图文信息中心(中远图书馆)位于整个新校区的中心位置,呈四方形,四周环水,东西均有桥与教学、生活区相连。南侧正对校园的主入口景观轴线,北侧为开阔的湖面。主体建筑总层数为6层,西侧办公楼为9层,高40.2米,与主体建筑之间通过连廊相通。项目局部架空及变化丰富的中庭,既营造出了丰富多彩的室内空间,又迎合了夏季主导风向,形成了室内良好的自然通风效果。通高的共享大厅顶部在布置北向天窗以满足充足采光的同时,还设计了南向的反射板,减少了夏季直射阳光的热辐射,体现出当代建筑的生态性。

该建筑物内部划分为三大模块,西侧为办公区,东侧为图书馆区,东南侧为独立报告厅,三大功能区各自设置出入口,互不扰,人书流线便捷清晰、合理,所有阅览空间与办公空间分区明确,避免交通拥挤。楼内主要配套各类阅览室、书库、培训室、报告厅、多功能厅、网络中心、自修教室、开敞式平台活动区、办公用房等功能分区,为师生营造了良好的学习条件。

5.上海海事大学学生服务中心

(1)项目概况

上海海事大学学生服务中心经沪教委发〔2005〕58号立项批复,沪教委发〔2005〕150

号可行性研究报告批复,总建筑面积6266平方米,资金来源由国家拨款和土地置换金组成,总投资额12012万元(包含学生公寓A1、A2、B1、B2和学生食堂A建设项目)。

（2）建设历程

项目于2006年9月30日开工建设,2007年7月23日竣工完成,建筑物为1~4层框架结构。其建筑按照船舶结构仿造,外观整体呈现朴素的白色,尖尖的"船头"和流畅的"船身",还有顶层类似于甲板的天台,都使得这艘"大船"更加栩栩如生、"呼之欲航","船头"和"船身"环绕着透明的巨大落地窗,使得整艘"船"变得更加立体、更加可视,充足的光线及智慧湖的倒影都能投射其上,体现了学校的办学特色和人才培养目标。项目由同济大学建筑设计研究院设计,由中国建筑第二工程局、上海美特幕墙有限公司施工建设。

（3）使用效果

学生服务中心坐落于上海海事大学临港校区海燕山和智慧湖之间,处于校园中部,临近校园内环干道,西部为校园生活区内的学生宿舍和学生食堂,东部为校园生态绿地,南部为校园中心景观湖面,北部为校园公共教学楼和部分体育运动产地。学生服务中心的主要功能是学校团委和学生处的办公、活动用房,包括一个可容纳440人的报告厅。学生服务中心各部门以"以人为本,热情服务"的发展理念为根本,切实帮助同学们维护自身利益,热心解答同学们学习和生活中的疑问,努力为全校同学打造一个自我管理、自我服务的平台,创造一个和谐的学习、生活环境。

6. 上海海事大学大礼堂

（1）项目概况

上海海事大学大礼堂经沪教委发〔2006〕144号立项批复,沪临港管委规〔2007〕第11号、沪临港方〔2006〕35061228D90121可行性研究报告批复,总建筑面积5298平方米,资金来源由土地置换金、社会化筹集资金及自筹资金组成,总投资额9501万元(包含实训中心及学生食堂C建设项目)。2008年,项目被上海市建筑施工行业协会评为上海市优质工程,并授予"白玉兰奖"。

（2）建设历程

项目于2007年6月28日开工建设,于2008年12月18日竣工完成,建筑物为1~2层框架结构。其考虑到北区宿舍和教学楼的肌理都为方整的条形,为了活跃北区的气氛,将礼堂设计成开放的螺旋线造型,与图书馆、中央水面形成南北轴线相呼应,形成南有体育中心、中有图书馆、北有大礼堂的"一轴三心"的格局。在建筑场地的设计中将主入口设在东面与公共教学楼形成围合空间,同时合理布置人流、车流。建筑单体采用以辅助空间环绕主要空间的手法,功能合理。项目由同济大学建筑设计研究院设计,由浙江展诚建设集团股份有限公司和无锡金城幕墙装饰工程有限公司施工建设。

（3）使用效果

大礼堂坐落在上海海事大学临港校区东北角,处于东入口主大道与校园主环道相交的转角处,南靠公共教学区,西靠学生运动球场。总体布局以尊重校园总体规划为基本原则,同时又使单体建筑富有个性。建筑采用集中式布局,共有上下2层。可同时容纳1000人左右观看表演,礼堂内部采用独特设计集各类规模演出、电影播放、大型会议所需设备为一体,综合运用的同时充分发挥了建筑设计功能。在建筑场地的设计中将主入口设在东面与公共教学楼形成围合空间,同时合理布置人流、车流。建筑单体采用以辅空间环绕主要空间的手法,功能合理。礼堂建筑在校园建筑中是其学术精神的重要传播媒介,具有强势的窗口效应,体现海事校园的特质。

7. 上海海事大学体育中心

（1）项目概况

上海海事大学体育中心经沪教委发〔2005〕58号立项批复,沪教委发〔2005〕150号可行性研究报告批复,总建筑面积26501平方米,资金来源为土地置换金,投资额17458万元。2009年,该项建筑荣获国家优质工程银质奖。

（2）建设历程

项目于2006年8月6日开工建设,于2008年4月11日竣工完成,建筑物为1~3层框架结构。体育中心的造型主题是一个生动的"螺旋涡轮",又似校园一角绽放的花朵,主体由四个橄榄状的单体(形如四片花瓣)组合而成,组合体育中心为环形大平台,其核心部分是螺旋上升的白帆(形如花蕊、船帆)。每个馆的端部设计均为倒置棱锥,以加强建筑的立面力度感在设计中,以建筑群整体及和谐的形象来表达海洋壮阔之美。每个单体的端部仿照轮船端部,做成倒置棱锥,顶部流线型光带强调"轮船"的速度感及勇往直前的体育精神。其由上海建筑设计研究院有限公司设计,由上海市第四建筑有限公司、浙江东南网架股份有限公司、长业建设集团有限公司、无锡金城幕墙装饰工程有限公司、上海超奥体育场地设施有限公司和浙江大丰实业有限公司施工建设。

（3）使用效果

上海海事大学体育中心位于临港校区西南角,西临芦潮引河,东部是教学区,北部规划为学生宿舍区。根据体育中心的使用要求,为满足校内、校外,赛时、平时的多方面需要在规划中将体育中心分成四个功能独立而又相互联系的馆,体育训练馆、体育比赛馆、游泳训练馆、游泳比赛馆呈蝶状布置在基地西南侧,各馆之间由连廊平台联系,连廊中心设有一根高50米的桅杆和船帆状膜结构,对校园内部及城市道路等各个方向都具有开放和环抱之势。各馆都有良好的采光、通风、视线和景观。基地东侧留出足够的广场和绿化空间，主入口面向东侧，并对校园西门有迎合之势。

体育中心是学校的一个标志性建筑物，设计要求体现体育建筑的个性和特点，突出海事大学水上专业的特色。本工程地上2层（局部3层），为钢筋混凝土框架结构，屋面为钢网架结构，上盖双曲面直立锁边条形彩钢板，其中屋面的跨度大，结构总重量700吨，其中最大的网架横向跨度为68米，纵向跨度为80米。整幢建筑集中了节能、绿色、环保等众多现代化设计理念和综合性公共体育设施，是学校体育教学和举办高级别体育赛事的主要基地。

8.上海海事大学水上训练中心

（1）项目概况

上海海事大学体育中心经沪教委发〔2005〕58号立项批复，沪教委发〔2005〕150号可行性研究报告批复，总建筑面积5877.5平方米，资金来源为交通部拨款，投资额2900万元。

（2）建设历程

项目于2007年10月12日开工建设，于2008年9月20日竣工完成，建筑物为3层框架结构。设计遵循"功能合理、技术先进、以人为本"的原则，注重技术性与经济实用性的有机结合。其在L形布局内部的合空间设置海上求生训练池，利用水池内部要求的深度差，把水池设置在二层建筑的标高上，水池浅水区下部的空间可以充分利用。项目由同济大学建筑设计研究院设计，由浙江宝业建设集团有限公司和无锡金城幕墙装饰工程有限公司施工建设。

（3）使用效果

上海海事大学水上训练中心位于学校环路西侧，紧临芦潮引河，建筑高度为13.5米。主要功能是为海事大学学生提供水上训练、模拟训练等相关教学研究。

由于海上船舶工作环境的特殊性，航海类专业的实验实训项目涉及高危或极端的环境，不可及或不可逆的操作，高成本、高消耗、大型或综合训练等情况，以构建高度仿真的虚拟实验环境和实验对象为主的实验教学方式是航海教育与培训的必然趋势。水上训练中心的"造波池"可以人工模拟海上各种风流情况，训练学生的海上逃生技能，另外作为特色实验室，学生还可进行5米高台跳水、划艇等项目训练。其通过实验教学法，为国家航运及相关行业培养出更多更优秀的技能扎实、岗位适任能力强和富有创新精神的航海技术人才。

9.上海海事大学公共教学楼

（1）项目概况

上海海事大学公共教学楼由第一、第二、第三和第四教学楼组成。经沪教委发

〔2005〕58号立项批复,沪教委发〔2005〕150号可行性研究报告批复,总建筑面积56932.3平方米,资金来源为国家拨款及土地置换金,投资额15826万元。

(2)建设历程

上海海事大学公共教学楼群于2006年4月24日开工建设,2007年8月22日竣工完成,建筑物为2~5层框架结构。其遵循上海海事大学规划设计的主题思想,按照"高效、均好、人性化"的宗旨,充分考虑教学楼的使用特点,以学生为本,以条形教学楼为设计元素,组合排列出既有序又富有空间层次变化的教学楼群。项目由同济大学建筑设计研究院设计,由浙江宝业建设集团有限公司和上海住总金属结构件有限公司施工建设。

(3)使用效果

教学区每栋教学楼分为A区、B区和C区。A区和B区用于教学,C区主要是计算机机房和实验室。每一层教学楼的区与区之间设有明确的指示标志,标注本区域的位置的同时,也清晰地指明了其他区域。教学楼采用单廊式,均为南廊北教的形式,使每个教室都有比较好的朝向。学科教学楼都有连廊相接,为学生全天候的活动提供了便利。教学楼与教学楼之间围合出了流畅的院落空间,铺设草皮、种植树木、摆放小品,形成每个院落不同的特点,使学生能在紧张的学习中放松心情缓解学习疲劳,同时也使校园规划更具有特色。外露的走廊、走道、平台既是学生活动的场所,也是丰富建筑空间的重要元素。每个教学单元都设有一个综合性的学术演讲厅,以满足学校的日常教学需要。教学区的环境设计中以水、陆地、岛屿等元素不断贯穿于教学区中,紧扣海运主题。

10.上海海事大学各学院楼

(1)项目概况

上海海事大学主要建设有学院楼8栋,分别是商船学院楼、物流工程学院楼、经济管理学院楼、交通运输学院楼、外国语学院楼、法学院楼、海洋科学院与工程学院楼和信息工程学院楼。各学院楼由沪教委发〔2004〕76号立项批复,沪教委发〔2004〕209号可行性研究报告批复。各学院楼建筑面积分别为:商船学院楼44527.8平方米,物流工程学院楼21945平方米,经济管理学院楼10236.6平方米,交通运输学院楼8901.9平方米,外国语学院楼6906.6平方米,法学院楼4617.4平方米,海洋科学院与工程学院楼9836.3平方米,信息工程学院楼13271.1平方米。资金来源为土地置换金,投资总额35886万元。其中,商船学院楼获2006年上海市建设工程"白玉兰奖"。

(2)建设历程

上海海事大学学院楼于2004年11月19日陆续开工建设,于2007年12月13日全部竣工完成,商船学院、法学院、海洋科学院与工程学院楼为4层框架结构,其余各楼均为5层框架结构。商船学院楼由上海现代设计研究院设计,其余学院楼由上海建筑设计研究院有限公司设计。商船学院楼由中国建筑第八工程局、山东雄狮建筑装饰工程有限公司施工建设;物流工程学院、经济管理学院、交通运输学院、外国语学院、法学院楼由上海城建建设实业(集团)有限公司和无锡金城幕墙装饰工程有限公司施工建设;海洋科学院与工程学院、信息工程学院楼由浙江展诚建设集团股份有限公司和无锡金城幕墙装饰工程有限公司施工建设。

(3)使用效果

商船学院楼共分 A、B、C、D 4 个区,是集教学、实验、模拟训练等于一体的综合性建筑,主体建筑为 2～4 层,包括教室、办公室、实验室、报告厅的综合性教学楼。其设有包括木兰航运仿真中心、船舶机舱综合实验室、自动化机舱综合实验室等的航海实验教学中心。2013 年,航海实验教学中心成为"国家级实验教学示范中心";物流工程学院楼内部沿南北向分成行政办公区、教学区、实验区三个主要部分,各部分功能用房集中布置,互不干扰;经济管理学院楼教学区建筑为四层,办公部分为五层,教室和办公区域围合形成内院;交通运输学院楼呈人字形布置,实验室及 200 座报告厅等大空间脱离主体建筑单独布置;外国语学院楼教学用房高三层,教师用房高五层,两者以共享大厅连接。法学院楼一层为大空间用房,用于安排报告厅、模拟法庭、教师等,二、三、四层用于办公;海洋科学院与工程学院楼采用 L 形布局,内部分成实验教学区和办公区,地下建设有机动车库;信息工程学院楼办公楼部分为五层,其余为四层,内部围合为一个庭院。

11. 上海海事大学各食堂

(1)项目概况

上海海事大学食堂由 A 食堂(海馨楼)、B 食堂(海琴楼)、C 食堂(海联楼)组成。A 食堂(海馨楼)经沪教委发〔2005〕58 号立项批复,沪教委发〔2005〕150 号可研批复,总建筑面积 14441.7 平方米,资金来源为土地置换金,投资额 6522 万元(包含学生服务中心项目);B 食堂(海琴楼)经沪教委发〔2005〕58 号立项批复,沪教委发〔2005〕150 号可研批复,总建筑面积 6157.2 平方米,资金来源为国家拨款及土地置换金,投资额 7675 万元(包含商船学院 1 号～7 号学生公寓项目);C 食堂(海联楼)经沪教委发〔2006〕29 号立项批复,沪教委发〔2006〕144 号可研批复,总建筑面积 4170.5 平方米,资金来源为自筹资金,投资额 9501 万元(包含实训中心及大礼堂项目)。

(2)建设历程

A 食堂(海馨楼)于 2006 年 9 月 30 日开工建设,于 2007 年 7 月 23 日竣工完成,建筑物为 2 层框架结构。其由上海高等教育建筑设计研究院设计,由中国建筑第二工程局和上海美特幕墙有限公司施工建设;B 食堂(海琴楼)于 2006 年 6 月 6 日开工建设,于 2007 年 7 月 6 日竣工完成,建筑物为 3 层框架结构。其由同济大学建筑设计研究院设计,中交建设工程公司和上海住总金属结构件有限公司施工建设;C 食堂(海联楼)于 2007 年 6 月 28 日开工建设,于 2008 年 12 月 18 日竣工完成,建筑物为 2 层框架结构。项目由同济大学建筑设计研究院设计,浙江展诚建设集团股份有限公司、无锡金城幕墙装饰工程有限公司施工建设。

(3)使用效果

上海海事大学食堂由 A 食堂(海馨楼)、B 食堂(海琴楼)、C 食堂(海联楼)组成。A食堂(海馨楼)设有学生食堂第一、第二餐厅及教工食堂;B 食堂(海琴楼)设有学生食堂第三、第四餐厅,清真食堂,西点房;C 食堂(海联楼)设有学生食堂和招待餐厅。其由后勤中心统一管理,为全校师生提供膳食保障,供应各类中西式的三餐、茶点等。

12. 上海海事大学学生公寓

(1)项目概况

上海海事大学学生公寓共有楼宇 25 栋,分五期完成。经沪教委发〔2005〕58 号、沪教委发〔2006〕29 号、沪教委发〔2007〕128 号、沪教委发〔2010〕65 号立项批复,沪教委发〔2005〕150 号、沪教委发〔2006〕144 号、沪教委发〔2008〕67 号可研批复。建筑面积共244904.56 平方米。资金来源为国家拨款、土地置换金及自筹资金,投资总额 57376 万元(其中包括学生食堂 A、学生食堂 B、学生服务中心项目)。

(2)建设历程

上海海事大学学生公寓于 2005 年 12 月 26 日陆续开工建设,于 2011 年 8 月 24 日全部竣工完成,均为 6 层框架结构建筑。项目由同济大学建筑设计研究院、上海高等教育建筑设计研究院和上海华谏规划建筑设计研究院设计,由中交建设工程公司、上海住总金属结构件有限公司、中国建筑第二工程局、上海美特幕墙有限公司、无锡金城幕墙装饰工程有限公司、浙江宝业建设集团有限公司和浙江展诚建设集团股份有限公司施工建设。

(3)使用效果

学生公寓可满足在校本科及硕士生的住宿需求。本科生住宿为 4 人/间,硕士生住宿为 2 人/间。宿舍内配套有衣柜、写字台(电脑台)、书架、单人床铺等组合式家具及脸盆架等,本科生学生公寓内设有公共卫生间,硕士生学生公寓内设置房间独立卫生间或公共卫生间。部分公寓楼设有开水房、洗衣房、公共浴室、活动室、自习室等。

三、东南大学

(一)单位概况

东南大学"港口、海岸及近海工程"学科创建于 20 世纪 50 年代,学科发展分为三个时期,即 1978 年至 1990 年的南京航务工程专科学校时期,1991 年至 2000 年的南京交通高等专科学校时期,以及 2001 年至今的东南大学港口海岸及近海工程系时期。

南京航务工程专科学校前身最早是交通部干部学校南京分校,始建于 1951 年。1953

年全国中专校调整时并入江西萍乡高级工业学校土木科和湖南交通学校。1955 年又与杭州航务工程学校合并。几经迁革,该校相继更名为南京交通学校、南京公路工程学校、南京航务工程学校、南京交通专科学校。1978 年经国务院正式批准,定名为南京航务工程专科学校,后改名为南京交通高等专科学校。

南京交通高等专科学校的在校生约 2500 人。学校占地面积 380 亩,其中老校区 52 亩,新校区 328 亩,总建筑面积 9 万平方米,固定资产总值 6000 余万元。其历来以培养、输送交通建设高级应用人才为主要办学宗旨,设有港航工程、土木建设工程、机械工程、管理工程 4 个系和基础课、社会科学、成人教育 3 个部,下设港口工程、航道工程、工程测量、公路与桥梁工程等 9 个专业及建筑设备、房地产开发、建筑装饰工程等 8 个专门化,基本覆盖了交通基础设施建设"修路、造桥、治河、筑港"的业务范围,形成了以交通土木工程为主体,以港航、路桥为特色,工、管、财、文相结合的专业格局。其中公路与桥梁工程专业是国家教委确定的改革试点专业,港口工程和航道工程是全国高等院校中唯一的专科专业,在全国有较高水平和较大影响。在当时的全国十余所交通高校中,南京交通高等专科学校是经交通部认可的、为数不多的、同时具备公路工程和水运工程监理工程师培训资格的院校之一。2000 年后,该校并入东南大学至今。

东南大学(Southeast University)简称"东大",是中华人民共和国教育部直属、中央直管副部级建制的全国重点大学,是建筑老八校及原四大工学院之一,也是国家首批双一流(A 类)、211 工程、985 工程重点建设高校,入选 2011 计划、111 计划、卓越工程师教育培养计划、卓越医生教育培养计划、国家大学生创新性实验计划、国家级大学生创新创业训练计划、国家建设高水平大学公派研究生项目、新工科研究与实践项目、全国深化创新创业教育改革示范高校、中国政府奖学金来华留学生接收院校、教育部来华留学示范基地、学位授权自主审核单位,卓越大学联盟、中俄工科大学联盟、中欧工程教育平台、长三角高校合作联盟、CDIO 工程教育联盟成员单位,由教育部与江苏省、国家国防科技工业局共建。

东南大学的历史可以追溯至 1902 年的三江师范学堂。1921 年以南京高等师范学校为基础建立国立东南大学,下设工科,其后工科又经历国立第四中山大学工学院、国立中央大学工学院、国立南京大学工学院等历史时期;1952 年全国院系调整,以原南京大学工学院为主体,并入复旦大学、交通大学、浙江大学、金陵大学等学校的有关系科,在中央大学本部原址建立南京工学院;1988 年 5 月,学校更名为东南大学;2000 年 4 月,原东南大学、南京铁道医学院、南京交通高等专科学校合并,南京地质学校并入,组建新的东南大学。

截至 2019 年 3 月,学校占地面积 5888 亩,建有四牌楼、九龙湖、丁家桥等校区,设有33 个院系,全日制在校生 30664 人,专任教师 2899 人。

东南大学港口海岸及近海工程系现具有硕士学位授予权，设有港口航道与近海工程本科专业，主要培养具备港口、航道与海岸工程的规划设计、施工和管理等方面知识的高级工程技术人才。目前，该学科有教师 13 人，教授和副教授 7 人，其中交通部跨世纪优秀青年科技人才 1 人、"333 二期工程"第三层次培养对象 1 人、江苏省普通高等学校优秀青年骨干教师 2 人。

近 5 年主持国家自然基金项目 4 项，承担省部级项目 8 项，厅局级科研项目 27 项，应用型项目 15 项；获得省部级科技进步奖 4 项；发表 SCI 论文 9 篇，EI 论文 26 篇，教材和专著 10 余部。

主要研究方向包括水动力学及工程泥沙，港口、航道规划与管理，港口、航道及海岸工程建筑物与基础工程，海岸工程及防灾减灾，工程模拟技术等方面。

（二）教育基地建设项目

1. 东南大学图书馆

（1）项目概况

东南大学图书馆历史悠久，底蕴深厚。百余年来，先后历经三江师范学堂、两江师范学堂、南京高等师范学校、国立东南大学、国立中央大学、南京工学院等重要发展时期。1902 年，三江师范学堂藏书楼建立；1923 年国立东南大学孟芳图书馆独立建馆；1952 年10 月调整合并为南京工学院图书馆；1988 年 5 月复更名为东南大学图书馆；2000 年 4 月，并入原南京交通高等专科学校、南京铁道医学院、南京地质学校图书馆，组建了新的东南大学图书馆；2007 年 7 月，耗资约 8600 万元的九龙湖校区李文正图书馆建成。如今，东南大学图书馆已经发展成为资源丰富、环境舒适、技术先进、服务完善的研究型图书馆。

东南大学图书馆文献资源内容丰富、重点突出、结构合理、特色鲜明，并正逐步实现各学科文献资源的精准保障和合理配置，有力保障了学校教学、科研及"双一流"建设。馆舍空间布局合理、功能齐全、环境优美、设备先进。图书馆现由九龙湖校区李文正图书馆、四牌楼校区图书馆、丁家桥校区图书馆组成，总馆舍面积 66900 平方米，阅览座位 4914席，周开馆时间达 98 小时，并设有国鼎图书室、童寯画室、特藏阅览室、共同学习室、多媒体小间、单人研修间等特色空间，可满足师生个性化学习和互动交流需要。图书馆设有信息检索终端、3D 人脸识别门禁系统、自助文印、自助借还机、咨询机器人、朗读亭、无人驾驶还书车等自助设备，极大方便了用户的学习和生活。

（2）建设历程

1989 年，南京航务工程专科学校向交通部教育司申请建设泰山新村新校区图书馆工程，交通部批准建筑面积为 4000 平方米，后经过多次调研，同时对部内兄弟院校及南京地区高校建设图书馆经验分析，增加 1210 平方米作为人防工程。1990 年在南京航务工程专科学校更名为南京交通高等专科学校后,建设泰山新村分校,其图书馆由南通金沙公司施工,始建于1991年4月,在1992年8月验收,建设规模5430平方米,包括1210平方米的地下人防工程,总投资453.31万元。人防工程平时作为阅览室及展览厅可供150人使用,战时可作为容纳400人的人员掩蔽部。

2000年,南京交通高等专科学校、南京铁道医学院、南京地质学校图书馆并入东南大学,原泰山新村分校图书馆也并入东南大学的图书馆,组建成新的李文正图书馆。新的李文正图书馆坐落于东南大学九龙湖校区,位于校区中央中心圆环北侧,南为校区中心广场,各院系群及公共教学楼组团分布在四周,对图书馆形成围合,综合环绕的水系和宽敞的中央大道为新校区的中心,是校园内的标志建筑。图书馆系框架结构,面积53828平方米,由中铁建工集团有限公司施工建造,于2005年9月开工,在2006年8月竣工验收。

（3）使用效果

东南大学图书馆信息服务体系完备,优质便捷,管理规范,运行高效,为东南大学港口航道与海岸工程系的莘莘学子提供了图书借阅、专题书展、文献传递、信息素养教育等文献信息服务。数字图书馆每日24小时不间断服务,可远程获取文献资源。此外,还提供了科技查新、学科服务、情报分析、专利信息分析、数字学术等深度知识服务,有力支撑了学校师生学习、教学、科研和管理需求。图书馆持续开展"两季两月"文化服务、阅读推广、诵读竞赛等活动,并出版原创电子杂志《书乐园》,培育学生社团善渊读书会、图管部、行知社等,极大丰富了校园文化氛围,被中国图书馆学会授予"全民阅读示范基地"称号。

东南大学图书馆设有办公室、策划推广部、特藏研究部、流通阅览部、学科服务部、资源发展部、技术支持部、四牌楼校区图书馆、丁家桥校区图书馆9个部门。图书馆历来重视业务研究工作,并取得了丰硕的学术研究成果。该馆承担多项国家级、省部级课题,发表SSCI、CSSCI学术论文100余篇,荣获"江苏省高校图书馆2016—2017年度先进集体"等多项荣誉,并承担学校"图书情报与档案管理"一级学科硕士点的学科建设和人才培养工作。

东南大学图书馆是中国高等教育文献保障体系（CALIS）、卓越联盟、江苏省高等教育文献保障系统（JALIS）、江苏省高校工学文献中心、南京高校（江宁地区）数字图书馆的成员馆,是教育部部级科技查新工作站、教育部外国教材中心（土建、工程力学类）之一。图书馆主办了多场次全国性学术与业务会议,与香港理工大学图书馆等知名高校图书馆建立了长期深入的合作关系,社会影响力日益提升。

2.东南大学学生宿舍

（1）项目概况

1978年至1990年的南京航务工程专科学校期间,港航系的学生主要居住在长江后街校区的长江楼。长江楼为民国时期建筑,系南京航务工程专科学校的标志建筑。

自南京航务工程专科学校于 1991 年更名为南京交通高等专科学校后至 2000 年间，港航工程的学生主要居住在泰山新村分校的桃园东一、东二号楼。东一号楼有 6 层，设计建筑面积为 2502.09 平方米，非经营性投资共 47.70 万元。

2000 年后，南京交通高等专科学校并入东南大学，自此港航系的学生统一集中居住在九龙湖校区的桃园五六舍。桃园五六舍共 8 栋宿舍楼，每栋 6 层，总建筑面积为 22820 平方米。宿舍环境优越，为 4 人间，拥有独立卫浴。宿舍围合内包括与宿舍规模配套的公共浴室、洗衣房、自行车车棚、辅助设施(包括商业、文体活动用房)等，投资额约为 2400 万元。

(2)建设历程

南京航务工程专科学校期间的学生宿舍楼，即位于长江后街的长江楼，在改革开放后已经建设完成。其使用期间多有修缮改造，后根据交通部教育局(79)教字 91 号文的指示精神，在 1981 年新建学生宿舍 4000 平方米，工程总投资 49.7 万元。

在南京航务工程专科学校更名为南京交通高等专科学校后，为满足招生的迫切需求，根据交通部(85)交基字 2204 号文件批准，在泰山新村分校区建设新的六层学生宿舍楼。在 1986 年 11 月至 1987 年 6 月期间建造了 1 号宿舍楼。后为了满足招生需求，于 1993 年 3 月至 8 月期间建设东 3 号宿舍楼，由江苏省建筑设计院设计，通州市第二建筑公司一处施工建设。

如今，东南大学港口航道与海岸工程系的学生集中居住在桃园五六舍。桃园五六舍由东南大学建筑设计研究院设计，由南京大地建设股份有限公司施工建造。其自 2005 年 7 月起开工，于 2006 年 8 月竣工验收后开始启用。

(3)使用效果

学生公寓和宿舍是一个开展大学生思想政治教育的重要阵地，是学生的"第二课堂"，大学生宿舍文化对大学生的素质与能力培养的作用日益明显。在桃园五六舍的集体生活中，在辅导员、班主任、管理宿舍的阿姨们的关怀下，学生们养成了优良的思想政治素质，能够在错综复杂的社会环境中保持清醒的头脑，树立正确的信念和政治观念；同时，有序的集体生活也对同学们的纪律观念与道德观念的养成产生了良好影响。

桃园五六舍，是港航学子在大学里的港湾，是课余生活的欢乐谷。在桃园五六舍范围内，学院还置办了小小图书室，并定期举办读书征文活动，陶冶同学们的情操，提高同学们的文笔能力，鼓励同学们多进行阅读，让同学们能够自由抒发自己的新感受并开展活动。此外，辅导员与学生一同写出自己的心情，共同交流，促进相互间的了解，促进了师生间的友谊。

在桃园五六舍的舞房中，同学们刻苦练功，蹁跹起舞，展现青春风采，释放激情活力，在每年的新老生联欢或是每两年承办一次的激情四射大型露天舞会中，同学们能够充分展示自己,尽情释放青春的活力,使大学生活锦上添花,同时全面地展现交通学院乃至东南大学师生良好的精神面貌和文化艺术气质。此外,这些活动都有效加强了与友邻高校、兄弟院系的文化交流,树立了良好的形象,在南京高校中也具有一定的影响。舞会完全由交通学院筹划主办,从舞台设计、节目安排,到现场维持秩序,都是由交通学院的师生们亲自组织的,这进一步拉近了老师和同学之间的距离,同时也提高了同学们的组织策划能力。

3.东南大学教学设施

(1)项目概况

南京航务工程专科期间,学生主要集中在老三层教学楼和新五层教学楼上课。老三层教学楼共有 15 间小教室,总面积为 1327 平方米。新五层教学楼建筑面积为 2566 平方米,国家投资 30 万元。

到了南京交通高等专科学校期间,教学活动主要在综合教学楼进行。泰山新村综合教学楼一共六层,建筑面积为 9400 平方米,总投资 250 万元。

至 2000 年后,东南大学港航系学生统一在九龙湖校区里就学,本科学习皆在本科教学楼完成,研究生阶段的学习则在研究生教学楼进行。本科教学楼一共 8 栋,命名为教一至教八;研究生教学楼共 2 栋,为纪忠楼。本科教学楼位于九龙湖校区中心区,具有重要的景观地标价值,总建筑面积为 67219 平方米,投资 2600 万元。本科教学楼的设计秉持着"适宜、雅致、经典"的理念,在群体布局和空间组织方面与校园总体进行了有效衔接,同时采用了水平向延展的院落组合布局与坡顶三段式的处理手法,突出了教学楼应有的端庄大方和良好的比例尺度。

研究生教学楼,即纪忠楼,位于九龙湖校区中心圆环西侧。其北面面向九龙南湖,视野开阔;南面紧靠校园东西向主干道,迎向主要人流。纪忠楼整体造型分为四大块,两侧组团是报告厅和阶梯教室,东西组团建筑五层,分为南北两幢,总建筑面积 186278 平方米。纪忠楼的整体造型从大处着手,塑造了一个庄重、大方、富有现代文化氛围的形象。

(2)建设历程

南京航务工程专科学校时期,师生上课所使用的珠江楼于 1959 年施工,1960 年投入使用。之后曾发生水泥龟裂现象,并有严重的渗漏现象,因此学校于 1962 年决定推后浴室的修建,利用有限的国家资金修理了该教学楼,以保护国家财产安全,并保证房屋正常使用,维持教学秩序。

至南京交通高等专科学校时期,由于老三层教学楼的教室规模皆偏小,不能满足合班上课的需求。为了解决教学上的需要,根据交通部教育局(79)教字 91 号文的指示精神,以及 1980—1985 年的学校总体扩建计划任务书,学校建设新五层教学楼,即综合教学楼。综合教学楼由江苏省建筑设计院设计,由南通县金沙工程公司负责修建,始建于 1986 年

10月,于1987年8月修建完毕。

在南京交通高等专科学校并入东南大学后,东南大学港航系学生上课所使用的本科教学楼由东南大学建筑设计研究院设计,由江苏江都建设工程有限公司建设,于2005年7月开工,并且在2006年7月竣工验收。同时,研究生教学楼亦于2006年8月竣工完成。

(3)使用效果

截至1989年,南京航务专科学校共培养大、中专毕业生6500余人,他们遍布全国各地,许多同志已成为技术骨干或担任领导工作,成为东南大学的知名校友。至南京交通高等专科学校时期,港口工程和航道工程是全国高等院校中唯一的专科专业,在全国有较高水平和较大影响。在全国十余所交通高校中,我校是经交通部认可的、为数不多的、同时具备公路工程和水运工程监理工程师培训资格的院校之一,并且是华东地区培养交通建设人才和输出交通工程技术的重要办学基地。

经过十几年的发展,东南大学港口航道与海岸工程系为中国水运事业贡献了重要力量。迄今为止,该系本科及研究生的就业率保持100%的纪录,毕业生去向包括交通部、各省(自治区、直辖市)交通厅(局、委)、航务勘察设计院、水利规划设计院、中国港湾、水利科学研究院等,不断为港口与航道规划、设计、建设、管理等源源不断地输出人才。知名校友包括交通部部长黄镇东、港珠澳大桥总工程师林鸣等。

4.东南大学教学实验室

(1)项目概况

1978年至1990年南京航务专科学校时期,港航系师生所使用的实验室为黄河楼及实验楼。1991年至2000年南京交通高等专科学校时期,建有河工实验棚、水港实验室等供港航工程师生使用,建设资金皆来源于国家拨款,分别为56万元和3万元。后根据交通部发布的1995年的基本建设项目计划表,在1996年至1997年间建造了土木建材实验室,建筑面积为1843平方米,国家拨款250万元;在1997至1998年间建造了水力学实验室,建筑面积为734平方米,总投资100万元。后学校投入非经营资金900万元,于1999至2000年间建造了1253平方米的港工实验室;2000年对水槽实验室进行了前期工作,在2001年完成了所有建造内容,总面积为650平方米,总投资300万元。

南京交通高等专科学校并入东南大学后,东南大学自筹资金2438万元建设土木交通实验平台。自此,东南大学港航系的师生主要在土木交通实验楼进行科研学习工作。土木交通楼建筑面积为15500平方米,共有5层,具有水力学实验室、土力学实验室等,承担了《水力学》《土力学》等课程实验教学任务,为港航学生提高自主试验能力提供了极大帮助。

(2)建设历程

黄河楼改革开放后便已建成,之后供南京航务工程专科学校师生进行实验使用。20

世纪 90 年代,根据交通部教育局(88)教基字 83 号批复文件,在南京交通高等专科学校泰山新村校区建设基础实验楼,总建筑面积为 4102 平方米。后根据交通部文件《关于下达 1990 年交通计划(草案)的通知》,南京交通高等专科学校在 1996 年至 1997 年建设了河工实验棚、水港实验室等供港航工程师生使用。1997 年土工建材实验室建造完毕;在 1997 年至 1998 年间,建造了水力学实验室;1999 年,对港工实验室进行了前期工作,2000 年后完成了全部工程投资,建筑面积为 1253 平方米,总投资 900 万元;2000 年对水槽实验室进行了前期工作,在 2001 年完成了所有建造内容,总面积为 650 平方米,总投资 300 万元。

2000 年后,东南大学自筹资金 2438 万元建设土木交通实验平台。其由江苏天宁建设工程有限公司建设,于 2005 年 8 月 9 日开工,2006 年 4 月 10 日竣工。

(3)使用效果

实验教学是实践教学体系中的重要环节。在大学学习阶段,实验教学的目的是使学生通过亲自操作实验设备,巩固理论知识的学习,能够在操作中通过思考来分析问题及解决问题,可以得到科研方面的提高。无论是从南京航务工程专科学校时期的基础实验室,到后来南京交通高等专科学校时期的河槽、水港实验棚,抑或是东南大学时期的水力学实验室,学生皆可以通过验证水流静止和运动的规律,观察压强、水流流态、流速、学习水位、流量等水力要素的基本测量方法,将理论和实践有效地结合起来,更好地掌握港南京航务工程专科学校体系中的理论知识和实践技能,将知识合理、巧妙地运用到实验中,为以后的专业研究打下良好基础。

良好的基础设施,为学生提供了广阔的自主学习空间,使学有余力的学生创新能力得到培养和发挥。在实验教学过程中,学生的基本技能和动手能力得到增强,分析、综合能力得到锻炼,促进了学生理论与实践的结合,提高了学生分析问题、解决问题的能力。

四、集美大学

(一)单位概况

集美大学地处福建省厦门市,是福建省重点建设高校,为交通运输部、国家海洋局、福建省与厦门市共建高校,博士学位授予单位,面向全国招生。

学校办学始于著名爱国华侨领袖陈嘉庚先生 1918 年创办的集美学校师范部和 1920 年创办的集美学校水产科、商科,已有近百年历史。1994 年,集美师范高等专科学校、集美航海学院、集美财经高等专科学校、厦门水产学院、福建体育学院合并组建为集美大学。历届党和国家领导人都对集美大学给予亲切关怀。习近平总书记在福建省工作期间,十分关心集美大学的成长和发展,他曾7次来校视察指导工作,看望师生员工并作重要指示。学校以"诚毅"为校训,在长期办学实践中坚持"嘉庚精神立校,诚毅品格树人",在海内外享有广泛声誉。

学校拥有20个学院,1个思政教研部,68个本科专业,涵盖工学、农学、经济学、管理学、教育学、理学、文学、法学及艺术学9个学科门类,9个硕士学位授权一级学科点(覆盖56个硕士二级点),4个硕士专业学位类型(覆盖29个领域),有水产、船舶与海洋工程等2个一级学科博士点,1个水产学科博士后科研流动站;承担3个国家级专业综合改革试点项目,有6个国家级"卓越"人才培养计划专业,4个国家级特色专业,1个国家级教学团队,2个国家级实验教学示范中心,1个国家级虚拟仿真实验教学中心,1个国家级大学生校外实践教育基地,14个省级实验教学示范中心;有8个福建省重点学科(含2个特色重点学科),省级特色专业建设点和省级专业综合改革试点各11个,省级教学团队7个,2个国家地方联合工程研究中心,省创新创业教育改革试点专业2个。

学校在校生27000多人,专任教师1404人,其中高级职称768人,具有博士学位379人,入选各类人才项目119人次,其中双聘院士2人,国家"百千万人才工程"人选1人,享受国务院政府特殊津贴专家9人,闽江学者特聘教授2人,讲座教授7人,省杰出科技人才2人,省优秀人才1人,省"百人计划"人选1人,省"百千万人才工程"人选13人,省高校科技创新团队带头人4人,省青年科技奖获得者1人,省高等学校教学名师6人,交通运输部交通运输青年科技英才1人,省高校思想政治理论课学科带头人2人,省高等学校新世纪优秀人才支持计划人选23人,省高校杰出青年科研人才培育计划人选26人,市双百人才3人,市拔尖人才15人。航海轮机专任教师181人,其中高级职称103人,博士学位45人,入选各类人才项目12人次,其中闽江学者特聘教授1人、讲座教授2人,省"百千万人才工程"人选1人,交通运输部交通运输青年科技英才1人,省高等学校新世纪优秀人才支持计划人选3人,省高校杰出青年科研人才培育计划人选3人,市拔尖人才1人。

学校有2个国家地方联合工程研究中心,11个省(部)级科研创新平台和人文社科研究基地,11个省级高校创新平台/研究基地,先后承担了一批国家重点研发计划项目(包括原国家973项目、国家863项目)、国家自然科学基金、国家社会科学基金等国家级课题的研究任务,研究成果获省部级及以上科技奖励30余项。学校积极开展协同创新,牵头组建"福建省游艇产业关键技术协同创新中心",参与创建"福建省海洋生物资源开发利用协同创新中心",与企事业单位共建各类研发平台40多个。学校的教学实习船"育德"轮总载重达6.4万吨,是目前世界上最大的教学实习船。

学校占地面积2300多亩,其中航海类占地309亩,校舍面积近100万平方米,有8栋嘉庚建筑为国家重点保护文物,新校区建筑群荣获"新中国成立60周年百项经典暨精品工程"。学校建有万兆高速校园网,图书馆建有数字信息检索中心,馆藏纸质文献250万册,中外文现刊2700多种。

学校在长期办学实践中形成了航海、水产等面向海洋的学科专业特色和优势,是我国培养高级航海人才的重要基地,航海教育在国内外有较大影响,被誉为"航海家的摇篮"。集美大学毕业生得到社会广泛好评,航海类毕业生以"动手能力强、能吃苦耐劳"著称,成为我国航运事业的主力军,涌现出全国劳动模范傅亚坚、陈久城、谢铭英、王新全、朱宝桑,以及全国先进工作者、极地考察船"雪龙"号的船长袁绍宏等一批行业模范。集大航海人主动融入国家重大战略,参加南极、北极科学考察,开辟北极航线,承担《北极航行指南》的编撰工作,积极展示集大航海人的"极地作为",2017年人力资源和社会保障部、国家海洋局授予集美大学"中国极地考察先进集体"荣誉称号;致力于科技创新,开展船舶助导航技术研发、智慧港口与智能船舶研究、通航安全论证评估等,助力航行安全;承担中国海事局与国际航标协会(IALA)主办的"海上丝绸之路"沿线国家高级航标管理人员培训任务,作为交通运输部海事局批准的唯一具有资格的院校,推动开展中国台湾船员无限航区海船船员适任培训和履约过渡期适任培训,选派多批次船长执行中国海军护航编队亚丁湾护航行动,为水运科技教育及水运行业发展作出积极贡献。

（二）教育基地建设项目

1. 集美大学教学办公设施

（1）项目概况

集美大学校内对水运教育发挥重要作用的主要教学办公设施等建筑建设情况如下:

允恭楼:该楼坐西朝东,砖石结构,共四层,平面呈前廊式布局,一至三楼中部为外突半圆形敞廊,由六根罗马柱承托。一、二楼为拱券廊,三、四楼为方形廊。屋顶为平顶,红砖铺面。建筑整体以粉白色为主色调,又称"白楼"。柱头、窗楣及栏杆作巴洛克式装饰。

即温楼:该楼分为3段,中座三层四开间内廊式,两翼二层四开间外廊式,内外廊贯穿,中座前凸部分入门两侧辟为梯位。一、二层半圆形券柱,三层由二小尖券夹一半圆券组合连列,柱头灰塑装饰。二、三层廊道柱间设绿釉瓶护栏。中座前后檐上中间部位抬高为附楼,双坡顶与正脊取齐,两边加砌三角形山墙。两翼端头内退第二开间檐上部亦同样抬高为附楼,造型与中座类似。硬山式屋顶的两侧山墙,无论是二层还是三层,多阶式设计,并灰塑西洋图案装饰,气势高耸而又显赫。

海通楼:位于集美学村大门的东北侧(航海学院内),西边六层东边五层。

（2）建设历程及使用效果

允恭楼:建成于1923年8月,时为集美水产科教学楼。抗日战争期间,被日军飞机轰炸受损,1945年底修复,现为集美大学航海学院办公楼。

即温楼:建于1921年4月,时为集美中学教学楼,曾一度作为厦门大学校舍,抗日战争胜利后改为高级水产学校教学楼,在新中国成立前夕及新中国成立初,曾两次被国民党炮击损坏,1951年修复,现为集美大学航海学院教学楼。

允恭楼、即温楼为全国重点文物保护单位,2016年由北京市文物建筑保护设计所开始进行维修加固方案的设计工作,由苏州计成文物建筑工程有限公司作为施工单位,于2017年底开工,2018年9月完工,项目投资约1782万元。在设计修缮方案时,严格按照现存部位构件及结构特点,损坏构件按照其残破程度,分不同情况予以修整、复原,同时对影响建筑寿命的不合理之处采取相应的加固补强措施。

海通楼:该楼于1958年建至四层(西边五层)后停工,1959年"8·23"风灾后投入使用,1964年交通部拨款修竣,顶层中部两侧为1988年扩建,于2016年10月开工修缮,2017年9月完工,现为集美大学航海学院教学楼。

2. 集美大学学生宿舍

(1)项目概况

集美大学校内对水运教育发挥重要作用的学生宿舍主要建筑的建设情况如下:

崇俭楼:该楼坐西朝东,系双角楼式砖木结构楼房,共3层,现面呈前廊式布局,门楼、角楼及三层长廊为拱券廊。屋顶为三翘脊硬山顶,脊尾呈燕尾式,屋面铺绿色玻璃瓦,角楼屋顶为平顶,红砖铺面。主体以红色清水砖墙承重,花岗岩作装饰镶砌。角楼以粉白色为主色调。角楼、门楼、柱式和栏杆等均作西式装饰。

克让楼:该楼坐西朝东,共3层39间,平面呈前廊式布局,东面设六角形过廊。外墙为砖石砌筑,内部原为砖木结构。双坡西式屋顶,屋面铺红色机平瓦。山墙、栏杆作西式装饰,角柱作"出砖入石"装饰。

明良楼:该楼为闽南硬山式屋顶,"三川脊"呈5段燕尾造型,屋面铺设绿琉璃瓦。西式连续拱柱外廊,一、二层梁柱式,三层券柱式。主体中央两跨位置外凸为门廊,檐部上方做成圆弧拼三角形山墙,双坡顶与屋面等高。建筑左右前端扩筑三层六角台,开敞券柱式平顶围栏构造。角台二层设梯位,一层外置贴壁石阶楼梯与其相衔接。中央和两端凸出主体的门楼和角台施以白色,与立面红砖清水墙和绿琉璃瓦屋面形成鲜明的色彩差别,更彰显其独树一格的中西合璧风貌。

轮机学生公寓:共有510间宿舍,可住宿学生约3000人。

(2)建设历程及使用效果

崇俭楼:建成于1926年2月,时为集美商科学校教学楼。抗战期间,该楼被日军飞机轰炸受损,1946年修复后为集美水产航海学校教学楼,现为集美大学航海学院学生宿舍。

克让楼:建于1952年,与1921年建成的即温楼、明良楼,1923年建成的允恭楼,1926

年建成的崇俭楼大致呈一字形排列,各楼以楼名第二字顺序组合连成儒家所倡导的伦理道德"温、良、恭、俭、让",表现出建楼者对中华民族传统文化的尊崇,亦说明克让楼乃五座楼的殿后之作,时为集美水产航海学院教学楼,现为集美大学航海学院学生宿舍。

克让楼、崇俭楼于2014年开始维修加固方案的设计及审批工作,2015年5月份,由福建省泉州市古建筑有限公司开始动工修缮,2015年12月完成维修加固工程施工并交付使用,项目投资约1050万元。

明良楼:始建于1921年6月,时为集美学校宿舍楼;1985年拆除,改建为图书馆;原明良楼的拆除,使"温良恭俭让"建筑群的整体嘉庚建筑风格遭受到极大破坏。2012年,该图书馆被鉴定为D级危房,学校研究决定,拆除图书馆,按历史原貌恢复重建明良楼。2013年8月,明良楼重建竣工。重建的明良楼与航海学院的嘉庚建筑融为一体,"温良恭俭让"楼群重现整体和谐的历史原貌,现为集美大学航海学院学生宿舍。

轮机学生公寓:由福建省闽地建筑设计院设计,由厦门城健建设有限公司动工,于2013年3月开工建设,于2014年1月建成。

3. 集美大学教学设施

(1)项目概况

学校现有教室总面积120468.7平方米,各类教室417间,座位37678个。其中,航海学院、轮机工程学院校区自1920年校长陈嘉庚先生创办航海教育开始,陆续建设了即温楼、海通楼、育志楼、海宁楼、海艺楼等以支撑学校航海教育为主的教学楼;为锻炼学校海上专业学生水上运动技能,增强学生海上应急救生能力,学校建设多个游泳池及配套设备;此外,学校还拥有十多艘教学实习船和几十条救生艇、端艇及雷达模拟器、船舶操纵模拟器等;图书馆、体育场馆的建设也为我校的教学与发展提供支持。

(2)建设历程及使用效果

1)航海学院、轮机工程学院教室建设

1978—2015年间,学校建设的航海教育专用教学楼主要包括:1986年投资29.73万元建成使用集理论教学、实验教学功能于一身的海宁楼,建筑面积3233.4平方米,使用面积2263.38平方米,建有3间教室,总座位数为196个;1989年投资866.98万元建成的育志楼,建筑面积9637平方米,使用面积6745.9平方米,除了行政办公和实验室外,建有各类教室17间,总座位数为2069个;1998年投资800万元建成的海艺楼,建筑面积4677平方米,使用面积3273.9平方米,建有8间多媒体教室,总座位数为771个。此外,办学伊始,即1921年学校耗资4.9万元建成了即温楼,即温楼建筑面积1791平方米,使用面积1253.7平方米,现建有多媒体教室12间,总座位数达1176个。虽在战争年代几经破坏并修复,但该楼现仍是学校理论教学的重要场所,同时该楼还是厦门大学的发祥地;1956年,学校耗资47.31万元建成了海通楼,作为嘉庚建筑的重要组成部分,海通楼建筑面积

5657平方米,使用面积3959.9平方米。现建有多媒体教室28间,总座位数达2655个。

2)20世纪90年代轮机工程学院游泳池建设

1992年耗资55.49万元,在航海学院新区(现轮机工程学院)建设游泳池,占地面积2400平方米。2003年,为适应海上专业学生招生规模扩大后的人才培养和学生锻炼需要,学校在原游泳池旁又建设了一个小型游泳池,小游泳池占地面积约1170平方米。此后,学校还在原游泳池配置的基础上陆续增建了水处理设备等配套设施,游泳池配套设施的不断完善为学生水上应急求生技能训练提供了重要保障。

3)1978—2015年实习船建设

1920年,陈嘉庚先生目睹旧中国"门户洞开,强邻环伺",航海事业十分落后的状况,他深知,要"开拓海洋,挽回海权",就要振兴渔业、航业。1922年1月,他向英国购买渔船机器,1924年6月建成实习船,定名为"集美一号"。1926年5月,他又花重金从法国买进一艘铁壳拖网渔船作为实习船,定名"集美二号",这是当时全国最大的拖网渔轮。此后,学校还先后建造了"郑和号""祖逖号""海鸥号"等多艘端艇,用于学生操艇练习和采集海上标本。

在集美航海百年的办学历程中,集美航海人始终遵循陈嘉庚先生重视海上实践训练的原则,先后拥有十多艘教学实习船和几十条救生艇、端艇。具体包括:"育志"轮(又称"老育志"),1947年建造于英国,是学校第一艘自管的最大实习船;1952年建造的"实践号"实习船;1959年建造的"吉祥轮",现在航海学院允恭楼前矗立的桅杆就是来自该轮;1976年5月,交通部远洋局拨给学校的第一艘远洋实习船"鼓山"轮;1976年5月由广州造船厂建造的育志2号、3号、4号,分别由交通部从大连海运学院和长江航运局芜湖分局调入,用于海船驾驶专业进行海上实操训练。

改革开放后的1986年4月,交通部无偿将载重量13127吨的育志轮(又称"大育志")调入,这也是当时学校接收的最大的一艘实习船,一次可容纳实习学生77人、教师4人,实习效果良好。1991年1月,学校购买了育美轮,截至1998年拆解,7年间先后有4000多名师生上船实习,是学校实习船中航行国家、地区港口最多的实习船。1991年3月,交通部从广州远洋运输公司调拨载重量10780吨的育华轮给学校,育华轮的主要任务是参加运营生产,增加收入,并为持证教师进行换证实习。此外,学校还先后购进东方龙轮、育康轮、育庄轮、育嘉轮等船舶,但这些船舶因设备设施原因无法安排学生实习,主要承担生产和持证教师换证任务。

20世纪90年代以来,因学校自有教学实习船相继退役,航海类学生实习主要依托中海集团(原广州海运、中海散货等),以校企共建的方式,先后改造了大屿山轮、昆仑山轮、玉龙山轮、华光轮、清华山轮、安平1、飞凤山等船舶,作为航海类学生的实习船。

时过境迁。进入21世纪后,学校与中海集团共建的实习船先后退役,海上专业学生实习教学难以为继,实习船建设再次提上日程。自 2012 年 5 月 21 日时任集美大学校长的苏文金主持召开育德轮建设专题会议,至 2015 年 9 月 14 日"育德"轮离开扬州船厂的码头,赴海上试航,耗时 3 年有余。自此,由交通运输部、福建省人民政府和集美大学共同出资建设,载重 64000 吨,总长 199.90 米,型宽 32.26 米,型深 18.00 米,定员 173 人,可满足 143 位师生在船学习和实习,集培训、科研和运输三种功能为一体的全球最大实习船——育德轮问世。除常规散货船配置外,育德轮教学科研区内设有实习驾驶室、航海研究室、轮机功能测试室、水手工艺操作室、多功能教室(128 座)、单班教室(32 座和 35 座)各 1 间、合班教室(65 座);在机舱区内设有轮机拆装工艺实习操作间,供教学、科研使用。育德轮的建设极大地改善了我校海上专业学生的实习教学条件,为学校高级航海专门人才的培养提供了重要保障。

4)雷达模拟器建设

1987 年 6 月,学校从挪威引进了挪康公司生产的 NMS-90 型航海雷达与导航模拟器,价值 57.7 万美元,是国际上 20 世纪 80 年代水平的航海训练设备,技术先进,功能齐全,可模拟全部雷达参数和几乎全部的干扰与特性,模拟功能可细分为 15 个等级,附有训练所需的很多岸线软件、船型软件和为操纵船舶航行所需的操纵参数。环境条件,如海潮、潮汐、风、摇摆等都可以进行模拟。硬件设备包括中心控制台、5 条本船及附属影像系统。各本船配有 DECCA1290 雷达显示器,雷达自动标绘(ARPA),卫星导航定位接收机,模拟测探仪和雾天航行与锚泊所需的声响系统,以及一套 VHF 国际无线电话系统。这一设备的引进和使用,大大提高了航海仪器实验室设备的水平,为教学、科研提供了良好条件。

2004 年,航海实验中心与上海海事大学合作研发了一套雷达模拟器,由 1 个教练台、4 个雷达本船构成,其中每个雷达本船包括操控台、三维视景、AR340 模拟雷达终端和 BR3440 雷达真机,主要用于航海技术专业本科生、社会船员大副、船长培训班的雷达操作与应用、航海雷达等课程的实操训练。该雷达模拟器采用虚实结合的架构,每个本船包括一台 BR3440 雷达真机和一台 AR340 模拟雷达终端,模拟雷达回波信号通过信号处理单元转变成视频回报信号传输给雷达真机,产生真实的雷达回波,让学生在虚拟的环境中使用真实设备训练,有效地加深对雷达使用性能的理解和应用。因此,本模拟器是解决了岸上真实实验平台无法开展的实验项目的实验教学资源,也是综合的虚拟实训资源。

5)船舶操纵模拟器建设

航海实验中心先后投入建设了 4 套船舶操纵模拟器,共计 12 个大型本船和 40 个桌面终端。具体情况如下:

2000 年中心与大连海事大学航海技术研究所合作研发的 Dragon-2000 型船舶操纵模拟器,由 1 个教练台、1 个 180 度视景主本船、4 个 120 度视景副本船构成,2009 年对系统进行了升级改造。该模拟器于1999年12月通过港航部门的技术认证,2000年12月获辽宁省科技进步一等奖。该模拟器具有在电子海图上显示船舶动态图形的功能,能模拟船舶在各种外界条件下的操纵运动,并能记录、打印及处理试验结果。

2005年中心从英国Transas公司引进了一套桌面版船舶操纵模拟系统,该系统由1个教练台和40个学生终端组成,每个学生终端中包含电子海图、三维视景、软操控台、船舶运动数学模型等软件模块。

2007年学校从挪威Kongsberg公司引进了Polarise大型船舶操纵模拟器,该模拟器是该公司的第6代产品,由1个教练台、1个360度视景主本船、4个120度视景副本船构成,为当时国内最先进的大型船舶操纵模拟器。该系统在各种模拟功能选择方面有完全的自由度,该模拟器拥有世界上最大的数据库,包括雷达、视景和目标图像、环境数据库,以及船舶流体力学模型,能模拟船舶在各种外界条件下的操纵运动,并能记录、打印及处理试验结果。

2014年,由中心启动自主研发的大型船舶操纵模拟器已经在校内完成建设。该模拟器由4个教练台、1个360度视景主本船、16个120度视景副本船构成。经过科技创新,该成果达到了"国内领先、国际先进"的水平,填补了福建省在航海模拟器自主研发领域的技术空白,取得了中国船级社(CCS)的产品形式认可证书,为航海技术专业的教学改革提供了可靠的设备条件,获得福建省第七届高等教育教学成果一等奖。

6)图书馆建设

图书馆是学校图书资料情报中心,是知识的宝库。集美航海专科学校1978年12月升格为大专以后,校领导更加重视抓好图书馆的建设,大大改善了办学条件。1982年4月,该校成立了图书馆专门管理机构,下设办公室、科技情报室、采编组、流通组和期刊组,至1989年9月,工作人员共32人,大专以上文化程度占50%,由分管副校长卢振乾直接领导。

1984年5月,新建的图书馆落成使用。该馆面积为4300平方米,通风采光条件良好,内设6个书库,面积1466平方米,2个学生阅览室,1个学生自习室,面积1362平方米,共有500个阅览座位。1988年3月,该馆又建置了多功能(视听同步翻译,中文兼听)的视听室,设有60个座位。1989年9月,学校又在分校(现集美大学轮机工程学院)建成了一个图书分馆,面积700平方米。

经过十余年的不断建设,图书馆的藏书量大幅提升,至1988年,藏书量已达230085册,相当于1978年的6.6倍,订有中文期刊890种,报刊103种,西文刊物139种。馆藏中,船舶驾驶、船舶轮机管理、船舶电气与船舶导航等专业方面的书刊资料丰富,其他社科方面、自然科学方面的书刊也较多。

本着"一切为了读者"的目的,图书馆认真抓好基础工作、服务工作和科学管理工作,制定了有关的规章制度,逐步建立了科学的工作程序与方法。1989 年,该馆又购进一台图书检测仪,协助样本书库做好图书管理工作。

7)体育场馆建设

1978 年 12 月,集美航海学院升格为大专以后,原体育教研组改建为体育教研室,直属学校领导,教研室教学师资队伍随之逐渐壮大,由 1979 年的 5 人增加到 1989 年的11 人。

与此同时,学校也进一步加大了体育场地和器材设备建设。1980 年,学校修建了一个占地 24000 平方米的大运动场,即现集美大学航海学院运动场前身。运动场上建有1500 个座位的看台,400 米标准跑道的田径场,1 个标准的足球场,3 个篮球场,3 个排球场(均为水泥地板),安装了 1 个单杠区、2 个双杠区,配备了滚圈、旋梯、浪桥、爬绳等专业体育器材。体育教研室购置了一整套体育教学用具,包括田径运动所需的器材、体操器材、游泳教学辅助器材,以及日常学生健身器材,并建立了健身房。学校的体育教学经费也在逐年增加,1982 年仅为 2 万元,1985 年即增加到 4 万元。

1992 年学校还在分校(即现集美大学轮机工程学院)修建了 1 个 400 米 8 条跑道的标准田径场,1 个露天 25 米×50 米的标准淡水游泳池及其配套设施,1 座 1400 平方米的体育馆及附属设施,2 个网球场,以及球类、体操和专业项目的体育设施。

4.集美大学教学实验室

(1)项目概况

自爱国华侨领袖陈嘉庚先生 1920 年创办航海教育,至今已有百余年发展史,尤其是集美大学实质性合并以后,学校始终高度重视实验教学工作,努力通过交通运输部、福建省、厦门市、学校自筹等多种途径筹措经费,持续改进实验教学条件,努力提高实践教学质量。据不完全统计,学校自 1978 年以来,海上专业实验室建设投入经费累计超过 4 亿元。截至 2015 年 12 月,学校拥有教学实验室(中心)23 个,建筑面积 65394.38 平方米,可同时容纳 7958 人开展实验教学,承担全校 537 门实验课程、2921 个实验项目的教学工作。其中,承担海上专业实验教学的相关教学实验室(中心)有 4 个(含 1 个国家级实验教学示范中心、1 个国家级虚拟仿真实验教学中心、2 个省级实验教学示范中心)。此外学校还高度重视学生的校外实践工作,通过交通运输部、福建省人民政府和集美大学三方出资,于 2015 年建成了造价 2.4 亿元、6.4 万载重吨、全球最大的教学实习船"育德"轮,与中远海运散货运输公司先后共建了"大屿山"等 7 艘船舶教学基地。2013 年,海上专业大学生校外实践基地获批国家级大学生校外实践基地。

(2)建设历程及使用效果

1)国家级实验教学中心、国家级虚拟仿真实验教学中心建设

1999 年,为履行国际海事组织《STCW78/95 公约》和《船员教育与培训质量体系》有

关规定,主动适应国家《海船船员适任考试、评估和发证规则》有关专业培训和适任评估要求,着眼于造就未来机驾合一型高素质船员需要,提升海上专业学生课外创新与实践能力,培育学生综合应变、协作能力和团队精神,全面满足国际航运市场对高素质航海类专门人才提出的新要求,学校将轮机工程实验中心、航海综合训练中心合并组建了海上专业实验教学中心(以下简称中心)。2001年,为了加强海上专业教学管理工作,学校成立了航海教育教学工作委员会,全面负责海上专业教学过程宏观管理、协调、指导工作。中心在航海教育教学工作委员会直接指导下,由轮机工程学院、航海学院具体负责教学和管理工作。中心肩负着全校海上专业及相关工科类专业的实验、实训、实习教学任务和海上综合素质教育,是全校综合性的实验教学平台和学生课外创新与实践基地。

中心组建以来,多渠道筹措资金,先后投入4300余万元,购置实验设备,加强硬件建设。中心占地面积约24650平方米,仪器设备资产总值8000多万元,拥有国内先进的360度视景的大型船舶操纵模拟器、轮机模拟器、自动化机舱、航海雷达模拟器、GMDSS模拟器和国内领先的机电设备操作模拟器、水上训练中心,拥有机舱设备虚拟操作、柴油机测试、液压实验、零部件探伤、污染物控制、GMDSS网络模拟信息、交通运输网络信息、航海模拟器桌面系统与电子海图等信息平台,拥有海事局计算机无纸化考试、专业英语听力与会话自主学习平台。中心下设船舶动力实验室、船舶电气实验室、自动控制实验室、虚拟现实技术实验室、航海技术实验室、通信导航实验室、水上训练中心等。

此外,中心始终重视人才队伍建设,截至2015年12月,中心拥有双师双能型专任教师76人,同时计划通过"外引内培"的方式充实实验教学队伍,计划三年内新引进6名船长、6名轮机长和3名电子电气员,使实验教学队伍结构日趋合理,业务素质和管理水平逐步提高,保持队伍稳定。在有限的双师型专任教师队伍中,中心仍按计划安排老师上船带队和顶岗工作,积累实船工作经验,保持适任证书有效。

经过多年建设与发展,中心在软硬件设施建设、人才队伍建设、人才培养规模、人才培养质量、服务地方经济发展、社会船员培训等方面均取得了长足的进步,于2009年和2015年分别获得了国家级实验教学示范中心和国家级虚拟仿真实验教学中心的立项。

2)国家级大学生校外实践教育基地建设

从2002年起,集美大学与原中海散货运输有限公司的前身——中海发展股份有限公司货轮公司共建实习船基地,先后将该公司经营南北航线的7艘4万~6万吨级散货船"大屿山""昆仑山""清华山""华光""玉龙山""安平1"和"飞凤山"改造为教学实习船。

经十余年建设,集美大学—中海散货运输有限公司大学生校外实践基地于2013年获批为国家级大学生校外实践基地。2015年,在校领导的不断努力下,学校与中海散货运输有限公司签订了战略合作协议,委托中海散货运输有限公司管理新建成的全球最大实习船"育德轮",在实现"以船养船"的同时,最大限度地保障了学校海上专业学生船舶教学实习的正常开展。

3）水上训练中心（水上站）建设

学校水上训练中心（水上站）是航海教育的重要实训基地,同时也是"海上专业实验教学中心"的主要组成部分之一,始建于1977年,时为建筑面积277平方米的两层楼和附属设施及海岸。1986年海宁楼建成,中心建筑面积扩大为3233平方米;1998年交通部投入800多万元再次增建,建成教学大楼"海艺楼"、跳水泳池、供船艇停靠的艇池、救生艇降放平台、风雨训练场等一批教学和实操用的场地设施,新增建筑面积4677平方米;2004年集美大学出资购置"海涛楼";2009年随着厦门市政府海岸线改造,水上训练中心的占地面积得到进一步扩大,为今后中心的发展奠定了坚实的基础。2015年,中心借助交通运输部共建项目,耗资960万元购置了求生技能类、消防类、医护类、油船等9大类教学仪器设备,拟购置器材设备共304台套。

根据国际海事组织的STCW公约、马尼拉修正案及《中华人民共和国海船船员培训合格证书签发管理办法》等要求,面向集美大学和集美大学诚毅学院航海类学生开展海事局要求的《基本安全》《精通救生艇筏和救助艇》《高级消防》《精通急救》《船上医护》《保安意识》《保安职责》《值班水手》等多个项目的培训工作。

目前中心实验室的建筑面积约3500平方米,实验仪器设备442台套,设备总值848.5万元。中心拥有符合海事局要求的多媒体教室、艇筏救生设备陈列室、消防设备陈列室、帆缆索具陈列室、医疗装备陈列室、水手工艺操作专用教室、特殊项目实操训练场地、海上训练水域及海上求生实操专用游泳池等,配备有自由抛落式救生艇、全封闭重力式救生艇、荡桨训练艇、医护急救训练设施、消防设备与设施、保安设备、各种甲板模具、自制专用教学模具、龙骨型帆船等。

水上训练中心现有实验教学人员17人,其中高级实验师6名,实验师6名,船长3名,他们均有多年的海上工作经验,师资队伍实力雄厚。多年来,中心人员积极开展培训项目的各种教学研究,已发表论文60余篇,获专利1项,并且承训的全国海员技能大比武以及航海学院帆船队,在历届全国性比赛中均取得优秀成绩。

水上训练中心通过对学生各种培训项目的严格训练,提高学生的航海实操能力,增强学生安全责任意识和团队协作精神,是航海类学生专业技能和海员素质全面提升的重要实验基地。

4）轮机工程实验中心建设

轮机工程实验中心成立于2002年4月,依托于"轮机工程"福建省重点学科及国家高等学校特色专业建设点,是集美大学大型综合性实验中心,下设自动控制实验室、热工流力实验室、机基力学实验室、机修实验室、电机实验室、电力拖动实验室等专业实验室,轮机模拟器实验室、轮机自动化机舱实验室、动力机械拆装实验室、船舶电站实验室、船舶电工工艺与电气测试实验室、海事局无纸化考试中心、CAXA培训中心、船舶通信导航设备维护实验室等技能实训基地,柴油机性能测试中心、液压实验中心、防污染试验中心、虚拟现实技术中心等学科研究平台。

学校高度重视轮机工程实验中心的建设。近几年,通过中央与地方共建高校专项资金、福建省重点建设高校重点建设项目资金、交通部实验室建设资金和学校实验室建设资金,先后投入经费数千万元,建成了以学生为主体,以专业知识教育为基础,以实践能力训练为重点,以创新精神培养为核心,分层次、多方位、紧密衔接的轮机工程实践教学基地。中心占地面积达6350平方米,科研用地面积2150平方米,仪器设备资产总值7253万元,其中10万元以上的大型精密贵重仪器设备121台套,设备总值5000余万元。

中心现有实践教学指导人员58人,其中专职人员19人,兼职39人。教学队伍中,教授6名,副教授20名,高级实验师6名,实验师3名;高级轮机长3名,轮机长14名,电机员10名;具有博士学位的8人,硕士学位的27人,实践教学师资队伍力量雄厚。

中心立足于轮机工程专业的实验和实践性教学与评估,主要进行船舶动力装置及系统、船舶电气设备及系统、轮机专业操作技能等实践教学工作,着重培养学生实操动手技能、设备维修保养技能、故障分析和排除、船舶监造与检修等综合能力。

中心人员先后开展的教学研究项目30余项,其中省级精品课程及省级精品课程立项4门,校级精品课程5门;省部级教研项目1项,校内立项教研项目共20项;获得国家级优秀教学成果二等奖1项、省级优秀教学成果一等奖3项,校级优秀教学成果奖3项;开展的科研项目达100余项,其中省部级以上27项,获专利近40项,获福建省科技进步奖3项;共发表论文500余篇,其中EI、SCI、ISTP收录26篇,著作10余部。

5)轮机模拟器实验室建设

轮机模拟器实验室(Marine Engineering Simulation Laboratory)于1999年由交通部投资建成,包括模拟机舱、集控室、电站、软操室、海事局无纸化考试室等,固定资产363万元,使用面积560平方米。轮机模拟器以第五代集装箱船舶为母型船设计,其建造满足中国船级社《钢质海船建造规范》要求,在培训教学功能上满足STCW78/95公约和《海船船员适任考试和评估规范》要求。机舱内的动力设备及系统采用主机模型、大型示教板和操作控制箱等予以展示,可进行船舶机电设备及系统运行的全过程动态模拟操作,并配有仿真音响系统等。模拟器可以设置各种运行模式和模拟多种故障,训练学生操作技能和培养故障诊断排除能力。

2015年,学校又投入400余万元建设了大型轮机模拟器2套。

6)轮机自动化机舱建设

轮机自动化机舱实验室(Marine Automatic Engine RoomLboratory)是交通部于1997年投资建成的实验教学重点项目,固定资产达449.2万元,使用面积370平方米。该实验室按照实际船舶动力装置的要求设计,按实船全自动化无人机舱配置要求建造,设有机舱室、集控室、驾驶室和教练室等教学场所。实验室动力设备配套齐全,真实性强,在总体结构布局上充分体现了实船自动化机舱的特点。

5.集美大学教育培训基地

（1）项目概况

集美大学是我国培养高级航海人才的重要基地,在开展航海学历教育的同时,也非常注重为社会个人和航运企业提供培训服务,为航运企业培养职业人才。

（2）建设历程

有历史记载,1956年学校就举办轮机训练班,为福建省水产局培训了50名轮机技术员;1973年至1976年间先后为上海远洋公司和广州远洋公司举办远洋船员培训班,参训学员达1322人。1978年12月学校升格为"集美航海专科学校",进入航海高等教育新时期,更加重视为社会服务。1985年12月专门成立"成人教育部",主管函授、夜大及职工教育。此后,学校的船员教育和培训得到大力发展,成效显著。随着学校教育和培训事业的发展,"成人教育部"日益发展壮大,先后更名为"船员培训中心（成人教育部）""船员培训中心（航海职业教育部）"并予以独立设置。集美大学实质性合并之后,于2001年2月至2006年12月期间复招全日制航海类高职大专,"船员培训中心（航海职业教育部）"更是发展成为"集美大学航海职业教育学院（船员培训中心）"。2007年1月起,因受本科院校不再举办全日制专科学历教育的政策限制,学校停办全日制航海类高职大专,撤销"集美大学航海职业教育学院",设立"集美大学船员培训中心"专职社会船员培训,直至2014年12月与成人教育学院合署为"集美大学继续教育学院"。

集美大学船员培训专业性高,实力强,在福建省乃至全国起着龙头和示范作用,学校曾为船员培训中心配套一座建筑面积8270平方米的集住宿、教学为一体的专用培训楼,配备专门的多媒体教室、计算机室、语音室。培训中心充分利用学校教育资源,依托雄厚师资和航海操纵模拟器、雷达模拟器、卫星导航、卫星通信、GMDSS训练模拟系统、水上训练中心、工程训练中心、自动化机舱、轮机模拟器等先进设施设备办学,至今,获许可开展的船员培训包括船员基本安全培训、船员适任培训和特殊培训等三类共21个项目。船员培训中心1973年时仅能举办值班水手、值班机工等普通船员培训班和"三小证"培训班,到2002年则发展成为可以举办无限航区船长等高级船员岗位适任培训班和大型船舶操纵特殊培训班,同时,还大力开展专升本函授（脱产）教育和二年制航海职业教育,高峰时在校脱产学习的学生数达1400人。据不完全统计,从1978年至2015年,前来学校参加培训的各级各类船员约8.1万人次。

从1998年2月16日起,学校建立并实施船员教育与培训质量管理体系,并取得国家海事局质量认证,船员教育培训的管理和服务水平、培训教育质量得到社会的普遍认可和信赖。因此,交通运输部海事局于2013年9月正式批准集美大学开展面向中国台湾地区船员的无限航区海船船员适任培训,集美大学成为大陆唯一具有开展中国台湾地区船员无限航区海船船员适任培训资格的院校。

（3）使用效果

集美大学船员培训服务好,质量高,得到社会的普遍认可。在长期航海职业教育与船员培训的办学实践中,学校积累了丰富的办学经验,多年来,各类船员培训质量一直高于全国平均水平。

6. 集美大学水运科研基本建设项目

（1）项目概况及建设历程

1）船舶辅助导航技术国家地方联合工程研究中心

"船舶辅助导航技术国家地方联合工程研究中心"是依托集美大学,整合学校航海、水产等面向海洋学科的专业特色和优势建立而成。中心的前身是成立于2008年5月的集美大学"船舶助航技术研究所";2009年6月,中国航海学会航标专业委员会批准研究所成为其会员单位;2009年10月,经中国海事局推荐,国际航标协会（IALA）批准研究所为中国首家联系会员单位（Associate Membership）;2010年7月,交通运输部海事局批准集美大学依托研究所成立"中国海事助航技术研究中心";2010年11月,厦门市科学技术局批准集美大学依托研究所成立"厦门市海上交通信息工程技术研究中心";2012年11月,经福建省发展和改革委员会批复,同意集美大学联合东海航海保障中心厦门航标处等单位共同建设"福建省船舶助导航工程研究中心";2014年8月,集美大学向国家发展和改革委员会申请将"福建省船舶助导航工程研究中心"建设为"船舶辅助导航技术国家地方联合工程研究中心",并于2015年3月获得国家发展和改革委员会批复。

"船舶辅助导航技术国家地方联合工程研究中心"根据"行业急需、国际一流"的建设目标,以船舶助导航关键技术研究和产业化为主要任务,与各级海运行业主管单位、港航管理单位、航运企业和相关科研院所进行了多方面的深度合作,积极开展船舶助导航关键技术研究和产业化工作,部分关键技术达到国际水平,取得良好经济社会效益。中心先后获得自主知识产权30多项,获得各级科技奖10多项,最具代表性的成果有"航标综合信息管理与服务系统""郑和一号船舶引航系统"和"大型船舶靠泊系统";中心还参与了"极地211航海保障工程",并出版了中国首部《北极（东北）航道航行指南》。

"船舶辅助导航技术国家地方联合工程研究中心"自批复至建设完成总投入4138.34万元,其主要建设内容为船舶助导航技术研发平台和技术服务平台,建筑面积共计3543.63平方米,拥有科研设备377台/套,并搭建了"E航海船舶助导航系统研发平台""海上交通大数据挖掘与分析平台"和"船舶助导航装备检测中心"。技术研发平台主要包括海上助航技术及装备研究室、船舶导航装备工程化研究室、船舶助导航整体应用系统开发与产业化研究室,配置相应的研发设备 200 多台/套。其建设地点位于厦门市集美区嘉庚路 1 号集美大学航海学院内,建筑面积 3187.63 平方米;万邦楼一层,建筑面积 1280.69 平方米;万邦楼五层,建筑面积 953.47 平方米;万邦楼六层,建筑面积 953.47 平方米。技术服务平台包括技术服务系统、网络信息系统和助导航设备性能检测中心,配置通用助导航设备性能测试仪器及信息系统 100 多台/套。其建设地点位于厦门市集美区嘉庚路 1 号集美大学航海学院海达楼一层,建筑面积 356 平方米,可以为企事业单位提供技术转让、技术开发、标准制定、产品检测等系列化服务。

2)福建省船舶与海洋工程重点实验室

福建省船舶与海洋工程重点实验室涵盖轮机工程、船舶与海洋结构物设计制造、动力装置、载运工具 4 个二级学科。重点实验室现有面积 3433 平方米,仪器设备总值约 3300 万元,实验室固定人员 38 人,其中正高职称 8 人,副高职称 22 人。研究方向及研究内容:

①先进轮机工程技术:围绕"绿色船舶",开展船艇空调及冷藏设备的优化控制、船舶液压系统节能与性能优化、发动机性能优化与排放控制、船舶氢燃料电池动力系统与储氢技术等基础和应用基础研究。

②船舶智能控制及仿真:围绕"智能船舶",开展船艇综合电力系统及其控制、船舶机舱综合信息系统及智能化、再生能源应用及多能源复合推进系统、轮机智能仿真技术、基于北斗卫星的船舶通信技术等应用研究。

③船舶建造工艺与性能:围绕"特种船舶"——邮轮游艇、海洋工程辅助船、客滚船、远洋渔船等,开展船艇选型和舱室优化设计、工艺与焊接技术、结构与材料性能、水动力性能仿真等应用基础与应用研究。

④船舶检测与再制造技术:围绕"安全船舶",开展船舶与海洋结构物及其动力装置的表面修复与强化技术、噪声与振动检测和控制技术、油液检测、无损探伤等船机设备维修与再制造领域的基础研究与应用研究。

3)福建省能源清洁利用与开发重点实验室

福建省能源清洁利用与开发重点实验室致力于可再生能源与海水资源利用、多相流动与工程传热传质、工业过程高效节能、清洁燃烧理论与技术等领域的研究。通过多年建设,实验室现有固定开发人员 30 余人,客座人员 16 名,实验室面积达 2200 平方米,仪器设备资产总值超过 2500 万元,具备先进的现代化仪器设备、研发实验平台,形成了稳定的、高水平的科研队伍,在产学研及人才培养方面取得了丰硕的成果。

实验室拥有热能工程福建省重点学科,热能与动力工程福建省特色专业,并拥有船舶与海洋能源工程二级学科硕士点和能源清洁利用与可再生能源技术开发福建省高等学校科技创新团队。实验室已具备了热重及同步差热分析仪、高压气体吸附分析仪、原子吸收分光光度计、激光粒度分析仪、透光式烟度计、浪潮仪、高性能计算机集群系统等单台套价值超过10万元的大型分析测试仪器68台套，其中包括自主设计并已建造完成的高低频海水造波池、多能量系统海水淡化实验台、工质热物性综合测试平台、海洋生物微藻固碳实验平台、海洋垃圾焚烧处理实验平台、制冷与热工系统能效测试平台、小型高温沉降炉、生物质燃烧与气化综合测试台、多点直驱式波浪能发电半物理仿真实验台、漂浮式波浪能发电试验样机等各类实验研究平台共30余座。

（2）使用效果

1）船舶辅助导航技术国家地方联合工程研究中心

"船舶辅助导航技术国家地方联合工程研究中心"技术研究方向主要是针对海上交通信息化建设的关键技术和共性技术，进行科研攻关，自主研发核心技术，发挥产学研合作优势。具体包括以下三个研究方向：航标助导航方向（航标技术与系统、船舶助导航装备等）、港口引航工程方向（船舶引航系统、引航员安全装备等）、海事工程方向（E-航海、综合航海保障信息化及技术等）。

根据国际海事组织（IMO）、国际航标协会（IALA）、国际海道测量组织（IHO）等国际海事相关组织提出的技术前沿和各种港航部门、船公司的实际科技需求，工程研究中心的研究主要内容有海上交通地理空间信息、海上交通信息共享及服务、海上助导航设备应用及其助导航信息服务、海上交通安全保障等，并在差分北斗/GPS高精度定位、AIS等关键技术的深度运用取得重大进展，完成了基于北斗/GPS高精度定位技术的新型船舶引航系统研究、引航员安全装备研发，开展了 E-Navigation 工程研究和航海保障信息化项目建设。

"船舶辅助导航技术国家地方联合工程研究中心"致力于建设成为国内一流水平的船舶助导航技术研究开发的综合平台，坚持走产、学、研、用相结合的发展道路，面向国内外先进的船舶助导航技术，结合 IMO、IALA、IHO、国际海事卫星组织（INMARSAT）等机构提出的技术前沿及各涉海企事业的实际科技需求，开展人才培养、科研团队建设、课题研究、学术交流、技术创新、咨询服务等工作，致力于海上助导航科研成果产品化运作及应用推广。

2）福建省船舶与海洋工程重点实验室

福建省船舶与海洋工程重点实验室围绕我省海洋经济发展重要战略及省级重点学科优势，开展现代轮机管理工程、船舶自动控制与仿真、船舶与海洋结构物制造及可靠性和船舶节能减排四个学科方向的研究。船舶与海洋工程重点实验室服务于东南沿海地区经济建设，目标是建立一个国内领先、国际上具有较高影响的船舶与海洋工程领域重点实验室，成为我省船舶与海洋工程领域产品和系统创新设计、检验与检测、高级人才培训基地。

3）福建省能源清洁利用与开发重点实验室

福建省能源清洁利用与开发重点实验室侧重于开展清洁燃烧、高效节能和可再生能源利用等方面的应用基础研究,实现创新性基础研究储备与工程应用转化的紧密结合及有机接轨,为海峡西岸经济区众多涉及能源开发和利用的企业提供技术支撑服务,在落实科学发展观、推动区域节能减排和循环经济建设方面做出积极贡献。

五、南通大学

(一)单位概况

南通大学(Nantong University)坐落于素有"江海明珠""历史文化名城"美誉的沿海开放城市——江苏省南通市,是江苏省人民政府和交通运输部共建的综合性大学。学校的办学历史最早可追溯到近代著名实业家、教育家张謇先生于1912年创办的私立南通医学专门学校和南通纺织专门学校。2004年,南通医学院、南通工学院、南通师范学院三校合并组建为南通大学。经过一个世纪的办学历程,南通大学现已建设成为一所规模结构合理、学科门类齐全、教学质量优秀、办学效益明显的地方综合性大学。

学校设有23个二级学院、1个独立学院和1所大型综合三级甲等附属医院,是国务院批准的首批具有硕士学位授予权的单位,现有基础医学、临床医学两个博士后流动站,基础医学、临床医学、信息与通信工程3个一级学科博士学位授权点,17个一级学科硕士学位授权点,4个硕士专业学位授权点。学校拥有省高校国家重点学科培育建设点、江苏省重点学科、江苏省高校优势学科建设工程二期项目、省临床医学重点专科、省高校优秀学科梯队等,构建了较为完备的学科体系和学科建设长效机制。

学校现有4个校区,占地面积3700余亩,在交通部的大力支持下建成了10万平方米的教学办公设施和教室实验室。

学校设有99个本科专业,涵盖文学、理学、工学、医学、艺术学、经济学、法学、教育学、历史学、管理学等10个学科门类,有全日制在校生3.6万余人。学校始终坚持人才培养的中心地位,全面深化教育教学改革,2007年以优秀成绩通过教育部本科教学工作水平评估。学校拥有国家特色专业建设点、教育部第一批本科专业综合改革试点、江苏省品牌专业、江苏省特色专业、江苏省重点专业,以及国家级教学团队、国家级教学成果奖、国家精品课程、国家立项精品资源共享课、国家精品教材、国家级实验教学示范中心、国家级大学生校外实践教育基地、江苏省高等教育教学成果奖等一批优质教学资源,是江苏省首批教学工作先进高校。

学校坚持科技强校与自主创新,拥有省高校国家重点实验室培育建设点和省部共建教育部重点实验室、省级重点实验室、省级公共技术服务平台、省级工程中心、省高校哲学社会科学重点研究基地以及省高校优秀科技创新团队、江苏高校协同创新中心等一批高端科技创新载体。合并组建以来,共承担"973"计划课题2项、"863"计划课题3项、国家科技支撑项目 1 项、国家科技重大专项 1 项、国家自然科学和社会科学基金 543 项,获发明专利授权 492 项,荣获包括国家技术发明奖、何梁何利基金科学与技术进步奖、中华医学成果奖、全国高校科学研究优秀成果奖、教育部高等学校科学研究优秀成果奖、江苏省科学技术奖、省哲学社会科学优秀成果奖在内的多项高层次奖励,连续多年被评为江苏省科技工作先进高校。

南通大学师资力量雄厚,现有教职工 3044 人,其中高级职称以上 1486 人,博士、硕士生导师 1143 人,拥有中国工程院院士、国家教学名师、国家有突出贡献的中青年专家、国家杰出青年科学基金获得者、国家"千人计划"专家、国家"百千万人才工程"人选、首届江海杰出英才奖获得者、享受国务院特殊津贴人员、教育部优秀骨干教师、江苏省有突出贡献的中青年专家、江苏特聘教授、博士计划、省六大人才高峰、省"333"工程培养对象、省高校"青蓝工程"培养对象等各类杰出人才。

自部省共建以来,学校不断推进水运相关学科和专业建设,提升科学研究水平和人才培养质量,全面提高服务水运行业能力,形成了鲜明的发展特色。学校现有相关专业 26 个,相关专业教师 398 人,初步形成了以机械工程、电子信息、电气工程学科群为基础,融合了载运工程、船舶与海洋工程、航海医学、地理科学等学科专业,具有水运特色的学科体系和人才培养体系。

学校先后承担交通运输部、交通厅及行业其他立项项目 51 项,项目总经费近 7000 万元;设立交通运输科研专项项目,每年立项 10 个资助建设;获交通相关专业授权发明专利 215 项,省部级以上奖励 77 项,其中国家技术发明二等奖 1 项;完成交通运输部"十二五"重点建设项目"航海心理学与潜水医学实验中心"(交规划发〔2011〕541 号)建设,主体项目"200 米饱和潜水系统"于 2013 年底建成并顺利通过验收,配套的航海心理学实验室已建设完成;与上海打捞局、芜湖潜水装备厂成功开展了 200 米氦氧饱和潜水模拟试验,为"深潜号"在南海进行 300 米氦氧饱和潜水提供了实验基础,并与上海打捞局开展合作,研究 500 米饱和潜水保障技术及潜水员体能与心理培训方案;制定了《潜水员潜水后飞行要求》(JT/T 909—2014)《职业潜水员心理健康评价》(JT/T 1101—2016)等交通行业标准,联合制定交通行业标准《饱和潜水卫生要求》(编号:2016-15-122)。

学校是中国心理卫生协会交通分会挂靠单位,依托航海医学研究所,不断加强航海作业安全与海员心理健康保障体系研究、潜水作业环境下职业潜水员生理心理适应与训练研究、交通事故预防综合心理防治技术应用研究。

学校依托江苏省首批重点培育智库——江苏长江经济带研究院,创办"长江经济带发展论坛",与上海社科院合作建立"长江经济带联合研究中心",与中国国际经济交流中心联合开展"建立长江全流域管理体制机制研究"。学校研究出台《南通大学服务长江经济带战略实施意见》,不断寻求深度融入国家战略、行业发展的主战场。

《交通医学》设有交通创伤、交通心理卫生、交通卫生防疫、航空航天医学、航海医学、潜水医学等栏目,已被中国知网、万方数据、重庆维普、中国科技论文在线等重要数据库收录。

(二)教育基地建设项目

1.航海心理学与潜水医学实验中心介绍

(1)项目概况

2011年,南通大学航海医学主干学科航海心理学与潜水医学实验中心教学实验设备购置项目得到交通运输部发文批准(交规划发〔2011〕541号)。建设内容包括"200米饱和潜水模拟系统"、潜水员生理心理功能检测与医学保障系列设备等。

该项目投资规模为3400万元。投资来源为:交通运输部拨款1800万元;财政部与江苏省共建高校资金800万元;江苏省重点学科建设资金300万元;江苏省博士学位授权建设单位授权学科建设资金100万元;南通大学配套资金400万元。

该项目的建设周期为5年,即2011年1月至2015年12月)。

(2)建设历程

2011年10月,交通运输部批准文件下达后,南通大学由程纯副校长召集相关部门,主持召开了项目建设推进协调会,就各相关工作进行了分工,明确了各自的目标责任:由基建处负责,后勤处配合,在主校区选择地点,准备好场地,筹备建设航海心理学与潜水医学实验中心的实验楼;由实验设备与实验室管理处负责,审计处、监察处、财务处、教务处、航海医学研究所等部门配合,进行申报的各项设备的招投标和采购工作;航海医学研究所是实验中心建设部门,负责各相关设备的进一步调研、认证,督促并努力推进各相关建设与采购进度,配合设备供应商进行设备的安装与调试,以保证建设质量,并按期完成项目规定的各项建设与设备购置任务;学校全力支持航海医学系及各实验室引进学科与学术带头人、优秀实验技术人员,人事部门密切配合人才的引进工作,优先保证航海医学主干学科与实验室的建设。

项目经过5年的实施,完成了实验中心包括实验楼、素质拓展训练场地和200米饱和潜水模拟系统及生理心理等系列检测设备的购置任务。

利用项目建设完成的契机,学校建立了完善的实验室管理体系,实验各平台的运行采用专职研究人员与专职技术人员相配合的管理模式,组成服务团体,加强管理,提高使用效率与效益,对校内外教学、科研与企业单位开放,提供优质、高效、专业的技术服务。同时,学校充分利用该研究中心的科技基础设施等条件,积极组织开展相关科学研究、技术开发与社会服务工作,重点加强与交通运输行业企业单位的交流与合作,注重产学研结合。该校作为一个综合性大学的优势凸显,服务交通运输行业的能力明显提高,特别是在服务国家"一带一路"倡议,助力海运业发展,以及加强饱和潜水医学保障技术应用服务,促进深潜水事业发展方面,取得显著成效,为我国交通运输事业的发展,特别是交通与航运安全、打捞救助等方面作出了应有的贡献。

（3）使用效果

"航海心理学与潜水医学实验中心"作为南通大学服务交通运输系统航运与潜水打捞等企业的教育、培训、科学研究与社会服务基地,承担医学、工学、应用心理学等专业潜水与交通、航海相关课程的实验教学,培养航运系统和打捞系统所需医疗人员、心理辅导人员、疾病预防与工程技术人员、管理人员。"航海心理学与潜水医学实验中心"为交通、航运和打捞系统在职人员、驾驶员、海员与潜水员等提供系统的心理健康教育和心理素质拓展训练服务,为干部海员进行心理咨询技术和方法培训,为交通系统培训专兼职国家心理咨询师,还为交通航运等企业、各管理单位高效管理提供员工帮助计划（EAP）服务,创造了明显的社会效益和经济效益。具体表现为以下几个方面:

1）本科教学

针对医、工科的本科生,开设潜水工程认知与驾驶模拟工程认知和工程训练课程,进行理论与实验教学结合,对学生进行部分演示与操作实验,提高南通大学部分学生的相关工程基础,适应社会新的需要,促进大学生在交通领域的就业。

2）研究生培养

针对"航海与潜水医学"专业硕士研究生的航海医学课程和潜水医学课程内容,增加了200米饱和潜水模拟系统现场参观与学习实验课。航海心理学方向教学实验除开设一般心理学实验外,增加开设了心理辅导与心理危机干预技术、特殊职业人群心理检测与评价方法,以及素质拓展训练等实验课。

同时,本实验中心购置的部分教学与科研兼用型实验仪器设备,满足了航海心理学、航海与潜水疾病等研究方向研究生从事毕业论文课题内容科学研究的需要。

3）学科、专业与团队建设

配合实验中心的建设,学校引进相关专业博士8人、硕士4人。围绕服务航海运输行业的大目标,航海医学学科与专业建设成效显著,所在"特种医学"学科被评为江苏省重点（培育）学科,"特种医学"成为一级学科硕士学位授予点。研究方向之一"特殊环境对人的影响及防护"成为南通大学博士学位授权学科"基础医学"的研究方向,并且潜水医学相关实验内容成为基础医学虚拟实验教学内容之一,并建成南通市"海洋作业安全医学与心理学保障技术研究重点实验室",本科生与研究生培养特色鲜明,行业服务能力增强,目前有2名专家担任中国心理卫生协会交通分会理事长、副理事长,3名专家分别担任中华医学会航海医学分会副主任委员与资深专家委员,1名专家担任中华航海医学会潜水医学专业委员会与中国潜水打捞行业协会潜水职业健康专业委员会的副主任委员,2 名专家分别担任中国潜水打捞行业协会标准化委员会副主任委员与委员,另有多名专家担任中华航海医学会及其青年委员会和中国心理卫生协会交通分会的重要学术职务。

4)科学研究、成果转化应用、技术开发与行业服务

饱和潜水医学保障技术研究与应用服务同潜水打捞行业的主要企业——上海打捞局和烟台打捞局合作,开展深潜水作业过程中的饱和潜水技术,特别是潜水员健康与安全保障技术研究,并将研究成果应用于这些公司的实际潜水作业中。

"深潜水"作业国内每年有数百到数千亿元的市场,国外公司占据了国内的部分市场,国内企业还没有介入国际市场。2013 年底到 2014 年初,中心与上海打捞局等单位合作进行了 200 米氦氧饱和潜水模拟实验,为上海打捞局随后的我国首次 300 米饱和潜水模拟作业在南海海域成功实施奠定了基础;还与上海打捞局合作承担交通运输部深潜水技术研究项目,研究饱和潜水作业的医学保障技术,重点解决潜水员的心理选拔与心理健康、潜水舱室与潜水员卫生;在完成研究任务的基础上,合作制定交通行业标准《潜水员潜水后飞行要求》(JT/T 909—2014)《职业潜水员心理健康评价》(JT/T 1101—2016)。这些研究成果已用于指导实际作业,帮助职业潜水员提高心理健康水平与作业环境卫生水平,其中《潜水员潜水后安全搭乘飞行器标准研究》获 2015 年中国潜水打捞行业科技二等奖;编制了符合我国潜水员职业特点的心理健康量表和测试指导手册,与《职业潜水员心理选拔方法及评价》(GB/T 24557—2009)国家标准相配套,初步形成了我国职业潜水员心理保障标准体系;建立了我国职业潜水员量表常模,填补了我国在这一特殊职业人群心理健康常模的空白;研究开发了"职业潜水员心理测评量表"计算机应用软件,将整个测评系统形成信息化、便携化的操作系统,为今后建立职业潜水员心理健康档案(HER)和动态 HER 数据库提供实时和累计的测试评价记录。

上述研究与行业服务工作为我国航海作业人员、深潜水作业潜水员的生命保障、健康维护提供了重要保证,促进了作业安全和作业效率的提高,具有明显的社会效益。

南通大学水运教育项目基本建设情况见表 12-7-2。

南通大学水运教育基本建设项目统计表(1978—2015 年)   表 12-7-2

序号	项目名称	主要指标	投资额(万元)	建成时间	主要用途	备注
1	啬园校区航海心理学与潜水医学实验中心	实验中心(1800 平方米);素质拓展训练场(80 亩)	1800	2015 年	教学设施	合资建设
	启秀校区 18 号楼(游泳池)	1866 平方米	334.7	2001 年		—
	启秀校区 2 号楼	3565 平方米	170	1989 年		—
	附属医院临床教学楼	4137 平方米	53.6	1984 年		—
	附属医院外科楼	3007 平方米	230	1988 年		合资建设

续上表

序号	项目名称	主要指标	投资额（万元）	建成时间	主要用途	备注
2	启秀校区 16 号楼	25225 平方米	1580	2004 年	教学、办公设施、教室、实验室	合资建设
	启秀校区综合楼（1 号楼实验室、4 号楼图书馆）	12494 平方米	1052.3	1992 年	教室实验室	—
	启秀校区 13 号楼	1545 平方米	130.1	1992 年		
	启秀校区 3 号楼	6300 平方米	239.6	1986 年		
	启秀校区 7 号楼	3121 平方米	55	1983 年		
3	启秀校区学生公寓 1～5 号楼	22742 平方米	3089	2001 年	学生宿舍	—
	启秀校区 12 号楼（学生宿舍）	5020 平方米	139.9	1989 年		
	启秀校区研究生宿舍	486 平方米	10	1987 年		
	启秀校区留学生公寓（招待所）	1414 平方米	25.6	1985 年		
	启秀校区 10 号楼（学生宿舍）	5263 平方米	40	1976 年		
4	启秀校区 9 号楼（食堂）	3420 平方米	721	1998 年	食堂	—
	启秀校区教工食堂	600 平方米	16.8	1984 年		

六、长沙理工大学

（一）单位概况

2003 年 4 月，经教育部和湖南省人民政府批准，由交通部所属的长沙交通学院和国家电力公司所属的长沙电力学院合并组建成长沙理工大学。2003 年 10 月 9 日，学校举行了挂牌仪式。

长沙交通学院前身为交通部长沙航务工程学校，创办于 1956 年 1 月。在近 50 年的办学历程中，校名几经更改，依次为：湖南航务工程学校、湖南省航务学校、湖南交通学院、湖南省交通学校、长沙交通学校。"文化大革命"中曾一度停办，1971 年学校恢复，又更名为湖南省交通学校。1978 年经国务院批准定名为长沙交通学院，成为直属交通部的一所本科院校。2000 年，学校实行中央与地方共建、以地方管理为主的管理体制。

长沙电力学院前身为电力工业部 1956 年初筹建的长沙水力发电学校，在近 50 年的办学历程中，学校十易其名。1994 年，更名为长沙电力学院；2001 年 7 月，原湖南省水利水电学校，2002 年 5 月，原湖南轻工业高等专科学校分别并入长沙电力学院。

长沙理工大学是一所以工为主，工、理、管、经、文、法、哲、艺等多学科协调发展，以本科教育为主体，具有博士后科研流动站、博士学位授予权和硕士生推免权的多科性大学。

学校拥有"十二五"省级重点学科 11 个,工程学进入 ESI 全球排名前 1%;现有博士后科研流动站 3 个,一级学科博士学位授权点 6 个,二级学科博士学位授权点 28 个,一级学科硕士学位授权点 24 个,二级学科硕士学位授权点 121 个,硕士专业学位授权点 10 个,具有授予同等学力硕士学位资格。拥有国家级科研平台 3 个、教育部创新团队 2 个、省部级创新团队 7 个、省部级重点实验室和工程(技术)研究中心等自然科学创新平台 43 个、省级哲学社会科学研究基地 17 个。

学校是国家"中西部高校基础能力建设工程"高校。现有金盆岭、云塘 2 个校区,校园占地面积 2980 亩,校舍总建筑面积 120 余万平方米。图书馆纸本藏书 341.45 万册,电子图书 80.26 万册,中外期刊 956 种,拥有教育部科技查新工作站和中国电机工程学会电力科技查新工作站。学校设有 19 个教学学院,1 个独立学院和 1 个继续教育学院。现有全日制在校学生 38000 余人,其中博士、硕士研究生 5000 余人。

学校紧紧依托行业,建成了水平较高、特色鲜明的本科教育教学体系。现有 68 个本科专业,其中国家级特色专业 9 个、国家级本科人才培养模式创新实验区 1 个(土木工程专业)、国家级专业综合改革试点专业 1 个(会计学专业)、通过国家工程教育专业认证的专业 10 个、列入教育部"卓越工程师教育培养计划"的本科专业 5 个、教育部批准的中外合作办学本科教育项目 2 个(土木工程专业、电气工程及其自动化专业)。拥有国家级教学团队 2 个,国家级精品视频公开课程 2 门,国家级精品资源共享课程 3 门,国家级双语教学示范课程 1 门;国家级工程实践教育中心 6 个,国家级示范实验教学中心 2 个,国家级虚拟仿真实验教学中心 2 个;国家级大学生校外实践教育基地 1 个,教育部"卓越计划"校外实践教育基地 1 个;省级精品课程 25 门,省级大学生创新训练中心 3 个,省级创新创业教育中心 4 个,省级校企合作人才培养示范基地 7 个,校企合作创新创业教育基地 6 个,省级示范实验(实践)教学中心 11 个,省级虚拟仿真实验教学中心 2 个,省级仿真实验教学项目 3 个。

学校全面贯彻党的教育方针,遵循高等教育和人才成长规律,以学生发展为中心,坚持"德育为先、知识为本、能力为重、全面发展"的育人理念,秉承"博学、力行、守正、拓新"的校训,注重强化学生工程实践能力与创新精神的培养,确立"两好"(思想品德好、专业知识好)、"两强"(实践能力强、创新能力强)人才培养目标,培养基础宽厚、实践能力强、综合素质高、视野开阔、具有创新精神和社会责任感的应用型高级专门人才和行业精英。学生先后获得国家级各类学科竞赛和科技成果奖 300 余项,省级学科竞赛和科技成果奖 1400 余项,在全国各大类学科竞赛中取得优异成绩,连续 5 年获全国大学生结构设计竞赛一等奖。2014—2018 年,中国高校创新人才培养暨学科竞赛评估长沙理工大学排名位列第 48 位。

学校先后主持承担国家级项目 388 项,实现了国家重点基础研究发展计划("973 计划")项目历史性突破,并获国家科技支撑计划课题、国家"863计划"课题、国家社会科学基金重大项目、国家杰出青年基金项目、国家自科优秀青年科学基金项目等高端项目资助;获得国家科技成果奖5项;职务发明专利762项。

学校坚持"人才强校"发展战略,现有专任教师1939人,其中正高职称313人,副高职称645人。拥有中国工程院院士1名,双聘中国工程院院士2名,中组部"万人计划"领军人才1人,"长江学者奖励计划"特聘教授3人,国家杰出青年科学基金获得者4人,"973计划"项目首席科学家1人,国家"百千万人才工程"人选9人,国家有突出贡献中青年专家4人,享受国务院政府特殊津贴专家21人,国家级教学名师3人,全国优秀教师2人,全国师德标兵1人,"长江学者奖励计划"青年学者1人,国家优秀青年科学基金获得者1人,"全国高校黄大年式教师团队"1个,教育部"新世纪优秀人才支持计划"人选9人,湖南省科技领军人才2人,湖南省"芙蓉学者奖励计划"特聘(讲座)教授4人,湖南省"团队百人计划"1个,湖南省"百人计划"人选9人,湖南省"青年百人计划"人选9人等。

学校是全国先进基层党组织、湖南省文明标兵单位、湖南省依法治校示范学校。经过60多年的建设和发展,学校积淀了以"博学、力行、守正、拓新"校训和"铺路石精神"为内核的大学文化。自建校以来,为交通、电力、水利、轻工等行业和区域经济社会发展培养了40余万高级专门人才。学校本科招生第一批次覆盖全国,毕业生就业率连续多年保持在95%以上。

(二)教育基地建设项目

1. 长沙理工大学结构实验中心

(1)项目概况

长沙理工大学结构实验中心(原长沙交通学院结构实验中心)是为了满足实验教学的和工程结构学科发展的需要,在交通部支持下建设的。

按照交通部审定的"港口与航道工程专业"实验教学指导大纲,原长沙交通学院结构实验中心应承担课程的实验项目均为演示实验,无法满足大纲要求。原有结构实验室几乎没有实力,其实验条件与教学的要求差距很大。由于没有一定规模的实验室,严重地影响了港口与航道工程等专业的教学质量,阻碍了工程结构学科的发展。曾承担的多项部省级科研课题受到了委托单位的好评,但是,由于缺乏实验能力,更多的科研项目被拒之门外,无法充分发挥师资力量较为雄厚的优势。

1992年2月17日在原长沙交通学院举行了《长沙交通学院结构实验中心可行性研究报告》(以下简称《报告》)论证会。《报告》是根据长沙理工大学的实际情况和今后的发展需要进行编制的,在深入调查研究的基础上对试验大厅的有关数据、主要实验设施和实验设备选型进行了较为充分的论证。专家组认为《报告》的编制符合交通部教育司审定的《交通部普通高等高校与城市道路工程专业、港口航道工程专业实验教学指导大纲》的规定,并符合交通部批准的长沙交通学院建设规划等文件规定。《报告》对结构实验中心建设的工程必要性、技术可行性、经济合理性进行的论证是充分合理的。建设结构实验中心是培养港口与航道工程专业合格人才的迫切需要。

1993年11月经交通部批准建设长沙交通学院结构实验中心工程。1995年12月10日开工,1997年4月11日竣工并进行了初验,1998年4月20日正式验收。该工程在地方政府大力支持和建设、设计、施工、质监等单位的共同努力下,按交通部批准的内容、规模及标准建成。工程平面布局及结构设计合理、试验工艺满足使用要求。工程投资控制在批准的概算之内。

结构实验中心区域位于学校东南角,西、北两面场有学校校内主干道通过,北面与综合教学楼隔道相对,西面有港航中心,东南角为坡地。主要试验场地分为2个大厅,1个静力厅,1个动力厅。辅助用房主要分南、北两边布置,北面为1层,南面为2层,并与大厅离开一段距离以利于采光。整个试验室自成体系,而各功能用房又相互独立,互不干扰。

结构实验中心下设"静力结构实验室""动力结构实验室""模型结构实验室"3个实验室。实验中心由结构试验大厅、模型槽试验间、小型模型结构试验间、操作用房、公用系统等项目组成。建筑总面积3674平方米。

结构试验大厅用单层工业厂房的形式,内设静、动力试验台座,反力墙,50吨疲劳试验机,1000吨长柱压力机,各种静、动力加力架等。其中静力试验台座长40米,宽9米,台座采用槽道式,与地面相平;1000吨长柱压力机布置在静力大厅的一角,该设备可进行大吨位高墩桥梁的墩柱试验;动力试验大厅长42米,跨度15米,轨顶标高11.4米,设一台QD型15吨/3吨吊车,内设动力试验台座,50吨疲劳试验机,反力墙,预留振动台场地等,考虑到三维振动台投资巨大,暂时预留其场地,设置了一座小型振动台。

该项目总投资1332.5万元,其中基础工程99.1万元;主体工程396.5万元;安装工程165.3万元;反力墙、三向反力台座、静力台座270万元;仪器设备201.96万元;室外工程27.8万元;其他费用(含设计费、管理费、家具购置费、拆迁费、绿化费等)171.84万元

(2)建设历程

长沙交通学院结构实验中心工程,1993年11月经交通部批准建设。1995年12月10日正式开工,1997年4月11日竣工并进行了试验,1998年4月20日正式验收。设计单位为长沙交通学院设计院,施工单位为湖南省教育建筑工程公司第六分公司。为确保工程工期,按时完成任务,根据实际情况将工程划分为三个施工段,组织平行流水主体交叉作业,合理地组织人力、物力、资金、设备,准确地安排施工进度计划,满足了建设进度要求,在工程全过程中无任何伤亡事故,实现安全生产目标。

在工程建设过程中,长沙交通学院和各有关单位重视工程质量和安全,施工过程中,严格遵守国家的施工验收规范和操作规程,定期组织各种形式的质量检查。认真坚持质量标准,严格检查实行层层把关,加强各工序的交接手续。根据规范规定做现场见证抽样检查工程质量总评为优良。自1998年4月21日起正式交付使用。

(3)使用效果

自长沙交通学院结构实验中心建成以来,主要承担了"港口航道与海岸工程专业"等专业的课程实验项目。同时,还承担了各项科研课题的科学研究。

结构实验中心建成后,基本解决了试验场地和实验设备的限制,为学生的实验、实训提供了场所,充实了实验教学条件,极大地提高了港口航道与海岸工程专业的教学质量。同时,结构实验中心也为学校工程结构学科的发展提供了一个良好的平台,提高了工程结构学科的实验能力,为学校青年教师的成长提供了必要的条件。结构实验中心所承担的各类科研课题,使学校的学科优势得到了充分的发挥,研究成果也得到了委托单位的一致好评。

2. 长沙理工大学12号教学楼

(1)项目概况

为适应教育事业发展的需要,进一步扩大办学规模,原长沙交通学院急需新建第三教学楼。1999年12月15日湖南省计划委员会批准了长沙交通学院新建第三教学楼工程的请示。

长沙理工大学12号教学楼(原长沙交通学院第三教学楼)建设地址为赤岭路45号,2000年4月15日正式开工,2000年12月12日竣工,合同价格821.8万元。该工程主体六层,共14000平方米,檐口高度主要为23.1米,局部为25.5米,室内外高差1.2米。本工程按六度地震烈度设防。基础为独立柱基,主体为现浇钢筋混凝土框架结构。外墙均采用Mu10红砖,内墙采用Mu7.5混凝土空心砖,M5.0砂浆砌筑。屋面做法为120厚珍珠岩保温层上砂浆找平,再做SBS防水卷材,然后再做钢筋细石混凝土防水层,外装饰采用金联牌生产白色和灰色麻面砖,二层以下南北向中间段采用剁斧麻石板贴面,造型柱采用亚洲红花岗岩饰面。门厅地面及楼梯均采用花岗岩贴面,卫生间为防滑地砖,教室采用普通抛光水磨石,走道及休息厅采用高级彩色水磨石地面。内墙除走道墙裙为高级内墙漆、卫生间墙裙为瓷板外其余均为888仿瓷涂料。阶梯教室、演讲厅、门厅、走道天棚均为石膏板铝合金龙骨吊顶,其余顶棚为888仿瓷涂料。

(2)建设历程

长沙理工大学12号教学楼(原长沙交通学院第三教学楼)工程于2000年4月15日正式开工,竣工日期为2000年12月12日。设计单位为长沙中建建筑设计院,施工单位为湖南第四工程公司,监理单位为湖南中建建设监理有限公司。在工程全过程中无任何伤亡事故,实现安全生产目标。在施工过程中,严格遵守国家的施工验收规范和操作规程,定期组织各种形式的质量检查。认真坚持质量标准,严格检查实行层层把关,加强各工序的交接手续。严格原材料、半成品的采购、检查、验收制度,所有外购材料均有质量证明书和出厂报告,并且根据规范规定做现场见证抽样检查。在2001年3月由湖南省建设工程监督站进行验收和工程质量检测评定标准,核定该工程为优良工程,并且颁发证书。

（3）使用效果

自长沙理工大学12号教学楼(原长沙交通学院第三教学楼)投入使用以来,主要承担了校内各个专业特别是港口航道与海岸工程专业的教学和科研。该教学楼建成后,基本解决了学校的教学场所紧缺的压力,为学生的现代化教育提供了场所,充实了教学条件,极大地提高了学校的港口航道与海岸工程专业的教学质量,使港口海岸及近海工程学科得到了充分的发展。该教学楼保障了学校教学和科研的健康持续发展,取得了良好的社会效益。

3. 长沙理工大学西区学生公寓1、2栋

（1）项目概况

长沙理工大学西区学生公寓1、2栋项目(原长沙交通学院西区学生公寓1栋和2栋)位于长沙交通学院西北侧。它的建设是在缜密研究、充分论证的基础上形成的,得到了交通部、湖南省各级政府和有关部门的大力支持。随着办学规模日益扩大,招生数量不断增长,学校现有的住宿条件已经远远不能满足教育教学的需要,学生住宿矛盾日益尖锐。本项目的建设,可以适当解决长沙理工大学生住宿矛盾,解决学生住宿难问题,满足广大人民群众的期盼。

湖南省建设厅于2001年4月28日组织有关职能部门和专家对该初步设计文件进行了审查,于2001年5月25日批复。该工程为七层砖混结构,建筑总高23.3米。西区学生公寓1栋和2栋的建筑面积均为10062平方米,总面积为20323平方米,总造价为1219.38万元。宿舍均采用"2+1模块",即2间4人间卧室+1个卫生间。宿舍空间充分利用,满足了休息、学习、储物等的功能要求。室内家具均采用全实木,包括床、衣柜、鞋柜、书桌、书柜与椅子等。每一层宿舍楼配备图书阅览室,学生可以在阅览室中学习。

（2）建设历程

原长沙交通学院西区学生公寓1栋2001年1月26日开工,2001年8月27日竣工。设计单位为长沙中建建筑设计院,施工单位为湖南广福建筑股份公司,监理单位为湖南正茂监理公司。

原长沙交通学院西区学生公寓2栋2001年3月14日开工,2001年8月27日竣工。设计单位为长沙中建建筑设计院,施工单位为长沙县建筑工程公司,监理单位为湖南正茂监理公司,工程质量监督机构为湖南省工程质量监督站。

两栋学生公寓均于 2001 年 9 月投入使用。

（3）使用效果

自长沙理工大学西区学生公寓 1、2 栋宿舍建成以来,每年至少解决 1500 名学生住宿问题,解决了学生住宿紧张的问题,特别是港口航道与海岸工程专业学生的住宿问题。宿舍环境良好,满足学生的日常生活及学习要求,吸引了更多的学生到长沙理工大学就读,让家长放心,让学生满意,得到了社会各界人士的认可,极大地促进学校和港口航道与海岸工程专业的发展。

4. 长沙交通学院图书馆扩建工程

（1）项目概况

学校图书馆是学校信息汇集和读者接收信息地主要场所,是学生学习和文化交流中心。由于长沙交通学院扩大招生规模、在校生数量急剧增加,同时也考虑到学校今后的发展需要,部分教学生活设施已不能满足需要,而且扩建图书馆是师资队伍建设地需要,随着各专业学科教学科研任务地增加,教师对图书馆文献资源数量和质量的需求也越来越高,现有馆舍藏书及功能已无法满足学校教师阅览场地要求。1999 年 12 月 15 日,湖南省发展计划委员会批准了长沙交通学院图书馆扩建工程。

长沙理工大学（原长沙交通学院）图书馆扩建工程 2000 年 7 月 18 日正式开工,建筑总造价为 336 万元,楼层数为 6 层,总建筑面积为 5520 平方米,总高度为 21.4 米,混凝土柱形基础,墙体采用红砖和混凝土空心砌块,屋面采用刚柔结、内装饰为地面水磨石、瓷砖,楼梯大理石,墙面 888、石膏板、外装饰为水刷石。窗为铝合金,门为铝合金、防火门等。

扩建后的图书馆提供全开架借阅、网上预约与续借、馆际互借、文献传递、重点学科导航、定题跟踪、网上咨询、读者培训、信息素养教育、数字资源阅览、代查代检、科技查新、ESI 学科分析、学科竞争力分析、知识产权信息服务、文献检索教学等形式多样的服务项目。全方位、多途径地为学校的教学和科学研究提供文献信息资源保障和服务。新设朗读室、新媒体体验室、学习研讨空间等多种学习场所,凸显了服务育人、管理育人、环境育人功能。

（2）建设历程

长沙理工大学图书馆扩建工程于 2000 年 7 月 18 日正式开工,8 月 14 日工程基础竣工,2001 年 2 月 14 日主体竣工,内外装饰工程已竣工,2001 年 5 月 20 日完全竣工,并于 2001 年 5 月 30 日交付验收。

本工程项目的设计单位为湖南省建筑设计院有限公司,施工单位为湖南省教育建筑工程公司。

本项目的验收结果为基础工程、主体工程、门窗工程、装饰工程、屋面工程、给排水工程以及建筑电气安装工程质量均为优良,楼地面工程验收结果为合格。

(3)使用效果

长沙理工大学(原长沙交通学院)图书馆扩建缓解了学校图书馆面积紧张的状况,解决了阅览座位严重不足、布局不合理的矛盾,改善了图书馆设施条件滞后、藏书阅览室结构及布局不合理地现状,为广大学生创造一个良好的阅览、读书环境;改善了图书馆条件,扩大图书馆规模,提高图书藏阅能力,促进学校图书馆对外开放水平的提高,满足和适应学校发展需要,为广大读者提供更丰富的精神食粮,促进人才培养水平和办学层次提高,向社会输送更多合格的、德才兼备的、高素质的建设人才。

七、武汉理工大学

(一)单位概况

武汉理工大学是首批列入国家"211 工程"重点建设的教育部直属全国重点大学,首批列入国家"双一流计划"建设高校,教育部和交通运输部、国家国防科技工业局共建高校。70 年来,学校共培养了近 60 万名高级专门人才,是教育部直属高校中为建材建工、交通、汽车三大行业培养人才规模最大的学校,已成为我国"三大行业"高层次人才培养和科技创新的重要基地。

学校长期的育人实践,形成了特色鲜明的办学思想体系:确立了"建设让人民满意、让世人仰慕的优秀大学"的大学理想,"厚德博学、追求卓越"的大学精神,"育人为本、学术至上"的办学理念,"实施卓越教育、培养卓越人才、创造卓越人生"的卓越教育理念。学校致力于为社会培养一代又一代以智慧引领人生、具有卓越追求和卓越能力的卓越人才。

学校现有马房山校区、余家头校区和南湖校区,占地 4000 余亩,校舍总建筑面积178.28 万平方米,4 座现代化图书馆藏书 310.91 万册。设有 25 个学院(部),4 个国家重点实验室(工程中心)。现有教职工 5477 人,其中专任教师 3243 人,中国科学院院士 1人,中国工程院院士 4 人,国家教学名师奖获得者 3 人,"百千万人才工程"国家级人选12 人。

学校已形成以工学为主,理、工、经、管、艺术、文、法等多学科相互渗透、协调发展的学科专业体系。现有一级学科博士学位授权点 19 个,一级学科硕士学位授权点 46 个,博士后科研流动站 17 个;有 22 个硕士专业学位授权类别,39 个硕士专业学位授权领域。材料科学进入 ESI 全球学科排名前 1‰,工程学和化学进入 ESI 全球学科排名前 3‰。现有本科专业 91 个,其中国家特色专业 15 个、卓越工程师教育培养计划试点专业 28 个、国家综合改革试点专业 4 个、国家战略性新兴产业专业 2 个。现有国家级精品在线开放课程

15 门、国家级精品资源共享课 17 门、国家级精品视频公开课 8 门。拥有国家级教学团队 5 个、教育部人才培养模式实验区 4 个、国家级实验教学示范中心 5 个、国家级虚拟仿真实验教学中心 1 个、国家工科基础课程教学基地 1 个、国家级工程实践教育中心 13 个、国家国际化示范学院 1 个、全国创业孵化示范基地 1 个、全国高校实践育人创新创业基地 1 个。

学校培养了一批全国优秀大学生代表,2 人获"中国青年五四奖章",3 人获"中国大学生年度人物"称号,4 人获"中国大学生自强之星标兵"称号,12 人获"中国大学生自强之星"称号,4 人获"中国青年志愿者优秀个人奖",6 人获"中国青少年科技创新奖"。学校在多项全国高水平大学生科技竞赛中成绩名列前茅。毕业生一次就业率一直保持在 95% 以上。

学校建有材料复合新技术国家重点实验室、硅酸盐建筑材料国家重点实验室、光纤传感技术国家工程实验室、国家水运安全工程技术研究中心等 40 个国家级和省部级科研基地,建有内河智能航运交通运输部协同创新中心、汽车零部件技术湖北省协同创新中心、安全预警与应急联动技术湖北省协同创新中心等 3 个省部级协同创新中心,与地方政府和行业企业共建科技合作与成果转化机构 230 余个。2010 年以来,学校以第一完成单位获国家科技奖励 15 项,位居全国高校前列。

学校与美国、英国、日本、法国、澳大利亚、俄罗斯、荷兰等国家的 190 多所大学和科研机构建立了人才培养和科技合作关系,聘请了 300 余名国外知名学者担任学校战略科学家、客座和名誉教授。2007 年以来,学校先后获批建立了材料复合新技术国际联合实验室、环境友好建筑材料国际科技合作基地、智能航运与海事安全国际科技合作基地、材料复合新技术与新材料国际联合实验室等 4 个国际科技合作基地。2009 年以来,学校先后与美国、英国、意大利、荷兰、日本等国的著名高校建立了高水平国际合作研究平台,包括南安普顿大学、赛默飞世尔科技等高校和科研机构建立的联合实验室等。2016 年,学校与英国威尔士三一圣大卫大学合作建立的首个海外校区正式运行。

武汉理工大学交通教育历史悠久,肇始于 1946 年创立的国立海事职业学校,至 1957 年发展演变为交通部直属的武汉水运工程学院。武汉水运工程学院与武汉河运专科学校于 1992 年合并,并于 1993 年更名为武汉交通科技大学。至 2000 年 5 月,武汉交通科技大学已发展成为以内河航运和水运工程为主要特色,水陆并举、河海兼顾,工科为主,理、工、文、管等多学科协调发展的交通部直属重点大学,培养了 4 万多名本专科和博士、硕士毕业生。武汉理工大学合并组建以来,在交通运输部的大力支持和学校的全力推进下,学校交通类学科在学科建设、科学研究、人才培养等方面深耕厚植,成果丰硕。截至 2015 年,学校交通类学科有一级学科国家重点学科 1 个,二级学科国家重点学科 4 个,湖北省重点学科 6 个,湖北省优势学科 1 个,湖北省特色学科 1 个,博士后流动站 7 个,一级学科博士点 6 个,一级学科硕士点 6 个,本科专业 13 个;拥有国家工程技术研究中心 1 个,省部级科研基地 7 个,交通运输行业协同创新平台 1 个;获国家级和省部级科技成果奖励 100 余项,取得了一批服务交通行业的重大科技成果,为"一带一路"建设、"长江经济带"建设、"粤港澳大湾区"建设等提供了有力的科技保障。交通部的指导和支持为学校交通类学科的发展提供了重要支撑。2001 年 12 月,教育部和交通部联合发布《关于共建武汉理工大学的意见》,武汉理工大学成为教育部和交通部共建的第一所高等院校。学校合并组建以来,交通部持续投入建设资金,资助了港口装卸技术重点实验室、船舶动力工程技术重点实验室等一批大型教学、科研设施和重点实验室建设,改善了学校交通类学科的教学科研条件。

(二)教育基地建设项目

1.余家头校区图书馆

(1)项目概况

余家头校区原图书馆建成于 1964 年,建筑面积 3170 平方米,至 20 世纪 80 年代,随着学校办学规模的扩大,原图书馆面积和设施不敷使用,不能完全满足师生的需求。1984 年,武汉水运工程学院按交通部要求,开展新图书馆扩初设计。1985 年,交通部批复学校关于报批图书馆扩初设计的报告,基本同意新图书馆建设方案。新图书馆于 1986 年开工建设,1990 年建成,建筑面积约 12000 平方米,交通部投资 955 万元,武汉市资助人防补助费 40 万元。2013 年,学校投入 477 万元对余家头校区图书馆进行整修改造,包括内外墙面与地面整修、供电线路及上下水改造、门窗维修、消防设施更新等,大力改善馆舍条件。

(2)使用效果

新图书馆建筑面积相比原图书馆显著扩大,可容纳的藏书规模和学生人数大幅提升,建成初期图书馆藏书 60 余万册,至 2015 年藏书达 118 万册。新图书馆设有视听室、文献室、缩微室等,设施完善,馆藏丰富,环境雅致,为师生提供了良好的阅读、学习体验。武汉理工大学合并组建以后,该馆作为武汉理工大学图书馆余家头分馆,仍继续为余家头校区师生提供文献信息服务。

2.航海楼

(1)项目概况

随着国家教育事业的迅速发展,学校招生规模逐渐扩大,教学与科研用房需求不断增长。为缓解教学与科研用房紧张的局面,学校向教育部申请建设余家头校区教学综合楼(航海楼),并于 2000 年获教育部批准建设。航海楼总投资 7000 万元,总建筑面积 35400

平方米,包含教室、实验室及学院办公用房,可同时容纳约5000名学生上课。航海楼将原来分散的航海、轮机等水上专业实验设施集中,按水上专业履行国际航海(STCW78/95)公约的要求,新建水上专业实验室并配备必要的设备,以满足培养符合国际航海公约要求的一流航海人才的需要。

(2)使用效果

航海楼的投入使用缓解了余家头校区教室紧张的问题,为余家头校区学生提供了良好的学习环境,同时也为航运学院和能源与动力工程学院提供了良好的办公与科研环境。航海楼水上专业集中实验设施的建设,为航海、轮机等水上专业人才培养提供了良好的条件,有利于提高水上专业人才培养的水平。

3. 余家头校区教学大楼

(1)项目概况

余家头校区教学大楼于1962年建成,总面积约15000平方米,是武汉市优秀历史建筑。该楼是余家头校区最早建设的一批大型建筑之一,苏联专家参与了设计建造。该楼效仿苏联列宁格勒水运工程学院设计风格,运用了脚线等古典西方建筑技法和船锚、海浪等彰显航海学科属性的细部雕饰,设计精巧、气势恢弘。为改善教学大楼的硬件条件,更好地满足教学需求,学校于2007年投资270余万元对教学大楼进行维修改造,对地面墙面等基础装修进行了维修、翻新,对电路水管、门窗桌椅等设施进行了维修、更换。

(2)使用效果

教学大楼是余家头校区的标志性建筑,自建成以来一直是余家头校区的主要教学楼,对其进行维修改造,可以更好地发挥其作用,为师生教学活动服务。同时,该楼建筑样式、施工工艺和工程技术具有建筑艺术特色和科学研究价值,对其进行维修改造可以更好地保持其历史风貌和建筑风格,传承学校的历史文化特色。

4. 航海体能训练中心建设

(1)项目概况

航海类专业学生必须具备合格的身体素质,才能满足国际海事组织STCW公约和国际劳工组织对航海类人才的体质要求,适应海上的生存和航海岗位工作。为了向航海类专业学生提供合适的体能训练场所,满足教学要求,学校2007年向教育部和交通部提交了关于建设航海类专业体能训练中心的报告。2007年,交通部批复了学校的相关报告,同意投资建设。航海体能训练中心总投资1910万元,其中交通部拨款1000万元,中国远洋运输集团公司捐资910万元。训练中心总建筑面积5093平方米,共三层,由室内运动场和学生活动室组成,室内运动场包括篮球馆(兼排球馆)、羽毛球馆、乒乓球馆,学生活动室包括心理咨询及团体训练中心、健身房、武术教室、形体教室等。

（2）使用效果

航海体能训练中心的建设为航海类专业学生的体能训练提供了保障，有助于进一步完善航海类专业的体能训练课程体系，从而加强航海类特色专业的建设，全面提高航海类专业人才的培养质量，提高我国航海类专业的国际竞争力，更好地为国家航海事业服务。

5.余家头校区大礼堂维修改造

（1）项目概况

余家头校区大礼堂于1962年建成，面积约2100平方米，为单层苏联风格建筑，自建成以来一直是学校举行会议典礼和开展文娱活动的重要设施。经过40多年的使用，该建筑内饰装修逐渐老化，内部设施较为陈旧，需要进行维护修缮。2006年，学校对其进行维修改造，包括装饰和结构加固两个部分，工程总造价近350万元，主要包括结构加固，吊顶、墙面安装吸音板和铝塑板，内外墙涂装，更换门窗，屋面防水等。

（2）使用效果

余家头校区大礼堂年代久远、风格独特，见证了学校的发展与变迁，也见证了国家发展的曲折与沧桑，既具有历史价值，也具有审美价值。对大礼堂进行维修改造，一方面是对校史和学校发展的传承，另一方面也充分发挥大礼堂的作用，为余家头校区师生提供举行各种大型活动的场所。

6.航海博物馆

（1）项目概况

武汉理工大学航海博物馆成立于2009年，建于余家头校区航海楼内，总陈列面积约400平方米，收藏展示的物品、模型、图片共1000余件，以实物、实物模型、图片、文字及多媒体等手段进行展示。作为国内高校唯一一座以中国造船史为主题的特色博物馆，航海博物馆展陈以时间轴为主线，分为古代、近代、当代三个部分，跨越秦汉、隋唐、宋元、明清等重要历史时期，展示了我国古代航海从蒙昧、起步、形成到发展、繁荣、全盛直至中衰的历史过程，和帆、桨、橹、舵、水密隔舱等我国古代航海的技术特色与独特成就。

（2）使用效果

该博物馆由武汉理工大学造船史研究中心进行业务指导，研究中心目前有科研人员10名，是全国所有高校及专业研究所中唯一一所开展船史研究、船文化传承与弘扬的研究机构。研究中心在取得一系列学术成果的同时，为中国航海博物馆、2008年奥运会火炬传递水上接运活动等设计、复原了众多（仿）古船。博物馆秉持"面向师生、服务社会"的理念，充分发挥"收藏、研究、教育、展陈"的功能，累计接待社会公众2万余人次，并面向不同社会群体开展了各种特色参观活动近百场，在传承、弘扬船文化方面取得了良好的社会效益。

7. 船舶运输实验实训教学中心

（1）项目概况

船舶运输实验实训教学中心于 2009 年获批国家级实验教学示范基地，拥有实验使用面积 22360 平方米，仪器设备 18735 台/套，设备总值 47099 万元。中心主要面向轮机工程、能源与动力工程（船舶）、油气储运工程、船舶与海洋工程、机械设计制造及自动化、物流工程、航海技术、海事管理 8 个专业。中心根据实验实训项目本身内涵及学科特色，建立了专业基础实验平台、专项实训平台、综合实验平台、科技创新实验平台共 4 大类平台，实训教学项目贯穿于船舶规划、设计、制造、使用与维护全过程。

（2）使用效果

立项建设以来，学校依托中心取得的研究成果获国家科技进步奖二等奖 1 项，省部级科研成果奖 24 项；获国家教学成果二等奖 1 项、省部级教学成果一等奖 1 项、省部级教学成果二等奖 1 项、教学研究项目省级鉴定 4 项；获批国家级精品课程 1 门、省级精品课程 2 门。中心主要面向专业的学生在各类期刊杂志上公开发表学术论文 349 篇；获得发明专利 247 项；有 534 人在"挑战杯""第十一届全国大学生节能减排社会实践与科技竞赛""全国航行器设计与制作大赛""全国数学建模竞赛""全国大学生交通科技大赛""全国物流设计大赛""全国周培源大学生力学竞赛"等比赛中取得优异成绩。中心开设实验项目 551 个，独立开设实验课程 32 门，必修课实验项目开出率达 100%，综合性、设计性实验开出率达 85% 以上，实验室开放率达 100%。

8. 水陆交通实验实践教学中心

（1）项目概况

水陆交通实验实践教学中心于 2012 年获批国家级实验教学示范中心，拥有实验使用面积 33152 平方米，实训培训基地 200000 平方米，创新性实验使用面积 12000 平方米，仪器设备 9178 台（套），总资产 17270 万元。中心依托武汉理工大学交通学院、能源与动力工程学院、物流学院和航运学院的水陆交通相关专业以及 6 个省部级重点实验室，建立了基础、航运、船舶、港口、路桥 5 个实验平台。

（2）使用效果

根据培养新型创新型人才需求，中心在实验实践教学理论和方法方面进行了系列研究，教学研究成果在教学实践中得到广泛的应用并取得良好的效果。中心面向学生开设 742 个实验项目，开放 972 个实验项目资源，设置 114 门独立设课的实验课程，提供 17 种实验教材。中心主要面向专业的学生在正式期刊上发表论文 420 篇，获批创新发明专利 302 项。中心先后在教学研究方面获批省级教研项目 26 项，获国家教学成果二等奖 1 项、湖北省高等教学成果一等奖 6 项；在科学研究方面，省部级以上科研项目立项 250 项，立项合同金额 29894.38 万元,研究成果获得国家科技进步奖二等奖 2 项、省部级科技奖项 31 项;在论文发表与专利授权方面,在国内外重要期刊发表文章 482 篇,其中 SCI 论文 188 篇,EI 检索论文 266 篇,获专利授权 354 项;在学生竞赛方面,中心指导的学生在"挑战杯"全国大学生课外学术科技作品竞赛、全国海洋航行器设计与制作大赛、全国大学生交通科技大赛等竞赛中获得包括国家级特等奖在内的各种奖励达 1215 人次;在国际交流方面,与国外著名大学和科研机构共建了"武汉理工大学—里斯本大学极端载荷与响应联合实验室"等 4 个联合实验室,经常举办各类国际合作交流活动。

9. 水路交通虚拟仿真实验教学中心

（1）项目概况

水路交通虚拟仿真实验教学中心由武汉理工大学交通学院、能源与动力工程学院、物流工程学院共同参与建设,于 2013 年获批国家级虚拟仿真实验教学中心。中心自成立以来,先后投入 2800 多万元建设经费,建成了较为完善的软硬件设施。

中心依托学校船舶运输实验实训教学中心和水陆交通实验实践教学中心 2 个国家级实验实训教学中心开展建设,紧密围绕水路运输不同专业人才培养目标,打造了涵盖水路运输过程的船舶制造、船舶驾驶、港口物流等重要环节的跨学科实验教学基地,具体包括船舶建造虚拟仿真、船舶驾驶虚拟仿真、港口物流虚拟仿真 3 个教学平台。

（2）使用效果

中心人员获国家级、省级优秀教学成果奖 5 项,出版教材 24 本,获批国家级、省部级精品课程 8 项,发表教学改革论文 16 篇,获科技成果奖 15 项,发表科技论文 118 篇,获得专利授权 91 项,指导学生获奖 147 项,获得授权的软件著作权共 11 项。中心为全校 13 个本科专业提供服务,开设了 50 个虚拟仿真实验项目、12 门实验课程。中心不仅在本科教学中发挥了重要作用,在社会服务、校企合作人才培养方面也起到了重要作用。中心先后为船舶制造企业、港口管理部门、海事管理部门、航运企业培养和训练专门人才 6000 余人次。中心自主开发了包括轮机模拟器、GMDSS 模拟器、雷达与自动雷达标绘仪（ARPA）模拟器等模拟系统,广泛应用于国内相关高等学校、培训机构、水路运输企业的人才培养实验实训教学中,取得良好的社会与经济效益。

10. 木兰水上教学实践基地

（1）项目概况

武汉理工大学木兰水上教学实践基地位于武汉市黄陂区梅店水库,占地面积 22 亩,训练水域约 22 平方公里,总投资 802 万,于 1999 年开始建设,2000 年建成并投入使用,总建筑面积 4022 平方米,其中教学宿舍面积 2990 平方米。基地主要作为学校航海技术、轮机工程、海事管理本科生及非学历高级海员培训学员等进行"海船船员基本安全""精通救生艇筏和救助艇""高级消防""精通急救"等海员专项培训项目的实践教学和评估的场所。水上基地严格按照船员教育和培训质量管理体系运行，拥有满足 STCW 公约和《中华人民共和国船员培训管理规则》等要求的实验室、陈列室和先进的教学仪器、设备、设施，基地可满足 162 名学生同时进行全封闭实践教学和生活，年平均实训教学培训量800 余人。

（2）使用效果

木兰水上教学实践基地秉承"严谨治学，严格管理，确保质量，培养高素质的航运人才"的航海教育和船员培训质量方针，以培养"适应能力强、实干精神强、创新意识强"的高素质人才为根本任务，注重学生综合素质的培养和创新能力的提高，为国内外航运企事业单位培养了数以万计的航运优秀人才。

11. 两艘 4.5 万吨生产实习船

（1）项目概况

2010 年 1 月，学校向交通运输部提交了《武汉理工大学教学实习船建造项目可行性研究报告》，提出以 4.5 万吨江海联运散货船为基础进行设计、建造教学实习船。2010 年3 月，学校收到交通运输部《关于武汉理工大学航海类专业教学实习船建造有关问题的复函》。2010 年 12 月，武汉理工大学与长航凤凰股份有限公司（后调整为上海长航国际海运有限公司）签署协议，联合建造生产实习船。2014 年，"长航幸海"和"长航福海"两艘生产实习船交付上海长航国际海运有限公司。

（2）使用效果

生产实习船的建造，顺应了国际航运形势及我国建设"航运强国"发展战略，符合我国中长期航海教育目标和学校航海教育办学规划的要求，为学校航海人才培养提供了保障，拓展了学校相关专业（学科）产学研合作教育渠道，为学校进行绿色船舶、航运安全、智能船舶、海运管理等与航运有关的学术领域科学研究提供了良好的平台。两艘生产实习船各加装了一层学生实习实训专用舱室，建有两个模拟驾驶台、专业雷达、驾驶台操纵显示设备等与船舶真实数据相关联的同步仿真实训设施，生产、实习两用的模式充分地利用船舶资源，较好地解决了投入与效益的关系，在服务海运行业和航海人才培养方面都取得了重要成效，取得了良好的社会反响。

12. 船模实验室

（1）项目概况

武汉理工大学船模实验室于 1985 年建成并投入使用，1986 年正式成为国际船模试验水池会议（ITTC）成员单位，有深浅两用船模拖曳水池和深浅两用露天船模操纵性水池。船模拖曳水池长 132 米，水面宽 10.8 米，最大水深 2 米（0～2 米可变水深），拖车自重 29 吨,最大速度 7 米/秒,是国内较早建成的大型深浅两用船模试验水池,可进行船模阻力试验、波形测量、船模运动升沉浮态测量等常规试验和水中运动物体相互干扰力的测量、海洋结构物的水动力研究等非常规试验。深浅两用露天船模操纵性水池长 80 米,水面宽 60 米,最大水深 1.5 米,配备全数字式船模操纵性试验遥控遥测系统、双 RTK 的 GPS 船模运动轨迹实时摇测系统等,可以针对浅水对船舶操纵性的影响、内河限制航道船舶和大型船舶进出港口时的操纵性及安全性、单船及船队通过桥墩等水上建筑物的模拟驾驶、风帆船的操纵性等进行研究。2008—2009 年,学校利用 200 余万元交通运输部专项经费为拖曳水池安装造风系统和电动控制边消波装置,进一步提升其实验测试能力。

（2）使用效果

自建成以来,实验室完成了国家级、省部级及其他科研与科技服务项目 600 多项,其中"内河浅吃水大径深比推轮开发研制""山区浅水急流运输方式及船舶研制"等 10 多个项目获得国家级或省部级科技奖励。学校依托该试验水池,近年来发表高水平论文 130 余篇,承接了包括港珠澳大桥沉管物理模型实验在内的国家自然科学基金重点项目、面上项目、国际合作重点项目,工信部江海直达船专项、邮轮邮艇专项,国防基础研究、国防联合基金、国防预研基金等国家级科研项目,在绿色智能江海直达船舶技术、内河高等级航道通航运行安全保障、智能新能源船舶关键技术等领域产生了一批关键成果,为长江经济带发展、粤港澳大湾区建设和交通运输行业发展提供了重要的支撑和保障。

13.港口装备节能技术综合试验平台

（1）项目概况

为探索港口设备的节能减排技术,推进绿色港口建设,学校于 2014 年向交通运输部申报建设港口装备节能技术综合试验平台。2014 年 10 月,交通运输部批准立项建设,并投资 2000 万元。经过理论研究、采购样机、实验平台混合动力电控系统和能量管理控制系统安装调试,以及系统软件开发与调试,平台于 2016 年开始进行系统实验。平台包含工业场桥、发电机组、电气控制系统、能量管理系统、储能器、在线监测系统等组成部分,利用集装箱升降过程中势能的转换,将设备在运行过程中下放时产生的巨大势能,通过技术手段补偿到起重机上升起吊时的能量控制系统,进而减少能源消耗与废气排放。

（2）使用效果

该平台对于港口节能减排和绿色港口建设有着重要意义。根据测算,采用平台新型混合动力系统的港口起重设备平均每台功率可降低 50%,废气排放最少降低 30%,节能减排效果十分明显。鉴于港口设备功率大、在用台数多,实现港口设备大幅度节能减排,能够减少污染、改善环境,也能降低能源消耗,降低供电设备的建设和维护费用,并改善电网(尤其是港口电网)的安全性。

14. 轮机模拟器

(1)项目概况

学校长期致力于轮机系统仿真和船用发动机智能控制技术的研究与工程应用。1994年,学校研制出第一台国产轮机模拟器 WMS-1 型轮机模拟器。1995 年 12 月,交通部科技司对轮机模拟器进行了部级技术成果鉴定,该轮机模拟训练器的总体技术、系统性能以及制造质量,都达到了 20 世纪 90 年代国际同类设备先进水平,被中国政府列入向国际海事组织报告的履行 SCTW78/95 公约的培训设备。在 WMS-1 型轮机模拟器的基础上,学校不断进行升级改造,先后研制了 WMS2000、WMS2004 型等轮机模拟器。学校研制的 WMS 系列模拟器获得挪威船级社(DNV) ISO 9001 质量管理体系认证,设备性能国内领先。

(2)使用效果

学校研制的轮机模拟器曾获国家科技进步三等奖、国家科学技术委员会等五部委颁发的"国家级新产品"证书、交通部科技进步一等奖等奖励。学校研制的轮机模拟器不仅用于学校内部的教学科研,同时也面向企业和其他高校研制、销售。至 2015 年,学校已与30 余家高校和企业合作,研制、销售船舶轮机模拟器共计 50 余台套,合同金额达 5000 余万元,国内市场占有率领先,有力提升了国内航海高级船员培训的实验条件。在长期的实验与实践教学中,学校研制的轮机模拟器为我国培训了数以千计的船舶轮机专业人员,为我国航海事业的发展贡献了力量。

15. 轮机综合实验室

(1)项目概况

为了满足培养轮机工程高级技术人才的要求,学校在交通部专项建设经费和"211 工程"建设子项目"船舶柴油机数字化监测、诊断与控制系统研制"等建设经费支持下,经过自行设计、专家组论证、监理组监造,历时 2 年建成轮机综合实验室。该实验室依据《钢质海船入级与建造规范》,采用与实船基本相似原则设计和建造,主要由船舶主推进系统、柴油机数字化监测与诊断系统、主机遥控系统、轴带发电机及全自动化电站、机舱CANBUS 现场总线系统和集中监控系统组成。该实验室为培养远洋船舶机电一体化轮机工程高级技术人才提供了试验教学平台,也为轮机工程及相关学科研究提供了科研平台。

(2)使用成果

实验室于 2005 年 11 月通过了湖北省科技厅组织的专家鉴定,研究成果为国内首创、国际先进水平,是船舶动力工程技术交通运输行业重点实验室的重要组成部分。实验室持续不断地为在校学生提供培训和实践教学,每年服务本科和研究生 600 余人,同时也为值班机工、三管轮和大管轮船员提供培训。该实验室长期致力于船用发动机监测诊断、智能控制,振动与噪声控制等技术的研究,学校依托实验室先后获批"基于磁粗传感技术的船用柴油机活塞环监测方法研究"等 6 项国家自然科学基金项目、"民用船舶推进系统集成关键技术研究"等国家高技术船舶专项及 10 余项省部级科研项目,并与香港城市大学合作开展"电站柴油机监测诊断技术"项目研究。学校依托实验室取得的研究成果先后获得 1 项国家技术发明奖和 3 项国防与省部级奖励。

16. 大型船舶操纵模拟器

(1)项目概况

武汉理工大学全任务大型船舶操纵模拟器由交通部投资建设,于 2003 年投入使用,实验条件在当时属于国内一流水平。在投入使用当年,模拟器联网接入 27 套 NT expert3000 型模拟器。2007—2015 年,模拟器进行了多次升级,增加拖轮模拟器,升级了软件版本。该模拟器符合国际海事组织(IMO)STCW78/10 公约及国家海事局的相关要求,获得挪威船级社(DNV)、英国海运安全局(MSA)、英国劳氏船级社(Lloyd′s Register)、英国海事及海岸警备署(MCA)、俄罗斯海运部(DMT)、俄罗斯船级社(MRS)等权威机构的认证,在船舶动态模拟、船舶导航设备模拟和航海模拟计算机成像技术方面处于先进水平。

该设备包括教练站、4 个本船(1 个主本船和 3 个副本船)及 40 套桌面系统,主本船为七通道 270 度弧形柱面视景,副本船为三通道 120 度视景;系统由综合船桥驾驶台(IBS)模块、船舶控制模块、雷达/ARPA 模块、电子海图显示与信息系统(ECDIS)模块、全球海上遇险与安全系统(GMDSS)模块、导航仪器模块、视景系统模块、音响模拟模块等构成,包括船舶动态软件、三维视景软件、教练监控软件、视景及船模开发软件、实物驾驶台硬件和基于网络分布式处理计算机系统。

(2)使用成果

大型船舶操纵模拟器的建成,对培养高素质的航海人才和模拟仿真研究发挥了重要作用。大型船舶操纵模拟器模拟效果逼真,能使学生较为直接地感受到海上的环境状况,对于航海技术、海事管理专业的海上航行模拟实习和船舶操纵、船舶值班与避碰等专业课程的学习大有助益,使理论教学与实践教学得到有机结合,实验、实习效果得到了学生、同行、航运企事业单位的充分肯定。

大型船舶操纵模拟器是学校重要的科研工作平台,已具备了自主开发新的训练海域、新的船舶模型的能力,承担了综合船桥模拟试验系统研究、港珠澳大桥主体工程初步设计通航安全技术评估专题研究、天津浮式 LNG 接收终端项目船舶操纵模拟试验研究、三沙永兴岛综合码头工程船舶操纵模拟试验研究、越南沿海电厂海港工程船舶操纵模拟试验等重大项目的研究与论证工作,其中离岸深水港建设关键技术研究与工程应用等 6 项相关成果获得省部级奖励。

八、重庆交通大学

（一）单位概况

重庆交通大学创办于1951年，是一所具有"学士—硕士—博士"多层次人才培养体系，专业覆盖工、管、经、理、文、法等学科门类的多科性大学。学校1951年建校，名称为西南交通专科学校，隶属于西南军政委员会；1960年改建为重庆交通学院，隶属于交通部；1961—1963年，成都工学院土木系、武汉水运学院水工系及四川冶金学院部分师生并入；1986年，西南水运工程科学研究所于并入，定名为"交通部西南水运工程科学研究所"；1999年，重庆交通学校划归重庆交通学院管理；2000年，学校由交通部划转重庆市管理，为交通部与重庆市共建高校；2006年，更名重庆交通大学，并增列为博士授予单位。

学校现有水利工程、交通运输工程、土木工程、管理科学与工程4个一级学科博士学位授权点，土木工程、交通运输工程、水利工程3个博士后科研流动站，有土木工程、机械工程等16个一级学科硕士学位授权点，设有土木工程学院、河海学院、交通运输学院等19个学院，有62个普通本科专业。土木工程、港口航道与海岸工程、交通运输等3个国家特色专业通过工程教育专业认证，水利水电工程等7个专业获批教育部"卓越工程师教育培养计划"试点专业，有重庆市"三特行动计划"特色专业15个、特色学科专业群7个。

学校由南岸校区、双福校区及大坪分部组成，占地面积近3000亩，校舍81万余平方米，馆藏纸质和电子文献440余万册、中外文数据库100余个，教学科研仪器设备总值4.89亿元，拥有1个国家级和6个市级实验教学示范中心。

学校不断深化教育教学改革，优化完善教育教学协同联动机制，凸显"交通＋"培养特色，不断创新人才培养模式，打造"创新创业园"，开办"茅以升班""英才班""卓越工程师班""海外项目管理人才班""CIMA班""创新创业班"等实验班。现有各类各层次学生3.3万余人，全日制在校生2.7万余人。本科毕业生初次就业率连续20年超过90%，入选首批"全国毕业生就业典型经验高校"和首批"全国创新创业典型经验高校"。

学校大力推进科学研究和平台建设，拥有国家内河航道整治工程技术研究中心、山区桥梁与隧道工程国家重点实验室培育基地、交通土建工程材料国家地方联合工程实验室等3个国家级平台，桥梁结构工程交通行业重点实验室、水利水运工程教育部重点实验室等34个省部级平台，西南水运科学研究所、沙漠土壤化研究院等20余个研发机构。在山区桥隧、路基路面、内河港航、单轨交通、运输物流等领域取得了一批有影响力的成果，先后获国家科技进步奖、国家发明奖12项，省部级科技奖300余项。公开发行《应用数学和力学》《重庆交通大学学报（自然科学版）》《重庆交通大学学报（社会科学版）》等学术刊物。

学校现有教职工 2000 余人,其中专任教师近 1500 人,高级职称 700 余人,长江学者特聘教授、"千人计划""万人计划"科技创新领军人才、"百千万人才工程"国家级人选、交通运输部"新世纪十百千人才工程"、重庆市"巴渝学者"等国家和省部级人才 120 余人次。聘有两院院士、知名企业家、工程大师等 150 余位特聘或兼职教授。

学校在长期的建设和发展过程中,形成了鲜明的交通特色,土木工程、水利工程、交通运输工程等学科优势明显,形成了相互促进、协调发展、特色鲜明、区域优势突出的学科体系,在交通运输人才培养和交通科技创新领域为国家和地方经济社会发展作出了突出贡献。

(二)教育基地建设项目

1. 教学办公设施

(1)项目概况

重庆交通大学现有南岸校区、双福校区、大坪分部(西科所)三个校区,占地面积近3000 亩,校舍 81 万余平方米,其中行政办公用房面积 6.8 万平方米。

①南岸校区。南岸校区占地面积 521.81 亩,主要教学办公设施有:明德楼(学校行政办公场地,建筑面积 19384 平方米)、第一办公楼(建筑面积 3181 平方米)、第二办公楼(建筑面积 1460 平方米)、第三办公楼(建筑面积 2206 平方米)、学术交流中心(建筑面积 4883 平方米,总投资 1700 万元,其中交通部投资 1210 万元、学校自筹资金 490 万元)等,各学院办公场所分布在校园各处,形成良好的校园文化氛围和优美的育人环境。河海学院办公楼(原为河海学院实验楼)建于 1989 年,建筑面积 1425 平方米,2015 年学校自筹资金 1000 余万元,建成 3000 平方米的港航楼,极大地改善了学校水运学科专业的办公需求,为人才培养、科学研究、社会服务和对外交流提供了良好条件。

②双福校区。双福校区占地面积 2276.77 亩。2010 年,学校自筹资金近 10 亿元,建成公共教学楼,外语、计算机教学楼,工程实训中心,学科综合楼,建材实验楼,力学实验楼,学生宿舍,学生活动中心,学生食堂及附属用房,游泳池,运动场及附属用房等共 22 万平方米,满足了包括水运学科专业在内的大一、大二新生整体入住。2018 年,学校自筹资金 1600 万元建成室内体育馆 5500 平方米;争取到"中西部高校基础能力建设"项目资金 1.25 亿元,自筹资金 6700 余万元,由重庆建工集团修建完成土木建筑工程专业教学实验基地 38800 平方米,并获鲁班奖;自筹资金 2.18 亿元,开工建设西科所组团共 48000 平方米,计划 2019 年完工。

③大坪分部。大坪分部位于渝中区大黄路,占地面积 92.19 亩,行政及实验用房面积2.99 万平方米,目前主要为西科所办公场地和试验场地,将在双福校区西科所组团建成后进行整体搬迁。

(2)建设历程

重庆交通大学基础设施建设主要分为4个时期。

①20世纪80年代中期。学校本部迁回南岸区七公里后,通过交通部专项资金、学校自筹资金等形式,大力开展基础设施建设,不断改善了办学条件。1980年交通部批复学校总体扩建规划,确定按在校学生3000人的规模进行基本建设,学校先后建设了教学大楼、图书馆、行政楼、综合实验楼、西科所三峡模型棚等一系列校园基础设施,完成基建投资7400余万元,新建校舍约10万平方米,初步形成了功能分区合理、建筑新颖美观的校园面貌。

②20世纪90年代后期。为适应高等教育的发展需求,学校通过申请交通部专项资金补助和自筹资金,以及引资联建学生宿舍等形式不断加快基础设施建设。学术交流中心于1997年12月动工,2000年竣工投入使用,建筑面积4883平方米;科技综合楼于2000年底动工,2001年6月建成,建筑面积14000平方米,总投资3800万元;2001年,语音及计算机中心(建筑面积8000平方米,总投资1800万元)、交通运输实验中心(建筑面积为9000平方米,总投资2150万元)、研究生教学实验楼(建筑面积7500平方米,总投资1500万元)等建筑相继完成,教学办公条件大为改善,2001年学校被授予重庆市园林式单位和卫生单位称号。

③教科园区建设时期。2004年,学校自筹资金2亿多元,启动了教科园区建设工程。第二教学楼(建筑面积31960平方米)于2005年6月完工通过验收;新建的图书馆(建筑面积29035平方米)于2006年6月竣工;明德楼(学校行政办公楼,建筑面积19384平方米)、第三教学楼(建筑面积13802平方米)于2007年6月竣工验收,同时配套建设环境绿化工程2.3万平方米,形成了目前南岸校区的整体建筑风貌。

④双福校区建设时期。2010年,学校按照"一次征地、统一规划、量力而行、分期建设"的总体思路,高起点、高质量、高标准规划建设双福校区。2010年9月双福校区一期工程正式开工,2011年9月建成并投入使用,历时12个月。随着双福校区开园,学校形成了南岸校区、双福校区"两地办学,双区运行"的总体格局。

(3)使用效果

学校在建设发展过程中,始终将基础设施建设放在首位,通过不同时期科学合理的规划,不断加大校园基础设施建设和设备方面的投入,办学条件和办公环境大为改善。南岸校区和双福校区优势互补、相得益彰,逐渐形成了环境优美、具有良好学习氛围和独特风格的校园风貌,为学校人才培养、科学研究、社会服务和对外交流提供了坚实保障,办学实力不断增强。

双福校区的建成,全面改变了学校的办学格局,成为学校建设发展的"新引擎"。双福校区按照"相对独立运行,职能延伸管理"的原则,开展教学管理、学生教育管理、安全保卫、后勤服务及其他行政管理工作，在管理运行过程中，学校不断完善双校区功能定位，着力构建更加完善的管理体系与运行机制。数学与统计学院、马克思主义学院、外国语学院办公场所已入驻双福校区。

为更好地盘活南岸校区办学资源，学校按照"统一调配、集中管理、优化布局、分步实施"的原则，开展了办公用房优化调整工作，对明德楼、第一办公楼、第二办公楼、第一教学楼、第四教学楼（老图书馆）办公用房进行了大幅度调整优化，使得行政办公和教学用房相对集中管理、学院办公用房相对独立，同时进一步改善了专家教授工作室、教师工位等办公条件，提高了资源使用效益，为学校教学、科研和各项事业发展提供了有力支撑。

2. 河海学院港航楼

（1）项目概况

随着国民经济和社会的发展，我国水运事业高速发展，2011 年国务院出台了《关于加快长江等内河水运发展的意见》，我国水运发展上升为国家发展战略。2011 年 1 月，学校联合长江航道局向科技部申报的"国家内河航道整治工程技术研究中心"正式获批，为进一步改善学校水运工程专业广大教师和研究生的办公学习和研究条件，更好为我国水运行业培养输送更多高级人才，经学校研究决定，在南岸校区水利水运工程实验教学基地附近建设"港航楼"。港航楼建筑总面积 3000 平方米。该大楼总投资 1000 余万元，由学校自筹资金建设。大楼建成后，极大地改善了学校港航工程学科专业的办公条件。

（2）建设历程

学校港航楼于 2012 年下半年经学校批准、重庆市南岸区规划局审批，由学校自筹资金进行建设。大楼建设被列入 2013 年学校重点基本建设项目，大楼采用桩基框架结构，呈 Z 字形布置，于 2014 年 4 月建成，2015 年正式交付使用。该大楼由核工业西南勘察设计研究院有限公司设计、重庆市元亨建筑工程有限公司施工。

（3）使用效果

学校港航楼共计 5 层，其中一、二层主要为实验室、实验设备贮藏室、图书资料保管室、阅览室，三至五层为水利水运工程专职研究人员、专任教师、博士后工作人员及部分博士、硕士研究生的办公室，并设置了学术报告室、水利水运工程计算中心服务站、长江上游（向家坝至三峡枢纽）1000 千米通航河道的航运开发与环境保护大数据平台等。

大楼的建成，为学校国家内河航道整治工程技术研究中心（以下简称中心）的专职科研与工作人员提供了良好办公场所。中心专职科研人员成功申报了 2 项"十二五"国家科技支撑计划，并围绕长江黄金航道和我国其他内河航运工程的建设与发展存在的关键技术问题开展了系列科技攻关，取得了许多重要科技成果。2014 年 7 月，科技部组织专家对国家内河航道整治工程技术研究中心进行立项建设验收时，各位评审专家对中心的办公及研发条件给予了充分肯定，并对中心三年建设期所承担的国家、部委和地方的众多科技攻关项目及取得的成就给予了高度评价,中心在当年同批次 30 余家国家工程技术研究中心立项验收时获得了第二名的优异成绩。2017 年,在科技部对国家工程技术研究中心的中期检查评审中,国家内河航道整治工程技术研究中心取得了第二名的优异成绩。

大楼的建成还为港航工程专业的硕士、博士研究生等高层次人才培养,提供了良好的学习条件。该大楼建成以来,已累计为我国水运工程行业培养输送 500 余名博士学位和硕士学位的高级专门人才。学校水利工程学科在 2016 年第四轮全国学科评估中获得了 B 级良好成绩,港航工程专业于 2014 年和 2017 年连续两次通过了全国工程教育专业认证,并于 2017 年入选交通运输部港口与航道基础设施建养交通行业创新人才培养示范基地。

应该说,港航楼的建设,不仅为国家内河航道整治工程技术研究中心的专职科研人员和港航工程专业的专人教师的潜心开展人才培养、科学研究和社会服务提供了良好条件,而且有力地促进了港航工程学科专业的发展。

3. 学生宿舍

(1)项目概况

学校现有各层次全日制学生人数 2.7 万余人,学生分布在 2 个校区,其中南岸校区的菁园、雅园、慧园学生社区主要为大三、大四本科学生和研究生住宿,现有学生宿舍 14 栋,总建筑面积 104279 平方米,总投资 13414 万元。双福校区的德园学生社区主要为大一、大二本科学生居住,现有学生宿舍 15 栋,总建筑面积 11.2 万平方米。水运类低年级本科学生居住在双福校区德园 3 幢、14 幢,高年级本科学生居住在南岸校区菁园 3 幢、4 幢。

(2)建设历程

菁园学生社区是学校在南岸校区修建的第一批学生宿舍,建成于 1985 年,当时有 5 栋学生宿舍,随着学校招生规模的扩大,后在 1993 年和 1999 年扩建了 4 栋学生宿舍,现菁园学生宿舍总建筑面积 32076 平方米,总投资 2109 万元,其中 526 万元由交通部投资,学校自筹资金 1583 万元,可满足 5000 名学生的住宿需求。

雅园学生社区建成于 2001 年,共有 4 栋学生宿舍,整体呈 L 形,其中第 1～3 栋为 7 层框架式建筑,第 4 栋为双塔形 11 层框架式建筑,总建筑面积 33676 平方米,总投资 4736 万元,可满足 4000 名学生的住宿需求,为学校自筹资金,由重庆第七建筑工程有限公司承建。

慧园学生社区建成于 2004 年,为一栋双塔形 16 层框架式建筑,总建筑面积 38527 平方米,投资 6929 万元,可满足 4000 名学生的住宿需求,为学校自筹资金,由重庆九仓建筑工程有限公司承建。

德园学生社区建成于 2011 年,有学生宿舍 15 栋,总建筑面积 11.2 万平方米,是双福校区一期工程的重点建设项目,由重庆建工集团承建。

（3）使用效果

学生宿舍是学生学习生活的主要场所,由后勤服务总公司实行专业化的物业管理与服务,定期开展保洁、绿化、维修作业,同时倡导学生加强寝室文化建设和自律管理,共同营造文明、整洁、安全、温馨的"学生之家"。学生公寓楼按相关标准建造,大多数学生公寓已采用了智能门禁管理系统,公共服务设施配套日臻完善,为学生日常生活和学习营造了良好环境。

学校在持续加强学生宿舍及配套设施建设,改善学生生活条件的同时,不断探索和实践学生宿舍管理的新形式、新机制与新模式。1997年初,学校党委把学生工作部门迁入学生宿舍办公,同年9月,根据学生党员自发开展的"党员接待日"活动和自办"学生党员阅览室"的创意,学校在每幢宿舍楼设立学生党员接待室,把学生思想政治工作的重心下移到学生宿舍。2001年,学校"加强人文素质教育,强化思想政治教育,创建学生党员接待室"教学成果获得国家级教学成果奖二等奖,同年,学校获"全国先进基层党组织"称号。2003年9月,在总结学生社区化管理试点经验的基础上,学校全面实施学生社区化管理,根据学生宿舍分区设立了4个学生社区党总支和管委会,构建起了学生教育管理新平台,社区化管理新模式的实施,实现了学生教育、管理、服务一体化和全覆盖,使思想政治工作"更快、更实、更活",使大学生的"家园"更加温馨。2011年,双福校区一期工程建成并投入使用后,学校根据两校区运行实际,南岸校区学生宿舍以研究生、本科高年级学生为主,双福校区学生宿舍以一、二年级本科为主。

4.教学设施

（1）项目概况

自20世纪80年代起,随着办学规模的扩大,学校加快了基础设施建设和教学仪器设备配置的力度,建设资金来源于交通部专项资金、中地共建专项资金、学校自筹经费等,通过30多年的持续建设,目前学校教学科研及辅助用房面积达到38.9万平方米,其中教室面积131737平方米,图书馆面积38120平方米,体育馆11325平方米,两个校区共有教室406间。学校主要教学设施有:南岸校区第一教学楼（建筑面积18860平方米）、第二教学楼（建筑面积31960平方米）、第三教学楼（建筑面积13802平方米）、南岸图书馆（建筑面积29035平方米）、知园小区体育馆（建筑面积5774平方米）、双福公共教学楼（建筑面积32093平方米）、致远楼（18108平方米）、双福图书馆（建筑面积7521平方米）等。

（2）建设历程

20世纪80年代初,学校建成当时西南地区最大的教学楼,以及图书馆、综合实验楼等设施,极大地改善了复校后的教学条件。2004年,学校大力开展教科园区建设工程,先后建成第二教学楼、第三教学楼、图书馆等。2011年,随着双福校区一期工程的完成,公共教学楼、外语计算机大楼、学生活动中心等相继投入使用,学校办学条件极大改观。

(3)使用效果

学校良好的办学条件和现代化教学设施设备满足了人才培养需求,基本办学条件达到了教育部《普通高等学校基本办学条件指标(试行)》要求。

学校双校区共有教室 406 间,其中多媒体教室 307 间、语音教室 36 间、建筑学类和设计学类专用教室 63 间,满足了不同类型课堂教学和学生自主学习需要。

双校区图书馆总建筑面积 38022 平方米,阅览座位 3585 个,纸质图书 197.5 万册,电子图书 194.87 万册。订购了 CNKI、万方、维普、Web of Science、EI、Elsevier、Springer、IEEE、EBSCO 等中外文数据库(含子库)101 个,针对学校办学特色,还购置了 ASCE、ASME、SAE、交通运输知识专题数据库等专题数据库,能够满足教学科研需要。

运动场馆总面积 13.3 万平方米,其中,400 米标准田径场(含 2 个足球场)2 个、篮球场 31 块、网球场 5 块、羽毛球场 39 块,游泳池 4 个、室内运动场 1 个,保证体育教学、师生锻炼和竞赛活动需要。

校园网络设施不断完善,采用万兆骨干网技术,设有信息点 3.5 万个,出口带宽 11G,注册用户超过 4 万,无线网覆盖全校。建有先进的云服务数据中心和高性能计算平台,云教室 6 间、小型机 2 台、各类服务器 110 台,存储容量达到 90 吨,装机容量 1800 多台。2012 年通过重庆市"数字校园"合格评审。

5. 第一教学楼

(1)项目概况

重庆交通大学第一教学楼,建成于 1984 年,建筑面积 18860 平方米,该楼的设计为主体 7 层框架型建筑,各类教室共计 171 间,主要用于港航、土木工程等全校理论课程的授课,是当时学校建校以来最大的教学楼。2015 年,学校将第一教学楼打造为"创新创业园",为广大学生提供创新创业支持,扶持各类科技型企业发展壮大。

(2)建设历程

重庆交通大学第一教学楼,始建于 1982 年,于 1984 年竣工投入使用,当时建筑面积 16632 平方米,该楼的设计为主体 7 层框架型建筑,各类教室共计 159 间,由交通部全额投资修建,总投资 817 万元,由重庆市住宅建筑工程公司施工修建。随着学校办学规模的扩大,在 1999 年 12 月,学校对第一教学楼进行了背包扩建,扩建工程于 2000 年 8 月竣工投入使用,总建筑面积 2228 平方米,总投资 300 万元,为学校自筹资金建设,建有教室 12 间。该工程的建成,保证了 2000 年学校扩招后的教学需求。

(3)使用效果

第一教学楼的建成,使学校教学硬件设施整体上了一个台阶,满足了全校学生理论课程授课的需要,为学生创造了良好的教学环境,对学生的培养起到了至关重要的作用。从建成到21世纪初,第一教学楼是学校开展课堂教学的主要阵地,包括水运专业学生在内的20多届学生在这里读书学习,接受专业教育,教学楼承载了他们美好的青春回忆。在2015年"创新创业园"成立之后,众多大学生在此创新创业,通过学校的鼓励和支持,一些优秀的企业脱颖而出,取得了不错的成绩,第一教学楼已成为学校培育科技型企业发展的沃土。

6. 教学实验室

(1) 项目概况

随着学校的快速发展和投入力度的加大,教学实验室建设有了长足的发展,教学实验的硬、软件环境得到大幅度改善。目前,学校拥有14个实验教学中心(共包含36个实验室),实验室用房面积149696平方米,仪器设备总值4.4亿元,单价800元以上的教学科研仪器设备2.5万余台/套。建成道路与桥梁国家级实验教学示范中心和水利水运、力学、材料、航运、交通运输等6个重庆市实验教学示范中心。

在水运教育方面,教学科研条件优越,拥有1个国家级研发平台——国家内河航道整治工程技术研究中心和水利水运工程教育部重点实验室、交通运输部内河航道整治技术交通行业重点实验室、重庆市航运工程技术研究中心、重庆市高校水工建筑物健康诊断技术与设备工程研究中心等6个省部级研发平台,以及水利水运工程重庆市实验教学示范中心、岩土与地质工程实验室、城市水务与环境监测及控制实验室、仿真实验室和水利水电实验室等专业实验室。

(2) 建设历程

在几十年的建设过程中,学校不断加强实验室建设和教学仪器设备的更新,为教学科研提供了基本保障。1990年,学校建成化学、物理、地质、水港等综合实验室和电教、语音中心、电算中心等31个实验室和教学工厂,开出各类实验项目381个。20世纪90年代中期,为适应学科建设和专业发展的需要,学校进行了实验室管理体制改革,将原有21个实验室调整合并为12个教学实验中心。2000年后,学校通过中央与地方共建高校实验室项目、交通部支持项目等,不断加大实验室建设和投入力度,2006年,成立实验教学及设备管理处,将基础实验教学列为"质量工程"首要工程,对实验室建设实行项目化管理,至2009年,学校拥有教学科研设备达16583台套,固定资产1.384亿元,年开出实验项目达1720个。学校利用中地共建专项、交通运输部专项及学校自筹经费,投入2亿多元购置实验教学仪器设备,仪器设备总值达到4.4亿元,单价800元以上的教学科研仪器设备2.5万余台套。同时,学校围绕高素质应用型人才的培养目标和要求,以培养学生基础实践、专业实践、创新实践能力为重点,建立健全了实验教学、实习实训、创新创业活动和社会实践相融合的实践教学体系。

(3) 使用效果

实验室是培养学生综合实践能力和创新能力,提高实践教学质量的重要基地,也是学校实现建设高水平大学的硬件基础。在加强实验室硬件建设的同时，学校制定了《本科实验教学运行管理办法》《实验教学质量标准》《实验室日常运行管理检查标准》等制度，加强实验准备、实验内容、实验过程、实验资料和实验效果的监控，年均开出实验课程近600门，并设立实验室教学改革与研究基金、实验室开放基金等，有力促进了实验室利用率的逐步提高，实验室支撑人才培养、科学研究和社会服务的能力显著增强。

7. 水利水运工程实验室

（1）项目概况

始建于1987年，于1990年建成，2000年被评为重庆市重点实验室，是西部地区唯一、全国高校规模最大的水利水运工程专业实验室。2007年被列为省部共建教育部重点实验室，以该实验室为基础，学校先后成功申报了"国家内河整治工程技术研究中心"，"水利工程"一级学科博士学位授予点，建立了博士后流动站及"重庆市院士专家工作站"。

实验室目前占地面积约160亩，设有航道工程、渠化工程、港工结构、枢纽通航、仪器设备、工程仿真、水工建筑物诊断技术、岩土工程等8个研究室。拥有港口海岸实验厅、航道整治实验厅等7个实验厅，实验厅总建筑面积约2.3万平方米，并拥有占地面积约4.5万平方米的大型露天实验场及大型清浑水供回水系统。拥有流速成像速度场仪（PIV），声学多普勒流速仪（ADV）、大范围表面流场仪、激光颗粒粒度分析仪、港航工程结构动/静态试验系统、港工结构地基多功能模型槽试验系统、Abaqus大型有限元软件、ANSYS及FLUNT大型软件等专用先进设备。

实验室总体定位，瞄准国家和地方重大需求，针对山区库区独特的环境条件，开展系统的基础理论研究，重视水利水运技术与信息技术和环境科学的交叉融合，促进水利与水运工程的协调发展，保持水运工程研究领域的优势地位，使内河航道整治技术、高水头枢纽通航技术等部分研究领域处于国际领先水平，使实验室成为具有国际影响力的高水平人才培养和科技创新基地。

（2）建设历程

始建于1987年，共建设航道整治、港口工程、渠化枢纽与水力学4个试验大厅以及1个水运工程模型试验场，总建筑面积约11300平方米，工程投资773.83万元。由重庆交通学院工程设计所和重庆市建筑勘察设计研究院设计、重庆港建筑工程公司和重庆第九建筑工程公司施工，工程于1990年竣工。

1）港口工程试验厅

面积约2142平方米，大厅主体投资282.4万元，目前大厅大型仪器设备主要包括：多功能港池及不规则造波机，大型港工结构动/静态试验系统，500吨港工结构多功能试验系统，50吨框架码头加载实验系统，钢-混凝土界面剪切实验系统，30米水槽及造波机等，价值约1000余万元。

2)航道工程试验厅

建筑面积约 972 平方米,大厅主体投资 128.3 万元,厅内大型仪器设备包含 6 套高精度河流动力学实验水槽、航道整治实验水槽、1 米宽玻璃水槽、2 米宽玻璃水槽、28 米长高精度变坡水槽、70 米高精度水槽试验系统、粒子成像速度场仪(PIV)、高分辨率水流紊动结构测量仪、水下地形分析平台、激光粒度分析仪、ULS-200 水下激光扫描仪等 70 余台/套,1 个特种设备大跨度桁车,总价值 1500 余万元。

3)渠化枢纽试验厅

建筑面积 972 平方米,大厅主体投资 128.1 万元。该试验厅主要由船闸集中输水系统水力学实验系统(20 米 × 1.0 米 × 1.2 米,长 × 宽 × 高)、30 米水槽及船闸分散输水系统水力学实验系统(30 米 × 3 米 × 1.4 米,长 × 宽 × 高)和省水船闸水力学实验系统(25 米 × 1.0 米 × 2.2 米,长 × 宽 × 高)组成,仪器设备总值约 500 余万元。主要承担通航枢纽工程模型试验、港航本科专业实验教学和创新开放性实验。

4)水力学试验厅

水力学厅建筑面积共 864 平方米,大厅主体投资 137.2 万元,是理工科类的流体力学专业基础实验室。大厅现有仪器设备总值约 200 万元,实验设备共计 125 台套、计算机 82 台,配套有水力学实验教学 CAI 课件和计算软件,实验设备和实验教学条件已达国内同类实验室领先水平。

5)模型试验场

建筑面积约 6350 平方米,主体工程投资 120 万元。配备 1000L/S 供水能力的模型试验供回水系统、浑水试验系统、大范围表面流场测量系统、超声水下地形测量系统、三维水下激光扫描仪等先进量测设备,包含模型试验大棚在内总价值约 500 万元。

(3)使用效果

1)承担水运工程专业实验教学任务

承担了学校 5 个学院、18 个专业的"水力学""水力学及桥涵水文""流体力学""河流动力学""航道整治""港口水工建筑物""海岸动力学"以及"渠化工程"等 8 门课程的实验教学任务,开出本科教学实验 40 余个,年均开课班次达 60 余个,参与实验学生人数超过 2000 人;出版了《水力学实验教程》《河流动力学实验教程》等专业教材。

2)指导学生参与科研实践

践行科教融合,充分发挥实验室的资源优势,设置对外开放实验 30 余个,年均吸纳 200 余人次参与科学研究活动,提升大学生创新能力;指导大学生参与各类竞赛活动,获得各类国家奖项 40 余项,包含挑战杯大学生课外学术技术作品大赛全国一等奖 1 项,创业计划全国铜奖 1 项,水利创新大赛全国特等奖 2 项、一等奖 7 项、二等奖 7 项,数模竞赛全国一等奖 8 项、二等奖 11 项;连续 3 年获得全国水利专业优秀毕业生(全国 20 名);公开发表学术论文 30 篇,获发明专利 10 项。

3)支撑重大水运工程科学研究

实验室水运工程研发条件一流,为学校开展水运工程科学研究提供重要支撑。近年来,围绕三峡库区航道、高水头枢纽、长江上游大型港口等国家和地方重大需求,开展系统的基础理论研究和关键技术创新,研发重大装备,制定国家行业规范(程),承担了多项国家"十二五"科技支撑计划项目、"十三五"国家重点研发计划课题、国家自然科学基金以及国务院三建委、交通运输部等部委重点研究项目,取得一批高水平、有影响的重要成果,获得国家与省部级科技奖励 30 余项。

在山区河流水沙输移方向开展新水沙条件下三峡库区输移规律、三峡库尾卵石滩群、三峡库区涌浪对航道影响机理的系统研究,提出三峡超大河道型水库泥沙分散淤积新模式,为三峡水库拓展效益关键技术提供了理论支撑。

在内河航道整治技术方向开展长江上游重庆至宜宾河段二级航道整治工程 9 个重点滩险系列模型试验,提出新型生态整治建筑物结构形式、卵石滩群整治技术、航道整治污染源解析评估技术,是长江黄金水道建设的主要技术支撑。

在水利枢纽通航技术方向研发高水头船闸消能新结构和平面与反弧阀门门楣通气技术,提出三峡新通道建设方案,主要技术获国家科技进步二等奖,主编、参编通航建筑物系列标准规范,促进了我国枢纽通航技术进步。

在水工建筑物设计理论与安全评价方向对内河大水位差港口水工建筑物长期性能、土石坝心墙断裂机理等进行深入研究,为世界上水位差最大的内河港口示范工程——寸滩港和果园港的建设运行提供了关键技术支撑,引领了我国内河港口工程技术的发展。

4)开展科学传播与科学知识普及活动

依托实验室,在基础理论、航道维护、水运工程测量、智能化航道、国家注册资质认证及管理等方面,举办了 30 余期培训,累计培训超过 2000 人次,显著提升了行业技术人员的业务能力和素质。实验室作为重庆市科协青少年课外科技活动基地,已形成多项常设的科普活动。每年设置例行的重庆市科技开放日活动,年均接待中小学生科普活动 500 多人次,接待企事业单位、社会群众参观 300 多人次;全面参与重庆市"雏鹰计划",实验室成为该计划的实践基地,承担相关指导项目,指导中小学生在实验室开展科学实验研究,培养其广泛的科学兴趣与素养。

8.长江航运工程与智能航道技术省部共建协同创新中心

(1)项目概况

长江黄金水道作为世界货运量最大的内河,贯穿我国东中西部,是我国经济发展的重要纽带,是联接东部沿海开放、中部崛起和西部大开发国家战略的战略大通道,支撑着长江流域大物流、综合运输体系和沿江七省二市经济社会发展。把握好长江航运发展和长江生态环境保护的关系，已经成为我国经济高质量发展要求。长江航运亟须聚焦生态化、绿色化和智能化积极转型发展。长江航运发展仍然面临高等级航道偏少、三峡枢纽瓶颈、航运智能化水平不高、长江流域生态环境保护不够等问题，长江航运亟须聚焦"生态化、绿色化和智能化"积极转型发展，在绿色建设技术、生态环境保护、智能环保装备制造等方面整合政产学研资源，加强协同创新和技术攻关，为长江航运绿色发展和生态环境保护提供技术支撑。

"长江航运工程与智能航道技术协同创新中心"建设是顺利实施"依托黄金水道，建设长江经济带"重大战略的迫切需要。根据长江黄金水道不同的建设目标，开展相关基础理论研究，研发独占技术和共性关键技术的研发及工程应用，解决制约长江黄金水道快速发展的重大关键技术问题和瓶颈问题。

（2）建设历程

长江航运工程与智能航道技术协同创新中心于 2013 年由重庆市教育委员会批准立项建设，2014 年获重庆市教育委员会择优资助，2017 年通过中期绩效评估，2018 年获批教育部首批省部共建协同创新中心。中心由重庆交通大学牵头，联合长江航道规划设计研究院、武汉理工大学、南京水利科学研究院、长江重庆航运工程勘察设计院、重庆市交通规划勘测设计院、重庆航运交易所、长江上游水文水资源勘测局、重庆港务物流集团、长江重庆航道工程局、中交第二航务工程局有限公司等单位协同组建。中心聚焦"生态、绿色及智能化"，围绕长江航运绿色发展中面临的重大科学技术难题和共性关键技术问题开展协同攻关，形成了生态航道建养、航道智能化、枢纽通航与扩能、绿色港口与物流、水生态与环境保护 5 个特色鲜明、优势突出的稳定研究方向。

（3）使用效果（代表性成效）

代表性成效 1：重大科技创新——长江干线山区航道通航建设与运行关键技术

主要创新点：①发展了新水沙条件下长江干线山区航道整治理论，研发了适用于山区航道特点的水沙运动观测系统，揭示了长江干线山区航道非恒定流传播变形、卵石运动及库区细颗粒泥沙输移等规律，探明了复杂滩险的碍航流态产生机理。②突破了长江干线山区航道滩群联动整治技术，提出了不同类型卵石滩险航道整治新方法，研发了基于水沙动力因子协同调控的卵石滩群航槽控导技术。③探明了枢纽调节下山区航道典型要素时空变化特征，探明了枢纽日调节影响下长江干线山区航道水力因子的沿程变化特性，揭示了山区航道雾情的时空分布规律，发明了控制河段船舶交通流监测系统。④创建了基于电子航道图的山区航道运行服务系统，提出了山区航道助航信息动态更新方法，研发了基于电子航道图的长江干线山区航道通航服务集成应用系统。

成果及效益：项目制定了国家行业标准 2 项、行业工法 3 部，获授权发明专利 11 项、软件著作权 10 项，并获 2016 年中国航海学会科技进步一等奖。项目成果在 6 项长江山区航道整治工程全面应用后，宜宾至重庆河段航道等级从Ⅳ级提高到Ⅲ级；重庆以下库区段航道等级从Ⅲ级提升至Ⅰ级，产生直接经济效益5.98亿元。

代表性成效2：重大咨询报告——三峡水运新通道建设工程方案研究报告

主要创新点：①科学预测2020年（近期）三峡过坝货运量为2亿吨、2030年（中期）为3亿吨、2050年（远期）为3.5亿吨；②提出了3种合理的三峡新船闸轴线布置方案，针对三种轴线布置研究了连续和分散两种型式的船闸布置型式以及不同布置型式的船闸在线路上的适应性；③提出了采用双线分散三级1+1+1或1+2的互灌互泄的省水船闸布置型式，可有效控制单级船闸的水头，省水50%以上；④提出了葛洲坝枢纽扩能改造技术方案，提出采用双线互灌互泄省水船闸型式；⑤提出了两坝间航道整治技术方案：对两坝间航道进行了炸礁清渣、深槽抛填等具体整治措施的研究，整治后预期效果可将船舶定线制航行流量从15000立方米/秒提高至25000立方米/秒，限制通航流量由25000立方米/秒提高到了35000立方米/秒。

成果及效益：提出的《三峡新通道建设工程方案研究报告》，得到了李克强总理亲自批示，国家正式将"推进三峡枢纽水运新通道建设、完善三峡综合交通运输体系"写入国家"十三五"发展规划纲要。

代表性成效3：重大科技创新——长江干线智能航道建设关键技术及应用

主要创新点：①制定了内河数字航道的技术架构，构建了面向航运服务的内河航道数据资源模型和业务模型；②创建了内河航道运行状态感知技术方法体系，解决了航道条件动静态数据的获取问题；③突破了多源异构航道要素数据预处理与分类融合技术，解决了航道条件信息的快速生产与动态集成问题；④构建了以多功能内河电子航道图为主要载体的航道信息服务平台体系，解决了传统航道信息服务模式单一的问题。

成果及效益：项目获得国家专利授权10项，软件著作权10项；制定技术标准4项、技术方案12套、推广方案1套；成果获得国家科技进步二等奖1项。项目成果中的多功能航标、长江电子航道图、无人航道测量船等研究成果进入交通运输部推广目录。在长江干线（合江门至兰家沱段、兰家沱至鳊鱼溪段、鳊鱼溪至大埠街段、大埠街段至上巢湖段、上巢湖至浏河口段）等工程中得到推广应用。

代表性成效4：重大科技创新——长江航道生态水系评价与修复技术研究

主要创新点：①明确了三峡水库泥沙沉降/淤积条件下碳源温室气体产汇特征，揭示了泥沙运动对污染物代谢功能菌群微生物群落的影响及各类功能菌的协同代谢途径。②揭示了季节性干湿交替对重金属的生物有效性的影响，进而对消落带土壤/沉积物和水体中重金属的生态风险作出了综合评价。③建立了鱼类生境选择和产卵行为的水动力学机制实验方法，揭示了亲鱼产卵行为与流速之间定量关系，构建了鱼类产卵生态水力学模型。④设计开发了"碳排放交易模拟平台"；针对非二氧化碳气体的排放总量进行了估算,提出《我国碳排放交易体系市场运行方案》,提出适合长江航运碳排放交易体系的近中期方案和长期战略。

成果及效益:项目获国家发明专利授权 10 余项;获得 2017 年 IAHR(国际水利与环境工程学会) Arthur Thomas Ippen 奖,以及省部级科技进步一等奖。提出的《关于进一步推动国内碳排放交易试点实践工作的若干建议》获科技部社发司印发采纳。出台了 5 套重庆市碳排放交易系列管理办法,并由重庆市发改委公开发布实施。研究成果为进一步开展长江航道水系评价与生态环境修复奠定了基础,促进了地方经济建设和生态环境保护。

代表性成效 5:机制创新科研育人——构建"强化国家级平台高端创新资源集聚和一流学科专业资源共享"的联合育人机制。

①通过国家级平台聚集高端领军人才,打造高层次创新团队。以中心平台为载体,以国家内河航道整治工程技术研究中心等国家级平台为依托,通过"创新任务牵引 + 高端岗位设置",吸引高端领军人才到中心指导。近 3 年,中心特聘王光谦院士担任首席科学家和技术委员会主任,聘请了钮新强、胡春宏、倪晋仁 3 位院士担任中心技术委员会副主任,引进数名国家千人计划专家、国际知名水利科学领域专家,持续打造"中心"高层次创新人才队伍。

②协同攻关国家重大项目,培养高端人才。通过协同攻关国家重大项目,培养高层次人才。近年来,牵头高校先后承担了"十二五"国家支撑计划项目 2 项、"十三五"国家重点研发计划项目 1 项、相关国家重大科研专题研究、国家重点工程项目技术研发等 30 余项,培养了国家百千万人才 1 人,交通部科技英才、重庆市百千万工程领军人才等省部级人才 20 余人,2 个科技创新团队获批重庆市级团队,港航专业获批为交通运输部创新人才培养示范基地(并被推荐申报科技部创新人才培养示范基地,已通过科技部视频答辩)。

③实施一流学科专业资源共享。牵头高校在协同单位建立大学生校外实践基地、研究生联合培养基地,协同单位间通过科研基地及图书资料共享、人员互评等方式,推动校企产教深度融合,培养拔尖创新人才。创建了"以国家战略为引领,行业需求为目标"的海外创新人才培养新模式。先后与中交二航局等大型企业联合举办了"海外项目管理人才""国际工程班""PPP 项目培养班"等创新人才培养班,每年合计培养创新复合型高级人才近 300 人,该模式已被中交集团等单位推广到全国其他高校,为国省大型企业实施走出战略提供了海外人才保障。

9. 南岸校区综合实验楼

(1)项目概况

重庆交通大学综合实验楼,建成于 1987 年,建筑面积 12722 平方米,该楼的设计为主体 7 层凹字型建筑,东面 3 层、南面 7 层、北面 5 层,主要用于港航、土木工程等专业基础课和专业课的实验教学。该楼位于学校中心较高位置,楼顶设有报时钟,美观大方,四面均可观看,为全校提供了良好的作息时间。

(2)建设历程

综合实验楼始建于1985年,由交通部全额投资修建,总投资664万元,由重庆市第一建筑工程公司施工修建,1987年竣工,为学校主要实验场地。

(3)使用效果

高校实验场所是培养人才必不可少的重要场地,能为学生提供大量的实验、实践环节,是理论课程的延深。通过实验、实践环节,既可为学生提供直观的影像,同时也能够提供大量的实验数据,对学生创新性研究提供必要的支撑。学校综合实验楼建成以来,培养了大量港航专业毕业生,他们分别加入国家水利水运各个行业之中,为国家水利水运事业的发展奉献青春,贡献力量。

10.教育培训基地

(1)项目概况

重庆交通大学教育培训主要包括继续教育培训和海事培训,由继续教育学院和航运与船舶工程学院分别负责相应的培训工作。继续教育学院(重庆交通大学培训中心)是学校对外举办非学历培训教育的归口管理部门,先后被国家多家部委机关、行业协会、大中型企业等机构指定为相关项目的定点培训单位或唯一合作单位。海事培训中心是我国西部地区唯一一家开展海船船员合格证培训和适任培训的培训机构。

(2)建设历程

学校函授部于1988年开始招生,招生范围为四川、云南、贵州三省交通系统在职人员,开设路桥、汽车运用2个专科专业。1992年,组建成人教育分院,调整专业结构和办学模式,进一步扩大招生规模,设置了港口与航道工程等8个专业,层次为专科、本科,学习形式以函授为主,同时开办全脱产学历教育。2000年,重庆市交通技工学校并入后,与成人教育分院合并组建继续教育学院,2003年,由南坪校区整体搬迁至南岸校区七公里本部。

海事培训中心于2001年初成立,主要负责海船船员基本安全培训和船员适任培训,2005年通过了国家海事局"船员教育和培训质量体系"审核,并获得授权开展海船船员基本安全、精通救助艇筏和救助艇等8项专业技能适任培训资质,以及海船甲类三副/三管轮等7项适任培训资质。

(3)使用效果

继续教育学院(重庆交通大学培训中心)拥有交通运输从业人员安全素质教育培训资源交通运输部教育培训、重庆市工程师创新能力培养训练基地、国家职业技能鉴定所、交通行业职业技能培训工作站(鉴定站)、重庆市水利水电工程专业继续教育培训机构等

10 多项资质。每年开办各类培训班 100 多期，年培训量 10000 余人次。

海事培训中心拥有大型船舶操纵模拟器、轮机模拟器、电站模拟器等为主要设备的模拟器实训室；以海图资料和船舶综合定位系统等为主要设备的航线设计、船舶综合定位实训室；以船舶主机、辅机等为主要设备的动装拆装和操作实训室；以 GMDSS 为主要设备的船岸通信联络实训室；以满足船员专业技能适任训练的校内、校外实训基地；以多媒体语音室为主要设备的英语教学情景场所以及船员远程计算机终端考场。2009 年被重庆市授予"重庆交通大学航海类人才培养创新实验区"。每年开办各类培训班 50 多期，年培训量 3000 余人次。与国内航运公司、船员管理公司等建立了广泛合作关系，为重庆及西部地区海船船员培训提供了条件。